保德铜贝　　　　　淄博铜贝

三孔布

空首布（东周）

圜钱（桼垣一釿）　　　　圜钱（蔺）

圜钱（一珠重一两十二）　　蚁鼻钱　　　齐国六字刀　　　赵国直刀

"郢爰"金版

吕底亚琥珀金币

吕底亚琥珀银币

秦半两

四铢半两（汉）

五铢

四出五铢

"白金三品"之龙币

"白金三品"之龟币

"白金三品"之马币

马蹄金

马蹄金

汉佉二体钱（六铢）

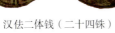

麟趾金

汉佉二体钱（二十四铢）

汉佉二体钱（骆驼纹）

大泉五十

直百五铢

一刀平五千

契刀五百

大泉五百

大泉当千

布泉

五行大布

永通万国

太货六铢

开元通宝

乾封泉宝

乾元重宝（背云雀）

得壹元宝

顺天元宝

大历元宝

"元"字钱

"中"字钱

建中通宝

粟特开元通宝（背康国撒马尔汗城徽）

高昌吉利

粟特开元通宝（背安国布哈拉城徽）

粟特青铜钱（乌佐格王）

粟特青铜钱（乌克·瓦塔穆克王）

突骑施钱

圣天突骑施汗王

古雷克王（乌勒伽）

阿尔斯兰特勤

乾元重宝（东国）　　　　突骑施（瓦赫苏塔夫汗王）

突骑施（伊纳尔特勤）

和同开珎（铜）

同庆元宝

回鹘钱（双面文）

日月光金（带齿轮）

日月光金

钱币上的
中国史

器物、制度、思想视角的解读

王永生◎著

中信出版集团 | 北京

图书在版编目（CIP）数据

钱币上的中国史：器物、制度、思想视角的解读：
全3册 / 王永生著 . -- 北京：中信出版社，2022.6（2023.9重印）
ISBN 978-7-5217-4087-5

Ⅰ . ①钱… Ⅱ . ①王… Ⅲ . ①货币史－中国 Ⅳ .
① F822.9

中国版本图书馆 CIP 数据核字（2022）第 044304 号

钱币上的中国史——器物、制度、思想视角的解读（上）
著者：　　王永生
出版发行：中信出版集团股份有限公司
　　　　　（北京市朝阳区东三环北路 27 号嘉铭中心　邮编　100020）
承印者：　宝蕾元仁浩（天津）印刷有限公司

开本：880mm×1230mm　1/32　　　插页：14
印张：35　　　　　　　　　　　　字数：868 千字
版次：2022 年 6 月第 1 版　　　　印次：2023 年 9 月第 2 次印刷
书号：ISBN 978-7-5217-4087-5
定价：198.00 元（全三册）

目 录

钱币上的中国史

前言

透过钱眼看历史

我一直认为，我们每一个中国人都应该简单了解一点中国钱币的历史。这是为什么呢？

因为，钱币虽然是我们日常生活中很常见的一种物品，大家对它并不陌生，但是，除了购物，平常我们可能很少会想：钱币还能干什么？

实际上，钱币除购物之外，还能发挥很多别的作用。它虽然看起来很小，但是它所承载、记录、包含的内容和信息却是博大精深。

首先，钱币上有法。历朝历代不管是哪个政权，在钱币的铸造、流通、回收以及防伪、反假等方面都制定了相关的法律法规。特别是从北宋发明使用纸币以后，历经金代、元代，直至明清两朝，有关防伪反假的条文，都直接被印在了纸币上，反映了我国古代货币立法的演变轨迹。

其次，无论是铸造铜钱还是印刷纸币，为了保证质量，满足流通需要，使用的一定都是当时最成熟的技术；而从防止伪造等方面考虑，所采用的技术又必定是当时最先进的。因此，可以说一部钱币史从一个侧面反映了我国古代的金属冶铸史、造纸史和印刷史。同时，因为钱币上都铸有文字，所以一部钱币史所呈现的也是一部古文字的发展史以及书法的演变史。

最后，更为重要的是，钱币不同于一般的物品，它是社会重大变革或重要事件的产物和象征。可以说，任何一枚钱币的铸造都有其特定的历史背景和原因，同时也对社会的政治、经济和文化等诸多方面产生重要的影响。每一种新的钱币总是在继承原有钱币的基础上而有所发展，既有历史的延续性又具有鲜明的时代性。这种时代性从唐朝开始，因为年号钱的铸造，钱币与历史发展的进程变得更为紧密。因此也可以说，一部钱币史所串联的就是一部年号史、一部朝代更替史、一部古代政治史。通过这一枚枚钱币，我们完全可以把古代的历史串联起来。

接下来，我希望和大家一起通过钱币这一新的视角来重温历史，透过钱眼去看看，钱币所呈现给我们的是一部怎样的历史，我们又能从中收获怎样的感悟和启发。

这里我想从三个方面来和大家分享我的体会：

一是从人类钱币发展史的视角谈谈中国古代钱币在人类钱币史上占据了怎样的地位；

二是从中国古代文化承载物的视角谈谈钱币在中国古代文化中具有怎样的地位；

三是谈谈学习、了解钱币的历史与我们的日常生活有着怎样的关系。

（一）

在正式进入这个话题之前，我先从概念上解释一下"钱币"与"货币"之间的区别。

"钱币"通常是指退出流通的货币及其衍生品。因此，钱币与货币就像一枚硬币的正背两面，本质上指的是同一个东西。"钱币"因为退出了流通，所强调的是其文化属性。而"货币"因为还在流通使用，更多体现的则是它的经济属性。因此，钱币的内涵要比货币更加丰富。

在后面的内容中，我将主要使用"钱"或"钱币"，有时根据叙述或语境的需要也会使用"货币"，或交替使用。

首先来谈第一个问题，即中国古代钱币在人类钱币发展史上到底占据了一个怎样的地位？实际上，中国古代钱币在人类钱币发展史上具有非常重要的地位。其重要性可以这样概括：中国古代的钱币不但是独创产生、自成体系，而且对周边国家及地区产生了重要的影响，并发展形成了独树一帜的东方钱币文化！

这可以从两个方面来阐释。

第一，中国不但是世界上最早发明使用纸币的国家，也是最早发明使用金属铸币的国家。

希罗多德在《历史》一书中谈到古波斯国王居鲁士战胜小亚细亚半岛吕底亚国王克洛伊索斯时曾说，吕底亚"是最早使用金币和银币的国家，于公元前640年铸造了琥珀金银币"。西方社会一般据此认为吕底亚是世界上最早发明使用金属货币的国家。

吕底亚国王克洛伊索斯铸造货币的时间相当于我国春秋中期。实际上，我国早在此前4个世纪的商代中晚期（公元前11世纪）就已经开始铸造铜贝，进入了金属铸币时代。当时除铜贝之外，空首布也已经是很成熟的货币。与西方不同的是，当时中国铸造的是青铜币，而吕底亚铸造的是金银币。这虽然是东西方两大货币文化体系的不同，却证明了中国是世界上最早发明使用金属货币的国家。

第二，中国古代钱币对周边的国家和地区曾经产生重要影响，并发展形成了以中国为代表的东方钱币文化体系，与以古希腊、古罗马为代表的西方钱币文化遥相对应。

下面就来看看中国古代钱币文化对周边国家及地区的具体影响。

日本：最初使用的是遣唐使从唐朝带去的开元通宝，后来模仿铸造了日本最早的钱币"和同开珎（珍）"，此后一直到明治维新引入西式机器铸造机制币，日本古代铸造使用钱币的历史有一千二百多年，其中整整六百年，即一半的时间，几乎不造钱，使用的完全是中国钱币。

朝鲜：最初的钱币是使用唐朝的年号"乾元"铸造的"乾元重宝"，背面标注朝鲜的自称"东国"。

越南：越南从北宋开始铸造货币，使用的几乎都是中国的年号，如太平、治平、天福、大定、正隆、明道、建中、元丰、保大等，以至经常被误认为是中国钱而流入两广，乾隆年间就因为越南币的大量流入而酿成社会问题。

琉球：就是现在的日本冲绳，在明清两朝时曾经是中国的属国，流通使用中国钱，铸造的大世通宝、世高通宝、中山通宝都是圆形方孔钱。

泰国：乾隆年间泰国由华侨建立的郑氏政权铸造过郑明通宝银币，不但名称用通宝，银币上面也打印一个方框，表示方孔。甚至货币单位沿用的还是铢，称泰铢。

中亚粟特：位于中亚乌兹别克斯坦境内的古代粟特地区，如撒马尔罕、布哈拉等城邦，在唐代曾经以开元通宝钱为通用货币，并大量仿铸。

伊朗：在元代蒙古西征后建立的伊利汗国时期，曾经仿造元朝发行使用纸币，虽然失败了，但是在中外文化交流史上意义重大。

一是使当时的波斯、阿拉伯人最早认识了中国的纸币制度，并进而传入欧洲。不仅使之大开眼界，学会了使用纸币，更为后来大规模的商业活动带来了便利。波斯语中至今仍将纸币称作"钞"，影响之深可以想见。

二是推动了我国古代雕版印刷技术的西传。这是我国四大发明之一的印刷技术西传的最早记录，打破了教会对知识的垄断，扩大了受教育的范围，为文化知识的传播和普及发挥了重要作用，直接影响了后来文艺复兴的发生。

上述事例说明：中国不但是世界上最早发明使用纸币的国家，也是最早发明使用金属铸币的国家；中国古代钱币文化不但是独创产生，自成体系，而且是一脉相承，未曾间断；我国古代钱币对周边的国家、地区产生了重要影响，并进而发展形成了与西方钱币文化相对应的东方钱币文化。实际上可以说，这才是我们今天文化自信的重要基础和信心来源！

（二）

从人类货币史的视角考察完之后，我们再从中国古代文化承载物的角度来谈谈钱币在中国古代文化中的重要地位。

这里首先需要对"文化"做一个简单的解释，即什么是文化？

所谓文化，是指人类所创造的物质财富与精神财富的总和，一般认为由器物、制度、思想三个层面构成。下面，我们就从这三个层面来看看钱币与中国古代文化之间的关系。

说到中国古代文化，可能很多人会想到唐诗宋词等文学艺术作品，或者是商代青铜器、汉代丝绸、唐代三彩、宋元瓷器等生活用品或工艺品，还有以四大发明为代表的古代科学技术。

实际上，上述各项虽然都是中国古代文化的重要组成部分，但各自都还不是中国古代文化最具代表性的要素。如果要挑选一种最能承载和代表中国古代文化的物质载体，则非中国古代钱币莫属。这样说的依据是什么呢？

下面我们就按照文化的三个层面，先从器物层面说起。

首先，钱币是最早的文化要素。大家知道，中国古代最初使用的钱币是海贝，这从汉字的构成中就能得到证明，因为凡是与价值、财富、交易有关的字，都带有"贝"字偏旁。这说明早在汉字形成的过程中，我们的古人就已经使用海贝作为钱币了。因此，钱币可以说是中国古代文化最早的组成要素。

其次，钱币自产生之后，便一脉相承，未曾间断，贯穿整个中国的文明史，直至当今。在这一过程中，钱币呈现出文化在发展中所具有的时代性、传承性以及传播性等特点，这是其他文化要素所不具备的。

再次，钱币流通地域广，使用者涉及各个阶层，具有最广泛的社会代表性。无论地位、学养、身份的高低与贵贱，几乎是人人使用，须臾不可或缺。这也是其他文化要素不可替代的。

最后，也是最重要的，是钱币承载、记录和包含了历史进程中极为丰富的文化内涵，这更是任何其他文化要素如文学艺术、丝绸瓷器以及科技发明所不具备的。例如，铸造钱币使用的是当时最先进、最成熟的技术，同时反映的也是当时最时尚的艺术思想和表现手法，可以说钱币就是科学性与艺术性的完美结合；再如，圆形方孔的外观，反映了中国古代天圆地方的宇宙观。一部钱币史就是一部古文字演变史、书法发展史，又是少数民族古文字大全，也是一部冶金铸造史、造纸史、印刷史，等等，这方面我们还可以列举出很多例子。

下面我们再从制度层面来看。从秦代的《金布律》，到"二十四史"中的《食货志》，历朝历代对于钱币的设计、铸造、储藏、发行、流通、防伪、销毁等环节，都有一套严密的制度管理。这些制度构成了中国古代制度史的一部分。

最后，从思想层面来看。从战国时期的管子，一直到当代，为了解决社会问题、化解社会矛盾，每个时代的政治家、思想家都会从货币入手，提出解决当时社会问题、化解社会矛盾的思路和想法，这些货币思想成为我国古代思想史的一个重要组成部分。

因此，我们说中国古代钱币源远流长而未曾间断，内涵丰富且博大精深。无论是从器物层面，还是从制度、思想层面，钱币都非常集中和典型地体现了中国古代文化的内涵和特点。钱币不仅是交换的媒介，还是国家主权的象征、历史进程的实物见证、文化艺术传承的物质载体。因此我们可以说：钱币是中国古代文化最重要的物质载体，是了解中国历史、认识中国文化最好的窗口。

（三）

前面讲的两个问题分别从人类钱币发展史以及中国古代文化承载物的视角，阐释了中国古代钱币的重要地位。这听上去都是很高大上的话题，似乎与我们日常的生活没有直接关系。实际并不是这样，钱币不仅与制度、思想、文化有关，与我们老百姓的钱袋子也息息相关。

一部钱币发展的历史，实际上也是一部社会财富再分配的历史。这里我想从日常生活的视角来谈谈学习、了解中国钱币历史的重要意义。

首先从王莽说起。

大家都知道王莽是一位怀抱理想的改革家，又因为篡夺了刘氏政权而被视为野心家。实际上，王莽更是一位敛财的高手。他为了推行国有政策，发行过两种刀币。这两种刀币形制完全一样，都由上下两部分组成。

上半部分呈圆形方孔钱的形状。一种是在穿孔的右左铸有"契刀"两个字，另一种是在穿孔的上下铸有"一刀"两个字。因为"一刀"是用黄金错成，又被称为"错刀"或"金错刀"，这就是历史上被众多文人雅士讴歌的"金错刀"。

下半部分为刀身。"契刀"铸有"五百"两个字，表示一枚"契刀"的面值为 500 枚五铢钱。"金错刀"则铸有"平五千"三个字，这里"平"字表示等于的意思，即错金的"一刀"等于 5000 枚五铢钱。

无论是契刀，还是错刀，实际上都是虚值大钱。王莽发行这两种形制特殊的刀币，目的就是搜刮社会上的黄金。当时一斤黄金值五铢钱 10000 枚。因此，按照面值，金错刀 2 枚或是契刀 20 枚，就可以兑换黄金一斤。实质上，王莽就是要用错金的 33 克铜，或者是没有错金的 330 克铜，从老百姓手中兑换一斤黄金！这哪里是发行货币，完全是公开掠夺！

下面我们再来看看刘备。

刘备是位家喻户晓的历史人物，与作为野心家的王莽不同，他的目标是"匡扶汉室"，重新恢复刘氏的天下。因此，刘备在戏剧以及影视作品中展示给世人的始终是一个体谅百姓疾苦的明君形象。这主要是受《三国演义》从意识形态的角度，按照儒家正统观念塑造的小说人物的影响，与真实的历史相差很远。实际上，刘备不但不是一位体谅百姓疾苦的明君，而且与王莽一样，也是一位通过货币手段搜刮百姓的高手！

《三国志》记载，刘备占领成都时，因为军用不足接受了部下刘巴的建议，铸造了"直百五铢"钱。它的重量虽然仅有当时流通的蜀五铢的 3 倍，作价却是 100 倍。这意味着，刘备凭借手中的刀剑，强买强卖，用同样多的铜换取了民间三四十倍的物资和劳务，一下子就解决了军队的给养问题，初次尝到了实行通货膨胀政策的好处。后来刘备又将这一手段用在了与孙吴的斗争中，发动了一场货币战争。但是，货币战争是把双刃剑，在孙权强力的反击之下，刘备搬起的这块石头最后还是砸了自己的脚，蜀汉最终就是因为通货膨胀而被搞得财政破产、民生疲敝，成为三国中最先灭亡的政权。

在早期金属称量货币时代，统治者实行通货膨胀政策一般有两种做法：一种是在重量不变或稍微增加重量的情况下，成倍地大幅度加大货币的面值，使其成为虚值大钱；另一种则是在保持面值不变的情况下，减小货币的重量和尺寸，使之成为减重小钱。这两种手段的目的实际上是一个，那就是希望用尽量少的金属兑换尽量多的物品。

金属货币虽然可以通过铸造虚值大钱或是减重小钱，被统治者利用来搜刮百姓的财富，但毕竟还是有一定的限度。等到发明使用纸币以后，对统治者来讲，敛财就更容易了。因此，纸币出现以后，南宋、金、元等朝代，最后都是因为无节制地发行纸币、实行通货膨胀政策而灭亡的，失控的纸币最后都成了政权灭亡的助推器。其中又以国民党统治时期于 1949 年 5 月 10 日所发行的 60 亿元的纸币最为著名。这张面值如同天文数字一般的纸币，实际能买到的只有半盒火柴，6000 亿元才能兑换一枚银元。如果按照 1939 年最初发行时，面值一元的纸币能够兑换银元一枚来计算，则十年间实际已经贬值了 6000 亿倍。

这里仅仅列举了王莽、刘备以及国民党统治时期三个例子，而历史上这种事例随处都是，历朝皆有，毫不新鲜。

通过前面的讲解，我们首先从人类钱币发展史以及中国古代文化承载物的视角，了解了中国古代钱币的重要价值；同时，通过王莽、刘备以及国民党统治时期的通货膨胀政策，也知道了钱币实际上又是统治者进行财富再分配的重要手段，这与我们的日常生活也息息相关。因此每一个中国人都应该简单了解一点中国钱币的历史。

在随后的内容中，我将通过讲述 100 枚（种）钱币背后故事的方式，给大家呈现一个别样的、不同于传统文字记载的、更加直观的历史。希望大家能从中收获知识和智慧。

引言

钱币的起源

　　钱币的发明使用是人类文明进程中的一个重要里程碑。它是随着生产的发展，当产品有了剩余并产生了交换的需求之后才出现的。钱币出现之后，财富的转移除掠夺之外，又有了一个新的途径，那就是通过钱币实现和平让渡。因此，钱币不但减少了因掠夺而导致的暴力冲突，甚至还成为统治者奖惩部众、分配社会财富、动员社会力量，从而维护统治的重要手段。因此，可以说钱币是人类的一项重大发明，为人类社会的文明进步做出了重要贡献。到了今天，钱币更是我们小到日常生活、大到国际政治，须臾不可或缺的东西。

　　钱币的发明使用是一个渐进且缓慢的自然选择过程。不同的地区、不同的民族，在不同的历史时期，所选择使用的钱币也不一样。在古代既有选用牲畜、农作物等生活必需品，也有选用生产工具作为钱币使用的，甚至是祭祀用的玉璧等礼器，以及用于装饰的绿松石、海贝等物品，也都曾经被选作交换的媒介，可谓千差万别、五花八门。那我国古代先民最初使用的钱币是什么，又是如何产生的呢？

　　下面我就结合文献记载以及考古发掘的实物资料，给大家说说我国古代最初的交易是怎样进行的，以及最早的钱币是如何产生的。

<h2 style="text-align:center">（一）</h2>

我国古代先民最早的交易也是用实物交换实物的物物交易。在我国古代第一部诗歌总集《诗经》里，有一篇叫《卫风·氓》的诗歌，就记述了一个非常有趣的叫"抱布贸丝"的故事。说的是有个叫氓的男孩，为了能跟一个女孩约会，抱着自家织好的麻布，以换丝为名，借机追求织丝的女子，交流感情。即"氓之蚩蚩，抱布贸丝。匪来贸丝，来即我谋"。这个故事形象地反映了西周初年以物易物的贸易场景。

以物易物这种最初的原始交换方式有很大的局限性。这是因为，只有在你提供的交易产品正好是对方需要的，同时对方也有你所需要的东西时，交易才能达成。因此，这种交易在时间、对象、机会以及数量比例上，都带有很大的偶然性和随意性，并不经常发生，同时也不方便进行。于是，后来就逐渐自发地从许多商品中分离出一种被大家普遍用作交换媒介的商品，其他商品的交换都通过这个媒介物来进行。这个媒介物就是我们通常所说的一般等价物，这就是货币最初的形式。因此，教科书中给钱币下的定义就是：固定地充当一般等价物的商品。

一般等价物固定在哪种商品上，最初是很偶然的。但是，有两个因素起着决定性的作用：一个是固定在最重要的、外来的交换物品上，另一个是固定在家畜那样的日用品上。

在我国古代，在最初充当一般等价物的商品中，外来的交换品选用的是海贝；在内部可以让渡的财产中，主要使用的不是家畜而是用青铜制作的铲形农具，这主要是因为我国古代的生产方式建立在农耕文明的基础之上。因此，铲形的青铜农具作为大家最愿意接受的商品，而成为一般等价物，这比较容易理解，但是，为什么另外还会选择海贝作为一般等价物呢？

其实选择海贝做一般等价物，除了因为它是舶来品，数量少，物以稀为贵，因此被视作珍惜的物品，应该还有两方面的重要原因：一是它美观好看，既有漂亮的色彩，又有优美的线条，光莹亮洁，且大小适中，适合作为装饰品；二是它一面带有齿纹，很像女性的生殖器，从而成了生殖崇拜的象征物。在重视人自身的生产甚至超过物质生产的上古社会，海贝自然被赋予了诸多神奇的功能。譬如，拥有海贝就能多生子女，生育时还能保佑母子平安，使部落人丁繁盛。因此，海贝就成为各个部落甚至每个家庭都想拥有的东西，于是就逐渐演变成为商品交换中最受欢迎的一般等价物，即最初的货币。

图 0-1　天然海贝

在《诗经》里一篇叫《小雅·菁菁者莪》的诗歌中，就记载了一个有关海贝的故事。讲的是一个女孩见到了一位风度翩翩的帅哥，对方一出手，就送给她一百串贝壳制作的项链。"既见君子，锡（赐）我百朋。"然后这个女孩就跟着男孩去河中荡起双桨，"泛泛杨舟，载沉载浮"了。要知道，海贝的产地距离农耕的中原相去何止千里，因此每一串贝壳项链都是难得的宝贝。怪不得女孩如此高兴，愉快地应约与男孩一起去河中划船游玩。

《诗经》中所记载的这两个故事说明，相比于麻布，女孩更喜欢海贝。实际上，岂止是女孩，当时每个人都更喜欢海贝。这是因为，麻布仅仅是实物货币，而海贝却已经是名副其实的货币了。它就是我国古代先民最早使用的钱币。

（二）

说海贝是我国古代最早的货币，这有什么依据呢？

在古代文献中，就有这方面的记载。这可以从两个方面来看，一是有关文献中的记载，二是考古发掘出土的甲骨卜辞以及青铜器的铭文。不管是前者还是后者，在商周时期与财富和商品的转移、让渡关系最密切的，实际上还是海贝。

我们先来看有关文献中的记载。如司马迁在《史记·平准书》中说："农工商交易之路通，而龟贝金钱刀布之币兴焉。"意思是说农业、手工业分工之后，商业就兴起了，随之就出现了龟、贝、黄金以及刀、布等货币。这说明我国最初充当货币的一般等价物的来源非常广泛，种类众多，主要有龟、贝、黄金以及刀、布等手工工具。但是，其中以"贝"最为重要。

许慎在《说文解字》中"贝"字条下所作的注释说："古者货贝而宝龟，周而有泉，至秦废贝行钱。"意思是说古代用海贝做货币，而将龟视为宝物，到了周朝开始出现了钱，秦朝时废弃了贝币而专门使用半两钱。许慎在这里明确记载最初就是以海贝为货币，并概括了贝币从产生到废止的整个历史过程。

除了史书中的文字记载，在甲骨卜辞以及商代青铜器的铭文中，也有很多关于使用海贝的记载。有学者统计，仅甲骨卜辞中就有 19 条，见于商代和西周青铜器铭文的则多达 98 条。特别是在三件著名的商代青铜器铭文，即成王时期的《遽伯儇簋铭》、康王时期的《亢鼎铭》

以及恭王时期的《卫盉铭》中，都分别明确地记载了用海贝购买青铜、珠玉和土地的事例。在上述这三件青铜器铭文中，海贝在一定范围内实现了财富的转移、让渡乃至商品的交换，这说明海贝在一定程度上发挥了计量商品价值、实现商品价值转移的作用，即履行了货币的价值尺度和流通手段的职能。意思就是说海贝在这里实际上是发挥了货币的职能。

图 0-2 《亢鼎铭》拓图

海贝作为最早的货币，不但在文献中有记载，也有考古发现的实物可以做证。譬如，产于沿海的贝壳，早在新石器时代就已经开始零星地出现在了河南仰韶、山西芮城、陕西临潼姜寨、青海乐都柳湾、云南元谋大敦子等远离大海的地区，到了商周时期开始出现高度集中与逐步普及并存的现象。一方面是同一墓藏出土的海贝总量开始大幅度增加。如商代超过千枚的有殷墟五号墓即妇好墓（6800余枚）、山东益都苏埠屯一号墓（3790枚），属于春秋晚期的有河南淅川下寺楚令尹子庚墓（4432枚）。另一方面是更多的墓葬中，虽然出土的海贝数量不多，但是在同一地区、同一时期的墓葬中，出土海贝的频率却大幅度地提高了。如商代殷墟的中小墓葬中，有近三分之一的墓随葬贝币，如果死者按五人一家计算，几乎是每家都与贝币有关系。在西周的墓葬中，1955—1957 年在陕西长安张家坡、客省庄一带发掘的182 座墓葬中，有 53 座随葬贝币，多的有 33 枚，少的也有 2 枚，海贝总的出土数量超过千枚。

不仅在中原、宗周一带，就是在边远地区，以贝币随葬的情况也相当普遍；不仅是贵族墓，就是在贫民墓中也有发现，只是多寡不同而已。这说明随葬海贝已经是一种较为普遍的现象。这种现象自然可以证明，当时贝币的使用已经深入普通民众的生活，贝币不仅成了财富的象征，而且还拥有了货币的职能。

实际上，有关海贝作为我国古代先民最早使用的货币的例子，我们还可以举出很多。不知大家注意到没有，我们日常使用的汉字里就保留很多这方面的信息。譬如，在商代基本定形的汉字中，凡是与钱财、价值有关的字，都带有一个"贝"的偏旁，如财、资、货、买（買）、贮、宝（寶）等，甚至在汉字的构成中，"分"和"贝"组合就是贫穷的"贫"字，贾少就成了"贱"字①。这说明早在汉字形成的时候，在我国先民的观念中，海贝就已经是体现价值的东西了。

除此之外，历史上还有海贝用作货币的现实例证。譬如，我国云南地区长期用海贝作为货币，在元朝的时候就是使用海贝缴纳赋税，直至明末清初农民起义军张献忠的部属孙可望退守云南时推行"废贝行钱"的政策，才改用铜钱，结束了云南长达三千多年使用海贝做货币的历史。

（三）

有人可能要问：海贝作为一种外来物品，除了具有审美价值和象

---

① 《说文解字》："贱，贾少也。""贾"古同"价（價）"。——编者注

征意义，几乎没有更多的使用价值，为什么就具有了体现本地物品价值的能力，而被选择做了货币呢？

这可不是哪个人能随便决定的，而是历史发展的一种自然选择，其中自有它的合理性。这主要是因为海贝大小均匀，可以按枚计数；既坚固耐久，又便于保存，还方便携带、运输，天然就具备作为货币的条件。因此，不仅是在我国，世界上很多地区的民族都曾经选择海贝作为货币使用。

根据文献记载和考古发现，最迟从商代开始，生活在黄河流域的我国古代先民，就已经开始使用天然海贝作为财富的象征以及交换的媒介。因此可以说，我国最早使用的货币就是海贝。

根据考古发现记载，出土发现贝币的区域，大致以今河南省中部为中心，东至沿海，西达关中，甚至远达青海、新疆一带，南抵长江，北至长城沿线，其中以河南、皖北、晋南及渭水下游为最多。

大家知道，商代所创造的文明以河南安阳、洛阳为中心，远离大海，属于内陆的农耕文明。那么，这些被用作货币的海贝来自哪里？又是如何被输入中原内陆地区的呢？

据专家考证，这些作为货币使用的海贝，主要来自中国的南海以及印度洋的马尔代夫一带。大致有两种类型：一种背呈紫色，就是文献中记载的"紫贝"；另一种背部有一个黄圈，称"环贝"。这两种海贝的学名被统称为"货贝"，古书中所谓的大贝、紫贝、玄贝、文贝等，指的就是这种"货贝"。

产自南海的海贝，主要通过古代被称作"交州"的越南北部以及今广州输入中原地区；产自印度洋上的海贝则是通过缅甸运达云南，然后再向北输入中原地区。云南正因为是海贝输入中原地区的必经之地，才长期使用海贝作为货币，直至明末清初才改用铜钱。

实际上，海贝在用作货币之前，曾长期被作为装饰品使用，这主要是在商朝之前。作为货币使用，主要是从商代到西周之间，进入春秋战国以后，贝币逐渐被金属铸币取代，秦朝统一之后便被正式废除了。

有的学者以西周金文中的记载为依据，对贝币的购买力做了初步推测，得出的结论是：周代海贝的购买力是由高到低、逐步下降的。另外，从先秦时期有关贝的记载以及出土情况来看，西周至春秋时期，仿制的贝币日益增加。此后，到战国中期，随葬的海贝很少见到，其他仿制的贝币也不多见。这说明在中原地区的财富转移和商品交换中发挥过重要作用，在一定范围、一定程度上计量、转移、支付财富价值的过程中，作为货币使用的贝币，最晚在战国中期就已经逐步退出了历史舞台。

海贝作为货币，它的单位又是什么呢？

海贝在与其他物品进行交换时，天然的优势之一就是便于以枚计数。但是，在殷墟甲骨卜辞和商周彝器铭文以及上古文献材料中，在记述贝的数量时，通常都在数词的后面加一个"朋"字。譬如我们前面介绍的《诗经》里那首《小雅·菁菁者莪》诗歌里就是"既见君子，锡（赐）我百朋"。因此，很多学者将"朋"视作贝币的量词，并进行了广泛的考证，得出了一朋为2枚贝、5枚贝、10枚贝、20枚贝，甚至是"朋无定数"等多种不同的观点。

那么"朋"作为贝币的单位，一"朋"到底是指多少枚海贝呢？

古人对此有两种说法：一种指2枚贝，见许慎《说文解字》中的"贝"字条；另一种指5枚贝，见郑玄给《诗经》作的注释。但是，根据金文中"朋"字的几种写法，可以发现一朋包含有两串贝，每串又不止一枚。由此可知，一朋贝的数量应该是双数，且在两枚以上。这说明汉代无论是许慎还是郑玄的说法都不准确。近代的国学大师王国维据此考证一朋为 10 枚贝，这一观点后来被考古发现证明。郭沫若为此还专门赋诗写道："宝贝三堆难计数，十贝为朋不模糊。"[①]

"朋"字现在常用来指朋友，这应该是它原意的引申或借用，而"朋"字的本意却早已被世人淡忘了。今天已经很少有人知道，"朋"字竟然是我国古代最早的货币单位。这位"朋友"肯定人人都愿意结交。

（四）

随着经济的发展以及人口的增加，商品交易的规模日益扩大。当商品交换中天然海贝不能满足社会上的需求时，以兽骨、软石、蚌壳、陶土、玉髓等材料仿制的贝币便出现了。这些人工仿制的不同材质的贝，都是依照原贝的形状与大小制作而成，它们可以说是世界上最早的人造货币的雏形。

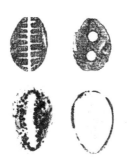

图 0-3　人工仿制贝

随着青铜铸造业的发展，用金属材料铸造的货币便应运而生，这就出现了铜贝。例如：1953 年河南安阳一座商代墓葬中出土了 3 枚铜铸贝。虽然仅有 3 枚，但是意义非凡，因为这是首次在商代墓葬中经

① 郭沫若：《安阳圆坑墓中鼎铭考释》附录。——编者注

过科学考古发掘出土的铜贝。1963 年，在山西侯马一座春秋时期的墓中，出土海贝 8 枚，另有骨贝 100 枚、铜贝 1600 枚以及包金铜贝 32 枚。1971 年，在山西省保德县商代晚期墓葬中，与车马器同时出土的还有铜贝 109 枚。

近年在山东淄博原齐国故地新发现一批铜贝，体形扁平，呈水滴状，底部与尖部各有一小孔，式样已经脱离了天然海贝的形状，比保德铜贝略微大一点。

图 0-4　保德铜贝

图 0-5　淄博铜贝

商代的铜贝以"寽"（锊）为单位，这完全符合早期货币以重量单位为价值名称的规律。西周青铜器的铭文中就有易（赐）贝若干"寽"的记述，有的还讲到用 100"寽"铜贝购买 5 名奴隶。因为天然海贝以"朋"为单位，而"寽"是金属的重量单位，这里赐贝以"寽"为单位，说明所使用的正是铜贝。用铜贝购买奴隶，又证明了铜贝已经被当作价值尺度，发挥了货币的职能。

铜贝出土于距今三千多年前的商代墓葬具有重大的意义，这说明早在公元前11世纪前后的商代后期和西周早期，我国就已经出现了早期的金属铸币。保德铜贝就是目前已知世界上最早的金属铸币。

这一时期世界上别的国家使用货币的情况又是怎样的呢？

根据《荷马史诗》中《伊利亚特》的记述，公元前9世纪希腊仍然以牛为价值尺度，也就是说交换时以牛为一般等价物，考古发掘中也没有发现当时有金属货币。

根据希罗多德的《历史》记载，西方最早的金属铸币出现在公元前640年，是位于今天土耳其境内的小亚细亚半岛上的古国吕底亚铸造的琥珀金银币，时间上相当于我国春秋中期。因此，我国虽然不是最早使用金银币的国家，但却是世界上最早使用金属铸币的国家。

图 0-6　吕底亚琥珀银币

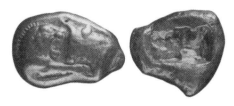

图 0-7　吕底亚琥珀金币

这就引申出一个饶有趣味且长期困扰货币史学术界的疑问。

经典政治经济学认为："金银天然不是货币，但货币天然是金银。"可是，为何中国最早出现的金属铸币是铜币而不是金银币？此后的两千多年间，中国为何又长期停留在使用铜铸币？为何白银的货币化过程始终缓慢而艰难，直至明朝中后期才完成？即便白银成了法定的货币金属，也以银块的形式称量使用，而不铸造银币，这又是为什么呢？

上述疑问是研究中国古代货币时都会碰到的，自明末的顾炎武以及清代的赵翼以来，很多人都做过分析，但是至今还没有见到有说服力的解释。

接下来我们将带着这些疑问，以货币为视角，回顾、梳理我国三千多年的货币史，考察钱币在王朝治理过程中所发挥的作用，看看有哪些成功的经验与失败的教训，希望能给你带来新的收获与启示。

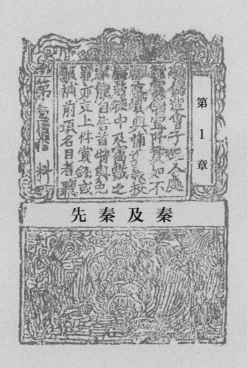

第 1 章

先秦及秦

我国古代钱币起源于先秦，统一于秦朝。本章将论述璀璨的先秦钱币文化以及秦朝统一币制。

我国古代最初充当一般等价物的商品，外来的交换品是海贝，内部可以让渡的财产不是大多数国家所使用的家畜，而是青铜制作的铲形农具。这一方面反映了我国古代货币经济的早熟，另一方面说明我国古代货币文化根植于农耕文明的特点。

春秋战国时期，各国的钱币虽然看似各自为政、杂乱无章，实则脉络清晰、互有归属，总体上可以划分为布币、刀币、圜钱、蚁鼻钱四大体系。这些形态各异的货币反映了那一时期商品经济和文化的繁荣。

战国后期，随着兼并战争的进行以及各国变法运动的兴起，各国的钱币相互交流融合、借鉴学习，开启了统一的进程。秦国的圜钱异军突起，随着秦国兼并六国而成为统一的钱币形制。

钱币在秦国的崛起过程中发挥了重要的作用，秦国不仅有发达的货币经济，还有严格的货币立法。

璀璨的先秦钱币

先秦时期是我国古代文化以及典章制度肇始并逐渐形成的时期。这一特点在货币上体现得尤为明显。特别是春秋战国时期，各国的货币虽然看似各自为政、杂乱无章，实则脉络清晰、互有归属，总体上可以划分为布币、刀币、圜钱、蚁鼻钱四大体系。这些形态各异的货币，实际上正反映了那一时期商品经济的繁荣以及诸子百家文化的高度发达。

下面5节分别介绍以布币、刀币、圜钱和蚁鼻钱为代表的先秦四大钱币体系的产生及其发展演变。通过钱币这一视角讲述中华货币文化是如何原创产生、独立发展并自成体系的，并论述钱币在春秋战国这一社会大变革的时代所发挥的重要作用。

一、布币："钱"这一名称的由来

说到"钱"，可能多数人会认为，这是现代人对货币的一种俗称。实际上，"钱"这一名称并不是现代才有的，它出现得很早，可以说是我们的老祖宗对货币最早的称呼。我在"引言"中讲过，我国最早的货币是海贝，那是不是海贝又被称作"钱"呢？

不是的，钱指的不是海贝，而是一种替代海贝的青铜农具。那青铜农具为什么会取代海贝而成为新的货币？源自青铜农具的货币又为什么被称为"钱"？下面我就结合文献资料以及实物货币讲讲被称为"钱"的布币的来历，以及它在我国古代货币发展史上的重要地位。

（一）

青铜农具取代海贝而成为新的货币，实际上是人类社会发展进程中的一种必然选择，也是人类文明进步和发展的必然结果。

早期人类社会发生过两次大的社会分工，第一次是农业从畜牧业中分离出来，第二次是手工业又从农业中分离出来。

因为社会分工的发生，各个部落生产的产品不尽相同，这就为经常性的交换创造了条件。特别是随着手工业的发展，金属逐渐成为制造工具和武器的主要材料，在交换中自然居于首要地位并取代其他商品货币而充当一般等价物。这种等价物最初多半是由铜、铁等贱金属充当，但是在后来的发展中，金、银等贵金属因其自身的优点而逐渐胜出，最终一定会替代贱金属铜、铁而成为金属货币的首选。

海贝最初被当作货币使用，主要是因为它是外来的交换品，数量稀少，不容易得到。但是，也正是因为它比较稀少，又不便分割，在后来随着交换的频繁发生，其缺点和不足也就越来越显露出来。因此，海贝就被价值含量高、便于分割、更能满足社会需求的青铜铸币逐渐取代了。

海贝作为我国最早的货币，虽然直到秦朝统一六国才被正式废弃，但是早在春秋战国时期实际上便已经基本绝迹了，被由各式工具发展演变来的、形态各异的铲形的布币和刀币等青铜铸币替代。

铲形的布币最初被称为"钱",受此影响,后来"钱"成为各式货币的通称,并沿用至今。我们日常生活中每时每刻都离不开的"钱",最初竟然是一种农具的名称,这可能有点出乎大家的预料。这是真的吗?

是真的!在我国第一部诗歌总集《诗经》里,有一篇叫《周颂·臣工》的诗歌,这是周王在举行农耕仪式时唱的一段歌词,其中有一句就提到了"钱"。歌词是这样说的:"命我众人,庤乃钱镈,奄观铚艾。"这里需要做点解释,"庤"是收藏、整理的意思;"奄"指尽、广泛;"铚"指镰刀;"艾"指收割。整句歌词的意思是说,周王命令他治下做农活的人们,要他们整理好铁锹和锄头等农具,他要去视察开镰收割庄稼。

这里出现了我国古代文献中最早记载的"钱"字,《说文解字》的释文是:"钱,铫也。古者田器。""铫"就是"锹"字,与铲同类,使用的时候,器身与土地垂直,用于起土;"镈"字在《广雅·释器》的释文是:"镈,锄也。"锄也是一种农具,使用的时候,器身与土地平行,用于锄草。

"钱"与"镈"是当时用来除草松土的两种农具,分别相当于我们现在所使用的"铁锹"与"锄头"。"钱""镈"两字在古代经常连用,泛指农具或者农事。如曹操《步出夏门行》诗曰:"钱镈停置,农收积场。"范仲淹《铸剑戟为农器赋》说:"粲是星陈畎亩之具,日新钱镈之类。"明代杜濬《唐港耕人歌》诗曰:"东邻借钱镈,西邻借桔槔。"这里都泛指农具。宋代王禹偁《酬种放徵君》诗中,"无术铸五兵,使民兴钱镈"则是借指农事。

后来被称为"钱"的那种青铜货币,就是由古代的农具"钱"逐渐演变而来的，我们现在将货币统称为"钱"也是来源于此。又因为在古代，"布"是"镈"字的同声假借字，可以相互借用。因此春秋战国时期将铲形的铸币称为"布"也是源于此。

我们说西周的时候，布币是从铲形的青铜农具演变来的，这除了在《诗经》中能找到依据，从出土的钱币实物上我们也能发现它们之间相互的承继关系。

华夏文明根植于中原地区的农耕社会，因此，在早期的商品交换过程中，用青铜制作的铲形农具，自然最容易被大家接受，因此而演变成为一般等价物，并逐渐发展成为货币。也就是说我国古代最早的青铜铸币，是由原始的农具"铲"演变来的。这种演变的痕迹，从钱币实物上就可以看出来。比如，早期布币的上端即首部，仍然保留一个用来插木柄的銎。因为銎是空心的，所以在銎里还留有泥土，被称为"范芯"。

（二）

布币虽然是我国早期最重要的金属铸币，但它最早出现于什么时间却是一个难以做出准确界定的问题。这是因为实用的生产工具铲，与早期用于货币的原始镈（布）之间是很难明确划分的。

一般说来，越早的布币，其形状就越接近于它所演变的工具，后来因为逐渐减重而演变成为各种形制不同的布币。钱币界大多数专家根据考古资料认为，最早的布币大致出现在商朝的中后期。

铲形的布币主要流通于中原地区。这里的中原地区指的是西周王室直接统治的都城洛邑，也就是今天的洛阳及其周围地区，以及山西、河北的南部地区。这一带最初使用的是由农具铲演变而来的空首布，后来又演变为平首布，统称为布币。因此，布币根据其形制可分为空首布和平首布两类。那么什么是空首布呢?

图1-1　原始布

图1-2　空首布(安周)

所谓空首布,是指布的首部是中空的并呈銎状。它是商朝中后期至春秋战国时期的青铜铸币,由原始农具镈(布)改造演变而来,主要流通于周王畿、晋、郑、卫、宋等地区。

空首布的銎部多呈方形,个别也有菱形的,銎部因范芯的支点而留有不规则的穿孔。因为铸造流通的区域不同,主要有平肩弧足、斜肩弧足、耸肩尖足三种形制,每种形制又大致可分为大、中、小三等。大者长 140~150 毫米、肩宽 60~70 毫米、足宽 70~80 毫米、重 50~80 克;小者长 63~81 毫米、肩宽 35~39 毫米、足宽 37~43 毫米、重 15~20 克。这种分类只是相对而言，并没有明确的标准，但是在时间上却有先后的区别。大型的应该属于商朝中后期至西周初，中型的则从西周成康之世至春秋中晚期，小型的则从春秋末至战国。

大型空首布的出土以今天的河南安阳为中心，遍及河南中部、山东西部、安徽北部、江苏西北部、河北中南部及山西东南部，长江以南很少发现。多数都铸有文字：字体近乎甲骨文，一般都是单字，也有多字的；已发现有 200 多种，多为纪数、方位、名物、干支、地名、族姓、吉语等，涉及面广，较为分散；多与农作、天气及祭祀有关，反映了商朝中后期至西周初年的社会生活情况。时间上大致是河亶甲至商纣王时期（公元前 1400 年至前 1000 年），有四百多年，这是空首布的初期。

牧野一战，帝辛败死，商朝灭亡。七年后帝辛的儿子武庚发动复国战争，与周公苦战三年，兵败被杀。周公立帝辛之兄微子启于宋（今河南商丘），从此，"周人力田，商人贸易"，相安无事。但是，"商人"一词却逐渐演变成为特指从事贸易的人群，重农抑商的观念由此形成。商人继续拥有铸币的特权。新铸的布币体形开始变小，重约 30 克，两面皆有凸起的竖（斜）线两条或三条，四周有隆起的边缘；几乎都铸有文字，或在一面或两面都有，字体介于甲骨文与大篆之间，内容多和货币、经贸活动有关，如"釿""市南小化（货）"等。这种布币的出土地域扩展到东北、内蒙古、晋北、关中及两湖等东南沿江地区，时间大致是西周成康之世至春秋齐桓公、晋文公称霸之时，即公元前 1000 年至公元前 500 年，有五百多年，这是空首布的中期。

春秋末期，随着商业的发展、贸易的繁荣，商人地位有所提高，似乎已经蜕变为不以血缘为基础的工商集团，领有封邑或操有政柄的封君卿士也多涉足商业，并在封邑内设炉鼓铸。这一时期的空首布有三大特点：一是首部越变越短，并逐渐由空变平；二是体形越变越小，且由薄变厚；三是文字越变越多，由杂乱变得较为规整。此时的空首布重量多在 20 克以下，数量较少，出土地域也明显缩小，仅在河南、山西及河北南部有发现。这些变化说明空首布的流通区域在缩小，已经不再是市场上的主币，即将被新的货币取代。

空首布在春秋时期估计还是由民间铸造，当时的文献中未见提及，古诗中虽然提到了"贝""朋"，但是没有提到布币。《诗经》中所提到的"抱布贸丝"是布帛之布，属物物交换，而不是指布币。直到战国时期，因为广泛流通后引起上层重视才有记载，如《管子》书中的"束布之罚"，指的就是布币。

空首布作为我国早期最重要的金属铸币，自殷商至战国，在当时经济文化最发达的王畿地区流通使用一千多年，为我国最初货币的产生、发展做出了重要贡献。但是，因其原始体形上的先天缺陷，如方形中空的首部、大而薄的形体，既不容易保持完整，又不便于大量携带或储存，这对其货币功能的发挥多有限制。特别是随着商业的发展、贸易的繁荣，流通区域扩大之后，体形上的这一缺陷体现得更为明显。空首布逐渐开始发生变革，最终演变成为平首布。

（三）

平首布是约战国时期由空首布逐渐蜕变成的，形制十分杂乱。但是，因为绝大部分都是有足布，因此大致可分为尖足布、方足布、圆足布、釿布四种类型。

尖足布：形制特点是耸肩（平肩者极少）、方裆、尖足并呈燕尾状，由耸肩尖足空首布蜕变的痕迹明显。长约 85 毫米，宽 4 毫米，与中型空首布相当，但仅重 13 克，几乎都有文字，以两字居多，多纪地名，主要有邯郸、晋阳、大阴、城、隰氏、蔺等地。因体积较大，后来又发行了一种小型的，长仅56毫米，重6.5克，并铸有"半"字，表示价值为大布之半。这应该是我国发行最早的辅币，也是货币纪值的先声，在货币发展史上具有重要意义。铸造半布的城邑有大阴、邪山阳、晋阳、甘丹、阳化、韩、隰氏、蔺等。半布发行之后，因大小适中，便于流通，成为标准单位后便不再铸明"半"字，大布遂被淘汰。

最初尖足布仅在晋国北部流通，后来在晋文公霸业的推动下，东逾太行，扩大流通范围，几乎与空首布"中分天下"。但是好景不长，三家分晋之后，魏氏用当寽布，韩氏流通方足布，赵氏则是方足布、釿布混用。尖足布因此被废弃，前后流通不满二百年。但它因为造型美观，数量较少，因此一直比方足布名贵。

图1-3　尖足布

方足布：形制特点是方肩（间有耸肩者）、方裆、方足，面背都有周郭。由空首布演变而来，但少数方足布似乎是从尖足布发展来的。变化主要表现在两个方面：一是改易折的尖足为抗力较强的方足；二是加宽颈部，并在首端添置两个突出的小耳，以便束扎携带，因此又被称为有耳布或锐角布。方足布体形较尖足布小,铜质较尖足布坚韧,重5~6克。方足布是战国时期通行最广的一种布币,平阳、安阳和宅阳等地铸造最多。根据铭文及出土地点,主要铸造流通于韩、赵、魏三国。三晋以外,齐、鲁、宋、卫等国也曾经铸行方足布,另有少数纪燕国地名的方足布大概是公元前3世纪中叶赵国攻入燕国时所铸。此外,秦国也曾经铸造方足布,惠文王八年攻取魏国梁邑铸梁邑布,后又占领宁新中,改称安阳并铸安阳布。此种安阳布数量之多,据台湾蔡养吾先生估计,几乎占传世方足布的四分之一。嗣后又铸一种大型的方足布,重量虽然仅增一倍,作价却超过十数倍,成为我国最早铸造的大钱。在此期间,魏迁大梁,赵徙邯郸,燕乱郑灭,齐覆灭于乐毅,宋亡国于王偃。秦国在军事进攻的同时,大肆铸造安阳、梁邑等方足布,似乎是想发动货币战争,扰乱对方经济。秦国此举迫使魏国竭力推行当乎布,齐、燕、赵则转向刀币的铸造,宋国一度发行"殊""四"釿布,方足布的流通反倒全靠秦人维持。但是,安阳、梁邑等大布的铸行,破坏了方足布的信誉,使方足布逐渐被市场淘汰,结束了其二百多年的流通历史。

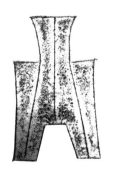

图1-4 方足布(卢氏百涅)

圆足布：形制特点是圆首、圆肩、圆裆、圆足。清末钱币学家曾认为圆足布是方足布演化为圜钱的过渡形式，考古发现后来证明圜钱似较圆足布出现得早，倒很可能是圆足布的设计受到了圜钱的启示。圆足布的种类及数量都比较少，流通的范围小、时间短。已发现的有晋阳、隰氏、蔺、离石、大阴等。其中，离石和蔺字布分大、中、小三种：大型长 8 毫米以上，重 18 克；中型长 6~7 毫米，重 12 克；小型长 5~6 毫米，重 8 克。有人认为重量上的这种变化是减重造成的，事实可能并非如此。联想到尖足布中有大布与半布并行的情况，圆足布很有可能是受此启发而分成大、中、小三等流通使用，为我国货币史上的一种创举。

圆足布中有一种布的首及两足各有一圆形穿孔，俗称三孔布。其面文多纪地名，有南行唐、宋子、武阳、安阳、建邑、家阳、上专、下专、阿、杞等；背文纪重，有"两"及"十二朱"两种。三孔布发现得较晚，多数流出国外，日本银行收藏最多。大多数研究者仅由谱录见到拓片，终生未能一睹真容，因此三孔布被视为古钱中的瑰宝。2008 年 5 月，应日本货币协会邀请访日参观日本银行货币博物馆时，我专门要求日方从库房调出所藏 20 多枚三孔布，一一过手，仔细观赏，至今记忆犹新。三孔布的断代归属向来众说纷纭，郑家相、彭信威因其所用"朱""两"为秦国纪重单位，认为它是秦国货币。李学勤、裘锡圭因为钱文所纪地名尽属三晋之地，且大部分为赵地，据此否定秦说，认为是赵国铸造。特别是 1983 年 4 月山西朔县北旺庄露天煤矿工地八号汉墓出土的宋子三孔布，有具体出土记录，更印证与秦无关，应属赵国。汪庆正则认为是中山国所铸。根据目前资料，客观分析，三孔布很有可能是战国末年秦国攻占赵地后所铸。三孔布形制奇特，铸造精工，传世及出土数量稀少，为古代钱币中的大名誉品，向来为藏家所珍惜。

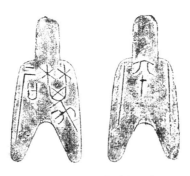

图1-5　圆足布（离石）

图1-6　三孔布（武阳）

釿布：形制特点是平首、方足、圆裆，肩部或为方肩，或为圆肩。因此，它主要有两种类型，一种是方肩圆裆，另一种是圆肩圆裆。钱文多为纪重及地名，以釿论重，故称"釿布"。因裆部似桥，又称桥足布。釿布体形较厚重，形制上虽然并不完全一致，但都以釿为单位，并按大小轻重分等。一般分成半釿、一釿、二釿三种等级。如安邑釿布、晋阳釿布、安阴釿布、阴晋釿布都按半釿、一釿、二釿分为三种等级。

"釿"字曾见于周坪安君鼎，铭文中有"五益六釿半釿四分釿"字样，字义虽然费解，但釿字似乎是用作重量单位。但是各种釿布的重量却并不一样，并且半釿布的重量并不等于一釿布的一半，二釿布也不等于一釿布的一倍。《集韵》说釿与斤同。《正字通》曰："以铁为之，曲木为柄，剞劂之总称。"《孟子》说："斧斤以时入山林。"《庄子》有"于是乎釿锯制焉"。天君鼎上有"斤贝"二字，有人认为是指布和贝两种货币，等于镖卣上的"贝布"，说明斤或釿是一种生产工具，后来发展成为货币，也借用为重量单位。

　　釿布大概是晋国或晋国一些地区的货币，战国时期为魏国及其邻国所沿用。魏国铸造的釿布有三种，即安邑釿、梁尚釿、梁新釿。史载公元前410年李悝为魏文侯相，推行平籴之法，安邑釿布可能就铸造于当时，后来各地效法，皆铸釿布。因此，釿布中以安邑布最多。魏国因都城安邑靠近秦国，易受攻击，魏惠王于公元前340年迁都大梁，梁尚釿、梁新釿可能就是迁大梁后所铸。迁都之前所铸釿布的形制特点为方肩圆裆，迁梁后则为圆肩圆裆。赵国仅见一种晋阳釿，估计是迁都邯郸后，改行刀币，便停铸釿布。

图1-7　釿布（安邑半釿、安邑一釿、安邑二釿）

　　另有一种钱文为"殊布当十化"的大布和"殊布当釿"的连体小

布。文字古怪难识，多出土于今徐州附近，应与魏国的釿布有关。但是近年又在江苏丹阳、安徽宿县、浙江杭州有少量出土，三地都属于战国时楚地，或认为是楚国所铸。1983 年 11 月，在新郑郑韩故城韩国铸铜遗址战国晚期地层，发现大布的陶范以及连布的背文范，证明这两种布是同时铸行的，但所属国别还有待进一步研究。

说到这里，不知大家平常注意到没有，我国的央行即中国人民银行的行徽，就是由 3 枚布币构成的一个"人"字形。这个设计非常经典，它不仅精准地反映了我国的央行"人民银行"的属性特点，同时还深刻地揭示出源于铲形农具的布币在我国古代货币发展史上的重要地位。正是因为布币是我国古代最重要的一种货币形态，为早期金属铸币的产生、发展做出了重要贡献，后来才被选作央行行徽的构成元素。

布币因为在先秦货币中占有重要的地位，因此它的名称"钱"，后来也成了其他钱币如刀币、圜钱、铜贝等货币的通称，并沿用至今，成为大家平时使用频率最高的一个字。而"货币"一词是近代才从日本引入的，它是明治维新以后，日本在翻译西方的书籍时新创造的一个外来词。我国古代没有"货币"一词，而是用"钱"或"钱币"来表示。

被称作"钱"的布币源自铲形的青铜农具，那刀币源自什么？它又是如何成为货币的呢？

二、刀币：管仲治国的利器

上一节我们介绍了先秦四大货币体系中布币的来源及其发展演变，并指出我们现在俗称的"钱"，实际上就是源自铲形的农具布币。这一节我将给大家介绍先秦四大货币体系中的刀币，以及管仲是如何利用刀币帮助齐桓公成为春秋首霸的。

（一）

刀币仅从形状上就可以看出，它是由实用的工具刀削演化来的。这一观点在1989年北京延庆军都山山戎部落墓地中，原始青铜刀削与尖首刀同时出土而得到证明。刀币流通使用的范围没有布币广，主要是在北方燕、赵等国的狩猎民族和东方从事渔猎的齐国使用。这与中原地区以农耕为主要生活方式的先民，选用铲形的农具作为货币是一个原理，在以狩猎及渔猎为主要生活方式的北方及东部沿海先民中，刀削自然也是他们日常生活中的主要生产工具，后来就逐渐演变成为用来交易的货币。

刀币可分为刀首、刀身、刀柄以及刀环四部分。依据形状可分为两大类：一类是北部燕国、赵国的刀币，体形稍小，但种类较多；另一类是东部齐国的刀币，体形较大，制作精整，但数量较少。

燕国的刀币形制上大致可分为针首刀、尖首刀、明刀三种类型。

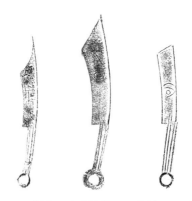

图1-8 燕国刀币（针首刀、尖首刀、明刀）

针首刀呈弧背凹刃状，刀尖特长，且尖锐如针，故称针首刀。刀身薄而具弹性，大多都没有文字，有些则隐约现出一字，或近乎甲骨文；或者是刚从象形图案中变出未久，如鸟、鱼等。刀身长短也多不一致，一般长140~150毫米，重5~9克。这种刀币在明清之前也发现过，因为数量少，并没有另立名目，而是与尖首刀混为一谈。1932年发现于河北承德，有百余枚。1937年、1941年又有出土，因为此处古代属于匈奴故地，因此有人称之为匈奴刀。1987年河北省易县燕下都遗址出土的尖首刀中，又发现两枚针首刀。后来又有发现，而且数量不少，其独特的形制才开始引起钱币学术界的重视，被认为是燕国刀币的一个新的种类。在辽宁、河北等处的考古发掘中，曾发现针首刀与贝币、空首布埋藏在一起。这说明针首刀约在殷商晚期就已经出现了，应该是刀币的始祖，同时也说明燕国使用刀币似乎要比齐国、赵国早。

尖首刀的形制与针首刀大致相同，由针首刀到尖首刀沿革转变的轨迹，清晰可考。针首刀的针尖部在流通中极易折断，实践中早已开始逐渐减短加宽，晚期的针首刀与典型的尖首刀已经非常接近，难以分辨。尖首刀通长138~180毫米，宽18~26毫米，重14.7~16.5克，制作都很精整；主要出土于河北中部、北部及辽宁西部地区；多数有文字，并且大多数都是单字，一面或两面都有，书法介乎甲骨文与大篆之间，针首刀上的象形字在尖首刀上已经见不到了，这说明直至春秋中叶，尖首刀还在制作流通。

明刀由尖首刀演变而来，形制上的变化主要是刀首较窄，刀尖较钝，刀脊弧度小。最明显的特点是钱面铸有一个"明"字，因此被称为"明刀"。"明"字书体多变，但可以肯定是同一个字的变化。此字的释读历来是钱币界争论不休的问题，现在一般仍然称之为明刀。

明刀背文复杂，有一个字的，也有多字的。通长 140~170 毫米，宽 13~22 毫米，重 15~18 克。燕明刀以其刀身曲折的状态，可以分为圆折刀和方折刀两种。

明刀大概流通于公元前 4 世纪末和公元前 3 世纪，正值燕国对外战争频繁之际，需要大量铸造以支持需要。因此，圆折刀有减重的现象，相差在 3 克以上。这估计是在燕惠王时，燕国一面为齐将田单所败，丢失了占领的齐国土地，一面又与赵国失和，连年战争，经济困难，被迫实行货币减重的通货膨胀政策。但不久便废弃了减重的圆折刀，而改铸方折刀，实行了一次币制改革。后期的方折刀有一种既窄又短、铸工粗糙，并且数量稀少，估计是燕王喜奔辽东后在辽地所铸。燕国在辽东只偏安了四年便于公元前 222 年被灭亡，所以这种方折刀数量很少。

明刀是先秦刀币中出土数量最多的一种，据统计，仅燕明刀就达 20 多万枚，1965 年，仅河北省易县燕下都遗址就出土了 33315 枚，另有破碎者约重数百斤。出土范围广泛，除河北外，北京、天津、辽宁、内蒙古、吉林、山西、河南、山东、江苏 10 个省市的 60 多个县区都有出土，甚至在境外的朝鲜、日本也有发现。

赵国本是铸行布币的国家，但从战国中期开始，出于与邻近通行刀币的燕国、齐国的商业贸易需要也开始铸行刀币。赵国的刀币是先秦刀币中数量较少的一种，常与燕明刀或三晋布币同时出土。主要特征是刀形较直，刀背、刀刃都略带弧形，刀首或圆钝或平斜，币面铸有文字，大致可分为两种类型。

第一种长 12.4~14 毫米，宽 2 毫米，重 4.5~12 克。刀身微曲，圆环，面文为"甘丹"或"白人"。甘丹指邯郸，是赵国的都城。白人即柏人，位于河北省隆尧县境内。刀的背部多为素面，有的纪一单字或一数目字。因为减重较为严重，铸工有精有粗，大小也较为悬殊。"甘丹""白人"是赵国刀币的主要种类。

第二种体形稍小，长约11毫米，宽1~2毫米，面铸一"蔺"字，可能使用的是石范，制作异常精美，但是数量稀少。

另有一种"成白"刀，因为经常与"甘丹""白人"刀币相伴出土，因此也被归入赵国的刀币。20世纪70年代以来，在河北平山灵寿故城遗址的勘查发掘中，出土了大量的成白刀及其刀范，特别是1985年在5号遗址出土了用过后被遗弃的陶范及坩埚残块，证明成白刀是中山国铸造的货币，不属于赵国。这一澄清是先秦刀币研究的重要成果之一。

（二）

在齐国的姜氏时代，估计刀币、布币、圜钱在民间都流通使用过。周安王二十三年（前379）田氏灭姜氏篡位之后，开始专门铸造使用刀币。齐国的刀币与燕赵两国的刀币不同，其体形硕大，文字高挺，铸造精整。刀首内凹，周边有边郭隆起，刀柄面背中间均铸造有两道竖线，圆环的直径比较大。流通区域仅限于齐国境内，历年的出土报道多集中于山东省潍坊、烟台、临淄、济南以及南部的沂河、沭河流域，齐国以外极少被发现。齐刀形制独特，选料精细，制作精美，在各国刀币中首屈一指。根据刀身外缘与刀柄相接处是否中断而分为断缘与不断缘两种，根据刀面文字数量可分为六字刀、五字刀、四字刀、三字刀四种，另外还有一种"明"字刀，俗称齐明刀。

"六字刀"有两种。一种文字为"齐建邦长法化"，简称"建邦刀"，通长182~185毫米，宽28~29毫米，重42.3~47克。实际上，除了第一个字"齐"，其余五个字始终都有争议，最后两字钱币学界多读为"法化"，即国家的法定货币，古文字界多释为"大刀"，即大型的刀币。分歧主要是在第二个字，其中以释读为"建""造""返"较为有影响，实际上三种释读字义上都通畅，并与齐国的历史也能联系起来。其中，最有可能的一种说法是，这是周赧王三十一年（前284），齐襄王依靠田单驱逐燕军复国之后铸造的；也有人认为可能是公元前386年周室接受田和为齐公的称号后铸造的。这两种都有开国或重新建国的意思，是为了纪念而铸造，因此，也可以说这是我国历史上最早的纪念币。

图1-9 齐国刀币（六字刀、三字刀）

另有一种六字刀，文字为"即墨邑之法化"，简称"即墨刀"，通长180~190毫米，宽28~30毫米，重51~61克。也有人将"邑"字释读为"墨"字的末笔而称为五字刀。即墨本来是一个独立的小国，春秋末年被齐国兼并，地点在今天山东省平度东南。即墨邑在田白父子篡夺齐国政权时给予过支持，因此田氏上台后，即墨的地位就比其他的邑重要，因而发行了即墨刀。即墨刀刀身较宽，分量较重。另外还有背铸"辟封""安邦"的即墨刀，估计也是齐襄王复国时铸造的纪念币。

五字刀也有两种。一种文字为"即墨邑法化"，因为比"即墨邑之法化"少了一个字，简称"小即墨刀"，通长140~160毫米，宽20~22毫米，重33~35.5克。"小即墨刀"出土发现的比较少，估计是燕国攻占齐国大部分领土之后，齐军退守即墨时铸造的。后来田单正是以即墨为基地反攻燕军，才收复齐地的。另有一种文字为"安阳之法化"的五字刀，简称"安阳刀"。安阳刀通长180~185毫米，宽28~29毫米，重44.5~50克。其刀缘中断，制作特别工整，文字高挺，表现了较高的技术水平。安阳为地名，具体地点最早有人说是《左传》中的安革，在济南附近。后来又有人认为是在曹县以东，或在莒县附近，众说纷纭。虽然铸地存有疑问，但是时间应该是在田齐初期，即公元前4世纪。

四字刀的文字为"齐之法化"，文字秀雅，出土数量较少。刀身通长115~189毫米，宽27~30毫米，重44.5~53克。四字刀没有减重的现象，发行流通应该是成功的，反映了社会秩序的稳定，为田氏代齐奠定了基础。

三字刀也有两种：一种文字为"齐之化"，数量较少；另一种为"齐法化"，数量较多。三字刀通长178~190毫米，宽26~30毫米，重40.8~52.4克，是齐国刀币中数量最多的一种，背文复杂，有的是纪范文，有的是干支纪年，有的是纪地如丘、安、方、易等，也有类似于吉语的，如"吉""行大"等。三字刀的制作比较粗糙，是田齐建国之后通用的法定货币，流通使用的区域最广，时间也最久，形制、重量基本保持一致，也基本上没有减重的现象，可以说是古代一种发行比较成功的货币。

齐明刀的面文为"明"字，背文有"齐化""齐化共金""莒冶齐刀""莒冶刀"等，通长约140毫米，宽约16毫米，重11.9~19.2克。它虽然是在齐国铸造的，但是却有燕明刀的面文及特征，因此被称为"齐明刀"，一般较燕明刀轻、小。又因为最初是在清朝嘉庆年间出土发现于山东省博山的香峪村，因此又被称为"博山刀"。一般认为背文有"齐化"字样的，应该就是燕国的名将乐毅占领齐国时所铸造用于齐国境内的贸易币。

近年在山东省多处还出土发现一种燕国的尖首刀，但是刀的首部却被剪去一截，因此俗称"截首刀"，招远地区曾经一次出土162枚。燕国的尖首刀为何会在齐国被截去刀首的部位？对此，目前还没有明确的解释。我个人认为，这可能与找零有关，或者也可能和乐毅伐齐有关。这有待进一步研究。

（三）

刀币流通使用的范围虽然没有布币广，但是我们却不能因此而小看了刀币。因为在春秋的大舞台上，被称为"华夏第一相"的管仲就是以齐国的刀币为利器，辅佐齐桓公成为春秋五霸之首。

管仲又称管子（公元前723年—前645年），世人都知道他是我国古代著名的政治家、思想家，实际上他还是一位金融家，善于运用金融货币政策。他通过刺激国内消费促进经济增长，对外更是以货币为利器，达到了不战而屈人之兵的目的，创造了古代货币战争的经典案例。

齐桓公、鲍叔牙不计前嫌，推举管仲为相国，三人相互成全的故事早已是大家耳熟能详的千古佳话。因此，我们就从管仲出任齐国相国说起。

管仲就任相国之后，是如何治理齐国的呢？司马迁在《史记》中的评价是："与俗同好恶""论卑而易行"。意思是说管仲的治国理念虽然比较低俗，但是却很管用。那管仲是如何做的呢？实际上他的办法就是用钱去征服天下。

《管子·侈靡》记录了他与齐桓公的一段对话："今周公断指满稽，断首满稽，断足满稽，而死民不服，非人性也，敝也。"意思是说周公时代，到处都是堆积的被砍下来的手指头、脑袋以及脚趾，但是老百姓并没有屈服。管仲认为这不是因为人的天性，而是因为太穷了。因此提出了"仓廪实则知礼节，衣食足则知荣辱"的著名观点。他的本意不是说人过上好日子就会遵守秩序，而是说老百姓吃不饱饭就很难管。因此，他主张要藏富于民，让百姓手中有钱，并鼓励民众进行消费。

齐桓公想增加税收，管仲反对，说老百姓都是你给他东西他才高兴，拿他的东西他就不乐意。收税本质上就是强行抢夺，即"夺于天下者，国之大贼也"。齐桓公问，那怎么办？管仲建议他用钱到市场上去赚钱，而不是直接从老百姓手中去拿。管仲说要让老百姓只看见君王给大家发东西，而看不见君王从老百姓手里拿东西，这样君王拿走多少他都说君王好。因此，他主张让万物都流动起来，然后按照市场的规律，用货币驾驭好粮食和万物的关系。只要你把钱用好了，"民力可得而尽也"，即老百姓的所有努力，就全都是在为你创造财富了。

他说："弊（币）也者，家（价）也。家（价）也者，以因人之所重而行之。"意思是说货币是用来表示价格的，价格是依据人们对某种产品的重视程度而确定的。管仲对货币和价格的这一认识，实在让人惊叹，即使放在现代也是非常先进的。因为现代不是每个经济学家都能看到供求关系中产品数量对价格的影响，而管仲早在两千七百年前，就已经看到单纯的稀缺并不能直接影响价格，只有需求的强度才会对价格产生影响。因此，他要通过制造强需求来影响价格，从而实现他用钱去征服天下的目的。

于是管仲提出："黄金刀布者，民之通货也。""通货"这个词现代汉语还在使用，意思就是钱。当时各诸侯国实行的是自由铸币政策，因此各国对货币的选择只有偏好，并没有限定。管仲为了吸引各国商人来齐国贸易，设立了专管货币的机构"轻重九府"，并大量铸造齐国的刀币，他也因此被视为官方铸币的创始人。

管仲虽然大量铸币，但实际上他所看重的似乎并不是货币的发行权，而是汇率差价所带来的巨大利益。当时各国间流通的主流货币是黄金，各国商人来齐国贸易携带的也都是黄金。管仲就大幅度地降低齐国刀币对黄金的比价，刀币贬值，黄金涨价，外商乐于将黄金换成齐国的刀币。因为黄金在齐国的购买力增强，人们就觉得齐国什么都便宜，各国的商人就全来了，市场一下子就活跃起来。这样管仲以国家资本操作汇率的方式，第一次在人类历史上创造了市场的繁荣。

管仲和齐桓公做这些事情背后都是赚钱的。比如商人用黄金换齐刀的时候，他们用齐刀贬值带动更多产品销售，商业税收入就增加了。等商人想把手里的齐刀兑换回黄金的时候，因为黄金升值了，他们又赚到了汇率差价。粮食丰收了，他们大量收购避免粮价下跌；春荒的时候，他们出售粮食，这样既赚到了钱，又避免了饥荒。市场繁荣了，很多穷人也有了就业机会。他们的给予都是老百姓看得见的，而获利却是百姓所不知道的。

管仲用开垦荒地发展农业，兴办工业区发展手工业，兴办商业街，发行官方货币，平衡粮价、物价与货币的关系，以市场化的手段激活了农业、手工业和商业，让齐国的都城临淄成了整个东周列国最繁盛的贸易重镇。琳琅满目的各种意想不到的商品全都在市场上出现了，全社会的创新能力都被激活了。为了更好地服务天下客商，管仲甚至还做了一件很让人羞耻的事，就是在齐桓公的内宫旁边开设了七家官办的妓院，这让他又成了中国风化行业的祖师爷。

管仲繁荣了齐国的商业，并积累了大量的资本之后，他用金钱来征服天下的大戏就要开场了。管仲导演这场大戏的目的，就是既要用钱生钱，也要用钱来管理齐国的民生，更要用钱征服天下，概括来讲就是用钱来实现他的所有目标。基本的剧情就是用齐桓公的权势制造需求影响物价，然后再用物价的变化操控粮食与万物的关系，最后实现不战而屈人之兵。

第一个目标选的是邻国鲁、梁。管仲发现鲁、梁擅长生产一种粗厚光滑的丝织品"绨"，于是就让齐桓公带头，也要求他周围的人都穿绨做的衣服，并要求所有齐国人都不许生产绨，只能从鲁、梁购买。上行下效，齐国的百姓都开始穿绨做的衣服。这时管仲就找来鲁、梁的商人，出高价从他们那里进口绨，数量不限，越多越好。消息传到鲁、梁后，上至国君下到百姓，都认为这是发财的机遇，于是全国都投入绨的生产。一年之后，鲁、梁都城里全是拉满了绨的车辆，尘土飞扬，简直看不见人。管仲一看时机到了，就对齐桓公说，你从现在开始带着老百姓都改穿轻薄丝绸做的衣服，并跟鲁、梁断交。十个月之后鲁、梁就开始出现大面积的饥荒，齐国将粮价提高了 100 倍。因为现种粮食已经来不及了，鲁、梁的国君为了百姓不被饿死，只好归降齐国。

虽然很多人从这个故事里看到了确保粮食生产的重要性，但是市场就是个魔鬼，人们又怎么可能不去做最赚钱的生意呢？所以，大家虽然都知道粮食的重要，并看到了鲁、梁亡国的悲剧，但是管仲这一招还是屡试不爽。接着中招的是代和衡山两国。

代国盛产白狐狸皮，管仲就让齐国的商人高价收购。代国的老百姓就都进山抓狐狸去了，于是庄稼被荒废了。代国的命运最后与鲁、梁一样，为了百姓不被饿死只能向齐国投降。衡山国善于生产兵器，管仲如法炮制——高价购买，引发多国跟进，兵器瞬间就涨价 10 倍，导致衡山国全民锻造兵器，而无人再愿意种田。这虽然引起了衡山国国君的警觉，但是他发现市场上的粮价还算平稳，而他万万没有想到的是，齐国不但用高出市场 10 倍的价格收购粮食，还停止粮食出口，衡山国最终也只能步鲁、梁、代国的后尘归降齐国。

管仲不但用齐刀这一货币手段吞并了鲁、梁、代、衡山这些小国，甚至还使南方的大国楚国屈服。公元前 681 年，在齐桓公执政的第五年，管仲辅佐齐桓公开了以诸侯盟主的身份主持天下会盟的先河，提出"尊王攘夷"的口号；此后九合诸侯，一匡天下，齐桓公成为春秋五霸之首。

三、圜钱：一种创新的钱币形制

上一节我们讲了先秦四大货币体系中刀币的来源及其发展演变，以及管仲以刀币为利器，辅佐齐桓公在"尊王攘夷"的旗号下九合诸侯，一匡天下，成就春秋霸业的故事。这一节我将给大家介绍先秦四大货币体系中圜钱的来源及其发挥的重要作用。

<h1 style="text-align:center">(一)</h1>

　　圜钱是春秋末年至战国时期在以往贝币、布币、刀币之外，新出现的一种独立的货币系统。我们知道布币来源于铲形的农具，刀币来源于生产工具刀削，那圆形带孔的圜钱又来源于什么呢？

　　关于圜钱的来源，目前还存在分歧，主要有两种观点。

　　一种观点认为圆形的圜钱是从手工工具纺轮演变而来，并举出早期的"垣"字以及"共"字圜钱的边郭与穿孔之间尺寸上的比例与仰韶附近出土的纺轮边郭与穿孔之间尺寸的比例相同为证。另外一种观点则认为，圆形的圜钱由古代的玉璧发展而来，并列举古代文献中有以玉为币的记载作为依据。

　　有关圜钱的来源，钱币学术界的观点虽然还不统一，但是多数专家认为圜钱可能最早产生于魏国，后来被秦国所采用并得到推广。但是，也有个别的专家认为，圜钱最初可能是秦国在商鞅变法时才开始铸造的。为了便于后面的分析介绍，我们还是先来看看魏国、秦国以及其他国家铸造和使用圜钱的情况。

　　魏国的圜钱，就目前所知，有字的圜钱以"安臧"钱为最早。安臧圜钱直径35毫米，孔径1毫米；钱文右列直读，书法古朴浑厚，背面平素。安臧应该是地名，但是现在已经不知道位置所在。因为数量稀少，学术界对这一早期的圜钱还无法做详细的研究。

图1-10　圜钱"安臧"

继安臧圜钱之后而续起的是"济阴"圜钱，最初的济阴钱与安臧钱相同，直径31~38毫米，孔9~10毫米；钱文横读，有正写、反写两种，字体也是大篆，但是铸工比安臧圜钱工整。济阴也是地名，在今山东省定陶境内，最初是曹国的都城，后来被魏国兼并。济阴自来就是东方诸国经济的中心，商业贸易发达。因此，济阴圜钱是先秦圜钱中流通时间最久、变化最多的一种。

图1-11 圜钱"济阴"

到了战国中期，当黄河、淮河一带的圜钱铸造都已经十分凋敝的时候，在西面却有两处铸钱中心兴盛起来。一个是陕虞之间的垣邑和两周，另一个是晋中、河东一带的蔺和离石。

"垣"字圜钱，面铸"垣"字。垣本来是魏国的蒲坂，周赧王十二年（前303）被秦国攻占，次年两国修好，秦国遂将蒲坂还给魏国，之后蒲坂改称"垣邑"。始皇九年（前238）垣又被秦国攻取，复改名为蒲坂（位于今天山西省永济市）。有的书中将"垣"这一地名误释为今天山西省的垣曲县，这是错误的。

"垣"字圜钱应当铸造于魏国将"蒲坂"改名为"垣"的六十四年之间。它是圜钱中数量较多的一种，范式较为复杂。早期的"垣"字圜钱直径40毫米左右，小穿孔约6毫米，重10克左右；文字工整，有右读、左读、传形等版式。后期的"垣"字圜钱出现减重，直径多在35毫米以下，孔径变为9毫米，重量仅6克左右。

"共"字圜钱，面铸"共"字。"共"也是魏国的地名，位于今天河南省辉县。"共"字圜钱模仿自"垣"字圜钱，范式十分相像，后人就称它们为姊妹钱。"共"字圜钱可能开铸不久就因故停止了，因此传世数量很少，尺寸变化也不大。其直径43~45毫米，孔径5~7毫米，重14.8~16.5克。

图1-12　圜钱（"共"、"垣"）

"共屯赤金"圜钱，面铸"共屯赤金"四字，旋读。共屯赤金的意思是，"共"地铸造的单位为"一釿"的纯铜货币。这里的"屯"指"纯"，"赤金"指的是铜。它的直径为40~42毫米，孔为5~6毫米。数量稀少。1982年山西省侯马市出土一枚，为唯一有明确出土地点的"共屯赤金"圜钱。

图1-13　圜钱"共屯赤金"

"黍垣一釿"圜钱，面铸"黍垣一釿"四字，旋读。直径35~38毫米，孔径12~14毫米，重12.9~15.7克。"黍垣"也是地名，是魏国上郡的属县，位置在今天陕西铜川西北。

"半釿"圜钱，呈半圆形，中有一小孔，面铸"半釿"二字，是一种异形圜钱。1991 年首次发现于陕北的富县，与"漆垣一釿"圜钱同出一罐。"半釿"圜钱是 20 世纪发现的先秦货币的一个新种类。

<h1 style="text-align:center">（二）</h1>

文献记载，秦国在秦惠文王二年（前 336）"初行钱"。这是见于文字的秦国正式使用货币的最早记录，应该也是秦国官方铸造货币的开始。甚至《史记·六国年表》在这一年秦国的条目下，也特别记载了"天子贺行钱"，意思是说连当时名义上的天下共主周天子，也派代表来到秦国祝贺。

秦国早期的圜钱目前只发现"一珠重一两十四""一珠重一两十二"和"半圜"三种。

图 1-14　秦国早期圜钱（"一珠重一两十四""一珠重一两十二"）

图 1-15　秦国早期圜钱"半圜"

钱文都是小篆体，铭文中"珠"字同"圜"，指一枚圆形的钱，"一珠重一两"的意思就是一枚圆钱重一两；"十二"与"十四"目前钱币学界说法不一，但多数认为与重量无关，应该是纪年，具体指秦孝公十二年与秦孝公十四年。"一珠重一两十二"，直径 37~40 毫米，重 13.1~16 克；"一珠重一两十四"直径 39 毫米，重 13.5 克。两枚圜钱的重量正好都与战国时期秦国一两的重量相符。1996 年西安北郊尤家庄战国晚期秦墓中，曾经发现一枚"一珠重一两十四"，这是此类钱币中唯一经过考古挖掘出土的一枚。

"半圜"是战国时期秦国圆形圆孔圜钱的一种，文字古朴浑厚，有传形，直径 27 毫米，重 12.5 克。据说 20 世纪 40 年代在陕西曾经有出土发现。"半圜"虽然是秦国的钱币，但是钱文却不纪重量，这又与当时秦国钱币的体制有所不同。可是从形制上来看，应该与"一珠重一两十二""一珠重一两十四"属于同一时期。单从书法上看，似乎又显得要更早一点。如果从文字书法与形制的变化上来看，流通的时间可能比较长，并有不断的减重变化。但是因为发现的数量比较少，还很难做进一步的研究。

秦国除了圆形圆孔的圜钱，还有圆形方孔的圜钱，方孔显然是由圆孔演变而来。方孔的改革意义重大，不但确立了秦以后我国两千多年间延续使用圆形方孔钱的历史，而且也影响了中国周边国家乃至整个东亚地区钱币的形制特点。

秦国的圆形方孔钱，除了大家都已经很熟悉的半两钱，还有两甾、文信和长安三种。

图 1-16　秦国后期圜钱"两甾"

图1-17　秦国后期圜钱（"长安"、"文信"）

　　两甾钱，面铸"两甾"，横读。形制上分有外郭与无外郭两种。钱体较大，直径29~32毫米，重约7.8克。这里的"甾"就是"锱"，《说文解字》的解释是："兹，六铢也。"两甾为十二铢，正好与半两的重量相同。两甾钱经常与秦半两钱同时出土，因此可以认为是与半两钱同时期的面值相同的钱币。20世纪50年代以后，河南南阳、陕西长安、甘肃宁县、四川巴县（现重庆巴南区）等地都有出土发现。

　　文信钱，形制有如两甾钱，前面有向外的品行四出纹，篆书"文信"两字，无轮廓，四周有规矩折文，这种纹饰在秦汉的铜镜上经常可以见到。钱体比较轻、小，直径23~25毫米，重2.9~3.4克。秦孝文王元年（前250）吕不韦被封为文信侯。相传文信钱是文信侯吕不韦铸造的。吕不韦封地即今洛阳市河南故城遗址于1955年曾出土一块文信钱残石范，证明文信钱确实是吕不韦所铸。

　　长安钱，面铸篆书"长安"，文字旋读，"长"字在穿右，"安"字在穿下，文字排列特别，为方孔圆钱中所仅见。钱体比较轻、小，平背，无轮廓。直径21~23毫米，重1.8~2.5克。其铸造时代尚未考定，有专家认为是被封为"长安君"的秦始皇的弟弟成矫所铸。1991年西安市北郊汉城砖厂1号墓内出土"长安"与"文信"钱各一枚，似乎证明长安钱与文信钱都是秦国的钱币。

（三）

圜钱除了在魏国与秦国，从战国中后期开始，在位于洛阳的东西两周、赵国、齐国以及燕国也曾经铸造和使用。

两周圜钱主要出土于今河南洛阳一带，汝州也有出土。战国中期，周考王元年（前440）封其弟揭于王城（今洛阳王城公园），是为西周。周显王二年（前367）西周威公卒，公子班（一作根）于巩（今河南省巩义市西南）自立，称东周。于是周王畿内出现了东周与西周两个小国。铭文为"东周""西周"的圜钱，就是这两个小国铸造的。

两周圜钱的特征是体形较小："东周"圜钱直径约26毫米，孔约10毫米，重约3.8~4.2克；"西周"圜钱直径约25毫米，孔约9毫米，重约4~4.5克。两周圜钱铸工精良，数量绝少，一向被尊为"钱王"。它们在形制上有一大特点，就是都铸造有完整的内郭，这在先秦的圜钱中是比较少见的。

图1-18　两周圜钱（东周、西周）

赵国圜钱有"蔺"和"离石"两种。"蔺"字圜钱，面铸"閵（蔺）"字，有左读、右读之别，明显是模仿自减重的"垣"字圜钱。其直径约35毫米，孔为10~12毫米，重约11.2克。"离石"圜钱面铸"离石"，大篆体，直径约35毫米，孔为10~11毫米，重约10.6克。"蔺"与"离石"都是地名，位置都在今天山西省吕梁市的离石区，战国时期为赵国的城邑。两地相距仅有四十余里，都是先秦时期著名的铸钱中心，铸钱的技艺高超。"蔺"字钱有一种带轮的，这是最早铸有外轮的圜钱，各地纷纷效仿，于是使外轮后来成为圜钱不可缺少的元素之一。但是，"离石"钱至今尚未发现有轮的，仅见无轮的一种。"蔺"字与"离石"两种圜钱，制作精整，面纹清晰，传世稀少，因此名贵异常。

图1-19　赵国圜钱（蔺）

图1-20　赵国圜钱（离石）

齐国圜钱，形制上为方孔，钱文纪币值或是货币单位，有"賹化""賹四化""賹六化"三种，都是横读，正面有内外郭，背面平夷。主要出土发现于山东省的济南、章丘、日照、莱州（原掖县）、博兴以及海阳等地，多与三字刀同出。"賹"字最初有人认为就是"益"字，属于地名，并比对为今天山东省的青州市（旧称益都县），认为是西汉初年铸造的郡国钱。但是，20世纪60年代在山东省临淄附近的一座战国末年墓葬中，出土了一枚铭文为"賹六化"的圜钱，证实这一类的圜钱不是汉代铸造的，最晚不会晚于战国晚期。

"賹化"圜钱的铸造，可能与秦昭襄王二十二年（前285）派蒙武攻打齐国有关，应该是秦国打击齐国的一种货币战争手段。"賹化"圜钱的变化比较多，减重的现象也很明显。可能是当币值不能维持的时候，又新铸造了"賹四化"和"賹六化"两种大面值的圜钱。这种面值的圜钱数量比较多，大小参差不齐，减重的情形较为严重。这说明它们是在一种特殊的情况下铸造的。

图 1-21　齐国圜钱（賹化、賹四化、賹六化）

燕国圜钱也呈方孔，钱文也是纪币值或是货币单位，有"明四""明化""一化"三种。"明四"圜钱以往仅见于著录，不见实物。2010 年据云燕北（今河北承德一带）有出土，数量不详，直径约28 毫米。"明"字见于燕明刀，如何释读，迄无定论。但书法古朴可爱，被称为先秦第一种方孔钱。"明化"圜钱的形制与铜质均与"明四"钱相同，但是比"明四"轻小，直径 23~25 毫米，重 2.6~5克，有明显的减重迹象，出土的数量也比较少。"一化"圜钱体轻质劣，无内外郭，背平夷；直径 18~19 毫米，重 1.1~2.6 克；大小轻重，悬殊颇甚，这说明减重激烈，是先秦方孔钱中第一种轮郭俱全的钱币，也是先秦时代最小的钱币。"一化"圜钱近年来出土数量较多，动辄上千枚，是先秦圜钱中出土发现最多的一种。主要出土发现于河北北部、内蒙古、辽宁、吉林以及朝鲜的北部地区。估计是燕王喜（前 254—前 222 在位）徙居辽东以后铸造的。

图 1-22　燕国圜钱（明四、明化、一化）

（四）

根据考古资料并结合对出土和传世钱币实物的分析，我们知道目前所发现的最早的圜钱是钱文为"安臧"和"济阴"两种。因为钱币上的这两个地名都是魏国的，所以基本上可以认定圜钱是魏国最先铸造和使用的。

作为先秦时期一种新的货币形式，圜钱的出现绝不会是偶然的，最早出现于战国时期的魏国是完全有可能的。这应该与战国初期，魏文侯任命李悝为魏国的宰相后所推行的变法有关。可以说正是在李悝所推行的政治、经济、法律等制度方面大变革的背景之下，魏国才创造了圜钱这样一种新的货币形态。为什么这样说呢？

这需要从李悝所推行的那场著名变法说起。

公元前 376 年，春秋五霸之一的晋国被三个分别姓赵、魏、韩的卿大夫瓜分，形成了赵国、魏国、韩国三个新的国家，这就是历史上的"三家分晋"。有史学家以此为标志，认为中国古代历史从春秋时期进入了战国时代。

进入战国以后，从晋国刚分出来的魏国为什么要率先进行变法呢？

实际上，这与魏国当时所面临的危机四伏的外部生存环境有关。魏国本来就是晋国相对落后的地区，它在富庶程度上不如韩国，在军事力量上又不如赵国。因此，进入战国以后，在各诸侯国之间战争日益频繁的形势下，魏国外部的军事压力日益增大。这是因为魏国西边一河之隔是秦国，北边是赵国，东边是韩国，南边越过中条山和黄河是秦、楚、郑三国相互拉锯争夺的地带。这样魏国就被紧紧地挤压、围困在晋东南一隅，随时面临强邻的攻击，可谓是"四战之地"，危机四伏。

处于这种恶劣的外部生存环境下，不可避免地要发生战争，而打仗就要消耗人力物力。因此魏文侯需要增强魏国的实力，并加强他动员并调配魏国各种资源的能力和效率，以保证在对外战争中能够取胜。因此，他要加强中央集权。这就是他任用李悝为相，实行变法的根本原因。据《史记》记载，李悝变法的主要内容可以概括为"尽地力、善平籴、制法典"三个方面。

所谓"尽地力"，实际上就是一种重农政策。李悝认为田地的收成和为此付出的劳动成正比。一百平方里之内，有土地九万顷，除了山泽人居占三分之一，可开田地六万顷。"治田勤谨，则亩益三斗。不勤，则损亦如之。"意思是说百里之地，每年的产量，由于勤与不勤，或增产一百八十万石，或减产一百八十万石。此数字关系重大，因此必须鼓励并督促农民勤于耕作，增加单位面积的粮食产量，同时播种多种粮食作物，以防灾荒。

"平籴法"是为了调剂丰年和灾年，以平衡粮价。李悝认为粮价高则对民不利，谷价低则伤农。因此，必须兼顾民和农双方的利益。他指出，五口之家的小农，每年除衣食、租税和祭祀等开支外，还要亏空若干枚钱，这就是农民生活贫困和不安心于田亩的原因。因此，他将丰年分成大熟、中熟、小熟三个等级，按比例向农民籴粮；把荒年也分成大饥、中饥和小饥，在大饥之年把大熟之年所籴的粮食发放给农民，其余则类推。这样可使饥岁的粮价不致猛涨，农民也不会因此而逃亡或流散，取有余以补不足。这样就极大地促进了魏国农业生产的发展，魏国因此而富强。

"制法典"指政治上实行法治，废除维护贵族特权的世卿世禄制度，按"食有劳而禄有功，使有能而赏必行、罚必当"的原则选拔官吏。有赏有罚，唯才是用。因此，制定了《法经》，分《盗经》《贼经》《囚经》《捕经》《杂经》《具经》六篇，以加强法制。这部《法经》是中国历史上第一部比较系统的成文法典，也是以后各朝立法的蓝本。

李悝变法不但增加了魏国的国力，使魏国成为战国初期的强国之一，同时还揭开了战国大变法运动的序幕，后来各国纷纷效法魏国实行变法。譬如，韩国的申不害变法、楚国的吴起变法、齐国的邹忌变法，以及秦国的商鞅变法，无不受到李悝变法的影响。这些变法活动最终汇成了一股时代的潮流，成为中国古代规模最大、历时最长、成效最显著的一场变法运动。

李悝在推行上述变法措施的过程中，为了便于加强对社会的管理，特别是提高对社会人力、物力等资源的筹集、调拨的能力，以及"为国之道，食有劳而禄有功，使有能而赏必行、罚必当"，因此在魏国原来使用布币的基础上，又新创设了圆形圆孔的圜钱这样一种新的货币形态。

圜钱在魏国产生之后，因其形制新颖、大小适中，并纪有面值，加之便于携带等诸多优点，而被秦国、赵国、齐国、燕国，以及东西两周效仿。圜钱除大小轻重之外，从形制上可分圆形圆孔和圆形方孔两种式样；从边郭上又可分为有轮廓和没有轮廓两种形制；从币面铭文看，已经发现二十余种。

一般说来，魏国、赵国、东周及西周的圜钱多铸地名、国名，有的是地名加币值或货币单位；秦国、齐国、燕国的圜钱多铸币值或货币单位。

圜钱虽然是战国时期币制中的一个小体系，但却是一种承上启下的重要货币形态。它的出现，意味着除南方楚国以外的黄河流域的货币形制，在战国中后期已开始了初步的统一趋势。

四、蚁鼻钱：楚文化的代表

上一节我们介绍了先秦四大货币体系中圜钱的来源及其发展演变，这一节我将继续给大家介绍先秦四大货币体系中"蚁鼻钱"的来源，及其与楚文化的关系。

（一）

所谓"蚁鼻钱"，是指春秋末年至战国时期，在南方的楚国境内出现的一种完全独立的货币形态。我们知道布币来源于铲形的农具、刀币来源于生产工具刀削、圜钱来源于纺轮或者是古代的玉璧，那形状奇特、质轻价低的所谓"蚁鼻钱"又来源于什么，是什么意思呢？

实际上，古代楚国所流通使用的这种上端大、下端小，正面凸起，背部平整的货币，明显是由殷商时期的青铜贝币演化而来的。因为它在形式上仍然保留了贝壳的式样，因此被称为"楚贝"，即楚国的青铜贝币，这似乎更为名实相符。但是，在自宋代以来的各种钱谱中，却都称之为"蚁鼻钱"或"鬼脸钱"，这又是为什么呢？

图 1-23　蚁鼻钱（单面图纹）

图 1-24　蚁鼻钱（双面图纹）

　　南方的楚国很早就使用龟、贝作为货币。《竹书纪年》记载："周厉王元年，楚人即来献龟、贝。"这说明西周的时候，楚国还在延续自商代以来就用龟、贝作为货币的传统。

　　楚国进入春秋以后铸造的这种青铜贝币，形制奇特、体积轻小，高约 18 毫米，重约 3 克，一端有穿孔，总体上虽然为不规则的凸面椭圆形，但是形似海贝，这说明它们是从古代的贝币演变来的。钱币正面铸有阴文，阴文的形状常见的有两种，一种像是"咒"字，另外一种像是"紊"字。

　　对"咒"字形状的贝币，以往钱币学家及古文字学家有多种不同的考证和解释，但是意见始终不能统一。实际上，它们很可能就是古代"贝"字的楚国写法，其式样与"贝"字在金文中的写法十分相近。因此，被释读为"贝"字可能更符合实际。

　　"紊"字形状的贝币则有"圣朱""各六朱"等不同的释读。铭文如果释读为"各六朱"，那这就是一种纪值的青铜贝币，两枚纪重六铢的青铜贝币就可以抵换一枚半两钱或者是一枚两甾钱。因此，有人认为这可能是秦国铸造的，用以对楚国发动货币战争。也有人认为这可能是楚国为了与秦国进行交易而铸造的"贸易币"。孰是孰非，因为资料缺乏，还无法确定。

另外，还发现有被释读为"君""圻""安""金""旬"等字的青铜贝币。近年来还不断有新的品种被发现，但是都数量稀少，而且所表示的寓意也都更加不明确。

古代楚国使用的这种青铜贝币，因为史书中没有记载，宋代以后，世人不知其来历，没有办法给它们起名字，因此只能凭主观上的想象来称呼它们。其中，阴文形状像"咒"字的那种青铜贝币，文字的形状与上端大、下端小的钱形相结合，再与一端的小穿孔组合起来看，很像是一张丑陋的面孔，于是被俗称为"鬼脸钱"。众人不知就里，望文生义地认为是做殉葬用的冥钱。

阴文形状像"紊"字的那种青铜贝币，看上去又像是一只蚂蚁趴在人的鼻子上，因此被形象地称为"蚁鼻钱"，以为是古人盖房或者是修筑堤坝时，用来防止蚂蚁侵蚀用的冥钱。以讹传讹，约定俗成，于是大家就都用"蚁鼻钱"来称呼它们。

据不完全统计，楚国的这种青铜贝币出土发现的数量已经超过 15 万枚。其中，"咒"字形状的即所谓的"鬼脸钱"占 90% 以上；其次是"紊"字形状的所谓"蚁鼻钱"；其余字形的都属于个别发现，数量稀少。但是，社会上却将它们都笼统地俗称为"蚁鼻钱"。这种青铜贝币早在宋代已有记载，但是并未引起太多的注意。随着近几十年的出土发现，因出土发现数量巨大，开始引起世人的瞩目。发现的地域几乎涉及战国时期楚国势力所及范围。其中以河南为最多，其次是安徽、江苏以及山东南部，而湖北、湖南一带则相对较少。

（二）

蚁鼻钱的出现绝不是偶然的。它应该是早期青铜贝币发展的高级形式，这与楚国的历史发展有密切的关系。

大家知道，天然海贝早在商代早期就已经得到广泛的使用。后来由于人口的增加以及贸易关系的不断发展，天然海贝因为数量稀少，越来越不能满足现实生活的需要，开始出现了以天然海贝为模本，使用兽骨、软石、蚌壳、陶土、玉髓等各种材质仿制的贝币，如骨贝、蚌贝、石贝、陶贝、铜贝等。在仿制的各种贝币中，最有意义的是铜贝，因为它的出现标志着我国古代的先民们已经开始铸造使用金属货币了，这在货币发展史上具有重要的意义。

用青铜仿铸的贝，即铜贝，大致出现于商代晚期的墓葬中。1953年在原来属于楚国境内的河南安阳商代墓葬中出土了最早的铜贝，虽然仅有 3 枚，但是意义非凡，因为这是首次在商代墓葬中经过科学考古发掘出土的铜贝。它比西方最早的金属铸币，即小亚细亚古国吕底亚于公元前 640 年（相当于我国春秋中期）铸造的琥珀金银币要早将近五百年，这说明我国是世界上最早铸造金属铸币的国家。

这种铜贝形制上完全模仿自天然海贝，面部凸起，背部内凹，应该是中国最早的金属铸币。近年，在原楚国境内的山东淄博发现一批铜贝。这些铜贝体形扁平，呈水滴状，底部与尖部各有一小孔，式样已经脱离了天然海贝的形状。

古代楚国的青铜贝币，从模仿天然海贝的无文铜贝到铸文字的蚁鼻钱，仿铸的贝币从保留有贝币上一条从上到下的齿纹槽沟，到蚁鼻钱以铸文字代替齿纹槽沟，标志着楚国的蚁鼻钱比无文铜币更进了一步，虽然形式上还没有完全从贝壳的形状中摆脱出来，但是它已经是早期青铜贝币发展的最高形式。

关于楚国青铜贝币铸行的时间，目前还没有结论。但它无疑是楚国最古老的货币，很早就开始流通使用了。根据考古发掘报告，蚁鼻钱主要出土于河南、江苏；而鬼脸钱在湖北、湖南、河南、江苏、安徽等地都有发现，且数量巨大。例如，1963年湖北孝感野猪湖一次出土鬼脸钱5000多枚。从出土的墓葬年代来看，蚁鼻钱铸行于春秋后期至战国早期即公元前5世纪，鬼脸钱铸行的时间要晚一百多年，大约是在公元前4世纪至公元前3世纪的战国中晚期。

楚国的先民最初是从位于黄河流域的中原河南新郑地区南迁的，刚开始的时候疆域并不算大，以后随着势力向南方的扩展，面积也逐渐地开始扩大，在保留、沿用原来的殷商文化的同时，也开始吸纳一些当地的少数民族文化，如尊凤尚赤、崇火拜日、喜巫近鬼等南方的习俗。这样一来，楚国与中原地区周灭商之后，被周王所分封并深受周文化影响的各诸侯国在文化上就出现了分野，楚文化就是在这种既坚持主源又兼收并蓄的过程中初步兴起了。时间越长，这种差异就越明显。而蚁鼻钱与布币、刀币、圜钱在形制上的差别，就是楚文化与中原文化差异性在货币上的体现。后来随着楚国势力的扩张，蚁鼻钱的流通范围也随之扩大，并逐渐在长江中下游一带形成了一种独立于中原地区的新的货币体系。

楚文化影响的地域非常广大，现今湖北省大部、河南西南部是早期楚文化的中心地区；河南省东南部、江苏、浙江和安徽的北部，以及湖南、江西为晚期楚文化的中心。因此，蚁鼻钱主要就出土发现于上述地区。

（三）

一枚小小的蚁鼻钱，质轻价低，在日常小额交易使用的时候还可以，但如果碰上大额的支付，就会很不方便。那楚人又是如何解决的呢？

文献记载，楚庄王的时候，可能就是因为嫌蚁鼻钱面值太低，大额交易不方便，一度铸造发行过一种"大钱"。但是，有关"大钱"的具体式样史书中并没有记载，只是说因为民众都反对铸造大钱，最后只好作罢。

实际上，楚国使用的铜币有两种，除我们前面介绍的蚁鼻钱之外，还使用一种代用币性质的青铜钱牌，面值有一铢、二铢、四铢三种规格。这种青铜钱牌呈长方形板状，制作工整，面背通体饰云气纹，四周边缘有郭。正面中央铸两圈圆形突棱，两圈之间有右旋读篆文四字，分别为"视金一朱""视金二朱"和"视金四朱"。

图 1-25　钱牌（视金一朱）

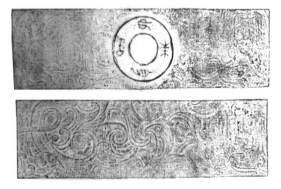

图 1-26　钱牌（视金四朱）

钱牌是由清代道光年间山东的刘庭燕首先发现的。因为资料稀少，20世纪80年代以前，钱牌仅仅被列为"奇品"或"无考品"，几乎不为人所知。但是，著名钱币学家罗伯昭先生根据字形纹饰，敏锐地提出了极有见地的观点。他认为这种青铜钱牌"与寿县楚墓出土之漆木板花纹极相似，则非秦以后物可知也"。80年代以后，湖北大冶、阳新、蕲春相继出土发现了总数近20块（包括残缺者）面文不同的钱牌，而且多与布币、蚁鼻钱同时出土。因此又引起了钱币学界的广泛关注。

对钱牌铭文的释读，过去意见分歧主要是前两字，但是以读作"良金"影响较大。20世纪90年代后，有学者释读为"见金"，后来又参考《郭店楚墓竹简》先秦文字形义释读为"视金"，意即铜钱牌可比照或视同黄金一朱（二朱或四朱）。钱牌是战国中晚期楚国铸行的一种地方性货币，属于代用币，估计使用的时间并不长，数量也不多。但是，它无疑是为了弥补蚁鼻钱面值太低、大额交易不方便而使用的。

实际上，当时楚国商业上的大额支付以及社会上层的馈赠，主要使用的是黄金，蚁鼻钱主要供底层民众日常使用。

楚国因为盛产黄金，因此很早就有使用黄金的记载。楚国的黄金铸币有金版与金饼两类。金版、金饼可根据需要切割成小块，用天平称量使用，仍属于称量货币范畴。

图1-27 "郢爰"金版

图 1-28 "隔爰"金版

金版圆形的很少，多数都铸成不规则的方形，多呈扁平的长方形。有的四角上翘呈不规则的方形，或四角拱曲如瓦片状。虽然外形各异，但是上面都钤有一颗带文字的方形小印戳。这种金版宋代时已有出土，称"印子金"，多见记载于旧图谱。印戳文字以"郢爯""陈"为多见，此外还有"专爯""隔爯""卢金"等，但数量极少。"爯"字旧读为"爰"，近年有学者发现西汉泥制冥币金版上的文字作"郢爯"，并参考《包山楚简》，重新释读为"爯"，"爯"通"稱"（称）。此释读遂成定论，但具体解释尚不一致。金版使用的时候根据需要切割成小块，用天平称量。这说明它还不是完整意义上的黄金铸币，仍然属于称量货币。

郢爯：正面钤有"郢爯"字样的方形印戳，印戳根据金版的形状排列。一块完整的金版，印戳数常有 16~24 个。"郢"为楚国国都，在今湖北省江陵县附近。"郢爯"金版是迄今发现的楚金版中数量最多的一种。1984 年河南省息县临河乡霸王台东周遗址曾出土一枚铜质、文字为"郢爯"的印模。1971 年 3 月湖北江陵纪南城楚郢都遗址发现"郢爯"，证明晚至楚都东迁（前 278）以前，"郢爯"已出现，但具体开始使用的时间仍不确定。在长沙等地的西汉初期墓中曾发现仿"郢爯"的泥版冥币，说明长沙一带亦在"郢爯"流通范围之内，甚至西汉初年楚旧地仍在使用。1969—1970 年安徽阜南、六安出土 5 块"郢爯"金版，测得平均每块重量为 268.8 克，通过实测长沙楚墓砝码所得，楚人的一斤重 251.53 克，可知每块"郢爯"金版比一斤略重。

陈爯：形状与"郢爯"大致相同，不同之处仅是除长方形及不规则方形外，另有作圆饼形状者，印戳排列亦不如"郢爯"整齐。"陈"为地名，在今河南淮阳县。一般认为"陈爯"是楚顷襄王二十一年（前278）楚迁都于陈后所铸。咸阳出土8块"陈爯"，测得平均每块重248.38克，与楚一斤重量接近。

除了金版，楚国使用的黄金货币还有金饼。金饼是一种圆饼形的黄金铸块，也称"圆金饼"。1954年长沙左家公山15号楚墓中曾出土模仿金饼的泥质冥币金饼，同出的还有泥质"郢爯"。在河南襄城北宋庄村出土的金饼中，完整的一块刻有计数符号，重251克，与长沙楚墓砝码所得楚一斤重量一致。

此外，考古发现证明战国时期楚国流行用金版、金饼的仿制品随葬。如黄濬《衡斋金石识小录》记载曾有铜版上钤印"郢爯"字样。另有鎏金铜版、钤印有"郢爯"印戳的泥版、外包金银箔的铅饼、泥饼冥币等，其中包金银箔的铅饼和泥饼冥币曾在长沙左家公山15号楚墓中出土。

（四）

位居南方的楚国，在货币的使用上与中原地区的各诸侯国明显不同。中原地区各诸侯国日常使用的货币分别是源自铲形农具、手工刀削以及纺轮或者是玉璧的布币、刀币以及圜钱。虽然贵族等社会上层大额支付的时候也使用黄金，但南方楚国的货币却与它们不同。首先是在日常交易中，楚国使用的主要是俗称为蚁鼻钱的青铜贝币，而不使用布币、刀币以及圜钱；其次是为了弥补青铜贝币质轻价低的不足，另外使用一种面值较大的青铜钱牌；最后是社会上层的贵族们不但大量使用黄金，而且将其铸造成金版或金饼的式样，称量使用。

位居南方的楚国在货币的使用方面，为什么会与北方中原地区的各诸侯国表现出如此大的差异呢？

实际上，这正体现了楚文化的独特性。楚国无论是在文物制度方面，还是在思想信仰方面，大部分直接因袭、继承殷商的旧制，而与殷商灭亡之后周朝在中原地区所分封的各诸侯国有显著的差别，因此最后发展形成了独具特色的楚文化。

楚文化是中国古代先秦时期，位居南方的诸侯国楚国的物质文化和精神文化的总称，它也是古代华夏文明的重要组成部分。在地域上，楚文化以江汉地区为中心；在内容上，它是由楚人创造的具有浓郁地方色彩的开放而多元的南国文化；在表现形式上，它以原始宗教、巫术、神话为总体特征。这就是为什么每当我们看到蚁鼻钱时，总会有一种原始、神秘的感觉。

五、钱币的交流与融合

前几节介绍了先秦时期的四大钱币体系，它们分别是：中原地区的布币、北方的刀币、西部的圜钱，以及南方的铜贝。

有人可能要问：先秦时期这些形制各异、大小不等的布币、刀币、圜钱、铜贝，它们之间的重量、尺寸差异都很大，那是如何进行兑换的呢？另外，当时的钱币为什么会如此地形制各异？后来又是怎样统一为圆形方孔钱的呢？

本节，我将围绕上述三个问题，来说说各种形制不一的钱币是怎样交易、兑换、融合，以及最后实现统一的。

（一）

先来回答第一个问题：当时形制各异、大小不等的钱币是如何进行兑换的?

这个问题实际上很简单。春秋战国时期的钱币虽然形制各异,分为四大钱币体系,但它们都是用青铜铸造的,都属于早期的金属称量货币。这种称量货币的价值主要取决于金属的重量和纯度,与它们的形状没有多大的关系。因此,春秋战国时期形制上各不相同的青铜铸币,相互之间是依据它们的重量进行兑换的。

最初的时候,兑换时都要称重量,后来之所以要在货币上注明重量,就是为了方便交易和兑换,因此称为称量货币。如布币中的"釿布",有的为一釿、有的为半釿,再如圜钱中的"一珠重一两"。这里的"釿""两"都既是货币的重量单位,又是货币的名称。

这又引出了第二个问题:春秋战国时期为什么会出现种类如此繁多的货币?

这与当时特殊的历史背景有关,也可以说就是春秋战国那一特殊历史时期社会政治、经济、文化以及军事关系的写照。这些种类繁多的货币,实际上正反映了春秋战国时期商品经济以及货币文化的繁荣。为什么这样说呢?

我国古代钱币产生于商代,发展于西周及春秋战国时期,最后统一于秦朝,其中,春秋战国时期在我国古代钱币发展史上具有重要的历史地位。这就如同春秋战国时期的诸子百家在我国思想史中处于群星闪耀的地位,春秋战国时期灿烂夺目的钱币文化,也是我国古代钱币发展史上一个非常璀璨绚烂的阶段,始终闪耀着创新的光芒。

在悠久、灿烂的先秦钱币文化的背后,实际上反映的是当时经济的繁荣、商业的兴盛以及文化的交流和军事的斗争。这都与春秋战国时期高度发达的商业文化有着密切的关系,而商业的迅猛发展又是以当时整个社会经济的发展为基础的。

前文已经讲过，春秋战国时期已经开始使用牛耕，铁质农具也得到了推广，人们已经懂得施肥并修建了许多的农田水利设施。如大家熟悉的郑国渠、都江堰等跨世纪甚至沿用至今的重大水利工程，都是当时修建的。手工业、家庭副业也得到了相应的发展，人口的增加更是促进了城市的繁荣，各个城邑都纷纷设置了用于交易的"市"。

先秦文献中就有很多关于"市"的记载。

《管子·乘马》记载："聚者有市，无市则民乏。"

《战国策》记载：魏国大梁以东方圆五百里内"大县十七，小县有市者卅有余"。

齐国的丞相晏婴的家因为"近市，湫（jiǎo）隘嚣尘"（《左传》），意思是因为距离集市太近，过于喧嚣热闹，齐王建议给晏婴另外建个新居。但是，鲁国的大夫因为对晏婴有意见，就讽刺说："贾欲赢而恶嚣乎？"意思就是说，商人既然想赢利还怕喧嚣吗？这些都反映了当时市场的众多与繁荣。

"商人之四方，市贾倍徙，虽有关梁之难，盗贼之危，必为之。"（《墨子·贵义》）

"商人通贾，倍道兼行，夜以续日，千里而不远。"（《管子·禁藏》）

这些记载则形象地描述了商人的机敏和为了赢利而不辞辛苦、四处奔波的职业特点。这说明春秋战国时期，商人已经形成了一个很大的职业群体。

"贵上极则反贱，贱下极则反贵。""财币欲其行如流水。"（《史记·货殖列传》）

"一贵一贱，极而复反。"（《越绝书·枕中》）

"臣闻之贾人，夏则资皮，冬则资絺，旱则资舟，水则资车，以待乏也。"（《国语·越语》）

这说明当时以范蠡、白圭为代表的商人，在实践的基础上已经具有了很深的商业理论，懂得利用价值规律来谋取利润。这也从一个侧面反映出当时商业的发展已经达到较高的水平。

当时的许多商界名流不但叱咤商场，还在文化与政治生活方面，甚至是军事斗争中，都发挥了重要的作用，从而名垂青史。例如：子贡"所至，国君无不分庭与之抗礼"，并资助他的老师孔子讲学，传授儒家思想；吕不韦资助秦国公子子楚回国继位，以此谋得相位，施展其政治抱负；郑国的"弦高犒师"智退秦兵，为郑国赢得了宝贵的防御准备的时间；诸如此类的典故，都是商人参与文化、政治乃至军事活动并发挥重要作用的典型事例。因此我们说，正是春秋战国时期高度发达、繁荣的商业经济及城市生活，才能够孕育出如此多姿多彩、璀璨夺目的先秦钱币文化。

（二）

春秋战国时期形制不同的各国钱币，后来是怎样统一为圆形方孔钱的呢？

实际上，这是一个逐渐演变的缓慢过程。虽然直到秦国统一六国才最终完成了统一各国钱币的使命，但是，这种统一的趋势早在春秋末期就已经开始。进入战国以后，随着各国交往的频繁，各国形制不同的钱币相互之间交汇、融合的演变趋势也加快了。

战国时期，随着兼并战争的进行，各诸侯国领土的变化非常频繁，这势必影响钱币的变化。特别是这一时期各国纷纷推行变法活动，相互借鉴、学习邻国的一些先进做法成为一时的风尚，这更加促使各国的钱币，不可避免地发生交汇融合、借鉴学习，从而出现了一些跨区域的钱币，以此开启了中国古代钱币统一的趋势。

下面就举例介绍各国钱币相互之间交流、融合的一些具体事例。

魏国的圜钱

魏国的货币本来是铲形的釿布。这种布币因为铸有重量单位"釿"字而得名，又因为两足之间像个桥孔，也被称为桥足布。魏国经李悝变法以后，在军事家吴起的率领下开始向西拓展地盘，从秦国手中夺走了黄河以西的"河西之地"，建立了河西郡，并铸造了一种圆形的钱币"桼垣一釿"。这里的"桼垣"是地名，位于今天的陕西铜川一带；"一釿"本来是魏国的货币单位，如在这之前的"安邑一釿"布币，就是立都安邑（位于今天山西西南部的夏县）时期铸造的。"桼垣一釿"用地名加重量单位作为钱币的名称，这是典型的魏国钱币名称的表达方式。但是，钱币的形状却不再是魏国传统的铲形布币，而改成秦国的圆形圆孔圜钱，这明显是受秦国的影响。

另外，还有"垣"字圜钱和"共"字圜钱。"垣"是魏国的地名，地处今天山西省永济市，因为位于《列子·愚公移山》记载的愚公发动子子孙孙要移走的那座王屋山下，因此又被称为"王垣"。"共"也是地名，位于今天河南省辉县。这两个地方在战国时期被秦国和魏国交替控制过，处于两国拉锯的状态。因此，魏国的"垣"字圜钱和"共"字圜钱，应该也是受秦国的影响而铸造的。

图 1-29　魏国圜钱（共）

赵国的圜钱和小型刀币

赵国本来是铸造使用铲形方足布的地区。但是，在公元前328年魏国将黄河以西的土地全部割让给秦国之后，赵国的位于黄河岸边、今属山西吕梁地区的"蔺"和"离石"两地，就与秦国隔河相望，成为秦国下一个要兼并的对象。因此，"蔺"和"离石"两地在秦国和赵国之间，曾经被多次交替占领。《战国策》中就有秦国攻占"蔺"、"离石"和"祁"三地之后，赵国以王子为人质，请求用其他三座城池换回"蔺"、"离石"和"祁"，后来赵国得到这三个城池之后又不认账的记载。因此，赵国的"蔺"和"离石"两种圜钱，应该就是当时秦、赵两国相互争夺两地的历史见证。中学语文课本选入的《战国策》中那篇著名的《触龙说赵太后》实际上讲的就是这段历史。

赵国的主流货币除了铲形的布币，还有一种尖首刀。但是，赵国在战国时期还铸造过一种小型的刀币，它与传统的尖首刀完全不同。这种小型刀币的刀身挺直，刀体较薄，刀头略圆，上面铸有"甘丹"两字。"甘丹"早就被学者认定就是赵国都城邯郸的简写，又在赵国的小型尖足布币上出现过，因此，铸有"甘丹"地名的这种小型刀币尽管不符合赵国尖首刀的形制特点，但是却符合赵国在钱币上铸造地名的传统，因此，最终仍然被认定是赵国铸造的钱币。这应该和公元前307年赵武灵王实行胡服骑射一样，显然也是受北部的"戎狄"等游牧民族的影响而铸造的。

中山国的刀币

中山国是白狄的一支——鲜虞——建立的政权，公元前414年立国不久就被魏国攻灭，余部潜入山中历经二十多年休养生息后，于公元前380年东出太行，重新建立了中山国，以灵寿城（今河北石家庄北部平山县）为都城。立国八十多年，于公元前296年又被实行胡服骑射的赵武灵王的儿子赵惠文王二次灭国。20世纪70年代，考古工作者在中山国都城灵寿城旧址发现了中山国的铸钱遗址，出土了大量刀身笔直的小型刀币，其中大部分的铭文为"成白"两字，另外还有"白人"两字的，形制大小都与前文介绍的"甘丹"刀币非常相像。在残存的陶范上还可以看到"成白"字样，证明这里曾经是中山国的铸钱作坊。另外还出土发现"甘丹"刀币。这说明赵国铸造的"甘丹"刀币明显是受中山国"成白"刀币的影响，应该主要是与中山国开展贸易时用的。

在灵寿城铸钱遗址中，还发现了本来不属于中山国货币的"閔"字圆足布、明刀等他国钱币的钱范，以及一些散见的使用后被废弃的坩埚和钱范残块。很明显，这里是为商人铸造钱币的场所，可能不属于官营，而是民间作坊。这些民间的铸钱作坊可能是根据商人的贸易需要而铸造各地流通使用的钱币，是各国钱币相互融合的一个重要途径。

图1-30　赵国、中山刀币（甘丹、白人）

齐国的"名"刀

齐国本来流行的是一种大型刀币，俗称"齐大刀"。但是，自清代以来又新发现一种与齐国传统的大刀完全不同，却与燕国地区晚期的尖首刀相似的所谓齐国"明"刀。它与燕国的"明"刀最大的不同之处是：刀币正面的"明"字右边的部首呈三角形的方折，并且向下拉得很长。这种刀币大多发现在山东，甚至在莒县附近还发现了数量众多的铸造这种刀币的泥范，证明这种有燕国标志的刀币确实当时是在齐国铸造的。这应该和历史上的乐毅伐齐有关。公元前284年，燕国大将乐毅率领燕、赵、魏、楚等多国联军攻打齐国，并占领齐地长达五年之久，后来齐国名将田单用火牛阵反攻，大败多国联军，收复失地，重建齐国。这种有着燕国刀币特点的齐明刀，很可能就是燕国占领齐国期间铸造的。

图 1-31　齐明刀

燕国的"明刀"圜钱

燕国本来是使用刀币和方足布的地区，但是却出土发现有一种圜钱，分为大、中、小三种形制。这些圜钱上面都铸造有燕国刀币上特有的"明"字或"刀"字，因此被称为"明刀"圜钱。燕国的这种"明刀"圜钱，在燕国的主体部分（即今河北省中南部和北京地区）基本上都没有发现，而是较多地发现于今河北省北部、内蒙古中东部，以及辽宁、吉林甚至是朝鲜的北部地区。这些地区都不是燕国的经济中心，怎么会另外铸造一种新型的圜钱呢?

　　这很可能与秦国灭燕有关。公元前228年秦军俘虏了赵国国王，直接威逼燕国。燕国的太子丹情急之下招募荆轲去刺杀秦王，结果失败。秦王大怒，于是发兵于公元前226年攻下燕国的国都蓟城，燕王喜逃亡去了辽东。燕国的这种"明刀"圜钱，很可能就是燕王喜逃亡至辽东时期铸造的。但是，他不铸造燕国传统的刀币或是方足布，而是铸造成秦国使用的圜钱，此举耐人寻味。

图1-32　燕国圜钱（明四、明化、一化）

两周的圜钱

　　所谓的"两周"是指战国时期东周王畿（今洛阳附近）内的两个小国，即受封于公元前440年的西周和由西周再封的东周。当时早已有名无实的周天子就寄居于这两个小国之中。两周处在西方的秦国向东进入中原或是南方的楚国向北通往三晋的交叉点上，因此，它的钱币自然受周边各诸侯国钱币的影响，除了传统使用的铲形布币，也铸造了圜钱，也就是在原来铸有"东周""西周"铭文的布币之外，又铸造了带有"东周""西周"铭文的圜钱，它们属于最早的铸有国名的钱币。这两种圜钱虽然体形上明显比魏国的圜钱要小，数量也稀少，但是铸造精良，还铸有内郭，因此是先秦钱币中的大名誉品。

楚国的铲币

楚国的钱币自成一体，小面额的交易使用铜质的蚁鼻钱，大面额的交易则使用黄金，这与中原地区周朝分封的诸侯国的货币制度明显不同。但是，战国后期在楚国的北部，却出现了一种形制很特殊的铲形的布币，长约 10 厘米，一般重达 30 克，铸有"殊布当釿"四字。因为体形较大，它又被俗称为"楚大布"。与这种布币相类似的还有另外一种小型的铲形布币，往往是两足相对连在一起，因此又被称为"连布"。连布重 7.5~8 克，4 枚小布约相当于一枚大布。因此，小布也可能是大布的辅币。

图 1-33 连布

这两种布币主要发现于江苏、安徽的北部，山东、河南的南部以及浙江的部分地区，这些地区都是楚国后期活动的地域，而在楚国发祥地的长江中游地区却很难见到。因此，这两种布币的铸造应该与楚国后期的局势有关。战国晚期楚国在秦军的攻击之下，被迫将都城向北迁到陈（今河南淮阳），与流行使用铲形布币的韩、魏、赵等国相邻。楚国这种特殊形制的铲形布币很可能就是受韩、魏、赵等国的影响而铸造的，这表明战国后期楚国的钱币也已经开始受中原地区钱币的影响，出现了交流、融合的趋势。

考古发现的钱币资料

这一时期有关钱币的考古发现，除前面提到的中山国灵寿城铸钱遗址发现的，不属于中山国的"闵"字圆足布、明刀等他国钱币的钱范，在河南新郑的郑韩故城韩国铸钱遗址，也出土了不属于韩国的楚大布、连布、"闵"、"离石"圆足布钱范，以及锐角布的钱范。另外，2006年在北京广安门内大街曾一次出土战国货币3万余枚，其中包括韩、赵、魏、周等各国的各种方足和尖足布。类似的例子还可以找到不少，都从一个侧面反映了战国后期各国钱币之间相互交流、融合的情况越来越密切，货币走向统一的趋势越来越明显。

图 1-34　圆足布（离石）陶范（正、反）

春秋时期各诸侯国，最初可能在大多数情况之下都是只用一种钱币。但是，进入战国以后，随着疆界的变迁、人员的流动，以及经济、文化、贸易往来的频繁和地域的扩大，各国之间的钱币多有交叉、混用，因此出现了很多跨区域的钱币。前文所介绍的 7 种钱币，基本上都属于这种情况。而考古发现的一些不属于本地钱币的钱范资料似乎可以说明：当时各国都还没有形成由国家集中钱币铸造权和发行权的认识或制度。因此，使用者所关心的只是交易地区所认可的钱币形制，而并不在乎是由谁铸造的。可能正是因为这一点，反而更进一步促进了各国钱币之间的相互交流和融合。

在各种钱币交流融合的过程中，秦国使用的圜钱异军突起，逐渐成为各国钱币变革效仿的对象。这种趋势随着秦军向东方六国的推进而加速扩散，最后随着秦国兼并六国而成为统一的钱币形制。从此以后，以圆形方孔为特点的秦国"半两"钱，就成了中国古代固定的钱币形制，延续使用了两千多年，影响极为深远，甚至是清朝灭亡之后的民国政府初期，福建、云南两省还铸造过圆形方孔的"民国通宝"。不仅如此，也影响了中国周边的一些国家和地区，共同形成了以圆形方孔为特点的、不同于西方的东方钱币文化体系，而这正是中华文化自信的历史来源之一。

2

半两钱与秦统一

公元前 221 年，随着秦军攻灭齐国，秦始皇最终灭了六国，建立起中国历史上第一个统一的中央集权大国，实现了华夏大地上的政治大一统。与此相适应，秦始皇统一了战国时期各国互不统一的文字、度量衡以及货币。圆形方孔的秦半两钱在全国的通行，结束了此前各国货币形状各异、重量悬殊的混乱局面，有力地促进了社会经济的发展。

一、半两：实现统一的货币

秦始皇统一六国的货币半两钱又称秦半两，形制为圆形方孔，穿孔的左右为"半两"俩字，字体是先秦时期的大篆，背面无文。

图1-35　秦半两钱

　　这枚钱币不但实现了中国古代货币的统一，而且奠定了中国古代货币的形制特点，即圆形方孔，并延续使用了两千多年，直到清末。不仅如此，它还对周边国家和地区的货币产生了重大影响。因此我们说，半两钱是我国古代货币发展史上的第一座里程碑。

　　下面我就说说半两钱，看看它是如何产生并统一六国货币的，以及对后世又产生了哪些重要影响。

（一）

　　文献中最早记载半两钱的是司马迁的《史记·平准书》，书中记载：

> 　　及至秦，中一国之币为二等，黄金以镒名，为上币；铜钱识曰半两，重如其文，为下币。

　　这段话的意思是说，等到秦始皇统一六国之后，将货币分为"上币"和"下币"两种：上币是黄金，以"镒"为单位；下币是铜钱，以"半两"为单位。

　　这里的"镒""半两"都是重量单位，它们之间的关系是：一两等于二十四铢，半两就是十二铢。一铢约合现在的0.65克，因此半两就是7.8克；关于镒有两种说法，一种是等于二十两，另一种是二十四两，因此，一镒的重量约等于 312 克或 374.4 克。

司马迁的这段记载告诉我们，秦统一后实行的是黄金、铜钱复本位制，上层社会及大额支付用黄金，底层社会以及日常小额支出用铜钱，但是他并没有明确说明黄金与铜钱的比值关系。据文献记载，西汉时期黄金一斤兑换铜钱一万枚。汉朝的很多制度都承袭秦朝，因此秦朝的时候，黄金与铜钱的比值关系可能就是黄金一斤兑换一万枚半两钱。

那么，秦半两是秦始皇统一六国后推出的新货币吗？不是的。实际上，早在秦始皇统一六国之前，秦国就已经铸造了半两钱。因为任何一个王朝或帝国的兴起，都需要有一套完善有效的货币制度来筹集、调动、分配各种社会资源，用以维持王朝或帝国的正常运转，秦国也不例外。不过因为战国时期遗留下来的有关货币方面的文献资料非常少，关于秦国是如何利用货币这一工具的，保留下来的文献中并没有明确记载。那么，半两钱是在什么时间铸造的？它在秦国的崛起以及统一天下的过程中到底发挥过怎样的作用呢？

从 20 世纪 50 年代开始，考古工作者先后在重庆市巴县的冬笋坝，四川省青川县的郝家坪、浦江县的战国船棺墓，以及陕西省咸阳塔尔坡等多处战国时期的墓葬里，即秦朝统一六国之前的墓葬中发现了半两钱。但是，因为同时出土的器物较多，时间跨度又长，最晚的甚至到了汉代。因此始终不能准确地判断它们的确切年代，只能备存待考。

1979 年，四川省博物馆等单位在四川省青川县郝家坪发掘一批战国墓葬时，在编号为 M50 的墓中出土了 7 枚半两钱与两件木牍。其中一件木牍的正面是由当时秦国的左丞相甘茂等修订的《为田律》，上面记有明确的纪年。

木牍正面的纪年是"二年十一月"，背面的纪年是"四年十二月"。

根据考古学界的考证，大家一致认定这个墓葬是秦武王时期的。

秦武王姓嬴，名荡，为秦惠文王之子，是秦始皇曾祖父的哥哥，公元前310年—前307年在位。他重武好战，在位期间曾经平定蜀地的叛乱，设置丞相，更修田律，疏通河道，筑堤修桥，颇有一番作为。

秦武王在位总共不过五年，木牍正面的"二年十一月"应该是《为田律》的发布日期，背面的"四年十二月"则是他入葬前不久的时间。

据此可以判定，这个墓入葬的时间，最早不会超过秦武王四年，即公元前307年。由此证实了最晚在此之前，秦国就已经正式铸造发行了半两钱。这说明半两钱最少在秦始皇统一六国的八十多年前，就已经铸造使用了。

为了向社会展示说明秦国的半两钱早在战国时期就已经铸造使用了，1992年在筹建中国钱币博物馆时，在中国人民银行及国家文物局的支持下，我们希望四川省博物馆能提供有关青川县郝家坪出土的秦半两钱的资料，当时领导就是安排我去四川联系的。因为只出土了7枚半两钱实物，因此当时没有给中国钱币博物馆调拨实物，而是挑选了4枚品相较好的半两钱拍了照片并打制了拓片，提供给中国钱币博物馆做展览用。

（二）

通过四川省青川县郝家坪有明确纪年的战国秦墓中发现的半两钱，可以确定半两钱至少在秦始皇统一六国的八十多年前，就已经是秦国正式铸造使用的钱币。20世纪七八十年代，在陕西宝鸡的岐山凤翔一带曾经出土半两钱的铜母范，从范型、文字以及发现地来看，被认为是到目前为止考古发现最早的半两钱范，考古人员认为钱范所属的年代不晚于战国晚期。那么，秦半两最有可能是在什么时间、什么背景之下由谁铸造的呢？

秦国地处西北偏僻之地，与落后的戎狄杂处，不但经济、文化要比东方诸国落后，国家建立得也很晚，直到西周灭亡周平王东迁洛阳时，秦襄公因为护驾有功，他的爵位才开始由子爵被周平王提升为伯爵，这样秦才与东方诸国看齐，成为正式的诸侯国，登上春秋历史的大舞台。

秦国虽然起步晚，但是发展的速度却很快。这主要是因为公元前361年秦孝公即位后，于两年后即公元前359年任用商鞅，推行了一场影响深远的变法。

在商鞅推行的变法措施中，以往大家都比较关注他所鼓励的"农"与"战"，即农业生产与军事扩张，而忽视了他打击商人并压制商业发展的措施。实际上，在商鞅的各项变法措施中，打击并限制商业的发展，始终都是他立法的重点。这正反映了当时秦国的商业以及货币经济都已经非常发达的社会现实。

关于这一点，我们可以从两个方面来理解。

一是说明当时秦国的货币经济已经比较发达。

有关商鞅变法的内容，主要记载在《商君书》中。其中有一个重要的观点就是说：农民贫穷而商人富有的原因是粮价低而钱币值钱，即谷贱伤农，而商人却因此更加富有。如果不抑制商业，就会使投机的人得利，这样放弃农业而投身商业的人就会更多。因此，他要推行打击商人并压制商业发展的措施。

这说明在当时的秦国，利用钱币进行粮食买卖的行为已经是一种普遍的现象。实际上，当时不仅有买卖粮食的市场，还有买卖军需用品的"军市"。所谓军市就是在驻军附近开设的市场，主要是满足军队的需求。当时为什么会出现"军市"呢？

这是因为春秋战国时期，虽然军队所需要的军粮、大型作战物资如帐篷、旗帜、钟鼓、攻守器械等都是由国家来提供，但是军人所需要的服装、小型武器、炊食用具等小件器物则是由军人自备。另外，军士如果触犯军纪，通常是惩罚他们提供甲盾之类的军器，而这些东西都需要从市场中购买。因此，在军营附近就有提供这类军需用品的军市存在。

商鞅变法时，为了打压限制商业活动，鼓励农耕，甚至将旅店都取消了，但是却将军市保留了下来，只是不允许买卖粮食或者将女子带入军市。这说明当时军市中很可能已经出现了妓院，而这一类的交易肯定不能用布帛米粟等实物来完成，只能使用钱币。因此，这说明商鞅变法的时期，秦国的货币经济已经非常发达。

二是说明秦国当时不但使用钱币，而且已经开始铸造钱币了。

秦国最初使用的钱币，可能是因为交易而流入的赵国、魏国、韩国的钱币，后来秦国才开始自己铸造钱币。考古工作者在今陕西原秦国境内出土了目前发现的秦国最早的钱币。如1996年西安北郊一座战国秦墓中，就出土过一枚"一珠重一两十四"的钱币，另外还发现一种铭文为"一珠重一两十二"的钱币。

这两种钱币的形制基本一致，都呈扁平的圆形，为圆形圆孔的圜钱，直径38~40毫米，文字都铸在一面，为小篆体，字体粗犷豪放。钱文中的"珠"字意为圆形，指圆形的钱币。支持这一观点的旁证，是后来在陕西发现的另一种体形较小的圆形圆孔圜钱，铭文只有"半圜"两字，意思就是重量只有半枚圜钱。"一珠重一两"意为一枚圆形钱币重一两。对于后面的铭文"十二"和"十四"目前还有争议，有人认为是铸钱的批次，有人认为是纪年。而对纪年又有两种看法，一种认为是秦献公的纪年，一种认为是秦孝公的纪年，我个人认为铭文代表的纪年应该是秦孝公十二年（前350）和十四年（前348）。

大家知道，商鞅是在秦孝公六年开始变法的，最初变法的核心是奖励农耕和战功。秦孝公十年，商鞅被任命为大良造。大良造又称大上造，是古代的一种官职或爵位。秦孝公时期的大良造是秦国国内最高的官职，掌握军政大权。

商鞅被任命为大良造之后，进一步对秦国的行政以及经济制度进行改革。如打破以往的封建制，实行郡县制；打破井田制，使私田合法化；首次在秦国范围内实行度量衡的标准化；等等。纪年分别为十二和十四的"一珠重一两"的两枚圜钱，应该就是这一时期铸造的。

当时中原地区诸侯国的钱币，不是铲形的布币就是源自刀削的刀币，但是商鞅在秦国铸造的钱币为什么是圆形圆孔的圜钱呢？

这可能是为了与东方其他六国的钱币有所区别，因此，商鞅就针对钱币的形制，刻意设计了一种新的形式，即圆形圆孔。这种钱币重量只有"一两"一种，不再分级，这样可能是为了便于推广；中间有个圆孔，也方便穿绳携带。两枚"一珠重一两"圜钱上的这些特点，都符合商鞅变法实用、便捷的原则。

如果我们认定商鞅铸造的钱币是面值为一两的圆形圆孔的圜钱，那圆形方孔的半两钱又是谁铸造的呢？

实际上，半两钱应该是在商鞅之后的秦惠文王于公元前336年铸造的。为什么这样说呢？

虽然商鞅本人因为支持他的秦孝公于公元前338年去世之后，就被继位的秦惠文王所杀，但是，他所倡导的变法措施却沿袭了下来。特别是在商鞅死后的第三年，即公元前336年秦国"初行钱"，正式铸造发行了钱币。《史记·六国年表》在这一年秦国条目下特别记载了

"天子贺行钱"，意思是说连当时名义上还是天下共主的周天子也派代表来到秦国祝贺。这标志着秦国已经开始融入战国社会的主流，列国不能再以落后的夷狄来看待秦国了。

综合各方面的史料以及出土的钱币实物，我个人认为秦国这次"初行钱"所铸造发行的应该就是半两钱。半两钱是在此前"一珠重一两"圜钱的基础上改进的，因为重量只有原来"一两"的一半，因此称为"半两"，既是名称，也标明了重量；形制上则将原来的圆形圆孔改成了圆形方孔。正是这一改进，奠定了中国古代甚至是周边一些国家和地区两千多年的圆形方孔钱的标准，由此形成了区别于西方圆形无孔的东方的圆形方孔钱体系，具有重大意义。

（三）

关于半两钱，有两点特别需要引起我们的关注，一是它的形制，二是它的面值。

先说说半两钱的形制。

半两钱的形制特点是圆形方孔，这是由圆形圆孔发展来的。方孔的改进，影响深远，意义重大。但是，它为什么要由圆孔改为方孔呢？史书中对此没有具体说明，后人就从两个角度做了解释，给我们提供了解读方孔之谜的历史线索。

一位是最早称钱为"孔方兄"的西晋人鲁褒。他在《钱神论》这本书中，从天圆地方的宇宙观出发，认为圆形方孔钱"故使内方象地，外圆象天""钱之为体，有乾有坤"。鲁褒在这里将半两钱的造型与政治联系了起来。实际上，天圆地方的观点并不是在西晋才有，而是早在春秋、战国时期就已经很流行了。比如《吕氏春秋·圜道篇》也说："天道圆，地道方，圣王法之，所以立天下。"秦国的统治者认为外圆象征天命，内方代表皇权，把钱做成外圆内方的形状象征君临天下、皇权至上。这样，半两钱流通到哪里，就表示它所代表的皇权的威仪散布到了哪里。因此，这一观点认为圆形方孔的半两钱是秦朝"天命皇权"的象征。

另一位是明代著名的科学家宋应星。他在《天工开物》这本号称中国古代最早的工艺百科全书中，从工艺技术的角度指出："以竹木条直贯，数百文受锉。"这是什么意思呢？铜钱刚从钱范中铸造出来的时候，四周的边郭都带有很多毛刺、流铜，需要锉磨干净之后才能流通使用。如果中间是方孔，就可以用一个方形的竹木条贯穿钱币的方孔，这样就能一次将数百枚钱币固定住，便于修整、锉磨钱币的外郭。因此，将钱币的内穿由圆孔改为了方孔。

虽然鲁褒的说法影响普遍，但是宋应星的解释可能更符合实用的原则。实际上也可能两种解释都成立，只是关注点不同而已。

接下来再说说半两钱的面值以及它的购买力。

"半两"既是钱的面值，也是钱的重量单位。因为一两的重量是二十四铢，半两就是重十二铢的一块青铜。大家可能一定想知道：十二铢重的一枚铜钱相当于现在的多少克？它在秦代到底都能买些什么东西，即它的购买力如何？

秦代的一斤约等于现在的250克，一斤为十六两，一两为二十四铢，因此一铢约合现在的0.65。虽然秦半两钱的标准重量应该是7.8克左右，但是存世的秦半两钱实际上轻重悬殊、大小不一。重的有超过10克的，轻的才1克多一点，一般重量多为5克左右。这是为什么呢？

秦代的货币法律文件《金布律》有这么一条规定：

百姓市用钱，美恶杂之，勿敢异。

　　意思就是说，百姓在市场上使用钱币的时候，要好钱（美）、坏钱（恶）掺杂使用，不准挑选。因此，在秦半两钱中，找出一个较为合适的中间值是比较困难的。所以有专家认为，秦朝只是统一了货币的形制和单位，货币的铸造权和发行权并没有统一，并以遗留的秦半两钱重量不等、形状也不完全相同为例，指出秦半两不是统一铸造和发行的。

　　这种观点显然忽视了两点：一是垄断铸币权并不等于排除地方铸钱，迄今发现的秦代钱范并非只出自咸阳附近，安徽贵池、四川高县出土的秦半两钱范应该就是地方铸币的物证；二是《史记》记载秦半两钱并非"重如其文"，而是"各随时而轻重无常"，意思是说秦代的半两钱，因铸造的时间不同而大小轻重有别，因此轻重不一也是正常现象。

　　那么一枚秦半两钱币的购买力如何呢？

　　据文献记载，战国后期到秦代的物价都是很低的，正常年份粟米每石只有几十钱，一斗粟米只需要 3 枚秦半两，可见当时半两钱的购买力还是很高的。当年，沛县的小吏萧何就是因为多送了 2 枚秦半两接济还是市井之徒的刘邦，刘邦就非常感激并铭记在心，等到称帝之后给大臣论功行赏的时候，就给萧何多分了 2000 户。当然刘邦这样做是为了报恩，不过也说明秦半两是很值钱的，也印证了秦半两的购买力是很高的。这说明秦国当时的国力是很强盛的，物质基础也是雄厚的。因为只有保证丰富的物资供应，才能维持币值的稳定。实际上这也从一个侧面说明了秦半两在秦国国家治理方面发挥了重要的作用。

半两钱在形态各异的先秦货币中，虽然体形比较小，出现的时间也比较晚，但却是最富有创意的一种货币形态，在秦国的崛起以及后来统一六国的过程中都发挥了重要的作用。以往世人都认为秦国是在商鞅变法之后，因为大力奖励耕战，即重视农田开发与军事训练，国力开始增强，迅速崛起于西北，最后才凭借强大的军事力量先后消灭六国，实现了统一。这一认识后来随着秦始皇兵马俑的发现——展现了秦国军队阵容的强大和装备的先进——得到了加强。

实际上，在强大的秦军阵容背后，还有一套成功的货币制度在发挥着支撑的作用。近年来，随着对新发现的秦代简牍等文献资料的研究，更多的学者开始关注秦代的货币立法。接下来就给大家讲讲秦代的货币立法，看看半两钱及货币立法在秦国的国家治理以及崛起过程中都发挥了怎样的作用。

二、金布律：秦代的货币立法

上一节我们讲了秦半两，秦始皇在灭六国后不仅用它统一了各国货币，在秦国的崛起过程中，它也发挥了重要的作用。此外，秦国不仅有发达的货币经济，还有严格的货币立法。

那秦半两以及秦国的货币立法在秦国的国家治理以及崛起过程中到底发挥了怎样的作用呢？

（一）

秦国推行的是法家的治国理念，而负责给秦国绘制变法蓝图的商鞅就是一位著名的法家。他为了推行变法措施，制定了很多严刑峻法。秦孝公死后，商鞅失去了保护伞，他面临危险想逃离秦国时，因为没有通行证，酒店根据他立的"舍人无验者坐之"，意思就是如果接待了没有证件的客人，店主就要被问罪而不敢接待他，因此没能逃走而被杀。

后来秦国在崛起以及统一六国之后，为了加强对社会的管理，更是以制定并细化法律作为管理的重要手段。而货币作为商品的价值尺度，不但是民众交易的手段和财富的象征，更是政府调剂、分配资源，奖励或惩罚民众的重要工具，因此秦国出台了许多与货币有关的法律条文。

实际上，自从货币产生，以防止盗铸和维持币值的稳定为主要内容的货币立法就出现了。那么以法律严明著称的秦国，以及统一六国之后的秦朝，是如何给货币立法的呢？

任何一个王朝或帝国的兴起，除外在强大的军事力量之外，实际上内部还需要有一套完善有效的货币制度来支撑，因为统治者需要以此来筹集、调动、分配各种社会资源，以维持王朝或帝国的正常运转。然而，因为战国时期遗留下来的有关货币方面的文献稀少，直到西汉时期，司马迁才在《史记》中第一次记录下了半两钱。然而，半两钱在秦国的崛起及统一天下的过程中，到底发挥过怎样的作用却始终不甚明了。

直到 1975—1976 年在湖北省云梦县发现"云梦睡虎地秦简"，情况才有所改变。该墓的主人是一个名叫喜的秦朝基层官吏，他的职业生涯恰好处于秦始皇攻伐六国统一天下的几十年间。该墓出土的书简数量庞大，共有 1155 枚，除 80 枚为残片外，其余保存较为完好，有4 万多字。书简内容涉及广泛，其中的《金布律》《法律答问》《封诊式》都属于当时的官府文件档案，保留了很多关于货币制度的内容，给我们提供了重新认识半两钱在秦国流通使用情况的途径。

图 1-36 "喜"墓室里出土的秦简（示意图）

图 1-37 秦简

　　下面，我就根据云梦睡虎地秦简中有关货币的资料，看看货币特别是半两钱在秦国社会生活中到底发挥了怎样的作用，秦国又是如何通过货币立法，并用货币手段来进行国家治理的。

（二）

　　黄金、布帛虽然在一定范围和程度上也具备货币的职能，但在秦国，最基本的价值尺度和流通手段仍然是铜钱。因此，半两钱在秦国始终发挥着主要货币以及价值尺度的职能。

　　秦国在昭襄王时期不断攻打楚国，占领了楚国的大片土地。因为楚国黄金资源丰富，秦国从楚国获得了大量的黄金。这些黄金主要用于大额支付，如《史记》记载的秦将白起在长平之战中使用的反间计，就是用黄金千斤让赵国撤换掉老将廉颇后取胜的。

布指的是麻布。男耕女织是中国早期时国家以及家庭的两大经济支柱，因此布除了作为贡赋上缴以及自用，剩余的可以在市场上作为交易的媒介。它早在春秋时期就是重要的交换手段，在一定程度上也发挥了货币的职能。如前文述及的《诗经》中的抱布贸丝的故事就是一个例子。

虽然黄金和布帛在一定范围和程度上具备了货币的职能，但在秦国，最基本的价值尺度和流通手段还是铜钱。云梦睡虎地四号秦墓中出土了两件木牍，这是两封在淮阳作战的秦国士兵写的家信，其中一封的内容是：

> 遗黑夫钱，母操夏衣来。今书节（即）到，母视安陆丝布贱，可以为禅裙襦者，母必为之，令与钱偕来。其丝布贵，徒（以）钱来，黑夫自以布此。

这封家信的大概意思是说，一位名叫黑夫的士兵告诉他的母亲，如果家乡的布便宜，就做好衣服捎来；如果布贵，就只将钱捎来，他在驻地自己买布来做衣服。

这是因为当时的士兵都是自备服装。这说明布虽然在一定的情况下可以作为交换的媒介，但更多的时候是作为布料使用的。另外，也不是任何布都可以当作交换媒介在市场上使用。作为货币使用的布既有种类的限制，也有规格以及尺寸的要求。在种类上只有麻布才行，那在规格上又有什么要求呢？

《金布律》是保存在睡虎地秦简中的 15 条法律条文。它规定作为货币使用的布，规格必须是："布袤八尺，福（幅）广二尺五寸。布恶，其广袤不如式者。不行。"

此外，如果布的规格不符合要求就要被没收，若已经交易被人告发，则将没收后的布奖励给告发的人。另外，《金布律》中还规定："钱十一当一布，其出入钱以当金、布，以律。"意思就是法律规定一块标准的"长八尺、宽二尺五寸"的布，可以兑换 11 枚半两钱。这说明黄金和布虽然在市场上可以用作交换的媒介，但是它们的法偿功能实际上都是不完备的。法律规定只有铜钱才是法定的基础货币，黄金和布都要折算成铜钱后使用。这说明半两钱才是秦国最基本的价值尺度和流通手段，始终发挥着最基础的法定货币的职能。

（三）

秦国已经制定了一套全国统一的货币立法《金布律》和《关市律》。

根据睡虎地秦简所保存的《金布律》15 条法律条文，我们知道在秦国的官职体系中，设有一种被称为"金布"的县级官署的吏员，负责管理财务及货币。

《金布律》对有关钱币的储藏、流通及回收等诸多方面都做了具体、明确并细致的规定。譬如：

> 官府受钱者，千钱一畚，以丞、令印印。不盈千者，亦封印之。钱善不善，杂实之。出钱，献封丞、令，乃发用之。百姓市用钱，美恶杂之，勿敢异。

上引条文的意思是说：官府在收取钱币时，每千枚铜钱需要放入一个用草绳编成的、被称作"畚箕"的盛器中，并盖上县丞、县令的印。不足 1000 枚铜钱时，也要盖印封存。钱币不管铸造的精美还是粗糙，都混装在一起。发放的时候，要把印封拿给县丞、县令验视，然后才能启封使用。百姓在交易时使用钱币，不管质量好坏一起使用，不准挑选。这段法律条文详细地规定了钱币的收取、储藏、验收、出库、发行以及使用的程序及要求，可以说是目前已知我国最早的金库管理条例。

1962 年考古工作者在陕西省长安县（现为长安区）首帕张堡出土了一个陶罐，内装 1000 枚铜钱，研究者认为这就是《金布律》中所记载的"千钱一畚"。

有人可能要问：秦国并不允许民间自由铸钱，钱币都是国家统一铸造的，秦国的法律对质量又有非常严格的规定，但是，市场上流通使用的半两钱怎么还会有这么严重的好钱、坏钱之分呢？

实际上，这应该与秦国的地方铸币政策有关。因为战国后期，韩、赵、魏、楚等国陆续都被秦国占领，这些地区原来流通使用的都是铲形、刀形的货币以及蚁鼻钱。为了彻底消除这些诸侯国旧有的影响，它们原来的货币都不允许再流通使用，必须都换成秦国的半两钱。但是一下子替换这些诸侯国的旧货币，以秦国原来的造币能力显然是不能完成的。于是，就只能在这些新占领的地区设立郡县，由他们负责组织铸造半两钱。这种多地分散铸钱的情况，就使得钱币的大小、轻重、工艺多有不同，因此在质量上就会有好钱、坏钱之分。但是，民间的私铸却是秦国法律所严厉禁止的。

睡虎地秦简除了《金布律》，还保留有一部秦代的法律实务题集，叫《法律答问》，其中收录了很多官府有关法律的解释和案例，也反映了当时社会上使用货币的情况。我们先来看一条有关使用假钱的条文：

> 知人通钱而为藏，其主已取钱，人后告藏者，藏者论不
> 论？论。

这里需要解释一下，"通钱"表示将私铸的钱充当通行之钱，并在市面上流通使用；"藏"表示窝藏。这条引文的大意为，明知别人交易假币而代为窝藏者，即使造假者已经取走假币，窝藏者也应当受到严惩。

睡虎地秦简中的《封诊式》是秦朝的一种法律形式，规定了关于审判原则以及对案件进行调查、勘验、审讯等方面的规定和文书程式。其中记录了一条邻里告捕私铸货币的案例：

> 某里士五（伍）甲、乙缚诣男子丙、丁及新钱百一十钱，容
> （镕）二合；告曰："丙盗铸此钱，丁佐铸。甲、乙捕索其室而得
> 此钱、容（镕），来诣之。"

这里的钱容指的是铸钱用的钱范。整个案情大概是：某村有甲、乙二人，捆绑了丙、丁二人来官府报案，说丙私铸钱币，丁提供协助。报案的甲、乙还提供了丙、丁所使用的钱范和新盗铸的110枚铜钱，可以说是人赃俱获。

这个案子虽然文字简短，过程简单，但是信息量却很大，证明了秦朝的时候政府是垄断铸币权的，禁止民间私铸钱币，这与汉初时是不一样的。另外，法律规定当发现有人违法盗铸钱币时，百姓都有告

发的责任和义务。这应该与秦朝实行的"连坐法"有关。

另外，在睡虎地秦简中，还保存有《关市律》一条。

"关市"是指管理"关"和"市"的税收事务的官职，《关市律》就是有关"关"和"市"职务的法律规定，具体条文为：

> 为作务及官府市，受钱必辄入其钱缿中，令市者见其入。不从令者，赀一甲。

这段引文的意思是说，从事手工业和为官府出售产品时，所收取的铜钱必须立即投进一个被称作缿（xiàng）的陶制的储钱器里，并且要让买东西的人亲眼看见投入才行，如果不按这一要求做，将会被罚缴一套铠甲。

这条法律条文具体地规定了市场管理者从市场回收货币的要求，这样就在一定程度上杜绝了贪污舞弊行为的发生。

（四）

货币经济存在于秦国社会生活的各个领域，货币不但是商品交易的媒介，也是政府管理社会、鼓励士兵勇敢作战，甚至是给犯人量刑的重要手段。

我们先来看一段睡虎地秦简《法律答问》中的记载：

> 客未布吏而与贾，赀一甲。可（何）谓"布吏"？诣符传于吏是谓"布吏"。

这段话的意思是说，秦国法律规定商人做生意时必须接受布吏的管理，就是要向市场管理人员出示登记许可和通行证件。如果没有出示，不管有无登记许可及通行证件，都要罚缴一套铠甲。受罚的商人要从市场上购买后交给官府。

看到这个法律规定你会想到什么呢？首先，当时秦国已经有了非常发达的市场经济，并有严格的管理制度。另外，对商人违反规定的处罚更有意思，要罚他缴一套铠甲。秦始皇兵马俑那些威武的兵俑很多都穿戴铠甲，其中没准不少就是罚来的。这条法律规定很有特点，既严格了市场管理，又筹措了军需装备，可谓一举两得。

《法律答问》另有一段用货币来鼓励、奖赏士兵的记载：

广众心，声闻左右者，赏。将军材以钱若金赏，毋（无）恒数。

意思是说只要有在战斗中能够通过呼唤、号召提高兵士的士气的，领军者就可以根据战况予以奖赏，奖赏可以用铜钱，也可以用黄金，并不规定具体数量。这条战场上的奖赏条例让我们对秦军的激励机制有所了解。从秦简上记载的法律条文来看，奖赏的情况随处可见。比如即便是平民百姓，只要告发有功，也可以获得黄金奖励。凡是应该用黄金缴纳罚款、赎刑、偿债的，或是应该奖励、偿付黄金的，都可以改用铜钱。黄金与铜钱之间的比价以每年十月时黄金的市场均价为标准。

《法律答问》还有两条关于罚款的记载。

一条是："或盗采人桑叶，臧（赃）不盈一钱，可（何）论？赀繇（徭）三旬。"

另一条是："可（何）如为'大误'？人户、马牛及者（诸）货材

（财）直（值）过六百六十钱为'大误'，其它为小。"

前一条说的是偷采别人家的桑叶，在量刑的时候，要以半两钱作为计量所偷采桑叶的价值尺度，所偷采的桑叶的价值不到一枚半两钱的，要罚 30 天的劳役。

后一条是检验公务人员工作的法律。意思是在统计人户、财务的时候，如果出现价值超过 660 枚钱币的差错，就算是工作中大的失误。这里是将财产、马牛等财物都用半两钱作为价值尺度来折价的，因此，半两钱成为给犯人量刑的重要手段。

另外，《法律答问》还有一条有关偷盗私人钱币量刑标准的记载：

> 五人盗，臧（脏）一钱以上，斩左趾，有（又）黥以为城旦；不盈五人，盗过六百六十钱，黥劓以为城旦；不盈六百六十到二百廿钱，黥为城旦；不盈二百廿以下到一钱，迁之。求盗比此。

这里需要做点解释，"黥"是古代的一种徒刑，指在犯人脸上刺字或图案，再染上墨作为受刑的标志；城旦是秦国的一种苦役，需要去修筑长城或者是戍边；求盗是指基层负责治安的小吏。

意思是说 5 人合伙盗窃，赃款在一钱以上的，砍掉左脚，再刺面并罚做苦役；不足 5 人，但是赃款超过 660 钱的，刺面、割鼻后罚做苦役；赃款在 220~660 钱的，刺面并罚做苦役；不足 220 钱的，流放。要求基层治安的小吏按上述量刑标准来处理案件。这说明秦朝非常忌讳聚众作案，只要是 5 人合伙作案的，哪怕是只盗窃了一枚铜钱，判罚就很重。似乎也说明了当时半两钱在社会上是很贵重的，具有很高的购买力。

战国末期社会经济发展变化很快，《法律答问》有两条记载就反映了滞后的法律条文与发展的社会现实之间相互矛盾的尴尬。

一条是："告人盗千钱，问盗六百七十，告者可（何）论？毋论。"

另一条是："告人盗百一十，问盗百，告者可（何）论？当赀二甲。"

这两个案子都是所告发的内容与事实有出入。第一个案子告人盗窃了1000枚钱，审问结果是只偷盗了670枚钱，多告了330枚钱，可以不论。第二个案子，只多告了10枚钱，却要罚告人者缴两套铠甲。这是为什么呢？

实际上，这两个案例完全是依据当时法律条文的规定判决的。关于盗窃，法律量刑的最高标准只有660枚钱，不管超过660枚钱多少，也按660枚钱算，没有法律依据所以不论。而第二个案子，所多告的10枚钱算是诬告，罚缴两套铠甲是有依据的。这里最高赃款的量刑标准是660枚半两钱，说明私人拥有钱币的数量是不多的，似乎也从一个侧面证明半两钱在当时的购买力是很高的。

另外，犯人如果被判服劳役，需要由官府统一供应伙食，按一石粮食30枚半两钱来计算。出钱赎罪的、欠官府债的，如果缴不起钱，就需要通过服役来抵债，每服役一天，按8枚半两钱来抵算。服役期间如果吃官府供应的伙食，每日还需要扣除6枚半两钱。

在秦国，半两钱不但是民间交易的主要工具，也是官府统计、物资计值的单位和价值尺度。前文提到的《法律答问》中记载的偷采别人桑叶，以及检验公务人员统计财务失误需要量刑时，都是用铜钱作为衡量标准的。这说明半两钱已经成为秦国日常经济生活中最基本的价值尺度，是政府管理社会、动员民众、实行奖惩的重要工具和手段。

以上借助秦代的简牍文献，我们可以看到，半两钱是秦国最基本的价值尺度和流通手段，始终发挥着最基础的法定货币的职能。不仅如此，秦国还制定有全国统一的货币立法。货币经济存在于秦国社会生活的各个领域，货币不但是商品交易的媒介，也是政府管理社会、鼓励士兵勇敢作战，以及给犯人量刑的重要手段。这充分说明秦国在崛起的过程中，充分地利用了钱币在调配资源、动员社会力量、奖惩民众、鼓舞士气等管理社会方面所具有的功能。钱币成为秦国崛起的一股重要推动力量，这是以往我们所忽视的。

在秦国兼并六国的进程中，半两钱随着秦军的统一路线图，逐步取代了其他六国的货币，最后实现了货币的统一。因此，当公元前221年秦始皇统一六国的时候，实际上秦国的半两钱早已取代了六国的货币。所以，秦始皇顺势将半两钱正式确定为法定的货币而推行全国，并统一了全国的货币。

虽然表面上看秦国是依靠强大的军事力量崛起的，实际上，秦国在国家治理方面已经知道了货币的重要性并制定了非常精细的货币法律，在资源的调配、社会力量的动员等方面都很好地发挥和运用了货币的重要作用，这应该也是秦国能够迅速崛起并统一六国的一个重要因素。因此我们说，一个帝国或王朝的崛起，一定要有一套成熟并有效的货币制度做支撑。

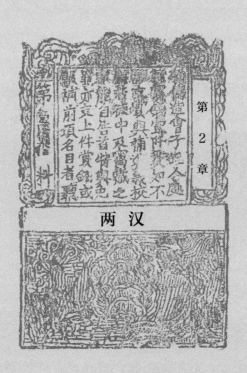

第 2 章

两汉

两汉包括西汉、新莽及东汉三个时期，历时四百多年，是我国货币发展史上的一个重要阶段。本章论述了汉武帝统一铸币权、王莽的币制改革、东汉灵帝的四出五铢，以及董卓铸造的恶钱。

　　汉武帝在秦朝统一货币形制的基础上又完成了铸币权的最终统一，并确立了五铢钱的铸造标准，对后世产生了重要影响。白鹿皮币、白金三品是汉武帝敛财的手段，马蹄金、麟趾金则是他政治斗争的工具。这些货币虽然流通的时间都很短，但是对于后来纸币的产生以及白银的货币化都有重要影响。王莽币制改革的失败葬送了他的政治改革；汉灵帝的四出五铢预言了东汉的行将崩溃；董卓的恶钱最终摧毁了两汉发达的货币经济，并使货币经济退回到实物经济状态，是我国货币发展史上的一次大倒退。汉佉二体钱结合丝绸之路的开通，讲述了东西方钱币文化的最初接触及其相互影响。

1

汉武帝政治韬略中的货币手段

汉武帝刘彻在位五十四年，是中国古代历史上少有的不但在位时间长，而且拥有雄才大略的皇帝。汉武帝以其对后世影响巨大的文治武功，不但奠定了汉朝强盛的基础，还使他统治的时代成为中华民族引以为傲的伟大时代之一。

汉武帝是如何实现这些政治目标的呢？实际上，在汉武帝所实施的一系列"外事四夷，内兴功利"的政治韬略中，都有娴熟运用货币手段的例子。

下面就通过具体的三种钱币，即五铢钱、白鹿皮币及白金三品、马蹄金和麟趾金，看看汉武帝到底是怎样通过货币这一手段来实现其政治目的的。

一、五铢钱：奠定了汉武帝霸业基础的钱币

历史上每当新皇帝继位，或者是改变年号，都要铸造一种新的钱币。因为只有这样才具有改朝换代，或者是新旧更替的象征意义。但

是，在中国古代却有一种钱币延续使用了多个朝代，不管是江山易主，还是王朝更替，所铸造的钱币使用的都是同一个名称，这就是从汉代一直使用到唐朝初年，历经两汉、三国、魏晋南北朝，以及隋代，总共延续使用了七百三十九年之久的五铢钱。

五铢钱的正面是"五铢"两个字，背面无文。虽然很多人对它并不陌生，但是并不是人人都知道，就是这样一枚小小的钱币，却参与并见证了中国历史上一段非常重要的时期。

说到五铢钱，就要说到汉武帝。汉武帝下令铸造了五铢钱，并用五铢钱收回了铸币权，加强了中央集权，成就了他的霸业。五铢钱也因此成为历史上寿命最长的货币。那么，汉武帝是怎样通过五铢钱把铸币权收归中央实现大一统的呢？五铢钱在汉武帝成就霸业的过程中又发挥了怎样的作用呢？

（一）

五铢钱的诞生和汉武帝召开的一次重要会议有关。《汉书·食货志下》记载：元狩三年（前120），"天子与公卿议，更造钱币以赡用，而摧浮淫并兼之徒"。

汉武帝在与大臣们讨论财政问题的时候，谈到了当时社会上日趋严重的货币问题。大臣们反映当时的货币问题主要表现在三个方面：一是数量无法控制，二是质量无法保证，三是民间的盗铸难以禁绝。

汉武帝认为这些问题都是私铸货币导致的，解决的根本办法就是将铸币权收归中央，这样才能杜绝私铸现象。因此，这次御前会议促使汉武帝下决心解决私铸问题。

实际上，汉武帝想解决货币问题的想法，并不是在这次御前会议上才有的，早在约二十年前，他刚继位的第二年，就采取过行动。

有人可能要问：汉武帝为什么一继位就迫不及待地要改革币制呢？又为什么拖了二十多年还没有解决？另外，货币的铸造权本来就应该由国家垄断，为什么地方诸侯，甚至是民间的个人也能铸币呢？

其实这是特殊历史背景之下的产物。汉代之所以会出现这种情况，要追溯到汉朝建立之初颁布的一项法律。实际上，这也可以说是刘邦惹的祸！

汉初的社会因为先后经历了秦末农民大起义以及随后的楚汉战争，社会经济遭到严重破坏，物资极度匮乏。关于当时匮乏的程度，司马迁在《史记·平准书》中有这样一段记载：

自天子不能具钧驷，而将相或乘牛车，齐民无藏盖。

意思是说当时甚至连皇帝乘坐的马车都找不到四匹颜色一样的马，因此，丞相、将军只能将就着乘坐牛车，一般的老百姓更是贫穷到几乎没有剩余的东西需要储藏。

在这种国困民穷、物资极度匮乏的情况下，秦朝遗留下来的重达十二铢的半两钱因为面值太高，完全不能适应汉初低水平的经济生活，完全失去了交易的功能。为了解决流通中缺钱的困难，以便尽快恢复生产，发展经济，刘邦在称帝的当年就颁布了一条法令，允许民间自行铸造减重的半两钱。

关于这段历史，司马迁在《史记·平准书》中是这样记载的：

为秦钱重难用，更令民铸钱。

刘邦这样做是想通过下放铸币权的办法，解决流通中缺钱的难题。这种减重的钱币虽然还叫"半两"，但是重量却已经大幅减轻了，这就是汉初的半两钱。

铸造钱币本身有丰厚的利润，这个利润就是所铸造钱币的面值减去币材的价值和人力成本，一般又被称为铸币税。刘邦允许民间私铸货币本来是一项惠民的政策，但是，后来的发展却事与愿违，并且产生了极大的负面作用，不但扰乱了货币市场，破坏了经济的恢复，甚至还引发了一场叛乱，差一点颠覆了中央政权。

因为响应刘邦的号召私铸钱币的除了牟利的商人，还有各地的诸侯王。其中吴王刘濞就怀有政治野心。他利用刘邦下放铸币权的机会，在吴国境内大肆铸钱，聚敛了大量的钱财，于景帝三年（前154）发动了一场有七个诸侯国参加的叛乱，史称"七国之乱"。如果不是名将周亚夫力挽狂澜，吴王刘濞就取代汉武帝的父亲汉景帝成为新的皇帝，那就没有后来的汉武帝了。

吴王刘濞之所以能够发动叛乱，很重要的一个条件是他拥有铸造钱币的权力，并因此而筹集了支撑他叛乱的经费。中国古代认为钱币是"先王所造"，掌握着国家的经济命脉。一旦诸侯王拥有铸币权，他们不仅可以牟利，也容易滋长政治野心。因此汉武帝继位之后，从政治上加强中央集权就成了他的重要目标，而将铸币权重新收回中央，则是其中的重要一步。所以，汉武帝继位之初就迫不及待地推行了以收回铸币权为目标的币制改革。

汉武帝的币制改革以收回铸币权为目的，这实际上就等于要断了地方诸侯国以及富商大贾们的财路，他们能心甘情愿吗？汉武帝的币制改革能顺利推进吗？

实际上，汉武帝的币制改革是一波三折，前后历经六次反复，耗时二十多年才完成。其间因违反铸币法被处死罪的就有数十万人，入狱的更是不计其数。

（二）

汉武帝是中国古代帝王中一个极富个性的人，不但有政治抱负，还有政治韬略。他 7 岁被立为太子，16 岁登基，在位五十四年。大家都知道汉武帝之前的两位皇帝，也就是他的爷爷和父亲，即汉文帝和汉景帝，他们推行与民休息的政策，成就了"文景之治"，给汉武帝积累了丰厚的物质基础。因此可能有人会认为，汉武帝只是一个坐享其成的皇帝。

实际上，他继承"文景之治"的基础，只是事情的一面。而另一面则是他继位的时候面临一个棘手的问题，就是刘邦将铸币权下放造成的币制的不统一。特别是各种民间私铸的货币充斥市场，不但严重影响了经济的进一步恢复和发展，而且还是威胁政治稳定的一大隐患。因此汉武帝在继位后的第二年，即建元元年（前 140）就立即推行了一次币制改革。

这次币制改革，汉武帝主要是想将混乱的货币市场先统一起来。当时中央政府、地方诸侯国，以及富商大贾们都能铸钱，朝廷虽然规定钱币的重量是四铢重，即四铢半两钱，但是为了牟利，诸侯国和富商大贾都纷纷减重。更有一些不法之徒，将中央政府铸造的标准重量的钱币，用锉刀锉磨钱币的背面以及外郭，用磨下来的铜屑再来铸钱获利。这使得社会上流通的钱币大部分不到四铢这一标准重量，给流通使用带来诸多不便。因此，汉武帝想先解决这个难题。在继位的第二年，他就决定废弃四铢半两，改铸三铢钱。但这次只是将钱币的名称改了，并没有触碰郡国的铸币权，显然带有试探的性质。

说到这儿，我们提到了三铢、四铢，那"铢"是一个什么重量标准呢？前文已经说过，一铢约合现在的 0.65 克，那么三铢、四铢的重量约分别是 1.95 克和 2.6 克，五铢的重量是 3.25 克。

汉武帝将新钱的重量标准定为三铢，这是因为当时流通的四铢半两钱虽然名义上是四铢重，但实际上已经减重到只有三铢或还不到三铢，改铸三铢钱就是为了使它名实相副。这次改革也是第一次改变了"半两"这一从秦朝沿用下来的货币单位名称。但是，政治上还略显稚嫩的汉武帝没有想到，这样一来又引起了民间更大规模的私铸，使得币值更为混乱，最后迫使他不得不于五年之后，即建元五年（前136）放弃三铢钱，又重新恢复使用四铢半两。这次币制改革，实际上等于转了一圈又回到了原地。

图 2-1　四铢半两（三分钱）　　图 2-2　三铢钱

个性倔强的汉武帝岂能就此认输，经过总结，他发现此次币制改革之所以失败，主要是因为民间的一些不法之徒锉磨钱币的背面及边郭。因为有利可图，又没有技术门槛，大家都来仿效。因此，他在停铸三铢钱，重新恢复四铢半两钱时，在铸钱技术上进行了一次创新。

汉武帝的这次创新实际上很简单，就是在钱币的边缘多加了一个浅细的外郭，因此这种钱币又被称作"有郭半两"。

有人可能要问：这是什么创新？能有什么实际作用呢？

大家可不要小看了这个郭，它可是一项重要的技术创新，充分反映了汉武帝的聪明之处。

历代《食货志》在讲到盗铸钱币时，经常会提到一个词"摩钱取镕"。这里的"镕"是指铜屑。不法之徒为了获利，惯用的办法就是，磨取铜钱的背面以及边郭，再收集磨下来的铜屑铸钱。但是加了这个边郭之后，就可以防止私铸者磨边取铜。有了边郭，就不好再磨了，否则将边郭磨掉，对方就可以拒绝接受并向官府举报。另外，边郭还可以减轻流通中对钱币上文字的磨损。因此，汉武帝的这一创新是中国古代铸钱技术上的一大进步，此后各个朝代都延续了这一做法，近代机制币上的边齿也是由此演变来的，这项铸钱技术中国是领先的，比欧洲要早。

图 2-3　磨边半两（正、背）

（三）

汉武帝在钱币的边缘加铸外郭的方式，虽然有效地遏制了民间不法之徒的"摩钱取镕"，初步控制了猖獗的私铸现象，但是日益严重的匈奴威胁迫使汉武帝不得不将注意力从统一货币的经济问题暂时转向对付匈奴的军事斗争。于是，他在派遣张骞两次出使西域寻求同盟夹击匈奴的同时，派卫青主动出击，北伐匈奴。

在对匈奴的打击初见成效之后，汉武帝再次将整顿货币的议题提上了日程。这就是我们一开始提到的元狩三年（前120）召开的那次御前会议。会后，汉武帝吸取第一次币制改革发行三铢钱失败的教训，经过近两年的筹备，于元狩五年（前118）对货币又一次进行了改革。这一次他再次废弃了四铢半两钱，新铸造钱币的重量不再是三铢而是改成了五铢，同时在铸币策略上采取了欲擒故纵的办法，规定这种新钱以五铢为文，由中央统一规定标准，各地方郡县及诸侯国负责铸造。因此，这一新钱被称为"郡国五铢"，就是最初的五铢钱。

图2-4　郡国五铢

可想而知，各个郡县及诸侯国铸造的五铢钱虽然是按照朝廷统一颁布的标准铸造的，但是钱币的尺寸大小、厚薄以及工艺肯定都不统一，这必定会给盗铸者提供可乘之机，并使私铸现象愈演愈烈。于是，汉武帝就在三年后，即元鼎二年（前115），以杜绝盗铸为名发布诏书，不许各地方郡县和诸侯国再铸造钱币，而是由京师主管铸钱的"钟官"来负责，统一铸造一种被称为"赤仄五铢"的钱。并且规定钟官所铸造的赤仄五铢钱的面值1枚等于郡国五铢钱5枚，民众缴纳赋税以及官府使用都必须是钟官铸造的赤仄五铢钱。

汉武帝通过这种方式，不但将郡国五铢钱尽数收缴销毁，而且还彻底打消了各诸侯国再铸钱的想法。因为按照1：5的比例，各诸侯国铸钱是个赔本生意。实际上，诸侯国铸造五铢钱所耗费的铜料以及人力成本与铸造赤仄五铢钱相差无几，但是却要按1：5的比值流通。因此，铸得越多赔得越厉害，再没有一个诸侯国愿意铸钱了。于是，汉武帝顺势就将刘邦当年下放给各诸侯国的铸币权收归了朝廷，消除了自汉朝建立以来各地方诸侯借助铸币权来敛财，并与中央抗衡的隐患。

仅仅过了两年，到了元鼎四年（前113），汉武帝又发布诏书，废除了赤仄五铢与郡国五铢之间1∶5的比价，规定各种五铢钱都可以平价流通。后来又再次重申，禁止各地郡县和诸侯国铸钱，只能由"上林三官"铸钱，并废止了以前流通的各种钱币，规定不是上林三官铸造的钱币不能再流通使用，否则就是违法，将会受到严厉的惩罚。

图2-5　上林三官五铢

那上林三官又是个什么机构？为什么要由它来负责铸钱呢？

所谓上林三官，指的是三种官职，除我们前面讲到的钟官之外，另外两个是辨铜和均输，因设立于皇家园林"上林苑"而得名。实际上，仅从名称就可以大致判断出它们的职能，如"钟官"负责铸钱事务；"辨铜"负责辨别铜色，准备铜料；"均输"则负责管理铜、锡等铸钱材料的运输。

汉武帝通过六次币制改革，历时二十多年，终于将汉初刘邦下放给各个诸侯国的铸币权收归了中央，最后统一由上林三官负责铸造。因此可以说上林三官是我国最早的皇家造币厂，或者叫中央造币厂。

这样一来，最早由秦国铸造，后来统一了中国古代货币的半两钱，在流通使用了两百多年后，最终在汉武帝元狩五年（前118）结束了使命，被一种新的货币，即五铢钱，给替代了。从此，中国古代的货币就进入五铢钱的时代，并延续使用了七百多年，直到隋朝末年，五铢钱也因此成为中国古代使用时间最长的钱币。

五铢钱为什么从一开始发行就占据了如此重要的地位呢？这是因为五铢钱大小适中、轻重适宜，非常适合当时社会经济发展的需求。

我国早期的货币，大小、轻重都差距悬殊，如战国时期，齐国的刀币一枚超过40克，而楚国的蚁鼻钱一枚甚至不到2克。汉初以来货币始终不能统一，这正反映了当时社会政治与经济在战争结束后恢复过程中的一种探索。五铢钱的重量标准自元狩五年汉武帝确定以后，此后七百多年间基本上没有变化，"五铢"始终是铸钱的标准重量。五铢钱的出现以及后世对它的沿用，正说明它是一种在社会比较稳定的条件下，适合古代生产力发展水平，以及建立在小农经济基础之上的社会所使用的货币。即使唐高祖废止了五铢钱，新铸造的开元通宝钱也是以五铢为重量基础，重4克左右。五铢钱之所以是我国历史上使用时间最久也最为成功的货币，主要是因为以下两点。

一是奠定了我国古代"小平钱"的重量基础。所谓小平钱，指的就是平常所说的"不名一文"中的"一文钱"。它是我国古代最基础的货币重量单位，一直使用到清末。

二是技术上有重大突破。特别是外郭的使用，既防止了盗铸者磨边盗铜，又能保护钱文，是铸钱技术上的一大突破。从五铢钱开始，加铸外郭就成为铸钱的惯例，直到近代采用机铸技术。而机制币的边齿与五铢钱的外郭所起的作用实际上是一样的。

（四）

汉武帝通过铸造五铢钱收回了铸币权，控制了货币的铸造和发行，第一次真正实现了国家货币的统一。上林三官铸造的五铢钱，重3.5~4克，奠定了此后五铢钱的铸造标准，成为此后七百多年各个朝代货币的主流。因此，五铢钱可以说是我国古代货币继半两钱之后的第二个里程碑，成为奠定汉武帝霸业基础的货币。

汉武帝终于收回了他一心想要收回的铸币权，这意味着什么呢？

首先是实现了货币铸造权的统一，为中国古代政治上大一统的最终形成奠定了基础。

春秋战国时期，各诸侯国自行铸造货币，导致各国货币的形制、尺寸、重量各不相同。秦始皇虽然短暂地统一了货币的形制、单位以及名称，并从制度上禁止了民间的私铸，但是仍然存在地方铸币。汉初因为秦钱太重，又允许民间私铸，使得汉初的货币铸造权并没有统一，直到汉武帝收回郡国铸币权、推行五铢钱，才最终实现了货币铸造权的真正统一。地方诸侯没有了铸币权，也就没有了与中央政府抗衡的经济基础，这就为汉武帝最终分化、瓦解诸侯国，确保中央对地方的集权奠定了基础。

正是从这个意义上，可以说我国古代中央集权的大一统是从秦始皇开始，到汉武帝才最后完成的。秦朝的统一仅仅是政治上的统一，汉武帝"罢黜百家，独尊儒术"实现了意识形态领域的统一。汉初以来，经过近九十年的探索和实践，到汉武帝元狩五年确立以五铢为货币的重量标准，并将货币的铸造权和发行权收归中央，又实现了货币的统一。可以说，以此为标志才最终实现了中央集权的大一统，从此西汉进入鼎盛时期。所以说五铢钱的确立以及铸币权的统一，奠定了汉武帝时期国力强盛的基础，同时也开启了我国古代货币的新纪元，即五铢钱的时代。汉武帝与五铢钱的相互成全说明，一个盛世的出现，必然要有一种成功的货币制度做基础。

二、白鹿皮币、白金三品：汉武帝政治斗争及敛财的工具

上一节我们讲了，汉武帝前后历时二十多年，经过六次反复，最终通过铸造发行对后世产生重要影响的五铢钱，收回了汉朝建立之初刘邦下放的铸币权，为加强中央集权奠定了基础。实际上，在这六次币制改革中，汉武帝还发行过"白鹿皮币"和"白金三品"两种特殊的货币。

白鹿皮币，这个名字很形象，应该是用白鹿的皮做的钱币。白鹿皮币因为没有实物传世，我们今天只能凭借文献的记载来想象它的样子。白金三品是以银锡合金为材质做成的圆形、方形以及椭圆形的三种不同式样的银币。

实际上，无论是"皮币"还"白金"，它们的材质、形制都与中国传统的币制不符合。那汉武帝为什么要发行、铸造这样两种特殊材质和形制的货币呢？

以往大家都认为，这只是汉武帝为了填补耗空的国库而采取的一种聚敛财富的手段。实际上，除了这一目的，汉武帝还有更深一层的政治考量。这两种特殊的货币，可以说都是他为了加强中央集权而采用的一种政治斗争工具。那么，白鹿皮币和白金三品是怎样帮助汉武帝实现他的政治目的呢？

（一）

先来说说白鹿皮币。白鹿皮币虽没有实物传世，但在史书中保留

了若干文字记载。

《汉书·食货志下》记载，元狩四年卫青北伐匈奴之后，发行了白鹿皮币。

> 乃以白鹿皮方尺，缘以缋，为皮币，直（值）四十万。王侯、宗室朝觐、聘享，必以皮币荐（荐）璧，然后得行。

这段话的意思是说，宗室王侯朝觐皇帝的时候，必须遵照古代的礼仪，用玉璧做礼品。但是，玉璧不能裸送，必须要有包装，并且只能用皮币做衬垫，而皮币又必须要用白鹿的皮来制作。

那皮币又是什么呢？汉武帝为什么要发行这种稀奇古怪的钱币？这是他的发明创造吗？

实际上并不是。皮币之称，古已有之。汉武帝只是根据需要，又给它赋予了新的内容。

据《管子·五行》中的记载，皮币早在先秦时期就已经用作诸侯进献周天子时的贵重贡品，或者是上层贵族之间交换的礼物，即所谓"出皮币，命行人修春秋之礼于天下诸侯"。

这句话的意思是说，让掌管礼仪的官员在诸侯拜见天子的时候，拿出毛皮和布帛，按照春秋之礼行事。这里"皮"是指毛皮，比较容易理解。但是"币"字，后人多望文生义，以为就是指钱币。实际上，这种理解是错误的。因为"币"字在这里指的是布帛，和钱币没有任何关系。

"币"字的构成，在汉代的字典《说文解字》中的解释是：

> 幣，帛也。从巾，敝声。

翻译成现代汉语就是说：币是纺织品，所以部首是"巾"，"敝"表达它的读音。

因此，在先秦时代，"币"是贵族之间交往时最常用的一种礼品，和货币没有任何关系。"皮币"所指，就是用动物的皮制作的礼品，这种礼品专门用于上层贵族之间的交往。这表明皮币早在先秦时代就有了，并不是汉武帝的发明。

那汉武帝为什么要在这个时候恢复这个礼呢？

这和当年卫青、霍去病北伐匈奴，军费开支浩繁，造成国库空虚有关。汉武帝希望各个诸侯王都能拿出点钱来帮着填补国库，但是诸侯王们都不愿意。于是，汉武帝就采用了这个以复礼的名义来生财的好主意。

西周以及春秋时期，贵族阶层之间的交往，都非常注重礼节。但是到了战国以后，因为"礼崩乐坏"，诸侯都各自称王，互相征战，再加上秦末天下大乱，到了汉朝建立的时候，各种制度都早已被废弃。刘邦称帝的时候，当初那些跟随他起事的开国功臣虽然都封王封侯了，但是因为大部分来自社会下层，根本不懂"礼"，在朝堂上说话、行走都和以往一样，毫无规矩，弄得已经当上皇帝的刘邦很不爽。直到请来了一个懂"礼"的叔孙通，制定了礼节、规矩，刘邦这才得意地说："吾乃今日知为皇帝之贵也。"意思就是说直到这时，他才享受到了当皇帝的尊贵。

刘邦所处的时代毕竟刚刚走出战争，百业待兴，礼法不够完备还能理解。但是，到了汉武帝时代，已经立国七八十年了，各项工作都已经逐渐走上了正轨，很多文臣都认为有必要进一步加强礼制建设。但是，汉武帝当时关注的重点是如何抗击匈奴，确保国家的安全。为此他派遣卫青、霍去病多次统率大军远征漠北，消耗了大量的财力。

元狩四年卫青再次出征，歼灭匈奴主力。解除了汉朝的外部威胁之后，汉武帝这才顾得上关注国内的礼制建设。

鉴于七国之乱的教训，当时礼制的核心就是打击宗室贵族的势力。因为他们也都是刘邦的直系后代，只有用儒家所倡导的尊卑有别的礼，才能在宗室贵族和皇帝之间划出一道不可逾越的君与臣之间的界限，以便进一步加强专制皇权。因此，汉武帝接受张汤的建议，以恢复并加强礼制为名发行了白鹿皮币，借机向宗室贵族以及各地诸侯征敛财富，在充实国库的同时，打击宗室权贵，加强专制皇权，将生财与复礼两件事完美地结合了起来，可谓是一举两得。

为什么说发行白鹿皮币就能够向宗室贵族以及各地诸侯征敛财富呢？

实际上，这是汉武帝早就算计好的，因为只有皇家禁苑里专门饲养有白鹿。所谓的白鹿，实际上是梅花鹿隐性白化基因的一种突变表现，发生的概率很小，因此古人就将白鹿的出现视为"祥瑞"，发现后必须进献给皇帝，专门饲养在皇家禁苑，作为皇帝祭祀时的牺牲。所以只有汉武帝的上林苑里饲养有白鹿。负责经管皇帝个人财产的宫廷机构"少府"，将白鹿的皮裁剪成每张一方尺，并在四边绘上彩色的花纹，做成作价40万的皮币。规定宗室王侯朝觐皇帝时，必须带着40万枚铜钱来"少府"，购买用白鹿皮制作的这张"皮币"，作为进献玉璧时的衬垫之物。一个诸侯王花费40万购买了皮币，垫着玉璧进献给汉武帝之后，这块皮币还可以再卖给下一位诸侯王，周而复始。这哪里是什么购买，完全是一种公开的掠夺。

对于汉武帝的这种做法，各个诸侯王是敢怒而不敢言，那大臣们的态度又会是怎样的呢？

史书记载，最初汉武帝曾就发行白鹿皮币这件事，向主管农业的大农令（相当于今天的农业部部长）颜异征询过意见。正直的颜异说，王侯朝贺时所献的礼物才值数千枚铜钱，但是衬垫却高达 40 万枚铜钱，这是"本末不相称"，汉武帝听后很不高兴。后来颜异因为别的事被人告发，由最初向汉武帝献计发行白鹿皮币的张汤来负责审理。颜异因为与张汤有矛盾，知道张汤会借机加害于他。在审理的时候，张汤多次提及有关白鹿皮币的话题，颜异始终一言未发。但是张汤仍然以"腹诽"（就是嘴上虽然没有说出来，但是在肚子里已经诽谤了朝廷）之罪上报给了汉武帝。最后，张汤假借汉武帝之手，公报私仇将颜异给杀了。后来司马迁在《史记·平准书》中曾感慨地说："自是之后，有腹诽之法！"

要诸侯王掏 40 万枚铜钱购买一张白鹿皮币作为给自己送礼的衬垫，借此来整肃诸侯王，这也只有汉武帝能够想得出来并做得下去。不过，这应该只是汉武帝的一个政治姿态，达到政治目的以后就停止了。史书中并没有记载白鹿皮币是什么时候被废弃的，但是，以鹿皮荐璧却成为后来一种惯常的做法。《后汉书》记载，直到三国时期的魏国，诸侯朝会的时候仍然沿用以鹿皮荐璧的制度，只是没有再明确必须要用白鹿之皮。另外，我们现在去珠宝首饰店里，还经常可以看到卖翡翠或和田玉手镯的柜台喜欢用白色的兽皮来做衬垫，不知这是否就是古代流传下来的遗风。

白鹿皮币虽然本身没有什么价值，也不能算是实物货币，更没有发挥货币的作用。但是，方尺大小的一块鹿皮作价 40 万枚铜钱，这与大额虚值的纸币实际上并无太大的差异。因此，某种意义上可以说白鹿皮币是我国古代纸币的先驱，在我国古代货币史上具有一定的地位。

（二）

白鹿皮币没有实物存世，只保留在了历史书中的文字记载里。但是，汉武帝在白鹿皮币之后铸造的另一种特殊货币——白金三品，却有实物存世。

白金三品在两千多年之后，能够再次引起世人的关注，是因为1976年在甘肃省平凉市灵台县的一座汉代墓葬中，出土发现了274枚金属圆饼，这些实物目前都保存在灵台县博物馆。这是一次重要的出土发现，一经报道就引起了收藏界以及学术界研究西域历史的学者们极大的关注。白金三品最初被发现时，大家并不能确认这些金属圆饼就是钱币，更不可能与汉武帝铸造发行的白金三品联系起来。当时关注的重点主要聚焦在两个方面。

一是这些金属圆饼的成分。有人认为它们是铅质的，但是测定后发现其中含有一部分的银，并铸有一圈像是文字的符号，也可能不是文字而是图案，据此推测可能它们是钱币。但是又因为这些铅饼的形制、材质以及重量和尺寸都与中国古代的币制完全不符而被质疑。

二是这些金属圆饼的来源。多数研究者认为它们不像是中国境内的东西，可能是伴随丝绸之路而由境外流入的。有一种观点甚至认为这些金属铅饼有可能是贵霜帝国在中亚使用过的一种货币，在贵霜帝国崩溃之后，被一部分返回故乡的大月氏人带回来的。

随着社会上关注的人越来越多，疑问不但没有被解决，反而变得更为复杂。因为这种铅饼后来在陕西省宝鸡市扶风县、西安市，安徽省淮南市寿县，甘肃临夏，河南洛阳、开封，以及湖南长沙等地又陆续有多处出土。不但数量不少，地域也不再限于西北地区，说明这些铅饼与流寓中国的大月氏人应该没有直接的关系。更重要的是，除了圆形的铅饼，又新发现了椭圆形以及方形的，并且上面还都分别铸有龟和马的图饰。受此启发，大家回头再审视此前的圆饼，似乎发现上面也有一个形似龙纹的图案。至此，钱币界有人将陆续发现的这些圆形、椭圆形以及方形的金属饼，大胆地认定为《汉书·食货志》中所记载的汉武帝时期铸造的白金三品。于是，这些金属饼又引起了钱币收藏界的关注。

为了回应社会上的关注，并进一步探讨这些金属饼的来源及其属性，中国钱币学会于 2003 年 8 月与陕西省钱币学会合作，在陕西省汉中市召开了一次有关白金三品的专题学术研讨会。我当时在中国钱币学会秘书处工作，直接参与了这次专题研讨会的筹备工作。专家们在会上进行了充分的交流，虽然还有很多疑问有待进一步考证，但是钱币学术界已经基本上认定，陆续发现的这三种含银的铅饼，就是《汉书·食货志》里所记载的白金三品银币。

所谓的白金三品，指的是用银锡合金铸成的三种不同面额的货币。第一种是圆形的龙币，每枚值 3000 枚铜钱；第二种为方形的马币，每枚值 500 枚铜钱；第三种为椭圆形的龟币，每枚值 300 枚铜钱。当时使用的铜钱是"四铢半两"钱，第二年即元狩五年才改用五铢钱，因此上述三种货币都是对"四铢半两"作价的。

图 2-6　"白金三品"之龙币

图 2-7 "白金三品"之马币

图 2-8 "白金三品"之龟币

当时的本位货币是铜钱，所以说白金三品本质上是一种虚币，明显是为了弥补财政亏空而实行的一种通货膨胀政策，与当时汉朝政府拮据的财政状况有关。而财政枯竭、经费紧张的原因，却又与汉武帝对外大兴兵戈、开疆拓土，积极推行"外事四夷，内兴功利"的扩张政策有关。元狩四年，卫青北伐匈奴虽取得大胜，但因为战争费用浩繁，造成国库亏空。为了筹措经费，补充国库，汉武帝便重用张汤、桑弘羊等专讲聚敛之术的酷吏。除实行盐铁国家专营、新增苛捐杂税，并制定卖官赎罪的法律之外，还在铸造货币方面想出了许多敛财的办法。正是在这种背景下，汉武帝在发行了白鹿皮币之后，紧接着又铸造了白金三品银币。

如果说汉武帝发行的白鹿皮币在增加中央财力、打击诸侯王势力的斗争中，还曾经起了一定作用，那么铸造白金三品却是完全失败了。

根据汉武帝的设计，白鹿皮币只有宗室王侯每年朝觐他进献玉璧的时候才会用到，征敛的对象是宗室王侯等上层的贵族。而白金三品都是虚值的大钱，面值分别是300、500和3000，一般百姓根本用不到，因此征敛的对象则是社会上的大商人，这些人都属于有钱的群体。而普通的老百姓使用的都是铜钱，因此他们基本上不受白鹿皮币和白金三品的影响，即便有影响也非常有限。但是，人算不如天算，让汉武帝始料未及的是，白金三品银币因为与铜钱之间的比价过于悬殊，导致社会上的官员以及民众都大肆地进行盗铸，因此而犯法者不可胜数。

《史记·平准书》记载说，因为犯法的人太多了，官府杀都杀不完。《汉书·食货志》也记载说：

> 盗铸金钱罪皆死，而吏民之犯者不可胜数。……自造白金、五铢钱后五岁，而赦吏民之坐盗铸金钱死者数十万人。其不发觉相杀者，不可胜计。赦自出者百余万人。然不能半自出，天下大抵无虑皆铸金钱矣。犯者众，吏不能尽诛。

这段话的意思是说，虽然盗铸货币都属于死罪，但是被利益驱使而犯法的官吏和民众还是不可胜数。发行白金三品之后，因盗铸白金三品犯法而被赦免的官吏和百姓多达数十万人，没有被官府发觉而自相残杀的盗铸者更是不可胜数，被赦免的还不到犯罪人数的一半。全国的官吏和百姓大概都在想如何盗铸白金三品，而没有考虑去做别的事。因为犯法的人太多，官府没有办法将他们都杀了。

汉武帝对此也没有办法，于是在使用了三年多后，于元鼎二年（前115）被迫废弃了白金三品。另外，文献中记载说，白金三品是"银锡白金"，即银锡合金。但是出土发现的实物中，铅的含量却比较高，这可能是文献的记载有误，也可能是因为银少，又添加了铅。实际上，更大的可能也许是民间的盗铸，因为铅的成本要比锡低，牟利的空间更大。

汉武帝铸造白金三品主要是为了敛财，用来填充因讨伐匈奴而耗空的国库，但因为大范围的盗铸，仅仅三年便被迫废弃。从发展经济、促进货币流通的角度来看，白金三品不但没有起到任何积极作用，甚至可以说是一场灾难。但是，我们如果换个角度，从中国古代货币史的视角，特别是贵金属金银的货币化方面来看，白金三品的铸造却有其特殊意义。

汉朝政府在用度不足的时候，首先就想到了白银，并铸造了"白金三品"银币，这从一个侧面说明，秦朝统一之后，虽然法律规定白银只能用作"器饰宝藏"，而不能作为货币使用，但是白银因其贵金属本身的优势，其货币的职能并没有因此而消失，甚至比黄金还发挥了更多的货币职能。

白金三品虽然不是纯银，但是在一定的意义上，也可以被认为是最早有记载的、政府铸造的、用于正式流通的银币，这是法定银币的先驱，在我国古代白银的货币化过程中仍然具有重要的地位。但是，白金三品在形式上却又与我国传统钱币的风格不相符，这明显是受西域货币的影响，可能与张骞出使西域有关。

无论是白鹿皮币还是白金三品，都属于虚值大钱，并不是一般意义上的货币，只是汉武帝进行政治斗争的工具。前者是给诸侯王准备的，目的是打击刘姓宗室以加强皇权；后者主要对付的是大商人，从经济上削弱富豪的财力，既能加强中央集权，又能为北伐匈奴的巨额开支买单，可谓一举两得，充分体现了汉武帝为加强专制皇权而不择手段的一面。白金三品虽然失败了，但却为后来的纸币以及银币的产生开了先河，在货币发展史上仍然具有重要的意义。

三、马蹄金、麟趾金：汉武帝政治怀柔的工具

汉武帝通过铸造五铢钱，从诸侯王手中收回了国家的铸币权，为加强中央集权奠定了基础。后来他又通过发行白鹿皮币整肃诸侯王，铸造白金三品打击富商，除了补充亏空的国库，主要目的都是加强他的专制皇权。实际上，除了白鹿皮币和白金三品，汉武帝还铸造过两种特殊形制的金币，这就是著名的马蹄金和麟趾金。

马蹄金和麟趾金，单从这两种金币的名称上，我们就能大概想象出它们的形状。没错，它们就是像马的蹄子和麒麟的脚趾一样的金币。

2015年年底，江西南昌海昏侯墓考古发掘出土了数量众多的马蹄金和麟趾金。这些保存完好、工艺精美、金光闪闪的古币，一经面世就引起了人们的关注。那么，这两种金币在汉代是用来流通的吗？它的用途是什么？汉武帝铸造这两种形制非常特别的金币又有什么政治目的呢？如果说汉武帝铸造白鹿皮币和白金三品是为了加强专制皇权，那他铸造马蹄金和麟趾金又是为了什么呢？

（一）

先来看看文献中对汉武帝铸造这两种金币是如何记载的。在《汉书·武帝纪》引太始二年（前95）的诏书中，汉武帝是这样说的：

> 往者朕郊见上帝，西登陇首，获白麟以馈宗庙，渥洼水出天马，泰山见黄金，宜改故名。今更黄金为麟趾、褭蹏，以协瑞焉。因以班赐诸侯王。

这段话的意思是说，汉武帝曾经在外出巡视的途中看见了上帝的身影，登上西陇高原时喜获白色的麒麟，在渥洼水又见到了天马，最后在登顶泰山时还拾到了块狗头金。汉武帝将这四件事联系起来，认为是一种瑞兆。为了表示纪念，他回到长安后就颁发了这份诏书，将黄金由原来的方饼、圆饼式样，改铸为麒麟的脚趾以及天马的足蹄的形状，并正式以"麟趾""褭蹏"（袅蹄）作为金币的名称，专门用于赏赐诸侯王。

这里"麟趾"就是指麒麟的脚趾，比较容易理解。那"褭蹏"又是什么意思呢？

"褭"（niǎo），在《吕氏春秋·离俗篇》中是指"古之骏马也"。唐代的颜师古在给《汉书·武帝纪》做注释时，引应劭的话说："古有骏马名要褭，赤喙黑身，一日行万五千里也。"

根据这两段记载，我们可以知道："褭"是指古代的一种良马，"蹏"就是马蹄的"蹄"字，"褭蹏"实际上指的就是马的蹄子。因此，后来颜师古在注释《汉书·武帝纪》时，就直接将"褭蹏"改写为"马蹄"，即"武帝欲表祥瑞，故普改铸为麟足马蹄之形，以易旧法耳"。从此以后，汉代就有了以"麟趾""马蹄"为名的金币，俗称麟趾金、马蹄金。

图 2-9　马蹄金

图 2-10　麟趾金

（二）

汉武帝用黄金铸造的这两种用于表示祥瑞的、形制特殊的金币，能用于流通吗？

虽然它们都被称为金币，但实际上是不能在市面上流通的。这是因为中国古代长期使用的是铜钱，金银并不是完整意义上的货币，而主要是用于社会上层的贵族和富豪们进行赏赐与馈赠，以及商业上的大额支付。

秦朝统一之后，正式将货币分为二等：黄金为上币，但是不铸造成钱币的式样，仍然沿用金版、金饼等原有的形制，以"镒"为单位，称量使用；铜钱为下币，铸造成圆形方孔钱的式样，单位为"半两"。

汉代沿袭了秦朝的做法，以五铢钱为通用货币，供百姓日常使用。黄金仍然为上币，以金饼、金版等形制作为贵族或者是富豪等上层社会用于赏赐与馈赠的贵重物品。最初也是用"镒"（一镒重二十两，另有一种说法是重二十四两）为单位，后来改用"斤"（一斤为十六两）。这就是《汉书·食货志》中所记载的"黄金方寸，而重一斤"。

图 2-11　汉代金饼

　　汉代黄金与铜钱的比价为黄金 1 斤值 1 万枚铜钱。史书中有时记载的赏金一斤或赏金若干斤，实际上并不都是真的就给黄金多少斤。大多数情况下，都是按照黄金 1 斤值 1 万枚铜钱来折算的。西汉将黄金的称量单位由"镒"改为"斤"，黄金的称量单位变小了，这就如同汉初将重达十二铢的秦半两钱减重为仅有三铢左右的荚钱一样，也是因为物资匮乏，朝廷在黄金称量单位上所实行的一种应时减重的改革措施。

　　就在汉朝初年，将黄金的称量单位逐渐变小的同时，汉武帝于太始二年（前 95）又对黄金的形制进行了一次改革，在原来金饼、金版之外，又新铸造了马蹄金和麟趾金这样两种特殊形制的金币。

　　虽然《汉书》里明确记载有马蹄金、麟趾金，并且在唐宋时期也曾经有实物出土发现，但是，麟趾金、马蹄金到底是一种什么式样的金币，自唐朝开始世人似乎就已经弄不太清楚了。

　　譬如唐朝的颜师古在给《汉书》做注释时说："今人往往于地中得马蹄金，金甚精好，而形制巧妙。"他只是笼统地介绍，而无具体的描述。宋代的沈括在《梦溪笔谈》中虽然也谈到了马蹄金，描述为"裹蹙作团饼"状，但这显然是不准确的，而对于麟趾金甚至只字未提。因此，我们怀疑沈括可能就没有见到过真正的马蹄金、麟趾金，他的描述基本上都属于主观猜测。

因为马蹄金、麟趾金本身就不是用来交易的，名义上是为协祥瑞而铸造，所以从严格意义上讲，它们还都不能算作真正的货币。但是，它们都有统一的重量、标准的尺寸，马蹄金还有大、小两种型号，用于赏赐诸侯王，因此仍然可以被视为一种特制的黄金铸币。虽然它们已经有了固定的形制，但是使用的时候还需要切割称量，大部分都在后来被切割销毁了，加之汉武帝之后就停止了铸造，使用的时间并不长，铸造的数量也不多，因此传世稀少，名贵异常。

这就使得后人虽然在《汉书·武帝纪》中知道汉武帝铸造过马蹄金、麟趾金，但是却没有实物与之对照，对于马蹄金、麟趾金只有一个抽象的概念，而不知具体的式样，因此越发弄不清楚马蹄金、麟趾金在形制上的区别。

1973年，在河北定县（今河北省保定市定州市）中山怀王刘修的墓中出土过麟趾金和马蹄金。《河北定县40号汉墓发掘简报》披露，早在1973年该墓曾出土金饼40枚，掐丝贴花镶琉璃面的马蹄金大小各2枚，掐丝贴花镶琉璃面的麟趾金1枚。但是，这次发现并没有引起世人的足够重视。

2015年年底，江西南昌海昏侯墓的考古发掘又有非常惊人的发现，共出土金器478件，重达115公斤，其中包括48枚马蹄金、25枚麟趾金、385枚金饼、20块金版，另外还有重10余吨的200万枚左右的五铢钱。这次发现震惊了世人，这才引起人们对形状独特的马蹄金、麟趾金的关注。

2019年11月底，我应海昏侯墓考古队领队杨军的邀请，曾去现场考察。当我端详着制作精巧、玲珑可爱，前无古人、后无来者的马蹄金、麟趾金时，感觉它们就像它们的铸造者汉武帝好猜疑、令人难以捉摸的性格一样，仍然有很多的谜团有待我们去解读、去发现。

譬如：马蹄金、麟趾金的底部都铸有"上""中""下"三个表示方位的汉字，这应该做何解释呢？另外，马蹄金有大、小两种型号，而麟趾金却只有一种规格，这又是为什么呢？马蹄金、麟趾金之间以及它们与五铢钱的比价又各是多少呢？

海昏侯墓出土的马蹄金，一目了然，与真的马蹄很像，比较容易辨认。但是，对于麟趾金却多有分歧。麟趾金来源于麒麟，而麒麟是传说中的瑞兽，自古就有不同的解释。但因为麟趾金铸造于汉代，所以我们只能以汉代的说法为准。

在《汉书·终军传》、颜师古的注释以及王充《论衡·讲瑞篇》中，都记载说"白麟，一角而五蹄"。据此可知，麟趾不可能是圆蹄，而应该是分瓣的五趾。

以往大家所认为的麟趾金，多来自沈括的文字描述，后人所附的图版也都是圆蹄状的。实际上，这些都是另一种式样的马蹄金而不是麟趾金，而真正的麟趾金应该就是海昏侯墓中出土的那种近似趾瓣的、兽趾状金币。另外，汉武帝为了应祥瑞只铸造了麟趾、裹蹄（马蹄）两种金币，而这种呈兽趾状又明显不像马蹄的金币，无疑就是麟趾金了，这应该是可以肯定的。

海昏侯墓的考古发掘，使得马蹄金、麟趾金这样两种特殊形制的金币具体地呈现在了世人面前，并佐证了文献的记载。证明汉武帝确实以祥瑞为名铸造过这样两种特殊形制的金币。但是，汉武帝特意铸造这两种金币的目的到底是什么呢？难道仅仅是为了"以协瑞焉"吗？

（三）

实际上，汉武帝铸造麟趾金、马蹄金有着更深一层的政治考量。

这与汉武帝通过强硬的手段打击地方诸侯王的势力、加强中央集权之后所采取的安抚刘氏统治集团的政治目的有关。

那汉武帝为什么要通过强硬的手段打击地方诸侯王呢？

这是因为他要解决一个历史遗留的问题，即地方诸侯势力的强大。诸侯王势力强大之后，当然有些就不安分了，开始觊觎皇权。汉武帝的父亲汉景帝在位时期就发生过"七国之乱"。叛乱虽然最后被平定了，但是各诸侯国依然独霸一方，拥有各种特权，仍然是政治上不安定的因素。造成这个隐患的原因，是汉高祖刘邦为了战胜项羽而实行的分封制。当时刘邦为了调动部下的积极性，分封了韩信等一批异姓王。等打败项羽当上皇帝之后，刘邦害怕这些异姓诸侯王将来对中央政府产生威胁，于是又费了好大的劲才剪除了他们。

另外，刘邦从强大的秦国很快就被起义民众推翻了这件事情上总结的教训就是：秦始皇没有实行分封制，没有地方的同姓王来拱卫中央。因此，他消灭异姓王之后，吸取秦灭亡的教训，又分封了一批同姓王。但是，他管得了生前，管不了身后。他没有想到的是，过了两三代之后，这些同姓诸侯王也渐渐地变得不安分起来，有人甚至还觊觎皇位，最终发生了"七王之乱"。这个问题必须解决，而解决的担子就历史性地落到了汉武帝的身上。

那汉武帝是怎么解决的呢？他为了削弱地方诸侯的势力，加强中央集权，主要采取了两项重要的措施。

一是于元朔二年（前127）采纳了主父偃的建议，颁布"推恩令"。规定分封的诸侯王死后，除嫡长子继承王位之外，可以将王国的部分土地推恩分给其他的子弟为列侯。这名义上是施恩惠，实际上是肢解其国以削弱诸侯王的势力。实行推恩令以后，很多诸侯王的支庶也可以受封为列侯，不少王国先后被分为若干个侯国。汉朝的制度规定，侯国隶属于郡，地位与县相当。因此，王国被分成侯国，就是王国面积的缩小和朝廷直辖土地的扩大。这样，朝廷不行黜陟，而藩国自析。到后来，王国辖地仅有数县，再也没有实力跟中央叫板了，这彻底解决了汉初诸侯王国的问题。

二是实行"酎金夺爵"的政策。"酎"在这里是指一种优质的酒。汉朝的制度规定，每年八月在长安祭祀高祖庙的时候，除了进献酎酒，诸侯王和列侯还要根据各自封国人口的数量进献黄金助祭。进献的标准是每千人贡献黄金四两，余数超过五百人的，四舍五入也是四两，由少府来负责验收。如果被发现黄金的分量或成色不足，就要受到处罚，结果往往是诸侯王削县，列侯免国。元鼎五年（前112）九月，汉武帝因为列侯中无人响应他的号召报名参军去讨伐南越国，就以酎金的分量或成色不合标准为借口，撤销了106个列侯的爵位，几乎占了列侯的一半。甚至连丞相也以知情不报的罪名下狱而被迫自杀。

汉武帝通过"推恩令""酎金夺爵""白鹿皮币"等手段，削弱和打击了各地诸侯王和列侯的势力，进一步加强了中央的集权，基本上结束了汉初以来诸侯王与中央朝廷抗衡的局面。

在这种情况之下，为了缓和刘氏皇族内部的紧张关系，加强统治阶级内部的团结，营造和谐的政治氛围，汉武帝便借祥瑞之名，特意铸造了马蹄金、麟趾金"班赐诸侯王"，用以怀柔、安抚那些保留下来的守规矩、听话的诸侯王。

汉武帝对诸侯王的这种怀柔做法，我们在海昏侯墓出土的大量金器上可见一斑，或者说，这也从一个侧面印证了文献记载的汉武帝"班赐诸侯王"这件事。

（四）

前文我们说了，海昏侯墓出土了大量的金饼、金版，还有马蹄金和麟趾金，那墓主人是谁？这些马蹄金和麟趾金明显是诸侯王才有的东西，那墓主人一定是一位诸侯王了，他为什么随葬了这么多金器呢？

考古发掘已经证明墓主人是第一代海昏侯刘贺。刘贺在中国历史上实在是一位命运跌宕起伏的传奇人物，一生经历了诸侯王、皇帝、庶人再到列侯的身份转换。刘贺是汉武帝的孙子，5岁时继承他父亲的王位而成为第二任昌邑王，昌邑国的国都在今天山东菏泽的巨野县。汉武帝的小儿子汉昭帝去世之后，因为没有子嗣，刘贺就以昌邑王的身份被摄政的霍光迎入长安即位，成为新的皇帝。但是仅仅二十七天之后，霍光就以"荒淫迷惑，失帝王礼谊，乱汉制度"的名义，由当时的上官皇太后，也就是霍光的外孙女，下令将刘贺废去皇位贬为庶人，并遣返昌邑。继位的汉宣帝后来发现刘贺对自己的帝位不再构成威胁，就"封故昌邑王贺为海昏侯"，将刘贺从庶人又封为列侯，从被废的昌邑国迁移到海昏侯国，也就是从今天山东菏泽的巨野县迁到了江西南昌新建区一带。

汉宣帝神爵三年（前59）刘贺去世。刘贺生前虽然只是一个列侯，但他当年被废黜皇位的时候，朝廷并没有没收他当昌邑王时的财物，这些财物里的很大一部分和刘贺一起被埋进了坟墓。刘贺的父亲第一任昌邑王刘髆是汉武帝的儿子，汉武帝对刘姓诸侯实施怀柔政策时，给儿子的赏赐应该是超过其他诸侯王的。刘贺被汉宣帝封为海昏侯之后，取消了刘贺祭祀祖宗和朝觐皇帝的资格，虽然没有了相应的政治待遇，却也在客观上为刘贺节省了一大笔开支。另外，刘贺的家人觉得刘贺是政治斗争中被废的皇帝，认为他很委屈，因此希望他在另一个世界里不至于窘迫，仍然能够过上锦衣玉食的生活，所以在他死后随葬了大量的财物。这应该就是刘贺墓中随葬有大量的黄金以及铜钱的原因。

海昏侯墓中出土的大量黄金，不但确认了马蹄金、麟趾金的形制，同时作为物证也见证了汉武帝政治斗争手段的多面性。以往世人只是看到了汉武帝为了进一步加强中央集权、削弱地方诸侯势力而采取的强硬措施，如酎金夺爵以及变相勒索的白鹿皮币等手段。其实，汉武帝除了用硬的一手，还有软的一手，即向听话的诸侯王颁赐马蹄金、麟趾金。正是依靠恩威并施、刚柔并用的软硬两手，汉武帝才实现了削弱诸侯王、加强皇权的目的，最终建立了大一统的中央集权专制统治。

通过对五铢钱、白鹿皮币及白金三品、马蹄金和麟趾金等货币铸造背景的分析，本节向大家介绍了汉武帝政治韬略中的货币手段。从中我们可以看到一个有血有肉、有权谋、有伎俩，甚至有时还耍点小无赖、动点小心思的汉武帝，这可能更接近于真实的汉武帝，也符合他不按常规出牌、极富创新的个性。这说明在统治者眼里，货币从来都不仅仅是交易的媒介，而且是经常被用作政治斗争的工具，并因此而演绎出一幕幕的悲喜剧。

2

被钱币玩砸的王莽改革

在我国古代众多的钱币中，有一种刀币形制非常特殊。它既不同于先秦时期齐国的大刀，也不同于赵国、燕国那种由实用刀具演变而来的小型刀币。它的体形较小，制作精美。虽然被称为刀币，但是它的头部是一枚圆形方孔钱，外形看上去更像是一把钥匙，这就是王莽铸造的刀币。它总共有两种款式：一种错有黄金，称"金错刀"；另一种未错黄金，称"契刀"。

可不要小看这枚刀币，从某种意义上，我们甚至可以说，正是它斩断了王莽的改革大业。

下面我们就通过对王莽币制改革的分析，来看看错误的货币政策如何葬送了王莽曾经抱有很大希望的社会改革。

一、金错刀：斩断了王莽改革事业的钱币

说到金错刀，必然要说到它的铸造者王莽，一个在中国历史上极富争议的人。王莽曾经以"禅让"的方式谋得了汉朝的天下，建立了

自己的新朝，最后却因改革的失败而身死国灭。王莽所推行的这场改革，是中国古代一场著名的社会改革，其中尤其以别出心裁、与众不同的币制改革而为世人所知，成为他整个改革的重要基础。

这枚外形像钥匙，参与并见证了王莽改革的金错刀，不但没有开启王莽理想中的繁荣盛世，反而成为断送他改革大业的重要因素之一。

（一）

王莽的时代已经进入了公元后，当时五铢钱已经流通使用了一百多年，如果从秦朝用圆形方孔钱统一六国形态各异的货币算起，方孔钱也已经流通使用两百多年了，那王莽为什么还要去铸造早已被秦朝废弃的先秦时期的刀币呢？这种刀币能流通起来吗？民众会接受吗？为什么他的币制改革最终会以失败告终呢？

实际上，王莽的新货币模仿古代刀币的形状，是有特殊的政治目的的。为什么要这样说呢？

这是因为王莽要借机向世人宣告，他所要推动的社会改革的方向是复古，即要恢复《周礼》这一儒家经典理论所倡导的社会模式。那他为什么要实行复古改制呢？

当时西汉实行的是土地私有化政策，官僚贵族凭借他们的政治特权和经济实力，通过大量买卖兼并土地而成为豪强地主，造成了贫富的两极分化。而作为儒生出身的王莽深信儒家经典《周礼》所描述的以"井田制"为基础的土地国有制才是"天下为公"的理想社会，才能从根本上解决由土地兼并造成的贫富两极分化的社会矛盾。因此，他要推行复古改革，希望按照儒家经典理论所描绘的蓝图，用恢复使用西周"井田制"的办法，来重新塑造他心目中的理想社会模式。

就在社会矛盾日益尖锐、西汉统治摇摇欲坠的情况下，公元8年年底，王莽在各方代表的劝进和拥戴之下，以改革社会、拯救百姓为名，演出了一场"禅让"的戏码，当上了皇帝，并于第二年改国号为"新"，改年号为"始建国"。随后王莽就开始了他的社会改革。

王莽改革的内容虽然名目繁多，但是总体上可以归纳为两个方面。

一是规定土地国有并禁止买卖奴婢。王莽首先是以西周的井田制为依据，改天下耕地为"王田"，规定一家男口不满八人而耕地超过一井的，要将多余的部分分给九族邻里或乡党。这实际上是废除了土地私有，实行土地国有。其次是改奴婢为"私属"，不许买卖。

王莽这样改革是想从根本上解决当时积存的各种社会矛盾。汉昭帝以后，统治者的横征暴敛又开始加剧，土地兼并也越发严重。失去土地的农民大多被变卖为奴婢，而兼并土地的豪强地主因为享有特权，不用向国家缴纳赋税，这部分流失的税源自然又转嫁给了贫苦的农民，这样又加重了社会的贫富两极分化，从而增加了社会的不稳定因素。当时很多大臣都看到了问题的严重性，为了缓和社会矛盾，主张限制兼并土地和买卖奴婢。但是，因为既得利益集团的阻挠，这些改革都未能实行，贫富悬殊、两极分化越来越严重。王莽希望用这种办法来缓和土地兼并和农民被奴隶化的趋势。

二是在商业上推行"五均六筦"法。所谓"五均"是指在长安等五座最大的城市里设立五个"均司市官"，负责征收工商税并管理物价；"六筦"里的"筦"，同管理的"管"，是管制的意思，因此"六筦"是指盐、酒、铁器、铸钱、名山大泽以及借贷等六项事业，都由国家来经营管理，私人不能经营。规定政府借贷给需要用钱的百姓，100枚铜钱月收利息3钱。他希望用这种政府提供的利息相对比较低的贷款来控制物价并打击高利贷者。

王莽改革的目标，就是要使农民耕者有其田，货物贸易流通顺畅并且价格公平，同时取消私人发放的高利贷，消灭食利阶层的剥削。客观地讲，王莽这些超越现实、富有理想化的公有制改革，虽然愿望非常美好，但是在当时的历史条件下并不完全具有实现的可能性，因为封建社会本身就是建立在土地私有制基础上的。而且令人遗憾的是，王莽的这些社会改革措施甚至还没有来得及全面推行，就被他的币制改革给葬送了。那王莽推行的是一套怎样的币制改革，为什么会有这样大的破坏力呢？

（二）

王莽的币制改革虽然内容繁杂、种类众多，但是根据发布的时间及具体的内容，大致可以分为两次。第一次是在他做大司马之时，第二次是取得帝位之后。虽然有的书中将这两次改革又细分为四次，实际上严格说来就两次。

王莽的币制改革是为他的社会改革服务的。

王莽在取得帝位前后，为了培植一支拥护自己的贵族和官僚势力，大规模地进行了封官赐爵活动。新封赐的这些王侯都需要获得一份食邑和俸禄，受爵的同时还要有黄金、钱币的赏赐，这更需要大量的钱币。但是，早在此前三十多年的汉成帝时期，上林苑三个铸钱机构已经关闭了两个，只保留了钟官一家。后来哀帝、平帝时期，铸钱更少。这该怎么办？如何来解决钱的问题呢？

王莽的办法就是铸造新的钱币。但是，铸钱一是要耗费成本，二是需要一个过程，不是短期内就能解决的。而眼下却有很多新被封官赐爵的官僚贵族，亟须大量的钱币来封赏。于是，王莽就只能采用铸造虚值大钱的办法来应对。

他的第一次币制改革发生在居摄二年（公元 7 年），这是他取得帝位的前一年。当时他模仿周公辅佐周成王的故事，以"安汉公"的名义，号称"假皇帝"执掌朝政。在当时通行的五铢钱之外，又铸造了三种虚值大钱与五铢钱并行流通。

第一种是大泉五十。圆形方孔，每枚重十二铢，约 7.8 克，虽然还不到重 4 克左右的五铢钱的两倍，但是面值却是五铢钱的 50 倍。这里的"泉"指的是钱，表示钱如泉水一般，取之不尽、用之不竭。王莽后来铸造的钱币中，"钱"字都被换成了"泉"字。

图 2-12　大泉五十

另外两种新铸造的钱币，就是我们一开始介绍的刀币。它们的形制、尺寸、重量都完全相同，通长 73 毫米，重约 16.5 克。这种刀币由两部分组成，上半部分呈圆形方孔钱的形状，一种是在穿孔的右左铸有"契刀"两字，另一种是在穿孔的上下铸"一刀"两字。因为一刀是用黄金错成，它又被称为"金错刀"或"错刀"。下半部分为刀身。

到这个时候，五铢钱已经流通了将近一百三十年，王莽推出形制如此复古的刀币是何用意呢？实际上这是王莽在向世人释放一个政策信号，即他要推行复古改制。他认为西周的社会模式是最理想的，因此他的货币要模仿当时的刀币式样。

尽管大泉五十已经是膨胀50倍的虚值大钱，但是它与这两枚刀币相比，可谓是小巫见大巫。那这两枚刀币的面值是多少呢？

"契刀"的一种铸有"五百"两字，表示一枚"契刀"的面值为500枚五铢钱。"金错刀"则铸有"平五千"三字，这里"平"字就是"等于"的意思，表示错金的"一刀"等于5000枚五铢钱。

图2-13　契刀五百　　　　图2-14　一刀平五千

无论是错刀还是契刀，膨胀的幅度可谓是登峰造极。一枚长73毫米，重约16.5克的金错刀，凭什么就可以兑换5000枚五铢钱呢？

一枚五铢钱重3.5~4克，5000枚最少也有17500克。这实际上就是政府用16.5克铜，去兑换老百姓手中的17500克铜，兑换比例是1000多倍。王莽为什么要这样来设计他的币制呢？

因为王莽知道，短期内不可能生产出大量的货币用以赏赐那些新封的权贵，以便推进他的改革事业，只能采用发行虚值大钱的办法，但是他又担心虚值大钱没有信任度，不被大家认可。这种两难的结果，促使王莽对钱币采用了当时最先进的错金技术进行精工铸造。他希望以此增加钱币的附加值，使钱币最终能够被大家接受。于是他就创新使用了现代的机制币才采用的镶嵌技术，在两千多年前用纯手工技术铸造了技术含量极高的"金错刀"。

金错刀头部的"一刀"两字，在铸钱时先要铸出浅槽，再将捻成细丝的黄金镶嵌到浅槽里，然后经过打牢、磨平，嵌入的黄金才能做到不但不会脱落，甚至不能被轻易地剔出。

钱币上的文字布局更是疏落有致，字体都用篆书，笔画细长，有如细针直垂。这种字体被后世称为"悬针篆"，成为王莽钱币特有的艺术风格。

这两种形制特殊的刀币，除了用来赏赐，主要就是为了搜刮黄金。当时的金价是一斤黄金值五铢钱 10000 枚。因此，按照面值，金错刀 2 枚或者是契刀 20 枚就可以兑换黄金一斤。实际上，王莽就是要用错金的 33 克铜，或者是没有错金的 330 克铜，从老百姓手中兑换一斤黄金。这哪里是发行货币，完全就是公开掠夺！不过老百姓手中的黄金肯定有限，王莽这样做针对的主要还是贵族富商。

班固在《汉书·王莽传》中说，收兑贵族黄金的时候是"然卒不与值"，意思是说就没有给钱。实际上并不是没有给钱，给的就是这种没有实际价值的"错刀"和"契刀"。王莽死后，宫中保存有六七十万斤黄金，这是中国古代历史上最大的一批有记载的黄金，其中大部分应该就是通过这次币制改革用错刀或是契刀收兑的。

那王莽为什么要用刀币收兑黄金呢？

我们知道王莽改革的总体思路是要废除私有制，实行国有的政策。除了土地实行国有，物价、借贷由国家管控，更重要的是他还想将黄金也实行国有。因为土地、奴婢这种大额交易需要用黄金来完成，只有将贵族和富商手中的黄金都收归国有，才能消除他们兼并土地、买卖奴婢的可能。

为此，他曾经颁布法令规定列侯以下的人都不准拥有黄金，也就是说要将列侯以下的贵族及大商人所拥有的黄金全部收归国有。这一政策对手头上本来就没有黄金的老百姓来说，虽然不能说是什么好事，也谈不上有多大的坏处。但是，书生气十足的王莽没有考虑到，契刀和错刀因为面值太过虚高，一经推出就使由"大泉五十"引发的盗铸现象更加严重，民间于是群起盗铸，益发不可禁绝。

王莽虽然第二年就废弃了这两种刀币，但是因此而引发的私铸不但没有平息，反而愈演愈烈。此后王莽的币制更是越改越乱，荒腔走板，直至最后崩溃。正是从这个角度可以说，是那把金错刀斩断了王莽的改革事业。

（三）

王莽第一次币制改革发行了"大泉五十"和两种刀币。但是，仅仅过了两年，他就于始建国元年（9）进行了一次调整。此时的王莽已经当上皇帝，并建立了"新"朝。这次调整的对象，就是两年前刚刚发行、为支付新封的王侯并收缴贵族手中的黄金立下了汗马功劳的两种刀币。

这是为什么呢？

这是因为王莽的心中有个小九九。

王莽发行的两种刀币都属于虚值大钱，因为折算过高，不被市场接受，很难流通，只能用来赏赐或者是强行兑换黄金。但是受赏者或者是被强行兑换黄金的人拿到这两种刀币，在市场上并不能实现价值的兑现，属于口惠而实不至，也都心生怨言。因此，王莽篡位之后就决定废弃它们，另铸新钱。

这两种刀币才发行两年就要被废弃，也需要找个理由向世人做一说明。于是，王莽就结合当时在社会上极为盛行的谶纬之说，编造了一个理由，以颁布诏书的方式做了一番解释。王莽的解释非常有意思，也集中反映了他的书生气和迂腐劲。

他说当初居摄的时候，即他被拥立为摄皇帝、有皇帝之实而无皇帝之名的时候，为了挽救汉朝的气数，特意发行了这两种刀币，希望能给刘汉政权带来转机。

他说孔子编的《春秋》是后世帝王行事的法则，而《春秋》一书结束于鲁哀公十四年（前481）。比照当时，从汉哀帝算起，正好也十四年了，说明汉朝的气数已尽，这是天命，不可违背，只能废刘兴王。而废刘兴王的办法就是：

> 夫"劉"之为字，"卯、金、刀"也。正月刚卯，金刀之利，皆不得行。[①]

意思是说"劉"（刘）字因为有"卯""金""刀"等偏旁，含有凶煞之气，对于"新"朝恐怕不吉利，于是他要废除才发行两年的金错刀和契刀。

王莽的这通解释以拆字法做依据，当然都是他的一种说辞。实际上，他是想通过这种方式转移贵族们对他有名无实的封赏以及强行兑换黄金的不满，并借机在他的"新"朝中推行"去刘化"的政策，力图迅速去除社会上的汉朝印迹。而五铢钱因为是刘氏政权原有的货币，这次也被他顺手给废了，给出的解释是，铢（銖）字带有"金"字旁。

按照这一规定，新发行的货币都不能再用"铢""钱"两字，因

---

① 《汉书·王莽传》。

为它们都带有"金"字旁，犯了"卯、金、刀"的"金"字之讳。于是，王莽就从古籍中找来一个"泉"字来代替"钱"字，这样新的币制除了前一年铸造的"大泉五十"继续保留，又新铸造了一种重量为一铢的"小泉直一"钱，想用它来代替原来的五铢钱。规定50枚"小泉直一"等于1枚"大泉五十"，主币"大泉五十"与辅币"小泉直一"按1：50的比值在市场中并行流通。这种主币与辅币并行流通的制度，实际上是我国历史上最早的主辅币制度。

图2-15　小泉直一

这次币制调整反映出，王莽对自己取得政权的合法性已经极度不自信。他的第一次币制改革及调整，不过是这种不自信的表现和"去刘化"运动的组成部分，因此他的币制改革已经呈现乱象。受此影响，民众此前对王莽盲目崇拜、无限信任的态度也开始出现了细微的变化，盗铸现象的大量发生就是表现。

越来越不自信的王莽为了制止社会上私铸的蔓延，竟然出台法令禁止民众擅自携带铜、炭等铸钱的材料。不让带铸钱的铜倒也罢了，木炭却是日常生活以及冬季取暖的必备品，不让携带自然会带来诸多不便，必然更加引起人们的反感。

引起民怨的还有，同样的一枚"大泉五十"，两年前规定可以兑换50枚重3.5克的五铢钱，现在又规定只能兑换50枚仅重0.65克的"小泉直一"。另外，人们习惯使用的五铢钱又被废弃不用了，尤其引起民众的普遍不满。于是社会上开始流传"大钱当罢"的流言,意思是说以一当五十的"大泉五十"使用的时间将不会太长,一定会被废弃。百姓纳税的时候虽然不得不用新钱,但是私下交易时却只信任五铢钱,而不愿意用"小泉直一"。

老百姓对新钱的抵制以及社会上关于"大钱当罢"的流言,使得王莽恼羞成怒。他又紧急发布诏书规定:民众私自携带五铢钱或者谣传"大钱当罢"者,将比照非议井田制的刑罚来定罪,即被流放到边疆去服苦役。

虽然法律规定非常严厉,但是从诸侯、卿大夫以至于一般的庶民,实际上没有多少人愿意执行,因此而犯罪者不可胜数。《汉书·王莽传》记载,此令一出,"农商失业,食货俱废,民人至涕泣于市道",因为"卖买田宅奴婢,铸钱,自诸侯卿大夫至于庶民,抵罪者不可胜数"。

意思是说农业生产和商品贸易都被破坏了,民众以四处乞讨为生。因买卖土地、奴婢、私铸钱币而获罪的人,从诸侯、官员一直到百姓,不可胜数。

之所以会出现这种情况,除了民间对新钱不认可,骤然间在全国范围之内废除旧钱、推行新钱,而各地又没有足够的新钱可以供应,也是一个重要的因素。于是,王莽又派出谏大夫五十人,分别去全国各地监督铸造新钱。近几十年来,在南至江南地区、北至内蒙古、西到青海的广大地区,都有王莽时期的铸钱遗址及钱范、钱币实物的出土,这应该就是这次分派铸钱的结果。这样一来,汉武帝经过艰苦的斗争才收归中央的铸币权,又被王莽轻易地返还给了各地。

王莽改革社会的初衷虽然很美好,但是现实却很残酷。面对巨大的反差，王莽随后又会出台怎样的币制改革措施呢？他精心设计并抱有无限期望的"宝货制"，最终能救民众于水火、挽狂澜于既倒吗？

二、宝货制：迂腐的币制与艺术及技术的创新

王莽在西汉末年社会矛盾极度尖锐的背景下，为了挽救危机所进行的第一次币制改革既暴露出了他的迂腐，也反映了他对自己政权合法性的不自信。民众对王莽也由此前的盲目崇拜、无限信任，开始变为普遍的怀疑，具体表现就是社会各界都开始大量地盗铸王莽发行的钱币。对此，王莽会怎样应对呢？他接下来的币制改革将如何来设计呢？

下面就给大家介绍王莽第二次币制改革所推出的迂腐荒唐的"宝货制"，看看它是如何最终葬送王莽的政治理想的。

（一）

王莽第二次币制改革是于始建国二年（10）推行的宝货制。这次币制改革距离他对第一次币制改革所做的调整，实际上仅仅过了一年。王莽在这么短的时间内，为什么又要急着进行第二次币制改革，再次推出一套新的币制呢？这是因为他原本对调整后的"泉货二品"制，即主币"大泉五十"与辅币"小泉直一"按1∶50的比值在市场中并行流通的制度，寄予了很高的期望，希望大家能够接受，但是推行的结果却很不尽如人意，令他非常失望。于是，王莽决定进行第二次币制改革，推出他精心设计但是却更加荒腔走板、繁杂无比的"宝货制"。其迂腐荒唐可谓登峰造极，最终葬送了他的改革

事业。

对这次币制改革，王莽可谓用心良苦。他首先搬出儒家经典《尚书·洪范》的"八政"做依据：

> 民以食为命，以货为资，是以八政以食为首。宝货皆重则小用不给，皆轻则儳载烦费，轻重大小各有差品，则用便而民乐。

意思是说，百姓的生活离不开粮食和货币，如果货币的面值过大，小额的交易就不方便；面值过小，那么大额支付就会很麻烦。因此，只有大小不同面值的货币搭配使用，便于流通，百姓才会乐于使用。

王莽的理由非常有道理。为了使货币"轻重大小各有差品"，他特意设计了一个被后世称为"宝货制"的庞大且复杂的货币体系。

所谓"宝货制"，是指"五物六名二十八品"。这里"五物"是指金、银、铜、龟、贝五等币材，其中铜又分为泉、布两种，因此又被称为"六名"；"二十八品"是指每一"名"之下又分若干个等级，各有其名。具体是：泉货六品、贝货五品、布货十品、龟宝四品、银货二品以及黄金，总共是二十八品。

这么奇特、烦琐的货币制度，前不见古人，后不见来者，真可谓空前绝后！

那么这么复杂、烦琐的币制改革怎么推行呢？

宝货制中的"五物六名二十八品"，其中金、银、龟、贝"四物四名十二品"至今没有实物被发现或出土过，文献中也没有关于它们形制上的具体记载和说明。它们到底是什么模样，谁也不清楚。因此，它们可能仅仅是王莽的一种设想，实际上并没有铸造发行。

　　真正供百姓日常使用的货币，是以铜为"物"的"泉""布"二名，又分为十六品，民间习称"六泉十布"。其中，"六泉"是小泉直一、幺泉一十、幼泉二十、中泉三十、壮泉四十、大泉五十，都是圆形方孔钱；"十布"是小布一百、幺布二百、幼布三百、序布四百、差布五百、中布六百、壮布七百、弟布八百、次布九百、大布黄千，这是王莽以古代铲形布币为原型，重新设计的一种新的铲形币。

　　这回王莽不用刀币了，却又选择了铲形的布币，王莽的复古思想真是体现得淋漓尽致！

　　这么多的钱，哪个大哪个小呢？"六泉十布"中，"小泉直一"是面值最小的基准货币，其他货币的面值都以它为标准，按一定的比率递增。面值最大的是"大布黄千"，意思就是一枚大布相当于1000枚小钱，这里的小钱指的就是"小泉直一"。

图 2-16　大布黄千

表2-1　王莽宝货制分类表

货币种类	货币名称	作价（文）
泉货六品	小泉直一（重一铢）	1
	幺泉一十（三铢）	10
	幼泉二十（五铢）	20
	中泉三十（七铢）	30
	壮泉四十（九铢）	40
	大泉五十（十二铢）	50
贝货五品	贝（不盈寸二分）	3
	小贝（寸二分以上）（二贝为朋）	（每朋）10
	幺贝（二寸四分以上）	（每朋）30
	壮贝（三寸六分以上）	（每朋）50
	大贝（四寸八分以上）	（每朋）216
布货十品	小布一百（重十五铢）	100
	幺布二百（十六铢）	200
	幼布三百（十七铢）	300
	序布四百（十八铢）	400
	差布五百（十九铢）	500
	中布六百（二十铢）	600
	壮布七百（二十一铢）	700
	弟布八百（二十二铢）	800
	次布九百（二十三铢）	900
	大布黄千（一两）	1000
龟宝四品	子龟（五寸以上）	100
	侯龟（七寸以上）	300
	公龟（九寸）	500
	元龟（一尺二寸）	2160
银货二品	普通银	（每流）（八两）1000
	朱提银	（每流）1580
黄金		（每斤）10000

如此形式繁杂、内涵深邃的货币制度，不要说不识字的普通百姓，即便是识字的官吏或者是读书人，也很难记得清、看得准、算得明白。更不用说仅重二十几铢的一枚"大布黄千"就相当于上千枚小

钱，这如何能让用惯了五铢这种单一面值钱币的老百姓接受呢？因此，人们就只认面值较小的"小泉直一"和"大泉五十"两种。而"大泉五十"是在国内五十个地方同时铸造的，形制和重量都很难做到统一。"大泉五十"的法定重量应该是 8 克左右，但是目前我们所见得的实物，重的有 10 克以上的，轻的甚至不足 4 克。这种现象应该就是各地分别铸造以及民间盗铸的结果。

宝货制显然是王莽精心设计的一套货币制度，寄托了他以此改造社会，回归儒家经典理论所描绘的古代社会的愿望。但是，另一方面也反映了王莽为了实现所谓的托古改制而表现出来的极度痴迷《周礼》，食古不化，怀抱理想却毫无施政经验的儒生本性，以及他搜刮民间财富、借机削弱打击刘汉势力并为其篡位制造舆论宣传的现实目的。

那王莽抱有无限期望值的"宝货制"能救民众于水火、挽狂澜于既倒吗？

实际效果正相反。大家既不认可这套杂乱的币制，却又大量地进行盗铸。面对这种现象，王莽更加恼怒、生气。于是，他又实行了"一家铸钱，五家坐之，没入为奴婢"[①]的连坐法。就是只要有一家盗铸钱币，连坐的五家都要被送去当奴婢。但是，严刑峻法也改变不了人们对宝货制的抵触，这套繁杂无比的币制推行起来依然困难重重。

为了提高新币的形象，提高老百姓对它的认可度，王莽又想出了一个更加新奇的推广办法，他颁布法令，规定："吏民出入，持布钱以副符传。不持者，厨传勿舍，关津苛留。"

---

① 《汉书·王莽传》。

意思是，官民出入都要携带新铸的布币和通行证，以便相互验证，否则就要遭到水陆关卡的盘问与扣留。这里的"传舍"，指的就是后来的驿站，即驿站不得容留未带新铸的布币与通行证的人，也不许给他们提供饭食。王莽甚至要求在长安的宫廷中公卿大臣们上朝出入的时候也都必须携带布币，否则不让入宫。

从宝货制的精巧设计、严密配套，以及王莽为了推行它所采取的一些别出心裁的措施来看，宝货制显然是王莽所理解与向往的儒家经典中所描绘的古代理想社会的货币制度。它是王莽想要实现复古思想以及实践操作的集中体现，因此他费尽心机希望能够在社会上推广开来。但是，长于复古幻想却短于实施手段的王莽采取的这些迂腐并愚蠢的做法，不但无补于紊乱的币制，反而增加了百姓对于新币的抵触与排斥。

因此，在民众的普遍抵制之下，王莽当年又被迫收回成命，叫停了"宝货五品"，恢复了始建国元年实行的"泉货二品"，即主币"大泉五十"与辅币"小泉直一"，并行流通的货币制度。

繁复的宝货制难于推行，"六泉十布"中，民间只认面值较小的两种货币，即"大泉五十"与"小泉直一"。而其中"小泉直一"币值太低，"大泉五十"又盗铸严重，其余的虚值大钱都只能用来赏赐，根本无法参与市场的流通，这样就给小钱的铸造带来极大的压力。因为缺少钱币，自汉武帝以来给官员发放钱币作为工资的做法甚至都无法沿用了，只好改成发放实物，用所谓的"十緵布"、绢帛以及粟米来替代铜钱。《汉书·王莽传》记载：

  自公卿以下，一月之禄十緵布二匹，或帛一匹。

意思是说，自公卿以下的官员，每月的工资只能发放两匹"十緵布"，或者一匹绢帛。绢帛是一种丝织品，大家容易理解。"缌布"是一种麻织品，"缌"是汉代纺织品的一种规格，有所谓"八缌布""九缌布""十缌布"的分类，类似于我们现在所说的多少支纱线，体现的是布的成本和质量上的差异。用绢帛或缌布来发放工资，等于又退回到了实物货币阶段。在这种情况之下，已经乱了分寸的王莽更加坐不住了。他又准备对宝货制再进行一次调整。

（二）

这次调整开始于天凤元年（14），距离王莽于始建国二年所推行的第二次币制改革仅仅四年。为什么在这么短的时间内王莽就对他精心设计的宝货制进行调整呢？

这主要是因为"六泉十布"的等次太多，始终不被百姓接受，王莽决定对它进行一次调整。这次他计划要全部废弃"六泉十布"，代之以一套新的货币。

新货币只有两种，因为名称还要继续回避"金"字之讳，即不能使用带有"金"字偏旁的字，他就将新货币称为"货布"与"货泉"。

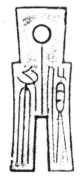 

图 2-17　货布、货泉

图 2-18　布泉

货布为主币，重二十五铢，面值为二十五，形制仿先秦的布币；货泉为辅币，也是基准货币，就是面值最小的货币，重五铢，面值为一，形制为圆形方孔。主币与辅币之比调整为 1∶25。原来"六泉十布"中的"大泉五十"已经使用了八年，是王莽几次币制改革中寿命最长的一种，在社会上留存的数量很多，不便于一下子取消，因此被允许继续使用，但是规定它的面值与货泉相同，即也相当于五铢，但是只能再使用六年，到时候自动作废，不能再流通。

王莽这次调整有两点需要特别说明。

一是新的基准货币，即面值最小的货币"货泉"的重量与五铢钱相等，这实际上是恢复了原来五铢钱的流通使用，表示王莽事实上已经承认了他两次币制改革的失败。

二是规定名义上值 50 枚"小泉直一"的"大泉五十"与重五铢的"货泉"等值流通。虽然"小泉直一"比五铢轻，毕竟也不过三四倍。现在规定"大泉五十"只相当于一枚重五铢的"货泉"，"大泉五十"的面值顷刻间就被折损了几十倍，购买力严重贬值，这自然为销毁"大泉五十"改铸"货泉"者开启了侥幸之门。从此盗铸的行为越发不可禁绝。

王莽最初对盗铸钱币的人都是判死罪，非议币制或者是私带铜、炭的人都要流放边疆。但由于犯禁的人太多，不能一一执行，后来不得不改变办法，放松了对私自携带铜、炭之人的惩罚。对于私铸者全家没为官奴，地方官吏和联保的五家如果知情而不告发，则被视为同罪；对于非议新币制的人，和联保的五家一起罚服苦役一年。又因为这些人都有铸钱的一技之长，因此要被送到上林苑保留下来的钟官造币厂参加铸钱劳动。

《汉书·王莽传下》记载当时押解犯人去上林苑铸钱的盛况：

> 男子槛车，儿女子步，以铁锁琅当其颈，传诣钟官，以
> 十万数。

意思是说，犯罪的男子押在槛车里，用铁链锁住脖颈，其儿女跟在槛车后面迈着小步，押往上林苑钟官造币厂的道路上有数十万犯人。

实际上，最后能够活着到达钟官造币厂的人不多，到达的人又因劳累愁苦而死者多达十之六七，民众的怨气越发强烈，社会矛盾极度尖锐。

不只底层的民众有怨言，上层的贵族和官员也多有怨气。因为赏赐给他们的或者是他们收兑黄金得来的虚值大钱根本不能在市场上实现价值的兑现，他们也只好"并为奸利"，意思就是通过贪污受贿，或盘剥百姓来获得利益。

王莽为了治理官员们的贪腐，再次下发诏书，要求核查、稽考自始建国以来官员们的财产：

> 诸军吏及缘边吏大夫以上为奸利增产致富者，收其家所有财
> 产五分之四，以助边急。①

意思就是要清查官僚们的家产，看看哪些是违法所得。对于违法的官员，要没收他们财产的五分之四，用于补充边境战争的经费。同时向地方郡县派出官员前去考核、查验这一诏令的执行情况。

《汉书·食货志下》总结当时的情况说：

---

① 《汉书·王莽传下》。

> （钱币）制作未定，上自公侯，下至小吏，皆不得奉禄，而私赋敛，货略上流，狱讼不决。……富者不得自保，贫者无以自存，起为盗贼。……陷罪，饥疫，人相食，及莽未诛，而天下户口减半矣。

意思是说钱币还没有铸造出来，上自公侯、下至小吏，因为没有俸禄可发，就通过贪污受贿维持生计。富人不能自保，穷人无法存活，就只能去当强盗了。因为饥饿，开始出现人吃人的现象。王莽被杀之前，全国的人口就已经减少一半了。

王莽最后这次币制调整，本来的目的似乎是想做最后的努力，希望能够稳定币值，挽回人心。但被残酷的现实击碎理想的王莽，应对的措施更是乱上加乱、错中出错，其迂腐荒唐更是不可理喻，结果是又一次演变成了疯狂的财富掠夺，也使他彻底失去了民心，加速了政权的崩溃，最终葬送了他的身家性命以及改革大业。

不久，起义军攻入长安，王莽被杀，"新"朝覆灭。因此可以说，王莽亲自设计的重复古而不切实际的两次币制改革是其改革失败、政权垮台的重要原因。

（三）

作为儒生的王莽，非常认同孔子所说的"郁郁乎文哉！吾从周"。因此，他执政以后就以重建儒家经典中所描述的古代社会为终极理想。在这种迂腐幻觉思想的指导下，处处参照《周礼》所设计的迂腐荒唐的货币制度所导致的混乱，无疑加速了他改革的失败和政权的覆灭。但是，也正是王莽固执地追求完美的这股书生气，才使得他所铸造的货币尽管在经济上表现得一塌糊涂，但是却在钱币的艺术水准和铸造技术上，都有很大的提高和创新，并因此而使莽钱成了精美绝伦的艺术品。

下面我们就以那枚斩断他改革大业的金错刀为例，来看看王莽钱币的艺术价值及其工艺创新。

首先，我们谈谈莽钱的艺术价值。

在第一小节我们说过，种种原因促使王莽对钱币采用了当时最先进的错金技术，在两千多年前用纯手工技术铸造了技术含量极高的"金错刀"。

金错刀造型独特，体形厚重，线条丰满，具有古朴凝重的风格，因此成为历史上众多文人雅士的歌咏对象。如：

张衡说"美人赠我金错刀，何以报之英琼瑶"[1]；

杜甫诗曰"金错囊徒罄，银壶酒易赊"[2]；

梅光臣写有"尔持金错刀，不入鹅眼贯"[3]；

孟浩然诗说"美人聘金错，纤手脍红鲜"[4]；

陆游更是写下了豪迈的诗句"黄金错刀白玉装，夜穿窗扉出光芒。丈夫五十功未立，提刀独立顾八荒"[5]。

苏轼、方岳则对"金错刀"疯狂敛财的本质进行了揭露与批判，分别写有诗句"不知九州铁，铸此一大错"[6]和"铸错空糜六州铁，补鞋不似两钱锥"[7]。

清代著名的钱币学家戴熙在《古泉丛话》中赞誉王莽"为古今第

① 张衡，《四愁诗》。

② 杜甫，《对雪》。

③ 梅光臣，《送甥蔡骃下第还广平》。

④ 孟浩然，《岘山作》。

⑤ 陆游，《金错刀行》。

⑥ 苏轼，《赠钱道人》。

⑦ 方岳，《戏成》。

一铸钱手"。他说"人皆有一绝，莽为钱绝"。王莽因此获得了"中国
古代铸钱第一高手"的雅称，但是这绝非王莽铸钱的初衷，只能说明
书生气十足的他做事执着、不计成本。

其次，莽钱不但有很高的艺术价值，在铸造技术及工艺上也有重
要的创新。

王莽先后进行了两次币制变革，在改革的各个阶段最短的间隔仅
有一年。在如此短的时间里，要对全国的货币进行更换，就需要在尽
量短的时间里铸造出大量的钱币。这除了用虚值大钱来对付，还需要
在铸造技术以及工艺上进行创新，以提高铸钱的效率。正是在这一背
景下，王莽时期在铸钱技术上大量采用并改进了叠铸法。

 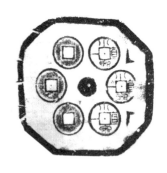

图 2-19　叠铸技术示意图　　　图 2-20　叠铸范（小泉直一）

所谓叠铸法，就是把铸造钱币的泥范一层一层地叠放在一起浇
铸的造币工艺。这种技术早在西汉初年放开民间铸钱禁令的时候就出
现了，是民间私铸钱币时为了节省工力而创造发明的。当汉武帝收归
铸币权，利用铜范铸造钱币时，因为铜范钱模对技术的精细度有更高
的要求，技术上还不够成熟的叠铸法就悄然消失了。而王莽频繁地进
行币制改革，迫使造币厂必须优先考虑效率和产量。于是，民间的叠

铸技术就被造币厂采用，并从工艺上进行了精细化、规范化以及规模化的改进，使叠铸的技术和效率都获得了很大的提升。因此，我们可以说正是叠铸这一生产技术的采用和完善，才支撑了王莽不断冒出来的币制改革的新奇想法，使其能够实施；也正是这一新的铸钱技术的进步，使得叠铸技术延续使用了五六百年，直到隋唐时期才被翻砂技术所替代。从这个意义上，我们也可以说王莽的币制改革虽然失败了，但是对古代铸钱技术的改进和推广以及钱币艺术的发展仍然做出了重要的贡献。

（四）

王莽的币制改革是其整个改革事业的重要一环，他烦琐、复古的币制改革在历史上曾被认为是失败的典型而全面否定。但是，客观地分析，王莽的币制改革也并非一无是处。

譬如，王莽认为如果货币的面值过大，小额交易就无法找零；面值过小，货币数量增多，需要"车载斗量"，运输的费用也要增多。只有轻重、大小各有一定的比例，使用方便，民众才会乐于接受。王莽不但在理论上对此有正确的认识，实践中也有过创新的尝试。

始建国元年，他曾经推行主币"大泉五十"与辅币"小泉直一"按1∶50的比值并行流通的制度。后来这一比值于天凤元年又被调整为主币货布与辅币货泉按1∶25的比值进行兑换。

这应该是我国历史上最早的主辅币制度，是一种设计非常科学、超前和实用的货币制度。但遗憾的是，王莽在实践中并没有坚持主辅币大小二品货币并行的制度。如果坚持下去，民众慢慢地就会接受并习惯使用。但是，书生气十足、食古不化且复古思想浓厚的王莽，"每有所兴造，必欲依古"①，特别是在刘歆的蛊惑之下，依据《周礼》又新创设了一套更为烦琐复杂的宝货制，这也最终断送了王莽本来有希望的币制改革，并进而葬送了他的整个改革事业，这不能不说是一个历史性的悲剧！

王莽的悲剧就在于他的理想以及实践中既有创新的超前，又有复古的守旧，但就是没有当下的现实！这正是怀抱理想的书生从政的最大特点。

由此可知，改革者仅仅有理想、情怀是不够的，还必须是一位现实主义者。

---

① 《汉书·食货志》。

3

四出五铢：预言东汉行将崩溃的钱币

在五铢钱币家族中，有一枚特殊的五铢钱，它就是东汉灵帝铸造的"四出五铢"钱，又被称为"角钱"。它的特殊之处是在钱币背面内郭的四角各铸有一道连接外郭的斜线，而普通的五铢钱都是光背，因此它显得与众不同。

中国古代在宋朝之前，正式铸造的行用钱币的背面几乎都是光背，既无文字，也没有图案，这可以说是中国古代铸钱的一种惯例。但是，这一铸钱惯例却被东汉的灵帝给打破了。

关于四出五铢钱币背面的这四道斜线，正史中没有任何记载，但是民间却流传一种说法，说这种钱币一旦铸造发行，流布四海之后，必将导致东汉的财富顺着那四道斜线流散出去，天下将会因此大乱，并导致政权崩溃。那汉灵帝怎么会铸造这种带有不祥之兆的钱币呢？

这一节我们就通过对四出五铢钱铸造背景的分析，来给大家破解汉灵帝在五铢钱背面加铸四道斜线的真实寓意，以及民间对其做出负面解读的原因。

（一）

为了了解四出五铢钱的铸造背景，我们需要先来介绍一下东汉的
铸钱概况。

公元 25 年，光武帝刘秀复兴汉室、建立东汉政权之后，并没有
按照大家的期盼马上铸造五铢钱，而是直到称帝十六年之后的建武
十六年（40），在"兵革既息，天下少事"的情况下，在马援第二次
奏请铸造五铢钱之后才开始铸造。因为是在建武年间所铸，因此又称
为"建武五铢"，这是东汉最初铸造的五铢钱。

图 2-21　建武五铢

刘秀当时之所以不急于铸钱，主要是因为经过王莽之乱的打击，
货币经济遭到了严重的破坏，盛行的是以自给自足为特点的庄园经济。
文献记载，东汉初年"货币杂用布、帛、金、粟"。因为长期将布帛、
稻谷等实物作为货币的补充，社会上对金属货币五铢钱的需求并不
大，前朝遗留下来的五铢钱基本上就够使用了，所以没有铸造新钱的
需求。

光武帝以后，史书中更是不见铸钱的记载，直到灵帝中平三年
（186）才又铸造了四出五铢钱。四年后的初平元年，董卓挟持汉献
帝西入长安，搜刮铜人、铜器以及五铢钱铸造了一种减重的小钱，这
是东汉政府最后一次铸钱。东汉正式见诸文献记载的铸钱只有这三
次，但是实际铸钱肯定不止这三次。因为考古工作者发现了明帝永平

年间（58—75）的钱范，证明永平年间应该铸造过钱，但铸造的数量可能不多。即便如此，在大规模的以自给自足为特点的庄园经济环境下，章帝元和年间（84—87）仍然有人认为社会上钱币的数量太多，应当加以收缴。《晋书·食货志》记载，甚至还有人主张废钱不用，即"宜令天下悉以布帛为租，市买皆用之，封钱勿出"。意思是说缴纳地租、买卖物品都使用布帛，将五铢钱都封存起来，不让老百姓使用。

到了后来的和帝（89—105 年在位）、安帝（107—125 年在位）、顺帝（126—144 年在位）、桓帝（147—167 年在位）诸代，朝廷政治上日趋腐败，社会矛盾激化，东汉开始进入多事之秋。当时外患有匈奴、西羌的侵扰，内忧是外戚、宦官的干政，这成为东汉中后期的两大病端。匈奴的侵扰虽然经过窦宪两次出塞大破北匈奴而消除，但是自和帝引用宦官郑众诛杀外戚窦宪之后，东汉的朝政便开始陷入外戚、宦官迭起专政、互相残杀的局面。

随着财政上的开支日益浩繁，主张铸钱的人又开始多起来。《晋书·食货志》记载，桓帝的时候因为财政困难，甚至有人主张铸造大钱。灵帝的四出五铢以及董卓的减重小钱就是在这种背景之下铸造的。

东汉末年，灵帝和董卓的两次铸钱都产生了极大的负面作用，尤其是汉灵帝铸造的四出五铢钱。虽然钱币重量足值，而且铸工精美，但是却和董卓铸造的"恶钱"一样也被列入中国古代著名的三大"凶钱"（另一枚是隋五铢，因为"五"字从侧面看很像"凶"字而得名）。"四出五铢"甚至还被民间认为是预言了东汉政权行将崩溃的钱币。

图 2-22　四出五铢（背）、隋五铢

图 2-23　布泉（背四出文）

这到底是怎么回事呢？一枚钱币又是如何预言一个政权行将崩溃的呢？

接下来我们就认识一下这枚既神秘又奇特的四出五铢钱。

四出五铢钱在形制上模仿刘秀的建武五铢，直径 25.3~25.5 毫米，重 3.6~4 克，基本符合五铢的重量标准。因此，从正面来看，它和一般的五铢钱没有什么两样。它的独特之处在钱币的背面——比普通的五铢钱多了四道斜线。这四道斜线分别由穿孔的四角直达外郭。因为这四道斜线被称为"四出文"，所以钱币就被俗称为"四出五铢"。

四出五铢的背面为什么要加铸这四道斜线呢？

我们知道，钱币是国家正式发行的货币，它上面的任何文字、图案都是有所寓意的，不会是随意铸造上去的。那么，它背面加铸的这四条斜线到底是什么寓意呢？

下面我们就来看看汉灵帝是在什么背景之下，又是出于什么目的铸造了这枚奇特的钱币。

（二）

这首先要从汉灵帝的身世说起。汉灵帝是东汉十三个皇帝中的第十一个，在位二十二年。关于对他的评价，诸葛亮在《出师表》中有一段大家都很熟悉的论述："亲贤臣，远小人，此先汉所以兴隆也；亲小人，远贤臣，此后汉所以倾颓也。先帝在时，每与臣论此事，未尝不叹息痛恨于桓、灵也。"这里的桓、灵，分别指的是东汉的桓帝和灵帝。由此可知，桓帝与灵帝不仅是东汉，甚至是中国古代有名的昏君。

永康元年（167）汉桓帝驾崩，因为膝下无子，临朝问政的窦皇后就与担任大将军的父亲窦武商议，最终选择了河间王年仅12岁的庶孙刘宏登基继承大统，这位刘宏就是汉灵帝。刘宏因为父亲早逝，承袭了他父亲的解渎亭侯爵位。解渎亭不在河间国而在中山国境内，因此，他这个侯只能食亭户的爵禄而寄居在河间国（今河北沧州献县）的曾祖家。

外戚窦氏因为贪权而选定了年仅12岁的刘宏继承皇位。凭借拥立之功，窦氏族人都被加官晋爵，权倾一时，便想密谋铲除宦官，独霸朝政。但是消息不慎走漏，于是宦官先发制人，在刘宏登基的当年发动政变，将窦氏灭族，窦太后也被赶出了皇宫，少年天子又完全被宦官控制。

当时的宦官是一个十分腐朽的政治集团，身体的残缺和社会的鄙视使他们具有极强的报复心理。因此当这个集团左右了皇帝、操持朝政总揽大权之后，就把自己的家属亲朋都任命为各级官吏，分派到各地搜刮钱财；同时教唆皇帝奢靡享乐。因此，灵帝原本低俗、贪婪的本性就都暴露了出来，并肆意妄为地上演了一幕幕的滑稽闹剧。东汉的命运便不可避免地走向了衰败。

可能是因为父亲早逝，刘宏从小寄居在曾祖家里，受过穷，因此他当上皇帝以后，总想弥补小时候缺钱的遗憾。于是，灵帝就把太监认作父母，一方面大肆修建宫殿，搜罗奇珍异宝，追求骄奢淫逸的生活；另一方面则拼命地想赚钱，贩卖官职以供自己娱乐、享受。

刘宏捞钱的方式也非常奇特。最初他可能是受小时候生活环境的局限，认为只有在集市上卖东西才能挣钱，于是就在后宫里面开了一个集市，将从各地搜刮来的珍奇异宝摆出来售卖。他自己穿上商人的衣服装扮成卖货的商人，将宫女嫔妃们分成两部分，一部分扮成各种商人，另一部分则扮成买东西的客人。他在这种人造的集市上走来走去，一边看着各个摊位上讨价还价的售卖场景，一边享受着当商人挣钱的乐趣。但是他很快就发现开这种集市几乎挣不了钱，因为很多奇珍异宝都被贪心的宫女嫔妃们偷窃了，她们甚至还为偷窃的多少而明争暗斗，互相吵闹。因此，他又改变方式，想做更大的生意来挣钱。

在他的母亲董太后和宦官的教唆下，灵帝发现比起向宫女嫔妃们售卖奇珍异宝，向官员们出售官职来钱更快，并且数额也更大。于是，他就于光和元年（178）公开宣布，自关内侯以下至光禄勋属下的虎贲、羽林等部门的职位都将公开售卖。具体规定是：标价大官衔的高低而不同，地方官员的标价比朝廷中官员的标价要高出一倍；县官则价格不一，根据实际情况而定，有的位置显赫的职位价钱超过千万枚五铢钱。

汉灵帝还给出了一些优惠政策，如"富者则先入钱，贫者到官然后倍输"。意思就是有现钱可以直接用现钱买官，如果现钱不够也可先上任，只需要在任职后加倍上交钱财。不仅如此，官吏的升迁也必须按价纳钱，如果没有缴纳钱款则不予升迁。除了固定的价格，还根据求官人的身价和拥有财产的多少，而对售官的价格随时进行增减。

总体上来说，官位的标价是以官吏的年俸计算的，如年俸2000石的官位标价是两千万钱，年俸四百石的官位标价是四百万钱，也就是说官位的价格是官吏年收入的一万倍。到了后来，变本加厉，官吏的调迁、晋升或新官上任都必须支付四分之一或三分之一的官位标价，也就是说，官员上任要先支付相当于他二十五年以上的合法收入的价钱。许多官吏甚至因为无法缴纳如此高额的"做官费"而弃官，或者是被逼自杀。

灵帝不仅出售县令郡守级别的官位，后来"又私令左右卖公卿，公千万，卿五百万"。意思就是连三公九卿这样高级的职位都被他拿来出卖，这真可谓是古今中外所独有。因为卖官赚来的钱太多，他又专门在皇宫的西园"立库以贮之"，即专门建造了一座宫殿用于储藏钱财。

（三）

皇帝大肆卖官鬻爵，一心敛财，把持朝政的宦官更是无所顾忌地大兴党锢之祸，打击朝廷中正直清廉的官员。这种政治生态之下，各级官吏只会更加腐败，因为他们首先要将买官的钱捞回来，从而导致民不聊生，哀鸿遍野，更加激化了社会矛盾。光和七年（184），各地分散的反叛活动终于在张角所宣传的太平道的旗帜之下，组织发展成为全国性的黄巾大起义。

光和七年是农历甲子年，张角相约信众在三月五日以"苍天已死，黄天当立，岁在甲子，天下大吉"为口号起兵造反。这里的"苍天"是指东汉朝廷，"黄天"指的就是太平道。

汉代盛行"五德始终说"的理论。所谓"五德",是指五行中的木、火、土、金、水所代表的五种德行,而这五种德行是周而复始、循环运转的。根据《道德经》的解释,"德"是世界万物发展的动力。中国古人经常以"天人合一"和"天人感应"的思想为基础解释历史变迁、皇朝兴衰的必然性。后来皇朝的最高统治者常常自称是"奉天承运皇帝",这当中所谓的"承运"就意味着五德终始说的"德"运。因为汉朝为火德,火生土,因此土将取代火,实现更替。而土为黄色,所以信仰"太平道"的广大信徒都头绑黄巾以为记号,象征要取代腐败的东汉朝廷。

太平道教徒们揭竿而起之后,有如狂飙突起一般席卷各地,州郡失守,朝廷震动。汉灵帝被迫走出西园,一方面宣布解除党锢,缓和社会矛盾;另一方面则调动军队,对黄巾军进行残酷的镇压。黄巾起义的主体是社会底层的农民,都是各自为战,不能做有效配合,因此不足一年就被官军各个击破,给镇压了下去。但是经此一变,东汉的统治基础受到了沉重打击。一些有政治野心的将领或官员借着镇压黄巾起义而趁机发展壮大势力并拥兵自立,成为割据一方的军阀。东汉政权开始出现了分崩离析的趋势。

在这种形势下,昏庸无能的汉灵帝在宦官的唆使下不但不知收敛、有所改观,反而变本加厉地敛财并粉饰太平。他为了表示天下安宁以便继续荒淫无耻的奢靡生活,将年号由"光和"改为了"中平",希望以此改变运数,继续过他的好日子。另外,他还幻想通过一些当时颇为流行的带有谶纬之术、阴阳之说的祈祷、求仙等活动,来实现他所祈求的现世的太平,或者是死后成仙升天的愿望。正是在这种背景下,汉灵帝特意铸造了四出五铢钱。

（四）

实际上，四出五铢钱的铸造与中平二年洛阳南宫所遭遇的一场大火有关。

这场大火燃烧了半个多月才熄灭，烧毁了乐成、灵台、嘉德、和驩等一批殿宇。这件事如果按照阴阳五行、天人感应的理论来做解释，就是上天发出的一种警示，因此当政者应该进行一些祈祷活动，表示在施政上将会有所悔改，祈求上天的宽恕。但是，这又变成了灵帝和宦官们敛财并粉饰太平的机会。

以张让为首的宦官以修复宫殿为名开征新的土地税，每亩农田收取 10 枚五铢钱；并强令各地送交木材、石材等建筑材料，这些材料送到之后，又以不合格为名，以十分之一的价格强令贱卖；还以助修南宫为名，要求新任命的地方官员必须上缴助修钱才能上任，大郡官员的助修钱有的高达二三千万枚五铢钱，一些清廉自守的官员因为无法筹措这笔巨款，甚至被逼自杀。

经过这样一番搜刮，中饱私囊的宦官于中平三年正式开工修建南宫。为了粉饰太平，他们又根据谶纬之术、阴阳之说搞了一系列新的花样。譬如：在宫殿门外的道路两旁铸造了神兽天禄、蛤蟆并配以抽水机械，使神兽能够喷水洒路。新铸造了四个大铜人立于宫阙外，还有四座巨大的铜钟悬于宫殿前。另外，为了配合并宣传这一浩大的工程，灵帝还特意铸造了这枚与众不同的、背面有四道斜线的"四出五铢"钱。

大家可能已经注意到了，立于宫阙外的铜人是四个、悬于宫殿前的铜钟是四个、钱币背面的斜线也是四条，为什么都是四呢？

实际上，无论是铜人、铜钟，还是斜线，选用四是有特殊讲究的。这与两汉时期的宇宙观有关。中国古代社会认为"方属地，圆属天，天圆地方"。因此古人把天穹看作一个倒扣的碗，中心为北斗，四周是二十八星宿和十二月神；而大地则是沿"二绳四维"向四面延伸的平面，同样也有与二十八星宿相对应的星野和表示日月运行的天干地支。二十八星宿分属天空东西南北的四个宫，每个宫有七个星宿。其中，东宫青龙、西宫白虎、南宫朱雀、北宫玄武，又以这四个宫为根据划分出春、夏、秋、冬四季。

"天圆如张盖，地方如棋局"，这一宇宙观在古人的博局纹样中也体现得非常明显。譬如，1993 年在尹湾汉墓出土的博局占卜图，博局棋盘的中间是一个方孔，方孔的四角和中间分别各有一条斜线和直线，其中四角的斜线与四出五铢钱背面的斜线如出一辙。因为古人非常迷信，相信神灵，每逢战乱，或者是遇到人力不可抗拒的天灾时，无论是官方还是民间，都会将诉求寄托于祭祀活动，祈求神灵的保佑。而博局图就被认为能起到辟邪和通神的作用。

通过占卜进行祈祷活动在两汉非常盛行，尹湾汉墓出土的博局占卜图就与阴阳四时的宇宙观有关，反映了古人通过术数进行演天占卜、图解阴阳五行的活动。特别是王莽因为笃好谶纬，使得博局更加盛行，当时民众普遍认为善博局者是天赋异禀，因此利用博局图进行政治宣传就成为一种重要方法，当时很多的铜镜上面就铸有博局图的纹样。

经过黄巾起义的打击以及南宫大火的警示，汉灵帝在重修南宫的过程中，就想通过在五铢钱币的背面铸造代表博局纹样的四道斜线，来表达他祈求长生不老或死后升仙的想法，但是汉灵帝的这一初衷并没有达到。这是因为他一方面纵容宦官横征暴敛，另一方面却又粉饰太平的行为激起了众人的不满。于是社会上就出现了一种政治流言，认为"铸四出文钱，钱皆四道，识者窃言侈虐已甚，形象兆见，此钱成，必四道而去。及京师大乱，钱果流布四海"①。当时，黄巾起义余波未平，统治者就又开始奢靡无度，这样必将会带来更大的危机。因此，人们就将钱币上的纹饰变化与国运相联系，认为四出文是分崩离析之凶兆，此钱一出，财富将循四道而流布四海，天下必将大乱。

果不其然，中平三年二月，铸造发行四出五铢钱仅仅三年两个月后的中平六年四月，汉灵帝刘宏就病逝了，年仅 33 岁。长子刘辩继位，是为汉少帝。第二年董卓入京，废少帝，改立刘协为献帝。从此东汉名存实亡，陷入了军阀混战的局面。四出五铢钱一语成谶，因此被视为古代的三大"凶钱"之一。

---

① 《后汉书·张让传》。

4

董卓"恶钱":
摧毁了两汉货币经济的劣币

　　中国古代的钱币上面都铸有文字，这应该是自先秦以来铸钱的惯例。而东汉末年的董卓曾经先后在洛阳和长安铸造一种钱币，因为铸工粗劣、钱质轻薄，导致钱币上面的文字漫漶不清，只有一个大致的轮廓，就像是没有铸造文字一样。实际上，董卓所铸造的这种钱币比起西汉初年民间私铸的"荚钱"，不但重量上要重一点，而且铸工也要好一些，却仍然得了一个"恶钱"的称呼。

　　此"恶钱"一出，不但导致了严重的通货膨胀，摧毁了两汉发达的货币经济，使很多地方又重新退回以物易物的实物经济状态，而且还导致了长期的社会动荡，历经三国、两晋、南北朝三百多年的战乱，直到隋朝才又重新实现统一。不仅如此，甚至董卓本人也是因为他铸造的"恶钱"而与"义子"吕布反目成仇，最后死于吕布之手。

　　下面我们就通过董卓所铸造的"恶钱"具体说说一种坏的货币制度，到底能给社会带来多大的危害。

（一）

　　董卓铸钱发生于东汉末年的汉献帝初平元年（190），当时东汉虽然在黄巾起义军的打击之下早已名存实亡，朝政也都在董卓的控制之下，但是东汉的正统名分还在，因此董卓所铸造的钱币还是五铢钱。只是这种"五铢"钱与两汉标准的五铢钱相比，不但重量不足，而且铸造的工艺也比较粗糙，既无内外郭，"五铢"两个字也漫漶不清，很难辨认。因此，这种钱被当时的人们讥讽为"无文"小钱，最后还落了个"恶钱"的名声。

　　实际上，董卓所铸造的轻薄小钱被称为"恶钱"，主要的原因显然不是钱文不清楚，也不是重量不够或铸工粗糙。因为无论是在他之前的汉初"荚钱"，还是在他之后南北朝时期的"鹅眼钱""水上漂"，仅从名称上我们就可以知道它们不但都没有铸造钱文，而且材质和铸工都很差。但是，为什么它们都没有被称为"恶钱"，而唯独董卓铸造的钱币得到了这一恶名，这又该如何解释呢？

　　我们还是具体来认识一下董卓的小钱。

图 2-24　董卓小钱

　　据《三国志·董卓传》记载，董卓小钱"大五分，无文章，肉好无轮郭，不磨鑢"。这段文字需要做点解释。所谓"大五分"，是指重量略重于标准五铢钱的五分之一，实际上就是比一铢略重。一铢约合现在的 0.65 克，比一铢略重的董卓小钱应该在 0.7 克左右；"无文章"是说钱币上面平素没有文字；"肉好无轮郭"是说钱币的穿孔和外缘，即内外郭，都没有轮郭；"不磨鑢"是说钱币边缘上所残存的流铜、毛刺都没有被磋磨掉。

出土发现的董卓钱币实物与上述文字记载基本吻合。实测董卓小钱的重量为 0.4~1.5 克。钱币上面并不是没有文字，而是"五铢"两个字仅有一个大致的形状，笔画基本上都不完整。更为恶劣的是钱币的四周还残留着铸钱时上下两块钱范扣合时所形成的流铜以及毛刺。这样粗制滥造的减重小钱投入市场之后，会造成怎样的结果呢？

对此，《三国志》的记载是："于是货轻而物贵，谷一斛至数十万。自是后钱货不行。"这段话的意思是说，自从董卓的小钱发行，钱币就开始贬值，物价随之上升，一斛稻谷就需要数十万枚董卓小钱。后来钱币就不流通了，交易都退回以物易物的原始状态。

有人可能要问：董卓为什么要铸造这种减重的小五铢钱呢？

董卓的小钱并不是凭空出现的。实际上，减重的各式小钱早在桓帝的时候就已经出现了，这与黄巾军起义及镇压起义后社会长期陷入的动荡以及频仍的天灾有关。各种天灾人祸对社会生产造成了极大的破坏，使得社会上物资极度匮乏，百姓生活极端贫困，购买力大幅降低。为了维持生计，民间在小额的交易中开始出现一种将标准的五铢钱从中间凿去外缘的现象。这又是为什么呢？

实际上，这是一种在特殊的情况下，标准钱币的被动减重现象。出现这一现象是因为当时物资极端匮乏，导致社会消费水平极度低下，标准的五铢钱因为价值太大而不便流通，只有减重后才能适应低水平的交易需求。

将一枚标准的五铢钱从中间凿开后，留下的部分就变成了一枚减重的小钱，称为"对文"，即指其文字只剩一半，直径为 14~18 毫米；凿下的外缘部分，周郭薄细如缝，内作大圆穿，形如圆环，因此被称为"缝环"。文字仅留有"五"字之半，"铢"字之"金"旁。更有胆大的盗铸者，就用留下的"对文"小钱作模制范，再用凿下的"缝环"作为铜料私铸小钱。于是，社会上就出现了大小两种钱币并行流通的现象。这说明早在董卓铸造小钱之前，社会上就已经普遍流通使用小钱了。也就是说，减重的小钱实际上早已存在，并非董卓的首创。那为什么唯独董卓铸造的小钱被称为"恶钱"呢？

图 2-25　对文五铢

图 2-26　缝环五铢

这除了董卓铸造的小钱本身材质低劣、铸工粗糙、文字漫漶等问题，还有两个更为重要的原因：

一个是董卓本人几乎可以说是历史上最残暴不仁和荒淫无耻的邪恶之人，邪恶的人所铸造的减重小钱理应称为"恶钱"；

另一个是董卓所铸造的这种减重小钱引发了严重的通货膨胀，不但摧毁了两汉发达的货币经济，使社会经济退回以物易物的原始经济状态，并且导致了长达三百多年的社会大动荡，自然也应该称之为"恶钱"。

（二）

我们先了解一下董卓的生平及其所做的恶事，看看他到底有多么邪恶。

董卓是陇西临洮人，临洮位于今天甘肃省定西市岷县。那里汉人与游牧的羌人杂处，因此董卓年轻的时候就善于骑马打斗，而且臂力过人，他骑在马上能挎两张弓左右驰射。《后汉书·董卓列传》也说他"性粗猛有谋"。因此，粗野、勇猛和奸诈应该是他的个性特点。

桓帝末年，董卓以良家子弟的身份充当皇帝的侍从羽林郎，后来参与镇压黄巾军起义，并长期在西北地区带兵，还出任过并州（今陕西、山西一带）刺史、河东郡（今山西运城夏县）太守。董卓本来是一名驻守边境的武将，东汉朝廷内部外戚和宦官的矛盾激化所闹出的"洛阳事变"给他提供了一个通过武力干政登上权力中心的机会。

汉灵帝驾崩之后，何太后监护小皇帝刘辩掌权，并任命哥哥何进为大将军辅佐朝政。但是，实际的权力却控制在以张让为首的宦官集团"十常侍"手里。何进与司隶校尉袁绍合谋想诛杀"十常侍"，而何太后不肯下诏，于是何进就传密信要董卓领兵进京，想以此逼迫何太后配合。董卓得到密信后，立即上书弹劾张让并带兵入京。但是不久何进又犹豫了，要董卓暂缓进京。得知消息的宦官就利用这个空隙先动手杀了何进。袁绍随即又率领兵士入宫大肆捕杀宦官，宦官就挟持何太后和小皇帝刘辩逃出宫，正好被入京的董卓碰上。意外救驾的董卓就这样带着逃难的小皇帝和太后一行回到京城。接下来董卓通过两项举措控制了朝政。

第一步是利诱吕布刺杀丁原。丁原是并州刺史，也接到了何进要他领兵赴京勤王的密信，只是动作慢了一步，被董卓抢了先。丁原被任命为负责保卫京城和宫城的禁卫军的执金吾，他被杀后，董卓就从军事上完全掌握了京城洛阳。

第二步是废弃小皇帝刘辩，改立陈留王刘协，就是汉献帝。不久董卓就因为拥立之功，又自拜相国，封郿侯，有"入朝不趋，剑履上殿"的特权，掌控了整个朝廷。后来他又自封太师，地位高于刘姓诸侯王。

董卓控制军权和政权之后，就开始肆意作恶。而以袁绍为盟主的关东士人因为不满董卓的残暴统治，于当年十二月举兵讨伐董卓，形成了东汉末年群雄并起的局面。

接下来，我们就具体看看董卓的累累恶行。

首先是毒杀何太后和少帝刘辩。他先将何太后罢免，又派人将她毒死。因为何太后的遗体要与汉灵帝合葬，董卓便派人趁机开启灵帝的文陵，盗取其中的珍宝。接着又派人杀死被他废弃帝位的刘辩，以断绝政治上反对派的政治企图。

其次是为了对抗反对他的关东联军，将都城从洛阳迁到长安。因为是强迫迁都，董卓动用军队驱赶洛阳居民，导致大批百姓丧命，皇家图书馆"兰台"的藏书也在途中损失大半。他不但放火焚烧洛阳的宫殿、官府、民宅，趁机搜刮财物，还指使吕布挖掘帝王、公卿大臣的陵墓获取珍宝，将东汉的洛阳、长安"两都"之地，活活变成了人间炼狱。

再次是草菅人命，随意杀戮，以此立威取乐。不仅是朝廷中的反对派，任何他认为对他有威胁的人都被残忍地灭族，死在他手上的东汉权贵、名臣更是数不胜数。他还仗着军权的威势，放纵士兵在洛阳城内劫掠富户、搜刮财物、奸淫妇女，还拔擢亲信，广树党羽，宗族内外，并居列位，子孙年虽幼小，男皆封侯，女为邑君。又在陕西眉坞（今陕西省宝鸡市湄县）渭水北侧筑"万岁坞"，积谷可供他食用三十年。自云："事成，雄据天下，不成，守此足以毕老。"①

最后就是为了从社会上搜刮财富，解决军队的给养，他销毁当年秦始皇铸造的铜人，并收集民间的各种铜制品，用来铸造小钱。这种小钱因为过于粗糙、轻薄，百姓都不愿意使用，最终导致市场紊乱，物价飞涨。而对于不愿使用此钱的民众，董卓就以"为子不孝，为臣不忠，为吏不清，为弟不顺"②的名义进行抓捕，用死刑并没收全部财产的方式进行惩办，结果是交易停滞，社会退回原始的实物经济状态。

董卓这样一个禽兽不如的巨恶大奸之人将东汉政权连根拔起，使得之后的东汉政权名存实亡，各地军阀独霸一方，中国从此陷入长达三百多年的战乱。所以史书中都是用"凶暴残忍""恶贯满盈""逆天无道""人神所疾，异代同愤"等最为泄愤、尖刻的词语来描述他。因此，将董卓这等巨恶大奸之人所铸造的钱币称为"恶钱"，也就再正常不过了。

（三）

一个国家或政权存在并能正常地运转，是需要一整套能够将社会上的各种资源进行调动、分配的制度来维持并保证的，而货币制度就是其中非常重要的一个环节。如果货币制度出了问题，维持并保证政权正常运转的制度就会遭到重大的破坏。不仅正常的商贸关系很难进行，还会造成经济基础的崩溃并呈现碎片化的状态，最终削弱的是政

---

① 《三国志·董卓传》。
② 《三国志·董卓传》。

府的组织、管理能力。

东汉末年社会长期动荡并形成军阀割据的局面，一个重要的原因就是碎片化的社会经济使得政治上很难动员社会资源来进行重新整合。而社会经济之所以呈现碎片化，就是因为董卓所铸造的小钱摧毁了东汉原有的货币经济的基础。

下面就给大家分析一下董卓铸造的小钱，是如何摧毁两汉以来的货币经济基础的。

前文已经介绍过，东汉末年因黄巾起义以及天灾的破坏，物质极度匮乏，民众的生活消费水平极低，标准的五铢钱因为价值太高而不便流通。因此，民间就出现了将一枚标准的五铢钱从中间凿去外缘，变成一枚减重小钱的现象。这是因为只有减重后的小钱才能适应低水平的交易需求。

这样一来，社会上就出现了原有的五铢钱和剪凿后的小钱两种大小不等的货币。大钱用来缴纳官府的赋税以及大额支付，小钱则在民间私下流通使用。

大小两种钱币共同流通必然会造成物贵钱贱。因此，从东汉末年开始，史书里就有很多关于物价飞涨的记载。譬如：《三国志·魏书·武帝纪》记载，兴平元年（194）"是岁谷一斛五十余万钱，人相食"；《后汉书》也记载，当年关中地区大旱，粮价暴涨，米一斛五十万钱、豆二十万钱，长安城中也出现了人相食的现象。

正是在这种情况下，董卓为了从社会上搜刮财富，解决他的军队给养问题，不顾百姓的死活，又以朝廷的名义将长安城和未央宫里的铜器搜刮殆尽，还把秦始皇灭亡六国后收天下兵器而铸造的每个重达24万斤的十二个铜人中的九个给熔化了，铸造出大量的轻薄小钱。

这种低劣的小钱一经大规模上市流通，就将原有的五铢钱彻底地驱逐出了货币市场，这就是劣币驱逐良币的"格雷欣法则"。在这一法则的作用之下，只有更加低劣的减重小钱才能够剩下来，它们则会进一步推高物价。对于拒绝使用的民众，董卓就用武力抓捕并没收家产的办法进行打击，无奈的人们只能选择以物易物，甚至官员的俸禄都从此前发放五铢钱改为了发放布帛、稻谷等实物。这样一来，两汉发达的货币经济基础就被董卓的小钱给彻底地破坏了。

不仅如此，因为董卓的破坏，汉代在洛阳、长安的两大造币中心先后都毁于战乱，两汉积累的铸钱技术也都损失殆尽。后来魏国政权几次想恢复铸钱的努力，都主要是因为铸钱技术的低劣而没有成功，此后的西晋没有铸钱的原因也大致如此。经过东晋十六国的动乱以及南北朝的对峙，直到唐朝建立后铸造的开元通宝钱，才再一次建立了成功的货币制度，并实现了政治上的统一。而造成这一长达三百多年混乱局面的始作俑者，可以说就是董卓及其所铸造的减重小钱。

（四）

董卓所铸造的"恶钱"不仅破坏了两汉以来发达的货币经济，使社会生活整体退回以物易物的原始状态，形成了此后三百多年长期分裂的局面，甚至董卓本人也因为他所铸造的"恶钱"而丢了性命。这该如何来理解呢？

我们知道董卓死于他的"义子"吕布之手，而一千多年来通过《三国演义》《吕布戏貂蝉》等文学戏剧作品的宣传，世人都知道是王允用貂蝉设了美人计挑拨董卓和吕布，使他们反目成仇，然后又以大义说服吕布刺杀了董卓。《三国演义》里的这段故事，其实是根据史书里记载吕布与董卓的一位婢女有染而演义的，史书里面并没有明确说明吕布刺杀董卓的具体原因。我认为吕布刺杀董卓的真正原因，实际上与董卓铸钱有关。

吕布是三国时代的风云人物，以勇武闻名，素有"人中吕布，马中赤兔"之说。吕布原来是丁原的部下，后被丁原收为义子。董卓为了排挤丁原，就利诱吕布杀了他的义父丁原。吕布吞并了丁原的兵马，再加上他的本部人马，实力至少是与董卓接近的。因此，他虽然又拜董卓为"义父"，但实际上他俩的关系更类似于盟友。

当时部队的给养都是由军阀自己负责提供，主要是靠战利品来筹集。董卓控制朝政之后，他铸造钱币的主要目的并不是重建国家的货币制度或者是便利民众的日常生活，而是从社会上收敛财富以解决部队给养问题。因为以袁绍为盟主的反对他的队伍正在集结，他要通过发行货币筹集粮饷，以便安定军心。

但是，他铸造的那种轻薄小钱实在是太劣质了，百姓都拒绝接受，根本流通不起来。吕布领到这种贬值的小钱后，根本不能从市场上换回兵士们急需的生活必需品，这必然导致军心不稳，并有哗变的危险，为此他肯定会和董卓发生矛盾。这可能才是吕布杀死董卓的深层次原因。

正是在这种背景之下，再加上王允的离间，吕布认为董卓已经引起了天下人的公愤，再跟着他便会连累自己，这才起了杀心。而婢女的事情可能只是个导火索，最终导致吕布痛下杀手，在杀了他的第一个义父丁原之后，又干掉了他的第二个义父董卓。实际上，吕布一生最大的功绩就是诛杀了国贼董卓。

董卓死后，家人也被诛杀，他的尸体直接被扔在大街上曝尸。一个被专门派来看守董卓尸体的小吏因为非常痛恨董卓，于是做了一个大大的灯捻插在了董卓的身体之中，然后把灯点着，董卓就这样被做成了一盏人油灯。这盏人油灯不分昼夜地燃了好几天。等到董卓的部下杀进长安城里，董卓早已被烧成了灰，他们只好将灰收集起来装进棺椁里就近掩埋了。

生性暴虐的董卓是华夏五千年历史里最危险的"恶人"之一。除了史书文献里记载的他的累累恶行，他所铸造的"恶钱"更以历史见证者的视角，向我们讲述了一种坏的货币制度所具有的破坏力。因此，货币制度不仅关乎民生，更决定国运，为政者不可不察。

5

汉佉二体钱：
东西方钱币文化最初的相遇与融合

1870 年，英国探险家道格拉斯·福赛斯爵士受英国政府委派，以商务考察为名，率团去新疆进行政治活动。虽然活动以失败告终，但是他因为在叶尔羌地区意外地采集到两枚古钱币而名垂青史。

这是两枚什么钱币，竟然这么有名？

这种钱币确实非同一般。它是以希腊德拉克马为代表的西方钱币文化与以五铢为代表的东方钱币文化，伴随丝绸之路贸易的发展相向而行，最后在新疆和田地区相遇后铸造的，是东西方两种钱币文化相互交融、影响的产物，在中外文化交流史上具有活化石般的独特价值，一经面世就引起了国际钱币学界的极大关注。它就是"汉佉二体钱"，因正、背两面分别铸有汉字和佉卢文而得名。又因为主要发现于新疆和田地区，而且大部分都铸有一匹马的图案，又被俗称为"和田马钱"。

下面，我就通过汉佉二体钱来向大家介绍东西方货币文化的最初接触及相互影响。

（一）

我们先来看看汉佉二体钱到底是什么模样。

图 2-27　汉佉二体钱（六铢）

图 2-28　汉佉二体钱（二十四铢）

如图 2-27、图 2-28 所示，汉佉二体钱呈不规则的圆形，中间无孔，也没有边郭，用红铜两面打压制成。这种钱币按面值可以分为大钱和小钱两种类型。大钱重约 14.14 克，直径 36 毫米；小钱重 6.5 克，直径 25 毫米。

大钱正面中央打印有一"ξ"形图案，有的学者将它释为汉字"贝"或"元"，这种释读有点牵强，实际上它很可能是一个徽记。图案的四周为篆书的六个汉字铭文，即"重廿四铢铜钱"，也可以读作"铜钱重廿四铢"，大部分是顺时针旋读，也有个别按逆时针旋读。

小钱上面只有三个汉字铭文，即"六铢钱"。其中"六"字有几种明显不同的写法，但都笔画清晰，容易辨认。无论是大钱还是小钱，它们的另一面都打印有一个马或骆驼的图案，四周则是一圈佉卢文。

图 2-29　汉佉二体钱（骆驼纹）

汉佉二体钱虽然早在公元 1—3 世纪的汉代就已经出现并在塔里木盆地南缘的和田、莎车、喀什地区流通使用，但是此后它就在塔里木盆地沉寂了下来而不再为人所知，直到一千六百多年后的 19 世纪 70 年代才又被发现并开始引起世人的广泛关注。

就像我前文所说的那样，汉佉二体钱首次被发现实属偶然，更让大家意想不到的是，它的发现竟然与清朝末年发生在新疆喀什地区，曾经引起英、俄两国在新疆爆发激烈争夺的一起外敌入侵事件有关。

为了讲清楚事件的原委，我们需要暂时穿越时空回到清朝同治年间，从位于今天乌兹别克斯坦境内的浩罕汗国的军阀阿古柏，于同治四年（1865）一月乘新疆内乱入侵并占领南疆说起。

阿古柏占领南疆之后，俄国也乘机于 1871 年五月派兵，从推翻清朝统治的伊犁苏丹手中侵占了伊犁地区。俄国此举引起了与俄国在中亚地区进行竞争的英国的强烈不安。为了遏制俄国进一步向新疆南部扩张，英国指派英属印度政府于 1870 年和 1873 年两次派遣英国探险家道格拉斯·福赛斯爵士率团从印度进入新疆南部，以商务考察为名寻找机会与阿古柏进行接触、谈判，企图与阿古柏合作，共同抗衡俄国的扩张。1870 年，福赛斯受命第一次由印度进入新疆，经和田前往喀什噶尔。当他到达叶尔羌后，得知阿古柏正在外地作战，无法与之取得联系，便返回了印度。

福赛斯爵士此行虽然未能完成他的外交使命，但是却在叶尔羌地区意外地采集到两枚汉佉二体钱。从此"藏在深闺人未识"长达一千六百多年的汉佉二体钱，第一次被一个英国人揭开了神秘的盖头，在世人面前亮相了。

客观地说，福赛斯爵士虽然是第一个有记载的发现汉佉二体钱的人，但他当初只是觉得好奇而收集它，并不知道它的来历及价值。1876年，福赛斯爵士在英国皇家地理学会公布这两枚钱币的时候，不仅将钱币上面的佉卢文字释读错了，误以为是古代巴克特里亚末代君主赫尔默乌斯的货币，甚至还将材质误认为是铁。真正能将汉佉二体钱上的铭文考释清楚，并揭示出它的学术价值，则要依靠考古学家、历史学家，特别是钱币学家来完成。

下面，我们就从钱币实物的采集发现以及考证研究两个方面做进一步的介绍。

（二）

首先介绍汉佉二体钱实物的采集发现情况。

继英国的福赛斯爵士之后，法国的杜特雷依考察队于1892年又在新疆和田发现了4枚汉佉二体钱，并于1898年公布了资料，但是却没有记载钱币的去向；1901年英国的赫恩雷公布了在他倡导下由英国驻新疆喀什领事馆人员收集到的120多枚汉佉二体钱，这些钱币后来分别收藏于大英博物馆和印度政府图书馆；俄国驻喀什总领事彼得罗夫斯基以及探险队长奥登堡收集有21枚，收藏于彼得堡艾尔米塔什博物馆。据统计，收集汉佉二体钱最多的人是著名探险家、英籍匈牙利人斯坦因，他于1900—1916年曾三次深入塔里木盆地考察挖掘，共收集187枚钱币，现全部收藏于大英博物馆。这是汉佉二体钱在国外的大致收藏状况。

国内有关汉佉二体钱的最初报道，仅有著名的考古学家黄文弼先生于 1929 年参加中国西北科学考察团时在和田采集到的 1 枚，现收藏于国家博物馆。另外，旅顺博物馆还收藏有 11 枚，这是日本西本愿寺长老大谷光瑞在 1902—1914 年间组织三次中亚考察探险活动时，在和田地区收集到的。后来因为考察活动的经费紧张，他就将保存在旅顺等待运回日本的文物卖给了博物馆，抗日战争胜利后这些文物被我国政府接收，其中就包括这 11 枚汉佉二体钱。

除此之外，我在新疆钱币学会工作期间，曾经于 1990 年从和田地区为新疆钱币学会征集到 1 枚，另外我当时还发现和田地区文管所收藏有 1 枚骆驼图纹的汉佉二体钱（见图 2-29）。这两枚钱币的品相都很完好，图案、文字清晰，一经公布，便广为转载，已为钱币界所熟知。

汉佉二体钱自被发现以来的一百多年间，在和田及其邻近地区就不断有新的发现，见于正式公开报道的有 350 多枚，其中仅有十多枚保存在国内的文博及考古部门，大部分已流失海外，其中以大英博物馆的收藏为最多。这些仅仅是见于报道的统计，实际上，这一统计结果并不全面。就我所知，流散在民间没有被报道的还有不少，同时偶尔还有新的出土发现，如近年在喀什地区又新发现了数百枚。因此，我认为国内外的博物馆以及私人收藏的汉佉二体钱，保守估计总数也在千枚以上。

接下来介绍汉佉二体钱的研究情况。

汉佉二体钱因其独特的魅力，一经面世就立刻引起了国际钱币学界的高度重视，并成为一个国际性的热门话题。国外的研究者中，以大英博物馆钱币部的克力勃先生、俄罗斯艾尔米塔什博物馆的捷玛尔先生，以及日本的夏一雄等为代表；国内学者中以社科院考古所原所长夏鼐先生、北京大学文博考古学院林梅村教授为代表。但是，因为几乎所有的汉佉二体钱都是在沙漠古遗址中采集所得，而不是出自窖藏或是随葬，发现的时候基本上没有其他的文物相伴，这就使得研究者几乎没有其他资料可以借鉴参考，只能完全通过钱币本身来破解它，即运用钱币学的知识，从钱币上的铭文、图案纹饰以及铸造技术等方面来挖掘它背后所蕴藏的文化信息。

下面我就结合已有的研究成果以及我自己的思考，试着给大家揭开蒙在汉佉二体钱上面的那块神秘面纱，看看古代东西方两大货币文化体系最初是如何接触并相互影响的。

如前所述，汉佉二体钱无论是大钱还是小钱，背面的中央都是一匹马或骆驼形图案，马或骆驼大部分都是昂头朝右做行走势，也发现有头部向左的，但非常稀少；尾部则高翘，上方有一打压痕迹，可能也是一个徽记。马或骆驼图案的四周是一圈佉卢文，内容拼写的是打制这枚钱币的国王的名字，在国王名字的前面通常还冠有"大王"、"王中王"或"众王之王"等一连串尊号，这明显是模仿贵霜钱币的习惯用法，而贵霜的这一做法实际上又是通过伊朗人从希腊人那里学来的，这与亚历山大大帝的东征有关。

"汉佉二体钱"这一名称，是我国著名的考古学家夏鼐先生给它起的，英译为"Sino-Kharosthi Coin"。它非常精准地概括出了这种钱币最大的一个特点，即钱币上打印有两种铭文，一种是汉文，另一种是佉卢文。汉文大家比较容易理解，那么佉卢文又是一种什么样的文字呢？它怎么会和汉文一起被打压在这种钱币上呢？

要回答这些问题，我们首先要向大家简单地介绍什么是佉卢文。

所谓"佉卢文"，指的是一种流行于古代印度西北部地区的古老文字。它大约是在公元前 5 世纪波斯人统治印度西北部时，由阿拉米字母派生而来的一种文字，主要用来书写印度俗语，与称作雅语的梵文并行使用。这种由阿拉米字母派生而来的佉卢文后来被另一种印度文字婆罗米文字取代，佉卢文逐渐被废弃而成了一种死文字。佉卢文在 2 世纪中叶之前就传入了古代和田地区。

"佉卢"二字，是"佉卢虱吒"一词的简称，意译为"驴唇"，与佛经中的"驴唇仙人"的传说有关，因此佉卢文又名"驴唇书"或"驴仙书"。国外学术界一般根据佉卢文曾经流通使用的地区，又将它称作"高附字"或"大夏字"。

中国境内发现的有关佉卢文字的资料，除了汉佉二体钱上面的铭文，考古工作者在新疆的鄯善、尼雅等地区还发现有大量的用佉卢文字书写的文书。这说明古代在塔里木盆地南缘，佉卢文曾经是当地居民广泛使用的一种文字。

图 2-30　佉卢文木牍

（三）

那作为东西方两种钱币文化相互融合而产生的汉佉二体钱，都有些什么特点呢？

首先，钱币上打印有佉卢文，所拼读的又是打制国王的名字，说明当时官方所使用的文字是佉卢文，这明显是受印度的影响；钱币上面所打印的骆驼图案，则揭示了汉佉二体钱深受伊朗祆教的影响。因为祆教经典《阿维斯陀》里的战神，即威雷特拉格纳的神兽化身就是一头公骆驼，祆教先知琐罗亚斯德的名字"乌斯特拉"的意思就是骆驼，而琐罗亚斯德的全名意思指的就是"牧驼者"。另外，在国王的名字前冠上"大王"、"王中王"或"众王之王"等尊号，反映了汉佉二体钱受西方货币文化影响的痕迹。

货币上最早出现"大王"、"王中王"或"众王之王"这一称号，并将它和国王的名字一起打印在钱币上的做法，最早出现在希腊化时期伊朗的帕提亚（即安息）王打制的钱币上。后来帕提亚的邻国巴克特里亚国（即大夏，位于今阿富汗一带）在他们打制的钱币上，开始用佉卢文标明这一称号，而大夏的后续者即大月氏人建立的贵霜王朝也在它们的钱币上继承了这种用法。最后，这一做法又被汉佉二体钱所沿袭。这正反映了汉佉二体钱受西方货币文化影响的一个侧面和传承轨迹。

其次，汉佉二体钱上面用汉字标明重量，并以"铢"为货币单位，这反映了它深受东方货币文化影响的一面。大家知道，秦朝统一六国之后，确定重半两（实际重量是十二铢）的圆形方孔钱为标准货币，货币单位称两。后来汉武帝废除半两钱，改铸五铢钱，正式确定以"铢"为货币单位。这就是我国古代在唐朝之前货币制度上所使用的"铢两"制。汉佉二体钱无论是大钱的"廿四铢"（二十四铢），还是小钱的"六铢"，都是以"铢"为货币的重量单位，这明显是受中国古代铢两制的影响，货币单位上完全属于以中国为代表的东方货币文化体系。

最后，汉佉二体钱在更多的方面则是体现了东西方两大货币文化体系相互融合的特点。形制上它没有采用传统中国圆形方孔钱的式样，而是圆形无孔；铸造技术上没有采用中国传统的范铸技术，而是两面冲压，打压制成；图饰上虽然两面都有文字，但是在佉卢文的那一面还打印有动物的图案。这些都与东方货币文化的传统不符，明显是受西方货币文化的影响。另外，货币单位上，汉佉二体钱虽然是以东方货币文化的"铢"为单位，但是大钱与小钱之间1：4的比值关系却又完全是以希腊货币德拉克马与四德拉克马为祖型而设计的。

关于汉佉二体钱的铸行年代，一个多世纪以来，几十位中外学者发表的文章不下40篇，但是言人人殊。其中，以夏鼐先生于1962年在《文物》杂志上发表《和田马钱考》提出的，钱币铸行年代在公元73年班超征服于阗以后至3世纪末佉卢文在塔里木盆地不再通行之前的观点比较有代表性。

关于铸造者，因为汉佉二体钱主要发现于和田地区，而佉卢文头衔又明确称"于阗王"，因此它属于古代于阗国的国王或统治者已无疑问。研究者基本都认为钱币上的佉卢文记载的就是打制钱币的古代于阗国的统治者（国王）。最多的主张有六位国王，最少的则认为仅有一位，莫衷一是。但遗憾的是还没有一位能与中国史籍中记载的国王比对得上。

关于汉佉二体钱的形制分类，以英国的克力勃先生的研究最为著名。他依据大英博物馆收藏的丰富实物，将汉佉二体钱大致划分了十三种类型，并描述了它们相互之间的传承以及与印度、贵霜钱币的关系。

（四）

那么，汉佉二体钱为什么会呈现东西方钱币文化相互交融的特点呢？

这要从张骞出使西域讲起。张骞是公元前 138 年应募出使西域的，历经十三年的艰辛于公元前 126 年回到长安后，他向汉武帝写了一份有关出使西域的见闻报告。这份报告虽然没有保存下来，但是报告的主要内容都保留在了司马迁写的《史记·大宛列传》里，这是古代中国人对西域地区最早的亲历见闻，是研究那一时期西域历史最为翔实可靠的第一手资料。

张骞在报告中专门提到，位于今天伊朗东北部和里海东南一带的安息国（伊朗帕提亚王国）所使用的货币是用白银打制成的，上面打印有国王的头像，当老国王死后新打制的银币就换成新继位国王的头像。因此，张骞不但是中国古代认识西方打制货币的第一人，同时也是最早留下记载的人。

这种采用打压法制成的圆形无孔的银币，与中国古代的圆形方孔铜钱的体系完全不同，它源自古希腊的货币文化，属于西方货币体系，是随着公元前 334 年亚历山大大帝的东征以及后来的希腊化影响而传入中亚地区的，对当地的货币文化产生了重要的影响。新疆考古工作者在新疆和田地区以及楼兰等遗址中挖掘出土过 30 多枚贵霜王朝的钱币，这些贵霜王朝的钱币就是受希腊货币文化影响而打制的。

中亚特殊的地理位置决定了当地的货币文化，除了受从希腊输入的西方货币文化的影响，也深受以中国为代表的东方货币文化的影响。

中国的影响是以张骞出使西域为标志开启的。公元前 60 年，西汉政府在龟兹（今库车）以东的乌垒城（今轮台县附近）设立西域都护府，对广大的西域地区进行有效的管理。伴随着驻军、屯田、商旅以及使臣们的频繁往来，汉代的五铢钱也开始大量流入西域。《文物》杂志记载，1977年新疆考古工作者在和田县买力克阿瓦提遗址中，在一个窖藏就出土了45公斤的西汉五铢钱，流入西域的五铢钱数量之多由此可见一斑。

这样，源于欧亚大陆东西两端的以中国浇铸的圆形方孔钱为代表的东方货币文化，和以希腊、罗马打制的圆形无孔钱为代表的西方货币文化，伴随着丝绸之路贸易的发展而相向传播，最后在西域地区实现了交汇与融合。交融的过程是相互影响、互相吸收，交融的结果则是你中有我、我中有你，最终形成了以多元、融合为特色的丝绸之路货币文化。丝绸之路货币这种文化上多元、融合的属性特点，最典型的就是古代于阗国于公元1—3世纪打制的汉佉二体钱。

汉佉二体钱是目前已知新疆地区历史上最早的自铸钱币。从这枚小小的钱币身上，我们可以清晰地看到它受到来自东西方两大货币文化的影响，这种影响实际上就是两种货币文化的相互交流与融合。正如我国著名的钱币史学家彭信威先生所指出的那样，"希腊文化通过印度传入和田，同原来已存在的中国文化相结合，而产生了这种钱币"。因此我们认为，如果将东西方的货币文化比喻为一顶皇冠，那么，可以毫不夸张地说，汉佉二体钱就是皇冠上那颗最耀眼的明珠。

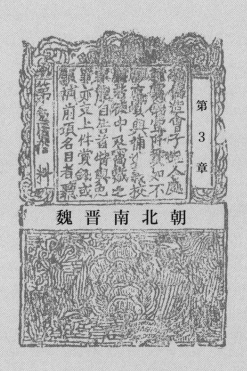

第 3 章

魏晋南北朝

魏晋南北朝时期，因战乱不断，社会经济遭到毁灭性破坏，基本退回以物易物的实物经济状态。本章分 3 个专题、4 个专集，分别论述了三国时期的货币斗争以及北朝、南朝有代表性的钱币。

　　通过对魏蜀吴三国各自发行钱币的考察，我们将看到它们以货币为武器进行的一场货币版的"三国演义"。南北朝时期货币的核心问题是因为缺铜而导致铸造的钱币不能满足流通的需要。解决的办法是增加货币数量并统一形式。但是，南朝与北朝所采取的办法却有所不同。

　　南朝大量铸造减重小钱，甚至是铁钱，增加数量而忽视质量。行不通之后，陈朝才铸造了虚值的"太货六铢"。北朝承胡乱之后，货币经济衰退，以物易物，不复行钱，直至孝文帝改革才开始铸钱。所铸都是虚值大钱，以"北周三品"为代表。

1

———

钱币版"三国演义"

　　滚滚长江东逝水，浪花淘尽英雄。是非成败转头空。青山依旧在，几度夕阳红。白发渔樵江渚上，惯看秋月春风。一壶浊酒喜相逢。古今多少事，都付笑谈中。

　　这首《临江仙》是明代文学家杨慎所作《廿一史弹词》第三段《说秦汉》中的开场词。后来被明末清初毛宗岗父子点评刻印的《三国演义》收入卷首，再后来又被央视版电视剧《三国演义》选为主题曲的歌词，由著名男高音杨洪基演唱，随着电视剧在社会上的热播而为世人所熟知并广为传唱。

　　很多人都喜欢这首有股英雄气的开篇诗，仿佛一下子就能将我们带入那金戈铁马的《三国演义》故事里。虽然我们耳熟能详的《三国演义》故事很精彩，但是这些故事的内容却有很多虚构的情节和夸张的成分，和真实的历史并不完全一样。

　　下面我想带给大家两节钱币版的"三国演义"，通过对曹魏、孙吴两国对蜀汉的货币攻击所做出回应的考察，来揭示三国以货币为武器所进行的战争。从中我们可以看出魏、蜀、吴三国之间的计谋权变、势力消长以及最后由篡魏而起的三国归晋的历史必然。

一、直百五铢：刘备的货币武器

刘备是《三国演义》中的主角。传统的小说、戏曲以及现代的影视作品都是按照儒家意识形态的正统观念，将刘备塑造成了一个政治上以匡扶汉室为己任，经济上处处体谅百姓疾苦的明君形象。其实，这都属于文学艺术上的创作，那真实的刘备是怎样的呢？

我们就通过他铸造的"直百五铢"钱，来看看他的所作所为。

（一）

还是先来认识一下刘备铸造的这枚直百五铢钱。它正面铸有四个汉字，上下是"直百"、左右是"五铢"，背面没有文字。大家对五铢钱可能并不陌生，知道它是汉武帝时期铸造的，一直流通使用到唐朝初年。但是直百五铢钱可能很多人都没有听说过，也不知道它与一般的五铢钱有什么不同。

实际上，直百五铢与一般的五铢钱完全不同。钱币版"三国演义"是因为刘备铸造直百五铢钱而引发的。这枚小小的钱币，在三国的历史上发挥过非常大的作用。它不但给刘备帮过大忙，使其渡过难关，还让尝到甜头的刘备乐此不疲，继续大量铸造，并因此而给东吴和曹魏两国造成了重大伤害，对于当时的历史走向产生了深刻的影响。

那这是一枚怎样的钱币？刘备又是在什么背景下铸造的呢？

关于刘备铸造直百五铢钱的事，在《三国演义》小说及影视作品中都没有被提及，因此一般的读者、观众可能并不清楚。但是，这件事在《三国志》这一专门记述三国历史的著作中，却有明确的记载：

> 初攻刘璋，备与士众约："若事定，府库百物，孤无预焉。"及拔成都，士众皆舍干戈，赴储藏竞取宝物。军用不足，备甚忧之。巴曰："易耳，但当铸直百钱，平诸物价，令吏为官市。"备从之，数月之间，府库充实。
>
> ——《三国志·蜀志·刘巴传》注引《零陵先贤传》

这段记载说的是，建安十九年（214）刘备采用军师庞统的策略，趁着刘璋危难之际，发兵从刘璋的手中夺取了成都。当时刘备为了激励将士，就与他们约定：攻取成都之后，刘璋府库里的东西任由他们去拿。在利益刺激之下，士兵们争先恐后，一举攻占了成都。刘备也说到做到，兑现了诺言，兵士们都满载而归，只有刘备没有收获战利品。这样一来，问题就出来了。因为当时部队的给养都是由军阀自己负责，主要是靠战利品来筹集。现在成都虽然到手了，但是刘备的军需用品却没有获得补充，而随后对成都的管理还需要消耗大量的财物，如何来解决呢？这使刘备犯了难。正当刘备为军需用品不足而犯愁的时候，有个叫刘巴的部下向他提出了铸造"当百大钱"的建议。那什么是当百大钱？铸造当百大钱如何就能解决军队给养不足的难题呢？

这里需要给大家做点解释，普及一点货币金融知识。

所谓当百大钱，实际上就是一种大面值的钱。当时成都地区使用的五铢钱比汉武帝时期的五铢钱要小将近一半，重量仅有 2 克左右，直径约 21 毫米，被称为"蜀五铢"，意思就是在蜀地流通的五铢钱。刘巴建议刘备铸造的当百大钱，一枚相当于 100 枚蜀五铢。

图 3-1　蜀五铢

　　有人可能会认为，这不就相当于我们现在在 1 元纸币的基础上，再发行一种 100 元面值的纸币吗？这样反而更方便人们的交易、携带，似乎并没有什么不好啊！

　　实际上，这是两种不同的概念。我们现在使用的是纸币，它本身几乎是没有价值的，面值无论是 1 元还是 100 元，都是政府以信誉做担保，属于信用货币。虽然和面值的大小没有关系，但是纸币的发行总量必须和社会财富的总量相匹配，否则就容易引起通货膨胀，货币就会贬值。

　　古代使用的铜钱与纸币是有区别的，因为铜钱本身是有价值的。这里问题的关键是，刘备铸造的直百五铢钱，虽然面值是蜀五铢的100 倍，但是它实际的重量却不到 100 倍，只有 3 倍多，重约 6.4 克，直径约 25 毫米。这就意味着，刘备凭借他手中拥有的武力，通过直百五铢钱，在他控制的市场上强买强卖，要用 6.4 克的铜去兑换百姓手中原有的 200 克铜，这样就等于多换取了民间三四十倍的物资和劳务。难怪《三国志》记载说，刘备发行直百五铢钱之后，"以数月之间，府库充实"，一下子就解决了军队的给养问题。这让刘备初次尝到了铸造虚值大钱的好处。

　　说到直百五铢钱，它正面的钱文有一大特点，就是直百五铢这四个字的书体是不一样的，竖写的"直百"两字是隶书，而横写的"五铢"却是小篆。这是怎么回事？为什么同一枚钱币上面会出现两种不同的字体呢?

实际上,这是因为刘备是在仓促之间决定铸造直百五铢钱的。因为时间紧迫,就随手从此前蜀地流通的五铢钱的旧钱范中拣选了比较厚重的一种,在上面加刻"直百"两字便开始铸钱。因此,原来分列穿口左右的五铢两字,还是原来的小篆体,而新刻的、直列穿口上下的直百两字,却是当时流行的隶书体,这就造成同一枚钱币上面出现两种不同的书体,但是却开创了我国货币史上隶书用于钱文的先例。另外,在一枚钱币上同时使用两种字体,就是从刘备铸造的这枚直百五铢钱开始的,这也算是开了先河。

除了字体不一样,直百五铢钱还有一个特点,那就是颜色五花八门。颜色多有不同说明它们的含铜量是不一样的。这又是怎样造成的呢?

民间传说,刘备当时为了铸钱四处寻找铜料,甚至收取民间百姓家里挂蚊帐用的铜钩,然后将这一类的铜器,甚至是铁器销毁之后,直接都铸成了钱。因此,直百五铢钱的颜色五花八门。这也从一个侧面说明了刘备当时军用不足的窘况。

(二)

建安十九年,刘备在刘巴的建议下,通过铸造直百五铢钱,解决了经费不足的难题。尝到甜头的刘备并没有见好就收,而是在几年之后加大了铸造的规模和数量。他为什么要这样做呢?

因为这时的刘备又遇到了一个更大的难题,他想再次用直百五铢钱来帮助解决。这一回刘备碰上的是什么难题呢?

赤壁之战后,东吴为了联合刘备共同对付曹操,曾将荆州借给刘备。但是战争结束之后,刘备失约,不想将荆州归还东吴,并派关羽驻守在那里。东吴大将吕蒙于是设计杀了关羽，夺回了荆州。刘备大怒，为了给关羽报仇，决定发兵讨伐东吴。

打仗需要经费，刘备自然就想到了上次帮他渡过难关的直百五铢钱，于是又开始大规模地铸造。《三国演义》中的夷陵之战，实际上反映的就是这一段历史。但是书中只渲染了刘备如何重情重义，明明知道蜀汉的国力不如东吴，但是为了给结拜兄弟报仇，身体有病的他依然执意御驾亲征。然而，书中并没有给读者交代，刘备的这次出征是通过大规模地铸造虚值大钱、实行通货膨胀政策筹集军费的。这次铸造的直百五铢钱与上一次铸造的相比，数量更大，对蜀国及东吴和曹魏的经济都产生了重要影响。

战争的结果大家都很清楚。蜀军不但被东吴大将陆逊火烧连营，惨败而归，刘备更是病逝在了白帝城，诸葛亮临危受命托孤，这时南方的少数民族又趁机发动了叛乱。处于内忧外患中的诸葛亮，后来在《出师表》里用"危急存亡之秋"来形容当时的艰难处境。

被刘备托孤的诸葛亮丝毫不敢懈怠，他一边派人与东吴讲和修好，一边亲率大军南渡泸水，平定叛乱，稳定后方。可是，这时的蜀国已经财力枯竭，如何来解决南征的费用呢？无奈的诸葛亮只能也学刘备，再次铸造直百五铢钱。《三国演义》中，诸葛亮"七擒孟获"反映的就是这一段历史。当然在书中我们也不会看到，诸葛亮为了降服反叛的孟获，除了七擒七纵，还使用了铸造虚值大钱的手段来筹集经费。

诸葛亮这次铸钱，与刘备为了东征孙权铸造的直百五铢钱有两点不同。一是直径约27毫米，重达7克，尺寸和重量都要厚重并略微大一点；刘备铸造的直径约25毫米，重约6.4克；这可能是因为诸葛亮认为这是用于蜀国境内的钱币，应该与对付吴国的钱有所区别。二是在钱币的背面，加铸了一个篆书"为"字，表示铸造于"犍为"。那犍为是什么地方？为什么说这种钱是由诸葛亮铸造的呢？

图 3-2　直百五铢（背"为"）

"犍为"是蜀国的一个地名，位于今天四川威远县。20 世纪 70 年代，考古工作者在那里挖掘出土了一批背铸"为"字的直百五铢钱，而诸葛亮当年又正好在那里驻军，因此，考古工作者认为这些钱币有可能是当年诸葛亮铸造的。中国钱币博物馆收藏的直百五铢，就是 1992 年年初我去威远县博物馆调拨的。那里曾是四川与西南少数民族贸易的中心，商业发达，贸易繁盛。诸葛亮选择在那里铸钱，就是为了便于筹集军需物资。在钱币背面加铸地点"为"字，可能是为了与刘备为东征孙权而铸造的钱币相区别。相传，这个篆书"为"字还是诸葛武侯所书。这也是古代方孔钱中最早的两面都铸有文字的钱币，因此成了钱币收藏爱好者争相追逐的珍品。

（三）

夷陵之战以后，诸葛亮通过主动讲和，虽然缓和了与东吴的关系，使吴蜀两国似乎又回到了此前相互结盟、共同对抗北面强敌曹魏的局面；但是刘备为筹集军费而大量发行的虚值货币直百五铢钱，实际上却在魏蜀吴三国之间引爆了一场不见刀光剑影的货币贬值竞赛，其惨烈程度及杀伤力丝毫不逊色于火烧连营的夷陵之战，或是火烧连环船的赤壁之战。

大家可能要问，为什么刘备铸造直百五铢钱就能引爆一场如此惨烈的货币贬值竞赛呢？

为了后面的叙述，这里我需要先给大家简单介绍一下有关货币金融的知识。

所谓货币战争，顾名思义就是通过货币的发行，即以货币为武器来打击敌对一方的货币，并套购其战略物资，目标是从经济上打击、削弱对方，同时增强壮大自己的实力。因此，从本质上讲，货币战争属于经济战的范畴。它能够成功实施必须要满足两个前提条件：一是所发行的货币能够流通到对方国家；二是所发行的货币能够在对方市场上取代对方的货币。也许刘备主观上并没有发动货币战争的想法，但客观上确实产生了这样的连锁反应。

第一点，即货币流通到对方国家，实际上这很容易做到。当时魏蜀吴三国政治上虽然是分裂的，但是经济上却是一体的，使用的都是同一种金属货币，就是东汉遗留下来的五铢钱，因此可以互相流通，相互使用，并且无障碍。关键是第二点，这涉及政治经济学的一个原理，说的是当市场上有两种实际价值不同的货币同时流通使用的时候，实际价值高的货币，即良币，必然要被迫退出流通领域，而实际价值较低的货币，即劣币，反而会充斥市场。这就是著名的"劣币驱逐良币"的理论。

明白了这个原理，我们再来看刘备大量铸造的直百五铢钱，除了可以从本国老百姓手中聚敛财富，这些虚值大钱流出国界之后，对东吴和曹魏两国的货币市场同样也会造成巨大的冲击。因为刘备的直百五铢钱一枚相当于100枚五铢钱，这就使得那些使用原来五铢钱的人损失惨重，他们就会将手中的五铢钱藏匿起来不用，而使用刘备的直百五铢钱；或者是将原来的五铢钱销毁改铸成直百五铢钱。这就是"劣币驱逐良币"的原理。

总之，不管怎样，最终的结果都是，直百五铢钱在市场上驱逐了原来的五铢钱。这样，刘备通过大量发行他的虚值大钱，客观上达到了取代对方货币、套购对方物资、最终破坏对方经济的目的。

（四）

面对刘备发行虚值大钱、咄咄逼人的货币贬值政策，魏、吴两国是如何应对的呢？

下面，我们先来看看魏国的情况。

魏国地处北方，自东汉末年黄巾起义以后，社会经济遭受了严重的破坏，货币经济日益衰落，后来在董卓铸造的减重小钱的冲击之下，货币经济被彻底地摧毁了，基本上退回实物经济状态，公私都很少使用货币，而是使用稻谷、绢帛作为交换的媒介。

曹操统一北方之后，借鉴"秦人以急农兼天下，孝武以屯田定西域"的经验，为了增加粮食收入，保证军需供应，大力提倡屯田，使社会经济逐渐得到恢复。曹操初步安顿了北方之后，于建安元年（196）迁都许昌，被汉献帝封为名义上还存在的东汉丞相。于是，他亲率大军南下征讨刘表、孙权，希望能够实现统一，结果在赤壁被周瑜率领的孙权和刘备的联军打败，这就是大家都很熟悉的《三国演义》中火烧赤壁的那一段。当时，曹操为了筹集粮草，在北方恢复使用五铢钱，但是他恢复使用的是旧钱，还是另外铸造了新钱，正史中没有记载，私家的记述又都相互矛盾。

经过考证，我们发现曹操实际上在洛阳开炉铸造过钱，他本来是想以此整顿币制，取代董卓留下的恶钱，重新恢复使用货币，借以安定社会，提振民心，也便于他调配社会资源，加强管理。但是，汉代在洛阳、长安的两大造币中心先后都毁于战火，两汉积累下来的铸钱技术也都失传，因为缺乏技术上的支撑，曹操所铸造的五铢钱虽然重达三铢，但是铸工低劣，并不比董卓的恶钱好多少，作价却比董卓的恶钱还要高，因此并不受欢迎，只能被封存在府库里。

公元 221 年，也就是刘备东征孙吴的当年，曹丕也曾于三月份下令恢复使用五铢钱。这是因为他准备征讨东吴，恢复使用货币主要是便于从社会上筹集所需要的军需物资。曹丕向社会上投放的货币，就是曹操当年存入府库中的钱。后来因为吴蜀之间爆发了夷陵之战，曹丕希望它们相互消耗，所以并没有出兵伐吴。这时，蜀国的直百五铢钱开始大量流入魏国境内，使得曹魏的五铢钱被逐出了市场，市场上流通的都是蜀国的虚值当百大钱，谷物的价格开始大幅攀升，并被蜀国商人大量套购运走。曹丕一看形势不妙，就"以谷贵罢五铢钱"，继续"以谷帛为市"。意思就是以粮食价格太贵为理由，废除铜钱，又恢复使用实物货币。但是，以谷帛为交换手段的弊端很快就暴露了出来。

《晋书·食货志》记载，当时百姓为了贪图小利，就向稻谷中加水，或者将绢帛织得很薄，以此来获利。虽然对犯法的人施以杀头的重刑，但是也不能禁绝。因此，主管经济的大司农司马芝在朝堂上讨论的时候，曾经建议恢复使用五铢钱，他说："用钱非徒丰国，亦所以省刑。"[1] 意思是说使用货币不但能增加国库的收入，甚至还能减少犯罪。于是魏明帝曹叡于太和元年（227），再次决定恢复使用铜钱，并

---

① 《晋书·食货志》。

重新铸造了一种新钱，称"曹魏五铢"。

图 3-3　曹魏五铢

曹魏五铢虽然还是以五铢为名，但是重量却不到四铢，为 1.4~2.5 克。这样减重就是它在曹丕时期受蜀国当百大钱冲击的结果。即便是这样减重的小钱，恢复使用之后，还是吸引蜀国的当百大钱大量流入魏国，在推高物价的同时，还套购走了魏国大量的物资。无奈的曹叡只得再次废除铜钱，恢复使用谷帛等实物货币。《三国志》里记载，当时魏国给大臣发工资都是用稻谷或布帛支付，乡村里更是以物易物。史书记载："至晋用之，不闻有所改创。"[①]意思是说，一直到西晋，北方再没有铸造过钱。

曹叡这样做，使得实物经济就像一道防火墙一样，不但断绝了刘备直百五铢钱对魏国的渗透，更是阻断了后来蜀国和吴国竞相推行通货膨胀政策所带来的巨大冲击，保持了魏国经济的逐渐恢复，以及社会的相对稳定，这都为后来西晋的统一奠定了基础。

面对刘备的通货膨胀政策，曹魏用实物经济筑就的这道防火墙，阻断了蜀汉虚值大钱的冲击。那东吴的孙权又是如何应对的呢？

---

① 《晋书·食货志》。

二、大泉五百：孙权的回击手段

上节我们介绍了魏国几次恢复使用五铢钱的计划都被蜀国的直百五铢钱给搅黄了，无奈之下，魏国只能退回实物经济状态。出人意料的是，这却像是一道防火墙，阻断了蜀汉虚值大钱的冲击，魏国因此而躲过一劫。

曹魏躲过了蜀国虚值大钱的冲击，那吴国能躲过吗？它又是如何还击的？蜀国又是如何应对的呢？下面我将给大家做更进一步的分析和解读。

（一）

在地理位置上，东吴位于江南地区，因为没有受到黄巾起义以及董卓之乱的影响，社会经济几乎没有遭到破坏，货币仍然正常使用。赤壁之战以前，刘备与孙权结盟，共同对付曹操；赤壁之战以后，吴蜀两国因为对荆州的争夺，开始由政治上的盟友演变成为交战的敌国，最后于公元 221 年爆发了夷陵之战。

虽然在正面战场上，吴国用火攻大败蜀军；但是在另一条战线上，蜀国所铸造的直百五铢大钱却在不经意间给吴国的货币经济造成重创。孙权对此也毫不示弱，做出了强烈的反击。他铸造发行大钱，货币贬值的幅度更是超过了刘备的直百五铢钱。在两国这样竞相升级的货币贬值竞赛中，等于是在正面战场之外，又爆发了一场虽然不见刀枪，但是依然惨烈无比的货币战争。

曹魏几次恢复使用五铢钱的计划，都在刘备的直百五铢钱的冲击之下失败了，被迫使用实物货币。如果因为刘备的货币武器对以实物经济为主的曹魏经济影响有限，就低估了它的杀伤力，那么这是一种误解。

蜀国的通货膨胀政策，虽然对以实物经济为主的曹魏没有造成太大的损失，但对东吴的货币经济却造成了严重的破坏，引起了吴国强烈的反应，并遭到坚决的回击。

文献记载，孙权首先于嘉禾五年（236）铸造了大泉五百。事见《三国志·吴书·吴主传》："（嘉禾）五年春，铸大钱，一当五百。诏使吏民输铜，计铜畀直。设盗铸之科。"意思是说，孙权铸造了当五百的大钱之后，要求官民向官府输送铜料，并根据铜料的多少付给报酬，同时还设立了专门负责打击私铸的机构。

两年后的赤乌元年，孙权又铸造了大泉当千。这件事也记录在《三国志·吴书·吴主传》里："赤乌元年春，铸当千大钱。"

另外还有大泉二千、大泉五千，它们的大小轻重与初铸的大泉五百、大泉当千相差不多，但是面值却又膨胀了几倍。

大泉二千、大泉五千这两种钱币，虽然文献中没有见到记载，但是却偶尔有实物出土。特别是1975年在江苏省句容县葛村发现的一处孙吴铸钱遗址中，出土了一批被铸废的大泉五百、大泉五千，以及泥质范母一批。由此可以证明大泉二千、大泉五千也都是东吴铸造的钱币。

图3-4　大泉五百、大泉当千

图3-5　大泉二千、大泉五千

　　前文我们讲到东吴最早铸钱始于嘉禾五年，这个时候距离孙权称帝已经有七年、称王改元也有十年，更是距离孙策割据江东自立已有三十多年。

　　那么问题就来了：一般来讲，称帝立国后的君主，多数都愿意通过铸造货币，从政治上彰显其合法性。但是孙吴为何这么晚才铸钱？又为何一开始铸钱，就要铸造当五百的大钱呢？

　　对于第一个问题，可以从两个方面来解释：

　　一是东吴没有经受黄巾军以及董卓之乱的破坏，两汉以来留存下来的五铢钱数量很多，因此，孙吴政权虽然最初没有铸钱，但是社会上留存的钱币能够满足流通的需要；

　　二是因为当时东南地区开发得还不够充分，货币经济相对也不够发达，以物易物的实物经济仍然占有相当大的比重，汉代遗留下来的五铢钱能够满足市场流通的需求，所以孙权没有急于铸钱。

　　但是第二个问题却很难用常规的逻辑来解释。因为，依照传统的经验，发行货币最初都应该是从当一的小平钱开始，而虚值的大钱应该是由当二、当五、当十、当百这样的顺序逐渐递增。但是孙权却是跳过了前面几个阶段，直接从当五百的面值开始铸造发行他的货币。

　　孙权为何如此不循常理、一开始就发行面值高达五百的虚值大钱呢？以往大家因为不能理解孙权的这种行为，而视其为中国古代货币史上的一大谜团。

（二）

千百年来，人们都仅仅是从孙吴单方面、孤立地来看待这件事，确实只能得出这是我国古代货币史上一大谜团的结论。但是，如果将孙吴铸钱与刘备发行直百五铢，推行通货膨胀政策联系起来分析，那么我们就能明白，孙权急切地铸造当五百的大钱，自有他的道理。实际上，孙权这是为了应对蜀汉通货膨胀政策的无奈之举！

为什么要这样说呢？

在蜀汉咄咄逼人的通货膨胀政策面前，东吴地区原来流通使用的两汉遗留下来的五铢钱，在直百五铢大钱的冲击之下，一方面会推高吴国市场上各种商品的价格，受影响最大的是谷物粮食以及绢帛、麻布等纺织品。这些百姓日常生活必需品的物价被推高之后，会严重扰乱吴国的经济发展和社会稳定。同时，大量的物资会被蜀国的商人用直百五铢这种虚值大钱套购运走，这又反过来会继续推高物价，破坏吴国的经济。另一方面，吴国原有的五铢钱则会很快地退出流通，或被藏匿起来，或者是被私铸者销毁，改铸成蜀国的直百五铢钱，从中牟利。这样既会加重吴国出现通货紧缩的危机，同时会更加便利蜀国直百五铢钱的流入，形成恶性循环，给吴国的经济以沉重打击。

面对蜀国以通货膨胀为手段发动的这场货币攻击，东吴只有两种选择，要么坐以待毙，要么进行反击。曾经被曹操在诗中盛赞"生子当如孙仲谋"的孙权，显然不可能坐以待毙，他选择了反击。

孙权反击的手段也有两种：一种是效法曹魏，即放弃使用货币，回归实物经济状态，以此建立一道防火墙，彻底阻隔蜀国虚值大钱的流入；另一种是正面回击，以其人之道还治其人之身，就是也用贬值的货币去应对蜀国的虚值大钱。

实际上，曹魏回归实物经济的应对办法实在是一种无奈之举。曹魏地处北方，黄巾军起义以及董卓之乱以后，社会经济遭到了持续的战乱破坏，就像曹操诗里所描写的那样"白骨露于野，千里无鸡鸣"。这种社会环境下，退回到实物经济状态是当时社会的自然选择，并不是曹魏所情愿的。因为只有在货币经济状态下，政府才更容易从社会上调配或筹集资源，进行有效的管理。因此，曹魏也曾经几次试图恢复使用五铢钱，但这种努力最终都因条件所限，以及蜀国贬值货币的冲击而没有成功。

所以说，孙权不可能效法曹魏，以退回实物经济的方式来应对蜀国的攻击，只可能选择正面的回击。但是，孙权反制措施之强烈、幅度之大，却是远远地超出大家的想象。他竟然一出手，就造出了面值当五百的"大泉五百"来应对刘备的"直百五铢"。这既反映了孙权的决断与气魄，也从一个侧面说明当时形势的紧迫与严峻。

前文讲过，在早期金属称量货币时代统治者推行通货膨胀政策一般有两种做法：一种是在重量不变或稍微增加重量的情况下，成倍地、大幅度地加大货币的面值，使其成为虚值大钱；另一种则是在保持面值不变的情况下，减少货币的重量和尺寸，使之成为减重的小钱。这两种手段的目的实际上都只有一个，那就是希望用尽量少的铜兑换到尽量多的物品。

刘备铸造直百五铢大钱，使用的就是第一种方法；孙权强力反击刘备所使用的手段，实际上用的也是第一种方法，只是膨胀的幅度更大。他用当五百的膨胀幅度来应对刘备当一百的膨胀幅度，希望以此阻断蜀国直百五铢钱的流入，以及吴国物资的流出。

那孙权反击的效果如何？蜀国又是如何应对的呢？

（三）

面对东吴的强力反击，蜀汉被迫采用了通货膨胀战术的第二种方法，即减少重量。于是直百五铢钱的面值虽然没有再增加，但是重量却已经从最初铸造时的 7 克左右，急剧地减少到 1 克，甚至最轻时仅有 0.5 克。

蜀汉的这一回击手段也非常地阴狠，看似没有改变货币的面值，但实际在重量上减轻了百分之六七十甚至更多。这迫使东吴也不得不将两种通货膨胀手段结合起来使用，即一方面将货币的面值从当五百提高到当千，甚至当二千，乃至最后高达当五千，另一方面则将重约 20 克的"大泉当千"减重至 12 克，最轻的不及 4 克，有的甚至还没有五铢钱重。改铸"大泉二千"的时候，面值虽然增长了一倍，但是重量只有 12 克，后来又减重为 10 克，再减为 8 克，甚至有的轻至 6 克不到。

在这一轮以货币为武器的对攻中，孙吴货币减重最严重的时候，可能并不亚于蜀汉，只是时间较短而已。但是东吴在应对蜀汉发行虚值大钱的反制措施中，因为交替使用了提高面值和减少重量这两种通货膨胀的方法，使各种大钱轻重错落、作价颠倒，根本无法流通，最终引起民众的强烈反对，商人纷纷罢市，社会经济遭受重创。

据史书记载，赤乌九年（246），面对社会上普遍的不满情绪，孙权将铸造大钱的责任诿过于手下的大臣谢宏。《三国志·吴书·吴主传》记载：

> 谢宏往日陈铸大钱，云以广货，故听之。今闻民意不以为便，其省息之，铸为器物，官勿复出也。私家有者，敕以输藏，计畀其直，勿有所枉也。

孙权上面这段话的意思是说，当初是谢宏提议他铸造大钱的，现在他听说老百姓使用大钱很不方便，因此决定停止铸造大钱，将已经铸好的大钱改铸成器物，并且明令官府再不许投放大钱，民间已有的大钱都交官府收兑，按照重量付给价值，尽量不让老百姓受委屈。

孙权在这里只说铸造大钱的事，而不言减重的事，虽然暴露了统治者虚伪的一面，但是当他发现这种贬值货币的政策破坏国内民众的生活、于己不利的时候，就果断地停铸大钱，并将已经发行的大钱收回，仿效魏国恢复使用实物货币。他希望通过这种方法减少蜀国通货膨胀政策的冲击。

因此我们说，货币领域不见刀枪的这场战争，其惨烈程度相比那场火烧连营的夷陵之战，甚至是那场更加著名的赤壁之战，也都毫不逊色，只是大家不清楚。

（四）

吴蜀两国之间的这场货币较量，造成的结果可以说是杀敌一千，自伤八百，属于两败俱伤。既然实行通货膨胀政策是把双刃剑，害人又害己，那么刘备、诸葛亮这等聪明之人，为何还要执意地铸造虚值大钱，实行通货膨胀政策呢？

实际上，这既是刘备、诸葛亮有意为之，也是他们的无奈之举。

这一方面是因为刘备、诸葛亮此前已经体验过铸造大钱、实行通货膨胀政策的好处，尝到了甜头，所以他们才会主观上愿意继续铸造虚值大钱。

他们客观上无奈的一面，主要是刘备以及后来的诸葛亮所追求的政治目标过于宏大，与蜀国当时有限的国力不相匹配。

刘备以汉室后裔自居，自称是中山靖王刘胜之后，以匡扶汉室为己任。他三顾茅庐，邀请诸葛亮出山之后，更是以消灭各地诸侯、恢复汉室为自己一生的奋斗目标。他的这一目标虽然崇高伟大，但是现实却很残酷。因为当时蜀汉与曹魏以及东吴的力量对比，实在是太过悬殊。

汉代共有十三个州，其中曹魏差不多占有九个州，孙吴占有三个州，而蜀汉只有一个州，并且地处西南边陲。小国寡民的蜀汉，虽然号称是天府之地，但是以一州之地，却以恢复汉室为目标，与曹魏、东吴两国抗衡，承受了浩大的军费开支。这种形势下，为了筹措物资，刘备实行通货膨胀政策、铸造虚值大钱，也是出于无奈。

这通过后主刘禅投降魏国时所上缴的"士民簿"，也就是现在的"户口簿"，可以看得更加清楚。当时蜀汉有户28万：口94万、兵10.2万、官吏4万，总计人口108.2万。也就是说，以包括老幼在内的百万人口，供养了14万军人和官吏，还要承担多次平定西南夷，以及五次北伐曹魏的军事负担。如果不铸造大钱、实行通货膨胀政策，蜀汉又能通过什么途径来筹措这些费用呢？

孙皓投降西晋时，东吴有户52.3万：口230万、兵23万、官吏3.2万，总计人口256.2万，供养约26万军人和官吏。人口与供养的军队以及官员数量虽然都比蜀汉多一倍，但是"坐断东南战未休"的孙权，铸造大钱也是出于无奈，在被动地应对蜀汉的同时，实际上也相当于一次在国内强征赋税，顺势将费用转嫁给了老百姓。

前文提到，北方的曹魏基本上退回到实物经济状态，因此蜀汉推行的通货膨胀政策对它的影响最小。后来当孙吴也仿效曹魏回归实物经济，以谷帛为交换手段时，蜀汉的通货膨胀政策实际上就变成了独角戏。因此，后主刘禅于延熙三年（240）进行了一次币制改革，罢废直百五铢钱，改铸"直百"与"直一"两种新钱。

图 3-6　直百、直一

　　这次币制改革，应该是对减重的直百五铢钱的一次修复。一方面使币制简化，便于流通；另一方面也是为了稳定币值。"直百"与"直一"也可以看作一种 100 ∶ 1 的主辅币流通制度。

　　"直百"钱直径约 18 毫米，重约 2 克。"直一"钱直径约 13 毫米，重 1 克多。这两种钱币发行的时候，正值蒋琬、费祎、诸葛瞻执政时期，稳定了相当长的一段时间。但是，后来又突然开始减重，大小轻重相差较大。"直百"由 2 克减为 1.5 克，再减为 1 克，甚至仅有 0.5 克、0.4 克。当"直百"钱减重至 1 克以下时，"直一"钱就被迫退出了流通，不复存在了。因此，传世的"直百"钱较多，"直一"钱极少。

　　"直百"与"直一"两种钱币都是光背，轮郭周正，铸工精良。文字均为隶书，书法精绝，应该是同一个人所书写。这是官铸隶书钱的第一种，开了以后唐宋各代铸造隶书钱的先河，也是我国货币史上的又一个创新。

　　蜀国灭亡之前，刘禅又进行了最后一次币制改革，罢"直百"与"直一"，改铸"定平一百"。曾经有人将"定平"释读为"平定"，说是邓艾平定蜀汉时所铸造的纪念币。实际上，这里的"定"是法定的意思，"平"的意思与"值"字相同。因此，"定平一百"的意思就是"法定作价一百文的钱"。

图 3-7 定平一百

　　虽然标注的是法定作价，但是实际上却减重得非常厉害。最初铸造的时候，直径约16毫米，后来减为13毫米，再减为10毫米，甚至还有仅8毫米的。这一减重趋势充分体现了蜀汉灭亡之前，国力江河日下、朝不保夕的惨状。

　　钱币虽然很小，但却事关重大，宏观上直接决定国家的强弱、政权的安危，微观上更是与每个家庭、任何个人都息息相关。因此，货币政策必须要稳健、适中，最要防止的，就是走极端，无论是通货膨胀，还是通货紧缩，对经济都会造成严重的破坏。然而，统治者却最愿意实行通货膨胀政策，具体的办法就是铸造虚值大钱，以借机从社会上聚敛财富。

　　通货膨胀政策所造成的恶果，在三国历史上的表现一目了然。譬如：最先铸造虚值大钱的蜀国，受害最深，也最先亡国；中途废止大钱的东吴，受害相比蜀国要轻；而没有铸造虚值大钱的曹魏受害最少，这为西晋的最后统一奠定了基础。因此我们说，蜀汉实行通货膨胀政策所搬起的这块石头，最后还是砸在了自己的脚上，可谓自作自受。

2

北周三品：北朝励精图治的象征

南北朝时期的北朝受五胡乱华的影响，常年战乱不断、动荡不止，人口减少，农田荒芜，社会经济遭受了毁灭性的破坏，基本上退回以物易物的实物经济状态，很长一段时间几乎都不再使用货币。直到北魏孝文帝推行汉化改革，随着均田制的实行，经济逐渐得到恢复，商业慢慢地发展起来，才又开始重新恢复使用五铢钱。

当时官府铸造的"太和五铢"钱满足不了流通的需要，因此曾经一度效仿西汉初年，允许民间私铸钱币。规定私家铸造的钱币只要重量足值、式样符合要求，就可以流通使用。所以这一时期使用的货币，普遍都铸工粗糙，质量欠佳。但是，号称"北周三品"的布泉、五行大布和永通万国这三种钱币，不但名称别致，而且工艺精美，甚至有"北周三品冠六朝"之说。这是为什么呢？

（一）

还是先来看看所谓的"北周三品"到底是怎样的三枚钱币。最初铸造的是布泉，钱文横列穿口的左右，字体为篆书，比王莽铸造的布泉所使用的垂真篆肥满，因此世称"玉筋篆"。另外两枚是五行大布和永通万国，钱文由俩字改成了四字，对读排列，书体还是玉筋篆。3枚钱币的背面都没有文字。

图 3-8　北周三品（布泉、五行大布、永通万国）

北周三品不仅铸工精美，而且在钱文名称上更是别出心裁。它们一改当时铸钱的传统，既不用五铢之名，也不冠以年号，而是创造了新的名词。除了布泉还是使用两个字做钱文，五行大布、永通万国都是新创造了一种四字钱文的体例。

实际上，北周三品是在特定的历史背景下铸造的，其别出心裁的钱文背后，隐含有特殊的政治寓意。这与自秦汉统一的中央集权帝国崩溃之后，中原大地历经三国、两晋、南北朝三百多年的战乱破坏，北周的统治者试图调和胡汉矛盾、融合儒释道文化冲突所推行的改革措施有重大的关系。因此，要解读北周三品钱文的寓意，需要了解当时的社会背景。所以，必须要从为北周的建立奠定坚实基础的宇文泰说起。

宇文泰复姓宇文，宇文是鲜卑族的一个部落名称。鲜卑族是继匈奴之后在蒙古高原崛起的又一支古代的游牧民族。它原属东胡族，秦汉之际，东胡族被匈奴冒顿单于打败，分为两部，分别退居乌桓山和鲜卑山，后以山名作为族名，形成乌桓族和鲜卑族。

公元 1 世纪末，北匈奴在东汉和南匈奴的联合打击下西迁中亚，鲜卑族趁机占据蒙古草原开始壮大，以大同为都城建立了北魏政权，并于 439 年统一北方。后来孝文帝迁都洛阳，推行激进的汉化改革。北魏政治经济中心的南移，使原来驻守在北方仍然保持着鲜卑游牧习俗的兵士们的待遇降低，也让其与迁入中原汉化的鲜卑贵族之间的矛盾逐渐激化，最终于 524 年爆发了六镇起义，关陇、河北各地纷纷响应。六镇起义虽然最后被镇压了，但是因为权臣高欢控制了北魏朝政，孝武帝不甘做高欢的傀儡，于 535 年逃出洛阳，来到长安建立新政权，史称西魏。高欢则另立新帝，迁都邺城，史称东魏。从此，北魏被分裂成了西魏和东魏。宇文泰就是在这一社会变乱的背景下成长并崛起的。

宇文泰（507—556），一位汉化的鲜卑人，出身于代郡的武川镇。武川镇位于今天内蒙古武川西的希拉穆仁古城，是北魏当时为了防御北方草原上的霸主柔然，在阴山北麓设立的六个军镇之一。

这个小小的武川镇虽然现在看起来是个毫不起眼的弹丸之地，但是历史上可是块风水宝地！因为从那里居然接连走出了北周、隋、唐三代皇室，因此也被称作帝王之乡。这在中国古代历史上是绝无仅有的。实际上，这都是由开创了西魏政权并奠基了北周政权的武川集团的核心人物宇文泰打下的基础。

宇文泰为何会有如此大的能量？他有什么过人之处呢？

宇文泰实际上并没有显赫的家族背景。他出身于底层，少年时代随父从军，参加了北魏末年的六镇起义。起义失败后随贺拔岳迎接北魏孝庄帝回到洛阳，后来又随贺拔岳进入关中，平定了关陇地区。534年贺拔岳死后，宇文泰被部众推举为新的首领。他废除苛法、推行惠民的德政，因此赢得民心，顺势平定秦、陇，雄居关中。不久，他迎接北魏孝武帝入关，随即又杀孝武帝，另立元宝炬为帝，是为西魏，建都长安。从此宇文泰专制西魏朝政 22 年。

宇文泰如果只知道专权，那他就和东魏的高欢一样，只是一个权臣。但实际上，宇文泰是中国古代一位杰出的政治家，他不但建立了西魏，还奠定了北周消灭北齐、统一北方的基础，并且开创了隋唐政治制度的先河。为什么这样说呢？

宇文泰相比于他同时期的政治家，似乎更有战略远见。他不像那些部落酋长出身的枭雄，只会抢劫、杀戮与破坏而不懂建设。宇文泰不但组建了一个明星团队，还进行了一场卓有成效的改革。他想通过这些改革完善政治上的制度建设，来解决当时的社会矛盾。那当时的社会矛盾是什么？宇文泰又是如何通过创设制度来化解这些矛盾的呢？

（二）

宇文泰生活在一个乱世。这一乱世应该从东汉崩溃算起，历经三国、两晋、南北朝，到隋朝统一有三百多年。其间发生了八王之乱、永嘉之乱、五胡乱华、衣冠南渡，北方陷入五胡十六国这一长期的大分裂、大动荡，生灵涂炭，哀鸿遍野。生民之命，几近泯灭。其间虽然也出现过短暂的统一，但是因为没有从制度上解决当时的社会矛盾，很快又都分崩离析了。那当时的社会矛盾是什么呢？

当时社会上的矛盾与问题主要表现在三个方面：一是汉胡之间的民族矛盾，二是儒释道之间的文化冲突，三是土地荒芜与流民的问题。

宇文泰控制西魏朝政之后，面对历经战乱蹂躏，早已破败不堪、千疮百孔的关中大地，他想救民于水火，重新统一天下。于是，他举贤用能，知人善任，提拔李弼、李虎、杨忠、独孤信等于戎伍之中，又擢用苏绰于儒士之间，组建了一个核心团队。

宇文泰组建的这个团队，可谓中国历史上人才最集中的团队。其中李弼是隋末瓦岗军首领李密的曾祖父，李虎是唐高祖李渊的祖父，杨忠是隋文帝杨坚之父。独孤信更是有名，他不但文武兼备，是西魏的八柱国之一，他的三个女儿尤为出名：长女是北周明帝宇文毓的明敬皇后；四女儿是唐高祖李渊之母，被追封元贞皇后；七女儿是隋文帝杨坚的文献皇后。独孤信在北周、隋两朝都进入皇室，三代都为外戚，自古以来，从未有过。电视剧《独孤皇后》说的就是这一段。因此，独孤信和近代史上生育了宋氏三姐妹的宋耀如一样，都属于中国历史上最著名的岳父。另外，文臣中的苏绰也是一等一的人才，曾经被朱熹称为"一代之奇才"。他提出的"朱出墨入"记账法则最终演变成了"红头文件"，成了后世乃至今日的文案程式。他制定的"六条诏书"更是宇文泰施政的纲领，成了西魏各级官员施政的准则，当时西魏的政治、经济、文化等各方面的改革措施都是依据"六条诏书"制定的。

　　宇文泰凭借他组建的这个超强的明星团队，励精图治，锐意改革。对内整顿吏治、裁减官员，在经济上继续颁行并完善北魏的均田制；在政治上采取鲜卑旧八部制，创设八柱国制度，团结并平衡鲜卑贵族以及关陇豪族的势力；在军事上则创立了府兵制，广募关陇豪右，以扩大兵源。上述改革措施不但缝合了封建与郡县、胡化与汉化这两大创口，将游牧民族的武力与农耕的文明整合为一体，更让塞外野蛮精悍之血充实进早已颓废的中原文化之躯。对外则立足关陇，争战东魏，蚕食南梁，扩大地盘，很快崛起于西北。不但扭转了西魏弱小的局面，而且为后来北周统一北齐，乃至开创隋唐盛世都奠定了基础。

　　就在宇文泰为西魏开创了一个强盛的局面，正要统一北方的时候，却不幸病逝于东征北齐的军营，遗言托付他的侄子宇文护辅佐年幼的诸子。

宇文护不负众望，首先迫使西魏的恭帝封宇文泰14岁的嫡长子宇文觉为公爵，并以岐山之南为封地。岐山是周朝的发祥地，因此称宇文觉为周公。后来宇文护又强迫西魏恭帝以禅让的方式，将政权交给了宇文觉，新政权就以周为国号。宇文氏倡导恢复周礼，因此效仿西周，天子称王而不称皇帝。后世为了与西周、东周相区别，就称宇文氏建立的周为北周。

北周虽然按照宇文泰的布局建立起来，但是宇文氏统治集团内部却又产生了新的矛盾。这是因为在执掌实权的宇文护和他辅佐的皇帝之间爆发了剧烈的权力之争。

宇文护以宇文泰有托付为由，在北周朝廷上专横跋扈，独揽大权。他不但诛杀大臣，还先后毒杀了不满他操控的宇文泰的两个儿子宇文觉和宇文毓，又立宇文泰18岁的第四子宇文邕——这就是著名的北周武帝。宇文护没有想到的是，他的这位堂弟比其前面的两位哥哥更加睿智有谋。宇文邕表面上服从宇文护，暗中却在积蓄力量，经过十一年的隐忍，最后于天和七年（572）三月借宇文护入宫朝见太后之机将其诛杀。由此，宇文邕才得以亲政，有机会施展他的政治抱负。北周三品就是在这种背景下铸造的。

（三）

如前文所述，当时的北周充满各种社会矛盾。作为政治家的宇文邕非常清楚，只有妥善地处理好这些矛盾，才能发展壮大北周，消灭北齐，统一北方，然后再统一全国。这就需要推行一些变革的措施，例如：通过推行灭佛运动，使一批僧侣还俗，增加了政府直接管辖的编户人口；通过整顿军队，完善府兵制，既增强了军队的战斗力，又加强了对军队的控制；为了促进经济发展，他积极鼓励对外贸易；另外，他还积极倡导节俭，反对奢侈铺张；等等。

为了推行上述政策措施，宇文邕在财政上也实行了币制改革，铸造了新的货币。实际上，宇文邕早在他即位之初的保定元年（561），就曾经仿照王莽的货币布泉，铸造了一种新的布泉。

图3-9　布泉（王莽铸）

传世有一种钱文为"布泉"的钱币，虽然文献中不见记载，但是一般认为是王莽所铸。这是因为它的形制、大小、书体都与王莽的钱币货泉一样，书体也是悬针篆。此钱币制作精整，多出土于新莽时期的墓葬，或者是与莽钱共出。《汉书·王莽传》记载："吏民出入，持布钱以副符传。"因为《汉书》里将"泉"字都改成了"钱"字，可知这里的布泉，应该就是前引《汉书·王莽传》所记之布钱。关于这枚布泉，当时民间还流传有一种说法，说是如果妇人怀孕时佩戴上它，就可以生男孩。因此它又被称为"男钱"。

北周铸造的这枚布泉，虽然钱文与王莽的布泉钱文一样，书体也是篆书，但字体上还是有明显的不同。王莽的布泉使用的是悬针篆，笔画纤细，"泉"字中竖断开；而北周宇文邕的布泉则笔画浑圆，粗细一致，尤其是"泉"字中竖不断开，笔直匀称，末端不出笔锋，世称"玉筯篆"。这里的"筯"指的是筷子，玉筯就是形容笔画像是用美玉制成的筷子一样匀直、圆润。

宇文邕新铸造的钱币，钱文没有沿用"五铢"，而是改成了"布泉"，尺寸、面值也都有所改变。一般的五铢钱直径约25毫米，布泉是25.5毫米，尺寸比五铢钱稍大；重量约4克，略重于五铢钱，但是面值却规定是五铢钱的5倍，即1枚布泉等于5枚五铢钱，与五铢钱并行流通使用。这说明布泉属于虚值大钱，明显是为了与以前的钱币有所区别，表示他要效法王莽实行变革的政策。

（四）

宇文邕在清除宇文护，掌握了实权之后，于建德三年（574）六月又铸造了一枚新钱"五行大布"，钱文书体用的还是玉筋篆，直径27毫米，重约5克，明显要大于普通的五铢钱，以1枚五行大布等于10枚五铢钱与五铢、布泉并行流通。

五行大布的铸造明显与当时的灭佛政策有关。在铸钱的前一年，即建德二年，宇文邕召集群臣、和尚与道士一起开会。他端坐在御座之上，静听儒释道三家相互驳难、辩解，最后确定了政治上"以儒教为先，道教为次，佛教为后"的次序，然后在建德三年的五月实行了灭佛政策。

文献记载，当时曾有一位大胆的僧人问武帝："佛是救世主，施恩布道，陛下取消佛道，不怕受罚吗？"武帝毅然答道："只要百姓幸福，国家兴盛，我宁可受尽苦难。"武帝的回答可谓是为民请命、大义凛然。这是中国古代历史上第二次灭佛，只毁佛像，不杀僧人而令其还俗。此次灭佛，僧人还俗者共计三百万人，退寺院四万座，给国家增加了劳动力、财政收入和士兵来源。

宇文邕五月灭佛，六月就铸造了五行大布。六天之后，又颁布了诏书，表示要用儒家思想来统一佛教与道教，这从钱文中的"五行"

两字就能体现出来。

所谓"五行"，指物质世界的五种基本元素，即"一曰水，二曰火，三曰木，四曰金，五曰土"，后来又引申为精神世界的出发点，是儒家世界观的核心。这最早出自儒家经典《尚书·洪范》，后来被固定于西汉的《白虎通义》，成为规范儒家思想的官方意识形态。

宇文邕灭佛之后，选用"五行"为钱文铸造新的钱币，既表达了他想用儒家思想统一佛教与道教的用意，也希望钱币能如五行一般，相生相克，循环不息，周转流通，服务民众。另外，因为1枚"布泉"相当于5枚五铢钱，1枚五行大布可以当10枚五铢钱，所以称为"大布"。这就是"五行大布"名称的由来。

铸造的大钱主要用于贸易，特别是对外贸易，北周朝廷从中获取了很大的利益。因此，《隋书·食货志》记载说，北周"大收商贾之利"。但因为五行大布是虚值大钱，各地盗铸严重。建德四年七月，"又以边境之上，人多盗铸，乃禁五行大布，不得出入四关，布泉之钱，听入而不听出"[1]。

这里的四关，是指潼关、散关、武关、萧关，分别是关中地区通往北齐、蜀地、南朝以及北方突厥的关口。布泉与五铢钱因为重量尺寸差别不大，更难查验管理，第二年又"以布泉渐贱而人不用，遂废之"[2]，专行五铢钱和五行大布，同时规定"私铸者绞，从者远配为户"。就在这一年，北周武帝宇文邕发动了东征北齐的战争，历经两次大规模的亲征，于第二年即建德六年灭齐，统一了北方。

---

① 《隋书·食货志》。

② 《隋书·食货志》。

（五）

北周灭齐的第二年六月，宇文邕在北伐突厥的途中生病，不久去世，年仅 36 岁。太子宇文赟继位，他就是北周宣帝。

真是虎父生犬子！北周武帝宇文邕这样一位继承了他父亲宇文泰雄才大略基因的有作为的皇帝，不知道为什么竟然生了一个荒唐顽劣、不成器的儿子宣帝。宇文赟在当太子的时候被严加管教，因此他对他的父亲武帝心生怨气。武帝刚去世时，他就指着身上被管教时留下的伤痕说："死晚矣！"即嫌弃他的父亲死得太晚，甚至在他父亲的灵柩前就逼淫宫女。继位之后，他更是滥杀大臣，荒淫无度。宣帝仅仅当了半年的皇帝，就想当太上皇，于是又将皇位传给他年仅 6 岁的儿子，即北周的静帝，但实际大权仍然由他控制，继续过着骄奢淫逸的荒淫生活。他禅让皇位之后，改元大象（579），又铸造了"永通万国"这种钱币。

北周宣帝铸造的新钱使用"永通万国"这一名称，并不是临时起意。因为，北朝早在北魏太武帝的时候，就曾经以"万国宗主"自诩。后来的东西两魏，以及北齐、北周也都曾经以"万国之首"自居。因此，铸造新钱时选用永通万国作为钱文，就是这种自视为"万国之宗"思想的体现。

永通万国钱币的字体仍然沿用玉筋篆，圆润丰满；直径 30 毫米左右，较五行大布略大，重达 5 克；面值为当十钱，即 1 枚永通万国等于 10 枚五铢钱，与五行大布、五铢钱并行流通使用，主要也是用于对外贸易。

永通万国实际上既没有永远通行，也没有被万国所用，而是被隋文帝杨坚销毁殆尽。这是因为永通万国铸行仅仅半年，周宣帝就因纵欲过度而死，临终前，遗诏他的岳父隋国公杨坚辅政。又过了半年有余，杨坚就接受他的小外孙即静帝的禅让，建立了隋朝，随即下诏废除五行大布、永通万国等旧钱，重新铸造五铢钱，史称隋五铢。

很难相信，无论是从铸造工艺还是书法艺术，乃至就钱文名称而言，都可称得上是中国古代钱币艺术精品的永通万国钱币，竟然是在被隋文帝篡位之前，由北周宣帝这样一位荒淫无耻的人铸造的！

北周的三枚钱币，无论是制作工艺，还是书法艺术都超过了当时处于中国文化艺术中心的六朝的大部分钱币，因此钱币界有"北周三品冠六朝"的说法。不仅如此，它们还见证了自宇文泰以来，特别是北周武帝宇文邕所推行的改革，其别出心裁的四字钱文风格更是影响了唐初李渊铸造的开元通宝钱。

3

太货六铢：南朝行将灭亡的写照

　　南北朝时期的南朝，经过东晋一百多年的恢复和发展，经济文化日趋繁荣。加之江南地区社会相对稳定，不像北朝那样长期沦为北方少数民族相互角逐的场所，货币经济相比北朝更加发达。南朝的宋、齐、梁、陈，虽然立国的时间都不算太长，却都铸造发行了它们各自的货币。其中，刘宋与萧梁的币制较为复杂，也比较重要。最后的陈朝虽然币制简单，国力日弱，但是却铸造了南朝最为有名的一枚钱币"太货六铢"。

　　太货六铢之所以有名，一方面是因为它的"颜值"比较高。这体现在钱币的铸工精整，轮郭整齐，尤其是篆书的钱文书法圆润、线条古朴流畅，给人一种美的享受。另一方面，也是更重要的一点，则是太货六铢背后记录着一段应验了民众咒语的故事，并因此而成为中国历史上少有的诅咒钱币，是南朝行将灭亡的写照。这与融合了北朝各族文化并有创新的北周三品形成了鲜明的对比。

（一）

还是先来认识一下这枚传奇的陈朝钱币太货六铢。

图 3-10　太货六铢

钱文"太货六铢"为篆书旋读，最上端的"太"字，实际上本来是个"大"字，因为在"大"字的"人"部首下方，加了两笔装饰性的短划，形似"太"字，而古代的"太""大"两字又是可以互通的，因此后世的钱币学家就习惯性地称之为"太货六铢"。它的面值是六铢，因此尺寸和重量要比一般的五铢钱稍大并略重，直径在 25 毫米左右，厚 1.6 毫米，重 3~4 克，基本符合六铢的标准。

这枚钱币之所以称"大货"并重"六铢"，实际上是为了与此前文帝铸造的"天嘉五铢"钱按 1：10 的比值一起流通使用。因此，太货六铢属于虚值大钱，铸造它的目的显然是要推行通货膨胀政策，解决陈朝当时面临的财政危机。陈朝的这场财政危机与梁朝末年爆发的"侯景之乱"有关，不仅如此，陈朝本身也是在平定侯景之乱的过程中建立的。因此，我们的故事要从侯景之乱讲起。

南北朝的相互对峙后来因北魏分裂为东西两魏，又逐渐演变成了后三国鼎立的局面。在这三国之中，东魏及其后继的北齐，因为继承了作为政治经济中心的中原地区，占尽天时地利，综合实力最为强大；西魏原本最为贫穷弱小，但是凭借宇文泰的改革，代之而起的北周能"融合其所割据关陇区域内之鲜卑六镇民族，及其他胡汉土著之人为一不可分离之集团"，并多有制度上的创新，反而后来居上，成为三国中最有朝气的一国；而江南地区经过数百年的开发，到梁朝的时候已经臻于鼎盛，加之梁武帝重视文化礼乐，因此梁朝成为三国中文化最为昌明之国，"中原士大夫望之，以为正朔所在"。但是，梁朝表面上的繁荣却掩盖着深刻的社会矛盾，侯景之乱正是在这一背景之下爆发的。

侯景乃朔州羯人，为东魏大将，镇守河南之地。547年侯景反叛东魏，请求以河南六州归附西魏。西魏只授给侯景以太傅、河南道行台等官职，并不出兵接纳，表现出了冷静、谨慎的态度。侯景因为西魏对他不够热情，于是又求助于梁朝，表示愿意带着东魏的十三个州归降梁朝。因为收复中原一直是南朝挥之不去的情结，正好梁武帝梦见中原平定，而不久后侯景的降表就被送到了建康，梁武帝大喜，力排众议，决定接纳侯景。于是下诏以侯景为大将军，封河南王、都督河南北诸军事，并派兵接应侯景。

东魏接到侯景叛乱的情报后，派重兵前去围剿，不仅打败了侯景，而且打垮了来接应的梁军，收复了侯景献给梁朝的全部土地。侯景被迫于548年正月率800余名残兵败将逃到梁朝境内的寿阳（今安徽寿县）。如此一来，梁朝除了得到侯景这颗定时炸弹，一无所获。

侯景入梁之后，曾经想请梁武帝做媒向王、谢等名门大族求婚，但是梁武帝嫌侯景的门第不够而予以拒绝，侯景因此对梁武帝心怀怨恨。后来又因为梁朝与东魏准备和谈，侯景害怕自己成为牺牲品，遂于548年八月十日在寿阳起兵，发动叛乱，亲率轻骑突袭建康城。在内线的接应之下，他以解放奴婢为号召，并任用了许多南朝士族家的奴婢为官，遂使各地的奴婢纷纷投奔，史载"人人感恩，为之致死"。叛乱队伍迅速扩大，不但攻陷了建康城，还将梁武帝围困在宫城内活活饿死。侯景另立皇太子萧纲为帝，称简文帝，做他的傀儡。他不仅娶了简文帝的女儿溧阳公主，还自封为宇宙大将军、都督六合诸军事。直到552年四月十八日侯景被部下所杀，历时近四年的侯景之乱始告平定。

侯景之乱是中国古代历史上的一次重大事件，它所造成的影响非常深远。正如陈寅恪所说："侯景之乱，不仅于南朝政治为钜变，并在江东社会上，亦为一划分时期之大事。"侯景之乱使南朝蒙受了空前的浩劫，庾信的《哀江南赋》正是乱后南朝人悲凄心境的真实写照。

梁朝经侯景之乱，变得四分五裂，名存实亡。陈霸先在平乱中脱颖而出，于557年迫使梁敬帝禅让，建立了陈朝。因此可以说，正是侯景之乱导致了梁朝被陈朝所取代。

那代梁而起的陈朝，最后是如何统一了长江以南地区，重建南朝统治秩序的？它又是在什么背景下铸造太货六铢钱的呢？

（二）

陈朝的开国皇帝陈霸先是吴兴（今浙江湖州）人，侯景之乱爆发时，他任广州高要郡太守，率军北上勤王。侯景死后，萧氏宗室以及各路军将陷入割据混战。陈霸先最初拥立梁武帝14岁的孙子萧方智为帝，后来也照例演出禅让的一幕，自己称帝，建立陈朝，改元永定，被称为陈武帝。但是天不假人，梦想大展宏图的陈武帝不到三年就病逝了，他的侄子陈蒨继位，称陈文帝，改元天嘉。

陈文帝是陈霸先兄长陈道谭的长子，少年时就沉稳机敏，有胆识气度，仪容秀美，研读经史，举止大方高雅，行为符合礼教法度。因此，他早年深受叔父的赏识与栽培，被称赞"此儿吾宗之英秀也"。

侯景之乱时，任东宫直阁将军的陈道谭率兵驰援被围困在台城中的梁武帝，不幸中流矢而亡。陈霸先举兵后，陈蒨曾密谋刺杀侯景未成，被侯景扣为人质。后来陈霸先围攻建康，侯景兵败，陈蒨才得以脱险，逃奔到陈霸先军营中。此后他在军前效力，屡立战功。陈霸先称帝后，陈蒨被封为临川王。永定三年（559），陈武帝去世，当时太子陈昌还被扣在北周做人质。陈朝外有强敌压境，内无重臣辅佐，因此陈霸先临终遗诏传位给陈蒨。陈皇后秘不发丧，召陈蒨还朝立为帝。

文帝即位后，陈朝的号令仍然出不了建康城四里。但是，文帝是一个比较有作为的皇帝。他首先在军事上平定了盘踞湘、郢的王琳，消灭了对陈朝最大的一个隐患；接着又陆续平定了长江流域的萧梁残余势力以及南方趁乱反叛的少数民族，将长江以南地区统一在了陈氏政权之下，没有辜负叔父陈霸先对他的期望。

文帝因为看到了萧梁后期朝政的腐败和风气的颓废，在位时期非常注意节俭，励精图治，整顿吏治，注重农桑，兴修水利，使江南经济得到一定的恢复。当时陈朝政治清明，百姓富裕，国力比较强盛，文帝也是南朝历代皇帝中难得一见的有为之君。徐陵的《陈文帝哀册文》中记载，陈文帝"勤民听政，盱食宵衣"，意思是说文帝处理朝政十分勤奋，每天天不亮就穿衣起来，时间很晚了才吃饭，为处理国事而辛勤地工作。这就是成语"宵衣盱食"的来历。

天嘉三年（562）正月，文帝在南郊祭天，以敬告先祖胡公。胡公又被称为妫满，因为助周灭商有功，被封于陈国（今河南周口市淮阳区），后谥胡公，成为陈胡二姓的共同始祖。文帝在向祖先报告国家治理已经初见成效之后，决定在此基础上铸造发行新的钱币。

天嘉三年闰二月，文帝正式铸造发行五铢铜钱，被称为"天嘉五铢"。在江南地区发现的天嘉五铢钱，形制比较规范，制作也比较工整，直径比汉五铢略小，外郭略宽，方孔没有内郭，重量在4克上下。

当时南朝流通的都是被称为"鹅眼钱"的减重轻薄的小钱。据《隋书·食货志》记载，天嘉五铢钱"初出，一当鹅眼之十"。这里的"一当鹅眼之十"并不是说要用天嘉五铢钱按1：10的比例收兑鹅眼钱，而是按1：10的比例与鹅眼钱并行流通。这是因为当时铜矿资源稀少，所铸铜钱满足不了流通的需求。

文帝在政治上励精图治，推行与民休息的政策；军事上努力恢复国土，结束了地方割据势力；经济上铸造货币，促进商贸发展。就在此时，陈朝的皇帝仿佛陷入魔咒一般，文帝也与他的叔父一样"中道奔殂"，于天康元年（566）病逝，在位不到七年，享年只有45岁。

（三）

文帝去世之后，太子陈伯宗继位。在这之前，文帝曾经因为太子年幼柔弱，加封自己的弟弟安成王陈顼，使其拥有重权，希望他能辅佐太子执政。这为陈顼擅政并篡夺陈伯宗的皇位埋下了伏笔。果然只过了两年，陈顼就于光大二年（568）十一月二十三日，以陈伯宗个性太软弱难以担当大任为由发动政变，借用太皇太后，即陈霸先的皇后的名义，下诏废黜陈伯宗，降为临海王，而后他自立为帝，被称为陈宣帝，改年号为太建，立世子陈叔宝为皇太子。不久他又派人暗杀了废帝陈伯宗。

历史上，陈霸先被公认为是南朝难得的英主。他从一个村官成长为将军，又由将军黄袍加身，担起了南朝支离破碎的江山，但他所建立的政权最后却被两个侄子先后掌控了，这是为什么呢？

据文献记载，陈霸先临去世的时候，他近亲宗室中的男性，只有一子陈昌，一个弟弟陈休先和两个侄子陈蒨、陈顼。当时他的儿子陈昌和侄子陈顼都被扣押在北周做人质，在国内的皇位继承人只有陈蒨一人，因此选择了陈蒨继承皇位。文帝陈蒨去世的时候，诸子都还年幼，所能依靠的宗室也只有他的弟弟陈顼一人。宗室成员的稀少给陈霸先两个侄子提供了继承大统的机会，最后陈蒨、陈顼兄弟二人能够先后在不符合儒家嫡长子继位法理的情况下即位，就是这一客观原因。

陈宣帝篡位之后，基本上延续了他的哥哥陈文帝发展生产的政策，兴修水利，开垦荒地，鼓励农民生产，使社会经济得到一定的恢复与发展；但是外部的环境却极不稳定。当时基本上是三国鼎立的局面，陈朝占据长江以南地区，隔长江与北周北齐对峙，西面是北周，北面是北齐，北齐隔江就可以望见南朝的宫阙。这使得陈朝毫无安全感。正是在这种背景之下，太建四年（572），北周联络北突厥和陈朝夹攻消灭北齐的计划获得了陈朝的积极响应。陈宣帝于太建五年三月正式发兵，史称"太建北伐"。

北齐在北突厥、北周和南陈三面围攻之下，无力抵御陈军。因此，陈军很顺利地攻下了淮水南岸的寿阳，解除了建康的隔江之危。另一支陈军则攻占了徐州附近的吕梁。实际上，这时的北齐衰乱已极，倘若陈军能够乘势前进，完全有可能消灭北齐。但是陈宣帝不具备这一战略远见，他的目的还只限于划淮而守，苟安江南，因此停兵淮南，错失了灭齐的良机。等到北周灭齐之后，陈宣帝却又想争夺徐州、兖州，扩大战果，这样陈齐之战就变成了陈周之战。

北周挟消灭北齐之势与南陈展开了对江淮要地徐州的争夺战，结果陈军大败。到太建十一年（579），陈军北伐所得的淮北之地几乎全部丢失，被迫南撤。但是在南撤的过程中，又出现了新的问题。

淮北地区的民众，原来都是晋、宋、梁时期的子民，后因侯景之乱才落入北方鲜卑政权。当陈朝的北伐大军到来时，他们都将陈军视如王师，积极配合。王师战败南撤时，很多百姓也都跟随后撤，最后过江来到南朝境内。这些百姓被称为"义民"。

"太建北伐"失败之后，宣帝既要征发兵士，调运粮草，布置沿江的防务，又要安置南撤的大量"义民"，给他们侨置州县、分配土地及安家的费用。这些都需要大笔的资金。正是在这种背景之下，宣帝于太建十一年七月决定发行一种面值为六铢的新钱，即太货六铢。

（四）

宣帝发行"太货六铢"是为了解决太建北伐失败带来的财政问题，因此想采用通货膨胀的办法，发行虚值大钱。根据《隋书·食货志》记载，太货六铢"以一当五铢之十，与五铢并行"。这里的五铢，应当是指文帝铸造的天嘉五铢。意思是用 1 枚重六铢的钱当作 10 枚重五铢的钱，并且两者同时流通使用。这自然会引起民众极大的不满。加之宣帝又是篡夺他侄子陈伯宗的皇位登基的，并且还残忍地派人将侄子给暗杀了，因此大家都很同情被废之后又遭暗杀的陈伯宗而怨恨陈宣帝。现在他又要发行虚值大钱，从社会上敛财，更加激起了民愤。民众为了泄愤，就借着发行虚值大钱这件事来表达他们对宣帝的不满情绪。这样社会上就开始流传出各种有关太货六铢钱的流言。

这些流言主要是围绕篆书钱文"太货六铢"中的"六"字展开的，并做了一番诅咒性的解读。因为篆书的"六"字，整体看上去很像一个站立的人形，身首俱备，手足齐全。因此，人们就发挥想象力进行解读，说"六"字上面呈圆形的一点，形似人头；中间的一横，向左右下方环曲至左撇右捺的中部，酷似一个两脚八字掰开、双臂环置腰间、当街站立做哭泣状的人，这是一种不祥之兆。于是，大家就戏谑性地编造出"太货六铢钱，叉（掐）腰哭天子"的咒语。即暗指"太货六铢"钱是在为天子哭丧，诅咒铸造虚值大钱的宣帝将会早死。

这一咒语很快就传遍了朝野。《隋书·食货志》记载："人皆不便，乃相与讹言曰'六铢钱有不利县官之象'。"这里的"县官"，古代指天子。不料，这一诅咒竟然一语成谶，"太货六铢"发行仅仅两年半，到了太建十四年（582）的正月，陈宣帝就真的病死了，年仅53岁。

宣帝之死主要是因为生病，而北伐的失败无疑又加重了他的病情。因此，他的死与咒语并无直接的关系。但是"太货六铢"却因此而成了中国历史上少有的诅咒被应验了的钱币。曾有后人感慨地赋诗曰："陈顼六铢始铸成，一铢增后难权衡，存亡天子共太货，六字叉腰哭几声。"

宣帝死后，遗诏让皇太子陈叔宝继位。这位陈叔宝就是历史上有名的陈后主。他是宣帝的长子，出生时陈霸先已经平定侯景之乱，掌握了朝廷大权，因此他自幼生长于深宫之中，优渥的生活条件熏陶了他良好的文学素养，却没有培养出他治国的本领。

陈叔宝即位之初，虽然很想有所作为，也表现出了勤政爱民的样子。譬如他顺应民意很快就将"太货六铢"改为只当五铢钱一枚使用，废弃了宣帝的通货膨胀政策。但是，他穷奢极欲、沉湎声色的纨绔子弟本性很快就暴露出来了。虽然他不是一个称职的皇帝，但是在文学创作方面却有很高的造诣。

陈后主一改父伯作风，淫奢无度，昵近群小，日夜寄情于醇酒妇人，热衷于饮酒作诗。他尤其擅长创作艳情诗，其中以《玉树后庭花》最为有名。这首诗不但表现出了他高超的文学修养，更是将他纵情声色、骄奢淫逸的本性展现得淋漓尽致。因此，《后庭花》后来就成了"亡国之音"的代名词。唐朝的杜牧在《泊秦淮》一诗中就有"商女不知亡国恨，隔江犹唱《后庭花》"的名句。

就在陈后主深居高阁，整日花天酒地、荒废朝政的时候，一江之隔的隋文帝却正在调兵遣将，实施他一统天下的计划。588年年底，晋王杨广受命统率50万大军，分水陆两道直取江南。隋军一路势如破竹，攻陷建康，毫无悬念地结束了南北分裂的局面，实现了全国的统一。但是出乎大家意料的是，陈后主在最后时刻，却是以一种极富故事性的喜剧场景做了亡国之君。

文献记载，陈后主得知隋军已至，便与张丽华、孔贵嫔一起躲藏到了井里。隋军兵士搜捕他们时，曾向井里窥视，并大声喊叫，井下无人应答。当扬言要落井下石时，隋军兵士方才听到井下有人呼唤，于是抛下绳索往上拉人，隋军兵士拉人感到非常沉重，十分吃惊，直到把人拉上来才发现，原来是陈后主与他的两位爱妾三人同绳而上。

"太货六铢"如果仅从艺术的角度来看，无论是整体布局、书法艺术，还是铸造工艺，都反映了南北朝时期因为佛教传入，中国古代在造型艺术方面所受影响及其进步。如篆书的钱文严谨古朴，刚健有力，疏密均匀。尤其是"六"字惟妙惟肖，圆笔曲线如玉骨、似流水，笔画流畅，奇妙绝伦。而它被民众用来发泄对统治者的不满，更增加了它的文化内涵，成为中国历史上少有的被应验的诅咒钱币。

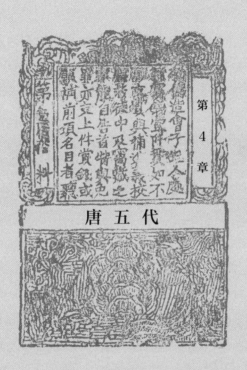

第 4 章

唐 五 代

本章分别论述了 2 种开元通宝钱，3 种与安史之乱有关、5 种记载文化交流和国家认同的钱币，以及武则天的乾封泉宝和周世宗的周元通宝。

　　唐朝是我国古代货币制度的确立时期。开元通宝是货币史上继半两、五铢之后的第三个里程碑，所创立的"通宝"钱制延续一千多年，影响超越国界并发挥了国际货币职能作用，展示了唐朝初建时期那股蓬勃向上的恢宏之气；会昌开元则表现了安史之乱后，朝廷深陷宦官专权、党争割据以及佛道之争的衰败之象。

　　安史之乱是唐朝由盛转衰的转折点，作为历史的见证，朝廷、安史叛军以及西域守军铸造的钱币，分别从不同的层面揭示了安史之乱对我国古代历史进程的影响。

　　唐朝是民族融合、文化交流的重要时期。高昌吉利、粟特青铜钱、回鹘钱与突骑施钱、桃花石可汗钱以及同庆元宝，都从不同的侧面记录了那一时期各民族间的文化交流和国家认同；乾封泉宝见证了武则天的一次政治试水，周元通宝则是最后一次"灭佛"的产物。

1

命运迥异的两种开元通宝钱

开元通宝钱的铸造使用虽然贯穿整个唐朝，但是它实际上分为两种。除了李渊铸造的可以视为他建国政治宣言书的"开元通宝"钱，另外还有一种是唐武宗"灭佛"时销毁佛像铸造的"会昌开元"钱。

两种命运迥异的开元通宝钱，也展示了初唐与晚唐两幅不同的历史画面：

一个是武德四年（621）唐高祖李渊铸造的，其摆脱了半两、五铢纪重束缚，创立了"通宝"钱制，延续使用一千多年，影响超越国界并发挥了国际货币职能，展示了唐朝初建时期那股蓬勃向上的恢宏之气；

另一个是会昌五年（845）由唐武宗李炎铸造的，使用时间虽不超过十个月，但是却经历了由佛像熔铸成铜钱，再由铜钱回铸成佛像的一个轮回，表现了安史之乱后朝廷深陷宦官专权、牛李党争、藩镇割据，以及佛道之争的衰败之象。

一、开元通宝：李渊建国的政治宣言书

开元通宝是唐朝的标志性货币，终唐之世，甚至到了五代十国还在继续铸造使用，并成了此后各个朝代铸钱的标准。

图 4-1　开元通宝

开元通宝与半两、五铢最大的不同是名称上的改变，由原来表示重量的"半两""五铢"两个字，变成了"开元通宝"四个字；而且钱文中没有再标注重量，并称钱币为"宝"。钱文为隶书，是由大书法家欧阳询书写的，体作八分书，清丽遒健，独步古今，不愧是名家手笔。虽然钱文的名称变了，但是在形制上它却继承了五铢的风格，直径 25 毫米，重 4 克左右，成为此后历朝铸钱的标准式样。

另外，开元通宝对周边国家及地区的钱币也产生了重要影响。除了日本古代的和同开珎，粟特人与突骑施汗国也都模仿开元通宝铸造了钱币。粟特的这枚是被称为安国的布哈拉汗国铸造的，一面是汉字

图 4-2　和同开珎（正、背）

"开元通宝",另一面是布哈拉的城市徽记;突骑施的则一面保留了"元"字,另一面是突厥文字。

说到开元通宝,可能很多人都会认为它是唐玄宗李隆基在位时铸造的年号钱。因为唐玄宗的第二个年号就是开元,共使用了二十九年(713—741)。当时承平日久、国泰民安,号称"开元盛世"。实际上,开元通宝并不是唐玄宗时期铸造的,而是早在将近一百年前,由唐高祖李渊于武德四年(621)铸造的。当时李渊刚刚称帝,不但没有实现统一,甚至在关中都还没有站稳脚跟。但是他却急切地宣布废弃隋朝的五铢钱铸造一枚新的钱币。当时李渊的年号是武德,国号是大唐,而他所铸造的新钱,既没有用年号,也没有用国号,而是选用了"开元通宝"这四个字,这是为什么呢?

下面我就结合"开元通宝"钱文,揭示李渊铸钱的动机以及开元通宝在我国古代货币发展史上的重要地位。

(一)

李渊刚一称帝就铸造了开元通宝钱,有观点认为,这是因为隋朝受到隋炀帝穷兵黩武以及隋末战乱的破坏,国库早已亏空,全靠铸造减重的五铢钱维持。民间于是跟风效仿,私铸之风愈演愈烈。《隋书·食货志》也记载民间甚至用铁皮,或者裁衣糊纸当钱使用,致使物价飞涨,百业萧条。朝野对五铢钱都彻底丧失了信心,亟须铸造一种新的钱币来取代它。

实际上,这种解释并不全面。一方面,李渊在太原起兵后乘虚占领了长安,还没有立稳脚跟,随时面临各方势力的讨伐和围攻,安全问题都还没有解决,根本顾不上进行币制改革。另一方面,如果仅仅从便利民众使用的角度考虑,最好的办法就是用一种重量足值、铸工精良的五铢钱替代减重且铸工粗糙的隋五铢，根本没有必要另外创立一种新的钱文。因为五铢钱已经延续使用了七百多年，早已被社会各界接受。

但是，李渊并没有那样做，而是在称帝后不久，百废待兴之际，就迫不及待地宣布废弃五铢钱，另外铸造一种新钱，其中的隐情如下。

李渊可以通过铸造钱币的方式宣示他政权的正当性。一般中国古代王朝更替之后，都亟须进行一些制度上的变革，以显示自己与前朝的不同，这种做法已经成为历代奉行不变的传统，特别是自南北朝以来，每次新的统治者上台便废弃旧钱、铸造新钱，这种风气已经基本形成。因此，向来以正统自居的李渊如果不做一些变革，无以向民众示威德，而铸造一种新的钱币极具新旧更替、改朝换代的象征意义，而且也能方便民众，为进一步的改革创造条件。因此李渊就选择了以铸造一种新钱的方式，来宣示它取代隋朝的正当性。

另外，开元通宝钱也是李渊的政治宣言书。这与隋炀帝在扬州被部下杀死后，李渊、窦建德、王世充各自称帝，群雄并立的形势有关。李渊需要昭告世人他是真命天子，将给大家开创一个通向盛世的王朝；而且他属于正统，与窦建德、王世充等军阀不同。最好的方式莫过于铸造一枚含有这种政治寓意的钱币，而开元通宝就表达了他要开创一个新世纪的寓意。

"开元"一词，并不是李渊首创，早在汉代时班固就已经使用了。如在《汉书·李寻传》中就有"惟汉兴至今二百载，历纪开元，皇天降非材之右，汉国再获受命之符"的句子。另外在《东都赋》中，班固又说："夫大汉之开元也，奋布衣以登皇位。"由此可知，开元的本义应当是指新世纪、新时代的开始，引申之意就是开创新的纪元。

"通宝"一词，唐代以前没有使用过，应该是李渊新创造的。"通"字有流布无碍之意，北周铸永通万国，就是取的这个意思。"宝"字古代指珍宝，如先秦青铜器上常铸有"子子孙孙永宝用"的铭文，就是指珍宝。货币也属于宝物，因此可以称为宝。例如，《汉书·食货志》记载周景王所铸大钱，文曰"宝货"；王莽也实行过宝货制。李渊选用"宝"字，就是沿袭这一用法。"通宝"的意思就是通行之宝货。以宝名钱，既表明货币具有价值，又显示了新货币具有崇高的地位，体现出人们对货币的重视，说明了货币影响力的增大和加强，具有重要的社会意义。

以上的解释，从字面上的理解，确实可以看到李渊的政治抱负。不过"开元通宝"这一看似普通的钱文，其实还隐含有更深的寓意。

（二）

这要从李渊的身世以及魏晋以来所形成的门阀士族的影响说起。

李渊祖籍陇西成纪，就是现在的甘肃天水。他出身显贵，历经北周、隋二朝，都属于皇亲国戚，后来又建立唐朝，自己当上了皇帝。但是，大家可能想不到，即便是当上了皇帝，李渊还是非常不自信。

自东汉以来，特别是经过魏晋南北朝时期，门阀士族世世代代掌握并享受着经济、政治上的特权，在文化上更是处于垄断地位。所谓"上品无寒门，下品无士族"就是这种社会现实的写照。

门阀士族都以文雅自傲，鄙薄武事，认为"屈志戎旅"有损门第，这就是俗话说的"好铁不打钉，好男不当兵"。他们都不乐武事，只愿做文职官员。这虽然给庶族出身的寒士创造了通过军功跻身政坛的机会，但是即便像南朝的宋、齐、梁、陈等开国皇帝，以及北朝的北周、北齐甚至是隋朝的皇族，因为起家时并非高门大族，虽然"御侮戡乱"，即保家卫国，凭借军功累至将帅，甚至最后登上了皇帝的高位，但是仍然会被当时称为"五姓七望"的博陵崔氏、范阳卢氏、赵郡李氏、荥阳郑氏、太原王氏等世家大族视为"暴发户"，不屑与之为伍，而受到掣肘和压制。因此，当时攀附先世、伪冒士族的现象非常普遍。

这种观念之下，依靠军功起家的李渊虽然称帝建立了唐朝，但是也怕被门第观念深厚的士族视为暴发户而被瞧不起，因此很不自信，需要重新包装自己，也想攀附一个出身高贵、声名显赫的先祖，以便获得在社会上有重大影响力的门阀士族的认可。那已经贵为皇帝的李渊又能去攀附谁呢？

李渊攀附的先祖是姓李名耳的老聃，即道教的始祖老子。大家可能会好奇，老子虽然姓李，但他毕竟是先秦时期的人，已经过去一千多年了，李渊为什么还要认他为宗亲呢？

实际上，这与隋唐之际盛行的崇信道教的社会氛围有关。

道教是中华土生土长的宗教，是由先秦时期的道家思想演变来的，世人尊奉创立道家思想的李耳即老子为教主。道教萌发于西汉，东汉时形成了原始的道教，魏晋南北朝时期为道教的成熟阶段。从隋朝开始，社会上兴起了一股崇信道教的风气，并且信徒众多，声势浩大，影响深远。李渊正是因为这一点而奉李耳为先祖。这一方面可以证明自己血统的高贵，以此来平衡与魏晋以来士族们的关系，同时也可以获得广大道教信徒的支持。关于这一点，唐代文献《封氏闻见记·道教》中的记载更为明确："国朝以李氏出自老君，故崇道教。"

那李渊要如何向社会昭示祖上与道教始祖李耳是宗亲，他是如何推崇道教的呢？在他开国铸造的第一枚钱币上面，选择有道教思想文化内涵的钱文，当然是一个最好的办法。

正是在这种政治需要的背景之下，李渊在立足未稳，与王世充、窦建德三足鼎立，鹿死谁手都还没有最后确定的关键时期，铸造了开元通宝，并请当时著名的大书法家欧阳询书写了钱文。那么开元通宝的钱文又蕴含了哪些道教寓意呢？

道教的经典文献《太上老君开天经》认为，远古创世，经历了五个劫号，开皇就是其中之一，因此隋文帝用它做年号，以迎合当时朝野上下浓厚的道教氛围。

在道教的词汇中，"开"为开劫度人之意，"元"指洪元，为道教创世纪的第一大世纪。"开元"两字合称则有开劫创始、超度众生的寓意；"通宝"两字中，通与洞、宝、真相通，通宝就是道教中的"洞真"，意思是通向真仙之道，也就是沟通于三宝神君的意思。

因此，开元通宝钱文，除了我们通常所理解的"通行宝货"的字面意思，实际上还隐含有浓厚的道教思想。李渊为了迎合朝野崇尚道教的风尚而采用了寓有道经术语以及经义的"开元通宝"一词作为钱文，以铸造开元通宝钱的方式，用道教的思想来证明其正统性，并昭示世人他将以道教立国。因此说"开元通宝"是李渊建国的政治宣言书。这可能是很多收藏开元通宝钱币的爱好者所没有想到的。

李渊是个很有政治抱负的人，称帝之后，他一方面继续进行统一全国的战争，另一方面注意加强政权建设。唐朝前期的政治、经济、文化、军事制度，在李渊时期都已初具规模，为之后唐朝的繁盛奠定了坚实的基础。

（三）

被李渊寄予厚望的开元通宝钱铸造发行之后产生了怎样的效果？达到他的预期目的了吗？

开元通宝钱，一方面有尊崇道教的寓意，受到道教信众的认同；更重要的是，因为其文字精绝，铸工精良，大小适中，而受到百姓的喜爱。因此，它发行之后很快就取代隋五铢，成为社会通用的货币，对于稳定社会、恢复经济发挥了重要的作用。与此同时，在逐鹿中原的战场上，唐朝军队也是所向披靡。在武牢关一战中，李世民俘获窦建德，并迫使王世充投降，奠定了胜局；武德六年（623）平定河北地区；武德七年又消灭了江南的割据势力，初步统一了中原。

开元通宝随着唐朝的建立而产生，并在唐朝的发展繁盛过程中发挥了重要的作用。作为唐朝强大繁荣的象征，围绕开元通宝自然就会产生很多传奇的故事，其中最有名的就是关于开元通宝钱背面月纹与皇后指痕的传奇故事。

我国古代在钱币的背面铸有月纹，最早见于西汉的四铢半两钱。月纹的形状像是新月，后来的五铢钱背面虽然也有月纹，但是形状上已经有了图案的意味。三国两晋时期的钱币上也发现有阴刻的月形图案，开元通宝背面的月纹应该就是沿袭的这一传统。月纹虽然有仰月、俯月的区别，但实际上并没有特殊的意义。然而，后世却将这种月纹给神秘化了。传说是钱模送给皇帝审验时，在传递的过程中被皇后不知是有意还是无意在钱模的背面留下了指印，即所谓皇后的指痕，甚至还具体指出是文德皇后、窦皇后或杨贵妃三位的指甲痕。

图4-3　背月纹（仰月、俯月）

　　这一传说在民间影响很大，金朝李俊民曾经写诗说："金钗坠后无因见，藏得开元一捻痕。"陈其年也有诗曰："有似开元钱样，一缕娇痕巧印。"说的就是唐玄宗晚年怀念杨贵妃、睹钱思人的情景。

　　这些传说本来都属无稽之谈。早在北宋时期司马光就已经考证指出，铸造开元通宝的时候，窦皇后早已去世，文德还没有被册立，杨贵妃甚至没有出生。但是以讹传讹，民间至今仍然流有这种传说。

　　在钱币的背面铸月纹与中国铸钱的传统不符，可能是受外来文化的影响，也可能是一种纪范的符号。今天我们虽然能够证明，开元通宝钱币背面的月纹与所谓皇后的指痕毫无关系，但是却仍然不能解释清楚到底为什么会出现月纹。

（四）

　　自武德之后，历经贞观，唐朝一直铸造使用的都是开元通宝。只是在武则天当政的早期以及唐肃宗时期，分别以缓解"钱荒"和筹集平定安史之乱经费为名，短暂地铸造过"乾封泉宝"和"乾元重宝"两种虚值大钱，终唐之世乃至五代时期的大部分时间，铸造使用的也都是开元通宝。因此我们说，开元通宝是唐朝最重要的钱币，是继秦半两与汉五铢之后，我国货币史上的第三座里程碑。而与半两、五铢相比，开元通宝的影响似乎要更大一些。

　　开元通宝的铸造是我国古代币制的一大进步，符合货币演进由实物货币到金属称量货币，再到金属铸币，货币的名称由单纯标明重量到逐渐抽象符号化的一般规律。这标志着我国货币史上称量货币时代的结束，开创了被后世称为"通宝钱"这一新的货币体系，并延续使用一千两百多年直到清末。它虽然不是年号钱，但是却开创了年号钱的新时代。从此以后，钱币不再以重量命名，而称为通宝或元宝，摆脱了以重量给钱币命名的束缚，增加了政府利用货币管理经济的能力。此后的钱币，无论是通宝还是元宝，实际上都是来自开元通宝。因为在民间有人习惯将"开元通宝"四字，按顺时针读作"开通元宝"，简称元宝。由此可见开元通宝对后世钱币影响之深远。

开元通宝虽然没有冠以重量名称，但是却有标准的重量规定。《旧唐书·食货志》记载："径八分，重二铢四絫①，积十文重一两，一千文重六斤四两。"这实际上已经规定了每一枚开元通宝的法定重量标准，实测数据为直径 25 毫米，重 4 克左右，这事实上也是我国古代最基础的小平钱的重量标准，即俗称的一文钱。

不仅如此，开元通宝还直接影响了我国古代度量衡单位以及十进制的实行。唐代以前的衡制，两以下用铢，二十四铢为一两，为二十四进制。1 枚开元通宝"重二铢四絫"，10 枚重二十四铢，即"积十文重一两"。因为 1 枚开元通宝又简称一钱，重量正好是一两的十分之一，这就是重量单位"钱"的由来。这是我国古代衡量单位的一次重要改进，从此重量单位不再称铢、絫，而改称钱、两，这是我国衡法改为十进制的开始。因此，从唐朝开始，货币不但不再以重量为名称，反而使中国的重量以货币（钱）为名称。

另外，在开元通宝之前，实行"即山铸钱"，就是直接用冶炼出

---

① 絫，古同"累"。——编者注

的铜铸钱，对铸钱的金属材质没有具体比例上的要求。天宝年间开始规定开元通宝钱的成分比例是：铜占 83.32%、白镴占 14.56%、黑锡占 2.12%，从此结束了我国古代铸钱没有成色标准的历史。开元通宝虽然出土数量巨大，却从来没有见到钱范的出土，也没有传世。这说明我国古代铸钱工艺在唐代已经发生了变革，不再使用硬型范或失蜡法铸造，而是改用母钱印砂成范，即改用翻砂法铸造，这是我国古代铸钱技术上的一大进步。

我们再来看看开元通宝对周边国家及地区产生了哪些影响。

随着唐朝国力的强盛，开元通宝作为文化交流的一部分，对周边国家及地区的货币产生了重要的影响。如西域地区的突骑施汗国、回鹘汗国、粟特人建立的昭武九姓①各个城邦国家，以及日本、朝鲜都仿照开元通宝铸造了他们自己的货币，无论是形制、尺寸、重量，还是技术，都是仿照的开元通宝。有的甚至直接保留了汉字，如日本最早铸造的和同开珎钱。突骑施钱虽然使用的是突厥文，但是仍然标明货币单位是一钱，这明显都是受开元通宝的影响。

不仅如此，开元通宝在丝绸之路沿线还发挥过国际货币的职能。随着唐代丝绸之路贸易的繁荣，开元通宝在丝绸之路沿线曾经被作为通用货币流通使用，甚至被大量仿铸。其中，以中亚费尔干纳盆地昭武九姓中的康国和安国最为著名。其钱币正面与普通开元通宝钱完全一样，应该是用开元通宝翻砂制模后铸造的，但是在背面都加铸了各自的城徽，这是粟特地区铸钱的传统，也是我们今天能够辨认的依据。这些钱币在苏联时期大量出土，引起轰动。这说明开元通宝参与丝绸之路贸易，已经具有了国际货币的属性。

---

① 昭武九姓，南北朝、隋朝、唐朝时期对中亚粟特地区来华的粟特人及其后裔之称，即康、史、安、曹、石、米、何、火寻和戊地九姓。——编者注

开元通宝不仅在我国货币发展史上具有重要的里程碑地位，而且对周边国家以及地区也产生了重要影响。很多国家不但流通使用开元通宝，还直接模仿开元通宝铸造了它们自己最初的钱币。开元通宝早已成为整个东方货币文化体系内各国铸钱的标准，其影响超越了国界，属于中外文化交流的一部分。

二、会昌开元：体现了晚唐政治日趋衰败的钱币

武德四年，唐高祖李渊在称帝之初，为了从政治上宣告他要开创一个新的纪元，于是铸造了开元通宝钱。开元通宝大小适中、铸造精良，很受民众欢迎，因此，终唐之世铸造使用的基本上都是开元通宝钱。

实际上，在开元通宝钱币家族中，还有一种是会昌年间（841—846）铸造的。它背面不铸月纹，而是铸一个汉字，被称为会昌开元。它不同于一般开元通宝钱的地方，并不仅仅是背面多铸了一个汉字，而是因为它见证了佛教史上一次重大的劫难，即发生在会昌五年（845）的唐武宗灭佛事件。会昌开元就是用销毁佛像的铜铸造的，因此是这场劫难的见证物。

下面我将通过会昌开元向大家介绍唐武宗灭佛的背景、动机，以及对后世的深远影响，以此来认识安史之乱后唐朝政治的衰败之象。

（一）

会昌开元的正面是"开元通宝"四字，与一般的开元通宝钱没有任何区别，但是在它的背面却铸有一个"昌"字，而不是什么月纹。因此，背面铸有汉字就成了会昌开元钱与其他开元钱的唯一区别。

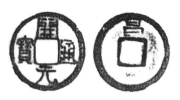

图4-4 会昌开元（背昌）

为什么要在开元通宝钱的背面加铸一个"昌"或者是其他的字？这是谁铸造的呢？

据记载，在会昌开元背面铸字最早是李绅的主意。那李绅又是谁呢？

说起李绅铸钱的事，可能很多人都不知道。但是，李绅写的二首《悯农》，即"春种一粒粟，秋收万颗子。四海无闲田，农夫犹饿死""锄禾日当午，汗滴禾下土。谁知盘中餐，粒粒皆辛苦"却是脍炙人口，妇孺皆知，为千古传诵的名句。

那李绅为什么要铸钱，并主张在钱的背面加铸一个汉字呢？

说来话长，这与唐武宗在会昌年间推行的灭佛政策有关。

佛教作为一种外来的宗教，于东汉初年从印度经过西域传入中国，它在传播和本土化的过程中必然会引起很多矛盾。譬如：在经济上，因为吸纳信徒流失了税收，引起当政者的不满；在宗教信仰上，为了争夺话语权，必定与传统的道教发生矛盾；在思想文化上，与儒家的理念也多有冲突。随着这些矛盾冲突的日益激化，历史上发生过四次灭佛事件。唐武宗会昌年间发生的这次是第三次。

李绅当时是驻守在扬州的淮南节度使，他进士出身，很有才学，但是因为屡遭排挤，仕途不顺，直到武宗即位才被任命为宰相。正当他想大有作为的时候，却患了中风，留下了行走不便的后遗症。武宗于是派他去适于休养的扬州任淮南节度使。李绅身在扬州，心中却始终牵挂着朝廷。

灭佛之后，销毁大量的佛像法器使铜料大量增加。原有的钱监即造币厂因为铸钱能力有限，不能很快消化这些铜料以缓解"钱荒"的压力。正在发愁之际，李绅建议朝廷允许各州自行起炉铸钱，并率先在扬州铸造了开元通宝钱，还在钱币背面加铸了"昌"字，表示会昌年号。进呈朝廷以后，这被认为可以借此考核各地铸钱的质量，于是被推广。要求各地所铸开元通宝都要铸上本州的州名或是钱监的名称，以备核验。当时河北的方镇虽然名义上归顺了朝廷，实际上却割据一方。因此，李绅在钱币背面铸字的建议，可能也有验证他们对朝廷忠诚度的用意。

据统计，会昌开元钱的背面共发现有二十二个字。即使同一地名，在钱币背面所铸位置也都各不相同。这说明它们并不是一次铸造的，可能后来在宣宗大中年间，偏僻地区还在继续铸造。因为是各州自行铸造，规格上多有不同，所以会昌开元钱制作技术较为粗糙。

会昌六年（846）三月，宣宗即位后，马上停止铸钱，并依据钱币背面是否有文字，又将武宗销毁佛像铸造的钱币再重新改铸成佛像。会昌开元钱从会昌四年（844）年底开铸，到大中元年（847）被废，一共只有三个年头，实际铸造不超过十个月，大部分又被销毁，因此存世数量较少，约占开元通宝钱总数的三十分之一。但因为它见证了会昌灭佛而有特殊的价值。

唐武宗毁佛铸钱，表面上看似乎是受到史思明的启发，因为史思明就是用销毁佛像的铜铸造了得壹元宝和顺天元宝。但是与史思明不同的是，唐武宗毁佛铸钱的一个重要目的，是缓解当时社会上面临的严重"钱荒"，即流通中铜钱不足的通货紧缩现象。

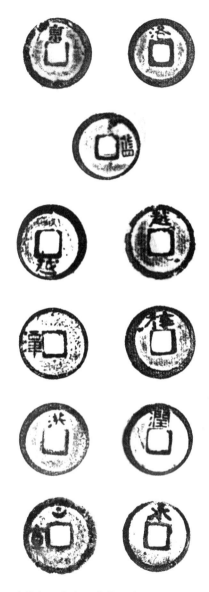

图 4-5　会昌开元（背京、背洛、背蓝、穿下背越、穿上背越、背谭、背梓、背洪、背润、背宣、背水）

钱荒实际上早在唐朝前期就已出现，安史之乱后杨炎实行"两税法"，大幅度增加税赋中铜钱的征收比例，加重了流通领域中铜钱不足的矛盾，最终发展成为贯穿整个唐朝中后期直至宋代日益严重的钱荒难题。

为了解决这一难题，唐朝政府先后采取了多种措施，但是都收效甚微。于是，唐武宗就采取了毁佛铸钱这一极端手段。单从这个角度看，用销毁的佛像及法器直接铸钱，立马就能缓解钱荒的压力，表面上看这似乎就是会昌灭佛的目的。

实际上，事情并没有这么简单。如果销毁佛像仅仅是为了铸钱，那大规模捣毁寺院、勒令僧尼还俗又是为了什么呢？以慈悲为怀，不杀生，讲究因果报应，注重行善积德、普度众生的佛教，又因何要遭此劫难呢？

可见，唐武宗灭佛绝不仅仅是为了铸钱，还有更为深刻的社会背景，可以说是安史之乱后，唐朝各种社会矛盾日益激化，国力逐渐走向衰败的现实写照。

（二）

唐武宗灭佛的背景比较复杂，有诸多原因。如：安史之乱以后唐朝中央政府财源枯竭、府库空虚的窘迫，朝廷内部深陷宦官专权、牛李党争的内耗，以及通过佛道之争所表现出来的当时社会深层次的矛盾，等等。当然，唐武宗本人对佛道之争的态度也是一个重要的因素。

我们先来看看经济上的原因，这应该是唐武宗灭佛首先考虑的因素。

安史之乱以后唐朝陷入藩镇割据的局面，叛乱频发、战乱不断。朝廷为了平定叛乱，对百姓自然更是横征暴敛、强取豪夺。这种社会环境之下，对现实不满的民众便只能将希望寄托于来世，因此，主张修来世的佛教从精神上对大家就有了吸引力。此外，更吸引他们的是，出家以后就能够获得既不用服兵役、劳役，也不用纳税的特权。于是，在现实中既看不到希望又无所依托的民众，纷纷躲入寺庙而成为僧人。

这样一来，遍布各地的寺庙不但吸纳了众多的人口，还广占良田，坐拥大量的地产，成为社会上最有势力的地主组织，与世俗地主之间自然就产生了激烈的矛盾。而寺院的免役、免税等特权，又使得中央政府流失了很大一部分人力资源与财政收入。这在国力兴盛的时候还无足轻重，但是对于积弱积贫、民生凋敝的晚唐，就显得格外重要了。因此，府库空虚、财政拮据的武宗朝廷，要想增加财源，拿佛教来开刀自然是最便捷见效的办法。

如果说经济方面是唐武宗灭佛的重要考虑，那么从朝中大臣的角度来看，灭佛也是政治斗争的需要，是牛李党争相互角力的重要一环。

所谓牛李党争，通常是指唐朝后期，分别以牛僧孺、李德裕为领袖的两党之间的争斗。两党除了政治上的分歧，还牵扯个人之间的恩怨。牛僧孺因为评论时政得罪了宰相李吉甫而遭到贬斥。李德裕是李吉甫的儿子，因此双方结怨甚深。自唐宪宗元和三年（808）因科举问题结恨，直到唐宣宗大中三年（849）李德裕死于被流放之地崖州（属今海南岛），在长达四十多年的时间内，两党相互争斗，此起彼伏，以至于文宗曾经发出"去河北贼易，去朝中朋党难"的感叹，斗争之激烈可想而知。

牛李党争，实质上是朝廷内部面对安史之乱以后所出现的社会危机在认识和对策方面所出现的分歧和差异。大体说来，李党代表的是一批具有危机意识的贵族，主张削平藩镇、抑制宦官、废弃佛教，"重修开元故事"，以期中兴唐朝，可以说代表的是进步的改革派；牛党的政治态度则是以维持现状为根本，对于藩镇割据、宦官专权以及佛教扩张，都持苟安姑息的态度，一心只想保住自己的权力，可以说代表的是一群平庸保守的势力。元代历史学家胡三省曾评论说："牛僧孺患失之心重，李德裕进取之心锐。"可谓精辟之论。

牛李两党分歧的焦点，虽然主要集中在通过什么途径来选拔官僚以及如何对待藩镇上，但是对于佛教所宣传的消极出世思想的态度，也是两党分歧之一。因此也可以说，灭佛是两党争斗的结果。被武宗视为股肱之臣的李德裕，就是灭佛的主要参与者。他一向排佛，早在敬宗朝他出任浙西观察使的时候，就对佛教的发展进行过限制。因此，当武宗任命他为宰相执掌朝政大权之后，他便积极配合武宗采取了灭佛的政策。

（三）

以上两点主要是从大的政策背景上分析武宗灭佛的原因。其实最直接的灭佛动因，还是唐朝后期日益尖锐的佛道之争，这要从唐朝建立之初讲起。

唐初受魏晋以来形成的门阀士族观念的影响，李渊虽然建立唐朝，当上了皇帝，但是因为出身不是名门世家而自信不足，为了抬高身世就直接认同姓的道教始祖老子为祖先。这样一来，道教在唐代经过皇室的宣传，便有了崇高的地位，几乎成为国教。等到武则天掌权以后，为了削弱李唐皇室的影响，又将佛教作为政治工具，一度将佛教抬到道教之上，命令各地修建"大云寺"。因此，佛道之争始终没有间断。安史之乱爆发后，佛教又获得了一个异乎寻常的发展机会。这是因为唐代宗的宰相裴冕为了解决"军兴用度不足"，在卖官鬻爵的同时，还通过出卖度牒来换取钱财。

度牒是什么？它怎么能换取钱财呢？这里给大家普及一点佛教知识。

所谓度牒，是指朝廷发给公度僧尼以证明其身份合法的凭证，僧尼持有度牒，就可以免除地税徭役。因此，民众为了逃避战争、免交赋税，便纷纷购买度牒加入佛教。朝廷有此生财之道，代宗之后的德宗、宪宗都沿用不变。于是僧侣数量的爆炸性增长带来了灾难性后果。当时到了一个怎样的程度呢？

《旧唐书·列传第七十七》记载，代宗大历年间，有一位叫彭偃的员外郎说：

> 今天下僧道，不耕而食，不织而衣，广作危言险语，以惑愚者。一僧衣食，岁计约三万有余，五丁所出，不能致此。举一僧以计天下，其费可知。

意思是说一个和尚要由五个以上的壮丁来供养。不仅如此，出家者多是基于利益考虑，并不是真正地信仰，鱼龙混杂，良莠不齐，更加败坏了佛教在社会上的名声。

在道教与佛教的冲突中，佛教在教义、教理上占有优势，道教难以匹敌，于是就利用政治上的优势来排斥佛教。这当中道士赵归真对武宗灭佛又起了重要的推动作用。那道士赵归真是如何煽动、蛊惑武宗的呢？

赵归真所宣传的内容，我们今天听起来都非常荒诞，但是当时的唐武宗却深信不疑。那到底是些什么内容呢？大致可归纳为两点。

一是利用长生不死的骗术对武宗进行诱惑。唐朝的皇帝因为崇信道教，都希望能长生不老。具有讽刺意味的是，唐朝竟然先后有六位皇帝——太宗、宪宗、穆宗、敬宗、武宗和宣宗，为求长生而服丹药，结果"暴崩"。本来是祈求长生，结果反而促其早死。清代史学家赵翼对此总结说"实由贪生之心太甚"。武宗就是因为贪生的愿望太过迫切，在赵归真的诱惑之下，崇信道教，排斥佛教，一步步拉开了灭佛的帷幕。

二是编造谶语，制造舆论。宣称"李氏十八子昌运未尽，便有黑衣人登位理国"，并解释说"十八子"就是李唐皇室，"黑衣"是指僧人,意思是将来会有黑衣天子取代武宗,暗示僧人威胁武宗的地位,从而使武宗更加坚定了灭佛的决心。还散布说武宗所期待的望仙台之所以看不到成仙的道士,就是因为佛教的黑气阻碍了成仙之路。据说武宗为了维护道教,曾下令天下不准使用独脚车,因为独脚车能碾破道(路)的中心,会使得道士心不安。为了防止黑气上升,阻止黑衣天子出世,武宗还禁止民间豢养黑色的动物。这些说法未必都可信,但是在一定程度上反映了武宗决定灭佛时的心理状态。

另外,武宗灭佛选择的时间点也与唐朝周围发生的两件大事有关。一是840年北方的回鹘在遭遇内讧和天灾之后,又受到黠戛斯人的袭击而瓦解;二是西南的吐蕃,也几乎在同一时期因国王被暗杀而陷入内乱。回鹘和吐蕃不但是唐朝的两大外来威胁,而且都是佛教的支持者。这两大外部势力的消除,使得武宗可以毫无顾忌地灭佛了。

(四)

开成五年(840)秋,武宗一即位就召赵归真入宫,进行推崇道教抑制佛教的活动。第二年即会昌元年六月的庆阳节,武宗设斋请僧人、道士讲法,只赐给道士紫衣,僧人却没有。武宗用这种方式发出了一个明确的信号,即他不喜欢佛法,紧接着发布了一连串对佛教发难的敕令,中国历史上最大的一次灭佛运动就这样开始了。

一千多年前的这次灭佛运动,到底是如何进行的?当时随遣唐使来中国的日本和尚圆仁正好亲身经历了这场劫难,将过程详细记录在了他写的《入唐求法巡礼行记》中。

根据圆仁的记录,灭佛的第一步是在会昌二年三月,当时的宰相李德裕奏请严密加强对僧尼的管理,十月以后朝廷下诏,命令逃兵、罪犯、娶妻而有僧籍者必须还俗,禁止僧尼走出寺院之门。此举使长安城内大约 3500 人还俗。

会昌三年，加强了对外国僧人的监视，要求在长安的外国僧人必须申报姓名以及留在长安的理由。圆仁因为在山东领的"公验"（即通行证）一到京城便已失效，没有新的"过所"或"公验"发下来，他就不能离开长安，因此成为"会昌灭佛"的亲历者。

会昌四年，不许供养佛牙，命令各地拆毁大型寺院、佛堂，强制僧尼还俗。与此同时，朝廷开始向道教方面倾斜，武宗在宫中设置了九天道场祭祀道教诸神，配制可以成仙的仙药并建造了望仙台。

会昌五年，开始更大规模地灭佛。首先是规定天下寺舍，不许置庄园。其次是检查天下寺舍奴婢多少、财产情况如何，对诸寺的财产及货卖奴婢的收入全部没收。最后是迫使几乎所有的僧尼还俗。这次打击的对象并不限于佛教，还包括祆教、摩尼教、景教，也就是说除道教之外的一切宗教都遭到了镇压。

此次灭佛的成果可谓"战绩辉煌"：全国共拆除寺庙 4600 余所，拆毁招提、兰若 4 万余所，僧尼 26 万余人还俗成为国家的两税户，没收寺院所拥有的良田数千万顷，没收奴婢为两税户 15 万人，另外还强制景教、祆教 3000 余人还俗。

武宗受了赵归真的蛊惑，虽然灭了佛教，但是成仙的愿望却始终没能实现，后来还在药物的作用下变得容颜憔悴、性情乖张。赵归真说这是在换骨，属于正常情况。对于长生的狂热追求使武宗难以自拔，根本听不进大臣的规劝。会昌六年的新年朝会因武宗病重没有举行，道士们就说他生病是因为名字"瀍"从水，与唐朝崇尚土德不合。因为，土克水，"瀍"这一名字被土德所克，应改名为"炎"，炎从火，与土德相合，可以消除灾祸。但是，改了名字也没有给武宗带来转机，不久他便一命呜呼，年仅 33 岁。

武宗病重时，掌握兵权的宦官私下矫诏，拥立武宗的叔父光王李怡为帝，光王在武宗的灵柩前即位，称为宣宗。宣宗即位后立即下令处死赵归真，罢免并流放了李德裕，改任牛僧孺为宰相，颁布诏书停止毁佛，并要求将销毁佛像铸造的开元通宝钱再销毁重新铸成佛像。单就佛像与铜钱而言，似乎转了一圈又回到了原点。但是，历史却已发生了深刻的变化，并产生了重要的影响。

唐武宗灭佛虽然牵涉道教与佛教的矛盾，但并不是一次宗教性的运动，而是世俗政权对日益膨胀的佛教势力的遏制和打压。

武宗灭佛的时间虽然并不太长，前后仅有四年左右，最激烈的时间甚至还不到一年，但是与其他三次灭佛相比，只有这次是在国家大一统的时期，由中央与地方联合行动，其程度和范围比其他三次对佛教的打击都要大，影响也更为深远。

佛教自汉代传入中国之后，发展迅猛，到唐代形成了盛极一时的八个流派，号称"八宗"，经过这场法难，佛教的典籍大多数被焚烧或散失，义理深邃的宗派因为没有了精神食粮而后继乏力，最终都断了香火。只有义理相对简单，主张顿悟的禅宗一派，成为唯一延续下来的宗派，其余宗派都无可避免地走向了衰败。

另外，以"三夷教"闻名的祆教、摩尼教、景教等外来宗教经此打击也都销声匿迹。从此，中华大地上就只剩下了本土产生的道教，由此造成了中国思想领域儒家独尊的局面，这对于中国根深蒂固的专制思想的形成不能说没有关系。

实际上，安史之乱以后唐朝衰败的岂止是宗教和思想，更主要的是政治，会昌开元可以说就是那段历史的见证者。虽然都是开元钱，但是它与武德四年铸造的开元通宝钱相比，已有了天壤之别。

2

乾封泉宝：武则天政治试水的工具

开元通宝是李渊称帝不久铸造的钱币，大小适中、铸工精良、钱文精美，并寓有深刻的道教文化内涵，因此很受民众欢迎，几乎成了唐朝的象征，流通使用四十多年都没有再铸造新的钱币。但是，在唐高宗李治和皇后武则天共同执掌朝政、改元乾封的时候，他们却铸造了一枚叫"乾封泉宝"的新钱，并计划用它逐步替代开元通宝。

图 4-6　乾封泉宝

乾封泉宝是唐代的第一枚年号钱。乾封是年号，将原来开元通宝中的通宝改成了泉宝，文字隶书，环读，轮郭周正，铜质纯净，铸工良好，在唐代的钱币中属于上乘。因为前后只发行了八个月，存世稀少，名贵异常。但是很多人可能还不知道，这枚小小的钱币是武则天走向女皇之路的见证，或者说是她政治试水的手段之一。为什么这么说呢？乾封年号使用了两年多，但是作为它的年号钱，乾封泉宝却只发行了八个月后就停止了，这又是为什么呢？

下面就来讲讲隐藏在这枚钱币背后的一段特殊历史。

（一）

武则天作为中国古代唯一的正统女皇，在中国古代历史上是个谜一样的存在，她身上也发生了很多颠覆中国古代传统道德评判标准的事。譬如：她一生嫁了两个男人，但是这俩男人不但是一对亲生父子，甚至还都是皇帝，即唐太宗和唐高宗；她不但夺了亲生儿子的皇位，当上了女皇，还将李唐改为武周，建立了自己的王朝，最后却又立儿子为太子，准备再将政权还给他；她曾经是母仪天下的皇后，称帝后却又公开豢养男宠，也给自己搞了个三宫六院。

这在以男权为中心的中国古代社会属于离经叛道，颠覆了固有的道德伦理标准，最不能被世人接受。正如明末清初思想家王夫之所评价的"鬼神之所不容，臣民之所共怨"。但是，这些事因为发生在武则天身上，却又显得很自然，也很正常，最后竟然都被默认了。这是为什么呢？

实际上，这都是因为她是中国古代历史上唯一的女皇，既前无古人，又后无来者，因此没有可比性。

可想而知，在古代传统的男权社会里，她的女皇之路一定充满了各种明争暗斗和阴谋诡计，这在一些影视作品及小说中都有充分而形象的描述。但是世人可能有所不知的是，在武则天走向权力巅峰的道路上，她通过铸造钱币的方式进行过一次政治试水，想以此来试探世人对她当女皇的接受程度。

下面我就通过这枚钱币，来给大家说说在武则天当上女皇之前的一段鲜为人知的故事。

武则天如何由王皇后接回宫被高宗纳为昭仪，又如何与王皇后结盟斗败萧淑妃，最后又取代王皇后而成为新的皇后，这种经典的宫斗剧情，始终是文学、影视作品所热衷表现的主题。她是如何当上皇后的，世人都早已耳熟能详。因此，我们就从永徽六年（655）十月她被立为皇后说起。

皇后虽然是中国古代女性的最高身份，但是对有政治野心的武则天来说，显然还不是最终目标。从显庆五年（660）十月开始，武则天利用皇后的特殊身份，在患有高血压的唐高宗出现头晕目眩、身体不适而需要别人协助处理政务的时候，积极参与朝政，在展示政治才干的同时，更培植了个人势力，很快就成了高宗政治上须臾不可或缺的助手。

《资治通鉴》对此有如下记载：

> "政无大小，皆与闻之"，"天下大权，悉归中宫"，"天子拱手而已，中外谓之二圣"。

意思是说不管政事大小，皇后都要参与。皇帝就像个甩手掌柜，朝廷的实权都掌握在皇后的手里。高宗在朝堂上和群臣议事的时候，武则天就在高宗身后垂起帘子，一起听政，皇后与皇帝被并称为"二圣"。

但是，即使地位到了这一步，武则天与唐高宗平起平坐的影响力也仅仅是在朝堂之上，她自然想让天下的人都知道自己的政治影响力和权力。那么怎么能达到这个目的呢？

机会很快就来了。这就是麟德二年（665）唐高宗去泰山封禅。

（二）

所谓封禅，指在高山之处祭祀天地。这是中国古代最高的国家祭奠，通俗来讲是帝王与天地通话的仪式，表示帝王的统治受命于天。虽然中国古代早在先秦时期就有了封禅之说，但是实有记载的封禅活动却是以秦始皇为最早。古人认为天下最高的地方是泰山，因此秦始皇统一六国之后就登临泰山祭天，称为封；又在附近的小山梁祭地，称为禅。以此昭告天地，他已经统一天下，成为一尊。

此后只有汉武帝打败匈奴、光武帝匡扶汉室，才又举行过封禅仪式。东汉以后，改朝换代虽然频繁发生，但是却没有一个帝王敢轻易去封禅。到了唐宋先后又有唐高宗、唐玄宗以及宋真宗，即总共有六位帝王在泰山举行过封禅大典。此后再去泰山的帝王都是祭祀仪式而没有封禅祭奠。

贞观年间，虽然多次有大臣提议封禅，但都被唐太宗给制止了。高宗时期平定西突厥之后，唐朝的疆域远达中亚地区，超过此前的汉代，因此又有大臣借此提议举行封禅，高宗就同意了。当然，武则天想要参加封禅的心情应该更为迫切，因为这对她来说将是一次意义非凡的亮相，将向天下人昭告她的权力和政治影响力，也可以借机试探一下她与高宗并称"二圣"之后，天下臣民是如何看待她的。

虽然武则天心里有了自己的想法，但是按照传统的礼仪规定，封禅的时候是先由皇帝来初献，再由公卿当亚献。即由皇帝来担当主献，负责祭天，称为封；公卿大臣担当陪献，负责祭地，称为禅；两者合称封禅，其中根本就没有皇后什么事。但是，当时武则天与高宗并称

"二圣"，于是她首先对封禅的议程提出了异议。

武则天先是把婆婆抬出来说事。她说古代封禅，在禅地时配祀的是太后，但是行礼的却都是公卿，将妇女排除在外，"礼有未安"，意思是说这样做既不合情又不合理。因此，她认为祭地之仪应该由太后配享，以彰显后土之德，而以往让公卿当亚献非常不妥，因为男女有别。另外，也不能让外臣来祭祀，而应该让作为皇后的她来充当亚献，好借此孝敬自己的婆婆。所以，这次她要"妾请帅内外命妇莫献"①。高宗认为她说的有道理，就同意了。自古以来，祭祀天地从来都没有女性参与，但是这次武则天不但要参与，还要率领大批妇女参与，以此向天下说明，她要与男子平起平坐。

其次是在封禅所使用的礼器上。按照古代的礼仪，封禅所用的礼器，铺地应该用秬秸（就是小米的秸秆），祭祀应该使用陶器。但是，武则天却要求改用褥垫铺地，用铜罍、铜爵祭祀。高宗先祭，称为初献；她后祭，称为亚献。等高宗祭祀结束之后，武则天就将全部人员撤下，换上宦官打起锦绣帷幕，再由她带领皇宫里的嫔妃、宗亲的命妇们献上祭品，唱祭神歌。不但场面宏大，而且华丽张扬，一改上古崇尚自然、节俭的传统。武则天的这些改变传统、标新立异的做法，高宗都同意了，因此朝野上下没有一人敢提出异议，竟然也都通过了。

这次登临泰山的封禅活动，武则天可以说成了最大的受益者。她通过改变封禅的礼仪程序以及所使用礼器的种类、规格，将一个国家的祭祀仪式变成了她自己即将登上政治舞台最高峰的宣示活动，并试水成功。

---

① 《资治通鉴》。

（三）

泰山封禅之后，并称"二圣"的唐高宗与皇后武则天大宴群臣、大赦天下，既给官员们赐爵，又给百姓免赋，最后宣布当年改元乾封，用以纪念泰山封禅之举的圆满成功。

乾封元年（666）四月，封禅队伍浩浩荡荡地回到京师，拜谒太庙，将封禅圆满完成告知祖先。在完成这些既定的议程之后，武则天于当年的五月，决定用乾封这一新年号铸造一枚钱币。她想用这种方式来试探，或者说更主要的是想借机向社会上的民众宣告，她在封禅仪式以及礼器的选用上都取得了可以与皇帝平起平坐的地位，同时也可以借机测试社会各界对她新"圣"权威的认同程度。

当时唐朝流通使用的是开元通宝钱，武则天如果想新铸造一种钱币，除了以改元为借口，还需要找出一个比较充分的理由。那武则天找的理由是什么呢？

武则天为铸造新钱，找了两个公开的理由：一个是说民间盗铸开元通宝钱币太过猖獗，导致市面上的假钱太多，因此需要铸造一种新的钱币；另外一个理由是说，当时市面上流通的钱币太少，满足不了流通的需求，出现了钱荒的现象，因此铸造的新钱应该比开元通宝的面值大，这样就等于增加了社会上钱币的流通量，才可以解决钱荒的难题。

实际上，武则天所给出的这两个公开的理由，都是她的一种混淆概念的说辞。当时社会上出现私铸钱币的现象，主要是官铸钱币的数量满足不了流通的需要，是钱荒造成的。而之所以会出现钱荒，更是一个结构性的矛盾，是我国古代选用的是铜这种贱金属铸钱导致的。

古代使用的是金属货币，与当今信用货币的性质完全不同。现在央行每年都对货币发行量有一个规划，这是根据上一年的财富总量以及当年的预算核算出来的，需要多少就印发多少。但是古代不同，它既没有对社会财富总量的统计，早期也基本没有年度预算，因此每年对铜钱的铸造都是一个大致的量，而这主要取决于铜的产量和当时的铸钱能力，但实际上根本满足不了流通需求，因此就用绢帛来替代大额支付。这就是造成古代持续钱荒的结构性矛盾所在。

在唐朝之前，因为地域面积、人口总量、远距离贸易都还相对有限，铜钱基本上能满足流通的需求。随着唐朝经济的恢复、贸易的发展以及人口的增加，社会财富的总量大幅度地增加了，因此对货币流通总量的需求也随之增加了。但是，因为铜钱本身的局限性，如属于贱金属货币、价值较低、不便于大额支付和长距离运输，另外，限于当时的冶炼技术以及铸造成本，很难大规模地增加铜料来源，因此铜钱的铸造数量很难突破瓶颈。而解决钱荒的根本办法，是用价值高的金银等贵金属货币来替代价值低的铜钱，而不是铸造一种新钱，尤其是不能用铸造虚值大钱的办法来解决。

实际上，武则天对此应该是心知肚明的。因为在她协助高宗处理朝政时，于显庆五年（660）为了打击日益严重的私钱流通，曾经明令取缔私铸，并规定以 1∶5 的兑换比例用官钱收换私钱。但是民众认为兑换比例太过悬殊，就将私钱藏匿起来进行抵制。旬月之间，就造成了交易窒息，市场萧条，严重影响了经济的发展。武则天不得已又改成以一换二的方式收购，但是民众仍然认为不值得，效果依然不理想。因为老百姓都将私钱藏匿起来，导致市面上流通的钱币减少，更加剧了钱荒。最后武则天被迫取消禁令，准许私钱流通。而为了缓解钱荒的难题，她又采取了诸如限制铜钱外流、禁止私家藏钱，甚至是倡导兼用绢帛交易，就是用丝绸充当货币来进行大额支付。

正是在这一背景之下，武则天名义上以庆祝泰山封禅和解决现实的私铸以及钱荒难题为由，利用改元乾封的契机，铸造了"乾封泉宝"当十大钱。实际上，她这是要借机向社会公开宣告她在政治上已经取得了与高宗皇帝平起平坐的地位，同时也想趁机测试一下社会各界对她下一步称帝的认可程度。但是，她没有想到，发行虚值大钱实际上与用高兑换比率来解决民间的私铸本质上是一样的，掠夺的都是百姓的利益，因此民众是不会接受的。

（四）

下面，我们还是通过具体分析乾封泉宝钱币的一些特点，来揭示武则天政治上的用意。武则天为了达到政治目的，在她刻意铸造的这枚钱币上面可谓用尽了心思。

首先是改变了钱文的读法。李渊当年为开元通宝钱币定名的时候，钱文是先按上下直读，再右左横读，简称对读。但是民间也有人环读为开通元宝，这被称为"流俗"，意思就是民间不入流的读法，显然不是朝廷所认可的。但是，武则天铸造乾封泉宝时，却否定了李唐王朝认可的读法，而是按照民间被称作"流俗"的读法，将对读改成了环读，公开违背由李唐王朝正统象征物的开元通宝所创设的钱文书写体例。

其次是钱文不用通宝，而是另外创造了一个"泉宝"。这与将钱文由对读改成环读是一样的，显然也是反映了武则天不愿意遵守开元通宝所开创的体例，而是要另搞一套的用意。

最后是钱币的尺寸、面值不同。乾封泉宝的直径约27毫米、重4.4克，比直径25毫米、重4克的开元通宝钱略大并稍重，但是面值却是开元通宝钱的10倍。武则天最初的计划是，两种钱币先按1：10的比价并行流通一年，之后再废除开元通宝，只用乾封泉宝。她将乾封泉宝设计成虚值大钱，规定1枚乾封泉宝兑换10枚开元通宝。明面上的解释是为了增加钱币数量，解决钱荒的难题，实际上她的目的是让乾封泉宝在面值上压过开元通宝，并取而代之。

出乎武则天预料的是，市场竟然完全不买她的账！

乾封泉宝一上市，民众便纷纷藏匿开元通宝，市面上就只剩下当十的乾封泉宝。因为是用面值当十的乾封泉宝大钱来定价，这就直接造成物价飞涨。而且私铸者又有了新的目标，即私铸乾封泉宝，因为这样更能获利。于是私铸者就将官铸的乾封泉宝销毁，改铸成减重的私铸乾封泉宝。因为减少了重量，有的甚至还不及官铸的一半重，于是就出现了官铸大钱空耗人力物力，而私铸者却坐收渔利的现象。万般无奈之下，武则天只得在第二年正月，在乾封泉宝流通还不到八个月时就下令停止铸造，已经流入市场的乾封泉宝与开元通宝按1∶1的比值等值流通，最终宣告铸钱失败。

武则天原本认为，既然已经搞定了高宗和满朝的文武大臣，铸造一枚钱币更是不在话下。要1枚乾封泉宝等于10枚开元通宝，完全可以由权力说了算，但是她没有想到社会竟然不吃她这一套。当她发现阻力太大，不能实现的时候，并不一意孤行，而是马上调整。因此后人评价她是历史上最会玩政治游戏的人。

这次铸钱失败让武则天获得了一个教训，那就是经济与政治并不相同。在专制体制内，只要控制了最高的皇权，政治问题都好搞定。但是经济问题却必须要尊重市场规律，不能过于主观任性。因此，在她后来以皇帝的身份亲自"坤"封中岳嵩山的时候，虽然曾经改嵩阳县为登封县，并改年号为"万岁登封"，但是却没有敢再铸造一枚"登封"钱。甚至在她自己当皇帝期间，虽然先后使用了十多个年号，但再也没有铸造过一枚年号钱。可谓是一朝被蛇咬十年怕井绳！其实，这才正是武则天的高明之处！

3

见证了安史之乱的三种钱币

天宝十四年（755），唐朝爆发了一场历时七年零两个月、几乎葬送了整个帝国的叛乱，因为发动叛乱的两位主角是安禄山和史思明，历史上称为"安史之乱"。这场叛乱不但是整个大唐帝国由盛转衰的转折点，后世史家甚至视之为整个中国古代历史重要的分水岭之一。

本节将通过与安史之乱有关的三种钱币，即分别由叛乱者、唐朝政府以及西域守军各自铸造的 3 种钱币，从三个不同的视角来分析解读安史之乱对中国历史进程所产生的重要而深远的影响。

一、得壹顺天：史思明为什么要铸钱？

货币经常被比喻为现代国家的名片。实际上，在古代它更像是一个政权或王朝的出生证明。因为一个政权只有铸造发行了可以流通的钱币，才标志着它获得了合法的身份，否则就像黑户一样不被认可。因此，任何一个政权的建立或王朝的更替，都非常重视钱币的铸造。也因此，所铸造的钱币不但重量足够，而且工艺也很精美。但是，本节我要给大家讲的这两枚钱币，却铸造得都非常粗糙、简陋，它们就是得壹元宝和顺天元宝。

图 4-7　得壹元宝

图 4-8　顺天元宝

　　虽然这两种钱币的外形都不够好看，但是知名度却很大。特别是得壹元宝，它铸造得比顺天元宝还要粗糙，却反而更加珍贵，钱币收藏界因此有"顺天易得，得壹难求"的说法。这是为什么呢？

　　实际上，数量少并不是主要的原因，更主要的是它们见证了我国古代一段非常重要的历史，就是我们前文说的安史之乱。有人可能猜出来了，这两种钱币是安禄山、史思明称帝时铸造的。但是有意思的是，叛乱的主角安禄山虽然首先称帝，但是他却没有铸造钱币，反而是他的配角史思明铸造的，并且两种都是他铸造的。这又是为什么呢？

　　安史之乱已经过去了一千二百多年，过往的一切也都早已灰飞烟灭、尘埃落定。有关记录那场叛乱的文献资料因为都是从平叛一方的正统立场来撰写的，我们几乎看不到叛乱一方的任何原始资料，这就难免会因为选择性的遗漏，而妨碍我们全面了解安史之乱的整个过程。

近年来已经有学者开始关注新出土的使用安史年号纪年的墓志铭，就是想尽量试着从叛乱一方的语境来解读当年的历史。实际上，除了墓志铭，当年叛乱者铸造的钱币也记录了叛乱一方很多鲜为人知的信息。

下面，我就通过这两种钱币，带大家去探寻安禄山死后，史思明重新挑起叛乱大旗之后铸钱的政治考量，以此来说明史思明与安禄山的不同，并解释安史之乱何以会延续长达七年零两个月。

（一）

安禄山于唐玄宗天宝十四年十一月，从范阳（位于今河北省保定市涿州市）起兵，拉开了叛乱的序幕。当时的唐朝因为承平日久，民不知战，武备松懈，而安禄山却是蓄谋已久，准备充分。因此叛军一路势如破竹，以每天六十里的速度急速南下，当年十二月便攻占了东都洛阳。第二年正月初一，安禄山就在洛阳正式称帝，国号大燕，改元圣武，摆出了与大唐争夺天下的架势。唐玄宗去四川避乱，太子李亨在灵州自行称帝，这就是唐肃宗，唐玄宗摇身一变成了太上皇。

当时的战争形势对安禄山很有利，可以说是一片大好，可是就在他准备与唐朝一决高下的时候，内部却发生重大变故。正如所有的强势集团的衰落、瓦解都首先是从内部开始的一样，安禄山反叛势力的瓦解也首先是从内部开始的，只是表现得更为极端和血腥。安禄山是被他的亲生儿子所杀，原因也和所有的宫廷剧一样——父子猜疑。

称帝后的安禄山因为眼疾失明而性情乖张，更加反复无常，且肆意滥杀。被立为太子的安庆绪担心地位不保，同时也为了稳定大局，竟然于至德二年（757）年初杀了他的父亲安禄山，即位称帝。于是叛军内部不可避免地出现了分化，这就拉开了第二位反叛主角史思明登台的序幕。

史思明和安禄山一样，单从姓名上就能判断出他们都是来自中亚地区的粟特胡人。这些粟特人来到中原地区之后，都会给自己起一个汉化的名字，往往以国名为姓。安禄山来自安国，就是今天乌兹别克斯坦的布哈拉；史思明则来自史国，位于中亚历史名城撒马尔罕以南。

史思明和安禄山虽然从名字上看是粟特人，但是他们又都有很深的突厥背景。

安禄山年幼时父亲就去世了，母亲阿史德氏最初是突厥的一名女巫，后来改嫁给在突厥军队供职的粟特军官安延偃，因此他冒用安姓，叫安禄山。"禄山"是粟特语"明亮"一词的转译。史思明本姓阿史那，属于突厥王姓，原名阿史那·崒干，"史思明"是唐玄宗给他起的汉语名字。

无论是安禄山音译自粟特语"明亮"的"禄山"，还是唐玄宗给史思明起的"思明"，都有崇尚光明的意思，这明显是受波斯祆教的影响。因此，严格地讲，安禄山和史思明都属于伊朗系的粟特人与突厥人的混血儿。新、旧《唐书》都称他们为"营州杂胡"，"营州"是今天辽宁省朝阳市的古称，所谓"杂胡"，更是一语道出了他们的混血身世。

安禄山和史思明自年少起就一同在营州长大，并建立了童年的友谊。因为他俩都会说多种民族的语言（据说史思明会 6 种，安禄山会 9 种，比史思明还要多 3 种），成年以后都曾经被任命为"互市牙郎"——一种负责边境地区贸易的官职。两位来自边疆地区的少数民族青年，就这样一下跨入了唐朝的体制内。后来他俩因为在唐朝边疆地区的对外战争中有勇有谋，骁勇善战，多次立功，受到嘉奖，而一路升迁。

安禄山因为认杨贵妃为义母，更得到了唐玄宗的宠信，而被破格提拔，最后竟然成了唐朝在边境地区所设立的十大兵镇中，唯一的一位管辖平卢（今东北地区）、范阳、河东（今山西省西南部）三镇的节度使，独自统率主要由突厥、契丹、奚等游牧民族组成的近20万人的精锐队伍，兵力最多，拥有了反叛唐朝的实力。而在安禄山一路升迁的过程中，史思明始终是他的左膀右臂，立下了汗马功劳。具有讽刺意味的是，唐玄宗最宠信的这两位胡族将领最后竟然成了他的掘墓人。

（二）

天宝十四年，安禄山发动叛乱时，史思明充当先锋，亲率精锐一路南下，在不到两个月的时间内先后攻占洛阳、长安两京。安禄山称帝后，封史思明为范阳节度使，留守老巢，负责经略河北，占有十三郡，拥有兵马8万余众。

安禄山被其子刺杀后，叛乱集团内部出现了分化。郭子仪趁机借助回纥（后来改称回鹘）的力量，收复了长安、洛阳。识时务的史思明眼看大势已去，便归降了朝廷，被任命为范阳长史、河北节度使，仍然驻守在范阳老巢。

此时安禄山已死，史思明也归顺了朝廷，叛乱眼看就要被平定了。但是谁也没有想到，就在这个时候，朝廷的一个轻率决定，使得刚刚归顺的史思明再次反叛。几近收功的平叛事业前功尽弃，朝廷一下子又重新回到了平叛的起点。

那么，到底是一个什么举动，导致已经归顺了朝廷的史思明又叛乱了呢？

实际上，史思明这次叛乱完全是被迫的。早已被叛乱折腾苦的朝廷对史思明的归顺始终不放心，害怕他再次反叛，于是就想设计暗杀他。结果计划败露，无可选择的史思明于是被迫召集部众，再度举起了反叛的大旗。他于乾元二年（759）二月进兵邺城（今河南安阳市），先击败围困邺城的唐朝九路节度使，率领60万大军解救出被围的安庆绪，随后又将安庆绪杀死，返还范阳称帝，国号为燕，建元顺天，自称应天皇帝。这样一来，天宝十四年爆发的安禄山叛乱，最终演变成了安史之乱。

史思明称帝并安顿好北方的老巢之后，快速南下，于第二年四月再度攻陷洛阳。此时的史思明刚刚称帝，还没有取得全面胜利，甚至可以说立足未稳。但是，他却做出了一个出人意料的重大决定。

很多人可能认为，史思明会和他的前任安禄山一样直接发兵攻取长安，消灭唐肃宗，或者是迫使唐肃宗和他的父亲玄宗一样去蜀地避难。但是史思明并没有那样做，而是要在洛阳铸钱！

史思明为什么要在这个节骨眼上急着去铸钱呢？难道他是因为手头紧了，想通过铸钱来筹措经费，或者是为了便利洛阳民众用钱，以此收买人心？

为了便于分析史思明铸钱的目的，我们还是先来看看当时唐朝流通使用的钱币。

由前文可知，唐朝一直铸造使用的是开元通宝钱。到了乾元元年（758）七月，为了筹措经费，补充财政空缺，唐肃宗铸造了一种"乾元重宝"钱，重量虽然仅比开元通宝钱略重一点，但是朝廷却规定1枚乾元重宝钱等于10枚开元通宝钱，属于虚值大钱。

唐朝政府通过这种通货膨胀的手段，从百姓手中收敛了一批财富，解决了财政困难。尝到甜头之后，朝廷变本加厉，于第二年又铸造了面值当50枚开元通宝钱的"乾元重宝"重轮钱。因此,史思明占领洛阳的时候,唐朝流通的钱币虽然只有"开元通宝"和"乾元重宝"两种,但是却有3种面值,分别是面值当一文的开元通宝和面值分别当十文、当五十文的两种乾元重宝钱。

在这种背景之下,史思明想铸造钱币,会铸造什么钱呢?他是选择开元通宝钱,还是选择乾元重宝钱?如果是选择乾元重宝钱,是铸造面值当十文的,还是面值当五十文的呢?

实际上,上述3种都不可能是史思明考虑的选项。因为,如果那样,史思明就仅仅是一个图利的私铸者,而不是称帝的反叛者。作为一个有政治追求的叛乱者,史思明不可能再去铸造唐朝的钱,他一定会另外铸造一种新的钱。那么,史思明会给他新铸造的钱起个什么名字呢?能流通起来吗?老百姓会接受吗?

(三)

据《新唐书·食货志》记载,史思明占领洛阳之后,铸造了两种钱,一种是得壹元宝,另一种是顺天元宝。

> 史思明据东都,亦铸"得壹元宝"钱,径一寸四分,以一当开元通宝之百。既而恶"得一"非长祚之兆,改其文曰"顺天元宝"。

一般情况下,中国古代铸造货币,不用年号就用国号。然而,"得壹"既不是年号,也不是国号,却被史思明用来铸造钱币,这是为什么?其中又包含了怎样的寓意呢?

得壹元宝中的"得壹"两字,可能取义于《老子·第三十九章》

中的一段话：

> 昔之得一者，天得一以清，地得一以宁，神得一以灵，谷得
> 一以盈，万物得一以生，侯王得一以为天下正。

作为一个反叛的胡人，史思明可能是想用铸造得壹元宝钱的方式，来表明他也是天下的正统，是位真命的天子，即所谓"侯王得一以为天下正"。这表明了他要取代李唐王朝一统天下的愿望。因此，他铸造了得壹元宝钱。

大家知道，安史叛军具有鲜明的胡族色彩，安禄山就非常注重利用祆教、佛教这种带有鲜明胡族色彩的宗教来团结部众，进行政治动员。安禄山这样做，虽然有利于凝聚叛军的核心力量，但是也很容易激起广大汉族士人固有的"夷夏正统"观念的抵触，而在文化上、政治上不认同安禄山政权。

史思明应该就是敏锐地意识到了这一点。他非常清楚，要想叛乱成功，不能仅靠武力，更重要的是要争取广大汉族士人在文化上、政治上的认同。所以他才会选用中国固有的、被李唐王朝尊奉为国教（即道教）的始祖老子的著作中的"得壹"一词来铸钱，真可谓用心良苦、聪明过人！

史思明铸钱还给洛阳当地寺庙中的佛像带来了一场浩劫。据大约是唐末五代时期张台的记述，史思明铸钱所用的铜，都是销毁寺庙佛像得来的。因此，后人有"洛阳古寺铜销尽，都是如来劫后身"[1]之说。因为佛教是外来宗教，与中国本土产生的道教有很大的矛盾，史思明

---

① 叶德辉：《郋园诗钞·古泉杂咏》。

销毁佛像铸造带有道教寓意色彩的钱币，就是想以此来淡化他的胡人色彩，争取占大多数的、广大信奉道教的汉族官民的支持。史思明用心之精细，显然超出了以往世人对他的认知。

实际上，这正是史思明不同于他的前任安禄山的地方。在反叛的舞台上，史思明不仅能攻城略地，还知道铸造发行货币的作用——既能表达他改朝换代的愿望，又能宣示其帝位的合法性，还能为他的叛乱事业筹集经费，可谓一举多得。这说明史思明的政治才干绝不亚于安禄山，甚至远在安禄山之上。因为他知道铸造货币的重要性，而安禄山却不明白。

但是，等得壹元宝铸好之后，史思明可能才意识到，"得壹"也可以被解读为"只得一年"，这就让期盼帝祚长久的史思明很是尴尬。于是，他便决定废弃"得壹元宝"钱，按照惯例，改用年号"顺天"重新铸造年号钱"顺天元宝"，表示他起兵造反是"顺天应人"，仍然是要强调他才是顺应天命的真命天子，希望能够统一天下。因此，他自称"应天皇帝"。

史思明铸造得壹元宝的时候，从政治宣传的角度，希望他的货币一定要超过唐朝的货币。而唐朝最近铸造的，是面值当五十文的乾元重宝重轮钱。因此，史思明就规定他铸造的得壹元宝钱是唐朝乾元重宝重轮钱的一倍，与开元通宝钱的比值为 1∶100，即《新唐书·食货志》所记载的"以一当开元通宝之百"。

这一方面反映了史思明要通过钱币，在政治宣传上压倒唐朝的用意；另一方面，铸造当百的虚值大钱，更便于从社会上聚敛财富，这与他反叛者的身份也相符。同时这似乎也说明，史思明对通货膨胀的害处还不了解，因为铸造当百的大钱会很不得民心。好在史思明占据洛阳的时间并不长，铸钱的时间则更短，因此他铸造的钱币对社会的危害相对有限。史思明与安禄山在河北地区还深孚众望，拥有非常好的群众基础，他俩死后甚至被当地民间称为"二圣"，每年还都享受香火的祭祀。

史思明最先铸造的是得壹元宝，后来的顺天元宝是由得壹元宝改铸的，而且得壹元宝铸造的时间很短，大部分又被销毁改铸了，留存下来的就更少。因此，钱币收藏界有"顺天易得，得壹难求"的说法，市面上一枚得壹元宝的价格也是顺天元宝价格的 10 倍以上。顺天元宝流通使用的时间比得壹元宝要长，因此有减重的现象，版式上也要更加复杂一些。

（四）

史思明虽然想通过铸造钱币的方式，来表明他是一位顺应天命的真命天子，但是残酷的现实却证明，他仍然只是一个反叛的胡人，结局与他的前任安禄山也是惊人的一致。他俩就像是下凡的同一颗星宿，无论是在位的时间，还是死的地方，乃至于死的方式，竟然都如出一辙，他俩都是死于自己的儿子之手！在唏嘘之余，我们不禁要感叹，这可能就是政治冒险的代价，人性、亲情一旦被政治野心操控，任何悲剧都有可能发生，即便是亲生父子也会相互残杀。

上元二年（761），史思明被他的养子史朝义杀死后，叛军再次爆发内乱。犹如天助一般，这再次给唐朝提供了平定叛乱的机会。于是，郭子仪又一次借助回鹘之力，趁机收复了洛阳。唐代宗广德元年（763），穷途末路的史朝义被其部下李怀仙诱杀，而成为李怀仙归降朝廷的投名状。至此，前后延续了七年零两个月的安史之乱终于被平定了。

从史思明铸造钱币这件事来看，我们发现，作为安史之乱后半场主角的史思明，虽然名气没有他的前任安禄山大，但是其才智、视野、能力却绝不输于安禄山。这说明史思明已经是一位汉化程度非常高的胡人，不再是一味地蛮干，除了会马背上较力，还会通过铸造钱币来打舆论宣传战。

正如明代史学家王世贞所说："史思明亦悍胡也，其才力远出禄山上。"《剑桥中国隋唐史》的作者甚至说："史思明任叛军领袖后，证明是一位杰出的将领，如果不是他的儿子史朝义在 761 年春通过与人合谋将他杀害，他很可能推翻唐朝。"

《剑桥中国隋唐史》的这一观点虽然有些绝对，但是却从一个侧面反映出对于史思明能力的认可。不过，史思明虽然相比安禄山更有谋略，但是最终还是在大唐名将郭子仪统率的唐军清剿之下失败了。因此，世人都知道郭子仪为平定叛乱发挥了重大的作用。不过，安史之乱最后之所以能够被平定，是由多方面因素决定的。除了郭子仪，还有一个人在平定安史之乱上发挥了重大的作用。

二、乾元重宝：第五琦铸钱的得与失

世人都知道郭子仪是平定安史之乱的大功臣。实际上，在郭子仪身后还有另外一个人，同样也为平定叛乱做出了重要贡献，但是却鲜为人知，甚至最后还充当了朝廷的替罪羊，不但被革职、贬戍，更遭到了世人的误解和指责。他就是为平定安史之乱筹集了大量经费的理财家第五琦，而见证这段历史的同样也是一种钱币。

这种钱币就是上一节提到的在乾元元年铸造的乾元重宝。钱文为隶书，四字对读，书法精绝，庄严敦厚。它是一枚当十大钱，直径 27 毫米，比直径 23 毫米的开元通宝钱略大一点。

大家可不要小看了这枚乾元重宝钱，它可是为平定安史之乱立下了大功，同时也给铸造者第五琦带来了无限的荣耀和不尽的指责。这是为什么呢？乾元重宝钱既然能为平定安史之乱立下汗马功劳，它的铸造者最后怎么还会被贬官流放呢？

这说来话长，我们还是首先从第五琦的生平讲起。

（一）

第五琦，复姓第五，名琦，京兆长安人。新、旧《唐书》中都有他的传记，说他"少以吏干进，颇能言强国富民术"。就是说他年轻的时候，因为能干而被重用，并能提出一些强国富民的办法。

天宝初年，第五琦在水陆转运使韦坚的手下做事，后来韦坚遭到奸相李林甫的陷害，第五琦也受株连被贬官。

安史之乱爆发后，北海郡太守贺兰进明向朝廷奏请派第五琦任北海郡的录事参军，这是一种负责监督的官职。当时安史之乱的叛军已经攻陷河北很多城池，贺兰进明无力抵抗。唐玄宗大怒，派宦官送来一个装有小刀的信函，说如果不能收复失地，就要砍下他的头。贺兰进明非常恐慌，不知如何是好。

第五琦对贺兰进明说，重赏之下必有勇夫！建议他用府库中的绢帛招募勇士，组织力量反击。这样最终收复了一些失地。这是第五琦第一次显露才干，也救了赏识他的贺兰进明。

第五琦后来被派去觐见唐肃宗，他向肃宗建议说，现在最要紧的事情就是打仗，而打仗的胜负取决于有没有足够的财力，因此请求给他一个适当的职务，以便筹集钱粮支持军用。

当时两京还没有收复，处于危困之际的唐肃宗正发愁军资不济，无处筹饷，听了第五琦的毛遂自荐后大喜，立即任命他为监察御史，并兼江淮租庸使。

大家可不要小看了江淮租庸使这一职务，它属于正常官僚体系之外的专使，又被称为"使职"。虽然级别不高，但是权限却很大，拥有朝廷赋予的处理专项事务的大权。

第五琦虽然名义上得到了朝廷的正式任命，但是实际的筹饷工作却是非常的艰难。当时的河北已经全部被叛军占据，当地的赋税自然征收不上来。即便是没有沦陷的河南、山东、荆襄和剑南等地，因为都驻有从各路集结来的平叛军队，所收缴的赋税都被驻军征用，也都不上缴朝廷。中央政府的平叛经费只能向淮南和江南等地区的百姓征收。但是，经过多年的战争消耗，国库早已枯竭，战争的破坏更使农田荒芜、饿殍遍野，百姓哪里还有富余的财物用来缴税呢？

这期间，甚至还发生了唐朝宗室的永王李璘割据长江中游截断中央财源的叛乱，虽然不久就被平息了，但是江淮一带的资源却被大量地消耗掉了。

"国破山河在，城春草木深。"面对这种残破的局面，如何能够筹措到经费，保证平叛事业的顺利进行，难住了满朝的文武官员。这种情况下，第五琦又能想出什么高招来呢？

作为著名的理财专家，第五琦自有他的办法。

经过缜密的思考，他决定先从盐业专营入手，改革盐业，创立了"食盐专卖法"，就是由国家直接控制盐的生产、运输和销售。所生产的盐统一由盐院收购，再由官府加价出售，由此开创了盐业国家专营的先河，做到了"人不益税而国用以饶"，意思就是没有额外增添老百姓的税赋，却增加了国库的收入。此后，盐税占到了国家税收的将近一半，成为最主要的财政收入来源。

除了食盐专营，第五琦很快又想出一招：取消户部、司农、太府等部门的收支权，将财政收入统一收归皇帝调度使用，改变了以前开支混乱、国库亏损严重、权臣贪官作弊的现象。第五琦在很短的时间内就扭转了财税匮乏的局面，从经费上保证了朝廷能够将平叛的事继续进行下去。

另外，第五琦不但做事有办法，做人也很谦恭认真，从无闪失，深得朝廷的器重，很快又被升为户部侍郎兼御史中丞，专掌监察执法，同时还兼领河南等道的转运、租庸、盐铁、铸钱诸使，集财政大权于一身，全面承担起了筹措平叛经费的重担。

（二）

在第五琦的理财手段中，盐业专营仅是牛刀小试，真正具有创意的，是他于乾元元年主持铸造的"乾元重宝"当十钱，即用通货膨胀的办法从民间掠取钱财，来支撑平叛战争的巨额开销。

但是，问题来了。之前唐朝就有过铸造大钱失败的教训，如今第五琦又要效法武则天铸造当十大钱，他能成功吗？

就在大家的一片质疑声中，身兼铸钱使的第五琦力排众议，执意铸造了乾元重宝当十大钱与开元通宝钱并行流通。

当年十月，唐肃宗给太子（就是后来的代宗李豫）举行册立大典时，正式发行了乾元重宝钱，为的是用刚铸好的新钱来赏赐群臣和诸路官兵。这是因为自肃宗登基以来，军情紧急，朝廷始终漂泊不定，没有工资可发，百官也都无俸禄可领。因此，唐肃宗想利用收复长安、返回京师、册立太子举行大典之际，用新铸好的铜钱对平叛以来的有功之臣以及官兵进行一次真正的赏赐，以期提振士气。

第五琦设计的乾元重宝钱，每枚重 6.5 克，面值等于 10 枚重 4 克的开元通宝钱。如果按含铜量来计算，这实际上就相当于朝廷用重 6.5 克的铜，在市场上从百姓手中兑换价值 40 克铜的物品，目的是"收十倍之利"，但是却美其名曰"与人不扰，从古有经"。意思是说不给老百姓增添负担，还有先例可循。但是，老百姓都不傻，碰到这种情况，胆大的也纷纷盗铸当十的乾元重宝虚值大钱。于是，朝廷在严厉打击民间私铸的同时，将官铸的乾元重宝大钱逐渐减重。到年底的时候，重量就已经减少到只有 4 克左右，仅仅相当于一枚开元通宝小平钱。

第五琦铸造当十大钱的目的，是采用通货膨胀的办法从民间聚敛财富，给朝廷筹集平定叛乱的军费。这与武则天当年为了缓解钱荒而铸造当十大钱的目的完全不同，因此取得的效果也不一样。因为持续多年的战争破坏使得税源早已枯竭，朝廷从民间掠取物资的办法就只剩下铸造虚值大钱、实行通货膨胀政策这一招了。

第五琦不顾百姓的死活，采用通货膨胀的办法，通过铸造虚值大钱从民间掠取了大量的钱财，解决了朝廷平叛战争巨额费用的难题，最终算是闯关成功。他也因此更得到唐肃宗的赏识，不久便被提升为宰相。第五琦作为著名的理财家，在货币政策的运用上确实技高一筹。

（三）

乾元二年，安禄山已死，名将郭子仪借助回鹘人的力量，趁机收复了长安和洛阳，史思明又归顺了朝廷，平叛事业出现了重大的转机。可是就在朝野为收复两京弹冠相庆之时，战况又骤然出现了逆转。先是归顺的史思明又重新反叛，随后九路节度使围攻退守河北邺城的安庆绪时又被增援的史思明打败，丢弃了大量辎重，洛阳再次沦陷；接着又发生了驻守湖北襄阳的守军叛乱，截收了荆襄地区的赋税两百多万缗。这是一笔价值多少的经费呢？

这里给大家简单核算一下。"缗"字的本意是指穿钱用的绳子，后来指穿在一起的 1000 枚铜钱，也就是一千文。因此，两百多万缗就是二十亿文的价值，这相当于 20 亿枚开元通宝钱，确实是一笔很大的资金。叛军不仅劫走了这么大的一笔经费，还阻断了潼关以东物资输入长安的道路，导致关中物资匮乏，人心惶惶。

屋漏偏逢连夜雨。这时吐蕃又趁机抢占了河西走廊一带，不但阻断了唐朝与西域的联系，还占领了当地的牧场。失去马匹供应的唐朝，每年需要向回鹘高价购买战马。这一切导致的结果就是，靠发行乾元重宝当十钱所收敛的财富很快就被用光了。

此时已经升任宰相的第五琦，因为尝到了发行大钱、实行通货膨胀政策的好处，面对财政上的困难，他又变本加厉，铤而走险，在乾元重宝当十钱的基础上，于第二年九月，又奏请朝廷同意，铸造了当五十的乾元重宝钱。

唐肃宗可能也认为，刚发行完当十钱，紧接着又要发行当五十的大钱，确实有点过分了。因此在诏书中解释说，目前国家困难，军费优先，作为应急措施，铸造的新钱将以冬衣的名义发放，希望大家"宜悉朕怀"，就是多体谅他的难处。

新铸造的当五十钱，形制上与此前的当十钱一样，只是稍微增加了一点重量，同时也加厚了外郭，直径 35 毫米，重 12 克。因为钱文仍然是乾元重宝，为了与当十的乾元重宝相区别，就在钱币背面的外郭上加了一道细线，当时被称为"重稜钱"，也叫"重棱钱"。

这样市面上就同时流通有三种钱币，分别是：当一文的开元通宝小平钱、当十文的乾元重宝钱、当五十文的乾元重轮钱。并行的这三种钱币的重量分别是 4 克、6.5 克和 12 克，直径分别是 23 毫米、27 毫米和 35 毫米，但是它们的比价却是 1：10：50。

虽然新铸造的乾元重轮钱主要是发给官员做俸禄用，但是官员因为长期拮据，到手的钱很快就会流入市场。于是市面上就以乾元钱论价，导致物价飞涨。而普通百姓日常生活多用零星小钱，如果用大钱论价，生活费用顿时就会上涨十倍以上。老百姓抵制大钱的办法就是大量销毁开元钱，私铸乾元重轮钱。巨大的价差使得不法之徒纷纷铤而走险，私铸之风更加猖獗。新、旧《唐书·食货志》都记载，当时长安城中，大家都去盗铸钱币，寺庙中的大钟以及铜像多被毁坏，目的就是取铜铸钱。

面对京师市面上钱币的混乱局面，官员们纷纷上书，将之归罪于第五琦铸造的大钱。为了缓解众怒，唐肃宗于乾元二年十一月下诏罢免了第五琦的宰相职务，将他贬去长江边上偏僻的忠州（今重庆忠县）去做长史。不久代宗即位，被贬的第五琦又被半路截住，改判发配，最后被流放去了更为边远和蛮荒的贵州，成为铸造虚值大钱的替罪羊。

处置第五琦虽然能暂时平息众怒，但是铸造乾元重轮钱所造成的货币市场的混乱局面却依然存在。而简单地取消乾元钱又会招致市场上更大的恐慌，也不是解决问题的办法。朝廷取舍不定，于是就要求九品以上的文武百官"详议闻奏"，要他们提出解决问题的建议。

办法还没有来得及提出，局势就已经变得越发严重。《旧唐书·食货志》记载："寻而谷价腾贵，米斗至七千，饿死者相枕于道。"意思是说京师的米价很快就涨到了一斗七千文，饿死的人都倒在路边。

回顾太平时期的贞观四年（630），"米斗四五钱"，即一斗米的价格才四五文钱。新钱发行仅仅几个月，京兆尹抓住的私铸钱币的犯人，仅被打死的就有800多人。相比于贞观时期，一年间"天下断狱，死罪者二十九人"[1]，即全国一年总共只有29人被判死刑的记录，当时京师的治安形势已经岌岌可危。

危急之中，唐肃宗想到了另一位理财家刘晏，于是就将第五琦被贬之前所主管的经济事务全部交给了刘晏，要他负责整顿混乱的货币市场。

刘晏是谁？他能解决第五琦留下的这个烂摊子吗？

（四）

刘晏是曹州人（今山东菏泽），少年时就因勤奋好学、才华横溢而名闻天下。开元十三年唐玄宗去泰山封禅时，年仅8岁的刘晏因为献《颂》被唐玄宗召见，大加赞赏，被当时的宰相张说称为"国瑞"，甚至还被授予秘书省太子正字的官职，而号称"神童"。

宋代王应麟在编著《三字经》时，还以此为例说"唐刘晏，方七岁。举神童，作正字。彼虽幼，身已仕"，并将刘晏树立为当时青年才俊学习的榜样。由此可知刘晏在历史上的名气之大。

刘晏后来历任地方官员，名声政绩都很好，并且特别擅长管理经济事务。因此，唐肃宗于上元元年（760）五月将刘晏召回长安，让他接替第五琦，负责整顿因铸造乾元重宝重轮钱而混乱的币制。面对当时的混乱局面，刘晏又能想出什么高招呢？

形势紧迫，刘晏顾不上多想，上任后就规定将京畿地区的开元通

---

① 《新唐书》。

宝、乾元重宝两种钱币都作为当十钱使用，将原来当五十的乾元重轮钱改为当三十使用。

图 4-9　乾元重宝（小平）

图 4-10　乾元重宝（当十）

图 4-11　乾元重轮（当五十）

　　实际上，因为市场上有开元、乾元、重轮三种钱币并行，民间为了抵制钱币的贬值，私下里早已将旧的开元钱当作当十钱在使用，称为"虚钱"。刘晏只是对市面上既有的事实给予了承认，并用降低重轮钱面值的办法，缓解了它对市场的压力。刘晏这一步看来是有效的，因为一个多月之后，唐肃宗就下诏要求各州都按照京畿地区的这一做法执行。

　　官方虽然正式承认了"虚钱"的存在，但是在社会上却又产生了新的矛盾。此前用"实钱"，即一枚开元钱只当一文使用时的借贷关系，有的债务方为了贪利，就想用虚钱还贷，这自然要引起纠纷。这又迫使朝廷下诏规定，当初如果是按"实钱"借的债务，现在必须用"实钱"来还债。

刘晏的整顿虽然取得了很好的效果，但是却遭到了官场上的嫉恨，很快他就被贬为通州刺史。宝应元年（762）四月，太上皇玄宗和肃宗在一个月内相继病逝，太子继位，这就是代宗。代宗随即任命理财名臣元载为宰相，接手刘晏的工作。

元载在宝应元年四月，改乾元重宝钱以一当二、重轮钱以一当三，但是仅仅过了三天，又将所有的钱币，无论大小，一律以一当一使用。

这说明当时大部分的乾元重宝以及乾元重轮钱，实际的重量都已经减得和开元通宝钱相差无几，所以元载才会规定一律和开元通宝钱一样，以一当一使用。如此一来，没有减重的乾元重宝钱立即就退出了市场，被销毁改铸成了开元通宝钱。至此，前后纷扰了四年的乾元重宝大钱风波始告平息。唐朝的货币制度才又重新回归到了以开元通宝钱币为标准的老路上。

在刘晏和元载的先后整顿下，因第五琦铸造乾元重宝虚值大钱而引发的币制混乱最后虽然被平息了，但是刘晏却与元载及杨炎结下了仇怨，以致他最后竟被杨炎陷害致死。这又是为什么呢？

杨炎是唐德宗时期的宰相，也是一位著名的理财家。他最著名的贡献就是对赋税制度进行改革，废除了租庸调制，实行两税法，创造性地提出"量入为出"的财政概念。这些改革使得社会人身依附关系有所减轻，简化税制，便利了租税增收，对后来的赋税制度产生了重要影响。

杨炎最初是刘晏的下属，他俩在经济方面所施行的改革对唐朝恢复元气起到了重要的作用。这两位著名的理财家本应惺惺相惜，但是两人最后不但没有成为朋友，反而成了政治上的仇敌。这与元载有直接的关系。

元载是唐肃宗时期管理财政的大臣，也以善于理财而著名。代宗即位以后，元载帮助他废掉了擅权的宦官鱼朝恩，并因此得势。他不但纵容家人聚敛财货、卖官鬻爵，还在重要的地方职位以及京师重要的岗位上都安排上他的同党。杨炎因为与他是同乡，关系亲密，得到大力提拔，被认为是元载的接班人。

元载因为专权，后来被代宗赐死。刘晏在审判元载的过程中起了重要作用。虽然刘晏是秉公执法，但是杨炎却将他因受元载连累而被贬官的责任算到刘晏头上，因此怨恨刘晏。

代宗去世之后，德宗继位。德宗当年是因为元载的支持才保住了太子之位，因此他一上台就为元载平反恢复名誉，还破格提升了元载的亲信杨炎为宰相。

杨炎当上宰相之后，就开始处心积虑地报复刘晏。他利用德宗因当年太子身份差一点被废的怨恨心情，编造谎言，诬陷挑拨德宗与刘晏的关系。最后，刘晏被好猜疑的德宗冤杀。《新唐书》说，杨炎"诬晏杀之，朝野侧目"，"天下以为冤"。

一代名臣刘晏被陷害致死是个悲剧。而作为著名理财家的杨炎，在人品上也永远地留下了一个污点，也是一大遗憾。这既与元载有直接的关系，也与乾元重宝的善后有关，实际上更多的还是揭示了唐朝中后期朋党政治的端倪。

铸造虚值大钱、实行通货膨胀政策是把双刃剑，虽然暂时能解决朝廷的经费难题，牺牲的却是全体百姓的利益，这属于无奈之举、权宜之计，不到万不得已绝不能为，应该稍有缓解，见好就收。但是，统治者总是贪婪的，第五琦在当十钱的基础上又发行当五十的重轮钱就属于此类，并付出了沉重的代价。但是，第五琦的通货膨胀政策毕竟解决了朝廷缺钱的难题，为最终赢得平叛战争的胜利提供了经费上的支撑。这一点朝廷是清楚的。因此，风波过后，到了代宗晚期，第五琦又被重新起用，后来基本上是官复原职，死后还被追赠太子少保，算是给了他一个交代。

第五琦虽然官复原职了，但是安史之乱后的唐朝却已经不再是此前的唐朝。这一影响不仅仅体现在中原地区，在遥远的西域地区也发生了重大的变化。

三、大历建中：见证了安西守军精忠报国的钱币

本节要介绍的两枚钱币也跟安史之乱有关。一枚是大历元宝，一枚叫建中通宝。大历、建中分别是唐代宗和唐德宗的年号，因此这两枚钱币自然是唐代钱币。但是这两枚钱币的重量和尺寸却比唐朝标准的钱币要小，而且铸工也简陋粗糙，不像是官府铸造的正式货币。自唐朝之后，就无人能说清楚它们的来历，它们因此成了货币史、钱币学界的一个难解之谜，更因为数量稀少，一币难求，而名贵异常。

实际上，这两枚钱币不但是唐朝铸造的，而且和安史之乱有关，记录和见证了安西守军在安史之乱后，坚守西域三十二年的悲壮历史。

（一）

关于大历元宝、建中通宝的记录，最早见于五代时期钱币学家张台的记载。而张台只是根据大历、建中的年号，就将它们归为唐朝钱币。

宋朝以后，人们为了对这两种钱币有更准确的认识，试图发掘新的史料，于是历史学家洪遵就在他的《泉志》一书中，将这两种钱币与《唐书》中记载的大历四年正月第五琦在绛州、建中元年九月韩洄在商州铸钱的事联系了起来，认为"岂非当时铸此耶"？他的这一推测被后世学者沿用。于是大家就认为：大历元宝、建中通宝应该是唐朝大历四年、建中元年分别由第五琦和韩洄铸造的。

但是，这种推测很难成立。

第一，新、旧《唐书》中都没有明确说明第五琦和韩洄铸的是什么钱，而且建中元年所设的铸钱炉比大历四年设的铸钱炉要多一倍，但是出土发现的建中通宝却比大历元宝更为稀少，这不合情理。

第二，新、旧《唐书》记载，大历四年正月第五琦是在位于今山西运城的绛州铸钱，建中元年九月韩洄是在位于今陕西商洛市的商州铸钱。他俩是在不同时间、不同地区铸造的两种不同的钱币，但是大历元宝、建中通宝每次却都是相互伴随，同时出土，这又不合常理。

第三，更不可思议的是，这两种钱币在中原地区从来没有被发现过，所有已知的实物，几乎都出土、发现于新疆的库车地区。另外，它们铸造得很粗糙，不像是官方铸造的钱币，更像是私铸。但是按照常理讲，私铸钱币的人多是仿铸旧钱，不应该另外再去铸造一种新钱。

因此，大历元宝、建中通宝这两种钱币到底是什么时间、什么原因、在什么地方、由谁铸造的，从唐朝之后的五代开始，世人就已经说不清楚，成了不解之谜。

那这个谜团是什么时间被破解的呢？

这说来也真是无奈，这竟然与1992年初春发生在新疆库车地区的一起盗掘、滥挖古城遗址的事件有关。当年3、4月份，有人从新疆带了200多枚大历元宝、建中通宝来北京，去中国历史博物馆（就是国家博物馆的前身）出售，后来被中国历史博物馆、国家文物管理局以及中国钱币博物馆三家收购。当时我受邀参加了鉴定工作，听说这批钱币就是从新疆库车地区盗掘古城遗址的当地村民手中收集来的。这又一次将大历元宝、建中通宝与新疆库车地区联系了起来。

大家可能要问，库车在唐代是什么地方？为什么和大历元宝、建中通宝这么有缘？每次都在那里出土！

库车现在虽然只是新疆南部一个很普通的县城，位于塔里木盆地北缘，属于阿克苏地区，但是它在历史上却非常有名，叫龟兹国。龟兹国以国人能歌善舞著称，文化繁荣，佛教昌盛，那里到现在还保留有很多佛教洞窟和壁画。汉唐的时候，龟兹就是西域的大国。贞观二十二年（648），唐朝平定龟兹后，改名安西，并将管理西域地区最高的军事、行政机构从吐鲁番迁到这里，称安西都护府。这样库车就成了当时西域政治、经济、军事、文化的中心，负责管辖天山以南至葱岭以西、阿姆河流域的广大地区，下设有著名的安西四镇，即龟兹、于阗、疏勒、碎叶，对西域实行有效的管理。

库车既然在唐代是安西都护府的驻地，又是当时西域政治、经济、文化的中心，而大历元宝、建中通宝这两种唐朝的年号钱历年来又都集中出土发现于这一地区，特别是 1992 年这次出土的数量还比较大，因此我隐约地感觉到，这次出土是一次重大的发现，在解开大历元宝、建中通宝来源之谜方面具有重大的意义。因此，第二年（即 1993 年）5 月我在组织中国钱币学会"丝绸之路（新疆段）历史货币考察"活动，途经库车时，专门就这一问题做了详细调查，在考证清楚这两种钱币的来源问题上取得了重要的学术成果 [1]。

---

[1] 撰写了《大历元宝、建中通宝铸地考——兼论上元元年以后唐对西域的坚守》，发表于《中国钱币》1996 年第 3 期。

（二）

当地文管所的同志介绍，这批大历元宝、建中通宝是 1992 年初春时节当地村民在一处叫通古斯巴什的唐代古城遗址中寻宝时挖出来的，具体数量不详，很快都散失了。后来在文管所同志的带领下，我们在距县城西南四十多公里处的一片荒漠中找到了这座古城。

古城四周沙丘群立，芦苇、红柳丛生，四面城墙虽然已经遭受严重破坏，但是仍高达三四米，城垛、马面等防御设施依然清晰可辨。关于这座古城，1928 年考古学家黄文弼先生参加中瑞西北科学考察团时，曾来此做过考古发掘。他在考察报告中记载，本地居民在城中曾经拾到一张残纸，上面写有唐朝的大历年号，由此证明这是一座唐代古城。

根据后来我们又从别处了解到的情况，综合分析后可知，这批钱币出土于 1992 年 3 月中旬，总数约有 3000 枚，其中主要是大历元宝、建中通宝，另外还伴随有少量的开元通宝、乾元重宝以及"中"字钱和"元"字钱等。

这是一次关于大历元宝、建中通宝的重要发现，可惜的是除极少一部分钱币被国家文物部门征集之外，大部分实物散失。更可惜的是这么重要的一次出土，竟然完全是在破坏文物的非法活动中进行的。破坏了出土的文化层，没能留下其他有价值的资料。但是，仅就出土这件事而言，仍然具有重要的价值。

大历元宝、建中通宝在新疆库车地区大量出土，在内地却从来没有被发现过，因此有没有可能，这两种钱币就是由安西都护府铸造的呢？

可是，根据唐朝的法律，安西都护府虽然是管理西域地区最高的军事、行政机构，但是它并不负责铸钱。铸钱是由中央政府统一管理的，由铸钱使来具体操办。上一节讲过，第五琦就是以铸钱使的身份铸造乾元重宝钱的。因此，正常的情况下，安西都护府是不可能越权去铸钱的。如果那样做就犯法了，朝廷是要追究责任的。那铸钱这件事就只有在特殊的紧急情况下才有可能发生。按照这一逻辑推理，会不会与安史之乱有关呢？但是，安史之乱发生后，别的地方的军政长官、节度使都没有铸钱的事情发生，驻守西域的安西都护府有可能铸造钱币吗？因此，我们只有从安史之乱发生后，西域地区的形势，特别是要联系大历、建中这两个年号的具体时间段来看西域当时的境况，才有可能查明这两枚钱币跟安西都护府的关系。

（三）

安史之乱以前，唐朝在西域地区遇到了两个强劲的对手：一个是刚刚灭亡波斯萨珊王朝，正在中亚由西向东扩张的阿拉伯帝国；另一个则是从南向北翻越青藏高原进入塔里木盆地的吐蕃王朝。天宝十载（751），唐朝与阿拉伯帝国在西域发生了一场遭遇战，这就是著名的怛罗斯之战，结果唐军战败。四年之后就爆发了安史之乱，不到半年，洛阳、长安相继失守，玄宗避居四川，太子李亨在灵武继位，担负起了平叛的重任，号召天下勤王。

驻守西域的安西、北庭节度使属下的军队也被大批调往内地。他们的内调对平定安史之乱起了重要的作用，但是却大大地削弱了唐朝在西域的防守力量。

据文献记载，安西都护府驻军的编制是 24000 人，节度使封常清分三批抽调了 15000 人跟他东归勤王，留守部队还剩 9000 多人。除了西域，驻守在陇右、河西的军队也都东调勤王去了，这给早已觊觎陇右、河西的吐蕃以可乘之机。唐肃宗上元元年（760），吐蕃就攻占了陇右、河西，直逼长安，切断了西域与长安的直接联系。接着便越过昆仑山，进入塔里木盆地，与孤悬塞外的安西守军展开了对西域的争夺战。

这时一个艰难的抉择就摆在了安西守军的面前：是冒着孤悬塞外的危险继续坚守西域，还是放弃西域撤回中原？如果撤回中原，他们虽然安全了，但是西域就丢失了。具有家国情怀的安西守军，毅然决定留在西域，吹响了孤军坚守西域三十二年的唐代版"集结号"。

那留守西域的唐朝军队，当时是什么情况呢？

如上所述，安西驻军总共有24000人，其中15000人东调勤王，留守西域的只剩下9000人。曹令忠率领一部分驻守北庭，安西则由郭子仪的侄子郭昕代理主持。在人员减少了近三分之二，既断绝了与中央的联系，又失去了陇右河西策应的情况下，西域守军只能与沙陀突厥和回鹘结成联盟，相互依存，文献记载说"吐蕃久攻之不下"。

大约在代宗大历七年（772），安史之乱已经平定将近十年了，唐朝中央才意外地得到了安西守军的消息。有因战乱流落到吐蕃的汉人士兵逃回长安，向朝廷述说吐蕃以及西域的情况，代宗这才知道，安西、北庭的守军还在顽强地坚守，他感慨万千，下了一道"喻安西北庭诸将制"的诏书。制文中说，如果不是你们坚守，"则度隍逾陇，不复汉有矣"，"令忠等忧国勤王，诚彻骨髓。朝廷闻之，莫不酸鼻流泪，而况于朕心哉"！意思是说如果不是你们，过了隍陇地区就不再是华夏的地盘了。以曹令忠为首的将士们精忠报国，感动了朝廷，代宗的内心更是激动万分。表示一番慰勉之后，代宗对他们进行了嘉奖：赐北庭都护曹令忠李姓，改名元忠；同时承认由郭昕主持安西事务，并授予"四镇节度留后"的称号。

此后李元忠、郭昕虽然多次遣使与朝廷联系，但是每次都受阻于吐蕃而不能到达长安,"声问绝者十余年"。直到建中二年(781),使臣万里迢迢绕道蒙古高原,经回鹘地区来到长安。此时代宗已经去世,德宗刚刚继位,朝廷这才知道,自大历七年又失去音讯的西域将士仍然坚守在安西、北庭。惊喜万分的德宗对坚守西域的将士又进行了一番嘉奖,加授李元忠为北庭大都护、郭昕为安西大都护。按照唐朝的制度,边境上的大都护都要由亲王遥领,并不亲任。因此,为了符合制度,德宗又给他们二人赐了爵位,李元忠赐爵宁塞郡王,郭昕赐爵武威郡王,对其余的将士也都有奖赏升迁。

贞元二年(786)李元忠去世,贞元六年冬北庭失陷。《旧唐书·吐蕃下》记载:"自是安西阻绝,莫知存否,惟西州之人,犹固守焉。"音信再次断绝之后,安西何时陷落、郭昕下落如何都不清楚,最后只有西州(位于今吐鲁番)还在唐军的坚守之中。

(四)

以上就是目前我们能从文献中找到的,有关安史之乱后,西域留守部队对安西、北庭坚守情况的零星记载。虽然只有寥寥数语,但是一句"自是安西阻绝,莫知存否,惟西州之人,犹固守焉",还是给我们勾勒出了忠勇的安西守军吹响集结号的悲壮画面。

因此,我认为大历元宝、建中通宝应该是在上述背景下,由坚守安西的"四镇节度留后"郭昕铸造的。为什么这么说呢?

吐蕃占领河西走廊,切断了西域留守部队与朝廷的联系之后,出身世家的郭昕在孤立无援的情况下,为了激发士兵恪尽职守、表达他们精忠报国的决心,同时筹集军饷、购买军需物品,他能想到的最好的方式就是奉唐朝正朔,采用当时唐代宗正在使用的年号"大历",铸造大历元宝。等到建中二年(781)郭昕派遣的使节绕经回鹘和朝廷取得联系后，郭昕才知道大历十四年（779）代宗已经去世，德宗继位，已改元建中，于是又铸造了建中通宝。这虽然超越了他的职权范围，但是在当时的特殊情况下，朝廷不但认可了郭昕的做法，还予以了嘉奖。

唐代宗的大历年号总共使用了十四年（766—779），779年代宗去世，德宗继位，第二年改元建中，共使用了四年（780—783）。考古学家黄文弼先生在通古斯巴什古城发现的"李明借粮残契"文书上的纪年为大历十五年，就印证了当时孤悬塞外的安西守军不知道大历十四年之后朝廷已经改元建中的情况，因此才会有"大历十五年"的纪年出现。

"建中"年号仅仅使用了四年，且直到建中二年郭昕才知道改元建中，又铸造了建中通宝，所以建中通宝铸造的时间实际上仅有两年，这比大历元宝铸造的时间要短得多，因此数量更少。同时受形势所迫，建中通宝铸造的比大历元宝更为粗劣。这和我们现在发现的大历元宝、建中通宝的数量以及质量完全相符。

除了大历元宝、建中通宝，还发现只铸有一个"元"字或"中"字的钱，这属于大历元宝和建中通宝的"别品"，即替代品。这两种钱币两面都没有轮廓，铸造技术更简单，也更粗劣，这更证明了它们是在战争这一特定的历史条件下，为应急而铸造的。另外，这些钱币都"铜色纯赤"，是用冶炼的纯净红铜直接铸造的，没有添加铅锌等其他配料，这是西域铸钱的一大特点，与中原地区添加铅锌的做法完全不同。

此外，库车盛产铜矿，早在魏晋南北朝时期，古龟兹国就铸造过五铢钱。当地考古发现的众多龟兹五铢钱以及钱范，证明当时龟兹地区已经具有很高的铸钱技术，这也为郭昕在当地铸钱提供了物质以及技术上的支持。

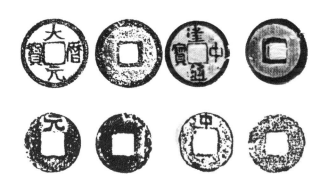

图 4-12　大历元宝、建中通宝、"元"字钱、"中"字钱

　　郭昕要在安西铸钱，除了有政治上的需要以及物质、技术方面的条件，还需要有一个相对稳定的社会环境。根据保存在《大藏经》中的《悟空入竺记》的记载，我们发现安西当时也具备铸造、使用货币的社会环境。

　　据《悟空入竺记》记载，唐朝的僧人悟空从印度取经回国途中，于贞元四、五年间（788—789）路过安西地区，并逗留了一年多。其间他翻译了《十力经》，后来又在北庭译出《十地经》。这说明当时从疏勒直到于阗包括安西四镇以及北庭在内的西域广大地区，仍然都在安西和北庭两大都护府的有效管理之下，社会秩序是稳定的，民众的生活也是正常的。正是在这种社会环境下，郭昕才有可能通过铸造钱币来筹集军需用品。在与中央断绝了联系的情况下，正是依靠大历元宝、建中通宝，安西守军才顽强地创造了孤军坚守西域三十二年的历史。

　　因为河西被吐蕃占领，悟空也只能绕道回鹘，于贞元六年（790）二月回到长安。就在当年，西域的局势突然发生了剧变，首先是于阗陷落，两年之后即贞元八年西州也被攻陷。安西失陷的时间虽然未见记载，但一般认为最晚于贞元八年也失陷了，郭昕最后可能殉国了。这样，唐朝的势力最终退出了西域。

（五）

在文献记载模糊又缺少其他资料的情况下，安史之乱以后唐朝留守部队在西域的坚守情况，始终是唐史研究领域的一大空白。

学术界比较流行的观点是，安史之乱爆发后，唐朝的主力部队因为调回了内地参加平叛，西域很快就被吐蕃和回鹘占据。近年通过对西域地区出土文书的研究，虽然否定了上述传统的看法，证明安西四镇以及北庭等地在安史之乱后很长一段时间内还奉唐朝正朔，理应在唐军坚守之中，但是具体情况仍然不详。

正是在这种情况下，考证清楚大历元宝、建中通宝是坚守安西的"四镇节度留后"郭昕在库车铸造的，不但破解了困惑钱币界一千多年的有关大历元宝、建中通宝来源的不解之谜，更见证了安史之乱以后，唐朝守军对西域的坚守，这为研究从上元元年（760）河陇失守直到贞元八年（792）西州最后失陷的三十二年间，以李元忠、郭昕为统帅的留守部队，在与朝廷失去联系、孤立无援的情况下毅然忠于大唐、坚守西域的这段历史，提供了实物资料，补充了文献记载中的空白。

钱币虽小，但是作为历史的见证者，它所承载、记录、包含的信息却非常丰富。它的这一功能在安史之乱的研究上尤为明显。无论是史思明、第五琦，还是安西守军铸造的钱币，都填补、丰富了安史之乱的一些空白和细节，见证了那场叛乱对唐朝及以后中国历史进程的深远影响。实际上这正是考证、研究钱币的价值和意义所在。

4

记载了文化交流、国家认同的钱币

唐朝是我国统一多民族国家的重要发展和形成时期，钱币作为历史进程的实物见证以及文化交流、商贸往来的物质载体，记录了当时各民族间的文化融合以及国家认同。其中，高昌吉利钱见证了隋唐时期高昌地区的农耕文化与游牧文化之间的交流融合；粟特青铜钱反映了开元通宝作为国际货币，对丝绸之路沿线粟特、突厥以及回鹘人使用货币的影响，告诉我们中亚地区在伊斯兰化之前有过一个仿照开元通宝钱铸造圆形方孔钱的辉煌时代；回鹘钱、突骑施钱则讲述了"天可汗"故事的由来；桃花石可汗钱揭示了西迁回鹘人的文化以及国家认同；同庆元宝记录了于阗国王的中华意识与文化认同。

一、高昌吉利：多元文化融合的见证物

高昌吉利是古代高昌国的钱币，知名度很高，可以说是中国古代钱币中的大名誉品。可是，不知道有人考虑过没有，钱文"吉利"两

字，除了字面上的吉祥如意、大吉大利，是否还有别的寓意？背后是否另有鲜为人知的故事？

下面，我就结合自己的研究，试着给大家解开蒙在高昌吉利钱币上的谜团，还原它的本来面目。

（一）

高昌吉利钱币最早见于清代乾嘉年间张敬庵所著《泉宝录》。它直径 25.5 毫米，穿径约 7 毫米，重约 14.3 克；钱文为隶书，文字环读，背面没有文字，也无图案；钱体大而厚重，肉好郭圆，字体古朴，制作精良。虽然因钱文上有"高昌"两字，就能确定它是古代高昌国铸造的，但是古代高昌国自北魏延续至元代，具体是高昌国哪个时期所铸造的，则是众说纷纭，莫衷一是。

图 4-13　高昌古城

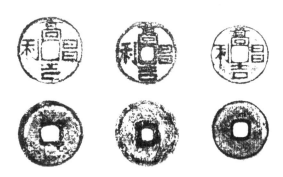

图 4-14 高昌吉利（拓片）

有两次重要的出土发现对于确定它的年代具有重要意义。

一次是 1970 年 10 月发现的震惊考古界的西安何家村唐代金银器窖藏。出土的 1000 多件文物中，有 39 枚钱币，其中就有一枚高昌吉利，现收藏于陕西省历史博物馆。这是高昌吉利钱币第一次有明确记载的出土发现，立即引起了钱币学界的广泛关注。

图 4-15 高昌吉利（何家村出土）

另外一次是 1973 年吐鲁番阿斯塔那 519 号墓葬中出土的一枚高昌吉利钱币，同时出土的还有纪年为唐贞观十六年（642）的墓志一块。证明高昌吉利钱币的铸造年代最晚不可能晚于贞观十六年，由此可以确定高昌吉利钱币是麹氏高昌王国时期铸造的。

图 4-16　高昌吉利（阿斯塔那出土）

　　至此，钱币界普遍认为围绕高昌吉利钱币的疑问似乎已经解决了。但是，事情并没有这么简单，实际上真正的研究才刚刚开始。

　　高昌吉利钱币最初引起我的注意与东突厥汗国的颉利可汗有关。

　　颉利可汗是东突厥汗国的最后一位可汗，但是他却毫无末代君主那种日落西山的衰败之象，反而拥有强盛的势力。贞观元年（627）颉利可汗亲率 10 万大军直逼渭水便桥之北，距离长安城仅有四十里，京师震动。刚刚通过玄武门之变登基的唐太宗，被迫设疑兵之计，亲自带领少数随从隔渭水与颉利对话，许以金帛财物并结盟，之后颉利才退兵，这就是被唐太宗引以为耻的"渭水之盟"。

　　两年后即贞观三年，唐太宗抓住时机派李靖出奇兵打败颉利可汗，第二年东突厥汗国灭亡，颉利被俘后归顺了唐朝。据说陕西昭陵的神道上给唐太宗守陵的 14 尊蕃君石人雕像中，就有这位颉利可汗。

　　有人可能会问：颉利可汗与高昌吉利之间会有什么关系呢？莫不是颉利可汗铸造了高昌吉利钱？

　　高昌吉利虽然不是颉利可汗所铸，但却是颉利可汗的名字，启发我对高昌吉利钱产生了新的认识。因为"颉利"是突厥语 ilik 或 ilig 的汉字音译，其突厥语的本意是"王"。"吉利"实际上就是"颉利"的异译。因此，我推测高昌吉利的本意很可能表示的就是"高昌王"。

我的这一想法直到 2006 年深秋的一天，去医院看望我国著名的突厥语言学家、中国少数民族古文字学会副会长、中央民族大学博士生导师张铁山博士时，才有机会向他请教。

铁山教授认为我的观点有一定道理，答应出院后从语言及音韵学上给我提供依据。不久，我就收到了他通过邮箱发来的考释结果。他同意我的观点即"吉利"是突厥语 ilik 或 ilig（王）的汉语音译。尤为难得的是，他从语言学上给我提供了依据，证明汉字"吉利"实际上就是突厥语 ilik 或 ilig 的音译。

收到铁山教授从语言学专业提供的依据后，我备受鼓舞，很快撰写了《高昌吉利钱币考——兼论隋唐之际高昌地区的文化融合》，发表于《西域研究》2007 年第 1 期。文章中我认为："吉利"是用汉字拼读的古突厥语，应为突厥语 ilik 或 ilig 的汉语音译，意为"王"。汉文史籍中经常译作"颉利发"、"希利发"或"颉利"，"吉利"是它的异译。"颉利发"原本是突厥汗国的一种官衔或称号，经常授予被其控制的西域各国的国王，作为臣服的标志。如 20 世纪初发现于新疆吐鲁番的"麹斌造寺碑"，就记录了第六代高昌王麹宝茂的头衔，在他一长串的头衔中，就有来自突厥授予的"希利发"，后面紧跟的就是麹宝茂自称的"高昌王"。因此，我考证"高昌吉利"对应的汉语意思应该就是"高昌王"，是时任高昌国国王的麹文泰铸造了高昌吉利钱。

新、旧《唐书·突厥传》中，都有关于"颉利发"的记载，只是研究历史的专家没有关注到高昌吉利钱，而研究钱币的专家又没有将"吉利"与"颉利发"联系起来，我正好兼顾了这两个方面，于是将两者联系起来，破解了这一千年不解之谜。

（二）

有人可能要问：高昌国王麴文泰为什么要铸造高昌吉利钱呢？

实际上这与唐玄奘西行求法有一定的关系。

据《大慈恩寺三藏法师传》记载，玄奘是在麴文泰的盛情邀请之下，改变西行的行程来到高昌国的。麴文泰本想留玄奘常住高昌为国师，被玄奘婉拒之后，麴文泰又要与玄奘结为兄弟。玄奘被迫同意留住高昌讲经一月，并答应取经归来时留在高昌宣扬佛法三年，之后麴文泰才派人护送玄奘西行，并专门给西突厥的统叶护可汗写了信函，请他给玄奘提供沿途的帮助。

麴文泰在信中说："法师者是奴弟，欲求法于婆罗门国，愿可汗怜师如怜奴，仍请敕以西诸国给邬落马递送出境。"[1]统叶护可汗找到一位在长安待过数年、通解汉语的青年，携带他给沿途各国的国书以及法服一袭，绢50匹，护送玄奘到达迦毕试国。玄奘出发时，统叶护可汗还与群臣送出十余里。如果没有西域当时的实际统治者统叶护可汗给沿途打招呼并派卫队护送，玄奘是很难顺利到达印度的。

史载统叶护可汗在收到玄奘带来的麴文泰写给他的信函之后，授予了麴文泰"颉利发"的称号。实际上，麴文泰还是统叶护可汗的大舅哥，因为他的妹妹和亲嫁给了统叶护可汗。联系这件事，我认为麴文泰很可能是在收到"颉利发"这一称号之后，铸造了高昌吉利钱币。

这一推测从玄奘写的《大唐西域记》中也能得到一些旁证。玄奘在《大唐西域记》中对沿途经过的阿耆尼（即焉耆）、屈支（即库车）

---

[1] 《大慈恩寺三藏法师传》，中华书局，1983。

等国使用货币的情况都有专门的记述，如记载"（库车）货用金钱、银钱、小铜钱"，但是唯独对高昌国的货币不见记载。考虑到玄奘当年在高昌生活过一段时间，因此，高昌吉利钱币很可能是在玄奘离开高昌以后铸造的。即铸造年代的上限应该不会早于玄奘离开高昌的贞观二年（628），下限更不可能晚于贞观十四年（640）侯君集平定高昌。也就是说，高昌吉利钱币应该铸造于唐贞观二年到贞观十四年，即公元628—640年的十二年间。这一推断与吐鲁番阿斯塔那519号墓葬中，和高昌吉利同时出土的墓志纪年为唐贞观十六年（642）也是一致的。铸造地点应该就在高昌当地，不可能像有人认为的是铸于中原内地。

高昌吉利钱币虽然是麹文泰被授予"颉利发"这一称号之后铸造的，但是联系高昌国的历史，我们发现麹文泰铸造高昌吉利钱并不完全是为了纪念统叶护可汗授予他"颉利发"这一称号，实际上还有更深层次的政治考量，目的是加强王权，这属于他推行的"延寿改制"政策的一部分。

为什么要这样说呢？接下来我再做进一步的考证与分析。

（三）

麹氏高昌王国后期，高昌国周边的柔然、高车以及铁勒部落被新兴的、更为强大的西突厥汗国替代，中原地区则是唐朝取代隋朝统一了全国。

周旋于周边强大势力之间的高昌王麹文泰非常清楚，高昌王国处于西突厥与唐朝两强之间，自身的国力又很弱小，既是西突厥的属国，又必须向唐朝称臣，两边都得照顾好，哪一方他都不敢得罪。更关键的是在王国内部他还需要强化王权，加强统治。因此，他推行了"延寿改制"，在加强王权的前提下，采取了一些既能照顾现实，同时又内外有别的政策。高昌吉利钱实际上就是麴文泰在这一政治背景下铸造发行的。

讲到"延寿改制",需要给大家做一点背景介绍。

隋朝大业六年（610）左右,麴文泰的父亲麴伯雅受邀去长安朝见过隋炀帝。受到中华文化的感召,麴伯雅回到高昌后便积极推行以华变夷,向中原文化看齐的改革。这项改革虽然获得了隋炀帝的支持,但是在实际推行的过程中却遇到了很多阻力,其中最大的反对者就是距离高昌最近的另一宗主国铁勒。

《隋书·高昌传》记载说,麴伯雅"虽有此令取悦中华,然竟畏铁勒而不敢改也"。即便如此,最终还是导致了政变的发生,麴伯雅弃国逃亡,失国六年后于公元 620 年在西突厥的支持下才重新夺回政权,改元重光,史称"重光复辟"。关于这次复辟的幕后主使,史无记载,说法不一。实际上具体是谁并不特别重要,重要的是它体现了中原汉文化与西域少数民族游牧文化,即所谓的汉胡两种文化、两股势力对高昌的影响与争夺。

重光复辟四年以后,即公元 624 年,麴伯雅去世,其子麴文泰继承王位,改元延寿。为了加强统治,麴文泰围绕强化王权推行了一些新的政策,史称"延寿改制"。限于资料,我们对延寿改制的内容所知有限,很不全面。但是,从目前所掌握的一些具体事例看,加强王权无疑是麴文泰改制的中心目标。于是,麴文泰就选择统叶护可汗授予他"颉利发"称号的机会,铸造了高昌吉利钱币。

铸造发行寓意为高昌王的"高昌吉利"钱币是麴文泰加强王权的需要,同时也是他在王国内彰显王权的最好方式,揭示和反映了高昌国王麴文泰夹在唐朝和西突厥这两个强大政治势力之间的无奈和小心翼翼。

在高昌王的称号中，"王"借用突厥语 ilik 或 ilig 的汉字译音"吉利"，即采用"高昌吉利"四字的形，来表达"高昌王"的意，这既能在王国内部强调自己"王"的地位，因为高昌国的臣民都知道"吉利"就是王；又能让西突厥和唐朝满意，对于西突厥，"吉利"就是"颉利发"，本身就是统叶护可汗授予的官衔，对唐朝方面来说也能交代，因为汉字"吉利"字面上仅是大吉大利、吉祥如意的意思。这样就达到了在王国内部以及周边两个强大的宗主国三方之间都能接受、满意并解释得通的效果。只是在铸造钱币时，因受空间所限，"颉利发"便被简略为"吉利"两字。

高昌吉利钱既符合圆形方孔钱的铸造特点，又能充分表达麴文泰的心意，真是完美之至！

（四）

有人可能会问：高昌国为什么会出现用汉字拼读突厥语的现象？这种现象说明了什么？

实际上，用汉字拼读古突厥语，就像 20 世纪 80 年代改革开放之初，初学英语而不懂国际音标，有人就用汉字标注英语的发音一样，这是一种文化交流、融合过程中的普遍现象。

高昌吉利钱就像一块活化石，记载、见证和揭示了隋唐之际高昌地区这种文化融合现象，它是中原地区的汉文化与西域地区的突厥文化相互交汇、融合的结果。这与高昌地区特殊的民族构成和地理位置有关。

民族构成上，高昌居民主要是来自河西以及中原地区的汉族移民，这些移民主要由屯田戍卒及避乱难民构成。据《魏书·高昌传》记载，高昌国最早的汉族移民是李广利征大宛时留下来的"疲卒"，即老弱病残的士卒，随后是汉魏时期的屯田兵卒。十六国时为逃避战乱，难民或自发或被裹胁而流入高昌。仅北魏太平真君三年（442）沮渠无讳一次就将敦煌一万余户强行迁至高昌；直至隋末，仍有内地民众逃入高昌。这也是唐太宗平定高昌的原因之一。

地理位置上，高昌位于西域中部偏东地区，地处丝绸之路的交通要道。一方面，它是中原通往西域的必经之地；另一方面，它又处在天山北部游牧的"行国"通往塔里木盆地沿线农耕的"城郭诸国"的必经之地。这一地理位置决定了高昌始终是中原王朝与草原游牧民族争夺西域的焦点地区。魏晋以来，当中原陷于内乱而无暇顾及西域时，高昌便被以柔然、高车、铁勒、突厥等为代表的草原游牧民族控制。

高昌国内部是中原地区移民带来的汉文化，环绕王国四周的则是草原游牧文化。魏晋以来，高昌又被迫依附于外部的游牧民族政权。在两种完全不同的文化的相互影响之下，就形成了以"汉胡交融"为特色的高昌文化。这种汉胡交融的特色，在高昌王国社会生活的很多方面都有所表现。譬如：

政治上，高昌执政者既接受突厥等游牧民族授予的"颉利发"等官衔及称号，表示政治上的臣属；同时也向中原王朝称臣纳贡，接受册封。如"麹斌造寺碑"背面所刻高昌王麹宝茂的头衔便是北魏封号、突厥封号和自署三种官衔及称号的混合体。

语言上，高昌王国虽然接受突厥授予的官衔及称号，但是始终使用汉字，而不用突厥文字，需要时就用汉字音译突厥语。高昌对突厥语的音译名称与中原文献所用译名用字不尽相同，如突厥语 ilik 或 ilig，中原音译为"颉利发"，而高昌地区则译为"吉利"，这可能是因为高昌地区的移民主要来自河西，其汉文化是以河西地区的凉州文化为主。

婚俗上，王室上层遵从突厥的收继婚制，就是父兄叔伯死后，兄弟及子侄婚娶嫂子及后母，这是游牧民族的一种婚俗。高昌王国从与突厥结姻的高昌王麹伯雅极力反对续娶突厥后母，到麹文泰主动要求续娶后母宇文氏，表明高昌王室对突厥的这一婚俗已由最初的极力反对变为主动接受，并成为王室自身的婚姻习俗。这种情况应该是仅限于与突厥结姻的王室，民间则很少有跨族通婚的现象。

葬俗上，坟墓的样式、出土的墓志铭和文书都显示了其与中原汉文化的一脉相承，但是也保留有草原游牧民族特有的一些葬俗。如死者的名字、官号虽然是用汉文记述，但是许多人脸上却盖有覆面（面衣），眼睛上盖有金属眼罩，这显然又是源自草原游牧民族的葬俗。

服饰上，依从突厥"被发左衽"，即披发、上衣左侧开襟，这是游牧民族特有的服饰习俗。《梁书·高昌传》记载，男子"辫发垂之于背，著长身小袖袍、缦裆袴"，这显然不是汉族的装束；而女子的"头发辫而不垂，著锦頍缨珞环钏"，仍然保留汉族妇女的打扮。这与《周书·高昌传》中记载的"服饰，丈夫从胡法，妇人略同华夏"，《隋书·高昌传》中"男子胡服，妇人裙襦，头上作髻"的记载亦相一致。

与官制及婚俗相比，高昌王国在服饰上受游牧文化的影响要大得多。玄奘在《大唐西域记》中记载，中亚呾逻斯附近的小孤城有居民300多人，本来都是中原地区的汉人，后来被突厥掳掠到了这里。他们抱团取暖，共同生活在这个小孤城之中，但是"衣服去就，遂同突厥；言辞仪范，犹存本国"。意思是说虽然他们的服饰已经都突厥化了，但是语言以及神情却还保留着中原的风格。小孤城实际上是一个定居的农业聚落，聚落中流落的汉人明显已经具有了突厥化的倾向。

隋唐时期是西域历史上一个大的发展阶段，也是各种民族文化相互交汇、融合的一个重要时期。交流的过程是相互影响、互相吸收；交流的结果则是你中有我、我中有你，最终形成了以多元、交融、开放为特色的丝绸之路文化。

在这种历史背景之下铸造的高昌吉利钱币，只有放在多元文化交流、融合的大背景之下来考察、分析，才能揭示出它所承载、蕴含的文化信息，才能考证清楚它的来历。而这正是丝绸之路钱币的魅力所在，也是我们考证、研究高昌吉利钱币所获得的最大启示。

二、粟特青铜钱：丝绸之路上的圆形方孔钱

20 世纪三四十年代，苏联曾经在中亚地区进行了大规模的考古发掘。其中，在著名的考古学家斯米尔娜娃的主持下，在费尔干纳盆地一带出土了大量的圆形方孔铜钱。出人意料的是，有的钱币上铸有汉字"开元通宝"，背部铸有徽记；有的只保留了一个"元"字并与当地的粟特文合铸在一起；另外，还有大量的钱币没有汉字，只有粟特文。这种钱币因为发现于古代粟特地区，因此被统称为"粟特青铜钱"。

前文说过，开元通宝钱币的背面通常都铸有月纹，在这里怎么就换成了徽记？中国传统的方孔钱为什么要用粟特字母？这种粟特青铜钱是谁铸造的？又为什么铸造？

下面，我想通过粟特青铜钱来谈谈唐代的开元通宝钱在丝绸之路沿线曾经发挥的重要作用。

（一）

要讲粟特青铜钱，首先要从"粟特"以及"粟特人"谈起。

"粟特"（或译为"粟弋"）一词最早见于《后汉书·西域传》，指的是中亚地区阿姆河和锡尔河之间的泽拉夫善河流域。西方文献对这一地区习惯称为"索格狄亚那"（Sogdiana）。"粟特"应该就是"索格狄亚那"的汉语音译，在阿拉伯文献中又称为"河中地区"，现代地理学上则称之为费尔干纳盆地。主要位于今天的乌兹别克斯坦，另有一小部分在塔吉克斯坦和吉尔吉斯斯坦境内。

　　粟特人，顾名思义是指生活在粟特地区的人，这是一个古老的民族，人种上属于伊朗系统的中亚古代民族，语言上属于印欧语系伊朗语族的东伊朗语的一支。早在公元前6世纪的波斯阿契美尼德王朝的文献中，就提到了粟特人。据说波斯的居鲁士大帝于公元前540年征服了索格狄亚那，虽然后来居鲁士本人在与塞种人的战斗中死去，但是，直到亚历山大于公元前329年消灭波斯帝国，粟特地区都是波斯阿契美尼德王朝的一部分。正是因为粟特地区深受阿契美尼德王朝的影响，粟特人才于公元1—2世纪在源自阿契美尼德王朝的帕提亚语的变种阿拉米文字母的基础上发明了粟特文字母。

　　粟特文字一经发明，就显示出了很好的适用性并发挥了重要的作用，产生过重要影响。它不仅在粟特人后来的商业活动中扮演了重要的角色，甚至还直接影响了我国当代一些民族文字的使用。如古代的突厥民族，除了8世纪初上层贵族短暂使用过一段时间的如尼文，突厥文献一直是用更适合突厥发音的粟特字母来拼写的。后来的回鹘人，就是现代维吾尔族的前身，也是在粟特文的基础上发展出了回鹘文。回鹘文最初是从右向左横写，后来可能是受汉文影响或与汉字连写的关系，改成了竖写。回鹘人虽然后来因为改信伊斯兰教而改用了阿拉伯字母，但是蒙古文却是在成吉思汗统一蒙古各部之后，由回鹘人塔塔统阿在回鹘文的基础上发明的，满文又是在蒙古文的基础上发明的，锡伯族的文字又是源自满文。因此，我们可以说今天的蒙古文、满文和锡伯文都是来自粟特文。

粟特人与中国的首次接触一般认为与亚历山大的东征有关。可能就是为了躲避希腊的军队，粟特人向东逃到了塔里木盆地，并进而通过河西走廊进入中原地区。西突厥与波斯萨珊王朝联合击败控制粟特地区的嚈哒之后，双方以阿姆河为界划定了势力范围。不久西突厥又转向东方与东突厥展开争斗，遂给粟特人提供了崛起的机会，建立了以康国（今撒马尔罕）为核心的半独立的绿洲城邦国家。后来粟特商人为了沟通中亚地区与中国之间的商贸往来，在塔里木盆地南缘直到甘肃、陕西的丝绸之路沿线，以及山西、河北，甚至辽宁等地，建立了许多由粟特商人组成的移民聚落，并进而发展形成了联系密切的商业网络。1907 年斯坦因在敦煌以西被废弃的一座汉代烽燧遗址中，发现了一组粟特人的"古信札"。这封信大约写于 313 年，反映了早在 4 世纪初，粟特人就已经沿着丝绸之路进入河西走廊，移居洛阳、长安，并经常写信给粟特本土的家人。

图 4-17　敦煌出土的粟特文信札

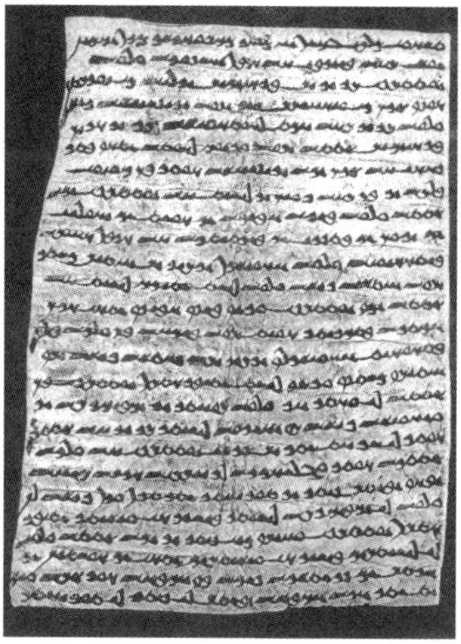

图 4-18　穆格山粟特文书

　　中国政府为了加强对入境粟特人的管理，一般都在粟特聚落中指派一人为官，这样就将他们纳入了政府管理系统；被官府指派的人既是聚落组织的领导者，又是商队的首领，还是负责祭祀活动的宗教领袖萨宝。从北魏到唐朝，很多入华的粟特人都用各自的国名做姓氏，如康、安、石、曹、米、何、史等，并取一个中国化的名字，如大家熟悉的安禄山、史思明。

（二）

　　下面介绍粟特人的商业文化及其传统。这与他们长期控制丝绸之路贸易并铸造开元通宝等圆形方孔钱有重要的关系。

　　粟特人作为丝绸之路上的一个商业民族，从公元 6 世纪到 8 世纪中叶，就实际控制了丝绸之路贸易并持续了长达两个半世纪的繁荣。这在很大程度上是依靠粟特本土强大的商业传统的支持。

　　粟特地区并没有建立一个统一的国家，而是分布有众多大小不等的、以绿洲农业以及商业贸易为基础的城邦国家。其中以撒马尔罕为中心的康国最大，也是主要的政治中心。此外还有位于布哈拉的安国、塔什干的石国，以及东曹国、曹国、西曹国、米国、何国、史国等。这些城邦的王族都同姓"昭武"，不同时期，他们或有分合，但基本保持有十多个城邦小国。因此，它们在唐代的文献中被统称为"昭武九姓"，有时也称"九姓胡"。

粟特人因为地处丝绸之路东西交通的要冲，同时又介于农业文明和游牧文明的南北交汇之处，以转手贸易为特色的商业文化非常发达。因此，得地利之便的粟特人就成为活跃于丝绸之路上最早的商业主角，以"善商贾"而闻名。

粟特人善于经商的习性，不但与他们所处的地理位置有关，还根植于他们的家庭教育以及传统习俗。与中原人自幼崇尚诗书礼乐不同，粟特人从小便接受商业教育。粟特人除了在汉代张骞的记忆中"深目高鼻、多须髯"的外在形象，更以贪婪、逐利的商人本性被司马迁记录于《史记·大宛列传》中。这些特征后来又被西行求法途经此地的玄奘写入《大唐西域记》中。

玄奘观察到，粟特人从诞生直到成人的教育阶段，都有商业意识的灌输和经商文化的传承。比如男孩5岁开始学习写字和计数，初步掌握读写的技能以后就学经商，"父子计利，财多为贵，良贱无差"[1]。待20岁成人之后，就外出经商，"利之所在，无所不至"[2]。这种家庭教育以及经商习俗构成了粟特人商业文明的源头。

粟特人虽然具有善于经商的特性，并且在丝绸之路沿线的贸易中发挥了重要的作用，但是粟特人并没有独立的货币体系和类型。

---

[1] 《大唐西域记校注》，中华书局，1985。
[2] 《大唐西域记校注》，中华书局，1985。

他们早期受波斯的影响，交易中主要使用波斯萨珊朝的银币；后来受唐朝的影响，又开始使用开元通宝钱，并且还仿照开元通宝钱的式样铸造了大量的圆形方孔铜钱，这就是我们一开始所说的"粟特青铜钱"。

既然中亚地区习惯以银为币，波斯萨珊朝的银币就曾经长期作为通用货币在整个中亚，甚至包括河西走廊一带流通使用，那粟特人为什么还要另外铸造一种圆形方孔铜钱？他们这样做的动因又是什么呢？

这除了有满足他们各自城邦日常交易需求的内在原因，更多的动因应该从唐代高度发达的汉文化对西域的影响，以及唐太宗被回鹘等西北各族共奉为"天可汗"的大背景下来考察分析。

（三）

唐朝是继汉朝之后又一个强盛的中原王朝，在西域地区设立了安西和北庭两大都护府进行有效的管理。为了保障丝绸之路贸易与东西方交通的顺利进行，唐朝在包括粟特地区在内的广大中亚地区设立了若干羁縻都督府，派驻大量的军队，并广泛实行屯田。伴随驻军与屯田活动的大规模开展，中原地区大量的人员携带家眷、物品以及先进的技术来到中亚地区。他们的到来自然加强了中原地区的汉文化在这一地区的传播和影响。

据《湛然居士集》记载，13世纪上半叶，耶律楚材随成吉思汗西征大军路过碎叶西南的怛逻斯（今江布尔）时，还见到唐朝开凿的渠道、石闸等遗迹和唐朝"节度使参谋检校刑部员外郎"太原人王济的碑。这些都充分证明了唐代传入的汉文化对这一地区产生了深远的影响，表现之一就是唐代的开元通宝钱币在这一地区作为通用货币得到了广泛的流通使用，这已经被丝绸之路沿线众多的考古发现所证明。如新疆考古所 1979 年在途经罗布泊的一段古商道上，不经意间就采集到了 970 多枚开元通宝钱；1981 年 5 月在天山南麓的兰城子曾出土一陶缸，"内装钱币约五六公斤"，主要是唐朝的开元通宝钱。

另一方面，以回鹘为代表的西北各游牧民族，鉴于唐太宗继位仅仅三年半就于贞观四年（630）二月击败了强大的东突厥颉利可汗，控制了蒙古高原。他们既感到震惊又十分敬佩，预感到唐朝将成为包括游牧世界在内的新的统治力量。于是"四夷君长诣阙，请上为天可汗"，意思就是要共同拥戴唐太宗为他们的盟主。

由此，历史上诞生了第一位集中国皇帝和游牧世界的"天可汗"于一身的君主。除了唐太宗，唐高宗、唐玄宗、唐肃宗也都被尊称为"天可汗"。

正是在这种大背景之下，粟特地区的康国、安国以及石国等城邦的君主，为了表示对"天可汗"的拥戴以及对大唐的忠心，便仿照已经在当地大量流通使用并且具有通用货币作用的开元通宝钱币，铸造了以圆形方孔为特点的各式粟特青铜钱。

这种粟特青铜钱的正面一般是昭武九姓的王徽或族标，背面多为王名、称号。但是，国王似乎并没有垄断钱币的铸造和发行权，也有以城市的神庙或者是以城市共同体的名义发行的钱币。

据斯米尔娜娃所著《粟特钱币目录》记载，粟特地区各个城主几乎都铸造了各自的圆形方孔铜钱。这既证实了汉籍文献中有关昭武九姓支庶分王、各自为政情况的记载，同时也反映了自 7 世纪中叶以来唐朝对这一地区的强大影响力。

根据出土的钱币实物，"粟特青铜方孔钱"有以下三种主要种类：

第一种，正面铸"开元通宝"汉字，背面为康国或安国的徽记，并铸有粟特文字，意为天神；

第二种，正面穿孔，两侧是粟特文和徽记，背面无文，粟特文拼读的是突厥封的官号，而不是粟特习用的"领主""老爷"之类的称呼；

第三种，一面为粟特文，为粟特人习用的"领主""老爷"之类的称呼，如康国国王世失毕、拂呼缦，米国领主阿穆江、娜娜夫人等，另一面为城邦的徽记。这种类型的数量最多。

图 4-19　开元通宝（撒马尔罕城徽）

图 4-20　开元通宝（布哈拉城徽）

图 4-21　粟特青铜钱（乌佐格王）

图 4-22　粟特青铜钱（乌克·瓦塔穆克王）

图 4-23　粟特青铜钱（瓦尔乎曼王）

（四）

粟特青铜钱的铸造具有重要意义。

一方面，反映了随着唐朝在粟特以及费尔干纳设立羁縻府州进行管理，作为中华文化重要组成部分的圆形方孔钱，不但传入了这一地区，更成为当地粟特人铸钱模仿的对象，这是方孔铜钱向西传播的最远地区。粟特人仿照开元通宝钱的式样，采用浇铸技术铸造了大量的粟特青铜钱，这种青铜钱成为他们日常使用的货币。这与新疆库车地区在魏晋时期铸造"龟兹五铢"钱还不一样，意义更大。如果考虑到这是在粟特地区早已习惯以银为币，并且使用波斯萨珊朝银币已有三四百年历史这一大背景下发生的，我们就能更加深切地感受到国力强盛、文化繁荣的唐朝，在文化方面影响中亚地区的深度和广度。这也可以纠正以往大家认识上的一个误区，即认为丝绸之路上我国输出去的只有丝绸、瓷器、茶叶等物品。实际上，除器物之外，也有制度上的，粟特各城邦仿开元通宝铸造的粟特青铜钱就是一例。

另一方面，粟特青铜钱的出现还直接影响了突骑施汗国以及回鹘汗国钱币的铸造。

无论是突骑施汗国还是回鹘汗国，都是世代以游牧为生的民族，受游牧经济单一性的限制，他们的很多生活用品以及贵族阶层所需要的奢侈品都无法自给，必须依靠与外界的交换才能获得。但是，纵观历史我们发现，作为游牧民族，他们与外界的交换主要是通过物物交换、外交上的赏赐、对附庸国的征税，以及战争掠夺等方式来实现，而上述几种交换方式，实际上都不需要用货币来支付。例如，突厥和回鹘每年都要向唐朝输出大量的马匹以及少量的骆驼和牛、羊，唐朝就用丝绸或茶叶来与他们交换，这就是以物易物的"绢马贸易"或"茶马贸易"。这种交换形式并不限于唐朝，后来宋朝与契丹、明朝与蒙古、清朝与哈萨克等部落都是如此，这实际上是历史上中原地区与北方游牧民族之间最主要的交换形式。

既然游牧民族在与其他民族的交换和贸易中几乎用不到货币，那突骑施汗国以及回鹘汗国为什么又要铸造铜钱呢？

实际上，无论是突骑施钱还是回鹘钱，都是受粟特青铜钱的影响而铸造的。因为突骑施和回鹘的可汗们在与粟特人的接触中对于货币有了新的认识，他们发现在草原游牧生活中，钱币虽然在交换物品时并不是必不可少的工具，却具有强大的政治宣传的功能。

无论是在汗国内部宣传其合法性、权威性，还是对外宣示它的独立性、自主性，或者是向唐朝表示忠心、被封赏后的感激，乃至于传播宗教信仰等诸多方面，钱币都能发挥重要的、几乎是不可替代的作用。因此，突骑施的苏禄可汗、回鹘的牟羽可汗都借鉴粟特人的做法，仿照开元通宝钱的式样铸造了自己的方孔铜钱,这就是突骑施钱与回鹘钱。

突骑施原属于西突厥的一支,游牧于碎叶川以东。唐朝灭西突厥之后,突骑施乘势崛起,控制了包括粟特在内的广大西域地区。开元七年(719),唐玄宗封突骑施部落酋长苏禄为"忠顺可汗"。受粟特人的影响,苏禄也铸造了圆形方孔的铜钱,俗称"突骑施钱",尺寸大小与开元通宝一样。突骑施钱的正面为粟特字母拼写的突厥语,汉译为"天神突骑施可汗钱";背面为一弓形徽记,但是与方孔组合在一起,正好是突厥如尼文的 at,意为"马"。另外,还有一种突骑施钱,可能是苏禄的儿子尔微特勤铸造的,正面与苏禄的钱一样,背面在弓形徽记的下方是汉字"元",左面为突厥如尼文,可能是尔微特勤的名字。

图 4-24　突骑施钱(背"元")

回鹘为我国古代北方少数民族,是现代维吾尔族的前身。最初游牧于蒙古高原鄂尔浑河及色楞格河流域,信仰萨满教。宝应二年(763),牟羽可汗接受了由来华经商的粟特人传入的摩尼教,为了宣传摩尼教教义铸造了"日月光金"钱。"日月"为摩尼教的拜物对象,带有明显的摩尼教色彩。另有一种边缘带有八个突出的齿轮,形似法轮的日月光金钱。这显然不是做流通使用的,可能是用作宗教活动的一种"法器",更从一个侧面证明日月光金钱币具有浓厚的宗教色彩,是了宣传摩尼教的教义而铸造的。

图 4-25　日月光金

　　回鹘西迁高昌以后，又铸造了一种圆形方孔钱，因为上面所铸文字是源自粟特字母的回鹘文，所以被称为"回鹘钱"。有单面铸有文字和正背两面都铸有文字两种形制。单面铸有文字的为小型，略小于开元通宝钱，所铸回鹘文可译为"亦都护准予通行"，"亦都护"为高昌回鹘可汗的称号；双面铸有文字的为大型，尺寸与开元通宝钱一样，正面回鹘文汉译为"阙·毗伽·莫贺·回鹘天可汗"，背面为"奉王命颁行"。

　　安史之乱爆发后，唐朝势力逐渐退出中亚，原属唐朝所设羁縻州府管辖的粟特各城邦国家遂被阿拉伯帝国控制，被迫接受了伊斯兰教。这意味着中亚地区从此脱离了祆教、摩尼教以及佛教的信仰和中华文化圈，伊斯兰教逐渐成了此地区民众唯一的信仰。后来回鹘部众的西迁加速了中亚的突厥化进程，由此开始了中亚历史上漫长的伊斯兰化以及突厥化的过程，最终导致突厥化的伊斯兰文化成为这一地区的主导文化。中亚地区的货币自然也被伊斯兰货币所取代，只有历经千年沧桑而遗存下来的粟特青铜钱以及突骑施钱和回鹘钱可以告诉后人：中亚地区在伊斯兰化之前，还有过一个仿照开元通宝钱铸造圆形方孔钱的辉煌时代。这说明开元通宝钱当时是作为国际货币参与丝绸之路贸易的，已经具有了国际货币的属性，这对于我们理解当今人民币的跨境流通及其国际化具有重要的借鉴意义，即除了借鉴美元、日元、英镑等横向维度的参照，还提供了纵向的历史维度。说明随着"一带一路"倡议的稳步推进以及中华民族的伟大复兴，人民币的国际化有其历史的必然性。

丝绸之路钱币记载和见证了丝绸之路上的商品贸易和文化交流。无论是汉佉二体钱、高昌吉利钱，还是各式粟特青铜钱，都是丝绸之路上多元文化交流、融合的产物。它们深刻地揭示了古代东西方之间的文化交流，基本上都是在保持本土文化根基的前提下引进外来文化，通过对外来文化的扬弃实现本土化转型，从而使自身的文化更加完善、充满活力，并最终形成你中有我、我中有你，以多元、交融、开放为特色的丝绸之路文化。

丝绸之路钱币文化所蕴含的"多元并尊"的交往原则，对当今各种文明之间的相互交流提供了历史的借鉴与智慧的启迪。

三、回鹘钱及突骑施钱：讲述了"天可汗"故事的由来

唐太宗的昭陵位于今天陕西省咸阳市礼泉县东北 50 多华里[①]的九嵕山主峰上，是唐代帝王陵墓里最高、最大的一座陵园，周围山峦起伏，气势磅礴。昭陵周围的陪葬墓，除了嫔妃、皇子、公主的，还有不少功臣高官的。出人意料的是，其中有好几座是少数民族将领的陵墓，比如突厥处罗可汗的儿子阿史那社尔、铁勒部的哥论易勿施莫贺可汗的孙子契苾何力、突厥酋长执失思力等。由少数民族将领陪葬中

---

① 　1 华里 =0.5 千米。——编者注

原皇帝陵墓的这种现象，前无古人后无来者。这反映了唐太宗在西北少数民族中的崇高威望。

其实，更能反映唐太宗在北方游牧民族中地位与威望的，是他曾经被回鹘（当时叫回纥）等民族尊奉为"天可汗"。下面，我们就通过回鹘钱与突骑施钱，来给大家讲述一下"天可汗"故事的由来。

图 4-26　突骑施钱

图 4-27　回鹘钱（单面文）

图 4-28　回鹘钱（双面文）

（一）

回鹘和突骑施作为我国北方草原上世代以游牧为生的民族，虽然日常生活中很少会用到钱币，但却率先在北方草原游牧民族中铸造了钱币，即回鹘钱与突骑施钱。实际上，这两种钱币的铸造都与唐代著名的"天可汗"的故事有关。

要讲"天可汗"的故事，还是要从武德九年（626）八月发生的渭水之盟说起。

北魏分裂之后，突厥汗国崛起，成为新的草原霸主。它将蒙古草原上的回鹘、铁勒等游牧民族控制之后，又视中原的北齐、北周两国为"南方两个孝顺的儿子"，要他们定期上供，稍有不满就发兵南下抢劫。其势力之大，就是以正统自居的李渊在太原起兵之前，也是先派李世民携带大量绢帛去豳州与颉利可汗订立盟约，在获得突厥汗国的支持之后，才发兵南下占领长安的。但是，突厥汗国的颉利可汗后来并没有遵守与李世民订立的盟约，多次进犯唐朝。特别是武德九年八月，李世民刚刚通过玄武门之变从他父亲手中接过禅让的皇位，东突厥的颉利可汗就率领 10 万大军，从泾州（今甘肃省平凉市泾州县）突入唐朝境内，直逼长安而来。他在长安以北渭水便桥边上驻扎之后，便派他的心腹——执失部落酋长执失思力到长安面见唐太宗，以探虚实。

这对刚刚接掌大权的唐太宗来说是个严峻的考验。但是，雄才大略的唐太宗认为，颉利可汗的这次进犯带有一定的试探性，因此决不能退缩，如果稍有退缩示弱，将对唐朝非常不利。因此，他决定要亲自召见执失思力。一见面就责问他说："我与你们的可汗曾经当面约定和亲，结为盟友，约好不再相犯，前后赠送的金帛不计其数。现在你们却违背盟约，入侵我大唐的疆土，这是你们失信于我。你们虽然居住在偏僻落后的地区，但是也应该懂得做人的道理，怎么能够如此背信弃义？因此，我应该先将你斩首，然后再与颉利可汗作战。"执失思力听了顿感惊慌，连忙磕头谢罪。这时有大臣进来提醒李世民说："两国相争，不斩来使，请皇上派人送还执失思力，以示宽容仁德。"唐太宗说："如果我遣还突厥来使，反而会让颉利可汗更加藐视我大唐的尊严，这是能够随便纵容的事吗？"他转过头对执失思力说："我将派人把你的头颅砍下来送回去，让你看看我将如何消灭你们的可汗。"说完指令左右将执失思力关押起来。然后，唐太宗召集宫中的禁军，亲自披上铠甲，跨上战马，带着高士廉、房玄龄等六人，出长安城门，抵达渭水边上。

在营帐中的颉利可汗听说唐朝新继位的天子来了，也立即上马出营，来到渭水河边。唐太宗见到颉利可汗后，就隔着渭水指责他背负盟约。颉利可汗面有愧色，同时看到军容整齐的唐朝军队陆续赶来，四周旌旗蔽野，知道唐军早已做好准备。因此，他又因为突袭的计划失败而面露惧色。

这时唐太宗让随从人员全都退下，他要独自留下来同颉利可汗对话。随从大臣们认为这样做太冒险，就在马前劝谏。唐太宗认为颉利可汗这次之所以敢倾国而来，直抵长安城郊，就是认为唐朝新皇帝刚即位，内部还不稳定，没有力量抵御他们。这个时候如果向他示弱，闭门自守，颉利可汗就会纵兵大掠，如果那样就很难对付。因此他要轻骑先行，以示对突厥入侵者的藐视。接着又摆出阵势，疑似四周埋有伏兵，表示要决心一战。这样就打乱了颉利可汗的计划，使其不敢轻举妄动，只能和谈。果不其然，没过多久，颉利可汗就派人过来表示愿意讲和。他与唐太宗在渭水的便桥上杀了匹白马，歃血为盟。颉利可汗答应不再进犯唐朝，唐朝则赠送给他很多的黄金绢帛等财物。

这就是被唐太宗视为奇耻大辱的渭水之盟。他发誓一定要生擒颉利可汗，消灭东突厥。

仅仅过了三年多，机会就来了。贞观四年（630）的冬天，蒙古高原连降大雪，突厥地区的牲畜大量死亡，颉利可汗只能加重对各部的勒索，这又造成了内部的叛离。唐太宗认为时机成熟，就在这年的冬天派大将李勣、李靖带领十几万军队突袭颉利可汗，并于第二年的初春将逃到阴山以北的颉利可汗俘获。后来，执失思力归降，东突厥汗国灭亡。

唐太宗召见了被俘的颉利可汗，当面指责他多次背盟、恃强好战、掠夺百姓等五大罪状。最后对他说，自便桥会盟以来他没有再大规模地入犯，因此可以免他一死。颉利可汗感激不杀之恩，哭谢而退。唐太宗就把颉利可汗和他的家属安置在太仆寺，厚加款待，但是颉利可汗始终郁闷不乐。他不习惯住在房屋里，就在院子里搭建了个帐篷。想到自己曾经是不可一世的草原霸主，如今竟然沦落到如此不堪的地步而与家人悲歌哭泣，形容消瘦。唐太宗知道后，就改任他为虢州（今河南灵宝）刺史，并对他说，虢州地近山区，麋鹿野兽很多，他可以在那里尽情地游猎消遣。但是颉利可汗却不愿意去。唐太宗就任命他为禁军中的右卫大将军，还赏赐给了他大量的田宅。颉利可汗病死之后，唐太宗又按照突厥的风俗施行了火葬，还在灞水东面为他修筑了一座高大的坟墓，并让颉利可汗的儿子终身沿袭他的职务。

（二）

号称"草原霸主"的突厥汗国，其统治者颉利可汗在渭水之盟后的遭遇，给北方草原上各个游牧民族以极大的震撼。他们看见唐太宗李世民继位之后，仅仅用了三年半的时间，就犹如神助一般将草原上曾经威震四方的共主消灭了。而李世民出人意料地善待被俘的颉利可汗的仁慈举动，更让他们十分地敬佩。

虽然突厥汗国的颉利可汗是有史以来第一个被中原王朝俘获的草原帝国的最高统治者，但是这对唐太宗李世民来说也只是小试牛刀。作为我国古代最著名的具有雄才大略的君主，唐太宗在他二十三年的执政生涯中，对内以文治天下，开创了"贞观之治"的盛世局面；对外开疆拓土，四面出击，依次取得了对东突厥、吐谷浑、吐蕃、高昌、焉耆、薛延陀、龟兹、西突厥、高句丽用兵的胜利，奠定了唐朝将近三百年的基业。

下面我们就按照时间顺序，简单梳理一下唐太宗在贞观五年（631）消灭东突厥汗国之后，在边疆建设方面所取得的成果。

贞观八年，游牧于青海一带的吐谷浑王伏允扣留了唐朝使臣。唐太宗以李靖为西海道行军大总管，率领兵部尚书侯君集讨伐吐谷浑。伏允败走，自缢而死。吐谷浑从此被纳入唐朝的势力范围。

贞观十二年秋，松赞干布攻打唐朝的松州，唐太宗以吏部尚书侯君集为当弥道行营大总管，率领执失思力出击。唐军的主力侯君集部还没有出手，先头部队就已经打败了吐蕃军队。唐朝军队表现出了强大的战斗力，松赞干布闻讯大惊，急忙退出党项、白兰羌、吐谷浑等地，并遣使谢罪，还进献了黄金五千两和其他各种珍宝。

贞观十四年，高昌国王麹文泰暗中勾结西突厥并扣留唐朝使臣，唐太宗派侯君集领兵讨伐。唐朝20万大军穿越大漠，犹如神兵一般兵临高昌城下，毫无心理准备的麹文泰竟被吓病，几天后一命呜呼，成为第一个被唐军活活吓死的国君而被载入史册。此后唐朝改高昌为西州。

贞观十六年九月，安西都护郭孝恪击败西突厥的军队，西突厥处密部落降唐。

贞观十八年，安西都护郭孝恪为西州道行军总管，平定焉耆。接着又讨伐龟兹，改称安西，并将安西都护府从西州迁入安西。

贞观十八年，唐太宗发兵攻打高句丽，攻占了玄菟、横山、盖牟、磨米、辽东、白岩、卑沙、麦谷、银山、后黄等十座城池，迁徙辽、盖、岩三州户口七万多人到唐朝境内。

贞观二十年，唐太宗命令多路唐军分道并进，消灭薛延陀。原属薛延陀统治的铁勒各部附唐。次年，在薛延陀故地设置六府七州，各以其部首领为都督、刺史。

贞观二十二年四月，阿史那贺鲁率领西突厥余部数千帐内属唐朝。唐太宗安排他们住在庭州莫贺城（今新疆昌吉回族自治州阜康市），授予阿史那贺鲁左骁卫将军之职。贺鲁听说唐军将要讨伐龟兹，于是率随从数十人至长安朝觐，要求担任大军的向导。唐太宗任命他为昆丘道行军总管，在嘉寿殿设宴款待，给予很多赏赐，并且将自己穿的衣服送给他。

贞观二十三年六月，唐太宗病逝。在他执政的二十三年间，基本上平定了从西北到东北的整个北部边疆地区，解决了历史上困扰中原王朝的北方游牧民族入侵的难题。其文治武功被司马光在《资治通鉴》中盛赞为："盖三代以还，中国之盛未之有也。"唐朝因此而成为中国历史上一个最意气风发的时代。在这个"大有胡气"的朝代中，边疆战争之频繁和战胜次数之多，在中国古代史上都是非常罕见的，尤其是在贞观年间，大唐帝国四面出击，金戈铁马，气吞万里如虎。因此，只有唐朝才能诞生出专门描写反映边疆征战生活的边塞诗。譬如：

王昌龄的《从军行》："青海长云暗雪山，孤城遥望玉门关。黄沙百战穿金甲，不破楼兰终不还。大漠风尘日色昏，红旗半卷出辕门。前军夜战洮河北，已报生擒吐谷浑。"

戴叔伦的《塞上曲》："汉家旌帜满阴山，不遣胡儿匹马还。愿得此身长报国，何须生入玉门关。"

王翰的《凉州词》："葡萄美酒夜光杯，欲饮琵琶马上催。醉卧沙场君莫笑，古来征战几人回？"

这些从军报国的豪言壮语，更因后世朝代偃武修文的风气而成了历史上中国人尚武精神的绝唱。

（三）

唐太宗在处理边疆民族问题时，实际上并不是主要依靠军事手段解决的，而是凭借他所倡导的开明友善的思想以及仁和宽厚的胸怀，从而赢得了北方游牧民族的衷心爱戴和拥护。这一点表现出了李唐王朝与以往以及后来的中原王朝所不同的思想认识与施政风格。这可能与唐太宗本身拥有一部分鲜卑等游牧民族的血缘有一定的关系。

李世民的奶奶即李渊的母亲是西魏鲜卑人独孤信的女儿，他的母亲即李渊的窦夫人以及他的夫人长孙氏也都是鲜卑人。正是因为李世民拥有四分之三的鲜卑血统，因此他在武德九年（626）九月即位伊始就说过："王者视四海如一家，封域之内，皆朕赤子。"[①] 贞观元年（627）他又说："朕以天下为家。"贞观十八年说得更明了："夷狄亦人耳，其情与中夏不殊。人主患德泽不加，不必猜忌异类。盖德泽洽，则四夷可使如一家；猜忌多，则骨肉不免为仇敌。"贞观二十一

---

① 《资治通鉴》。

年，他不无自豪地总结道："自古皆贵中华，贱夷、狄，朕独爱之如一，故其种落皆依朕如父母。"①

在李世民这种彼此平等、相互友善的民族思想指导之下，唐朝在处理民族关系时推行了十分仁和宽厚的政策。譬如，贞观四年，唐朝灭亡东突厥汗国之后，对突厥各个部落没有采取历史上惯用的分离肢解的措施，而是采取"全其部落，顺其土俗"之策，尊重和保留突厥的社会组织和风俗习惯，在东起幽州（今北京）西至灵州（今属宁夏）一带，设置了顺、祐、化、长四州都督府，妥善安置归附突厥降户。又在突厥原居地设置了定襄、云中两都督府对突厥留居民众实施管理。这些都督府的都督均由突厥本族首领担任，可以世袭，这些州府名义上要接受唐帝国的册封，定期向中央朝贡，但不向唐缴纳赋税，仍然保持本民族的风俗习惯。在这些州府之上设都护府，其官员由中央直接任免，代表中央行使主权、管理边防和处理民族之间的事务。这样，我国北部边疆出现了空前安定的局面。在其他少数民族地区，唐太宗也是采取设置羁縻州府的办法。

除了设置羁縻州府，施行委任统治的办法，唐太宗还大力推行和亲的政策。他认为根据北方少数民族的风俗，政权多由后妃操纵。公主出嫁，生了儿子，就是他的外孙。外孙即位当了可汗，就不会再来骚扰唐朝。因此，出嫁一个公主可以保证北方三十年和平。有一次，薛延陀的真珠可汗派人带着厚礼来求婚，唐太宗同大臣们商量对策。房玄龄说："中国新定，兵凶战危，还是和亲为好。"唐太宗说："对，我是百姓的父母，只要对百姓有利，决不爱惜自己一个女儿。"于是，唐太宗答应把一个公主嫁与薛延陀的真珠可汗。

---

① 《资治通鉴》。

在这前后，唐太宗还把自己的妹妹衡阳公主嫁给了突厥处罗可汗的儿子阿史那社尔；把另一个妹妹九江公主嫁给了当年被颉利可汗派来长安探听虚实，后来归降唐朝为官的突厥酋长执失思力；将唐朝的宗室女临洮县主嫁给了契苾何力；吐谷浑可汗诺曷钵入朝，唐太宗把弘化公主嫁给他；吐蕃王松赞干布派人入朝求婚，唐太宗把宗室女文成公主嫁给了他。

唐朝像这样和少数民族联姻的事例还有很多。和亲联姻的政策，使得唐朝同少数民族之间的感情更加亲近了。贞观二十三年唐太宗病逝后，在朝廷做官的和来朝贡的少数民族首领几百人听到这个消息，都悲恸地放声大哭，有的甚至按照突厥民族䶒面的习俗，剪去头发，用刀划破面孔，割去了耳朵，鲜血流了满地。阿史那社尔和契苾何力闻讯赶来，请求杀身殉葬，被唐高宗劝阻。松赞干布也上书效忠致哀，并表示："先皇晏驾，天子新立，臣子有不忠的，我将率兵赴难。"这些事例表明，唐太宗所倡导并施行的开明友善、仁和宽厚的民族政策取得了成功，在巩固边疆的战争中，少数民族将领和首领起了很大的作用。

（四）

唐太宗在即位仅仅三年多的时间里，就消灭了曾经不可一世的草原霸主东突厥汗国，不但用军事实力控制了整个蒙古草原，而且表现出了不同以往的对待少数民族的一种开明友善、仁和宽厚的态度。

唐太宗的这种既有霹雳手段又有菩萨心肠的做法，给以回鹘为代表的北方草原游牧民族带来了一种强烈的震撼。他们既感到震惊害怕，又敬佩诚服，预感到唐朝不但是中原的王朝，而且还将要成为包括草原游牧世界在内的新的统治力量。于是以回鹘部落首领吐迷度为首的草原各部落酋长，在李靖俘获颉利可汗消灭东突厥汗国之后，就于贞观四年三月"诸蕃君长诣阙，请太宗为天可汗。乃下制，令后玺书赐西域北荒之君长，皆称皇帝天可汗"①。意思就是以回鹘首领吐迷度为首的草原各部落酋长来到长安，共同尊奉唐太宗李世民为"天可汗"。

唐太宗说："我为大唐天子，还要处理可汗的事吗？"群臣和各族君长都高呼："万岁！"从此，唐太宗不仅是唐朝的皇帝，还是各游牧民族的"天可汗"。

"天可汗"是什么意思？这里需要简单做一介绍。北方的游牧民族因为信仰原始的萨满教，都非常崇拜上天。而在回鹘语中，"天"被称为"腾格里"，被认为是最高的主宰者；"可汗"原是我国古代北方游牧民族对其君主的称呼。因此，"腾格里可汗"的意思就是"可汗中的可汗"，指的是最大的可汗。这相当于伊朗系的"王中王"或"众王之王"。因此，唐朝的官方文书中就将"腾格里可汗"汉译为"天可汗"。

北方的游牧民族不仅尊称唐太宗为"天可汗"，甚至还在回鹘以南、突厥以北建立了一条"参天可汗道"，沿途设有 68 个驿站，每个驿站都备有马匹和酒肉，供过往人员使用。此后，唐朝给西北各族的诏书上都盖有"天可汗"的印玺，这些游牧民族的新君嗣立也必须有加盖"天可汗"的印玺才算合法，形成了少数民族政权的首领都要由唐朝政府册封的制度。这在唐代和后世的文献中也都有所反映。譬如：

柳宗元《唐铙歌鼓吹曲·高昌》："文皇南面坐，夷狄千群趋。咸称天子神，往古不得俱。献号天可汗，以覆我国都。"

---

① 《唐会要·杂录》。

除了唐太宗，唐高宗、唐玄宗、唐肃宗也都被草原游牧民族尊称为天可汗。如《新唐书·郭子仪传》："（回鹘）惊曰：'令公存乎？怀恩言天可汗弃天下，令公即世，中国无主，故我从以来。公今存，天可汗存乎？'"后来天可汗甚至还成了西北各族对中国皇帝的尊称，如清代昭梿在《啸亭杂录·都尔伯特》中记载："策凌卒时，谆谆告其长史曰：'天可汗之恩，万世不可负也。'"

唐太宗晚年曾得意地说："自古帝王虽平定中夏，不能服戎、狄，朕才不逮古人而成功过之。"[①]的确，唐太宗开明的民族政策是古来的帝王所不可比拟的，历史上由此诞生了第一位集中国皇帝和游牧世界的天可汗于一身的君主。正是在这种大的历史背景之下，回鹘、突骑施等部落的首领，为了表示对"天可汗"的拥戴以及对大唐的忠心，同时也借以表达他们得到了天可汗的册封，便仿照唐朝的开元通宝钱币铸造了圆形方孔的回鹘钱、突骑施钱。

四、桃花石可汗钱：揭示了喀喇汗王朝的国家认同

1219 年，已经 72 岁高龄的长春真人丘处机，应召从山东登州启程西行，万里迢迢去中亚阿富汗境内谒见成吉思汗，回答有关养生之术的问题，其随行的弟子撰写的《长春真人西游记》记述了沿途见闻。其中记载，在今天新疆的伊犁地区，因为使用由中原传入的辘轳从井里取水非常便捷，当地人见到丘处机后夸赞说"桃花石诸事皆巧"，并且解释说"桃花石"是指汉人。无独有偶，在新疆喀什噶尔出生的麻赫默德·喀什噶里于 1074 年写成的《突厥语大词典》中，不但收录

---

① 《资治通鉴·唐纪十四》。

"桃花石"一词，而且也解释说"桃花石"指的是中国或汉人。

除了上述两处文献中的记载，在喀喇汗王朝打制的钱币中，也专门有一种铸造了"桃花石可汗"铭文的钱币，铭文自称是中国的可汗。

有人可能会问："桃花石"一词到底音译自什么语言？为什么称中国或汉人为桃花石？喀喇汗王朝的可汗又为什么要自称是中国的可汗呢？

下面，我就通过桃花石可汗钱币，与大家聊聊喀喇汗王朝的国家认同。

（一）

还是先来认识一下喀喇汗王朝铸造的桃花石可汗钱币。

图 4-29　桃花石可汗钱

喀喇汗朝钱币是西域地区最早铸造的具有中亚伊斯兰风格的钱币。而中亚伊斯兰钱币总体上是西方钱币体系的一个分支，与中原地区的圆形方孔钱完全不同。它采用打压技术铸造而成，形制上是圆形无孔。它虽然属于西方钱币体系，但是因为信仰伊斯兰教，反对偶像崇拜，所以这种伊斯兰风格的钱币正背两面都没有人物图像，只有文字。

喀喇汗王朝分为东西两部分，其中东喀喇汗王朝的一部分位于今天新疆的南部地区，并以喀什为它的一个都城。喀喇汗王朝的钱币，材质上有金币、银币以及铜币三种，分别称为第纳尔、迪拉姆和法尔斯，其中以铜币法尔斯数量最多。在新疆出土发现的东喀喇汗王朝钱币，主要是铜币。

铜币上的铭文，除了引用《古兰经》上的颂词，即"除了安拉外，别无他神，穆罕默德是安拉的使者"，以及打制的地点、时间，还有打制者即国王的名称。而在国王的名称前面一般都冠有一个称号，譬如阿尔斯兰汗、布格拉汗以及桃花石可汗等。这里的阿尔斯兰汗指的是狮子王，布格拉汗指的是公驼王，而桃花石可汗指的就是中国的可汗。

喀喇汗王朝是840年漠北回鹘汗国崩溃后，西迁中亚的一支回鹘人改信伊斯兰教之后建立的王国。正如前文所述，漠北回鹘汗国时期铸造过"日月光金"钱，西迁中亚的一支高昌回鹘铸造过圆形方孔的回鹘钱。那么，建立喀喇汗王朝并由佛教改信伊斯兰教的回鹘人，为什么在他们打制的伊斯兰风格的钱币上面自称"桃花石可汗"即中国的可汗呢？这反映了回鹘人怎样的历史记忆以及国家观呢？

要回答上述问题，需要从回鹘汗国在漠北崛起之后与唐朝建立的亲密关系说起。

回鹘最初称回纥，是中国北方的一个古老民族，以游牧为生，逐水草而居，主要活动于蒙古高原的鄂尔浑河和土拉河流域，后来归属于突厥汗国。隋朝大业元年（605）回纥摆脱突厥控制，逐渐强大起来。贞观二十年（646）唐朝联合回纥攻灭薛延陀后，以回纥部为瀚海都督府，委任回纥首领吐迷度为怀化大将军兼瀚海都督，在其地分置六府、七州。天宝三年（744），回纥部落的药罗葛氏族首领骨力裴罗联合葛逻禄、拔悉蜜等八部落首领，在唐军的配合下消灭东突厥汗国，建立了漠北回纥汗国，并遣使向唐朝进贡。唐玄宗册封骨力裴罗为"怀仁可汗"，唐朝与回纥汗国保持了密切的政治、经济、文化上的联系。

漠北时期的回纥汗国与唐朝保持了密切的统属关系，而且这种关系还经受了安史之乱的考验。天宝十四年安史之乱爆发，不到半年的时间，洛阳、长安两都先后被叛军占领。就在唐朝的统治岌岌可危之际，回纥汗国给予唐朝以坚定的支持，两次派出精锐的骑兵帮助唐朝平定叛乱。一次是乾元元年（758）回纥葛勒可汗（骨力裴罗之子）亲自率兵协助唐军收复长安、洛阳两京，唐代宗封他为"英武威远毗伽阙可汗"，并将幼女宁国公主嫁给了他，葛勒可汗册立宁国公主为可敦；另一次是宝应元年（762）牟羽可汗（葛勒可汗之子）出兵帮助唐朝击败史朝义，收复了洛阳以及河北等地，唐代宗封牟羽可汗为"英义建功毗伽可汗"，又称登里可汗。唐肃宗和唐代宗又先后将仆固怀恩的两个女儿封为公主嫁给登里可汗。后来唐德宗又于建中元年（780）册封顿莫贺为"武义成功可汗"，贞元四年（788）将他的第八女咸安公主嫁给了顿莫贺可汗。

当时在回纥汗国上层，有一些汉文化水平很高的大臣。在他们的建议下，顿莫贺可汗在迎娶咸安公主的贞元四年，上书唐朝请求将他们自称的"Uighur"（现在译为维吾尔）一词的汉文译音用字由"回纥"改为"回鹘"。《新唐书·回鹘传》记载说"又请易回纥日回鹘，言捷挚犹鹘然"。意思是要表示他们健壮灵巧如同天空中的大鹘鸟（隼），"回鹘"这一名称由此而来。长庆元年（821）唐穆宗又将太和公主嫁给了回鹘崇德可汗。

除了政治上实行和亲的政策，经济上唐朝还赏赐给回鹘大量的丝绸绢帛，并且开通绢马贸易，回鹘因此获得丰厚的经济利益。随着与唐朝交往的日益加深，回鹘贵族逐渐开始由游牧生活方式向定居生活方式转变。

元和七年（812），回鹘保义可汗亲统大军，经过北庭、龟兹，大破吐蕃、葛逻禄和黠戛斯（柯尔克孜）联盟，占领了中亚的七河流域以及粟特地区，控制了连接东西方贸易的丝绸之路，回鹘汗国进入鼎盛时期。但是好景不长，随着向定居生活的转变，回鹘汗国内部的矛盾开始加剧，经过几次内讧、可汗更替，开成五年（840），回鹘一位叫句录莫贺的将领勾结黠戛斯 10 万大军突袭回鹘汗廷，杀死可汗，回鹘部众四散分逃。由骨力裴罗在漠北建立的回鹘汗国前后经历十六任可汗，共存在了约一个世纪（744—840）后灭亡了。

（二）

公元 840 年，漠北回鹘汗国灭亡之际又遭遇了暴风雪，部众损失惨重，主要分成两支外逃。原来驻牧于可汗牙帐附近的一支 13 个部落，以乌介特勤为首，南迁进入唐朝境内寻求庇护。另外一支 15 个部落，以庞特勤为首，西迁进入新疆东北部；其中一部分途中去了河西走廊的祁连山，称甘州回鹘，后来与当地藏族融合发展成为今天的裕固族。

庞特勤之所以率领西迁的主力没有停留，一直向西进入新疆北庭，是因为此前回鹘汗国控制过新疆东部天山南北的大部分地区，而散居在塔里木盆地西北部的葛逻禄人也臣服于回鹘，庞特勤想借助这些资源重建回鹘汗国。因此他留下一部分人马驻守北庭后，率领其余部众又向南翻越天山进入了塔里木盆地，先停驻于库车，后驻跸于焉耆。此时庞特勤只称叶护，还没有自称可汗。《新唐书·突厥传》所记载的"及其破灭，有庞特勒（勤）居焉耆城，称叶护，余部保金莎领

（岭），众至二十万"，反映的就是回鹘人最初西迁进入新疆时的情况。

当时的西域形势对于西迁立国的回鹘人非常有利。

首先是曾经强盛一时的吐蕃王朝因为赞普（国王）被刺杀，上层贵族陷入内斗，无力阻止回鹘势力进入西域；其次是汉人张议潮在沙州（治所在今甘肃敦煌）发动起义，建立归义军政权，从吐蕃手中收复了河西诸地和伊州（治所在今新疆哈密市），瓦解了吐蕃在西域的统治；再次是刚刚摆脱了吐蕃统治的于阗国，虽然恢复了此前的尉迟氏家族的王统，但是因为内部的整合，还没来得及向外扩张，只固守于塔里木南缘的一隅之地；最后是回鹘的世仇黠戛斯人虽然想剿灭西迁的回鹘人，但是因为人口有限、国力不足，在占领了北庭到龟兹之后，因为战线太长而成强弩之末，始终无力威胁建牙帐于焉耆的庞特勤部。

当时的西域因为缺少强大的政治势力，给西迁的回鹘人提供了立足的机会。因此，庞特勤在焉耆称叶护之后，充分利用了原来回鹘汗国在西域遗留的政治遗产，逐渐发展壮大起来。当公元848年南迁进入唐朝境内的回鹘可汗亡失之后，庞特勤开始自称可汗。他所建的政权当时的活动地域主要是在原来唐朝安西都护府辖境之内，因此被称为安西回鹘政权。

庞特勤所建立的安西回鹘政权，虽然以散居在西域各地回鹘人共主的身份自居，但是他却既没有能够顺利扩大自己的控制区域，也没有能够实现对天山南北各股回鹘势力的有效整合。有的回鹘人名义上虽然奉庞特勤为主，但是实际上根本不受他的节制；有的则公开为敌，例如，唐朝于公元856年和857年两次册封庞特勤为"怀建可汗"的使节，就是因为位于伊州附近的一支回鹘人的拦截而没有完成使命。不仅如此，甚至连最初归属庞特勤的北庭回鹘，也日渐与沙州归义军政权亲密而与安西回鹘疏远了。就在安西回鹘逐渐衰落之际，代之而起的正是以仆固俊为首的北庭回鹘。他们从北庭南下，占领了吐鲁番地区，建立了著名的高昌回鹘汗国。

就在安西回鹘无所作为、北庭回鹘向高昌发展之际，一支从安西又向更西跋涉到达葱岭以西的回鹘人，与当地的葛逻禄人、样磨人融合后，于9世纪中后期在塔里木盆地西部和帕米尔高原以北地区，创建了一个被称为"黑汗王朝"的地方政权，最初以楚河上游的巴拉沙衮（今吉尔吉斯斯坦共和国托克马克以东）为都城，后来以喀什噶尔为正都。

这个政权自称"Qara han"（喀喇汗），《宋史》中也有记载，音译为"黑韩（汗）"，以为"'黑韩（汗）'盖可汗之讹也"，意思是"黑韩"是由"可汗"一词错误发音而来。备受国外学术界重视的这个"喀喇汗王朝"，长期以来却没有受到国内史学界的关注。直到20世纪80年代以后，在张广达教授、魏良涛教授的呼吁之下，特别是魏良涛教授发表《将喀喇汗王朝写入中国通史》一文的同时，在新疆的阿图什地区又出土发现了大量的喀喇汗王朝钱币的消息被报道，之后有关喀喇汗王朝的历史才引起国内学术界的重视。

通过对喀喇汗王朝钱币铭文的研究，大家发现这个王朝的统治者经常在国王的名字之前冠以"桃花石可汗"的称呼。而"桃花石"一词，无论是在汉文史料里，还是在伊斯兰文献中，都指的是中国。

那么，喀喇汗王朝在他们的钱币上面打上"桃花石可汗"一词，到底有什么用意呢？

（三）

实际上，这首先反映了西迁回鹘人对祖先历史的一种悠远的记忆。为了说明这一点，需要从收录了"桃花石"一词并做了解释的

《突厥语大词典》一书的作者麻赫默德·喀什噶里的身世和他写作的初衷说起。

麻赫默德·喀什噶里出生于新疆喀什噶尔，他既是喀喇汗王朝的一位王室成员，也是当时突厥语民族著名的学者。他有感于当时阿拉伯语在中亚地区的影响越来越大，为了继续保持和发扬突厥语的主导作用，决心编撰一部用阿拉伯语注释的突厥语词典。

经过在西域以及中亚地区十多年走访考察操突厥语的民族和部落，掌握了大量的第一手资料之后，麻赫默德·喀什噶里于 1074 年在伊斯兰世界的文化中心巴格达，完成了这部长达 8 卷的用阿拉伯语编写的有关中世纪突厥语词汇的语言学著作。《突厥语大词典》共收词条 7500 多个，内容涉及天文、地理、民族、宗教以及文学诗歌和生活习俗等多个方面。其中，专门提到了"桃花石"一词，并解释了"桃花石"和"秦"的关系：

> 马秦，国之名。这个国家距秦有四个月的路程。秦原来分做三部分：第一，上秦，地处东方，被称为桃花石；第二，中秦，被称为契丹；第三，下秦，被称为巴尔罕，就在喀什噶尔。但是，现在认为桃花石就是马秦，契丹就是秦。[《突厥语大词典》（汉译本）第 1 卷，第 479 页]

实际上，这里的"秦"（Cin）指的就是中国，印度、土耳其等国一直这样称呼中国，英语中的 China、Chine 也是从 Cin 演化来的。而"桃花石"一词，则是建立北魏政权的鲜卑王室"拓跋氏"一词的音译。俄罗斯以及东欧的一些国家将中国称为"Kitay"（契丹）就是由此演化来的。因此，从《突厥语大词典》的上述记载可知，将"秦"

和"契丹"混为一谈，最晚在 11 世纪就出现了。

《突厥语大词典》的作者认为喀什噶尔是"秦"的一部分，将辽金时期的中国分为"上秦""中秦""下秦"三个部分：上秦指的是北宋，中秦指的是辽朝，下秦就是他的故乡即喀什噶尔一带。并且他还在书中所附的圆形地图上明确将地图的上方即"上秦"标明为东；将他的故乡即"下秦"标注在下方。

这实际上揭示了作者的一种观点，即由回鹘人建立的喀喇汗王朝、契丹人建立的辽朝，以及汉人建立的宋朝，共同组成了当时的中国，即秦的三个组成部分。

不仅仅是《突厥语大词典》的作者有这种认识，喀喇汗王朝当时的另外一位著名的学者玉素甫·哈斯·哈吉甫，在他所写的《福乐智慧》一书的序言中也记有："此书献给东方的君主——桃花石（中国）布格拉汗。"

上述二人用"秦"以及"桃花石"这一久远的名称来称呼中原王朝，并且强调自己的国家为"秦"或者"桃花石"的组成部分，都是想表达喀喇汗王朝与东部中原地区的诸王朝有着密切的历史渊源，这反映了喀喇汗王朝的回鹘人对其祖先事迹的一种悠远的历史记忆。

图 4-30　萨图克·布格拉汗麻扎（位于新疆阿图什）

（四）

喀喇汗王朝是历史上第一个接受伊斯兰教的操突厥语的民族政权。据伊斯兰世界史籍《全史》记载，公元 960 年，驻守喀什噶尔的萨图克·布格拉汗最早接受伊斯兰教，他后来在信众的支持下成为全国的大汗。其子阿尔斯兰·穆萨将伊斯兰教定为国教并推行整个汗国。伊斯兰教传入我国西北并扎下根来就开始于这一时期。

西迁中亚并改信伊斯兰教的回鹘人保留下来的对祖先历史事迹的悠远记忆，沉淀为他们的一种文化以及国家方面的认同。

喀喇汗王朝的统治者自认为是中国的国王，他们的王朝是中国的王朝，王朝所统治的地域也是中国的领域。这一表述源自他们对于祖先来源的记忆，暗含着其族源和文化传统同东方地区有着密切的历史渊源，即承认自己属于漠北回鹘汗国的后代，这是西迁回鹘人所保留下来的一种文化、族属上的认同。

漠北时期回鹘汗国与唐朝中央政府保持着密切的统属关系。当时以回鹘为代表的草原游牧部落，鉴于唐太宗继位仅仅三年半就击败了强大的东突厥颉利可汗，控制了蒙古高原，他们既感到震惊又十分敬佩，预感唐朝将成为包括游牧世界在内的新的统治力量。于是回鹘人就带头尊称唐太宗为"天可汗"，意思就是要共同拥戴唐太宗为他们的盟主。

在这种背景之下，唐朝先后有宁国公主、小宁国公主、咸安公主、太和公主下嫁回鹘汗国，因此，回鹘王族的后代就自称是唐朝的外甥并引以为荣。特别是 840 年回鹘汗国被黠戛斯人所灭，颠沛流离西迁中亚之后，为了彰显自己和大唐的特殊关系，在西域所建立的几个回鹘政权都自称是唐朝的外甥。这种自称甚至延续到唐朝之后的五代以及宋朝。譬如：

1009 年喀喇汗王朝派出使臣向宋朝进献方物，1063 年宋朝册封喀喇汗王朝为"归忠保顺𡿨鳞黑韩王"，所谓"黑韩王"，就是"喀喇汗王"的异译。1081 年喀喇汗王朝使臣的表文中称宋朝为"汉家阿舅"，同时期的高昌回鹘首领在其表文里则向宋朝自称"西州外甥"。

实际上，虽然无论是喀喇汗王朝还是高昌回鹘王国，都和宋朝没有直接的联姻关系，但是他们却都竭力攀附和宋朝的甥舅之亲。这正说明他们都自认为是漠北回鹘的后代，非常珍惜他们祖先和中央政府的归属关系，并坦承是这一关系的继承者而且引以为荣。这样我们就很容易理解《突厥语大词典》的作者在词典中解释说"凡是伟大而古老的东西均被称为'桃花石汗'，并且将其汗铸造的钱币名称前加上'桃花石汗'"的原因了。

正如张广达教授在《关于马合木·喀什噶里的〈突厥语词汇〉与见于此书的圆形地图》一文中所评价的那样："马合木（麻赫默德）·喀什噶里在'桃花石'条中所表述的中国是一个统一体的观念，特别是关于喀什噶尔是中国的一个组成部分的观念，乃是时代的产物，如实反映了自古以来我国兄弟民族之间结成的血肉联系。今天我们重温他为'桃花石'一名写的这段言简意赅的释文，十分亲切地感到它是中国多民族国家缔造祖国历史的最强有力的证词。"

五、同庆元宝：见证了于阗国王的中华意识与文化认同

在敦煌莫高窟的千佛洞里编号为第 98 窟甬道北侧的壁画中，有一幅非常引人瞩目的画像，画的是一位头戴王冠、宽衣博带、雍容华贵、一身汉地装束的国王。画像旁边的题记是"大朝大宝于阗国大圣大明天子"。这里的"大朝"是对唐朝的称呼，"大宝于阗国"指的是

今天新疆的和田，"大圣大明天子"是于阗国王李圣天的自称。

图 4-31　敦煌壁画（李圣天像）

看到这幅壁画，大家一定会产生疑问：于阗国的国王怎么会一身汉地装束，并且还取了一个汉式的名字"李圣天"？难道他真是李唐王朝的宗室后裔吗？

实际上，古代于阗国的国王不但不是李唐王朝的宗室后裔，甚至连汉人都不是，但是他却身穿汉服，自称"唐之宗属"，以李氏为姓，取名圣天。不仅如此，他还给于阗国起了一个"同庆"年号，并且铸造了年号钱"同庆元宝"。这又是怎么回事呢？

下面，我就通过"同庆元宝"钱，给大家讲述一段不为世人所知的于阗国王李圣天的故事。

（一）

在讲述故事之前，还是先来认识一下这枚"同庆元宝"钱。

图 4-32 同庆元宝（背"于"）

如图 4-32 所示，这枚钱币为标准的圆形方孔小平钱。楷书钱文"同庆元宝"四字环读，光背无文。钱文书法和铸造工艺虽然都不甚精美，甚至略显粗糙，但是却保留有龟兹五铢以及大历元宝、建中通宝、回鹘钱等西域钱币所特有的粗犷神韵。

"同庆"是于阗国王李圣天的年号，从 912 年到 944 年延续使用了三十二年。这段时间相当于中原地区五代时期后梁的乾化二年到后晋的天福九年，前后跨越了后梁、后唐、后晋三个朝代。"同庆元宝"就是于阗国王李圣天铸造的年号钱。

目前所知，古代西域地方政权中，仿照中原王朝使用过年号的，并不限于于阗国，高昌国就使用过十多个年号。但是迄今为止铸造的年号钱，只发现了于阗国王李圣天的"同庆元宝"一种，因此它具有特殊重要的意义。

那于阗国王李圣天为什么要铸造"同庆元宝"年号钱呢？

这要从于阗建国的传说及其历史演变说起。

于阗国位于今天新疆塔里木盆地南缘的和田绿洲。关于于阗建国的传说，见于《于阗教法史》等于阗文以及藏文文献中。相传一位被印度阿育王抛弃的王子后被汉王菩萨收为义子，他长大后来到于阗建立了国家。这实际上反映了于阗国早期深受印度与中国两种文化影响的历史。其实于阗国是古代印欧语系的塞人建立的城邦之国，王族为尉迟氏。

中国古代有关于阗的信息，最早源于出使西域的张骞，内容记载在《史记·大宛传》中。中原王朝对于阗的经营始于东汉初年的班超，截至东汉末年，中原地区的汉文化就已经深入到于阗国的社会经济生活之中，例证之一就是于阗国铸造了以中原的"铢"为重量单位的钱币。钱币的两面分别铸有篆书的汉字以及源自印度的佉卢文，这正是于阗深受中国与印度两种文化影响的实物见证。

进入魏晋之后，于阗与鄯善、焉耆、龟兹、疏勒并为西域的大国，沿袭着向中原王朝进贡的惯例，与中原王朝保持了密切的联系。北魏年间，于阗曾经先后被吐谷浑、柔然攻袭，国势逐渐衰落，后来又被西突厥占领。

唐朝建立之后，于贞观十四年（640）灭高昌国，改设西州，并在西州的交河城设立安西都护府，管理西域地区的军政事务。贞观二十年，西突厥的可汗为了与唐朝和亲，就将他控制下的龟兹、于阗、疏勒、朱俱波、葱岭五国作为聘礼献给了唐朝。两年后唐朝将安西都护府移驻龟兹，并在龟兹、焉耆、于阗、疏勒四城修筑城堡，建置军镇，史称"安西四镇"。为了防御吐蕃入侵西域，唐朝在于阗又设立了毗沙都督府，划分出十个羁縻州，任命尉迟家族的人负责管理。这样，于阗国的王族尉迟家族与李唐王朝之间就建立了亲密的政治关系。

唐朝天宝年间，于阗王尉迟胜入唐朝觐，唐玄宗"以宗室女妻之，授右威卫将军、毗沙府都督"。安史之乱爆发后，尉迟胜亲自率兵五千赶赴中原勤王，叛乱平定之后也没有返回于阗，而是终老在了长安。唐肃宗于乾元三年（760）任命尉迟曜为安西四镇节度副使，并管理于阗国事务，尉迟曜率领当地民众与唐朝守军一起坚守于阗。贞元六年（790）吐蕃攻陷于阗，随后北庭、西州等大部分西域地区被吐蕃占领。直到9世纪中叶吐蕃发生内乱，张议潮于唐宣宗大中二年（848）在敦煌发动起义，最终形成燎原之势，瓦解了吐蕃在河西、陇右、西域等地的统治势力。尉迟家族也乘机在于阗举起抗击吐蕃的大旗，于大中五年（851）前后摆脱了被吐蕃统治近半个世纪的命运，和敦煌的归义军结盟共同抗击吐蕃。

这样自汉代以来一直治理于阗的尉迟氏王族，再次确立了在于阗的统治地位。大宝于阗国王李圣天就是在这一背景之下崛起的。

（二）

据《新唐书·西域传》记载，于阗国"自汉武帝以来，中国诏书符节，其王传以相授"。亲自到过于阗国的玄奘，在《大唐西域记》中叙述于阗建国的历史时也说"自兹已降，奕世相承，传国君临，不失其绪"。这说明于阗国在长达千年的时间里，除了被吐蕃占领的近半个世纪，基本上都是由尉迟氏家族在统治。

实际上，"尉迟"本来不是姓氏，最初只是于阗国王的头衔，意思是征服者、胜利者，第三代于阗国王开始改用"尉迟"这一头衔作为王族的姓氏。后来沿用下来，就变成了于阗王族的姓氏。《后汉书·西域传》记载于阗国王的名字叫"位侍"，可能就是"尉迟"一词的异译。

根据目前所掌握的各种文字史料和出土文献，还不能复原出五代和北宋时期于阗的历史全貌，只能大致地知道于阗国当时被称为金国、宝国和金玉国，这些名称可能是因为于阗出产沙金与玉石，也可能只是一般的称呼。自从五代时期后晋朝廷于天福三年（938）正式册封其为"大宝于阗国"，"大宝于阗国"就成了 10 世纪中叶于阗国正式的国号。

目前虽然还不清楚 9 世纪中叶至 10 世纪初期于阗国的王统世系，但是借助于出土的于阗塞文、汉文和吐蕃等各种文书，学术界近年对后梁乾化二年（912）到宋真宗景德三年（1006）于阗国最后灭亡之前九十四年的世系，基本上已经梳理清楚了。这期间共有四位国王相继在位。

于阗国王尉迟僧乌波（912—966 年在位）于后梁乾化二年开始执政，他实际上就是我们故事的主角李圣天，在位时间长达五十四年，先后使用了同庆、天兴、天寿三个年号，是于阗国历史上最著名的国王。李圣天之后是其子尉迟输罗（967—977 年在位），曾以"天尊"为年号。后面的国王是不是父子相承并不清楚，尉迟输罗之后的于阗国王是尉迟达磨（978—982 年在位），使用的年号是"中兴"。尉迟僧伽罗摩（983—1006 年在位）是于阗国的末代君主，最后被信仰伊斯兰教的喀喇汗王朝给消灭了。

于阗国王尉迟僧乌波，即李圣天，是在后梁乾化二年即位的。他即位之后，就以"同庆"为年号，这是目前所知于阗的第一个年号。他以同庆为年号的时间点很清楚，但他是什么时间将名字改为李圣天的，文献中还没有见到记载。只知道他在执政的第二十六年，即同庆二十六年，也是后晋天福三年（938）派使臣去开封向后晋的石敬瑭进贡时，就是以李圣天的名义进行的。石敬瑭也是因为这次进贡而正式派出使臣去于阗册封李圣天为"大宝于阗国国王"的。"大宝于阗国"之名由此而来。

这次朝贡与册封是唐末以来中原与西域之间第一次正式的使节往

返，具有重要的政治意义。担任使团副使的高居诲回到开封后写了一份出使报告，记录了出使的经过和见闻。原书虽然不幸遗失，但是欧阳修撰写的《新五代史·四夷附录第三》中所摘录的一部分被保留了下来。后来王国维又将其辑录整理为《高居诲使于阗记》，才使得这部具有极高学术价值的文献得以流传，并为学者所用。

为了便于大家了解李圣天铸造"同庆元宝"年号钱的背景，下面我们就根据《高居诲使于阗记》中保留下来的文字，看看于阗与后晋的这次政治交往都有一些什么具体内容。

（三）

于阗国王李圣天派遣的朝贡使团在于阗同庆二十六年历经千辛万苦，克服重重困难后，到达后晋都城开封。使团一行以检校太尉马继荣为正使，黄门将军、国子少监张再通为副使，殿头丞旨、通事舍人吴顺规为监使，目的是向石敬瑭进贡，请求册封，表示归顺之意。带去的贡物主要有玉石、红盐、郁金香、牦牛尾等名贵土特产品。

后晋国主石敬瑭对于阗国的主动归属十分赞赏，当即封正使马继荣为镇国大将军、副使张再通为卫尉卿、通事舍人吴顺规为将作少监。为了向于阗国表示友好，后晋朝廷于当年年底就派出了册封于阗的回访使团。使团以供奉官张匡邺为鸿胪卿、彰武节度判官高居诲为判官，出使于阗国并册封李圣天为"大宝于阗国国王"。

这个使团于当年十二月从开封出发，经过两年的跋涉，途经由西夏人、甘州回鹘人、归义军以及吐蕃人控制的地区，历经艰险，最终到达于阗国；完成册封使命后，于天福七年（942）冬季才返回开封，往返历时四年。当时于阗国的国境，东北延伸到今天的若羌附近，隔车尔臣河与仲云部相望；南部抵达昆仑山，与吐蕃接壤；西北靠近喀什。喀喇汗王朝兴起之后，于阗西北边界在莎车一带偶有伸缩。

后晋的册封使团抵达于阗国后，国王李圣天亲自前往迎接，热情款待。高居海看到，"圣天衣冠如中国，其殿皆东向"[①]。意思是说李圣天的穿衣戴帽和中原的一样，宫殿的房门也都朝向东方。宫殿和楼房的名称也都是汉文，分别叫"金册殿"和"七风楼"。

李圣天用葡萄酒招待后晋的使臣。高居海第一次喝到葡萄酒，"不知其所酿，而味尤美"[②]。于阗的饭食拌以蜂蜜和奶酪，为游牧习俗，但是衣着则用布、帛，如同中原；都城里建有许多园圃，种植花木；当地的习俗喜欢拜神鬼，并信奉佛教，李圣天的居处经常有 50 名紫衣僧人列侍。

唐朝的时候曾经将内地的州县制和乡里制推广到西域。当时的于阗国仍然保留着唐代设置毗沙都督府时在于阗所设置的羁縻州，这些羁縻州还沿用着当时的汉文名称，《高居海使于阗记》中提到了银州、卢州、湄洲和玉州等。于阗国的官职也保留或借鉴了唐朝当年实行的官职，如出使后晋的三位使臣的官职就分别是检校太尉、黄门将军、国子少监、殿头丞旨、通事舍人，另外还有宰相、将军以及都督等。在于阗国还保留有很多汉姓，除了李圣天所使用的李姓，三位去进贡的使臣马继荣、张再通、吴顺规，以及后来随行的使臣刘再昇，所使用的不但是汉姓，也都是汉名。这说明于阗国内当时还生活有不少的汉人。书中还写到，于阗国内的三条河都出产玉石，每年秋天河水枯竭时，国王首先派人去河里捞玉，国王捞完后，国人才可以去捞。

总之，高居海出使于阗时所看到的于阗国景象，除了饮食上的差异，无论是建筑、服饰，还是官职以及官员的姓氏，都保留有浓厚

① 《新五代史·四夷附录第三》。
② 《新五代史·四夷附录第三》。

的唐朝遗留下来的华夏遗风，在高居海的笔下，于阗"人物风华，一同内地"，仿佛就是一派中州景象。在内地政局动荡、四方云扰之际，李圣天治理下的于阗，社会稳定、政治清明、国力强盛，因此他可谓一代明主。

后晋的使臣返回中原时，李圣天又派遣都督刘再昇随行，并向后晋朝廷进贡了大量的美玉和玉印，还有用于降魔的玉杵等吉祥物。

（四）

了解了于阗国与后晋之间的这次政治交往，有人可能要问：李圣天为什么要费尽周折派使臣千里迢迢地去开封朝贡呢？

李圣天此举，既有政治文化方面的原因，也有经济以及安全方面的考虑。实际上，这正体现了于阗国王李圣天的中华意识和文化认同。

先来说说政治文化方面的原因。

前文述及，唐朝在于阗设置毗沙都督府，划分十个羁縻州，任命尉迟家族的人负责管理。天宝年间于阗王尉迟胜入唐朝觐，唐玄宗妻以宗室之女，并授以右威卫将军、毗沙府都督等头衔。安史之乱爆发后，尉迟胜亲自率兵勤王，最后终老长安。尉迟曜则率领民众与唐朝守军一起坚守于阗。这些事例不但加深了尉迟家族和李唐王朝政治上的亲密关系，而且使得中原地区的汉文化对于阗的影响既深厚又广泛。因此，当敦煌的汉人张议潮率众起义后，尉迟家族就在于阗积极响应，率先竖起了反抗吐蕃统治的大旗。

摆脱了吐蕃统治后的于阗国，首先与沙州归义军政权结盟。10世纪初李圣天执政之后，双方又开始联姻，于阗国王李圣天娶曹议金的女儿为后，曹议金之孙曹延禄又娶于阗公主为妻，李圣天与曹氏所生的太子从德，自孩提时期便留居敦煌接受儒家文化的教育，直至他长大成人后回国即位，这位从德太子就是于阗国王尉迟输罗。与沙州归义军政权联姻结成的政治同盟，更加强了于阗的中华意识和文化认同。

从现存的敦煌文书中于阗使臣和僧侣所遗留的汉文文书判断，五代、北宋时期，汉语仍然在于阗国的一定范围内，尤其是在官方范围内通行。于阗国的政治制度沿用、采纳了许多唐朝的旧制。虽然于阗国内也采用十二生肖法和国王在位年数的办法来纪年，但是多位国王都依照中原的传统设立过年号，并以此来纪年。另外，现存的于阗语文书中保存了大量的有关赋税制度和官职的汉语音译名称，表明于阗的官制和赋税制度都借鉴了唐朝的有关制度。正是因为无论从政治上还是文化上，于阗尉迟氏王族都对中原政权和中华文化有着强烈的认同感和钦慕之心，他才会克服重重困难，穿越多个割据势力，不远万里去向代表中原王朝的后晋进贡，请求册封，表示归顺之意。此种背景之下，李圣天铸造"同庆元宝"年号钱，就是他中华意识和文化认同的历史见证，实际上折射出五代至北宋初年，唐朝虽然早已经灭亡，但是它在西域的影响力始终存在。

再来看看经济以及安全方面的考虑。

这与于阗国所处的地理位置以及单一的绿洲城邦经济有关。于阗位于塔里木盆地东南边缘，北面是浩瀚的塔克拉玛干沙漠，南面是常年冰雪的昆仑山以及喀喇昆仑山，向西经过莎车、喀什可以进入中亚，向东通过敦煌与中原相连。因此，于阗的绿洲经济严重依赖过境贸易，它不仅基于历史上的友好传统与中原王朝保持密切的交往，也与归义军政权、甘州回鹘以及辽朝相互往来。

首先，于阗国与敦煌归义军政权的关系最为密切。早在唐朝末年，刚一摆脱吐蕃的控制，于阗便与执掌归义军的张淮深建立了联系，双方互通书信。10 世纪初，曹氏执掌归义军政权以后，双方又开始联姻，通过姻亲结成了政治同盟。其次，于阗与甘州回鹘的交往也很密切，敦煌文书中有不少 10 世纪两个政权之间相互往来的于阗塞文和吐蕃文书信，于阗派往中原的使者也经常与甘州回鹘的使臣结伴同行。于阗同北方的辽朝交往比较晚，直到 989 年于阗的使臣才第一次到辽朝朝贡，于阗在名义上成为辽朝的属国，辽朝则设有于阗国大王府。

在对外关系中，于阗国主要还是与中原王朝保持密切的政治经济以及文化上的联系。因此，在朝觐后晋之后，于阗国于 948 年又派遣使者王知铎到后汉朝贡。据史料记载，北宋建立的次年（961），于阗便派人前往中原，与宋朝建立了联系，以后不断遣使入宋。962—969 年，在短短数年的时间里，就先后有四批于阗国的使者抵达开封。

10 世纪末，于阗国向沙州归义军政权和宋朝频繁派出使臣，这和于阗国与喀喇汗王朝爆发的宗教战争有关。

喀喇汗王朝是西迁的一支回鹘人建立的政权，喀什噶尔是其政治中心之一。因为改信伊斯兰教，10 世纪 60 年代，喀喇汗与信仰佛教的于阗国之间爆发了一场持续了近四十年的宗教战争。战争初期于阗占据优势，不但打退了喀喇汗王朝的进攻，还挥师西进，一度占领了喀什噶尔。敦煌出土的一份于阗语文书记载了时任于阗国王的李圣天之子尉迟输罗于 970 年写给归义军首领曹元忠的一封信，叙述了 969 年于阗攻占喀什噶尔的战况和准备在当地建立亲于阗政权的打算。《宋史·于阗传》也记载"（开宝）四年，其国（于阗）僧吉祥以其国王书来上，自言破疏勒国（喀什）得舞象一，欲以为贡"。说的就是占领喀什噶尔之事。但是，旷日持久的战争使得于阗国力大损，逐渐处于劣势，最后被喀喇汗王朝征服。

中外文献中虽然都没有留下于阗国灭亡的确切时间，但是根据

《宋史·于阗传》的记载"大中祥符二年（1009），其国（于阗）黑韩王遣回鹘罗厮温等以方物来贡"，可知当时于阗地区已经处于喀喇汗王朝的控制之下。研究于阗语文书的学者将于阗文书的最后年代断定在 1006 年，因此可以推定于阗灭国最晚应在 1006 年。另外，学术界也有人认为，敦煌藏经洞就是在得知信仰佛教的于阗被信仰伊斯兰教的喀喇汗王朝攻占之后，害怕他们再去进攻敦煌而封闭的。

于阗在喀喇汗王朝的统治下，语言和人种逐渐回鹘化，并陆续信奉了伊斯兰教。但是，"同庆元宝"却向世人说明，早在伊斯兰化、回鹘化之前，信仰佛教的于阗国曾经有着浓厚的中华意识和文化认同。

5

周元通宝：可以入药治病的钱币

在我国很多地方流行一种说法，即五代时期北周铸造的"周元通宝"钱具有除病去灾的特殊功能。譬如：明末清初的周亮工在他所著的见闻札记《书影》中就说"妇人手握此钱，可治难产"；清代南京地区也有这一习俗，当妇女分娩时，家人就会让她手握一枚周元通宝钱，说这样可以让她顺利生下小孩，保母子平安；不仅如此，清代小说集《秋灯丛话》中记载周元通宝钱能够治愈疟疾，说清朝顺治初年，湖北孝感地区有人得了疟疾，人们就从古钱币中捡出一枚周元通宝钱，持之即愈，远近宣传，每文值一缗。

周元通宝钱如此神奇，家家都想拥有一枚。因此，当时一枚周元通宝钱可以兑换 1000 枚普通的铜钱，价值瞬间就升了 1000 倍。

周元通宝钱为什么会如此神奇呢？

下面，我就给大家讲讲笼罩在周元通宝钱币上的神秘故事。

（一）

还是先来认识一下这枚神秘的钱币。

后周铸造的周元通宝钱与后汉的汉元通宝钱一样，钱文都是模仿唐朝的开元通宝钱，只是将"开"字改为了"周"与"汉"。因此，可以称为国号钱，这是它们与开元通宝钱所不同的。周元通宝钱的"周"字，方正匀称；"元"字长横左挑，与开元通宝相比较扁；"宝"字较小。钱文为隶书，兼有篆书成分，书法庄重、挺拔、深峻。钱币直径一般在24~25毫米，大型者可达25.8毫米，小型者只有22.6毫米；重量一般为3~4克，最重者可达4.6克，轻者只有2.9克。钱币的外郭较宽，内郭较细，铸工精美。

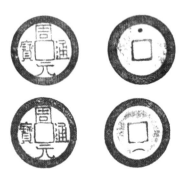

图 4-33　周元通宝

五代十国时期的钱币大多铸工粗糙，钱文也都漫漶不清，但是周元通宝的钱文却非常工整、端正。在五代时期的钱币中，周元通宝钱无论是钱文还是铸工都堪称一流。但是，如果仅凭这两点，周元通宝也只是一枚钱文书法与铸工技术相对稍好的普通钱币，并无特别之处，这显然不是它具有神奇功能的原因。那它的神奇之处在哪里呢？

实际上，周元通宝之所以被后人视为具有入药治病的神奇功能，是因为它的铜料来源与一般的钱币有所不同。它是用销毁的佛像铸造的，因此被认为具有佛性而赋予了神奇的功能。

那周元通宝钱为什么要用销毁的佛像来铸造呢？

这与周世宗所推行的灭佛政策有关。

周世宗柴荣是五代时期后周的第二任皇帝，在位只有五年（954—959）。他既是后周太祖郭威的外甥，又是他的养子，是中国古代少数由外戚继承宗室的皇帝之一。

柴荣少年时家道中落，被迫投奔姑母柴氏，帮助姑父郭威处理各种事务。柴荣生性谨厚，做事认真，深受郭威喜爱。而柴氏又没有生育，因此柴荣被郭威收为养子。柴荣为资助家用，年轻时曾经跟随商人外出做茶叶生意，往返江陵等地，对社会的弊病、民生的疾苦有所了解和体验；其间还学会了骑射，略通史书和黄老学说；及至成年，柴荣便弃商跟随郭威从军。

天福十二年（947），后汉政权建立，郭威因功被授为枢密副使，柴荣则被任命为左监门卫大将军。后汉隐帝刘承祐猜忌功臣、滥杀无辜，在接连诛杀了三位辅政大臣之后，乾祐三年（950）十一月，他又开始怀疑郭威，将郭威和柴荣留居在京都开封的亲属全部诛杀，并准备派人谋杀时任邺都留守的郭威。郭威被迫以“清君侧”的名义起兵杀向开封，柴荣受命留守邺都。次年（951），郭威推翻后汉建立后周，柴荣则以皇子的身份拜澶州（今河南濮阳）刺史，任内“为政清肃，盗不犯境”，深受官民倚信。后周显德元年（954）正月，郭威驾崩，柴荣按照遗诏在枢前即皇帝位，是为周世宗。

柴荣即位之初，年富力强，雄心勃勃，决心遵照养父郭威的遗愿干出一番大的事业。《旧五代史·周本纪》中有一段对话，颇能反映他当时的心志。他问对术数很有研究的左谏议大夫王朴：“朕当得几年？”意思是我还能活几年？王朴答道：“臣固陋，辄以所学推之，三十年后非所知也。”意思是至少也在三十年之上。柴荣听后十分欣喜地说:"若如卿言,寡人当以十年开拓天下,十年养百姓,十年致太平足矣。"为了实现这一宏伟目标,柴荣在他五年多的统治期间,励精图治,锐意改革,南征北战,揭开了结束分裂、统一天下的序幕。

柴荣称得上是一代明君,他不仅爱民如子,大力发展国内经济,而且积极开疆拓土,凭借杰出的军事才能,他差点将唐末以来的割据局面结束。显德元年(954),北汉勾结辽兵偷袭后周,柴荣亲率大军迎敌,将其击退,由此国威大振。他制定了"先易后难,先南后北"的统一战略,先是攻取了后蜀的四州之地,接着又创建水军征讨南唐,占领了淮南十四州。在南方作战一路胜利的情况下,显德六年(959),柴荣试图一举收复当年被后晋的"儿皇帝"石敬瑭割让给契丹的燕云十六州。当时北伐形势一片大好,后周军队接连攻克被契丹占领的"二州三关"。但是天妒英才,就在柴荣与将士们商议攻取幽州之时,却突然病倒,不久便驾崩了。第二年(960)赵匡胤发动陈桥兵变,黄袍加身,从孤儿寡母手中篡权建立了宋朝。因此,《旧五代史·周本纪》为周世宗柴荣的英年早逝发出了"神武雄略,乃一代之英主也……而降年不永,美志不就,悲夫"的感慨。

(二)

柴荣为了推进他的统一大业,在政治上采取了一项灭佛的重大举措。大家可能会提出疑问,柴荣制定的统一战略既然是"先易后难,先南后北",即先消灭南方的割据政权,再收复北方的燕云十六州,那他为什么还要拿佛教开刀,推行灭佛的政策呢?

实际上,这并不矛盾。它是柴荣为了解决自唐末五代以来连年战争所导致的民不聊生的社会难题的一大举措。柴荣为了发展经济,积蓄统一的力量,就要招抚安置流民,轻徭薄赋,减轻人民的负担,但是很多土地资源以及人力资源都被寺院占据，佛教的势力非常强大。这主要是因为连年的战争使得苦不堪言的百姓想从佛教中寻求安慰，寄托来生，于是纷纷遁入佛门，致使佛教的队伍乘机壮大。百姓出家成为僧尼之后，不仅影响了农业生产和士兵来源，而且使佛教寺院占有了许多田产，成为大地主，严重削弱了朝廷的财政收入以及政治上的中央集权。

正是在这种背景之下，柴荣发起了一场灭佛运动，史称"显德毁佛"。在此之前，历史上发生过三次著名的灭佛运动，始作俑者分别是：北魏太武帝拓跋焘、北周武帝宇文邕、唐武宗李炎，加上后周世宗柴荣的这次，总共有四次灭佛运动，史称"三武一宗"，属于佛教史上的重大法难。

周世宗柴荣的灭佛运动始于显德二年（955）四月，他下诏说：

> 近览诸州奏闻，继有缁徒犯法，盖无科禁，遂至尤违，私度僧尼，日增猥杂，创修寺院，渐至繁多，乡村之中，其弊转甚。……宜举旧章，用革前弊。诸道州府县镇村坊，应有敕额寺院，一切仍旧，其无敕额者，并抑停废。……[1]敕天下寺院，非敕额者悉废之。禁私度僧尼，凡欲出家者必俟祖父母、父母、伯叔之命。[2]

柴荣针对当时社会上"私度僧尼，日益猥杂""乡村之中，其弊转甚"的现象，要求各道州府的寺院，凡是有敕建匾额的可以保留；没有敕建匾额的一律停废，从今以后不准再创建寺院兰若。另外规

---

[1] 《旧五代史·世宗纪二》。

[2] 《资治通鉴·后周纪三》。

定，如果和尚不能读经五百纸、尼姑不能读经三百纸，都要被勒令还俗。如果私自为他人剃度，罚以重杖并勒令还俗，还要服役三年。最后是严令禁止当时盛行的信徒以斩断手脚或者是以热油烫脸等"自残式布施"的方式明志的做法。

诏旨颁布之后，废佛之风立即席卷全国，年终统计，共废除寺院3336 所，还俗的僧尼有 61200 人，全国寺院仅存 2694 所。一时之间，天下佛像几近消失。

柴荣这一雷厉风行的灭佛举动，使一部分官员和佛教徒议论纷纷。他就以理训示臣下说："卿辈勿以毁佛为疑。夫佛以善道化人，苟志于善，斯奉佛矣。彼铜像岂所谓佛耶？且吾闻佛在利人，虽头目犹舍以布施。若朕身可以济民，亦非所惜也。"[1]

这段话的意思是说："各位不要对我毁去佛像这件事有所疑虑。佛本来就是以善道度化世人的，如果你有心向善，就是供奉佛了，那铜像怎么会是所谓的佛呢？而且我听说，佛为了助益他人，就算是头颅、眼睛都可以布施给别人，又怎么会在乎一个铜像呢？如果我的身体可以用来救济民众，我也会在所不惜！"群臣听了此番言论都无言以对。

对于柴荣发动的这一灭佛举动，后来的史学家司马光在《资治通鉴》中给予了很高的评价，说他是"不爱己身而爱民"，"不以无益废有益"，"世宗乃仁爱明理之人"，"以信令御群臣，以正义责诸国"，"大邦畏其力，小邦怀其德"，真正做到了"无偏无党，王道荡荡"。溢美之词，无与伦比。

（三）

柴荣发动的这场大规模的灭佛运动，实际上还有一个重要的目的，

---

[1] 《资治通鉴》。

他想用这种办法解决自唐朝中期以来就困扰朝廷的钱荒难题。

唐朝末年以来，特别是进入五代十国之后，军阀拥兵自重，此篡彼夺，干戈扰攘，战乱不断，给社会经济和货币流通造成了极大的破坏。当时最为核心的经济问题，就是从唐朝中期沿袭下来的钱荒难题。

所谓钱荒，就是指流通中的铜钱数量不能满足社会经济发展的需求，用现代经济学的术语讲就是"通货紧缩"。造成这一现象的原因是多方面的，但是最根本的原因是我国古代长期选择使用以贱金属铜为货币金属，导致价值相对较低的铜钱满足不了随着经济发展以及人口繁殖而日益增大的对货币流通总量的需求。为了解决这一难题，只能不断地加大铜钱的铸造量。但是，五代时期，一方面是战乱造成开采铜矿的坑口大部分被废弃，直接断绝了铜料的来源，另一方面则是随着佛教的兴盛以及僧侣队伍的壮大，很多铜料甚至是铜钱都被销毁铸造成了铜像或者是其他器物。此外还有一个重要的原因，就是铜钱的外流。这既有北方契丹等少数民族的掳掠，也有南方沿海地区因为贸易而流向海外。

总之，进入五代以后，钱荒问题越来越严重。为了缓解这一矛盾，个个短命的朝廷都想出过很多办法。譬如：实行短陌制，即因为缺少现钱而在支付的时候可以不用足额支付。后唐的时候"京师用钱八百五十为贯，每百才八十五，河南府以八十为百云"[1]；到了后汉，"官库出纳缗钱，皆以八十为陌，至是民输者如旧，官给者以七十七为陌，遂为常式"[2]。另外一种办法就是铸造铅锡等劣质的钱币，如南汉国铸造的乾亨通宝铅钱。

后周建立之后，周太祖郭威为了解决钱荒问题，曾于广顺元年

---

① 《新唐书·食货志》。

② 《旧五代史·王章》。

（951）下诏，严厉打击销钱为器，规定"所有钱一色，即不得销铸为铜器货卖。如有犯者，有人纠告捉获，所犯人不计多少斤两，并处死"①。周世宗柴荣继位之后，针对销钱为器的现象又进行了全面的整顿。他采取的办法是颁布法令宣布铜为国有，这在中国古代是极为少见的。

不仅如此，他还下令销毁佛像铸造钱币，这反映了他要解决钱荒难题、整顿币制的决心和魄力。在这一点上，他显然是受到了唐武宗灭佛的启发。但是，与唐武宗灭佛所不同的是，柴荣灭佛的功利目的表达得更加直接。他说："吾闻佛说以身世为妄，而以利人为急，使其真身尚在，苟利于世，犹欲割截，况此铜像，岂其所惜哉？"②意思就是，佛是造福众生的，假如他活着，为了救人他的真身都可以毁去，又为何舍不得一个铜像呢？在佛教盛行的年代，周世宗能有此种远见卓识，实属难能可贵。

这样一来，为了解决当时钱荒的难题，方便百姓的交易使用，用销毁的佛像来铸造钱币就是顺理成章的事了。

《新五代史·周本纪》记载，柴荣"即位之明年，废天下佛寺三千三百三十六，是时中国乏钱，乃诏悉毁天下铜佛像以铸钱"。他限定民众在50日之内，必须将铜质佛像都交由官府收购。如果有藏匿5斤以上的铜佛像而不交给官府的，将被判死刑。

解决了铸钱铜料的来源问题之后，柴荣就仿照开元通宝和汉元通宝铸造了周元通宝钱。据北宋苏耆的《开谭录》记载，"世宗朝，铸周元通宝钱，于后殿设巨炉数十，亲观鼓铸"。说柴荣在皇宫里设炉铸钱，这恐怕有点夸张，但他亲自督导铸钱却是可能的。这反映了柴荣对铸钱的重视。为了大量铸钱，解决钱荒的问题，除了销毁佛像所得

---

① 《五代会要·泉货》。
② 《新五代史·周本纪》。

到的铜料，史书记载，他还曾经派人去高丽购铜，并且"仍许青、登、莱州人户兴贩"。意思就是允许青州、登州、莱州三地的人去高丽贩运铜料。高丽也曾经"遣使贡铜五万斤"。因为铜料充足，所以周元通宝钱在五代钱币中，不但铸造的数量最多，而且无论是钱文书法还是铜质铸工，都是公认的最为精美的钱币。

（四）

因为周元通宝是用销毁的佛像铸造的，加之钱文和铸工都很精美，又因它的铸造者周世宗柴荣被视为"五代十国第一明君"，在文治武功以及亲民方面都有所建树，欧阳修在《新五代史》中更是盛赞他"区区五六年间，取秦陇，平淮右，复三关，威武之声震慑夷夏，而方内延儒学文章之士，考制度、修《通礼》、定《正乐》、议《刑统》，其制作之法皆可施于后世"，后世就认为用佛像铸造的周元通宝钱具有佛性，有辟邪、祈福、厌胜的功能。民间有些偏方更是赋予了它入药治病、保佑平安的神奇功能。

实际上，古人早就有用古钱治病的传统。譬如，《本草纲目》卷八《金石部·古文钱》就收录一个药方："古钱其铜焦赤有毒，能腐蚀坏肉，但取周景王时大泉五十千，宋四铢、二铢，及梁四铢，北齐常平五铢之类，方可用。"

明代著名的医药学家李时珍对这个药方补充说道："古文钱但得五百年之上者即可用，而唐高祖所铸开元通宝，得轻重大小之中，尤为古今所重。"这里讲的是古钱的医用价值。另外，《本草纲目》中还记有另外一些古钱入药的药方。如：治疗"时气欲死"须用"大钱百文，水一斗，煮八升，入麝香末三分，稍饮至尽"；治"急心气痛"须用"古文钱一个，打碎，大核桃三个，同炒热，入醋一碗冲服"。

记得我小的时候在农村，因为医疗条件非常落后，如果谁的脸上或手上生癣了，老人就会找一枚铜钱，用火烧红后放入有醋的小碟里，用泡过铜钱的醋液涂抹患处，患处就能痊愈。其实这是有一定道理的，因为铜钱加热之后泡入醋里会产生硫酸，硫酸具有消炎的功能。《本草纲目》所记载的药方大概就属于此类。

如果说古钱币中的某些成分确有药效，就像用来治癣一样，借用它来医病还可以理解，但是所谓的"五百年之上者"或"唐高祖所铸"等可以治病便有些神玄了。这让人想起鲁迅先生对中医药学神秘主义形式的批评。在这里我们不是要分辨它的药效如何，或者是说中医药高明与否，仅仅从所列举的事例来看，倒是让我们从它的"神秘主义形式"看到了"钱"的神秘力量，或者说是钱的"厌胜"意义。

用钱币来厌胜的习俗，其实很早就有。大约从汉代起出现了一种类似原始宗教的形式，叫作"厌胜"。这里的"厌"读作"压"，因此也叫"压胜"，即"厌而胜之"，是用法术诅咒或祈祷以达到压服人、物或鬼怪的目的。

被古人用作厌胜的物品有很多，但是如果从使用的数量、种类以及在社会上的广度来看，最多的还是钱币，而钱币中又以周元通宝使用最为频繁。这与周元通宝是用佛像所铸，被认为具有"佛性"有关。因此，除了当年周世宗柴荣所铸造的行用钱，民间也私铸了很多以"周元通宝"为钱文的厌胜钱。这种情况自宋朝初年直到近代都有铸造，数量甚至超过了柴荣铸造的行用钱。在这些厌胜钱的背面经常铸有龙凤、星斗、日月等图纹或者是吉语，主要是用来表达辟邪趋吉的愿望，或者是希望借助钱的"神力"来实现自己的愿望。这虽然早已不是周世宗柴荣铸造周元通宝钱的初衷，但是却是周元通宝钱成为收藏热点的重要原因。

淳化元宝（金币）

祥符通宝

大观通宝

祥符元宝

熙宁元宝

崇宁通宝　　　　元丰通宝

纯熙元宝　　　　淳熙元宝　　　　嘉定元宝

唐代船形银铤

穆清铜宝

"承安宝货"银锭

杨国忠进献的五十两重银铤

"扬州元宝"银锭

金花银锭

统和元宝

天禄通宝

千秋万岁

重五两的小银锭

乾祐元宝

重熙通宝

清宁通宝

咸雍通宝

大康通宝

元德通宝

大安元宝

贞观宝钱（西夏文）

乾统元宝　　　　　　　天庆元宝

正隆元宝

天盛元宝

大朝通宝

大元国宝

伊藩吉昌

大元通宝（八思巴文）

永历通宝（郑成功铸）

洪武通宝

天启通宝·十一两

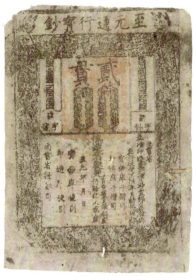

至元通行宝钞（贰贯）　　　　　大明通行宝钞（壹贯）

葡萄牙本洋（十字币）

西班牙本洋（八里亚尔）

西班牙本洋（卡洛斯四世）

大明通行宝钞（印版）

大世通宝

世高通宝

金圆世宝

琉球通宝（半朱）

天保通宝（当百）

琉球通宝（当百）

钱币上的中国史

器物、制度、思想视角的解读

王永生◎著

中信出版集团｜北京

图书在版编目（CIP）数据

钱币上的中国史：器物、制度、思想视角的解读：
全 3 册 / 王永生著 . -- 北京：中信出版社，2022.6（2023.9重印）
ISBN 978-7-5217-4087-5

Ⅰ . ①钱… Ⅱ . ①王… Ⅲ . ①货币史－中国 Ⅳ .
① F822.9

中国版本图书馆 CIP 数据核字（2022）第 044304 号

钱币上的中国史——器物、制度、思想视角的解读（中）
著者：　王永生
出版发行：中信出版集团股份有限公司
　　　　（北京市朝阳区东三环北路 27 号嘉铭中心　邮编　100020）
承印者：　宝蕾元仁浩（天津）印刷有限公司

开本：880mm×1230mm　1/32　　　　插页：14
印张：35　　　　　　　　　　　　　字数：868 千字
版次：2022 年 6 月第 1 版　　　　　印次：2023 年 9 月第 2 次印刷
书号：ISBN 978-7-5217-4087-5
定价：198.00 元（全三册）

目 录

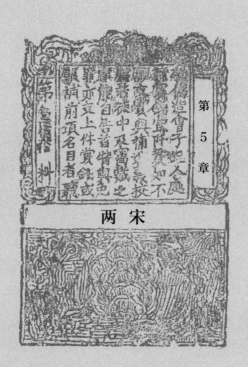

第 5 章

两宋

纵观我国古代，两宋时期铸钱最多，也最为规范，每次改元后几乎都铸造了年号钱，并形成惯例。钱币不仅是商品贸易的媒介，还是历史进程的实物见证，以及文化传承的物质载体。自宋朝之后，各朝代的年号钱可以将每个朝代重要的历史事件串联起来，讲述钱币背后的历史故事。因此，从两宋这一章开始，我将通过有代表性的钱币来串联、梳理钱币背后的故事，给大家提供一个了解当时历史、认识钱币文化的新窗口。

在这一章，我从南北两宋各选择了 7 枚钱币，通过这些钱币来讲述其背后的故事。另外还附了北宋的私交子、官交子，以及南宋的行在会子三节有关纸币的内容，以此给大家提供一个了解、认识两宋历史及其文化的新视角。

1

钱币上的北宋

北宋靠政变夺取天下，为了防止部下效仿，太祖制定了重文轻武的国策，太宗倡导文治并首创御书钱，形成文盛武衰的风气。当崇文的宋军遇到尚武的辽军南侵时，畏战的真宗只能签城下之盟赔款了事，为了挽回面子又铸"祥符元宝"并上演一出封禅闹剧。

仁宗面对西夏的挑衅，虽劳师破费却无功效。为了弥补财政亏空，铸造虚值大钱"庆历重宝"，促使范仲淹推行庆历新政；但新政因保守派反对而夭折，更加重了内忧外患，最终引发王安石变法，想用货币手段解决社会问题，却因变法措施激进导致新旧党争。元祐更化之后，不但葬送改革，加剧党争，更撕裂了士大夫阶层。徽宗最初虽想不偏不倚，调和两党矛盾，但是他以艺术家的才情治国施政，在蔡京等人的蛊惑、唆使下，对内推"丰亨豫大"奢靡无度，对外签"海上之盟"引狼入室，酿成靖康之难，最终国破家亡而身死异国。

上述历史事件的发生、演变都记录在淳化元宝、祥符元宝、庆历重宝、熙宁通宝、元祐通宝、大观通宝、宣和通宝以及交子上，基本可以串联起一幅记录北宋近一百七十年历史的画卷。

一、淳化元宝：最早的御书钱

御书钱，就是用皇帝亲笔书写的钱文铸造的钱币。皇帝日理万机，哪里有时间练书题字呢？但是，宋代的皇帝却与众不同，从北宋的太宗、真宗、徽宗，到南宋的高宗、孝宗，都非常喜欢书写钱文，不是一位皇帝，而是有好几位，并贯穿两宋；不仅题写钱文，还吟诗作画，甚至是编印出版典籍。这一点既与之前的汉唐不同，也与后来的明清有别。

宋代为什么有那么多的皇帝有书写钱文的雅好呢？

实际上这与宋太祖赵匡胤称帝以后刻意推行的重文轻武的国策有关。

下面我们就通过"淳化元宝"这枚最早的御书钱，聊聊两宋重文轻武政策的由来及其影响。

（一）

先来看看淳化元宝这枚最早的御书钱。

图 5-1　淳化元宝（三种字体）

如图 5-1 所示，淳化元宝有真书（楷书）、行书、草书三种书体，为宋太宗所书，是所谓御书钱的滥觞，也是行书、草书书体入钱文之始；由此正式创立了宋代钱中同一种钱文书写多种书体，即所谓"对钱"的传统。自此以后，钱币文化中对艺术的追求日益精妙，五代时期铸钱的简陋遗风便泯没无存了。钱币文化进入一个大繁荣时期。

从淳化元宝开始，以后几乎每次改元都要铸行年号钱。这一做法被后世沿用，开启了中国古代年号钱的时代。宋太宗除淳化元宝之外，还铸造了至道元宝，也有真书、行书、草书三种书体，应该也是御书钱。

淳化元宝和至道元宝这两种钱币上的三种书体，每种书体都有很高的造诣，如真书写得浑厚端庄、笔力含蓄，行书线条清晰、劲挺奔放，草书则神采飞扬、奔放流畅。

太宗这样做显然是刻意为之。表面上看虽然有借机向世人展示他书法才艺的一面，但更深层次的用意则是传递赵宋王朝重文轻武、倡导文治的执政理念。而这一国策的制定者并不是宋太宗本人，而是他的哥哥宋太祖赵匡胤。因此，这还要从宋朝的建立说起。

（二）

赵匡胤靠部下发动"陈桥兵变"黄袍加身，篡夺了后周政权而登基当上皇帝。这既不同于他之前的刘邦、李渊，又与他之后的朱元璋、努尔哈赤有别。刘邦他们都是凭借自己的力量打下江山的，而赵匡胤却是依靠别人的力量登基的。因此，当上皇帝之后，他最担心的事就是生怕哪一天别人步他的后尘，所以，赵匡胤就把削弱手下将领的职权当成最重要的目标。

经过缜密的考虑，赵匡胤制订了一个分三步走的计划：第一步是通过"杯酒释兵权"，用安享晚年、过荣华富贵生活的承诺，换取拥兵的武将们放弃兵权；第二步是完善科举制度，加强文官体制，强化文官对军权的制约；第三步是实行更戍法，人为地制造将不知兵、兵不识将的局面，杜绝将帅形成个人势力。

宋太祖通过这三招，最终将军政大权都集中到了皇帝的手中，重用通过科举考试提拔上来的文官，杜绝了唐末五代以来藩镇割据称王、武将拥兵自重、政权废立如同儿戏的混乱局面。正如《宋史》所总结的那样："艺祖革命，首用文吏而夺武臣之权，宋之尚文，端本乎此。"朱熹也说："本朝鉴五代藩镇之弊，遂尽夺藩镇之权。"①

凡事就怕走极端，宋太祖在剥夺武将职权的同时，也削弱了宋朝军队的战斗力。

以文官统领武将，虽然繁荣了文化事业，但是却废弛了武备，削弱了军队的战斗力。所以宋朝在与北方的辽、金以及西夏国的军事斗争中，始终处于下风，只能通过每年奉献大量的绢帛、岁银来换得屈辱的和平，苟安于一时。整个宋代与北方的异族政权共先后签订了4次屈辱的和约，除了缴纳大量的绢帛和岁银，宋朝的地位也从王朝降为了地方的诸侯。

宋太祖那句名言"卧榻之侧，岂容他人鼾睡"，就非常形象地反映了他防范手下武将的心理。但是，他却从来没有想到在他的寝室之外，正有人惦记他的整个寝室，而不仅仅是那个床榻。两宋最终都亡于境外游牧民族的这一结果，实际上早在宋朝建立之初就被宋太祖的那句名言给注定了。

可悲的是，宋太祖这种狭隘、自私的心理，以及他所建立的重文轻武这一套儒家治国的基本理念，都被他的后代子孙奉为不可变更的祖训，而被一代一代地传承了下来，在全国形成了重文轻武、懦弱无

---

① 朱熹：《朱子语类》。

力的社会风气。而所谓的"御书钱",实际上既是这种社会风气的写照,也是形成这种社会风气的推手。那宋代到底都有哪几位皇帝书写了"御书钱"呢?

(三)

最先书写"御书钱"的是宋太祖赵匡胤的弟弟赵光义(原名赵匡义)。赵匡胤虽然有成年的儿子,但是赵光义却以弟弟的身份继承了皇位,这违背了中国古代帝位必须传给嫡长子的传统,因此历史上有"烛影斧声"的疑问。"烛影斧声"指的是赵匡胤病重时召赵光义进宫,别人远远地看见烛光下赵光义时而离席,有推辞拒绝之状,又听见赵匡胤引柱斧戳地,并大声说:"好为之。"后来,赵光义继位。对此事件后世议论不一,一种说法是赵光义谋害太祖篡位;另有一种说法是杜太后鉴于五代时幼主继位多被手下将领篡夺的教训,在去世前与赵匡胤立下"金匮之盟",定下赵匡胤去世后由其弟赵光义继位,所以当时只是太祖向弟弟嘱咐后事,并不是赵光义行篡逆之事。但真相到底如何,已无从考证,而成千古疑案。

976年赵光义继位之后改名为赵炅,史称宋太宗。他曾经两次亲自率军北伐辽国,希望能收复燕(幽)云十六州,结果都是大败而归,将周世宗、宋太祖积蓄的精锐丧失殆尽。从此以后,他再不敢言兵。

军事上的失败重挫了太宗的自信和威望,加之他又是在令人怀疑的情形下继承兄长帝位的,合法性受到质疑。为了消除社会上的猜疑,他开始认真地贯彻执行他哥哥宋太祖的重文轻武思想。他首先组织原来太祖手下的学者,大量地从事典籍的编撰工作,并在《太平广记》《太平御览》《太平寰宇记》三部主要的书上都加上他的年号"太平兴国"中的"太平"两字。另外他还扩大了科举制度，并设定皇帝最后亲自主考的殿试环节，希望能以此表明他负有维护文化传统、传播儒家学说道统的责任，来证明他继位的合法性。

宋太宗虽然军事上低能，但是却很有书法艺术方面的造诣。

《宋史》记载他"性嗜学"，敬业，"多艺能"。他尤其对书法情有独钟，曾叫人整理刊刻《淳化阁帖》。他还经常书写纨扇赐予众将，还为宰相赵普写过神道碑。宋代大书法家米芾说他的字是"真造八法，草入三昧，行书无对，飞白入神"。可见他的书法还是很有功力的。但是，他在书法上最大的创意，就是首开了皇帝书写钱文、铸造御书钱的先例。

宋朝后来的皇帝认为宋太祖和宋太宗弟兄俩是一武一文，共同奠定了大宋的江山，因此都特别推崇太祖和太宗。

史书记载，淳化元宝御书钱铸好之后，太宗曾将钱币赏赐给近臣，当时就有文学家称颂钱文是"尽返鹊回鸾之法，掩天龙地马之名"。

北宋初期的文学家王禹偁因直言进谏被贬官之后还不忘携带上他的御书钱，还曾写过一首咏钱诗，曰："谪官无俸突无烟，唯拥琴书尽日眠。还有一般胜赵壹，囊中犹贮御书钱。"这里的御书钱，应该指的就是淳化元宝，由此可以看出当时人们对御书钱的推崇和迷恋程度。

淳化元宝除铜钱之外，还铸有金币。这是1988年4月维修五台山佛寺时，民工在塔内发现的，才为世人所知。金币正面的钱文与铜钱一样，也是太宗的行书御笔。背面穿孔的左右分别铸有一立一坐的两尊佛像，坐像为观音，立像手持如意为散财童子，坐佛背后有佛光屏，像下有莲花座与祥云。佛像图案隆起约有2毫米高，佛像五官中的眼鼻口都是铸后镌刻，清晰可视。躯体则线条飘逸，栩栩如生。这枚金币应该是太宗为五台山佛寺精心设计、专炉铸造的供养钱。

（四）

第二位书写御书钱的是宋真宗赵恒，他是太宗的第三子，遗传了太宗军事上低能的基因，与他父皇两次伐辽失败相比，真宗更著名的是"澶渊之盟"。1004年在澶渊城下，宋军虽然初战取胜，但是怯弱的真宗却想以此罢兵，接受了辽国提出的每年送绢20万匹、银10万两的屈辱条件，签订了"澶渊之盟"，这是宋朝向外敌贡献钱帛换取和平的开始。宋真宗虽然军事上低能，政治上荒唐，艺术上也极为平庸，毫无可圈可点之处，但是却继承了其父皇太宗所开的先例，也题写钱文铸造了御书钱。

第三位书写御书钱的是宋徽宗赵佶。宋代的皇帝有个特点，凡是在治国理政方面表现平庸、低能的，在文学艺术方面却常有超常的表现，并喜好铸造御书钱，其中尤以宋徽宗最为著名。他虽然政治上昏庸无能，是个亡国之君，但是作为艺术家，却多才多艺，其艺术造诣在历代帝王中无与伦比，更是书写御书钱的集大成者。他亲自书写了崇宁、大观、政和、宣和四种年号的钱文。徽宗御书钱钱文精美，铸造技术高超，为历朝之冠。他所发行的钱币都可以称为钱币艺术中的精品。

第四位书写御书钱的是南渡的宋高宗赵构。被封作康王的他本来与皇位无缘，甚至还被送去金国做过人质，但是后来却因为机缘巧合，赵构不但躲过了靖康之变，没有被金国掳走，反而成了延续赵宋王朝余脉的"中兴之主"，史称宋高宗。据说他也铸有御书钱。

第五位铸造御书钱的是宋孝宗赵昚。赵昚像他的长辈一样也有一颗痴迷书法的心。他书学宋高宗，《书史会要》称"（孝宗）书有家庭法度"。连他也自称"无他嗜好，或得暇，惟书字为娱耳"。宋朝之后的元朝以纸币为主，铜钱铸得很少，随后的明清两朝，虽然每个年号都有铸钱，但是再没有铸造御书钱。因此，孝宗书写的楷书"乾道元宝"也可以说是中国古代历史上最后一种御书钱。

（五）

中国古代传统认为，文字是远古圣人所造，有至高无上的地位；钱币则是"先王所造"，掌握着国家的经济命脉。因此，由皇帝来亲自书写钱文，就将二者高度地统一起来，也符合"天命皇权"的专制统治需要，并能满足那些喜欢附庸风雅者的虚荣心。

纵观历史，我们发现，除了两宋，历朝历代的帝王中，虽然书法造诣高的皇帝并不乏其人，但是却很少有题写钱文的。如晋元帝的"凤尾诺"、齐武帝的"花草书"都久负盛名，传诵一时，但是他们都没有书写过钱文。这可能是因为当时的货币经济还不够发达，铸钱也比较少。可是，唐高祖李渊也是一位大书法家，他学王羲之后代王褒的书法，得其妙传。但是他在铸造开元通宝钱币的时候，并没有亲自书写钱文，而是请书法家欧阳询题写。像两宋这样有那么多的皇帝亲自书写钱文，实在是中国古代历史中所独有的一种现象。实际上，这是宋太祖推行"重文轻武，以文治国"政策的结果。

北宋通过太祖、太宗的改革，确立了以文立国的国策，实行重文轻武、文人治国的原则，倡导文人统治。太祖把科举制度作为人才选拔的基本制度，太宗不但增加了科举的名额，还设定了最后由皇帝亲自主考的殿试环节。这样无论是寒门士子还是农桑人家，学而优者，都可以出入庙堂，真可谓"朝为田舍郎，暮登天子堂"。大批文官出任中央以及各地的最高行政长官，地位居于武官之上。

不仅如此，宋朝皇帝还实行优待士大夫的国策，与士大夫共治天下。太祖甚至还在《太祖誓碑》中明确告诫子孙后代"不得杀士大夫及上书言事人"。

宋代后来的皇帝都很好地执行了太祖、太宗的祖训，因此大臣和文官都敢于发表意见，使皇权得到一定的束缚，大臣参与决策与执行政策的权力也是中国历史上最大的。庙堂之上，君臣坐而论道，争论不已；江湖之中，书生指点江山，意气风发；这种开明的政治气氛使得知识分子政治上有理想、文化上有创新、道德上有追求、生活上有保障。这种比较开明的政治为其他朝代所罕见，为宋代思想、文化、艺术、科技的迅速发展提供了有力的保证，宋代在中国文化史上可谓人才辈出、群星闪耀。正如陈寅恪先生所说："华夏民族之文化，历数千载之演进，造极于赵宋之世。"

宋朝自太祖、太宗以来，在重文的同时推行抑武政策。为了防止武将做大威胁其统治，他们实行更戍法，人为地制造"军无常帅，帅无常军，将不知兵，兵不识将"的局面。因此，北宋军队的战斗力很弱，军事实力不强，在与辽国以及偏居一隅的西夏对抗时，长期处于劣势。战斗力弱就用数量来弥补，实行人海战术，因此宋朝始终维持一支庞大的常备军，军费的开支就占了财政收入的一大块。因此，北宋虽然看起来十分繁荣，但是国库却经常是空的，财政上更是入不敷出，寅吃卯粮，明显地表现出军事上的"积弱"和经济上的"积贫"，被视为中国古代既软弱又贫穷的一个朝代。

因此，北宋成为我国古代一个非常奇特和发展极不平衡的朝代。一方面是在思想、文化、艺术上盛极一时，达到了一个很高的水准；另一方面是在经济、军事上却又表现出明显的"积贫积弱"的特点，始终面临外族入侵的危险，因为不能战而胜之，就只能通过每年缴纳大量岁币的方式求得苟安。结果是形成恶性循环，反而更加重了积贫积弱的程度。

宋朝文治与武功的巨大反差与不平衡，虽然起因于宋初太祖、太宗所制定的重文轻武的国策，但是发展却远远超出了他们当初的设计，也并不是他们所希望得到的结果。如何改变这种积贫积弱的局面，就成了北宋朝野所面临的一道难题，因为这势必要触动祖训，必然会在皇帝以及士大夫阶层中引起分歧，由此，改革派与保守派之间由政争而发展演变为党争并展开了旷日持久的内斗，成为北宋政治上的一大"风景线"。

实际上，太祖、太宗所确定的重文轻武的国策，在第三代皇帝真宗即位后不久就遇到了契丹人的挑战。景德元年（1004）正月，契丹大举南侵，宋军奋起抵抗，虽然初战获胜，占有优势，但是怯战的真宗还是以签订城下之盟并缴纳岁币的方式做了重大的让步。通过妥协虽然求得了和平，避免了战争，但是事情过后朝廷内部产生了分歧，真宗本人也有点后悔。

在"重文轻武"的祖制面前，既然不能在战场上降服契丹人，那该如何来安抚朝廷中的反对、质疑的声音呢？对此真宗又能想出什么好的办法呢？

二、祥符元宝（通宝）：记录了最后一场封禅闹剧的钱币

正如前文所述，"封禅"是古代君王举行的一种祭祀天地的礼仪，"封"指祭天，"禅"指祭地。但封禅也不是随便哪个君王都可以举办的。据司马迁记载，实际举行过封禅活动的只有两个人，一个是秦始

皇，另一个是汉武帝，他们分别是在统一六国和北伐匈奴扫除边患之后，去泰山举行了封禅仪式。此后直到唐朝才又有高宗、武则天和玄宗举行过。进入宋朝以后，太祖、太宗都没有举办，但是没有什么作为的真宗却大张旗鼓地举办了一次，这是为什么呢？

实际上，这完全是一场自欺欺人的闹剧。

下面我们就通过见证了真宗自导自演"天书从天而降"的"祥符钱"，去看看那场欺天闹剧发生的前因后果。

（一）

我们先来看看与这次封禅有关的两种"祥符钱"。

"祥符钱"虽然也是一种年号钱，但是却有点与众不同。年号一般都是两个字，但是它有点特殊，用了四个字，叫"大中祥符"，从公元1008—1016年，共有九年。北宋另外还有两个年号用的也是四个字，一个是太宗的"太平兴国"，另一个是徽宗的"建中靖国"。四个字的年号总给人一种要特别强调某种寓意的感觉。

"大中祥符"年号铸造了两种年号钱，分别是"祥符元宝"和"祥符通宝"，每种又都有光背以及背星月两种版式，另外还有一种阔边钱，就是钱币的边郭特别宽。除了铜钱，还铸造了铁钱，有小平、当五两种面值。祥符年号钱除了元宝还铸造了通宝钱，开创了钱文中元宝、通宝并用，一个年号同时铸造两种钱币的先例。

"大中祥符"年号用了四个字，所铸造的年号钱又有两种，这些都有点不同寻常，似乎预示着这一年号有着特殊的寓意或是特别的来历。实际上，"大中祥符"这一年号确实隐藏着宋真宗内心一个天大的秘密。因为他有一个解不开的心结，想要通过编织一个"天书从天而降"的骗局，自导自演一出封禅的闹剧，达到消除心结的目的。

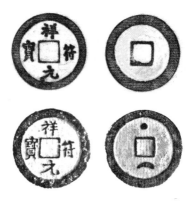

图 5-2　祥符元宝（光背、背星月）

图 5-3　祥符通宝

　　宋真宗作为一国的君主，贵为皇帝，有谁能与他过不去，以至于让他留下解不开的心结？这需要从大家都很熟悉的"澶渊之盟"说起。

（二）

　　公元 1004 年的阴历正月初一，宋真宗进行了第二次改元，将年号由"咸平"改为"景德"，后来以瓷器名闻世界的江西景德镇，就是根据这个年号起的地名。

　　这次改元并没有带来什么好运，还没有过完元宵节，在正月十一日这一天，边境上就传来了契丹国的萧太后与皇帝一起率兵入侵的消息。新被任命为宰相的寇准建议真宗也御驾亲征，迎击契丹的入侵，但相当于副宰相的参知政事王钦若却私下建议真宗去江宁（南京）避难，还有人主张学唐玄宗去四川躲避。寇准虽然觉察到了王若钦他们私下的这些活动，但是假装不知，仍然坚持真宗应该率军亲征。

无奈的真宗只得跟随寇准一同到了宋军与契丹对峙的前线，进入宋军驻守的澶州城。

两军初次交战，规模虽然不大，但是契丹的元帅竟然中了宋军的流箭而死于阵前，士气因此大跌。宋军这边虽然士气大涨，但是包括寇准在内的决策者都没有乘机消灭契丹、收复燕云十六州的意思，出兵只是为了议和。但是，如果是由寇准自己来决定议和，又怕事后被骂卖国贼而受到弹劾，因此他就将真宗一起拉到了前线，希望由皇帝来提出议和。而真宗本来就没有与契丹开战的勇气和决心，因此一看初战宋军占了上风，而且契丹有议和的想法，便立即同意，想见好就收。

经过谈判，以宋朝向契丹输送财物为条件，双方达成了和议。内容主要有两条：一是双方互称"大宋国"与"大契丹国"，宋为兄、契丹为弟，两国建立兄弟关系；二是宋朝每年向契丹赠送白银20万两、绢帛10万匹。

此次和议是在澶渊达成的，史称"澶渊之盟"。直到后来徽宗和金国合作，于宣和二年（1120）签订联合金国夹攻辽国的"海上之盟"，这一和约才被撕毁，但六年之后，北宋就灭亡了。北宋之所以没有成为五代的那些短命王朝，很大程度上就是靠了这个条约，确保了北部边界将近一百二十年的和平。

澶渊之盟的签订，使宋朝既回避了战争，又保全了国土，虽然每年要送给契丹国白银 20 万两、绢帛 10 万匹，但是这个数额远远低于真宗心里的底线。如果开战，宋军获胜的希望微乎其微，而军费的开销则远远不止这些。因此，和约签订以后，真宗很高兴，并有一种成就感。他认为这次御驾亲征虽然说不上是大胜契丹，得胜回朝，但是保护了黎民百姓，特别是北方边境的居民，从此以后将不再遭受契丹的骚扰，可以过太平日子了。

（三）

这次议和的成功，最大的功臣应该是寇准，因此他得到了真宗的厚待。但是，寇准的政敌、号称"北宋五鬼"之一的王钦若，素以阴险狡诈著称，在嫉妒心理的驱使之下，忘记了当初他私下劝真宗放弃中原去南京避难的事，不但不反省自己，反而阴险地对寇准使坏。

据《宋史》记载，有一天退朝之后，王钦若留下来对真宗说："澶渊之役，陛下不以为耻，反而说这是寇准给国家立的功劳，您怎么能这样认为呢？"真宗很吃惊地问他此话怎讲。王钦若说："城下之盟，《春秋》耻之。澶渊之举，就是城下之盟。您以皇帝之尊御驾亲征，结果却是签订了一个屈辱的城下之盟，哪里还有比这更丢人的事？将来会被后人耻笑。"听了这些话，真宗的表情变得很难看。王钦若又进一步解释说："陛下您听说过赌博吗？赌博的人在快要将钱输尽的时候，就会将剩余的钱都压上，这叫孤注一掷。这次澶渊之战，陛下您就是寇准手里的孤注，这样做是非常危险的。"[1]

王钦若这样一番别有用心的挑拨离间，使得本来从澶州回来以后兴高采烈、感觉很好的真宗一下情绪大跌，心情变得郁闷起来。他觉

---

[1] 《宋史·寇准传》。

得王钦若说得有理，开始怀疑寇准当初逼他去澶州城的动机，在信任动摇的基础上，对寇准进一步产生了厌恶。不久，真宗就将寇准降为刑部尚书，并外放去管理陕州，改用王旦为宰相。

将寇准排挤出朝廷之后，针对整天闷闷不乐、已有心结的真宗，王钦若又故意建议朝廷发兵去征讨契丹，夺回燕云十六州，以洗刷澶渊之盟的耻辱。真宗说这样做民众要受苦，因此他不愿发动战争，要王钦若想想看还有没有其他的办法能够解开他的心结。

王钦若于是又心生一计，建议真宗去泰山封禅，说这样可以"镇服四海，夸示外国"。真宗听了以后为难地说，没有天降祥瑞怎么能封禅呢？王钦若反问道，陛下难道相信上古圣王时代的"河图"和"洛书"吗？他说古代就有人造祥瑞的情况发生，只要"惟人主深信而崇之，以明示天下，则与天瑞无异也"。

这里需要给大家简单介绍一下"河图""洛书"的来历。

"河图""洛书"语出《易·系辞上》："河出图，洛出书，圣人则之。"这里的圣人指的是人类文化始祖伏羲。传说伏羲氏时，有龙马从黄河出现，背负"河图"；有神龟从洛水出现，背负"洛书"。伏羲根据这种"图"和"书"画成八卦，后来周文王又依据伏羲八卦研究推导出六十四卦，并分别写了卦辞。因此，后人就认为"河图""洛书"是华夏文化的源头。

王钦若的意思就是说，"天瑞"是可以人工制造的，只要皇帝深信不疑并昭告天下，那么，人造天瑞就是天赐的祥瑞。

真宗经过慎重的考虑，认可了王钦若人造祥瑞的主张。但是，他又担心宰相王旦是否配合。王钦若说，他先去向王旦传达旨意。随后，真宗又召见王旦，并赏给他一壶酒，但壶里面装的全是上等的珍珠，王旦对此自然心领神会，默认了此事。于是，真宗和王钦若联手编织的这出人造祥瑞并进而去泰山封禅的假戏就商定了。

（四）

这出假戏共有四幕，第一幕是"天书降临"。

经过周密的筹备，闹剧于景德五年（1008）正月开始上演。

一天，皇城司的官员突然报告说，左承天门屋南角挂有一幅黄帛。真宗连忙召集朝中大臣，告诉他们去年十一月在他寝宫发生的一件怪事。真宗说有天晚上，随着一道光亮，突然有个神人进来对他说："在正殿修建黄箓道场并做一个月的法事，就会有天书'大中祥符'降临。"他按照神人的要求做了，现在刚好一个月，出现的这幅黄帛一定就是天书。

真宗让宦官爬上左承天门取下来一看，果然上面写着"赵受命，兴于宋，付于恒"等二十一个字。因为"恒"是真宗的名字，所以毫无疑问这就是神人写给真宗的天书。书卷共有三篇文章，通篇洋溢着《尚书》和《道德经》这两部文人士子都通读过的古代典籍的风格与笔法，极言真宗能以"至孝至道，清净简俭"的品德继承大业，宋朝将会"世祚延永"。

既然降临了天书，那当然马上就要举行大赦并改元。年号当然要用神人告诉真宗的"大中祥符"，这就是四个字的"大中祥符"年号的由来。确定了年号，紧接着就要铸造"大中祥符"的年号钱。但是，年号有四个字，如何选用呢？因为"大中"两字早已被唐宣宗用过，所以铸钱只能用"祥符"二字。但是考虑到这是来自神人所授的天书，不同于一般自选的年号，因此铸造了"祥符元宝"和"祥符通宝"两种年号钱。

在铸钱的同时，真宗还修建了庞大的宫殿群用来奉安天书。至此，

第一幕即"天书降临"圆满落幕。

假戏的第二幕是"劝进"。

上有所好,下必甚焉。于是,北宋举国上下知道真宗热衷于天书祥瑞,便纷纷请求真宗去泰山封禅。劝进首先从泰山封禅祭场开始,1287名兖州父老在当地政府的支持下,以自发的名义来到京城上书劝进,真宗以自己不够资格为由婉拒了。第二次劝进的规格开始提高,由当地的进士率领846人进京请愿,真宗还是没有答应。第三次是宰相王旦率领文武百官、属国首领、和尚道士,以及地方长老共24370人的大规模请愿团,连续五次上表请求封禅。直到这时真宗终于说"既然大家都如此抬举朕",那就正式下诏,定于十月在泰山举行封禅仪式。

第三幕是"筹备"。

从四月下诏同意封禅到十月正式举行大典,只有短短六个月时间,朝廷内外从人员分派、仪式制定、设施修建、对外宣告等方面开始了紧锣密鼓的准备工作。《续资治通鉴长编》在祥符元年的记载中,用大量的篇幅详细记载了封禅的整个筹备情况。其中数次提到真宗指示,不要花费太多经费修缮沿途的道路和所要通过的城门,用以表明真宗的节俭。另外还提到,因为真宗封禅时将有护卫大军随行,怕被契丹误解为是军事行动,曾派使节向契丹通报。真宗为了减少契丹的接待费用,要求使节在国境将真宗的手书交给契丹即可。使节回来报告说,契丹认为收取岁币以外的礼物违反盟约,因此没有接受带去的大量礼物。真宗听后高兴地说:"异域常能固守信誓,良可嘉也。"这些活动将真宗描述成了一位太平盛世的明君。

第四幕是"登泰山封禅"。

经过事先在开封宫殿的演习,真宗一行于十月四日从京城出发,浩浩荡荡奔向泰山。经过十七天的鞍马劳顿，于二十一日到达泰山。选定黄道吉日后于二十三日开始登山，年已 40 岁的真宗兴致很高，脚踏蜿蜒无尽的石阶如履平地。第二天拂晓，真宗在泰山顶上举行了规模宏大的登封祭天仪式。仪式包括：祭奠神座，封玉册、玉牒，燔燎告神。真宗身穿黄色礼服，屏退一切侍卫，在庄严的音乐声中来到事先筑好的圆坛上跪拜行礼，以报上天保佑之功；最后将封禅所用的玉册、玉牒文书以"金泥银绳"封好，埋于地下，祈求国泰民安，封禅仪式至此结束。

归途中，真宗又拐到曲阜，在孔庙隆重祭拜了文宣王孔子，并给孔子追加了"玄圣"的称号。真宗自离京到回京前后共有四十七天，所耗经费高达八百多万缗，约占当时北宋每年国库收入的三分之一。

（五）

我每次读史到这一段，都困惑不解。

堂堂大宋朝廷，并不乏精通政治、历史、文化的人才，可不但没有一位有识之士出来驳斥、揭穿真宗和王钦若伪造天书的封禅闹剧，而且还都积极配合，就连一向以忠厚、诚实著称的宰相王旦，在收了真宗的礼物之后，也默契地予以配合。

其实，在一部分大臣的心里，还真的隐含着一个天真、幼稚的想法。他们了解到"契丹其主称天，其后称地"，每年多次祭祀天地，每当射下大雁等飞禽后，都说是上天所赐，非常崇信天神。因此，这些大臣希望通过伪造天书，并大张旗鼓地去泰山封禅，向契丹传递宋朝受命于天，有神相助，希望借此来影响崇奉天帝的契丹放弃攻宋的企图。巧合的是，自"天书降临"和泰山封禅之后，契丹因为萧太后去世以及正与高丽发生战争，无暇顾及宋朝，再没有发动大规模的南侵。

可悲的是宋朝的君臣不知就里，真的以为这是封禅有灵，大为兴奋，于是又开始大规模地建造庙宇，频繁地举行祭祀典礼。1011年，真宗再次带着"天书"在山西汾阳举行了对土地神的祭祀，并将上天最高神的名称定为"玉皇"，作为皇家的祖先神进行祭祀，这就是现在民间还将玉皇大帝当作天神来崇拜信仰的由来。1012年，真宗又根据"神人"的启示，认定赵玄朗是赵氏祖先，赵玄朗后来逐渐演化为民间的财神赵公明。1017年，真宗又兴师动众到亳州太清宫祭祀道教之祖老子李耳，加封其为"太上老君混元皇帝"，并在京城修建宏伟的宫观。直到真宗死后，天书随葬，闹剧才算收场。

封禅闹剧不但使北宋错失了发展的大好时机，还浪费了大量的人力、物力、财力，加重了财政负担。身为宰相的王旦对此深为后悔。他在病危之时检点自己的一生，认为并无其他大的过失，只是对真宗搞的神降天书这样虚妄的事情没有劝谏，成了他无法弥补的大错。因此他要求家人在他死后给他剃光头发，穿上黑衣，按照僧门的规矩殓葬，以期稍减罪过。个人的罪过，悔悟之后或许可以减轻，但是对于国家，却已经是劳民伤财、元气大伤了。

宋真宗的封禅活动是中国古代社会最后一次真正意义上的封禅，直接促使了宋代政治风气的堕落和国库的空虚，同时也引起了宋代文风以及文人价值观的嬗变。宋真宗、王旦、王钦若虽然贵为皇帝或宰相，但都因封禅而身败名裂，真正受益的恐怕只有泰山了。到了明代，朱元璋取消了泰山的封号，并将原来的封禅改为祭祀。然而，国家的封禅仪式取消后，民间对泰山的祭祀、朝拜活动却进一步扩大了，几乎无人不知泰山的神秘，真宗为封禅而修建的庙观，在提升民间宗教热情的同时，也方便了后世百姓对泰山的朝拜。

如果非要说真宗伪造神降天书、举行封禅活动，以及后续大肆进行的祭祀典礼活动给我们留下了点什么痕迹，那就是他认定赵玄朗是他的远祖，根据避讳的需要而强行改换的一些名称一直影响到了现在。譬如：四神之一的"玄武"就被改成了"真武"，北京复兴门外有个道观，叫"真武庙"，就源于此；孔子的庙号"玄圣"也被改成了"至圣"；唐玄宗也被改称"唐明皇"。最有讽刺意味的是，最大限度继承和发展了玄学思想的宋真宗，却葬送了玄学思想。这是因为要避讳"玄"字，因此在思想界就选择"理"字来代替"玄"字，这就是后来"理学"名称的由来。一场荒诞的闹剧影响如此之深，却也发人深思。

封禅闹剧之后，除了军事上"积弱"、经济上"积贫"的问题越来越突出，国库收入也由盈余逐渐变为亏空，最后到仁宗时期，引发了范仲淹主导的庆历新政。

三、庆历重宝：见证了庆历新政的钱币

"庆历四年春，滕子京谪守巴陵郡。越明年，政通人和，百废俱兴，乃重修岳阳楼。"这是中学语文课本中范仲淹《岳阳楼记》里的开篇之句，大家都耳熟能详。因此，很多人就将北宋庆历四年和范仲淹联系在了一起。

实际上，庆历年间（1041—1048）虽然只有短短八年时间，但它不仅在范仲淹的一生中，就是在两宋的历史上，也都占有非常重要的地位。正是这段时间，刚刚崛起的西夏给北宋带来了严峻的挑战。当时范仲淹就驻守在西北负责抗击西夏的进攻，对于浩繁的军费开销给朝廷带来的财政压力以及官僚机构的臃肿低效都深有体会。因此，当范仲淹被调回朝廷担任参知政事主持朝政之后，他就说服宋仁宗决心

进行一场彻底的改革,以拯救积贫、积弱的北宋。这场被后世称为"庆历新政"的改革运动,触动了保守官僚们的切身利益,于是在他们的联手阻挠之下,改革很快失败,范仲淹被贬至河南邓州后写下了那篇著名的《岳阳楼记》。

下面我就从流通使用贯穿整个庆历年间、并与诸多历史事件相关联的"庆历重宝"的视角,给大家说说"庆历新政"的缘起、内容、失败原因以及深远影响。

(一)

"庆历"是宋仁宗的年号,仁宗在位达四十年(1023—1063),是两宋在位时间最长的皇帝,改元九次,铸钱十一种。其中,"庆历重宝"是宋钱中最早称"重宝"的钱,材质上有铜钱与铁钱两种,钱文正楷有直读与旋读之分,面值有折十、小平等数种。

庆历重宝钱称"重宝"而不是常用的"元宝"或"通宝",是源自唐朝的"乾元重宝"钱。唐朝时为了筹集镇压安史之乱的经费,实行通货膨胀政策,铸造了当十的虚值大钱,称为"重宝",从此以后,虚值大钱就被称为"重宝",以便与被称为"元宝"或"通宝"的小平钱有所区别。

图 5-4　庆历重宝

所谓"小平钱",指中国古代最基础的货币单位,也就是俗称的一文钱，如"不名一文""身无分文"，意思都是指钱少而没有价值。"当十钱"是指相当于 10 枚小平钱的一枚大钱，又被称为"折十钱"，这属于虚值大钱，是古代实行通货膨胀政策的通用手段。

北宋在仁宗庆历元年（1041）铸造的庆历重宝当十钱，和唐朝的乾元重宝钱一样，都属于通货膨胀政策的产物。唐朝铸造大钱，是为了筹集镇压安史之乱的经费；北宋这次铸造大钱，则是为了填补因为西夏入侵以及辽国趁火打劫而耗费的军政开支。

先来说说西夏的入侵。

西夏是由党项族建立的一个小部落政权，位于今天的宁夏、陕西一带，原本已经归顺宋朝，首领被宋朝赐姓赵，称赵德明。但是他的儿子元昊即位后抛弃了宋朝赐给的赵姓，于宋仁宗宝元元年（1038）自称皇帝，分疆裂土，要与宋朝平起平坐。被激怒的宋朝悬赏捉拿元昊并派兵进剿。没想到元昊用兵如神，于康定元年（1040）在三川口以少胜多，大败宋军。仁宗这才发现元昊不可小觑，于是派出朝廷中最能干的范仲淹和韩琦，并列为"陕西经略安抚副使"，主持西北防务。

范仲淹和韩琦多次击败元昊的进攻，并一度攻至西夏的腹地灵州城下，宋军声势大振，甚至在军中流传出"军中有一韩，西贼闻之心骨寒；军中有一范，西贼闻之惊破胆"的歌谣以鼓舞士气，西夏军队始终不敢轻易侵犯他们所统辖的地区。但是，这种长期的消耗战争使得北宋与西夏都耗费巨大，双方被迫议和。又经过一番斗智斗勇的谈判，双方最后于庆历四年（1044）达成和议，史称"庆历议和"。宋朝每年给西夏银 7.2 万两，绢 15.3 万匹，茶 3 万斤，称为"岁赐"，以此为代价，换回元昊取消帝号，以"夏国主"的名义向宋朝称臣，接受册封，其实就是用钱暂时买来了边境的安宁。

接下来再看看辽国是如何趁火打劫的。

宋辽之间签署"澶渊之盟"以后，保持了三十多年的和平稳定。但是，当宋朝与西夏爆发战争之后，辽国认为有机可乘，就于庆历元年（1041）以宋朝在宋辽边境"设关河、治壕堑"为由挑起争端，趁机向边境发兵，并派出使者，要求修改盟约，实际是想迫使宋朝增加岁币。面对辽国的敲诈勒索，宋朝派遣曾经是范仲淹学生的资政殿学士兼翰林侍读学士富弼作为使者，前去与辽国谈判。

朝廷给富弼的谈判底线是，"帝唯许增岁币，仍以宗室女嫁其子"①。意思就是为了避免两方作战以及浩大的军费开支，不仅可以答应辽国增加岁币的条件，甚至还同意嫁宗室女去和亲。经过富弼一年多的艰苦谈判，几番讨价还价，最后达成的协议是，宋朝每年向辽国增加银、绢 10 万两（匹），以"上贡"的名义送至白沟。在富弼的力争之下，宋朝不用外嫁宗室之女，仅仅增加岁币一项就搞定了辽国，因此大出朝廷所料，《宋史·富弼传》记载"帝喜，宴群臣于昭庆殿"。

当时宋朝本来就因为实行重文轻武的政策，官员以及军队的人数不断增加，财政开支激增，国库入不敷出。庆历初年给辽国以及西夏新增加的这部分被称为"庆历增币"的开支，更加重了朝廷本已存在的财政危机。正是在这种背景之下，为了搜刮民财、筹措经费，宋朝效法唐肃宗，铸造了以一当十的"庆历重宝"虚值大钱。

唐朝的乾元重宝钱虽然搞得民怨沸腾、朝野震动，但最终还是筹集了大量经费，为平定安史之乱做出了重要贡献。那北宋的庆历重宝钱能解决朝廷的财政危机吗？

---

① 《宋史·富弼传》。

（二）

实际上，庆历重宝不但没有缓解北宋的财政危机，反而减少了财政收入，甚至在某种程度上还降低了朝廷对财政的掌控能力，在加重财政危机的同时，更加激化了各种社会矛盾。那这是为什么呢？

宋朝政府虽然最初可以通过国家机器强制百姓接受这种以一当十的大钱，实现其虚增的面值，但是民众都是在不情愿的情况下被迫接受的，一旦有机会就会拒绝使用。随着拒收人数的增加，当十庆历重宝钱的流通兑换会变得越来越不方便，而使其逐渐回归本身应有的价值。因此，朝廷最后不得不将庆历重宝钱的面值降为折三或折二钱，甚至降为小平钱。钱币面值的降低必然会影响国家的财政收入，这在某种程度上也降低了政府对财政的掌控能力，会进一步加剧经济和政治危机。

正是在这一背景之下，宋仁宗决定支持以范仲淹为代表的革新派，推出了以"庆历新政"为名的一系列改革措施。因此，从一定意义上也可以说，正是铸造使用庆历重宝钱，催生了范仲淹主导的庆历新政。

庆历新政是北宋历史上一次重要的政治改革运动，是以范仲淹为代表的士大夫集团在仁宗庆历年间，为了挽救岌岌可危的政治形势、实现自己的政治理想而进行的一次政治改革。

范仲淹（989—1052），字希文，苏州吴县人，北宋杰出的思想家、政治家、文学家，世称范文正公。他幼年贫寒，但是勤奋刻苦，最后考取进士，走上仕途。他的这一经历成为古代经典的励志故事。从政之后，范仲淹更是忧国忧民，仗义执言。但他一生仕途坎坷，三次被贬，为国计民生殚精竭虑，身患重病后还驻守在西北三年，抗击西夏的入侵。他那首著名的《渔家傲》反映的就是当年驻防边关，与西夏对峙时的边塞生活。

范仲淹早在宋仁宗天圣三年（1025）就上书朝廷，奏请改革吏治，裁减、淘汰冗官。两年后，他在应天府（今河南省商丘市睢阳区商丘古城）掌教兴学时，又有《上相府书》，再次提出改革的建议，但是仍然没有被朝廷采纳。

经过在西北抗击西夏的历练，范仲淹的军事才能被宋仁宗发现并欣赏。因此在战争还没有完全结束的庆历三年（1043），宋仁宗就将范仲淹和韩琦提拔为枢密副使，委以军事重任。

在这场对西夏的战争中，宋朝虽然派出了范仲淹、韩琦这样一帮能干的文官武将，但经过三年多的劳师破费，最终也只是与偏居一隅的西夏打了个平手。这让宋仁宗第一次明白了自己治下的庞大帝国竟然如此的不堪，竟然战胜不了一个像西夏这样的蕞尔小邦，这更加使他认识到需要重用像范仲淹这样的能臣，以提振国力。

就在这时，作为伯乐的欧阳修出现了。担任谏官的欧阳修极力向宋仁宗举荐驻守在边关的范仲淹，希望能够让范仲淹参知政事，认为这样他必定会有更大的作为。欧阳修在奏疏中写道："如仲淹者，素有大材，天下之人皆许其有宰辅之业，……盖枢府只掌兵戎，中书乃是天下根本。"[①]因此，他建议枢密院留韩琦一人就够了，应该让范仲淹去中书省任职，"使得参预大政"，即全面参与朝政，这样才能更好地发挥范仲淹的才干，为朝廷做事。宋仁宗接受了欧阳修的建议，将范仲淹从枢密副使调任中书省担任参知政事，并且让他以副宰相的身份参与国事。

范仲淹上任不久，宋仁宗就在一次朝会之后单独留下他询问治国

---

① 《欧阳修全集》。

的良策。这是违背宋朝祖制的举动。宋太祖赵匡胤为了避免后继子孙宠信某位大臣，而造成权臣大权独揽、架空皇帝，制定了皇帝不能单独召见朝臣的祖训。不仅如此，宋仁宗接着又下了一份手诏，要范仲淹在极短的时间里尽快拿出一份改革的方案。

这反映了宋仁宗对改革的急切心情，以及一蹴而就、立马见效的期盼。范仲淹对此却是忧心忡忡，因为他深知要想革除多年积累的弊端，需要精心谋划、渐次推进，要有足够的耐心，做好数年或者十数年才能看到效果的心理准备，最忌讳的事情就是急躁冒进。他曾经私下对朋友说："上用我至矣，然有后先。且革弊于久安，非朝夕可能也。"①

正是在这种背景下，范仲淹于庆历三年（1043）九月向仁宗上呈了那封著名的《答手诏条陈十事》的奏疏，提出了他的改革措施。

（三）

范仲淹在《答手诏条陈十事》中，指出了北宋当时所面临的内忧外困以及改革的紧迫性和必要性，并提出了十项具体改革主张。十项主张大致可以概括为整顿吏治、培养人才、发展生产、加强武备四个方面。其中，以整顿吏治为中心，以裁减冗官、选拔贤能为整顿吏治的手段。他认为有了贤能的官吏就能够搞好政治，使百姓"各获安宁，不召祸乱"，社会矛盾缓和了，就能够进入太平盛世。

这份奏疏上呈宋仁宗之后，得到认可，并交给大臣们去讨论，结果也都表示赞同，于是就以诏令的形式逐渐颁发全国。在范仲淹的主导下，北宋历史上轰动一时的"庆历新政"就这样开始了。

---

① 《宋史全文》。

范仲淹在庆历新政中旗帜鲜明地提出要整顿冗官、任用贤能，因此裁减冗官、精简官僚机构就成了新政的核心内容。这一改革措施在制度上所要做的主要变动，就是要改变宋太祖赵匡胤恩养士大夫的祖制，向参与政治的广大知识分子开刀，打破他们的铁饭碗。这就意味着改革将要触动的不是少数人的利益，而是整个士大夫官僚阶层的既得利益，其阻力之大可想而知。因此，新政出台不久就遭到了官僚阶层的集体反对。

表面上看，这是所谓的守旧官僚指责以范仲淹为首，富弼、韩琦、欧阳修等参与支持新政的所谓改革派结党营私，实质上，这是对宋初太祖、太宗制定的重文轻武、恩养士大夫这一国策的争论。从庆历四年五月起，反对派攻击的势头变得越来越猛烈，"朋党论"更是甚嚣尘上，弹劾的奏章犹如雪花一样飞到宋仁宗的案头。欧阳修担心宋仁宗被奸臣蛊惑而使改革事业半途而废，还专门写了一篇《朋党论》，解释不是所有的朋党都是祸害国家，想以此来说服宋仁宗继续支持改革，但是却没有起到丝毫的作用。

宋仁宗改革的初衷是解决财政危机和军事危机，即所谓的富国强兵。但是，如果以牺牲皇帝"家天下"的利益来实现富国强兵，专制帝王无论如何是不可能答应的。而范仲淹所主导的庆历新政却恰恰触犯了皇室最根本的利益。如新政整治吏治的"明黜陟""抑侥幸""精贡举"等，中心思想就是要裁汰不称职的官员，而当时北宋的官僚已经是暮气沉沉的腐朽政治集团，真要实行上述改革，可能百分之九十以上的人都得丢官。即使是称职的官员，也要削减其薪俸，因为北宋官员的俸禄是古代中国最高的。另外，还决定要减少科举考试的录取名额，以解决官多为患的问题。这样一来，新政就触动了全天下读书人的利益。因此，力主改革的范仲淹集团就成了众矢之的，改革遇到了来自同僚的反对与刁难。而这些改革的反对者并不是少数的保守派，而是整个士大夫阶层，他们正是北宋统治的阶级基础。

面对如此困难的局面，宋仁宗又是什么态度呢？

俗话说"世上无难事，只要肯放弃"。当宋仁宗发现范仲淹主导的改革要以牺牲整个士大夫阶层的利益为代价时，他就犹豫动摇了。牺牲士大夫的利益，势必要遭到整个官僚阶层的反对，这样就动摇了他自己的统治基础，并将从根本上改变由太祖、太宗制定的恩养士大夫的立国之策，这是他根本不可能做到的。因此，在改革派最需要皇帝出面支持时，宋仁宗选择了放弃。实际上，庆历新政失败的真正原因是皇帝不想改革了，而不仅仅是因为保守派的反对。在极权制度之下，如果皇帝想要继续改革，那是谁也阻挠不了的。而保守派攻击范仲淹、富弼、欧阳修等为朋党，只是给宋仁宗终止改革提供了借口。另外，范仲淹带过兵，有军事威信，功高震主也是宋仁宗所顾忌的。

庆历五年（1045）初，宋仁宗下诏废弃一切改革措施，并解除了范仲淹参知政事的职务，将他贬至邓州（今河南邓州市）。同为参知政事的枢密副使富弼，免职后被贬去郓州（今山东省泰安市东平县）。这两位庆历新政的核心人物，曾为师生，并分别在抵御西夏入侵以及应对辽国挑衅的过程中立下过汗马功劳，也先后遭到罢免，标志着坚持了一年零四个月的庆历新政最终失败。不久欧阳修也被弹劾贬官到了安徽滁州。范仲淹和欧阳修被贬之后，分别在邓州和滁州写下了《岳阳楼记》和《醉翁亭记》，借以抒发心志，这两篇文章也成为千古传诵的名篇。

与庆历新政关系密切的庆历重宝钱，最初在陕西铸造的是铁钱。

庆历五年新政被废弃之后又铸造了铜钱，但是因为折当过多，市面上很难流通，被迫于庆历八年将当十钱改为折三钱流通，这是宋代折三钱的由来。庆历九年，改元"皇祐"，却没有再铸新钱，这是因为庆历年间实行通货膨胀政策，当十的庆历重宝钱铸造得太多了，致使"皇祐"成为两宋仅有的一个没有铸钱的年号。

庆历新政失败之后，表面上一切又都回归了以往，官僚阶层继续因循守旧地过日子，但是分化却日益加剧，为后来的党争预埋了伏笔。入不敷出的朝廷财政，只能是再回到盘剥百姓的老路上去，又更加激化了社会矛盾，积贫积弱的局面也变得更加严重，这都为二十多年后更加激进的王安石变法准备了条件。

四、熙宁元宝：王安石变法的重要工具

熙宁变法实际上可以视作庆历新政的继续。它们在时代背景、面临积贫积弱的现实危机、实现富国强兵的目标，以及失败的结局上，几乎是一样的。但是，庆历之后又过了二十三年，承平日久，积弊更深，社会矛盾也更趋尖锐，因此从危机的程度以及改革的力度上看，熙宁变法又可以视作升级版的庆历新政。

两次改革的目标虽然都是富国强兵，但是实现的方法却各不相同。庆历年间范仲淹的着眼点在于整顿官僚队伍，想以此来减少冗官冗费，思路是"节流"；熙宁年间王安石的着眼点却是通过合理的理财来增加财政收入，实现"民不加赋而国用饶"的目的，方法是"开源"。他想用货币的手段来解决社会问题，因此铸造发行了大量的熙宁元宝和元丰通宝，以至于这两种钱币成为中国古代铸造数量最多的钱币。

下面我就从钱币的视角，来介绍王安石的熙宁变法，并分析、解读失败的原因及影响。

<h2 style="text-align:center">（一）</h2>

王安石，字介甫，临川（今江西抚州）人，生于宋真宗天禧五年（1021）。他聪慧好学，博览群书，跟随做小官的父亲到过许多地方，对宋朝的社会问题有一些感性的认识。他21岁时考取进士，又因文采很好，被誉为"唐宋八大家"之一。虽然很早就步入仕途，但是因为不修边幅且个性孤傲，他被注重享乐和礼数的士人讥笑为不通人情世故的官场另类，戏称为"拗相公"。

王安石先后在扬州、鄞县（今浙江宁波）、舒州（今安徽潜山）、常州等地任地方官。这些经历使他体察到了民间的疾苦以及体制上的弊端，认识到社会贫困化的根源在于兼并导致的贫富分化。特别是皇祐二年（1050）对范仲淹的拜访对他影响巨大。

当年，29岁的王安石在鄞县任职三年期满，回临川老家探亲路过杭州时专程拜访了正在杭州任知州、已经62岁的范仲淹。二人见面之后，落座畅谈，欢欣之至。两年之后，64岁的范文正公便病逝徐州，这次杭州会面成为两位北宋最著名的政治家的唯一一次见面。从此以后，革除社会积弊、实现富国强兵的改革使命，就历史性地由范仲淹传递给了王安石。

治平四年（1067）英宗驾崩，年方弱冠的神宗即位。与推行庆历新政时已经在位二十多年的仁宗不同，神宗颇具雄心。史书记载，神宗面对严重的危机产生了强烈的变革主张。他为宋朝几世以来被外族欺辱而深感羞耻，不满宋朝积贫积弱的悲惨现状，崇尚勾践卧薪尝胆的精神，并且向往赵武灵王胡服骑射的变革，日夜思考如何振兴大宋，立志要改变积贫积弱的局面。有一件事颇能反映出神宗的志向。

当年赵匡胤想要积攒200万匹绢帛用来赎回燕云十六州，如果谈判不成，他就招募义士换取辽兵的头颅，并将这些绢帛都储存在景福殿里。

神宗曾经写有一首四言诗[①]，共有三十二个字，分别用诗中的每个字给储藏绢帛的库房命名，先后设立了三十二个库房。后来又积存二十个库房，再赋五言诗四句[②]，分贴于库房上。这充分体现了神宗"慨然有恢复幽燕之志"的决心。

神宗即位后，首先向富弼等元老重臣征询富国强兵之策，但是这班老臣规劝神宗在二十年内不要提及"用兵"二字，神宗很失望，从此不再倚靠他们。后来在宰相文彦博和欧阳修的推荐之下，神宗"甫即位，命（王安石）知江宁府。数月，召为翰林学士兼侍讲"，起用了"负天下大名三十余年"的王安石。第二年即熙宁元年（1068），神宗又破格召见王安石入朝对话，请教治国之策；第二年（熙宁二年）二月正式任命王安石为参知政事（副宰相），负责变法事宜。从熙宁三年起，王安石两度出任相当于宰相的"同中书门下平章事"，专务"经画邦计"。其间王安石屡遭攻击，神宗却坚持任用王安石，虽然一度罢相，但是新法的推行总体上没有受到影响，可见神宗变法的坚定决心。这是推行庆历新政时，已经人到中年、一身暮气的仁宗所无法相比的。因此，王安石遇上神宗，显然要比范仲淹碰上仁宗幸运多了。

---

① "五季失图，猃狁孔炽。艺祖造邦，思有惩艾。爰设内府，基以募士。曾孙保之，敢忘厥志。"

② "每虔夕惕心，妄意遵遗业。顾予不武资，何日成戎捷。"

那王安石的变法是如何开始的呢？

（二）

王安石的变法是从设立一个叫"制置三司条例司"的新部门作为变法的总机关开始的。这是因为王安石在朝中较为孤立，很难做到像范仲淹那样通过整顿已有的官僚队伍来推行变法的措施。因此，他需要设立一个能够掌控的新机构来推行新法，同时增加科举录取名额，以便吸收新的变法人才充实到官僚队伍中。这些措施实际上都是在增加官员的数量。与庆历新政淘汰冗员、缩减官员数量以减少财政开支的"节流"做法不同，王安石为了实现"民不加赋而国用饶"的目的，采取的是"开源"的办法，即通过理财来增加财政收入。这既与王安石本人的经济思想有关，也是他应对官僚集团内部激烈反对的无奈之举。

接着，王安石又在各路设立"提举常平官"，负责督促州县推行新法。从熙宁二年到熙宁九年（1069—1076）的八年间，围绕富国强兵这一总目标，王安石陆续草拟颁布了均输、青苗、农田水利、募役、市易、免行、方田均税、省兵、置将、保甲、保马、军器监等一系列新法。

这些新法的名目虽然繁多，但是依据内容大致可以概括为理财和整军两大类。新法的总原则是在不增加民众负担的前提下，限制官僚以及豪强的一些利益，并使他们分担一部分赋税；同时最大化地增加官营经济，以增加朝廷的收入，以此来加强国防力量，抵御北面的辽国和西夏国的侵扰。

相对于庆历新政的内容主要集中在吏治方面，熙宁变法的重点则在庆历新政没来得及予以关注的农业、财政、商业、军事等方面，尤其是理财方面。用我们现代的眼光来看，王安石新法的理财部分，实际上就是"国进民退"，即大力发展官营经济，限制民营经济，希望用这种办法来"摧抑兼并，均济贫乏"，即消除贫富分化，实现共同富裕。他所采用的手段就是将财政税收大规模地货币化和商业化，用货币的手段和商业的原则来管理社会、调剂财富分配。

比如过去农民在青黄不接的春季，如果急需用钱，只能用自己田中的青苗作为抵押向地主、高利贷者借贷，利率往往高达百分之百。新法中的"青苗法"规定，由官府每年给农民贷款，分春、秋两季，春天贷款夏收归还，秋季贷款则年终偿还，半年收息二分。这样，官府用较低的利息，既限制了地主及高利贷者的剥削，又减轻了农民的负担，还能增加朝廷的收入，可谓一举多得。

再比如，以往官府的差役非常繁重，往往使服差役的人倾家荡产。新法中的"募役法"规定，凡是应当服差役的家庭，不再服役，而是按照等级出钱，称免役钱。原来免役的官僚及豪强地主等享受特权的阶层，也要按财富的多少缴纳相应的助役钱。下等贫穷的农户则免除一切杂役，专充壮丁。官府用征收的免役钱和助役钱向社会上雇人充役。

另外，市易法、均输法也都是借助市场，利用货币及商业的手段控制物价，防止豪强及大商人垄断物价，并增加朝廷的收入。

上述新法的实行，势必要大规模地增加货币的流通量，并进一步扩大货币的流通范围。因此，在推行新法的熙宁、元丰年间，政府更是大规模地开矿铸钱，并因此而成为我国古代历史上铸钱最多的时期。

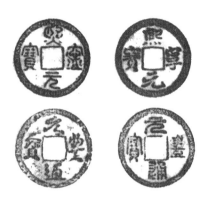

图 5-5　熙宁元宝（篆书、楷书）、元丰通宝（行书、篆书）

图 5-6　熙宁通宝

图 5-7　熙宁重宝（正、背）

　　"熙宁元宝"为小平钱，钱文书体有楷书、篆书两种。这种钱文相同而书体不同、可以成双配对的钱币，俗称"对钱"，是宋代特有的一种钱文书体现象。

　　熙宁钱除了熙宁元宝，还有熙宁通宝、熙宁重宝两种。"熙宁"年号之后，改用"元丰"，又铸造了元丰通宝，也是小平钱，这些都是篆书、行书的对钱。相传行书元丰通宝的钱文为苏东坡所书，世称"东坡元丰"。除了元丰通宝，还铸造了元丰重宝。

　　据《宋史·食货志》记载，熙宁初年每年铸钱的数量达 160 万贯，熙宁七年至元丰八年每年铸钱的数量为 450 万贯至 500 万贯，达到了我国历史上铸钱的最高峰。对于这个数额，大家可能没有概念，我们来比较一下：唐朝最繁盛的开元至天宝年间，全国每年铸钱数额才

327 万贯；南宋的大部分年份铸造铜钱的数额都在 15 万贯以下，多的时候可达 20 多万贯，少的时候仅有 2 万~3 万贯。

在现存的古钱币中，宋钱几乎占了三分之一。宋钱中 98% 以上是北宋钱，南宋钱不到 2%。而在北宋钱中，又以熙宁、元丰两种年号钱的数量为最多。因此，我们说古代钱币中以熙宁元宝、元丰通宝为最多。

那王安石通过大量铸钱，用货币的手段和商业的原则来管理社会，能实现他富国强兵、均济贫乏的目标吗？

（三）

王安石变法的出发点是通过执行国家主义模式，由政府全面管制所有重要的经济领域，以此防止财富被私人垄断、社会出现贫富分化；同时接济穷苦的百姓，让天下的财富可以流通并进行合理地调节，使百姓富足而达到天下大治。

他所主张建立的这种理想社会，理念上与我们今天的社会主义社会制度非常相近。因此，胡适曾说"看惯了近世国家注重财政的趋势，自然不觉王安石的可怪了；懂得了近世社会主义的政策，自然不能不佩服王安石的见解和魄力了"。

即便是今天来看，我们仍然要敬佩王安石思想的深邃，他为变法设计的理想化的模式远远超越了当时的社会现实。他变法的理念以及所施行的措施，更像是应对危机的政治冲动，而不是经济发展的内在需要，因此它的失败是必然的。

史书记载，王安石与司马光在朝廷上就如何理财有过一场激烈的辩论。司马光认为，所谓擅长理财的人不过就是按照人头敛取天下的钱财。王安石辩驳说，不是这样的，擅长理财的人不增加税收也可以使国库富足，即"民不加赋而国用足"。司马光说，这怎么可能呢？世间的财物，不在百姓手中就在官府手中，想尽办法搜刮百姓，比增加赋税的危害还要严重。

实际上，世上的财富并不是一个不变的总数。政府和百姓也不是零和的关系，很多财富既不在官府手里，也不在百姓手中，只要政策合理、得当，资源配置科学，就可以创造出新的财富。所谓"民不加赋而国用足"思想，就是先用官僚资本刺激商品生产和流通，如果经济的数量扩大，税率不变，国库的总收入也可以增加。这是现代国家经济管理者所遵循的原则，执行于11世纪的北宋就太过超前而不切实际了。因此，这一经济思想司马光根本理解不了。他后来给王安石写了三封长信——《与介甫书》，责难王安石，要求废弃新法，恢复旧制。王安石则写了《答司马谏议书》予以回复。两人终因政见不同，最后完全决裂，司马光退出政坛，隐居洛阳专心编纂了《资治通鉴》，这成为继司马迁《史记》之后的又一部史学巨著。从某种意义上，也可以说是王安石的变法催生了《资治通鉴》的撰写。

熙宁六年（1073）天下大旱，有人画了一张描述灾民惨状的《流民图》转给神宗，说这都是王安石变法造成的，神宗大受刺激，对变法产生怀疑。王安石认为"水旱常数，尧、汤所不免"，司马光又趁机上书诋毁变法，神宗产生动摇。第二年王安石第一次罢相，出任江宁知府，虽然不久又官复原职，继续执行新法，但是王安石知道神宗对变法已有自己的理解和计划，"意颇厌之，事多不从"。因此，熙宁九年王安石在爱子病逝后便求退江宁，潜心学问，不再过问政事。这时神宗就从幕后走到台前，亲自主持变法，并改年号为"元丰"。王安石主持的熙宁变法遂告一段落。那熙宁变法对于改变北宋积贫积弱的局面，到底起了多大的作用呢？

王安石的变法对于增加国库收入有着非常明显的作用，北宋财政入不敷出的局面迅速改变，国库充裕，积蓄可供朝廷二十年财政支出，彻底改变了北宋"积贫"的局面。在财力能够保障的情况下，有关整军的措施能够顺利推进，军队的战斗力也有所提高，扭转了西北边防长期以来屡战屡败的被动局面。熙宁六年，在王安石的指挥下，宋军进攻吐蕃，收复了河（甘肃临夏）、岷（今甘肃省定西市岷县）等五州，拓地两千余里，这是北宋军事上一次空前的大捷，也建立起进攻西夏地区的有利战线，初显了新法的效力。

新法在一定程度上抑制了豪强地主的兼并势力。青苗法取代了上等户的高利贷，限制了高利贷对农民的盘剥；方田均税法限制了官僚和豪绅大地主的隐田漏税行为；市易法将大商人独占的商业利润中的一部分收归国家，打击了大商人对市场的操纵和垄断；免役法的推行使农户所受的赋税剥削有所减轻；大力兴建农田水利工程则对农业生产的发展发挥了巨大作用。社会经济发展，人民负担减轻，北宋呈现了百年不曾有过的繁荣景象。

元丰八年（1085），年仅38岁的神宗驾崩，不到9岁的哲宗登基，改元元祐，由他的奶奶即神宗之母太皇太后高氏听政。高氏因为反对新法，就起用了以司马光为首的保守派。司马光上台后，在七个月内就将新法全部废弃，史称"元祐更化"。第二年即元祐元年（1086）四月，王安石在江宁于郁闷之中去世，享年66岁。不及半年司马光也去世了。

从此北宋结束了变法的时代，陷入了党争的泥沼，士大夫阶层分成了两派，一派是支持变法的"元丰党人"，另一派是反对变法的"元祐党人"。两派最初为政见不同，后来逐渐演变成意气之争，反对者本无真知灼见，多属意气用事，互为党援以争胜而已；改革者也变为功利小人，借新党之名以专权误国。两派之争愈演愈烈，终成北宋历史上最大的党争。

五、元祐通宝：元祐党争的见证者

元祐（1086—1094）是宋哲宗赵煦三个年号中的第一个，共使用了九年。其间铸造了年号钱"元祐通宝"，钱文的书体有篆书和行书两种，分别由司马光和苏轼书写；面值有三种，分别是小平、折二和折三。

图5-8　元祐通宝（篆书背"陕"）

图5-9　元祐通宝（行书）

元祐通宝的钱文由保守派的代表人物司马光和苏轼分别书写，因此，作为"元祐更化"的标志物，元祐通宝钱见证了以"元丰党人"及"元祐党人"为标签的新旧两派政治势力的斗争，以及进一步被蔡京升级为刻立"元祐党人碑"的政治迫害运动。"党人"无底线的争斗不但撕裂了北宋社会的精英阶层，使北宋错失了发展的机会，而且耗尽了国力，最终带来了"靖康之耻"的民族灾难，葬送了整个国家，教训极为深刻。

下面，我们就从元祐通宝的视角，考察从"元祐更化"到"元祐党争"，再到刻立"元祐党人碑"这场政治浩劫的演变、发展，并尝试解读其内在的逻辑和深远影响。

（一）

元祐年间注定要成为北宋政治生态中的一个重要转折点。元丰八年（1085）二月，以君权的力量支持王安石变法的神宗去世，他年仅9岁的儿子哲宗继位，第二年改元元祐，辅佐哲宗的是神宗的母亲高太皇太后。她本来就对儿子神宗大力推行新政非常不满，但是碍于宋朝的家法无法出面干预，如今她垂帘听政，执掌朝政大权，于是任命王安石的政治对手司马光出任宰相，这意味着自熙宁二年（1069）以来推行了十七年的新法将要被废弃，政策将会做新的调整和选择。

高太皇太后和司马光可能都不会想到，她们这次看似普通的一次政策调整，将会演变成中国古代历史上一次著名的党争，并将官僚队伍分裂成新旧两派，两派由政见分歧逐步发展升级为政治迫害，不但使北宋错失了发展的机会，而且将其带入覆灭的深渊。

这是怎么回事呢？

首先要从司马光的政治立场和政治才干说起。

司马光（1019—1086），北宋历史上著名的政治家、史学家和文学家，字君实，陕州夏县（今山西省运城市夏县）涑水乡人，世称涑水先生。其人格堪称儒学教化下的典范，强调祖宗之法不可变，反对官府与民争利，因此成为反对熙宁新法的代表人物。元丰八年哲宗即位，高太皇太后听政，欲废新法，因此召司马光入京主持国政。

司马光上台后，政治上表现得完全不像是一位成熟政治家应有的务实精神及胸襟，反倒像是一个急于报复的愤青。他把变法的责任都推给王安石，攻击"王安石不达政体，专用私见，变乱旧章，误先帝任使"，诬蔑新法"舍是取非，兴害除利。名为爱民，其实病民，名为益国，其实伤国"，全盘否定了新法。他在上任七个月的时间内，就将神宗在位十多年间所颁布的数十种新法，不分好坏，也不管是否于国于民有利，一概废弃。例如，"募役法"既方便了农民也便利国家，还能节省财政开支，但就因为它是王安石首创并最为看重的一项新法，也被废除了。据说当被废止的消息传到卧床不起的王安石耳边时，他无奈地叹息道："啊，连这个法都废了！"

不仅如此，司马光还将参与和支持变法的人称为"元丰党人"，并将他们统统贬去边远之地，这史称"元祐更化"。司马光废除新法之彻底，不能不说他是受到变法时期被迫隐居洛阳长达十五年、政治上郁郁不得志情绪的影响。

司马光担任宰相只有八个月就病逝了。他一生几乎就干了两件大事：一件是穷尽一生编写了《资治通鉴》这部可以和司马迁的《史记》比肩的历史著作，这属于建设性的；另一件则属于破坏性的，是他仅仅用了半年多的时间，就将王安石和宋神宗合力推行了十七年的新法悉数废除。

仅就个人而言，司马光病逝后被追封为温国公，可谓盖棺定论，给人生画上了圆满的句号。但是，就历史而言，他的"元祐更化"却打开了北宋政治舞台上党争的潘多拉盒子。从此之后，维持北宋统治的士大夫阶层陷入党争的内耗，且愈演愈烈，最终升级为一场影响深远的政治迫害运动，耗尽了朝廷中的有生力量。

这如何来理解呢？

司马光死后，原来反对新法的旧党群龙无首，于是旧党中又进一步以地域为界，分化为三个政治派别，分别是以程颐为首的洛党、以苏轼为首的蜀党和以刘挚为首的朔党，三党互相攻讦，引起政争，使朝政陷入混乱和停摆。

更大的问题是元祐八年（1093）政治局势又出现了逆转。就在新法被废除八年之后，垂帘听政的高太皇太后去世，18岁的哲宗亲政后立即改元绍圣，铸造了绍圣元宝，表示他要绍述继承父亲神宗的改革政策，在政治上又来了一次大翻转。哲宗不但起用了神宗当年的改革派，还将他祖母支持的保守派统称为"元祐党人"，并逐出朝廷，流放外地。

图 5-10　绍圣元宝（行书）

自此以后，朝中的士大夫阶层就被分成了两派，支持变法的一派称"元丰党人"，反对变法的一派称"元祐党人"。从此北宋的政治就陷入了党争的泥潭。

元符三年（1100），年仅25岁、正值青春壮年的哲宗去世，因为没有子嗣，他的弟弟——被封为端王的神宗第十一子赵佶在向太后的支持下被立为新君，这就是宋徽宗。徽宗即位后改元"建中靖国"，表示"本中和而立政"，有意调和新旧两党之争，不偏不倚，保持中立。但是因为向太后倾向旧党，政治上又一次转向，她利用"权同处分军国事"之便，召回旧党余部，排斥绍圣新党。

不料，向太后当年就病逝了，这又促使徽宗在政治上再次做了调整。"建中靖国"年号仅用了一年，就改元为"崇宁"，宣示放弃调和政策，改为推崇熙宁变法，意思是他要效仿哥哥哲宗，继承父亲神宗的改革精神，重新起用新党。特别是蔡京掌权之后，为了彻底清除旧党的影响，他鼓动徽宗下旨要各州县刻立"元祐党人碑"。此碑将以司马光为首的309名元祐党人列入名册，宣布他们为奸党，不但不许再起用他们本人，甚至还殃及他们的子孙——不能在京城及附近做官。这样就进一步将党争升级为残酷的政治打击和株连迫害运动，直至1125年蔡京被罢免流放，但是那已经是北宋灭亡的前夕了。

从1086年司马光废除新法开启党争的"元祐更化"算起，到1127年发生靖康之难北宋亡国，也就四十一年的时间。因此，我们也可以说北宋是亡于"元祐更化"所引发的愈演愈烈的党争。

那"元祐更化"为什么会引发一场如此祸害国家的党争呢？

（二）

"元祐更化"虽然发生在王安石变法十余年之后，并因此正式打开了新旧两党恶斗的潘多拉盒子，但是北宋党争的历史，最早却可以上溯到发生在王安石变法之前二十多年的"庆历新政"时期。

范仲淹在仁宗时期推行的庆历新政是北宋最早的变法活动，其主要内容是整顿吏治，因为触动了大批官吏的利益，遭到了谤议和攻击，反对者还将推动改革的范仲淹、韩琦、富弼等人诬陷为朋党，指责他们是结党营私。范仲淹等主张改革的人士，因为公忠体国，问心无愧，对此并不加避忌，反而认之不讳。特别是支持改革的欧阳修，甚至还专门写了一篇《朋党论》，声称"君子与君子，以同道为朋；小人与小人，以同利为朋"。小人都是因利而相结，利尽则交疏，是不会结成朋党的，只有为了大义而不顾私利的君子才可能结为朋党。虽然他是想说明朋党并非都有害于国家，但却使得反对派所指责的朋党之论不证自明了。

宋仁宗虽然相信范仲淹等人的忠心，也知道他们没有谋私，但作为皇帝，他却不能容忍手下的大臣相互结党，即便不营私，营公也是不行的，这是专制皇权最大的忌讳。因此，对朋党的顾虑就是促使宋仁宗最终选择不再支持范仲淹，而使庆历新政夭折的一个重要原因。

党争并不是北宋才有，它在中国古代历史上由来已久，并且始终是中国古代政治上的一大恶瘤。在宋代之前，比较重要的党争就有东汉的"党锢之祸"和唐朝的"牛李党争"，宋朝之后又有明朝的"东林党争"。它们虽然都是社会矛盾日益尖锐化的产物，并成为导致政权最后垮台的重要推手，但是产生的背景和表现各有不同，大致上可以分为两类。

一类是东汉的"党锢之祸"和明朝的"东林党争"，都是代表坚守传统儒家价值观的士大夫阶层与代表皇权的宦官腐朽势力之间的斗争。

另一类是唐朝的"牛李党争"和北宋的"元祐党争"，这两次党争都与皇权没有关系，而是面对重大的社会危机，士大夫阶层内部不同派系之间的分歧与斗争。但是，这两次党争中士大夫阶层内部的构成却又有所不同。

唐朝的牛李两党，分别代表的是旧有的士族阶层与日益强势的新兴庶族阶层，两党还分属于不同的阶层。但是，经过唐末五代的战乱，特别是科举制度的推行，到了宋代，旧的士族阶层早已消失，士大夫阶层都是通过科举考试新晋级上来的庶族，即所谓"朝为田舍郎，暮登天子堂"，已经没有阶层的差别了。因此，北宋的"元祐党争"更多体现的是面对积贫积弱的现实危机，士大夫阶层内部就如何实现富国强兵的目标，在理念、政策上因为分歧而引起的争论，并逐步演化为没有原则的政治恶斗，最后升级为没有底线的政治迫害而成为一场民族的浩劫。

宋代的党争虽然出现于仁宗庆历新政时期，但是它的祸根却是由宋初太祖、太宗确立的重文轻武、优待士大夫的国策埋下的。后来经过王安石的变法而加剧，被司马光的元祐更化引爆，几经反转，且愈演愈烈，由新旧两党最初的政治争论发展到政治恶斗，再由政治恶斗演变升级为政治迫害，最终酿成了靖康之难的惨祸，令人痛心疾首。

为什么说这场最终导致北宋灭亡的党争，是由宋初太祖、太宗确立的重文轻武、优待士大夫的国策引发的呢？

（三）

这要从宋初重文轻武、优待士大夫的这一国策，是如何一步步造成了北宋以积贫积弱为特点的社会危机说起。

宋太祖赵匡胤通过发动陈桥兵变黄袍加身，夺取了北周政权。他鉴于唐末五代以来"方镇残虐，民受其祸"的惨痛现实，同时也为了防止别人步其后尘，篡夺他赵家的天下，因此奉行"文以靖国"的理念，特别制定了重文轻武、优待士大夫的国策。对于士大夫文官们，太祖不但提高他们的薪俸待遇，使之达到了历代最高的标准，还在《太祖誓碑》中明确告诫子孙后代们"不得杀士大夫及上书言事人"。

在以文代武、提高文官待遇的同时，赵匡胤又将军权集中收归皇帝的手中。枢密院虽然有调兵的权力，但是不直接统领军队，而统率军队的将领却没有调兵权，这样使他们互相牵制，最后都直接对皇帝负责。另外还实行"更戍法"，就是将军队轮流换防，使将不知兵，兵不知将，防止将帅在军队中形成个人势力。在军队的布防中，实行的是"守内虚外、内外相制"的原则，主要目的是防备部下作乱以及民众起义，而不是防止外敌入侵。

宋太祖赵匡胤制定的这一套重文轻武的国策，他的弟弟宋太宗赵光义不但进行了很好的贯彻，而且进一步发扬光大。宋太宗一方面通过亲自书写御书钱"淳化元宝"，主持编撰《太平广记》《太平御览》《太平寰宇记》等典籍，树立其维护文化传统、传播儒家学说道统的形象；另一方面开创了科举考试中皇帝亲自主持的殿试环节，并大规模地增加科举取士的人数、提高文官的薪俸，培养其在士大夫中的学统地位，以此将宋代崇文的风气推向了高潮。

宋太祖、宋太宗所定下的这一"祖宗之法"，更是被后世子孙奉为不可稍有逾越的雷池而得到了很好的执行。其结果虽然繁荣了宋代的文化事业，但是却废弛了宋代的武备，削弱了宋朝军队的战斗力，使得宋朝在抵御外族入侵的历次战斗中，几乎毫无例外地都是以割地赔款了事。

军队的战斗力低下，宋朝就不得不用数量来弥补，因此而供养了一支数量庞大、素质低下的常备军。这些兵士经常由灾民补充。这是因为朝廷怕灾区民众造反，赈灾的方式就是将青壮的灾民编入军队，以防他们作乱。这不但降低了军队的素质，而且更增加了军费开支，这些军费最终又转化为越来越沉重的财政负担。宋代优待官僚阶层以及读书人，因此占有大量土地的王室、官僚以及士大夫阶层多数都享有特权，不承担赋税及劳役。这些负担最后都被转嫁给了贫苦的农民，造成贫富分化，加剧了社会危机。

当时的政治家蔡襄就指出："是天下六分之物，五分养兵。"除了养兵，还要豢养王室、贵族以及中国古代历史上最庞大的官僚机构。这就造成了宋朝兵多、官多，军费和行政费用奇高无比的"三冗"，即冗兵、冗官、冗费现象。

据《宋史·食货志》记载，宋朝经过太祖、太宗两朝的奠基，到了第三位皇帝真宗天禧（1017—1021）末年，国家的财政收支相抵之后尚有余额；但是，到了第四位皇帝仁宗皇祐元年（1049）已有不足；而到了第五位皇帝英宗治平二年（1065）就已经亏空了一百五十七万多缗。两年后，等到第六位皇帝神宗即位的治平四年（1067），国库中留给他的账本，已经全靠发行纸币来填补亏空了。因此，神宗一继位，就迫不及待地推行王安石以理财为重点的熙宁变法。他希望以此摆脱财政困难，缓和社会危机，增加国防力量，最终实现富国强兵的目标。

实际上，北宋内部因为"三冗"而导致的积贫积弱的困境，外部因为契丹、党项等游牧民族的崛起而构成的严重威胁，早在抗击西夏入侵的仁宗朝就已经表露无遗。当时士大夫阶层内部以范仲淹为代表的一批忧国忧民、以天下为己任的觉悟者，面对这些严重的内忧外患，于庆历年间希望通过一场自上而下的变法来拯救国家。但是，因为官僚队伍中绝大部分的既得利益者不愿意放弃已有的利益，范仲淹试图通过整治吏治来摆脱危机的庆历新政，最终在官僚的集体阻挠下夭折了。但是，这次改革却引发了改革派与保守派即所谓新旧两党之间的论争，这实际上就是北宋党争最初的缘起。

庆历新政失败之后，北宋在原有的轨道上又继续维持了二十多年，等到王安石主持变法时，神宗所面临的内外局势与庆历新政时期相比，并没有本质上的区别，只是承平更久，积弊更深。因此，王安石推行的变法也较范仲淹的新政更加激进，这又激起了既得利益集团更剧烈的反对。另外，因为宋朝的祖宗之法规定"不得杀士大夫及上书言事人"，这也更加助长了反对派们执意反对以及任性上书的行为。

这些因素导致王安石变法时期，党争的意味更加明显和激烈，新法的施行全靠执意要变法的神宗的支持。但是，等神宗一病逝，整个新法立刻就被全部废除了。此后虽有反复，但是变法已经沦为政客沽名以及利益集团相互争斗的工具，出发点都是私利，已经全无富国强兵的初衷了。因此党争越发尖锐、激烈，最后升级为政治迫害。

北宋的党争前后经历五朝，历时半个多世纪，仿佛病毒一样侵入北宋统治阶级的肌体，撕裂了士大夫阶层，破坏了维持社会稳定的基础，最终将国家带入了深渊。正如史家所言："始以党败人，终以党败国。"靖康之难，实因党争所致。但是，在靖康之前，还有最后一次机会，那就是继位之后改元"建中靖国"，表示"本中和而立政"，有意调和新旧两党之争，弥合士大夫阶层内部分裂的徽宗。如能一直坚持而不转向，励精图治，则还有希望。但是，徽宗能担此大任吗？

六、崇宁通宝：以变法之名行敛财之实

徽宗继位后，虽然政治上保持中立，想调和新旧两党的矛盾，但是支持他继位的向太后却倾向旧党，于是召回旧党余部，排斥绍圣新党。不久向太后去世，政治上完全摆脱束缚的徽宗却旗帜鲜明地改元"崇宁"，表示要继承父兄的改革大业，重用以改革者自居的蔡京，推行熙宁新政。而蔡京为了保位固宠，又向徽宗倡导"丰亨豫大"之说。由此演出了一场以变法之名行敛财之实的政治闹剧，最终将北宋带入了亡国的不归之路。

下面就从"崇宁通宝"的视角，看看徽宗与蔡京之流是怎样以改革之名行敛财之实，最后将北宋财力耗尽而毁灭的。

（一）

徽宗名佶，是神宗的第十一个儿子，哲宗的异母弟，被封为端王。元符三年（1100）正月，年仅25岁的哲宗病逝，因为没有儿子，神宗的皇后也就是赵佶的嫡母，即名义上的母亲向太后推举赵佶继位，赵佶成为宋朝第八位皇帝。

徽宗即位之初，曾表现出一位有为君主的气度。

他下诏让天下百姓批评朝政、提供建议；大量任用忠直之士，有过则改。针对当时朝中元丰、元祐两派的政治斗争，他发布诏书说，他对于用人的标准，没有元丰、元祐的区别，只是斟酌某项举措是否可行、办法是否妥善，只看是否合乎时宜；辨别忠奸、用舍进退，只看是否合乎情理。因此，他改年号为"建中靖国"。所谓"中"，就是不偏不倚，既不盲从元祐，也不附和绍圣。徽宗的这种政治姿态，体现了一个明君应有的智慧和胸襟。

尤其难能可贵的是，徽宗还言出必行，接受宰相张商英的劝谏，放弃了驯养禽兽的爱好，把所有禽鸟都放出宫。对行之已久的规章制度，只要是不合理的，就毫不犹豫地废除。他下令将贮藏在大内、用于杀不敬之臣的毒药焚毁，还主张宫廷建筑不要过于豪华。这与后来讲求奢华享受而营建艮岳、迷恋声色犬马而留恋青楼、痴迷艺术创作却将国事交给以蔡京为首的"六贼"去祸害、完全不顾民众疾苦的徽宗，简直是判若两人。

徽宗的这一转变，源于两个方面：一是他本人固有的轻浮、任性的文人秉性；二是蔡京的教唆和利用。

徽宗本质上就不是一位治国理政的政治家，这一点早就被宰相章惇看出来了。在哲宗病重期间，向太后召集大臣提议由被封为端王的赵佶来继位的时候，宰相章惇就警告说"端王轻佻，不可君天下"，坚决反对由他来接班。但是因为朝中其他大臣支持向太后的意见，最后还是由端王继位，最终将北宋带入死亡之境。这一悲惨的结局不幸被章惇所言中，真是一语成谶！

如果抛开皇帝的身份，单纯从艺术的角度来看，赵佶确实是一位极富才情的艺术家。他诗、书、画样样精通，书法更是自成一体，独创了瘦金体。但是，作为艺术家的赵佶，阴差阳错地变成了宋朝第八任皇帝徽宗之后，艺术家的所有才情瞬间都变成了政治家的大忌，表现出的是一位政治上昏庸无能，生活上奢靡放纵，行事轻佻、治国无术的昏君形象。他的心思根本不在治国理政上，而是整日沉湎于艺术的创作以及声色犬马的享受。

徽宗的这一转变就发生在改元"崇宁"之后。在这一转变过程中，作为"六贼"之首的蔡京，无疑起到了推波助澜的重要作用。

那蔡京是谁？他又是通过什么手段来影响徽宗的呢？

（二）

蔡京（1047—1126），字元长，出生于今天福建省莆田市的仙游县。父亲叫蔡准，景祐元年 (1034) 考中进士，任知县时"有材廉之称"，后来升至相当于副部级的侍郎，与苏东坡同朝为官，两人曾相约游西湖，并相互和诗。蔡准育有两子，蔡京为长子，次子蔡卞是王安石的女婿，因此蔡准和王安石还是亲家，可谓书香门第。蔡京从小就受到了很好的文化熏陶，于熙宁三年（1070）进士及第后步入仕途；其文学、书法、绘画都堪称一流，受到徽宗的青睐，官运亨通。

与蔡京同朝的大臣侯蒙曾说："使京能正其心术，虽古贤相何以加！"意思是说，假如蔡京是一个心术正的人，即使是古代的贤相也比不上他。但可惜的是，蔡京不但心术不正，而且本性极恶，既凶狠狡诈、卑鄙无耻，又善于玩弄权术、进行政治投机。徽宗在位的二十五年中，蔡京先后四次出任宰相，把持朝政达十七年之久。在其引导、教唆之下，徽宗骄奢淫逸、荒淫无耻的本性得到了最大限度的发挥，最终酿成了"靖康之变"，葬送了北宋王朝。

蔡京是如何获得徽宗青睐的呢？

蔡京在政治上是个典型的投机分子。神宗时期他拥护变法，成为改革的主将，深得王安石的赏识；元祐更化之后，他又附和司马光积极推翻新法，在开封府任上仅用了五天时间就将募役法废除，重新恢复差役法，因此得到了司马光的夸奖；等到哲宗改元绍圣，他又积极附和新法；徽宗即位不久，蔡京受到保守派的攻击而被夺去官职，出任管理洞霄宫的闲职，居住在杭州。因此，他又结交了去杭州给徽宗收集书画的宦官童贯，并极力巴结童贯，让童贯将他的书画作品送到宫中，得到徽宗的赏识而被调回朝中，任命为尚书左丞。当徽宗改元崇宁决定继续推行新法时，于崇宁二年（1103）二月任命蔡京为左仆射（相当于宰相）。

政治投机的蔡京一旦得志，便迫不及待地要借助徽宗"绍述"的名义打击政敌，独揽大权。一是制造"上疏言事案"，将徽宗刚亲政时上书谏言的 580 名官员分为正邪两类，其中 41 名顺从他的为"正"，被加官晋爵，其余的为"邪"，被以"辱骂朝廷"之罪罢免；二是刻立"元祐党人碑"，以阻碍变法为由，罗列了一份 309 人的"元祐奸党"名单，重者关押，轻者贬放远地，非经特许，不得内徙，并将其姓名刻在石碑上，昭告全国。

蔡京通过阴险毒辣的这两招，在打击政敌的同时震惊了朝野，更破坏了官场的政治生态，从此几乎再也没有人敢公开反对他。他独自占据相位十七年，为所欲为，开启了宋朝立国以来最黑暗的一个时刻。

　　那蔡京是如何做到这一点的呢？

　　实际上，他所使用的还是两手：一是以贯彻徽宗"绍述"父兄变法精神，推行新政为名，铸造"崇宁通宝"虚值大钱，推行通货膨胀政策，以此聚敛大批的钱财；二是以"丰亨豫大"为说辞，宣扬歌舞升平的假象，怂恿、教唆徽宗纵情于声色犬马以及艺术创作，尽情地享受骄奢淫逸的腐朽生活，以此讨好徽宗，巩固他的地位和权势。

（三）

　　先来说说蔡京是如何通过铸造"崇宁通宝"来敛财的。

　　崇宁元年（1102）七月，出任右相的蔡京以"绍述"神宗新法为旗号，铸造了"崇宁通宝"小平钱，钱文楷书环读，字体为徽宗的御书瘦金体。第二年就开始铸造当十的虚值大钱，不久又铸造了钱文为隶书的"崇宁重宝"当十钱。

　　蔡京铸造以一当十的虚值大钱，实际上实行的就是通货膨胀政策，其目的就是从社会上敛财，增加财政收入。它在稀释百姓财富的同时也推高了物价，更给民众的生活带来了极大的不方便。

图 5-11　崇宁通宝、崇宁重宝（当十）

宋代史料《独醒杂志》记载，当时宫中的优人编了一段小戏，对蔡京铸造的当十大钱予以嘲弄。说有一人用当十大钱去买一杯豆浆，卖豆浆的人说刚到市场，没零钱可找，只能将应找的零钱折成豆浆。于是那人一连又喝了五六杯，鼓着肚子说，多亏相公铸造的是当十钱，如果是当百钱，那该如何呢？

当十大钱引起朝野普遍的不满，被迫于崇宁四年将面值由当十改为当五，不久又改为当三使用。因为犯了众怒，蔡京本人也于崇宁五年二月被罢相。但是，等到大观元年（1107）正月，蔡京复相之后又下令恢复当十大钱，按当十面值继续使用，同时又铸造了新的年号钱"大观通宝"，钱文字体也是徽宗的御书瘦金体，面值除了当十，另有小平、折二、当三、当五等。

图 5-12　大观通宝（小平、当十）　　　图 5-13　大观通宝（行书）

为了聚敛财富，蔡京除了铸造当十的崇宁通宝和大观通宝大钱，还于崇宁二年铸造了一种"夹锡钱"。所谓夹锡钱，就是在原来的铁钱中加入一定量的锡和铅，这样钱质就变得很脆。蔡京为什么要铸造夹锡钱呢？实际上有两个目的。一是成本低，夹锡钱的成本不但低于铜钱，甚至低于铁钱，这样更容易敛财获利；二是可以防止西夏、辽国大量收购宋朝的铁钱熔化后制作兵器。宋代时，辽与西夏很少铸钱，主要是通过贸易大量输入宋朝的铜钱，满足国内的流通需要。宋朝为了防止铜钱的流出，就在北面和西北地区流通使用铁钱。后来发现辽与西夏也收购铁钱，熔化后用来制作武器。因此，蔡京就铸造了夹锡钱，在材质里面加入了锡铅成分，熔化后就"脆不可用"，可以瓦解辽、西夏收集后销毁改做兵器的企图，可谓一举两得。由此也可以看出蔡京的精明与狡诈。

夹锡钱最初只在与西夏和辽国接壤的陕西、河东两处流通。后来，蔡京认为它的成本低，更加有利可图，于是在崇宁四年（1105）将此钱的流通范围扩大至河北、京西、江南东西路，并想进一步将流通区域扩大至全国。崇宁五年二月，蔡京被罢相，除了河北、河东、陕西，其余诸路的钱监都停铸夹锡钱。大观元年（1107）蔡京复相之后，又开始将夹锡钱的铸造、流通推广到广南、淮南西路、荆湖南北路、两浙等处。

夹锡钱成本低廉、材质易碎，比当十的虚值大钱危害更大。《宋史·范坦传》就记载"夹锡钱之害，甚于当十"。特别是这些钱币随着蔡京相位的罢免和复职而骤行骤罢，极大地扰乱了宋代的币制，破坏了正常的经济发展。因此，《宋史·食货志》说"宋之钱法至是而坏"。但是，作为政治投机分子的蔡京根本不关心虚值大钱以及夹锡钱对币制钱法的破坏，他的目标就是以变法为名推行通货膨胀政策，大肆在社会上聚敛财富，使之充溢于国库，造成繁荣太平的假象；然后怂恿、鼓励徽宗去挥霍、享受，以此巩固自己的地位，加强自己的权势。

（四）

接下来我们就看看蔡京通过铸造"崇宁通宝"等钱币实行通货膨胀政策，在府库里聚敛了大批的财富之后，是如何教唆、怂恿徽宗去尽情地享受和挥霍的。

蔡京和徽宗毕竟都是熟读儒家经典的读书人，凡事都讲究一个名正言顺、冠冕堂皇。因此，蔡京教唆、怂恿徽宗去挥霍、享受的理由，就是他从四书五经里拼凑出来的一个叫"丰亨豫大"的说辞。

"丰亨豫大"典出《周易注疏》和《周易》。《周易注疏》卷六"丰"条记载："丰：亨，王假之。"唐代孔颖达的解释是，"财多德大，故谓之为丰；德大则无所不容，财多则无所不济，无所拥碍，谓之为亨，故曰丰亨"，意思是富厚顺达。《周易》卷二"豫"条记载："圣人以顺动，则刑罚清而民服。豫之时义大矣哉。"意思是说，圣人要顺天而动才能给黎民百姓带来太平安乐的好日子。

这样，蔡京就从儒家经典里拼凑出一个"丰亨豫大"的说辞，给徽宗找到了一个能正大光明地去享乐的理由。"丰亨豫大"的意思就是说，宋朝在徽宗的英明领导之下，已经进入富足兴盛、太平安乐的新时代，为了顺天应命，以保社稷的永固和苍生的福祉，徽宗必须过富足享乐的生活。蔡京于是对徽宗说，现今国家储藏的钱币多达五千万缗，"和足以广乐，富足以备礼"，于是铸九鼎，建明堂，立道观。而这些正好能满足徽宗好大喜功、骄奢淫逸、耽于声色犬马的放纵本性。因此，徽宗就由一位继位之初貌似有为的明主，逐渐变成了一个昏庸无能、纵情享乐的昏君。

徽宗在"丰亨豫大"的名义下，因追求奢靡享乐而最为祸国殃民并被后世诟病的举措，就是因为营建"艮岳"而导致的"流毒州县者达二十年"之久的"花石纲"。

所谓"艮岳"，指徽宗在京城开封东北隅所建造的一座人工假山。为了布置这座假山，他派出宦官去江南地区搜刮各种花木奇石以及飞禽走兽，然后用船走运河运回开封，安置于艮岳之中，这被称为花石纲。"纲"是指一个运输团队，往往是 10 艘船称一"纲"。如《水浒传》里的"生辰纲"，就是给蔡京运送生日礼物的运输团队。运送花石的船队所过之处，当地的百姓要负责供应钱谷和民役，有的地方为了让船队通过，甚至需要拆毁桥梁或者是城郭，造成极大的破坏，江南百姓对此苦不堪言。不仅如此，各级官吏还会趁机敲诈勒索，大发横财，给江南人民造成极大的灾难，最后就激起了方腊领导的起义。

自从蔡京提出"丰亨豫大"，徽宗便将国事全部交付给了蔡京、童贯、朱勔三大"君侧之奸"，而沉醉于他所追求的声色犬马的享受和钟爱的书画艺术的创作。正如他自己所言，"朕万几余暇，别无他好，惟好画耳"[1]。最能代表徽宗书法艺术的便是他独创的"瘦金体"。

世人对徽宗的瘦金体，素有"风流天子出崇观，铁画银勾字字端"的评价。这里的"崇"和"观"分别指的就是前面所介绍的崇宁通宝和大观通宝两种钱币，它们都是钱币界有口皆碑的艺术精品，钱文书法铁画银钩、劲瘦淡雅、风韵别致，堪称一绝。

学界普遍认为，书法艺术的表现有三个方面最难掌握：一是篆刻，二是书匾，三是钱文。其中，篆刻、书匾相对还比较容易，最难的是在圆形方孔的钱上写字，因此一般的书法家都不敢去冒险。但是，秉性轻佻的徽宗却反其道而行之，以书写御书钱的方式，在钱币的方孔之间，向世人展现了他独步天下的书法功底。

客观地讲，瘦金体只适宜书写小字，并且是字数比较少的作品，仅有四个字的钱文无疑成了展示它的最好舞台。徽宗很可能就是发现了瘦金体的这一特点，所以接连书写了"崇宁通宝"和"大观通宝"。

---

[1]　邓椿：《画继》。

其中，"崇宁通宝"钱文饱满，寄郭接缘；"大观通宝"笔画上有简有繁，本来在圆形的钱币上并不容易处理得当，但是徽宗却独具匠心，在钱币的方寸之间把他的书法艺术发挥得淋漓尽致，将钱文在钱币的穿孔四周布局得恰到好处。

如钱币的外郭用狭缘而不用阔缘，钱文瘦直挺拔，与细郭的线条配合得非常得体。笔锋劲健有力，洒脱自如。再加上钱币郭深肉细的精湛做工，更显得豪纵俊逸、气度非凡。另外，钱币表面金属因氧化而呈现出一种特有的质感，更使钱文表现出立体的效果，而强化了瘦金体本身的峻利精致，令人赏心悦目。这些都充分展示了徽宗与众不同的艺术天赋、审美情趣以及高深的书法艺术造诣。

就在徽宗整日流连在艮岳里云蒸霞蔚的奇山异木之中、尽情地满足于个人的奢靡享受、陶醉于他的艺术创作的时候，自王安石变法以来所积累的财富，以及发行"崇宁通宝"虚值大钱而聚敛的钱财，都早已被"丰亨豫大"挥霍一空。当时的文献清晰地记载："自丰亨豫大之名立也，而财用日耗。"

这时历史已经进入了宣和年间，占据了燕云十六州、始终威胁着大宋安全的辽国也开始急剧地衰落，但是在辽国的东北一隅，一支更强悍且野蛮的女真人正在崛起。

如何应对这一地缘政治的变化，决定着大宋的生死存亡，也考验着宣和一朝君臣们的智慧，他们将会如何应对呢？

七、宣和通宝：见证了北宋死亡倒计时的钱币

宣和（1119—1125）是宋徽宗六个年号中的最后一个，共使用了七年。其间铸造有年号钱"宣和通宝"和"宣和元宝"两种小平钱，

每种钱币的钱文又分两种书体，属于对钱。其中，"宣和通宝"钱文为徽宗御笔，是御书钱。

图 5-14　宣和通宝（篆书）

图 5-15　宣和通宝（行书折二）

图 5-16　宣和元宝（隶书、篆书）

　　据《宋史·赵子淔传》记载，宣和通宝小平钱的铸造，是因为蔡京此前铸造的夹锡钱不但质量低劣，而且面值虚高，百姓都不愿意接受，因此流通不畅。宋朝宗室赵子淔就借改元之机，建议徽宗铸造小平钱以替代蔡京铸的夹锡钱，并且上呈了一副钱币的模型。徽宗看后非常高兴，于是就亲笔题写了两种书体的"宣和通宝"作为钱文，交给赵子淔去负责铸造新钱。

　　从宣和元年开始，直到七年后徽宗将皇位禅让给儿子钦宗改元靖康，这七年间，徽宗再没有改换新的年号，也没有铸造新的年号钱。因此，可以说宣和通宝钱见证和记录了宣和年间所发生的直接导致北宋灭亡的一些大事。

下面，我们就从"宣和通宝"的视角，看看"宣和"短短的七年间，是如何酝酿出"靖康之变"，将北宋带入死亡倒计时的。

（一）

徽宗自"大观"之后，所选用的三个年号即政和、重和以及宣和，都带有一个"和"字，这反映出徽宗早已厌倦了自"元祐更化"以后新旧两党的激烈争斗，期盼能够实现和谐、和睦的政治氛围。但是，带有"和"字的这三个年号使用后，宋朝不但没有变得和谐、和睦，反而政治氛围每况愈下。特别是宣和年间更是悬事、怪事不断，总给人一种"山雨欲来风满楼"的感觉。最出乎大家预料的是，一向崇文并擅长写字作画的徽宗，竟然要撕毁"澶渊之盟"北伐契丹。这是为什么呢？

这要从五代时期的石敬瑭建立后晋说起。

石敬瑭是汉化的突厥沙陀人，原本是五代时期后唐的河东节度使，驻守在太原。因有不臣之心，想取代后唐自立为帝，他怕实力不济，就以割让燕云十六州为条件，换取契丹出兵支持，最后推翻后唐建立了后晋。但是，契丹占据了燕云十六州之后，势力南移，使得中原地区从地利上失去了抵御北方游牧民族南下的屏障，契丹的铁骑随时可以在河北平原上驰骋，从此给中原王朝带来了非常大的战略压力。

此后，虽然后周世宗柴荣以及宋太宗的北伐，都希望能够收复燕云十六州，重建北方针对游牧民族的防御体系，但是都功败垂成。特别是宋太宗的两次御驾亲征，更是大败而归，将周世宗、宋太祖积蓄的精锐部队丧失殆尽。从此以后，宋朝再不敢言兵。后来契丹南下，宋真宗在宋军初战获胜的情况下，因恐惧契丹而签下了"澶渊之盟"。虽然以每年上缴数十万岁币的方式换来了一百二十多年的和平局面，但是收复燕云十六州依然是宋朝君臣的一块心病，自太宗到徽宗始终不曾被忘怀。

这一遥不可及的希望，突然在政和元年（1111）让徽宗看到了实现的可能。这一年，徽宗宠信的宦官童贯作为使节出使辽国，想给宋朝购买战马，结识了一位叫马植的马贩子。马植原本是汉人，曾任辽国的光禄卿，后来经商贩马，但是一直想寻机归顺宋朝。他告诉童贯，辽国现在陷入内忧外患，内有天祚帝的荒淫腐败，外有女真人的反抗。宋朝如果与女真人联合，南北夹击，正是收复燕云十六州的天赐良机。童贯听后大喜，就将马植带回汴京，向徽宗做了汇报。徽宗一听，更是大喜过望，认为"辽国不灭，燕云不收，北部边陲久不安宁"，马植献上的这一联金灭辽良计正可解除他的心头之痛，因此赐马植姓赵，并改名为赵良嗣。

朝廷讨论时，对于是否应该与女真人联合灭辽发生分歧，最后是急于收回燕云十六州以去心头之痛的徽宗乾纲独断，决定联金灭辽。《三朝北盟汇编》记载说"国家祸变自是而始"。

联金灭辽的国策确定之后，就开始了一系列的准备活动。首先要与女真人取得联系。北宋与女真之间隔着辽国，而此事又必须背着辽国，于是宋朝就以买马为名，于重和元年（1118）派登州防御史马政作为正使、呼延庆为副使，渡渤海来到辽东。阿骨打听说宋朝想联合他灭辽，甚是意外。对正在抗击辽国的金人来说，富裕文明的大宋无疑是天朝上国，属于强有力的外援，"大国来使，吾国将兴"，金人受到了极大的鼓舞，于是派出使臣与马政一起来到汴京商量具体事宜。徽宗派蔡京、童贯与金使谈判。童贯提出攻辽成功后燕云十六州归宋，金使以临行时金太祖未授权为由，含糊其词，未做明确表态。

第二年（1119），宋朝拟派正使随同金使回访金国，但是听到辽国册封阿骨打并讲和的消息后，就取消了再派使节的打算，只让呼延庆随金使去金国了解情况。金国问呼延庆宋朝为何中止谈判，呼延庆说，我朝听说贵国接受了辽国册封，与辽修好，因此没有遣使。金国大将完颜宗翰说："辽国的册封是对大金的侮辱，金国并没有接受。如果宋朝想继续联金攻辽，请派正使拿国书来。"

宣和二年（1120），赵良嗣带着徽宗的亲笔信渡海来到金国，双方很快就签订了盟约。金国建议盟约叫金宋联盟，赵良嗣一听金在前，觉得不妥，但是如果将宋放前边，又怕金国不同意，于是就说每次往返都需跨海而行，不如就叫"海上之盟"，金国表示同意。因此，宋金联合灭辽的这一盟约史称"海上之盟"。

双方约定：长城以南的燕云地区由宋军负责攻取，长城以北的州县由金军负责攻取；待夹攻胜利之后，燕云之地归于北宋，北宋则把此前每年送与辽朝的岁币照数送与金朝。

在这个严肃的盟约中，徽宗轻佻的本性再次显现，给国家带来了巨大的损失。在徽宗给赵良嗣的御笔中，要求金国"据燕京并所管州城元（原）是汉地，若许复旧，将自来与契丹银绢转交，可往计议，虽无国信，谅不妄言"。在他艺术家跳跃发散性的思维中，"燕京并所管州城"自然就是他朝思暮想的整个燕云十六州，可是女真人如何能理解他对于燕云十六州的心结呢？只能认定盟约中记载的"燕京并所管州城"就是燕京及其辖区，并不涉及其他州城。这位艺术家皇帝白纸黑字所留下的把柄，为灭辽之后的宋金之争埋下了祸患。

（二）

海上之盟达成之后的头两年里，徽宗并没有做北伐的准备和动员，而是继续忙于艮岳的建设，主要就是从东南地区大量北运花石纲以及镇压因此而引发的方腊起义，仿佛盟约签订之后，收复燕京就全托付给金人了。等了两年不见动静的女真人派使臣来催，徽宗这才匆忙大括天下丁夫，计口出算，搜刮了两千六百万缗巨款，凑足军费后，于宣和四年（1122）四月任命童贯为河北、河东路宣抚使，蔡京长子蔡攸为副使，统率15万大军开始北伐。宣和君臣都认为这是一次"嘉年华式"的出征，蔡攸甚至肆言无忌地向徽宗索要一名宫中美女，作为收复燕京之后回朝的赏赐。

此时天祚帝率领的辽国主力已被金人击溃，逃往位于内蒙古的夹山躲藏，留守燕京的耶律淳被部下拥戴为宣宗。童贯认为辽国已经土崩瓦解，群龙无首，燕京唾手可得，于是派赵良嗣前去劝降。被拒后恼羞成怒的童贯率领15万大军，兵分两路向燕京进发。但是，出乎童贯意料的是，抵不住金兵进攻的辽军却毫不惧怕与数倍于己的宋军作战。两路宋军分别被从燕京奔袭而来的契丹名将耶律大石和萧干击溃，如果不是老将种师道事先有所防备，指挥残兵一边抵抗一边撤回出发地雄州，宋军恐怕又要重蹈当年太宗高梁河之败的覆辙。第一次伐辽宋军甚至连燕京的城墙都没有看到就匆匆败下阵来。急于推卸责任的童贯，将建议接受辽国停战求和意见的种师道诬告为消极观望，让其成为替罪羊而被撤职，这更使宋军的士气大受打击。

实际上，当时辽国确实已经分崩离析：军事上节节败退；天祚帝远遁，群龙无首；占据燕京的耶律淳不孚众望，且患有重病。只要北宋君臣冷静处理，稳扎稳打，不给敌人以可乘之机，就算拖也能拖死辽国，在燕京问题上就能获得主动权。但是，北宋的君臣似乎根本就不具备冷静理智地处理军国大事的能力。就在宋军撤回不久，耶律淳病亡，萧皇后执政。得知这一消息的徽宗在宰相王黼的鼓动下，又命令刚刚败退回来的童贯再度北伐，由刘延庆代替被撤职的种师道任都统制，负责前线指挥。

宋军这次北伐比第一次顺利，主要是因为燕京一带的汉人眼看辽国就要灭亡，在这种兵荒马乱的局势下，原来隐藏在二元体制之下的契丹人和汉人固有的民族矛盾随之激化，大量的汉族官吏以及军人开始主动向宋军投诚，如辽国的涿州留守郭药师就率领他的常胜军以及涿州、易州降宋。

宋军兵不血刃就取得了两州之地外加一支常胜军，这一下又助长了宋朝君臣文恬武嬉的本性。徽宗以为收复燕京在即，就迫不及待地改燕京为燕山府，并催刘延庆从速进军。郭药师建议趁着萧干的主力在外，以轻骑突袭燕京，必能得到城内汉人的响应，则燕京必取。于是刘延庆命令郭药师率所部千人为先锋，宋军杨可世、高世宣等随后。郭药师率领了解燕京情况的军士 50 人夹杂在入城的城郊居民中夺取城门，大军继入，眼看燕京就要被收复了。但是，谁也想不到，在这关键时刻，宋军将领非但没有安抚城中百姓，反而下达了一条错误命令，要尽杀城中的契丹及奚族人。此外，宋兵纪律紊乱，到处酗酒抢劫，引起城中居民的强烈反抗。强悍的萧后一面组织辽军进行巷战，一面命令萧干火速回援，而宋朝的大军却没有及时跟进。这样，突入燕京城中的宋军苦战三昼夜，外无援兵，仅郭药师、杨可世及数百士兵侥幸逃脱，高世宣等大部分将士战死城内。

这次奇袭燕京，郭药师的计谋不可谓不高明，但是宋兵的纪律紊乱、错误的民族政策、将领之间矛盾重重，以及主将刘延庆的懦弱无能，最终功败垂成，使收复燕京成为泡影。随后更为荒唐的是，宋军主将刘延庆竟然烧营自溃，辽军进击，宋兵大败。宋朝自王安石变法以来所存储的军用物资被宋军弃之殆尽！至此，宋朝两次北伐收复燕京之役都以失败告终。

宋军两次被辽国燕京守军击溃的消息传到金国之后，金人根本不敢相信自己的盟友居然如此不堪一击，完颜阿骨打就公开对作为使节的赵良嗣说："我自入燕山，今为我有，中国安得之！"可能就是从这个时候开始，宋军在战场上不堪一击的表现，助长了金人灭辽之后觊觎宋朝的野心。

（三）

古今中外的事例一再证明，战场上得不到的领土，谈判桌上更难得到。宋朝向金人赎回燕京的过程，再一次证明了这一原则的普遍性。

北宋两次伐辽，都被辽国留守燕京的守军打败。宋军的这一无能表现大出金人的预料。因此，当宣和四年（1122）年底，击溃天祚帝所率辽军主力的金兵，突破居庸关，轻松攻克燕京之后，就更加看不起宋军，不愿将燕云诸州交给北宋。只是因为宋金签有盟约在先，碍于情面，外加赵良嗣的一再追讨，金人最后只答应把燕京及其所属的六州二十四县交给宋朝，这远不是徽宗心中所念想的整个燕云十六州。但是，因为盟约中有徽宗最初谕旨中所写明的"燕京并所管州城"，就算赵良嗣再巧舌如簧也不可能说通金人将整个燕云十六州交给宋朝，反而会让金人觉得宋朝言而无信且贪得无厌。

根据盟约，宋朝要将此前每年上交给辽国的 40 万两（匹）岁币交给金朝。不仅如此，宋朝还要把赎回来的六州二十四县的赋税如数交给金朝，并答应每年另交 100 万贯作为收回燕京六州的"代税钱"，这样金朝才答应从燕京撤军，而在撤军的时候，又把燕京的金帛子女以及官绅富户都席卷而去，留给宋朝的只是几座"城市邱墟、狐狸穴处"。尽管如此，徽宗仍然兴奋异常，认为完成了宋朝历代老祖宗都没有完成的伟业，封童贯为豫国公，封赵良嗣为近康殿学士，宣诏全国大赦，共同庆祝"这个惨不忍睹的胜利"。他甚至还在万岁山刻了一块"复燕云碑"，想让自己的功绩永垂青史。但是好景不长，更大的劫难正一步步逼近。宋金的"海上之盟"只是基于灭辽的短暂同盟，一旦辽亡，宋金直接交界，战争自然不可避免。而当时发生的一件事，又正好给金国提供了借口。

辽国有个叫张觉的汉人，曾被金朝委任在位于今天河北省秦皇岛市卢龙县的平州留守。宣和五年（1123）七月张觉以平州降宋，事败后逃奔到刚成立的北宋燕山府。金人以私纳叛金降将违背了"海上之盟"为由问罪宋朝。北宋燕山府竟然杀了张觉并将首级交给了金军，这使得燕云十六州的汉人都深感不安。特别是降宋并立过功的郭药师就说："如果金人来索要药师的脑袋，怎么办？"从此，归降宋朝的汉人就再不愿意为宋朝卖命了。因此，当完颜宗望以张觉事变为由，于宣和七年（1125）十一月发动南侵时，郭药师就投降了完颜宗望，并成为金军的带路人。

《金史》记载："从宗望伐宋，凡宋事虚实，药师尽知之。宗望能以悬军深入，驻兵汴城下，约质纳币，割地全胜以归者，药师能测宋人之情，中其肯綮故也。"可见，在后来发生的靖康之难中，降将郭药师发挥了重要作用。

当徽宗禅位于钦宗后，完颜宗望唯恐宋朝有所准备而想退兵时，郭药师却对宗望说，南朝未必有备，并告诉他汴京的富庶以及皇宫的豪华远非辽国的燕京能比，建议宗望"可乘此破竹之势，急趋大河，将士必破胆，可不战而还。苟闻有备，耀兵河北，虎视南朝，以示国威，归亦未晚"①。宗望正是听从了他的建议，才长驱南下直达汴京，并由郭药师引导，驻军于城西北的牟驼岗。因为郭药师在此踢过球，知道宋朝的天驷监在此，养育有战马20000匹，饲料堆积如山，于是引导金军全部取走，解决了金军的给养问题。

后来金兵围攻汴京不能破城，与宋朝议和，并索要大批金银珠宝。据史书记载，这也都是郭药师的主意，即"诘索宫省与邀取宝器服玩，皆药师导之也"②。金银不够就将皇家女人作价卖给金军，以充金银之数。具体价格是，帝姬和王妃每人1000锭金，宗姬一人500锭金，族姬一人200锭金，宗妇一人500锭银，族妇一人200锭银，贵戚女一人100锭银。也就是说，只要无法完成金银的缴纳数目，几乎所有皇室女子都无法幸免于难。这最后酿成了掳走徽钦二帝、赵氏皇族、妃嫔、大臣13000多人，汴京城内公私积蓄也被洗劫一空的"靖康之难"。

经此之难，赵宋皇室的威仪和尊严荡然无存，这是中国历史上绝无仅有的惨祸。难怪岳飞在《满江红》中抒发了"靖康耻，犹未雪。臣子恨，何时灭"的悲叹，并发出了"壮志饥餐胡虏肉，谈笑渴饮匈奴血"的怒吼！

宣和北伐的失败，直接导致了后来的"靖康之难"。但是，这并不是说徽宗不该有收复燕云之地的想法，也不能怪罪他联金灭辽的策

---

① 《三朝北盟会编》卷二六。

② 《宋史》。

略，更不能归罪于辽军的顽强抵抗或者是女真人的贪婪野蛮。根本的原因在于，宋朝立国一百多年始终抱守"祖宗之法"而不思进取，虽有"庆历新政"和"熙宁变法"两次机会，却都被拖入党争的泥潭而先后夭折，尤其是宣和一朝君臣文恬武嬉、轻浮颟顸的腐朽统治，使得居庙堂者正气不扬、昏庸无能，处江湖者怨气冲天、啸聚山林。

这种政治生态下，正如明代思想家王夫之所言"拥离散之人心以当大变，无一而非必亡之势"[1]。因此，北宋的灭亡是必然的，但是以"靖康之耻"那种极端屈辱、悲惨的方式亡国，却是古今所独有。

感慨之余，更加发人深思的是，这一结果似乎从北宋建立之初太宗的两次北伐失败就已经注定了，此后虽经几代仁人志士的努力却始终没有避免。

实际上，部分的原因就隐藏在统治者所推行的各种通货膨胀政策之中。在从民众身上搜刮钱财的手段上，宋朝很快又发现了新的工具，那会是什么呢？

八、私交子：纸币的诞生

中国是世界上最早发明使用纸币的国家，宋代的交子就是世界上最早的纸币。早在北宋太宗淳化（990—994）末年，四川成都的私家商铺就发明了私交子，仁宗天圣元年（1023）朝廷设立"益州交子务"，第二年正式发行官交子。从此，人类历史上除了金属货币，又新发明了纸币这一信用货币。这是人类文明的一大进步，具有重要的

---

[1] 《宋论》。

意义。

那纸币是如何被发明出来的？它为什么会在北宋初年的四川被大家接受而成为交换的媒介呢？

这首先要从北宋初年的四川成都说起。

（一）

公元 960 年，赵匡胤发动陈桥兵变建立北宋，于 965 年攻灭后蜀，占领了四川。攻占蜀地之后，北宋朝廷做了一件使当地人大感意外，但是却影响深远的决定：北宋朝廷命令占领军将当地的铜钱搜罗一空并运回首都开封，且禁止外地的铜钱再流入蜀地。这是为什么呢？

将铜钱运回开封，显然是为了解决当时北宋政府所面临的钱荒难题，即流通中现钱不足的通货紧缩问题。将铜钱都运走了，那四川怎么办呢？难道要让蜀地的百姓都退回到以物易物的原始状态吗？

这倒不至于，因为宋朝还给蜀地留下了一种可以继续流通的钱——铁钱。

后蜀的时候，蜀地的铜钱供应不足，为了便利民众交易，后蜀铸造了一部分价格低廉的铁钱，配合铜钱一起使用。但是谁也没有想到，北宋攻灭后蜀之后，竟然将蜀地的铜钱搜罗一空，都运走了，只留下了铁钱。不仅如此，北宋朝廷因为四川地处盆地，相对封闭，就干脆做了个决定，索性将蜀地单独划为铁钱区，并禁止外地的铜钱再流入蜀地。这使得四川只好继续铸造使用铁钱。因此从北宋初年开始，四川就逐渐变成了一个独特的、流通使用铁钱的地区。后蜀时期，铜钱与铁钱的比价大致是 2：5。入宋以后，因为铜钱大部分都被搜罗运走了，铜钱与铁钱的比价涨到了 1：10，有时甚至高达 1：14。

铁的价格比铜低廉，重量又比铜重，因此铁钱的价值远远低于铜钱，但是重量却超过铜钱数倍不止。唐宋时期标准的铜钱，每枚应该是重 1 钱，1 贯是 1000 枚，重约 6 斤半，但是同等价值的铁钱却需要 10 贯，重 60 多斤。当时的文献记载："街市买卖，至三五贯文，即难以携带。"意思是说，在街市上购物需要 3~5 贯文铁钱时，携带起来就很困难。那如果是 10 贯，人就已经携带不了了，只能用车拉。如果是买房置地，岂不是要专门用马车来运钱了？

当时四川是盐、茶、丝绸等大宗商品的重要产地，货币的流通量很大。但因为铁钱非常笨重，1000 枚大面值的铁钱就有 25 斤重，中等面值的铁钱也有 13 斤重。而买一匹罗需要中等面值的铁钱 2 万枚，就必须要肩挑车载。因此，数额稍微大一点的交易使用铁钱支付就非常不方便，这对于长途贩运的商人更是不可承受之重。

北宋朝廷一拍脑门将四川变成了专门流通铁钱的地区，给蜀地生活的民众带来了诸多不便。但是，聪慧并富有创新精神的四川人民不但没有被这一困难难住，反而创造了一种新的货币形态，来解决当地大额支付使用笨重铁钱的困难。那是什么办法呢？

聪明的商人很快发现，外地来成都从事大宗交易的商人因为需要携带巨款，一般到了当地都要找人代为保管现钱，于是一批专门为商人保管现钱而收取保管费的铺户应运而生。他们"收入人户见钱，便给交子"。意思就是收取外地商户寄存的铁钱后，就给商户们开具一张被称作"交子"的收据作为取款的凭证。这些从事中介服务的铺户被称为"交子铺户"。交子的面额完全根据存款人所交现钱的数额临时填写，即"书填贯，不限多少"。因此，最初的交子更像是活期存款凭据，与纸币的性质还相差很远。

（二）

作为活期存款凭据或现金支票的交子，实际上很多方面都受到唐代飞钱的影响。为了大家能够更好地理解交子下一步是怎样由活期存款凭据发展成为纸币的，我们有必要将交子与唐朝的飞钱做一对比。《宋史》在讲到纸币交子时，开篇就说"会子、交子之法，盖有取于唐之飞钱"，《元史》在讲到"元钞"时也说纸币来源于唐代的飞钱。

那什么是飞钱？它与交子之间又是什么关系呢？

实际上，无论是讲到交子，还是说到飞钱，都不可避免地要谈到唐宋之际的钱荒。正是因为钱荒，才催生出了唐代的飞钱和宋初的交子。

唐朝中后期，随着商品货币经济的发展，原来被当作货币使用的绢帛逐渐退出流通领域，回归为生活日用品。加上安史之乱后，朝廷又推行了分夏、秋两季征税的"两税法"，并增加了货币税的征收比重，更增加了社会上对铜钱的需求。这促使富人开始大量地储藏铜钱，使得一部分铜钱退出了流通环节。铜钱的缺少又带来铜价的上涨，铸钱不敷成本使得政府减少铸钱，更导致了社会上不法之徒销毁铜钱改作铜器之风的盛行。

这些因素互相叠加，就以建中元年（780）杨炎施行的两税法为起点，从唐朝中期开始，货币流通出现了通货日趋紧缩的现象。社会生活中这种货币不足的矛盾日益突出，最终发展成为贯穿整个唐朝中后期和两宋的钱荒难题。

为了应对钱荒，唐朝政府采取了很多措施，譬如"禁铜"，就是不许民间铸造铜器，结果导致铜镜等日常生活用具非常缺乏，自然涨价，这反过来又促使人们私下用钱币"化铜作器"。政府甚至规定"盗铸者死"，但是因为违背经济规律而没有什么实效。"禁铜"不行，又开始"禁钱",就是要求有钱人家不许储藏钱币,必须拿出来购物。规定富家藏钱超过5000贯就是死罪,即便是王公贵族藏钱也要重罚,并且鼓励告发,如果发现藏钱超过规定的,没收部分的五分之一可作为告发者的赏钱。

为了弥补流通中钱币的不足,政府又鼓励兼用绢帛,甚至规定交易数额稍大时必须"钱帛兼用",乃至官员的工资俸禄也要发放布帛等实物。人们耳熟能详的白居易的《卖炭翁》诗中"半匹红绡一丈绫,系向牛头充炭直",就反映了当时以布帛当钱币使用的社会现实。

唐代的飞钱就是在这种钱荒的背景下出现的。《新唐书·食货志》是这样记载的:

> 时商贾至京师,委钱诸道进奏院及诸军、诸使富家,以轻装趋四方,合券乃取之,号"飞钱"。

这句话里,"道"是唐朝的地方区划,"军"和"使"分别是指地方的军政单位和官员,"进奏院"是指地方机构在京城设立的办事处。整句话的意思是说,当时商人们到京城来做生意,挣了钱以后还要再到各地去进货。因为京城缺钱,朝廷就规定商人不能运钱出城。于是,聪明的商人就把现钱借给各地方军政官员在京城的办事机构,或者是在京城的富商,领取一张票券作为借据,这样就省得他们再带钱出京城。商人回到地方以后,凭借领取的票券经核对无误后,就可以取回钱币,但要缴一定的手续费。这张票券就叫"飞钱"。

飞钱不限于京师,使用飞钱的人也不限于商人。这种合券取钱的办法实际是由借据转化而来的,只是将时间上的转移变为了空间上的转移。这样飞钱就由最初的借据逐渐发展成为满足跨地域大宗交易需求的一种汇兑业务。

飞钱所发挥的职能主要有两方面。一是现金的异地交付。商人先向京师的机构交付现钱领张票券，回到地方后再凭借这张票券领回现金，这是一种"钱—钱"，即由钱到钱的交付过程，并不像买卖那样是"钱—物"，即由钱到物那样的交易过程。因此，飞钱实际上并没有发挥和行使货币的职能。二是必须"合券"才能取钱。商人拿"券"到本地相应的机构去"合券"，也就是核对证明，才能支取现金。很明显，这种方式仅仅是一种单向的汇兑。这种"券"，既不能用于购物支付，也不能流通，只能是定点兑现，所以它还只是一种汇兑凭证。虽然是纸质的，但是并不能被当作纸币。这种汇兑业务，在解决商人去外地贸易需要携带大量钱币带来的不方便的同时，也减少了对铜钱的需求，在一定程度上缓解了钱荒的矛盾。

飞钱本质上属于借据，借钱还钱，实现的仅仅是现金在时间上的转移。但是，当商人从京师存钱去外地取钱时，就实现了现金在空间上的转移。这样飞钱就由现金借据转化为了现金汇票，应运而生了一种新的汇兑业务。受此启发，作为存款凭据的交子，如果持有人能向第三方转让，或者是能够直接支付购物，那它就实现了从活期存款凭据向信用货币即纸币的飞跃。这样一来，一种新的货币形态，即纸币，就诞生了。

在钱荒的背景之下，飞钱作为现金借据，在朝廷限制京师铜钱外流这一外在动力的推动之下，转化为了现金汇票，便利了商人的大额异地贸易。那作为活期存款凭据的交子，又是怎样一步步地发展成为纸币的呢？它实现这一转化的外在动力又是什么呢？

（三）

作为活期存款凭据的交子最后之所以能够发展成为纸币，实际上与北宋初年在四川成都爆发的一场农民起义，即王小波和李顺领导的那场起义有关。

王小波、李顺起义于宋太宗淳化四年（993）发生在四川永康军青城县，这是北宋初年爆发的一场重要的农民起义。这次农民起义是北宋统治者对四川地区的大肆掠夺造成的。前文我们讲过，宋灭后蜀之后，将蜀地的铜钱搜罗一空运回了北宋的都城汴梁，使得四川逐渐变成了一个独特的、流通使用铁钱的地区。不仅如此，北宋朝廷还将后蜀存储的财物也全部运回了京师，又以"上供"等方式掠夺四川出产的布帛，设置"博买务"垄断布帛的收购和销售。对于川峡盛产的茶叶也采用同样的办法，由官府垄断收购和销售，禁止民间交易，从而断绝了很多茶农和茶商的生计。广大农民和手工业者因此大量失业，生活更加贫困。

就是在这种背景之下，青城县茶农出身的王小波，于淳化四年二月，聚集民众发动起义。他宣称："吾疾贫富不均，今为汝均之。"意思是说，我非常痛恨贫富不均，今天起事造反，就是要给大家实现均贫富。在中国古代农民起义中，王小波第一次明确地提出了"均贫富"的诉求，具有重要的政治意义。民众纷纷响应，起义队伍迅速壮大，很快就攻克了青城县，接着又攻占了彭山县。此后，起义队伍转战于邛州、蜀州等地，所到之处，命令乡里的富人大户据实报告家里所有的财物和粮食，除了留下必要的家用，其余的都分发给穷人。这种劫富济贫的做法深得民众的拥护，起义队伍迅速增加到数万人。淳化四年年底王小波受伤去世后，他的妻弟李顺被推举为新的领袖。

这支起义队伍在李顺的领导之下越战越勇,于淳化五年正月一举攻占了成都,建立大蜀政权。李顺自称大蜀王,改年号为应运,并且铸造发行了应运元宝、应运通宝两种年号钱,这是目前所知道的最早的农民起义军铸造的货币。

图 5-17　应运元宝

起义震惊了北宋朝廷,宋太宗任命张咏为益州知州,入蜀平叛并治理地方。当时成都府被降为益州,益州知州也就是蜀地的最高行政长官。为了尽快平定叛乱,朝廷紧急调集多路宋军进行围剿,起义军坚持半年多后失败,李顺战死。但这次起义却催生了人类历史上最早的纸币交子。

这是因为此前开设"交子铺户"的人都是当地财力雄厚并且在商界素有威望的富豪。他们凭借自己的财力和威望,能够保证做到商户们随时可以用交子来兑换现钱,这就为交子建立了较高的信誉。因此,交易双方为了减少费用、便利贸易,都逐渐地愿意接受用交子这种存钱凭据来代替铁钱用于支付,使得交子能够做到"无远近行用",意思就是说不管距离远近都能使用,大家都愿意接受。

这样一来,原本仅仅是存钱凭据的交子,在大额的商业贸易中,逐渐地被当作信用货币使用起来。特别是王小波、李顺起义波及四川全境后,受战乱的影响,四川铸钱局铸造的铁钱数量减少,更加剧了货币不足的矛盾。于是交子在民间的交易中,就越来越普遍地被当作货币来使用。

关于这段历史，历史文献《续资治通鉴长编》曾经明确记载："先是，益、邛、嘉、眉等州岁铸钱五十余万贯，自李顺作乱，遂罢铸，民间钱益少，私以交子为市。"

意思是说，因为王小波、李顺起义，官府设在益、邛、嘉、眉等州的铸钱局减少了铁钱的铸造，社会上流通的钱币更加缺乏。于是，民间开始私下里用交子当作货币使用。因此，我们说正是王小波、李顺领导的那场起义，催生了人类历史上最早的纸币。

交子既可以向发行者兑换铁钱，又可以在市场中购买商品，这样它就完成了由存钱凭据向信用货币职能角色的转换。于是，一种全新的货币形态——纸币就这样诞生了。

作为纸币的交子，是为了代替携带不便的铁钱而出现的；而笨重的铁钱，借助轻便的交子则可以长距离地流通。虽然交子本身没有价值，但是因为携带便捷，成了笨重的铁钱的符号而享有了价值并广为流通。于是，铁钱与交子相互依赖、互为补充，并彼此成全，共同谱写了中国古代货币史中浓墨重彩的一章，不经意间为人类文明的进步和发展做出了重要的贡献。

（四）

发行交子的"交子铺户"，作为商人，唯利是图是其本性。因此为了图利而不守信用、滥发交子、挪用存钱的情况时有发生，自然就引发了很多纠纷。诉讼至官府之后，时任益州知州的张咏，就是我们前文提到的被宋太宗派来蜀地平叛的张咏，对交子铺户进行了一次整顿。他清退了一批实力不济、信誉不佳的铺户，最后挑选了十六户有实力且信誉良好的富商负责主持交子的发行。代价是这些富商每年夏、秋两季必须给官府出一定量的人工和物料，从事公共服务。

益州知州张咏将此前分散发行、各自为政的私家交子铺户集中起来，希望能以联保的方式克服以往的弊端，增加信誉度，但是这并没有收到预期的效果。这是因为有的富商从中又发现了新的商机。

精明的富商们发现，各个私家交子铺户所开具的交子数额与客户交来的铁钱是等额的，都备有十足的准备金。但是，所有的客户不会在同一天来兑现。因此，虽然每天的铁钱都是有进有出，但是店铺里永远都会堆积着相当数量的铁钱。于是，每到夏秋两季收购蚕丝、粮食，资金紧张之时，他们会再额外印发一些交子。

这些新增发的交子虽然没有准备金，但是因为有店铺里的储备做后盾，最初也能顺利兑付。可是，尝到甜头的铺户们胆子越来越大，侥幸心理也越来越强。后来竟然有人为了自己享受，用客户的存钱"收买蓄积，广置邸店、屋宇、园田、宝货"[1]，意思就是用新增发的交子去买房置地，或者是用于购买珍稀宝物等个人消费。等到客户来兑付时，铺户无钱兑付，客户就去牵他的牛、占他的屋，最终于宋真宗天禧四年（1020）三月闹成群发性事件，再次惊动了官府。时任益州知州的寇瑊一气之下发布命令，不许十六家商户再印交子，并销毁了印版，私家商户发行交子的阶段至此结束。

交子的诞生解决了四川民众交易中的一大难题，但是却因私家商户的贪婪造成挤兑风潮而被官府取消了。这意味着四川又要退回到用铁钱交易的状态，这该怎么办呢？交子的命运接下来又将如何呢？

---

[1] 《宋史·食货志》。

九、官交子：最早的信用货币

实际上，交子的生命并没有就此结束，而是出现了一次重大的转机，即由私交子转型为官交子，也就是由民间商户私自发行的兑换券性质的纸币，变成了由政府发行的、以国家信用做担保的信用纸币。那么，交子为什么又会以官交子的形式再次发行？官交子相比私交子有哪些不同？官交子的命运又将会如何呢？

（一）

被益州知州寇瑊废弃的私交子之所以没有寿终正寝、就此结束，反而以官交子的身份重生，都是因为一个人独具慧眼和坚持不懈。否则交子这一创新之光可能就如彗星一般，一闪就泯灭了。那这个挽救交子的人是谁？他又是如何使交子起死回生的呢？

拯救交子的这个人是薛田，又一任益州知州。如果说当年的治蜀能臣张咏规范了私交子，那薛田就是成就了官交子。

薛田是山西永济人，进士出身。《宋史》中对他的人品、才能都非常地推崇，说他"性颇和厚，初以干敏数为大臣所称"。意思是说他性情温和，待人宽厚，年轻的时候就因为做事干练、思维敏捷而被大臣们所称道。

薛田的仕途与四川非常有缘。早在景德年间，他就到四川梓州的中江县任过职。基层的工作经历使他既熟悉当时私商分散发行交子的弊端，也目睹了后来富商联保发行交子的弊病，同时他也深知民间发明使用的交子因为解决了使用铁钱所带来的诸多不便，而深受当地民众的欢迎。因此，当他于宋真宗大中祥符末年（1016）出任益州路转运使时，就首次提出了"请官置交子务，以榷其出入"的建议。意思就是由官府设立专门机构"交子务"，负责管理交子的印制发行。也就是将交子的发行权从民间的交子铺收归官府的交子务，即由政府负责发行。

薛田刚到益州路就任转运使，为什么就急切地提出要将私商发行的私交子收归官府，来由政府发行呢？这有两方面的原因：一方面是他此前在梓州中江县任职的时候，对私交子的弊端已有清醒的认识，明白只有改为官府发行才能杜绝私交子发行中暴露的弊病；另一方面则与他现在担任的益州路转运使这一职务有关。

那转运使是个什么官职呢？

转运使是宋朝管理地方的一个重要官职，负责管理一路或数路的粮食财货的转运，并有督察、察举地方官吏的权力，后来还兼理边防、治安、钱粮等方面的工作，事实上担负着为朝廷理财的重任。

薛田作为益州路的转运使，建议官府发行官交子可以说是职责所在，是分内之事。但是，按照当时的程序，他的这份建议报告必须要由益州知州具名后才能上报。而当时的益州知州凌策（在寇瑊之前）认为十六户富商联保发行的交子运转很正常，没有必要改为官办，因此薛田所主张的交子由民间发行改为官府发行的建议因为得不到益州当局的支持，"久不报"，而被搁置了下来。无奈的薛田只能慢慢地再等机会。

到了天禧四年（1020）三月，四川益州、梓州等地因灾害导致物价暴涨，富商按照正常年份准备的铁钱储备出现了不足，造成交子挤兑，又一次造成了群发性事件。

这时正好寇瑊接任益州知州。他对交子认知偏颇，正好与凌策相反。加之他刚一到任就接连收到很多与交子有关的诉讼官司，就以造成挤兑为由，下令关闭了成都的交子户，没收了他们的印信，让交子户限期兑付所欠钱币。此时，薛田也已调离四川。四川民众极富创新思想发明使用的交子，就这样中止了。

（二）

寇珹下令禁用交子给当地社会带来了极大的不便。四川百姓习用交子多年，突然被禁用，民间贸易受到阻碍，市场很快就萧条了下来。民众强烈要求恢复使用交子。恰在这时，薛田于天圣元年（1023）四月被任命为蜀地父母官益州知州。

薛田一上任，立即顺应民意，上奏朝廷请求恢复使用交子，想实现他早在七年前就已提出的将交子改由官办的计划。已经被废弃了三年的交子，命运开始出现转机。

当时宋真宗刚去世，年仅13岁的皇太子继位，这就是宋仁宗。因为皇帝年幼，真宗临终前留下遗诏，要"皇太后权同处分军国事"，意思就是要皇太后垂帘听政，军国大事都由她来决断。她能同意薛田恢复发行纸币交子的建议吗？

这位皇太后，姓刘名娥，是宋朝历史上第一位摄政的皇太后，也是民间戏曲故事《狸猫换太子》中的人物。故事中的刘娥皇太后被塑造成了一位善妒、残忍的女子，实际上那都是虚构的。真实的皇太后是一位思想开明、为人贤惠，对新生事物特别专注，并且非常有作为的执政者。正是在她执政时期终结了宋真宗荒唐的"天书"运动，兴修水利，创设谏院，兴办州学，为"仁宗盛治"打下了坚实的基础。因为政绩显赫，历史上经常将她与汉之吕后、唐之武后并称，说她"有吕武之才，无吕武之恶"。

图 5-18　刘娥皇太后像

　　这位皇太后出生于成都，对家乡有着特别的感情。因此，她积极支持薛田请求恢复交子并改为官府发行的建议，希望交子能够"欲流天下而通有无"，方便家乡民众的生活。

　　皇太后在收到薛田的上奏之后，为了表示慎重，立即下诏要薛田与转运使一同商议后再提出具体方案。恰好这时担任益州转运使的张若谷对交子也持积极的态度，和薛田的意见基本一致。他俩接到朝廷的诏书后，经过认真研究，认为寇瑊废弃交子的做法给蜀地的交易带来了诸多不便，民众都强烈要求恢复交子。但是为了杜绝私交子的弊端，应该改由官府发行，因此建议朝廷设置"益州交子务"来具体负责。

　　薛田与张若谷议定的奏章上报朝廷后，刘娥皇太后仍然没有立即批示同意，而是再一次下诏，要薛田、张若谷与梓州路刑狱使王继明一起，再次研议上报发行交子的利弊。

　　薛田和张若谷于是找来王继明，三人讨论后联名上奏朝廷，具体列举了寇瑊罢废交子给蜀地的商品交易带来的诸多不便，并陈述了民众要求恢复交子的强烈愿望，指出恢复交子既能便利民众生活，又能促进商贸发展，还能增加朝廷的国库收入。因此，他们一致同意薛田提出来的"请置益州交子务，以榷其出入，私造者禁之"的主张。

朝廷直到看了他们三人的联名报告，才"诏从所请"，于天圣元年（1023）十一月批准设立"益州交子务"。次年二月，在薛田的主持下，首次印制发行了官交子。

官交子有国家信用做保证，属于真正意义上的信用货币。它因为具有重量轻、价值大、携带方便、使用安全等方面的优点，便利了"无远近行用，动及万百贯"的商品贸易，受到富商大贾的欢迎，而广泛流通，为促进蜀地经济发展、便利民众生活发挥了积极作用。薛田对此也颇为自豪，在《成都书事百韵》长诗中欣慰地写道："货出军储推赈济，转行交子颂轻便。"

薛田在推动交子改由官府发行的过程中几经周折，充满了艰辛。他关于交子改为官府发行的报告，最初是因为成都知府"久不报"而被搁置，等到他自己出任成都知府后，朝廷第一次是要求负责管理经济事务的转运使发表意见，第二次又要求负责治安的刑狱使参与讨论。这足以看出北宋朝廷对重新恢复发行交子的慎重态度，也说明了刘娥皇太后的施政风格是审慎务实的。

另外，交子之所以能够死而复生，多靠薛田的独具慧眼和坚持不懈。因此我们说，薛田为我国纸币的发展做出了重要的贡献，他不仅恢复并完善了已经被废弃的交子，使最早的纸币得以浴火重生，同时他还是国家法定纸币的创始人，在世界货币发展史上都占有重要的地位。

（三）

最初由私家商户发行的交子被称为"私交子"，薛田奏请朝廷同意后改由官府发行的交子被称为"官交子"，那私交子与官交子又有哪些不同呢？

实际上，私交子与官交子不仅是发行和管理者的身份不同，而且是两种性质完全不同的纸币。私交子是客户必须先把铁钱存在交子铺户那里，之后才可以兑现铁钱。我们用现代经济学的眼光来看，它就是一种铁钱的兑换券，属于可兑换纸币。官交子就不同了，与私交子相比，它最初虽然也可以兑换，但是后来就不能兑换了，成为一种政府强制发行的信用纸币，有如下特点。

首先是成立了专门的管理机构，叫交子务。所有交子都要加盖交子务等官府的大印，并留有存根，兑现时要核对以防止伪造。

其次是固定了交子的面额。私交子没有固定面额，客户存多少铁币，票面上就写多少。官交子最初将面额固定为1贯到10贯，分为10个等级，后来简化为5贯和10贯两个等级，再后来又简化为1贯和500文（相当于半贯）两个等级。面额的逐渐变小，说明交子日益深入百姓的日常生活。

最后是控制交子的发行。这是诸项措施中最重要的一项。包括两个方面。一是设定界分。所谓界分，实际上就是有效期。官交子按期发行，每期三年有效，称为"界"，到期后必须强制兑现。如果持有者还希望继续使用，可以以旧换新，但是需要交一些成本费。二是限制发行额。最初一次发行125万贯，由官府拨付铁钱36万贯作为准备金，发行额是准备金的3~4倍。相对于当时蜀地的商品流通量来说，这个发行额并不大，反映了政府刚开始的谨慎态度。设定界分的主要目的也是控制发行量，以防不能兑付，造成治安问题。

交子作为世界上最早的纸币，产生于北宋的四川绝不是偶然的。一方面这是当地发达的造纸、印刷技术与现实的货币需求之间相互结合的产物，缺一不可；另一方面它也是勤劳智慧的四川人民富有创新精神的体现，可以视为我国古代的第五大发明。

但遗憾的是，至今还没有发现交子的实物。因为交子在北宋不是正式的货币，即便是在四川，法定货币也是铁钱，交子只是铁钱的兑换券。所以人们最多是把它用于临时流通，而绝不会把它作为财富贮藏。加之四川气候潮湿，作为纸币的交子也很难长久保存。所以到目前为止，考古发掘中还没有发现交子的实物。

虽然没有实物参考，但是在《宋朝事实》卷十五《财用》篇里，对十六户富商发行的交子保留有一段文字上的描述，说各家发行的交子：

> 同用一色纸印造。印文用屋木人物，铺户押字，各自隐密题号，朱墨间错，以为私记，书填贯（数），不限多少。

根据这段文字记载，我们大致可以知道，交子上面印有人物、房屋树木之类的图案，以及各家铺户隐秘的记号。这些图案有的用黑色印刷，有的是红色印记。这样设计绝不仅仅是为了好看，也不单纯是为了结算，更重要的是为了防伪。另外，"朱墨间错"说明交子还是我国彩色印刷的先驱。

说到这里，需要给大家纠正一个在社会上传播广泛的有关交子的错误认识。

20 世纪 30 年代初，在古董商中出现了一块铜版，此铜版后来流入日本，至今下落不明。但是，这块铜版的拓图在 1938 年被日本著名钱币学家奥平昌洪收入《东亚钱志》一书，因此在社会上流传很广，并被很多人作为交子的图案引用。

如图 5-19 所示，这块铜版上的图案可以分为三部分：上部画了10 枚铜钱；下部是一幅画，画着一座粮仓，有人正在搬运粮袋；中间印有一段文字，即"除四川外，许于诸路州县、公私从便、主管并同见钱七百七十陌，流转行使"。

图 5-19　南宋小钞版（照片与拓片）

这段话里，"见"同"现"，见钱就是现钱，指的是铜钱；"陌"的本意是指"百"，这里的陌应该是"钱陌"或"省陌"的意思。当时因为钱荒，在市面购物时，价值 100 枚钱币的东西，实际支付现金时并不需要全额支付，可以省去零头，称为"钱陌"，各地标准不一，有以七十七为陌的，也有以八十为陌的。如足额支付则称为"足陌"。

整句话的意思是说：除了四川地区，诸路州县、官方和民间的交易均可，经手钱钞者将其视同现钱七百七十陌流通使用。这里需要说明的是，钞版的面值应该是一贯，即 1000 枚铜钱。但是因为钱荒，现金为王，钞版在市面上只能视作 770 枚铜钱，这就是"同见钱七百七十陌"的意思。

铜版上面既然明确标注"除四川外",肯定就不是交子,因为交子只在使用铁钱的四川流通。既然不是北宋的交子,那又可能是什么朝代的纸币小钞呢?

北宋之后的南宋发行过会子、关子,金朝和元朝发行过交钞。但是,金国没有占领四川,且金代铜钱以八十为陌,这显然不是金代的;而元朝不用铜钱,全国的纸币又是统一的,更不可能是元朝的。考虑到铜版上的文字用语有南宋风格,而铜钱以七十七为陌也符合南宋规定,因此这块钞版很可能是南宋的。它虽然不是交子,却大致反映了宋代纸币的式样。但如果将这一图案作为交子的图案引用,显然是错误的。

(四)

官交子设界并限额发行,实际上就是保证交子能够正常流通而采取的强制办法。但是,后来因为对西夏用兵以及统治者的贪婪,交子仍然没能逃脱通货膨胀直至最终崩溃的命运。

那交子是如何贬值崩溃的呢?实际上这与对西夏的战争有关。

当时宋朝虽然通过签订"澶渊之盟",以每年向辽国输送财物的方式换取了北部边境的相对平静,但是在西北地区却又面临着西夏的威胁。为了应对西夏,宋朝在陕西、甘肃一带大量驻军,后勤供应就成了一大难题。

依照此前对付辽国的经验,即朝廷借用商人的力量向北方驻守在山西、河北的驻军运送粮草,用格外从优的价格偿付。可是,西夏位置在西北,那里土地贫瘠,人口稀少,经济、商贸都比较落后,当地的钱币流通量也不多。这种情况下,用什么办法来鼓励商人向那里运送后勤物资呢？于是，手头拮据的朝廷就打起了交子的主意。

因为到西北经商的商人大部分是从蜀地来的，于是，朝廷最初就向益州交子务借交子来购买商人的粮草，让商人持交子回到成都去兑现。因为益州并没有得到朝廷拨付的钱币，所以发出的这批交子实际上都是空头纸币。这种纸币在蜀地固然可以流通，可是这实际上就是一种超额发行。关键是朝廷尝到一次甜头之后，就会不断用增发的办法来解决财政上的困难。

交子改为以财政发行为主，大概是在宋神宗熙宁时期（1068—1077）。这说明交子已经成了朝廷的财政支出手段，开始超额发行、并界流通（就是这界交子到期了不收回，又发行新的一界，新旧两界同时流通）。因此，交子的购买力开始降低。这样交子就由可兑换纸币变为了国家强制流通的不兑换纸币。

徽宗时期，在蔡京的蛊惑之下，朝廷穷奢极欲、挥霍无度，更是将交子作为增加财政收入的重要手段。因此，交子更是急剧地贬值，幅度甚至高达90%，形同废纸。大观三年（1109），徽宗正式宣布，已经发行的交子全部作废，交子被新发行的一种叫"钱引"的纸币取代。至此，流通了近八十五年的交子正式退出了历史舞台。

如此富有创意的一项新生事物，在专制政体之下，并没有顺势成为促进商贸发展的交易工具，反而沦为统治者无限透支国家信用的敛财手段，并因此而成为王朝灭亡的助推器。此后的南宋、金、元乃至明、清两朝，莫不如此。

2

钱币上的南宋

靖康之变后，赵构继位改元建炎，四年后改元绍兴。虽与金人达成"绍兴和议"，奠定宋金南北对峙的局面，但是朝野有关主和与主战的争论始终相持不下，因此有孝宗隆兴北伐、隆兴和议，宁宗开禧北伐、嘉定和议的交替发生，最后竟又步北宋联金灭辽的后尘联蒙灭金。端平入洛与宣和北伐如出一辙，朝野上下文恬武嬉有过之而无不及。蒙古没有像金灭北宋那样顺势灭掉南宋，让它又延续了近四十年，是因为蒙古发动了第二次西征，忙着去改写世界史，暂时没顾上南宋。

南宋国运以光宗绍熙年间为转折，由治世步入衰世，从此朝政被权臣把持，尤以宁宗时期韩侂胄对内掀起庆元党禁，对外发动开禧北伐为祸最大，流毒也最深远。嘉定铁钱就是当时财政入不敷出、命运祈求神佑的真实写照。不可逆转的衰败趋势在理宗端平年间又以联蒙灭金的方式敲响了丧钟，此后的度宗、恭帝只是苟延残喘。

上述历史事件的发生及演变，都记录在绍兴通宝、淳熙元宝、绍熙元宝、庆元通宝、开禧通宝、嘉定铁钱、端平通宝以及行在会子上，基本可以串联起一幅记录南宋一百多年历史的画卷。

一、绍兴通宝：承担了"绍祚中兴"使命的钱

绍兴通宝是南宋高宗赵构铸造的第二个年号钱，钱文为真书，分旋读和直读两种形制。据传，直读的钱文是高宗的亲笔御书，是一种御书钱，除了通宝还有元宝。绍兴元宝的钱文有篆书、楷书两种书体，成双成对，属于对钱。

图 5-20　绍兴通宝

图 5-21　绍兴元宝

如果单纯地就绍兴钱而言，它只是南宋一种普通的年号钱。在中国古代钱币发展史上，无论是绍兴通宝还是绍兴元宝，本身并无特别之处。但是，如果从靖康之难北宋灭亡之后，赵构"绍祚中兴"、重建宋朝的历史过程来看，绍兴年号钱却是一个历史的见证者。它不但见证了从抗金和谈再到宋金南北对峙局面的整个形成过程，而且反映了赵构在国难家仇面前，基于其个人的心理变化、切身利益以及政治上的得失考虑，对有不共戴天之仇的金国是复仇还是妥协、是战是和还是投降等矛盾的心理。

下面我们就从绍兴通宝的视角，来和大家说说靖康之难后，赵构面对家国破灭的惨祸、举族被掳的奇耻大辱，是如何"绍祚中兴"再建南宋的。

（一）

要讲南宋的建立，就要从赵构的身世讲起。

赵构是徽宗的第九子，虽然被封为康王，但因为是庶出，并不是特别受徽宗的宠爱。因此，当金人第一次围攻东京汴梁时，他曾经以亲王的身份被送去金营短期扣作人质。当年冬天，金兵再次南侵时，他又被派去金营求和，但因为在河北磁州被守将宗泽劝阻留下而躲过一劫，没有被金兵俘虏与他的父兄即徽宗和钦宗一起押去北国，成为徽宗唯一漏网的皇子，为北宋复国建立南宋留下了一线希望。

靖康二年（1127），赵构在南京应天府（今河南省商丘市）继位称高宗，改元建炎，意思是要重建宋朝。因为按照传统五行的说法，宋朝属于火德，"炎"字的本意是火，"建炎"即表示重建宋朝，另外也有"以火克金"的寓意在里面。但是，"建炎"年号并没有给高宗带来什么好运。这期间（1127—1130）金朝大将金兀术一心要俘获高宗，发出了"搜山检海捉赵构"的告示，以彻底消灭赵氏政权复兴的希望，以便金人扶植刘豫建立的伪"齐"傀儡政权能够代表金朝统治中原地区。因此，建炎的四年间，高宗始终在躲藏金军的追捕，漂泊不定，甚至一度乘船逃离大陆，跑到了舟山群岛。

直到建炎三年（1129）韩世忠在黄天荡、岳飞在南京大破金军，受挫的金兀术开始北撤，高宗才于建炎四年从温州泛海北上，回到越州（今绍兴），结束了长达四个月的海上亡命生活。第二年高宗改元绍兴，寓有"绍祚中兴"的意思，表示要复兴宋朝；当年又升越州为绍兴府，这就是绍兴这一历史文化名城由越州改名为绍兴的由来。

高宗最初是想以绍兴为行在，即作为临时的都城，但是因为漕运不方便，外地的物资不好输入，于是第二年才决定以杭州为行在，改称临安，表示临时安顿之意，意思是告诉世人，他将来还是要北伐收复东京汴梁的。

改元绍兴，特别是定都杭州之后，高宗的逃难生涯才基本上算是结束了，四处漂泊的南宋朝廷也初步稳定了下来。此前他们就只有一个目的，即如何摆脱金军的追捕，现在这一危险虽然暂时消除了，但是更多亟待解决的难题却接踵而来，真正的考验才刚刚开始。

（二）

当时可以说是百废待举，对内对外要办的事情很多。对外，最关键的是或战或和的问题；对内，最重要的是如何安抚人心、救济难民，保住东南的半壁江山。这是高宗必须要面对的重大问题。

无论是对内还是对外，实际上改元绍兴之后，最重要的事情就是尽快铸造绍兴年号钱。因为这样既能在政治上强调高宗的正统地位，借以安抚民心、稳定局势，又可以从经济上筹集经费，填补财政空缺，还能便利市场流通，促进经济发展，可谓一举多得。

但是，经过靖康之难的破坏，宋朝主要的铸钱机构以及铜矿资源都已经沦陷。建炎南渡之后，无论是熟练的铸钱工匠，还是铸钱所必需的铜料，短时间内都非常难找。那如何才能尽快铸造出大量的新钱来满足军民的需要呢？

面对这一现实的铸钱困难，高宗为了尽快将新钱铸造出来，只能模仿、借鉴徽宗时期的一些现成做法，来铸造他的绍兴年号钱。

首先是效法他的父皇徽宗亲自来书写钱文，铸造御书钱。这样既能彰显他恪遵祖宗之法，倡导文治的原则，又能展示他的书法才艺。与徽宗的瘦金体相比，高宗的字虽然缺乏那种飘逸之美，但是却多了几分凝重。

其次是借鉴蔡京铸造虚值大钱实行通货膨胀的办法。绍兴通宝钱币中，面值有小平、折二、折三、折五以及折十等5种，以大面值为主，小平钱非常少。特别是绍兴元宝钱，小平钱的数量更少，主要是大面值的折二、折三钱。另外，绍兴通宝和绍兴元宝除了铜钱还铸造有部分铁钱。无论是铜钱还是铁钱，大部分的材质都比较粗劣，铸工也比较简陋。这明显是为了节省材料和工本，降低成本，以便获利最大化。

最后是在绍兴年号钱中，另外铸造有一种"乌背钱"。"乌背钱"指的是钱币的背面呈乌黑色，该钱币不但铜料精良，铸工也极为精致。但是，这种"乌背钱"的数量非常稀少，名贵异常，很可能是当时高宗作为赏赐用的。

高宗总共使用了两个年号。第一个是建炎，仅有四年，虽然也铸造了年号钱，但是因为时间短，又处于逃难之中，因此铸造的数量很少。第二个年号绍兴总共用了三十二年，是两宋使用时间最长的年号。绍兴年号钱的铸造虽然贯穿于绍兴年间，但主要还是铸造于绍兴和议达成之前，即绍兴十二年（1142）之前。绍兴十一年年底签订和议之后，宋金南北对峙的局面基本形成，高宗就既没有实力也没有动力和信心北伐金国，收复中原。而金国也没有足够的实力能够一举消灭南宋。因此，随着高宗危机感的消除，铸造铜钱的动力也就随之减弱。铜钱铸造的数量缩减之后，纸币的发行量就增加了。此后，南宋主要就是依靠发行东南会子、湖会、淮交等地方纸币，来满足流通的需要。

（三）

"绍祚中兴"是高宗即位后的施政目标。因此，改元绍兴并铸造发行了绍兴通宝等年号钱之后，他亟待解决的问题就是北伐金国，收复中原，迎回徽、钦二帝。这既是"绍祚中兴"的主要内容，也是当时朝野的主流民意，高宗本人最初一定也是这样期望的，他仅有的两个年号"建炎""绍兴"，目标都是要重新建立大宋，或者是使宋朝复兴。但是，这一目标后来却逐渐地发生了变化，高宗似乎忘记了他与金人之间的不共戴天之仇，他既无意收复中原，更不想迎回父兄，即徽、钦二帝，只想偏安江南一隅，保住他的皇位。

这是为什么呢？难道高宗天生就是苟且偷生、无情无义之辈吗？

据《宋史》记载，高宗实际上并不是一位贪生怕死之人。金军第一次围攻东京汴梁时，是他主动请求前去金营交涉的，到了金人军营被扣为人质之后，他也丝毫没有表现出畏惧、想投降。当金人第二次南侵时，他再度奉命出使金营求和，在与金人的交谈中，他表现得也落落大方。可见，他并不是那种没有气节的贪生怕死之人。后来他被钦宗封为兵马大元帅，也一度重用抗金派将领李刚、岳飞、韩世忠等，积极反击入侵的金军，因此而成了大宋抗金的一面旗帜。

另外，《宋史》还记载有两件事，反映了高宗不但不害怕打仗，而且还是一位重情重义的人。一件是他在见金国使臣时，曾明确告诉金国说："朕有天下，而养不及亲。徽宗无及矣！今立誓信，当明言归我太后，朕不耻和，不然，朕不惮用兵。"当时徽宗已经去世，高宗的生母韦贵妃还在世。高宗的意思就是只有将他的母亲送回，才可以签和约，否则就战场上见。另一件是他的原配正妻邢秉懿在靖康之难中被金人掳走，高宗即位之后一直将皇后之位留着，虚置长达十六年。直到他的母亲韦贵妃回到杭州，高宗知道邢秉懿已经去世多年，这才立了吴皇后。

上述事例都说明高宗并不是一个贪生怕死之人,他既不害怕打仗,对母亲、妻子也都重情重义。但是,绍兴十年(1140)当岳飞、韩世忠抗金前线捷报频传、沦陷区内义军也纷纷响应,抗金形势一片大好的时候,他为什么不发布讨金檄文,御驾亲征,鼓舞抗金气势,一举收复失地呢?不趁此良机一雪靖康之耻,更待何时?出乎所有人意料的是,他不但没有发布檄文、御驾亲征,反而是给岳飞连发了十二道金牌,非要他撤军不可,从而错失了一次难得的收复中原、"绍祚中兴"的机会。

高宗为什么会如此一反常态呢?

实际上,这反映了绍兴年间高宗在对金是主战还是主和这一战略问题上,思想已经发生了根本性的转变,由最初倾向于主战变为了坚定的主和派,并且要不惜一切代价与金人讲和。

这应该与建炎三年(1129)发生的"苗刘之变"有关。

高宗即位之后,为了躲避金人的斩首行动,就以"巡幸淮甸"为名南逃扬州。但是,还没有等他安顿下来,金军的骑兵就已经追到了扬州。仓促之间他又狼狈渡江,逃到了杭州。民间传说的"泥马渡康王"指的就是这一段历史。高宗虽然渡江逃到了杭州,暂时摆脱了金军的追捕,但是护驾的兵士对他一味南逃非常不满,于是就在御营司武将苗傅、刘正彦的领导下发动了兵变,胁迫高宗将皇位禅让给了他年仅3岁的皇子,史书上把这一事件称为"苗刘之变"。兵变虽然很快就被平定,高宗也重新复位。但是,这次兵变对他的打击非常大,在心理上给他造成了永久性的伤害,主要表现在两个方面。一是从此他对武将再不信任,开始处处采取防范措施,甚至认为武将对他的威胁超过了金军;二是他唯一的儿子在事变之后不久便夭折了,这使得此前在扬州因为受到金军追兵的惊吓，生理上已经失去生育能力的高宗再也没有子嗣可以继承皇位了，这给他造成了极大的心理阴影。

高宗这种屈服于仇人的举动，千百年来始终被概括为贪生怕死、软弱无能。但是，他身为一国之君，遭遇了"靖康之耻"那样的国难家仇，手下的将领以及民众正掀起抗击金人、收复中原的热潮，形势一片大好，这是求之不得的报仇机会，他怎么会贪生怕死呢？

实际上，高宗阻止岳飞抗金而与金人议和的行为，虽然有防止岳飞等军事将领在抗金过程中形成尾大不掉的顾虑，但仍然属于1973年才被国际社会学界提出的"斯德哥尔摩综合征"的典型病态心理，也就是对仇人不仅不仇恨，反而有一种依赖心理。正是在这一心态的作用下，他宁肯牺牲收复中原的机会，也要坚决与金国议和。这种情形之下，能议出一个怎样的和约来呢？

（四）

"绍兴和议"是在高宗亲自主导下，由秦桧负责谈判的。早在绍兴七年（1137）徽宗的死讯传到南宋时，《宋史》记载"帝号恸，谕辅臣曰：'宣和皇后春秋高，朕思之不遑宁处，屈己讲和，正为此耳。'"但是，当时金国只想消灭他，不愿和谈。

到了绍兴十年，金军主帅完颜宗望、完颜宗翰先后病故，完颜宗弼即金兀术成为金军的总指挥，率领金国最精锐的部队南侵。其中一部分金军在顺昌被刘锜所部"八字军"击败，接着金军最精锐的骑兵又在郾城和颍昌两次败于岳飞，金军主力被压缩到东京汴梁的东部和北部。正当岳飞准备联系其他宋军一举消灭金军主力、收复东京汴梁时，高宗却连发十二道金牌召岳飞撤军。岳飞痛心于"十年之力，毁于一旦"，被迫撤军，已收复的国土又拱手让给了金国。

这样南宋在占据优势的情况下与金人开始议和，几经反复，于绍兴十一年十一月初七达成了以称臣、割地、赔款为条件的《绍兴和议》。内容主要是：

（1）南宋向金国称臣，金国册封赵构为南宋皇帝；（2）每逢金国皇帝生日及元旦，南宋都要遣使称贺，并进贡巨额贺礼；（3）南宋每年要向金国缴纳贡银25万两、绢25万匹，从绍兴十二年开始，每年春季送至泗州交纳；（4）重新划定宋金疆界，东以淮河、西以大散关为界，割让从前被岳飞收复的唐州、邓州以及商州、秦州的大半给金国；（5）金国放回宋高宗生母韦太后，归还宋徽宗和郑皇后的梓棺。

另外，据《宋史》记载，金兀术为了防止岳飞的10万岳家军攻入黄河以北，给和议设置了一项前提，就是要除去岳飞。高宗为了尽快签约，竟然答应了金国这一要求，于绍兴十一年的除夕之夜，以"莫须有"的罪名杀害了岳飞父子及其部将。

在中华文明遭遇的最为悲惨的"靖康之难"中诞生，融忠孝于一身且文武兼备的一代神将岳飞，气贯长虹而出世，阻止了金军的南侵，为"绍祚中兴"立下了首功，最终却于除夕之夜举家团聚之时，与儿子一起被冤杀。这一结果竟然是他在战场上浴血奋战大败金军换来的，高宗为了签订和议而给金国的"投名状"！

南宋政治之黑暗、高宗心理之变态、秦桧之阴险狡诈所造成的岳飞这一千古奇冤，成为中国历史上最难以磨灭的耻辱痕迹。随着岳飞的被害，和议达成，收复中原彻底无望，人心低落，整个社会处在道德崩溃的边缘。

"绍兴和议"对南宋后来的国运影响很大。因为割让领土，南宋彻底失去了原来在山西和关中的养马场，从此岳飞依靠缴获伪齐刘豫两万匹战马所组建的骑兵成为南宋军队的绝唱。直到最后覆灭，南宋都只能依靠步兵与女真、蒙古的骑兵对阵，再无骑兵的踪影。因为每年要贡纳巨额的岁币给金国，南宋为了收敛财富实行通货膨胀政策，大量发行虚值大钱，因此绍兴钱中小平钱很少，大部分是虚值大钱。后来更是大量发行纸币，连铜钱也很少铸造了。

"绍兴和议"结束了宋金长达十余年的战争状态，形成了南北对峙的局面，暂时稳定了南宋朝廷。因此，《宋史》将赵构和刘秀相提并论，认为他是一位中兴守成的明君，实现了宋朝的中兴；也有人将"绍兴和议"与"澶渊之盟"相提并论，认为它奠定了南宋此后百余年的基业。

实际上，这些评价都明显虚高，与事实不符。不但赵构完全不能和刘秀相提，甚至"绍兴和议"也与"澶渊之盟"无法并论。

刘秀是靠武功再建了汉朝，因此被称为"光武帝"。赵构则是以割地、赔款、称臣为条件，用屈膝投降换来暂时的苟延残喘，根本不是中兴，只能说是偏安。"澶渊之盟"虽然也有岁币的输出，但是宋辽双方是以平等的身份签署的，因此奠定了宋辽一百多年的和平局面。而"绍兴和议"是以屈辱的不平等身份签订的，虽然求得一时的停战，但是双方都心有不甘，南宋更是埋下了复仇的种子。因此，仅仅过了十多年，金国完颜亮就撕毁和约，于绍兴三十一年（1161）发动南侵，在采石之战中被宋将虞允文意外击溃。高宗躲过这一劫之后，便以"倦勤"为由，将朝政交给了养子孝宗，退居幕后，当起了太上皇。

二、淳熙元宝：记录了孝宗诸多无奈的钱币

绍兴三十一年（1161）完颜亮率军南侵，企图一举消灭南宋，但在长江采石之战中被宋将虞允文意外击败。金兵退回之后，早已对国事纷乱深感厌倦的高宗，于绍兴三十二年将皇位禅让给养子，去当太上皇了，出人意料的是他竟然又当了二十五年的太上皇。孝宗在位二十七年，虽然很想励精图治，收复中原，但是在高宗主和思想的牵制之下，北伐的愿望很难实现。孝宗的诸般无奈在他将年号从"纯熙"改为"淳熙"中表露无遗。

下面我们就通过见证了孝宗诸多无奈的淳熙（纯熙）年号钱，来说说"绍兴和议"之后，南宋是如何在主和还是主战之间艰难选择、摇摆不定的。

（一）

首先要从孝宗的身世说起。

孝宗赵昚，是南宋的第二位皇帝。他原是宋太祖赵匡胤的七世孙，后来因为被高宗收为养子而继位。高宗的亲生儿子三岁时夭折了，而高宗本人因为建炎三年在扬州受到金军追兵的惊吓，生理上丧失了生育的能力。而与他血缘最近的英宗这一系的后人，在靖康之变中又基本上被金人一网打尽，押解去了北方。这样太宗一系传到高宗就已经没有子嗣可以继承皇位了。而根据"金匮之盟"的约定，太宗之后，皇位本来是要转给太祖一系的，后来是因为太宗有私心，将皇位传给了自己的儿子真宗。高宗因为没有子嗣，就从太祖的后人中找到一个小男孩，改名为赵昚而收为了养子。这样宋朝的皇位又回到了太祖一系。

孝宗即位时已经 36 岁，年届不惑。因此他感觉时不我待，有一种紧迫感，非常希望能够早日有所作为。这从他在位二十七年（1163—1189）所使用的隆兴、乾道、淳熙三个年号中就可以感觉出来。

　　他刚一继位，就改元隆兴（1163—1164），表示要振兴南宋。他一改高宗对金国主和妥协的态度，制定了积极备战、伺机出兵北伐的策略。

　　首先是给岳飞平反，谥号"武穆"，追封鄂国公，并在临安建岳王庙。其次是剥夺了秦桧的官爵，罢免了一批主和派的官员，起用了部分被高宗贬黜的大臣，还积极联络北方的抗金义军，计划组织北伐，收复中原。最后是召主战派老将张浚入朝，任命他为枢密使，都督江淮军马，负责抗金前线的军事指挥，想利用金国完颜亮被杀、金世宗刚上台的空隙，择机出兵北伐。

　　为了避开主和派的干扰，孝宗采取的办法是绕过三省、枢密院，直接命令张浚于隆兴元年（1163）四月出兵。北伐初战告捷，收复了灵璧和宿州。但后来遭遇金军的强力阻击，损失惨重。这次北伐历时仅二十多天，就以宋军的溃败告终。这是孝宗在位期间组织的第一次也是最后一次北伐，虽然失败了，却是南宋历史上第一次主动出击，与以前穷于应付金人的进攻截然不同，反映了孝宗武力抗击金军、收复失地的决心。但是，孝宗这种志在收复失地、主动进攻的政策，与高宗满足于偏安江南的妥协心态是矛盾的。

　　高宗本来就对孝宗刚一即位便给岳飞平反、驱逐秦桧党人的做法很不满意，又看到北伐失败，生怕再招致金军的南侵，这就触碰了他不能接受的底线。于是，他就对孝宗说："你想北伐，还是等我百岁之后再谈论这事吧！"这无异于向孝宗发出了最严厉的警告，以断绝他恢复中原的念头。高宗后来看到金国有和谈的想法，害怕再次错失通过和谈维持偏安的机会，因此敦促孝宗答应金人的要求，尽快达成和议。

北伐的惨败也使孝宗的勃勃雄心受到不小的打击，他逐渐从高涨的热情中冷静下来，意识到中兴计划在短期内是不可能实现的。在太上皇的逼迫和主和派的压力之下，他认为作为权宜之策，议和也不是完全不可取，于是就在隆兴二年十二月和金国签订了屈辱的"隆兴和议"。

因为北伐失败，隆兴年号只使用了两年，孝宗就决定改元。这次他选取了体现皇权至上理念的"乾道"为新年号，表示要重振皇权。乾道年间，由于没有战事的干扰，孝宗专心理政。《宋史》中记载他"躬揽权纲，不以责任臣下"，积极整顿吏治，裁汰冗官，惩治贪污，加强集权，并重视农业生产，宋朝很快出现了五谷丰登、太平安乐的局面。

（二）

孝宗虽然迫于时势与金人媾和，但是在他的内心深处，恢复中原的强烈渴望并没有消失。鉴于高宗的主和态度，他与高宗又是养父子关系，而且高宗是将皇位禅让给他的，他对高宗非常尽孝道，并因此被谥号为孝宗。

为了避免高宗的反对，他吸取了上次派张浚仓促北伐失败的教训，对用兵之事变得更为谨慎。他开始集中精力认真备战，以待时机。从乾道二年年底到乾道六年的五年时间里（1166—1170），孝宗举行了三次大规模的阅兵。除了亲自检阅军队，还规定各地驻军每年春、秋两季都要集中演习。这是南宋建立以来前所未有的举动，对鼓舞士气、振奋民心都起到了重要的作用。为了提高士气，他甚至亲自学习骑射。

经过一番整顿和训练，南宋军队的士气和战斗力都有很大的改观。孝宗不甘偏安、力图恢复中原的努力，使得高宗时期弥漫朝野的妥协求和之风一度有所扭转。

在整军备战的同时，孝宗又先后派遣范成大等使臣出使金国，要求修改"隆兴和议"中部分侮辱性的条款：一是要求金朝归还河南的宋朝帝王陵寝之地；二是改变宋朝皇帝接受金国使臣递交的国书时，需要亲自下殿去取的礼仪。但是，这两条要求都遭到了金世宗的拒绝。外交努力失败之后，孝宗又计划进行武力北伐，这次他将领导北伐的重任寄托在了坚持抗金的虞允文身上。

虞允文就是我们前面提到的在位于今天安徽省马鞍山市的采石矶大败金兵的宋军将领。实际上，采石矶大战是一次可以与淝水之战相比的中国古代历史上以少胜多的著名大捷。

当时金军主力已经越过淮河，推进到长江沿线，宋军溃败，金军如入无人之境。虞允文被派去前线犒师，正好碰上金军计划从采石矶渡江。当时负责指挥的宋军主帅还未赶到，虞允文见形势危急，就亲自指挥。他向军心已经涣散的士兵们说："如果金军成功渡江，你们又能往哪里逃呢？现在我军控制着大江，凭借长江天险，怎么不能死里求生呢？何况朝廷养兵三十年，为什么诸位不能与敌人血战以报效国家呢？"

他的这番演讲稳定了军心。虞允文接着又将分散在沿江各处的军队迅速集结起来，以 1.8 万兵力与 15 万金军决战于采石矶，结果大败金军，阻截了金军渡江的企图，保住了江南地区。

虞允文一战成名，他临危不惧的胆识以及杰出的军事才能深受孝宗的赏识，他力主以武力恢复中原的志向，更是与孝宗的心意不谋而合。乾道三年（1167），孝宗任命虞允文为知枢密院事，并出任四川宣抚使。虞允文在四川练兵讲武，发展经济，卓有成效，巩固了南宋的西北防线，为再次北伐时出兵川陕打下了基础。乾道五年八月，孝宗又召虞允文入朝，升其为右丞相兼枢密使，掌握军政大权，伺机再次北伐。

虞允文虽然是北伐的坚定支持者，但他心中仍然顾虑重重，担心再次北伐时，在太上皇高宗的逼迫以及主和派的压力之下，孝宗很可能顶不住压力，又像上次那样改变主意，签订和约，使北伐半途而废。因此，虞允文于乾道八年九月辞去相位，再次出任四川宣抚使。临行之前，孝宗要求他到四川后立刻出兵，与江淮军队会师于河南，虞允文忧心忡忡地说："我担心陛下届时未必能够配合。"孝宗当即表示："如果你出兵而朕犹豫，就是朕有负于你；如果朕已举兵而你不动，就是你有负于朕！"然而，孝宗这番慷慨激昂的话并没有打消虞允文的顾虑。

（三）

虞允文的顾虑实际上并不是多余的，这从孝宗在将"纯熙"年号改为"淳熙"的过程中，他那种无奈的心境就可窥见一斑。

乾道九年，孝宗认为乾道年号已经使用了九年，应该更换新的年号。于是，他从《诗经·周颂·酌》"于铄王师，遵养时晦，时纯熙矣，而用大介"中，选取了"纯熙"两字作为新的年号。

《酌》是周成王时《大武》乐歌之一，上引四句古诗的意思是，王师的队伍威武英俊，我将率领他们去扫平黑暗的势力。天下大放光明即天亮的时候，新的伟大天命就要降临。

这段话歌颂了周武王克商的丰功伟绩，孝宗从中选取"纯熙"作为新的年号，既有字面上"大放光明"的意思，更有效法周武王，率领王师北伐金国收复失地的寓意。这虽然反映了孝宗内心真实的愿望，但却与主张对金讲和的太上皇高宗的心愿不符。为了不引起高宗的猜忌，无奈的孝宗只得吸取上次仓促北伐失败导致高宗生气的教训，仅仅使用了六天，就被迫将"纯熙"年号中的"纯"字换成了"淳"，这样"纯熙"就变成了"淳熙"。它们的发音虽然一样，但是寓意却已经完全不同了。"淳熙"可以解释为取法宋太宗雍熙、淳化的意思，这会讨得太上皇高宗的欢心和放心。

实际上，将"纯熙"改成"淳熙"显得莫名其妙，颇为不伦不类。

一方面，"雍熙"是在"淳化"之前，取号"淳熙"颠倒了时间顺序；另一方面，不论雍熙之政还是淳化之政，都谈不上有什么可取之处。雍熙年间有太宗伐辽的惨败，淳化年间有王小波、李顺的变乱，内忧外患，都颇不太平，哪里有什么可效法的呢？从这两点就可以看出孝宗这次更改年号的匆忙与尴尬。所谓"取法祖宗"只是托词，主要的原因还是"纯熙"年号与当时主和的政治氛围不相符，他不得不改。因此，仅仅六天，孝宗就将"纯熙"这个砥砺人心、鼓舞斗志的年号废弃，代之以"淳熙"这样一个毫无可圈可点之处的年号，个中缘由实在耐人寻味。尽管如此，"淳熙"这一年号竟然一直使用了十六年，是孝宗三个年号中使用时间最长的一个。

关于这段历史，南宋李心传所写的《建炎以来朝野杂记》从另一个侧面也做了记载。当时，李心传的父亲李舜臣正好在四川宣抚使虞允文的幕府做幕僚。孝宗改元纯熙的诏书下达四川宣抚使时，李舜臣看后曾对虞允文说，"纯熙"所反映的是周武王伐商的故事，这明显违背了高宗主和的心愿，不适合用作年号，并且建议虞允文密奏朝廷说明情况，改换一个新的年号。虞允文给孝宗的密奏还没有寄出，"纯熙"年号改成"淳熙"的诏书便寄到了。

除了文献中对此有记载，用"纯熙"年号铸造的钱币，竟然于

1985年7月在江苏高邮被发现了。当年在疏通古运河码头时，出土了十余万枚的两宋铁钱，其中发现有一枚文字为"纯熙元宝"的小平铁钱。它正面为"纯熙元宝"四字，楷书环读，字口清晰，形制规范；直径24毫米，重5.2克；背面穿上为"同"字，表示同安监，即同安铸钱监，是造币厂的名称。

图5-22　纯熙元宝（背"同"）

这是一枚出谱钱，曾引起轰动。因为南宋只有孝宗用过"淳熙"年号，而无"纯熙"年号。查阅《建炎以来朝野杂记》甲集卷三"年号"条，发现南宋孝宗在乾道九年（1173）更改年号时，最初选定的正是"纯熙"，但使用六天之后就改成了"淳熙"。因此，在历史年表里只有"淳熙"年号，而无"纯熙"年号。

"纯熙"年号可能是历史上使用时间最短的年号，但竟然也铸造了纯熙元宝。作为那段历史的见证者，纯熙元宝不但印证了《建炎以来朝野杂记》中的有关记载，也反映了南宋时期同安监的组织严密和铸钱效率之高。这既发挥了钱币证史、补史的作用，也见证了孝宗改元"纯熙"的初衷以及被迫改成"淳熙"的无奈，使我们通过钱币获得了一次触摸历史的体验。

改元"淳熙"之后，孝宗又铸造了"淳熙元宝"和"淳熙通宝"两种年号钱。其中，淳熙元宝有小平、折二两种，都是篆书、楷书成对的对钱。另外还铸有一种折二铁钱，背面铸有"利""邛""松""同"

等文字，这都是铸钱监的名称。淳熙通宝铁钱的背面也有纪监、纪年、纪值等多种。各地的铸钱监在所铸钱币的背面加铸钱监名称的做法，是从"乾道元宝"开始的，这应该与乾道年间孝宗整顿吏治、加强管理有关。因为在钱币的背面加铸钱监的名称，是当时检验各钱监铸钱质量、核对数量的重要手段。

图 5-23　淳熙元宝（背"十"）

值得一提的是，从淳熙七年（1180）开始，各地的钱监基本上就不再铸造对钱了，而是开始在钱币的背面加铸年份。这是因为南宋缺铜，铜价较高，铸钱亏损，各铸钱监为了完成每年的铸钱任务，就直接从市场上购买旧钱上缴。朝廷发现这一问题之后，就要求各地的铸钱监必须在钱币的背面铸上当年的年份以便识别，这样作弊的现象才被杜绝。因此，淳熙七年铸造的钱币就成了世界上最早纪年的钱币，这要比欧洲早三百多年。但这一做法宋以后并没有继续下去。

另外，我们今天广泛使用的宋体字，就诞生于淳熙年间的小平钱上，这也是我们每次看到淳熙元宝、淳熙通宝都感觉特别亲切、眼熟的原因。

（四）

淳熙元年（1174）二月，虞允文因操劳过度得病去世，这对孝宗的中兴大计和信心无疑都是沉重的打击。从此，南宋再也找不出像虞允文那样坚决主战又有才能的大臣了，朝中的大臣日趋消极保守。面对朝廷上下安于现状的主流意识，孝宗既痛心疾首又无可奈何，他光复中原的远大抱负无从施展，昔日的锐气也渐渐地被消磨光了。他为政求稳并趋于保守，对与金国的礼节问题也不再强求力争，更不愿提北伐的事了，而是将全部的精力都转移到内政建设上，使南宋出现了史称"乾淳之治"的小康局面。

到了淳熙后期，南宋朝廷又开始陶醉在"中外无事"而偏安一隅的升平景象之中。壮志难酬的孝宗怀着对朝政的失望与疲惫，越发厌倦枯燥烦琐的政务，打算让位于太子。但碍于太上皇高宗还健在，一时无法施行。等到淳熙十四年（1187）十月高宗病逝，孝宗以服丧为由让太子赵惇参与政事，两年后正式禅位于太子，是为光宗。孝宗做了五年太上皇就病逝了。

纵观孝宗一朝，他虽然被公认为南宋最勤政、恭俭且有作为的皇帝，"卓然为南渡诸帝之称首"（《宋史》），但是命运对他却多有不公。正如后人所说，高宗朝有恢复之臣，而无恢复之君；孝宗朝有恢复之君，却无恢复之臣。这实在是历史的无奈！

孝宗在位二十七年，其中有二十五年处于太上皇高宗的牵制之下，政事不能完全做主。对外又碰上了有号称"小尧舜"之称的金世宗，无机可乘。因此，孝宗虽然对外力图收复失地，最后却徒劳无功；在内虽然重新树立起了皇权的威严，但是吏治腐败、民乱迭起的状况并没有得到根本好转。他对父孝敬、对子慈爱，堪称典范，但是他的儿子光宗却不尽孝道，甚至在他病重时都不去看他一眼。孝宗最后是在忧郁中离世的，他无奈的一生充满了悲剧色彩，相比两宋其他的皇帝更让人同情。

光宗为什么不尽孝道，甚至孝宗生病了都不去看他呢？

三、绍熙元宝：南宋由治转衰的见证者

光宗继位之后，最初的一年多还是表现出了一位正常君主的样子。但是，后来因为精神受到了刺激，行为逐渐开始表现得乖张，特别是在皇后的唆使挑拨之下，他对自己的父亲太上皇孝宗产生猜疑，不但拒绝探视病重的父皇，甚至不出席他的葬礼，颠覆了儒家以孝道治理天下的理念，引发了一场严重的政治危机，给权臣专权开启了方便之门，从此南宋的政治走向了衰世。

下面就从绍熙元宝的视角，来说说南宋的国运是如何在绍熙年间出现逆转的。

<h2 style="text-align:center">（一）</h2>

绍熙元宝是南宋光宗赵惇铸造的年号钱，除了元宝还有通宝。绍熙通宝的钱文，除楷书之外，另有篆书一种，但是它并不属于对钱。光宗在位六年（1189—1194），只用了"绍熙"一种年号。如果单纯就绍熙钱而言，它也就是南宋普通的一种年号钱，本身并无特别之处，也不为大家所关注，但是如果从南宋历史发展的角度来看，绍熙元宝却是一个见证者，见证了光宗改元"绍熙"的政治寓意，以及后来政治危机的爆发和国运的逆转。

图 5-24　绍熙元宝（背"四"）

图 5-25　绍熙通宝（背"春三"）

这要从孝宗将皇位禅让给光宗说起。

淳熙十六年（1189）二月，南宋的第二位皇帝孝宗将皇位禅让给太子赵惇，这就是后来被称为光宗的南宋第三位皇帝。对于光宗，《宋史》是这样评价的：

> 光宗幼有令闻，向用儒雅。逮其即位，总权纲，屏嬖幸，薄赋缓刑，见于绍熙初政，宜若可取。及夫宫闱妒悍，内不能制，惊忧致疾。自是政治日昏，孝养日怠，而乾、淳之业衰焉。

光宗即位后沿用了淳熙年号，第二年才改元为"绍熙"。宋代的年号都有鲜明的政治寓意，通过年号基本上就能够看出执政者的施政大纲或政治风向。

那么，"绍熙"年号的政治寓意是什么呢？

这里"绍"是继承的意思，"熙"指的是孝宗的年号"淳熙"，"绍熙"就是表示要继承孝宗在淳熙年间所推行的政策。关于这一点，在光宗的即位诏书中说得更加明白："（孝宗）临御岁久，典章法度粲若日星"，"当遵而行之，仰称付托之意"。

在前文我们说过，孝宗在"隆兴北伐"失败之后，认识到当时还不具备收复中原的条件，因此转而加强内部的治理。于是他就选取体现皇权至上理念的"乾道"一词为新的年号，表示要专心理政、重振皇权。改元"淳熙"之后，因为没有战事的干扰，他更加专心于整顿吏治，提倡孝道，奖励农耕，并鼓励商业与贸易的发展，社会出现了五谷丰登、太平安乐的局面，历史上称为"乾淳之治"。

光宗即位之初，基本上延续了孝宗的政策。他求言纳谏，不宠姬妾，推行薄赋缓刑的仁政，表现出了一个有为君主的样子。因此，《宋史》说"绍熙初政，宜若可取"。但是好景不长，这种局面仅仅维持了一年零九个月，到了第二年的十一月，光宗就因为精神上受了刺激而行为乖张，荒废了朝政。后来又因为听信皇后的谗言，疏离了太上皇孝宗，致使父子猜疑、不相往来，引发了一场严重的政治危机，最后在朝臣以及太皇太后的联合干预下才度过了这场政治危机。

危机虽然是以光宗将皇位禅位给太子的形式化解的，实质上却发动了一场宫廷政变，并给权臣专擅朝政开启了方便之门。从此，孝宗所开创的南宋短暂的治世戛然而止，宋朝的国运再次转入衰世，并以不可逆转的趋势走向了覆灭。因此，光宗的"绍熙"虽然仅有短短五年，却是南宋政治发展的一个转折点。之所以会出现这一转折，主要是因为光宗得了精神病。

说来话长，实际上这既与他的父皇即太上皇孝宗有关，更与他的皇后李凤娘直接相关，而最直接的原因却是由高宗一个轻率的决定埋下的祸根。

（二）

先来说说光宗与他父亲孝宗的关系。

光宗是孝宗的第三个儿子，取名赵惇，有敦厚、勤勉的意思。按照儒家传嫡传长的传位原则，本来没有他的任何机会。然而，被封为太子的长子却因病去世。按照顺序，应该是再立老二为太子。但是，孝宗认为老二的秉性太过宽厚仁慈，怕他将来驾驭不住臣下；另外，还觉得他福相上似乎也差点劲，相比之下更欣赏老三"英武类己"。因此，孝宗就越过老二，最终选择老三来做皇位继承人，于乾道七年（1171）二月立赵惇为太子。赵惇因为最初在恭州被封为王，随后又被立为太子成为储君，属于双重喜庆，因此就将恭州改名为重庆府，这就是现在直辖市重庆这一名称的由来。

孝宗为了培养这位接班人，挑选当时朝中德学俱佳的大诗人杨万里、范祖禹给太子讲学，希望太子能像自己当年那样，经过一段时间的磨砺再来接班。但是，已经入居东宫十多年的太子却不是这样想的。他觉得自己早已步入中年，两边的鬓角已经斑白，希望父皇能够早日将皇位禅让给他。为此他曾经不止一次向孝宗暗示，同时还请太后带话。实际上，他不明白，孝宗早就对政务厌倦了，也想早日将皇位让给他，但是碍于太上皇高宗还健在，因此没有交班。一直等到淳熙十四年（1187）高宗驾崩后的第二年，处理完丧事后，孝宗就将皇位禅让给了赵惇，自己退居幕后，当起了太上皇。

仅就这件事，还不足以影响他们父子之间的感情，真正使他们产生隔阂的，是在给光宗立太子的事情上。孝宗经过观察，发现被光宗封为嘉王的儿子（即后来的宁宗）天分极为一般，远不如光宗已经去世的二哥的儿子赵抦有灵气，因此想立赵抦为光宗的皇位接班人。这也多少可能反映了孝宗当年对老二虽然居长却未能立储的歉疚心理。因此，他认为这与当初不拘常例，越次建储，选择老三来接班是一样的道理，都是为了大宋江山的稳固，光宗应该能理解并接受。

孝宗的这片良苦用心，无论是从大义上还是从情理上，光宗都无法回驳。但是，这却是他最不情愿的，于是就成了郁结在他心头拂之不去的一块阴霾。后来这又在皇后的挑唆下进一步演变成父子之间的猜疑，并因此而成为他精神病发作的重要诱因。

（三）

虽然孝宗与光宗父子之间因为立太子的分歧而产生的猜疑是后来光宗精神病频发的重要诱因，但是直接原因却是他受了强刺激的惊吓，这却是他那位刁蛮、强悍的李皇后直接造成的。

有人可能会有疑问：光宗为何非要选这样一位蛮狠、强悍的人做皇后呢？这要从李皇后的身世以及高宗迷信道教说起。

李皇后叫李凤娘，是庆远军节度使李道的女儿。据说她出生前，李道军营前的石头上落了一只黑色凤凰，这被视为吉兆。不久李道的夫人产下一名女婴，李道便以凤入名，将女儿唤作凤娘。当时有个叫皇甫坦的道士深得信奉道教的高宗宠信，他曾向高宗赞誉说李凤娘面带贵相，是母仪天下的命。于是高宗就决定让皇孙赵惇娶李凤娘为妻。

所谓凤凰之说，显然是李道杜撰的。这很可能就是处心积虑想将女儿嫁入皇室的李道，与道士皇甫坦合演的一出双簧戏。不明就里的高宗因为这一轻率的决定，将李凤娘迎进皇宫，嫁给了当时还是恭王的赵惇。乾道七年（1171），孝宗立恭王为太子，李凤娘便顺理成章地成了太子妃。

成为太子妃之后，李凤娘嫉妒狭隘、不识大体的本性慢慢地显露了出来。她因为争风吃醋，隔三岔五地就去找高宗告状，数落太子身边妃嫔们的不是。这使得当初听信道士之言，认为她能够母仪天下而决定迎娶她的高宗非常吃惊和后悔，深深地为自己的轻率决定自责。而以孝道著称的孝宗，看到高宗整日为了李凤娘而犯愁，心里很是生气，就找来李凤娘训斥了一顿，并警告她说，如果再敢任性胡闹，就废了她。经过孝宗的这次训斥，李凤娘果然收敛了许多。但这并不是她真心地悔过，而是暂时的隐忍，她在等待将来报复的机会。

淳熙十六年（1189），孝宗将皇位禅让给儿子赵惇，李凤娘如愿成了皇后。这时她嫉妒残忍、骄横跋扈的本性以及对孝宗的怨恨彻底地被释放了出来。从此在李皇后的恣意妄为之下，不但是孝宗、光宗父子的苦难日子开始了，南宋政治的发展甚至也因此而转入颓势。

（四）

接下来我们就说说这位在《宋史》中被用"妒悍"二字来形容的李皇后，是如何挑拨孝宗、光宗父子感情，并因嫉妒之心，硬是活生生地将自己的皇帝老公光宗给吓出了精神病的。

李凤娘当上皇后之后，就开始在后宫里培植她的势力，她选择的对象是宦官。这是因为当时朝廷内宦官肆虐，光宗想整治他们。宦官为了自保，就去讨好李凤娘，表示愿意帮助她离间光宗父子，这正符合李凤娘的心意，以报复当年孝宗对她的重责。于是，每当光宗要整饬宦官的时候，李凤娘就会出言阻止，而成为宦官的保护伞。

有了宦官的暗中相助，李凤娘更加放肆。有一次和孝宗一起用膳，她竟然当面提出立自己的儿子嘉王当太子的要求，孝宗没有答应。她就质问孝宗，说自己是明媒正娶的，有地位、有身份，凭什么不让自己的儿子当太子。

古往今来，敢这样跟太上皇说话的人没有几个，敢如此漠视皇家礼仪的女子更是寥寥无几。这让孝宗忍无可忍，当场怒斥了她几句就离席而去。但是，出乎孝宗意料的是，李凤娘不但不觉得是自己失礼，反而跑到光宗面前哭天抹泪，说孝宗不立嘉王为太子，就是想有朝一日废了光宗，要自己再当皇帝。无脑的光宗竟然认同了李凤娘的说法，从此对父亲孝宗产生猜疑，尽量躲着不见孝宗而与孝宗形同陌路。

李凤娘成功地为光宗洗脑，离间了他们父子之后，在后宫中依靠宦官的支持更是飞扬跋扈、为所欲为。为了专享皇帝的恩宠，她更是充分地展现了"妒悍"的本性。

实际上，这与以往所有的后宫戏一样，都是起因于皇后要独占皇帝的嫉妒心理。但是，这次所不同的，是李皇后的不识大体，以及她超强的嫉妒心理和极端残忍的报复手段。

光宗惧内是古今闻名的。他不仅生性懦弱，而且偏听偏信，再加上李凤娘天性强悍，女强男弱的家庭结构就这样形成了。如果这是一个普通的家庭，也没有什么大问题。但是，这个家庭却偏偏是掌握大宋江山最高权力的第一家庭。它一旦出现了问题，其影响必将波及整个朝廷。

《宋史》记载，光宗有一次洗手时看见端盆宫女的双手既白又嫩，愉悦之下，不免赞赏了几句。但几天之后，在皇后送给光宗的一具食盒里，竟然盛放的就是那位宫女的双手，光宗几乎被吓昏过去。更有甚者，绍熙二年（1191）十一月二十七日，光宗主持即位后首次祭天典礼的前夜，因为受戒之后只能一人夜宿在南郊青城的斋宫里，李皇后就乘机虐杀了受宠的黄贵妃。身在斋宫里的光宗接报之后，既惊骇又愤怒，痛苦不已，却又无可奈何。恍惚之间，典礼开始了，突然之间狂风骤起，祭坛上的蜡烛被风吹倒，引燃了周围的帷幕，瞬息之间蔓延成大火。独处风火雷雨之中的光宗被眼前的这一幕吓得昏了过去，后来虽然被内侍救起，但却"忧惧不宁"，"以为获罪于天"，同时更加担心被太上皇孝宗谴怒而废了他的皇位，从此患上了精神分裂症。

孝宗听说儿子因受惊吓病了，特意赶来探视。面对神色恍惚的光宗他很是痛心，一面责备李皇后没有照顾好光宗，一面派御医送来药丸。因为精神病患者本来就很容易妄想别人要暗害自己，而且光宗原本就既惧怕李皇后又依赖于她，如今他在李皇后的刻意挑唆之下，就更加坚信太上皇这是要加害于他，或者是要废弃他。因此，他就越发不敢去见孝宗，找出各种各样的理由进行推脱。

大臣们实在看不下去了，就在朝堂上对光宗进行规劝，说太上皇年事已高，如果不及时行孝，他日将如何面对天下百姓。精神病都属于间歇性的，光宗好的时候也曾后悔、愧疚，和大臣们说好要去探视父皇。但是，他一旦离开朝堂进入后宫，见到李皇后就会改变主意，甚至在孝宗生病之后也没有去探视过一次。

光宗这一违背传统孝道的乖张行为，给一向奉行孝道的孝宗带来了无穷的痛苦。他想起禅位之前一位叫黄洽的大臣善意地提醒过他："皇太子能当大任，但李氏不足以母仪天下，陛下应深思熟虑。"孝宗最后带着"悔不用黄洽之言"的遗憾去世了。但是，即便到了这一步，犯病的光宗依然拒绝出席并主持孝宗的丧礼。

事情闹到了这一步，朝廷应该如何来应对呢？

（五）

太上皇大丧，怎能无主？此事必须由当今的皇帝亲自主持。因为封建社会以孝道立国，皇帝更要给天下的臣民做孝道的榜样。而作为儿子的光宗竟然不出席主持太上皇孝宗的丧礼，何以向天下交代？临安城内当时已经是谣言蜂起，人心惶惶，大家纷纷迁徙外出避难，以应对可能即将发生的变乱。

皇家的体面、朝野的目光、儒教的纲常以及国家的安危，哪一方面都不允许大丧无主局面的出现。于是，宗室大臣赵汝愚、外戚韩侂胄联合已经八十高龄的太皇太后吴氏，以光宗曾经在一封御札中写有"历事岁久，念欲退闲"为依据，发动了一场宫廷政变，由太皇太后宣布诏书，宣告光宗退位，尊称太上皇，将皇位禅让给嘉王赵扩，由新皇帝来主持孝宗的丧礼。这才算是度过了这场政治危机。

光宗退位六年之后郁郁而终。而成为皇太后的李凤娘，随着光宗的退位，失去了兴风作浪的舞台，也于六年之后病逝。她与光宗就像是商量好的要来影响南宋的国运似的，在完成使命之后又都默默地一起退场了。但是，南宋的政治却已经发生了重大的转向。

放眼中国古代的后妃，能够影响朝政者并不少见，但是像李凤娘这样以一介女人之身，敢于硬怼三代皇帝的皇后却不多见，在两宋历史上更是绝无仅有。而更有意思的是，李凤娘所怼的三代皇帝竟然都做过太上皇，这更是中国历史上一个罕见的诡异现象。

这场实为政变的禅位，虽然从形式上度过了孝宗的大丧之礼，并送走了一位得了精神病的皇帝，但迎来的却是一位更加昏庸无能的宁宗，为外戚韩侂胄的专权开启了方便之门，并直接导致了后来的"庆元党禁"和"开禧北伐"，而这又为后来的史弥远、贾似道的相继专权打下了基础。从这一刻起，南宋的政治仿佛接力赛一样，从韩侂胄到史弥远，再从史弥远到贾似道，始终在权臣的把持之下，每况愈下，似乎又回到了徽宗宣和年间的北宋，朝野上下文恬武嬉，官民各界醉生梦死，直把杭州作汴州。从此南宋就由治世转入衰世，并以不可逆转的趋势一步步走向了最后的毁灭。

四、庆元通宝：见证了一场流毒深远的政治迫害运动

下面，我们就从庆元通宝的视角来说说外戚韩侂胄是如何通过发

动"庆元党禁",排挤并迫害宗室大臣赵汝愚而成为权臣的。

（一）

"庆元"是南宋第四个皇帝宁宗的第一个年号,这期间铸有庆元通宝、庆元元宝两种年号钱。作为宁宗的第一种年号钱,它非常具有象征意义。它见证了"绍熙内禅"之后朝廷内部一场剧烈的权力斗争,并进而引发了那场被后世称为"庆元党禁"的政治迫害运动。虽然已经过去了八百多年,但是它所产生的恶劣影响却流毒深远。

图 5-26　庆元通宝（背"同六"）

讲到庆元党禁,先要从绍熙内禅说起。

绍熙五年（1194）,因为患有精神病的光宗拒绝出席他的父亲太上皇孝宗的葬礼,引发了一场君主制下闻所未闻的人伦闹剧。情急之下的朝廷,在担任同知枢密院事的赵汝愚和宫廷内臣韩侂胄的策划下,由太皇太后吴氏（高宗赵构的皇后）出面发布诏书,宣告光宗退位,将皇位禅让给光宗唯一的儿子嘉王赵扩,这样才算是化解了这场政治危机,史称"绍熙内禅"。

这场宫廷政变的主要策划人是宗室大臣赵汝愚,他当时的职务是同知枢密院事,相当于副宰相,而宰相是留正。面对这场政治危机,赵汝愚和留正商量好,请年逾八十的太皇太后垂帘听政,发布诏书。但是,因为与深居内朝的太皇太后联系需要时间,身为宰相的留正害怕夜长梦多，就称病躲出了京城，这样整个担子就全部压在了赵汝愚身上。那赵汝愚是如何完成这次宫廷政变的呢？

他靠了另外两个人的鼎力相助，才最后完成了这场具有宫廷政变性质的"绍熙内禅"。其中一位叫赵彦逾，时任工部尚书。他和赵汝愚一样也是皇室宗亲，同样也在为时局担忧，决心和赵汝愚一起迫使光宗禅位给嘉王。当时赵汝愚害怕掌管禁军的殿帅郭杲不配合，就是由赵彦逾出面做的沟通工作。因为在这之前曾经有人诬告郭杲，都是赵彦逾在皇帝面前还他清白的。因为有这层关系，赵彦逾很容易就将郭杲争取过来，率领禁军进驻大内，控制了皇宫。

另一位是韩侂胄，时任知阁门事，负责传达诏令和圣旨，职级虽然不高，但是位置却很重要，加之他还是高宗吴太后（当时已是太皇太后）的外甥，属于外戚，出入宫里比较方便，因此被赵汝愚派往宫里，去向太皇太后通报朝中大臣们挽救危局的计划。韩侂胄几经托人，先后向太皇太后进言，最后终于说动太皇太后，获得了她的支持。

赵彦逾和韩侂胄两人分别打通了掌管禁军的郭杲和名义上诏书的发布者太皇太后这两个最重要的关键环节，才确保了"绍熙内禅"的顺利实现，使得南宋度过了一场严重的政治危机。否则，两个环节中如果有任何一个环节出现差错，不但这场"绍熙内禅"会失败，而且赵汝愚也将被以谋反的罪名追究责任。因此，赵彦逾和韩侂胄在政变过程中发挥了非常重要的作用，立下了汗马功劳。

靠内禅登基的宁宗刚一即位就想任命宗室出身的赵汝愚为右丞相，这实际上违背了宋代的家法。宋朝为了防范宗室之尊与相权之重结合以后威胁君权，曾经规定"同姓可封王，不拜相"。但宁宗是在特殊情况下继承皇位的，他感恩并倚重赵汝愚，因此不顾祖宗家法而做出了上述任命，并要赵汝愚不必顾忌"同姓之嫌"，安心辅佐他。

赵汝愚在入掌中枢之前长期在地方任职，对于南宋累积的社会弊端多有体会，深感赵宋王朝就像是一座年久失修的大厦，地基早已不稳固了。在几次推辞都不获准的情况下，他也想"兴滞补弊，正有赖于今日"，便接受了任命，想效仿庆历、元祐故事，像范仲淹、司马光那样成为一代名相。于是，他就建议宁宗从"庆历""元祐"两个年号中各选一字组成"庆元"作为新的年号。

赵汝愚的这种向往、羡慕之情，在改元诏书中表述得更为明确：

> 亲君子，远小人，庆历、元祐之所以尊朝廷也。省刑罚，薄赋敛，庆历、元祐之所以惠天下也。朕幸业承祖武，而敢一日忘此乎？撷取美号，于以纪元。

意思是说，仁宗庆历年间和哲宗元祐年间，朝廷因为亲近君子，远离小人，获得了很高的威望；同时去除严刑峻法，减免苛捐杂税，给百姓带来了很多的实惠。如今我有幸继承祖业，怎敢忘了这一点呢？因此，改元"庆元"就是将效法庆历、元祐年间的做法。

赵汝愚因为尊崇道学，向宁宗推荐了朱熹入朝任焕章阁侍制兼侍讲，做宁宗皇帝的老师。这样以他为政治领袖，以朱熹为精神领袖，"众贤盈庭，人称为小元祐"的一个新的治世似乎就要出现了。

虽然专制皇权下的政治发展向来波谲云诡、变幻莫测，但是谁也没有想到，"绍熙内禅"之后的庆元初年（1195），南宋的政局骤然间竟然又发生了逆转。一场声势浩大、影响深远的政治迫害运动正像暴风雨般袭来。

（二）

这要从绍熙内禅之后，赵汝愚与韩侂胄之间产生的矛盾说起。

前文我们说了，正是他俩联合起来请太皇太后出面宣布光宗禅位于宁宗，才度过了那场政治危机。怎么危机刚刚被化解，他俩又闹出了矛盾呢？

这说来话长。

当时赵汝愚任同知枢密院事，相当于副宰相。韩侂胄只是知阁门事，属于内廷，职务不高，地位却很重要。另外，韩侂胄属于外戚，他不仅是高宗吴太后的外甥，又娶了吴太后的侄女为妻，他的一位侄孙女还是宁宗的皇后。除此之外，他更显赫的身份是北宋一代名相韩琦的曾孙，以恩荫入仕。

绍熙内禅之后，论功行赏时，赵汝愚对另一位参与决策的宗室赵彦逾说："我辈宗臣，不当言功。"又对韩侂胄说："吾宗臣，汝外戚也，何可以言功？"意思就是说，我是宗室，你是外戚，这都是咱们自家分内应做的事，就不要说立功的话了。

原本渴望通过这次立功表现能够当上节度使的韩侂胄听赵汝愚这么一说，也不好反驳，最后只得到了一个枢密院属下的执掌传达皇帝密令的从五品的枢密都承旨。这一结果与他的期望值相差很远，使他大为失望。于是，他就联合同样怀有怨气的赵彦逾，与赵汝愚展开了一场殊死的权力斗争。

大家可能会觉得，赵汝愚贵为宗室，又身为宰相，掌握着朝廷的大权，还得到了宁宗的充分信任，而韩侂胄仅仅是一个从五品的武官，与赵汝愚完全不在一个重量级上。他挑起的这场权力斗争无异于以卵击石，必败无疑。但结果恰恰相反，是韩侂胄完胜赵汝愚。这又是为什么呢？

实际上，韩侂胄虽然看起来不如赵汝愚位高权重，但是却有两个明显的优势。其一，他是外戚。对皇权而言，同姓的宗室总要比异姓的外戚造成的威胁更大。因此，大多数皇帝都亲外戚而忌宗室。其二，他的官职是枢密院都承旨，负责传达诏令。职位虽然不高，但是比宰相更有接近皇帝、沟通内廷的便利。

而最关键的是，作为这场政治斗争裁判的宁宗，是一个极为昏庸的皇帝。他毫无主意，偏听偏信，很容易被周围人的意见左右。更要命的是，他经常绕过颁布诏书的正常程序，使用内批御笔的方式传递旨意。这正好被"获联肺腑，久侍禁密"的韩侂胄所利用。因此，韩侂胄在与赵汝愚的权力斗争过程中充分地利用了宁宗的昏庸无能，占据了优势。

另外，韩侂胄还很好地利用了宋代的台谏制度，左右舆论，打击异己，培植党羽。

中国古代的"台官"负责监察纠弹，"谏官"负责谏言。宋代将两者合二为一，称为"台谏"，拥有议政与弹劾的双重权力。朝廷决议政事的时候，台谏拥有否决权；君主如果有过失，台谏可以制止；百官如果犯错，台谏更是可以毫不客气地进行弹劾。宋朝法律规定，凡是被弹劾的官员，不论官职大小，都必须主动地"停职待参"。因此，《宋史》说"宋之立国，元气在台谏"。

韩侂胄就利用他能够经常接近宁宗的机会，首先将他的亲信提拔为台谏，《宋史》记载，自此以后，"言路皆侂胄之人，排斥正士"。

韩侂胄通过台谏控制了言路之后，下一步将会如何与赵汝愚进行政治斗争呢？他能获得宁宗的支持、能斗得过赵汝愚吗？

（三）

韩侂胄深知赵汝愚位高权重，在朝野有很大的支持力量，因此一开始并没有将矛头直接对准赵汝愚，而是首先拿朱熹开刀。

朱熹是赵汝愚的政治盟友，既在士大夫中拥有很高的威望，又是给皇帝上课的经筵讲官，一身正气，非常看不惯韩侂胄假借宁宗的御笔罢免或驱逐一些正直大臣的做法。他曾经在给宁宗讲完课之后上了一道奏疏，说陛下您即位还没有满一个月就辞退了宰臣，并调整了台谏，但使用的都是内批御笔的方式，而没有通过正常的程序，这种独断的做法，朝野上下都认为是受身边小人的影响。我害怕您的权威将因此被周围的人利用，这样将会事与愿违，虽然您希望的是政治清明，但是造成的结果将会是政治混乱。

韩侂胄知道这件事后，害怕宁宗受朱熹的影响将会对他不利，因此首先将矛头对准了朱熹，必欲取之而后快。为了在宁宗面前诋毁朱熹，韩侂胄专门组织了一批以乐舞、戏谑为业的艺人，让他们模仿朱熹平常穿戴的帽冠高挺、衣袖肥阔的儒士服装，在宁宗面前表演一些低俗、逗乐的滑稽戏，并乘机告诉宁宗，朱熹与这些逗乐的艺人一样，所提的建议都不能当真。

此时对韩侂胄已是言听计从的宁宗，觉得朱熹爱提意见，很招他烦，于是就以朱熹年过六十为理由，于绍熙五年（1194）罢免了他。赵汝愚知道后又急又气，据理力争。为了能留住朱熹，他甚至不惜以自求罢相为条件，请求宁宗收回成命。

但因为在这之前，宗室赵彦逾受韩侂胄的唆使在宁宗面前诬陷过赵汝愚，说"（朱熹等）皆汝愚之党"，现在赵汝愚为了帮助朱熹竟然拒绝执行他的命令，并以辞职相威胁，宁宗更加认定赵彦逾、韩侂胄所说朱熹与赵汝愚是同党是对的。《宋史》记载，他"怒气愈盛"，不但将朱熹逐回原籍，还将支持赵汝愚的官员也都免了职。这样就使得赵汝愚在朝中变得更加势单力孤。

撵走了朱熹之后，韩侂胄就将斗争的矛头直接对准了赵汝愚。他首先是散布谣言，说光宗内禅之前，"三军士庶已推戴相公矣（指赵汝愚）"，太学传言"郎君不令"。意思是说光宗禅位之前，禁军兵士们都准备拥戴赵汝愚即位，太学生们都认为宁宗不够聪慧，不适合当皇帝。韩侂胄通过传播这些谣言，很容易就激起了宁宗对赵汝愚的嫉妒以及防范之心，并因此使宁宗对赵汝愚产生了隔阂。

韩侂胄一看时机成熟，又指使台谏呈上了弹劾状，说赵汝愚"以同姓居相位，非祖宗典故；方太上圣体不康之时，欲行周公故事；倚虚声，植私党，以定策自居，专功自恣"。意思是说，赵汝愚以宗室的身份担任宰相，不符合祖宗所定下来的规矩；在太上皇身体有病的时候，他竟然想效仿周公辅佐周平王的故事，以此沽名钓誉、培植私党，并居功自傲。

赵汝愚得知自己被弹劾之后，按照惯例请求罢政。此时的宁宗已经完全倒向了韩侂胄，就于庆元元年（1195）二月罢免了赵汝愚。宁宗这一悖逆民意的做法自然引起了朝野上下的强烈反对。

首先是太府寺丞吕祖俭上书，警告宁宗政权将归于倖门；接着是以史称"庆元六君子"为首的太学生们不顾安危伏阙上书，为赵汝愚叫屈，呼吁宁宗"若不亟悟，渐成孤立，后虽悔之"。面对始料不及的朝野抗议之声，韩侂胄一不做二不休，掀起了一场以查禁"伪学逆党"为内容的政治迫害运动，史称"庆元党禁"。

（四）

这里的所谓"伪学"是指理学，又称道学，精神领袖是朱熹；所谓的"逆党"是指韩侂胄政治上的反对派，首领就是赵汝愚。

庆元元年六月，韩侂胄唆使党羽上书，诬陷朱熹倡导的道学为"伪学"，要求对在朝士大夫"考核真伪，以辨邪正"，把思想上的所谓"真伪"之别和党争中的所谓"邪正"之分硬扯在一起，企图将赵汝愚、朱熹的支持者一网打尽。

赵汝愚在被贬永州的路上得了疾病，大夫给他误服了寒剂。舟过潇湘，风雪漫天，他的病情加重。庆元二年年初，赵汝愚行至衡州，地方官受韩侂胄的指使，对他更是百般窘辱、虐待，同年正月他便病死于流放途中。后人评价赵汝愚"忠有余而智不足"，不通权变，以己律人，但是并不否认他为人之正、为政之直。可是碰上昏庸无能的宁宗、阴险毒辣的韩侂胄，却是他的悲剧，最后竟落得如此悲惨的结局，使人不胜唏嘘！

赵汝愚病逝之后，朱熹就成了打击的主要对象。

韩侂胄教唆党羽列举了朱熹的所谓"六大罪状"，即不忠、不孝、不仁、不义、不恭、不谦，甚至又捏造出了"诱引尼姑二人以为宠姜"的桃色谣言，并要宁宗效法孔子诛杀少正卯的例子杀了朱熹。

庆元三年，伪学之禁不断升级，韩党规定，今后伪学之徒不能在京城任官，并清查各科进士和太学优等生是否"伪学之党"。甚至连官僚荐举、进士结保也都必须在有关文牍前填上"如是伪学，甘伏朝典"的套话，不久又将罪名由"伪学"升级为"逆党"。更为恶劣的是，年底又效仿元祐党禁出台了《伪学逆党籍》，入籍者 59 人，严禁他们的子女、学生当官，由此将党禁迫害推向了高潮。这次清洗几乎网尽了赵汝愚、朱熹门下的所有知名之士。

这张名单上的 59 人并不都是道学家，而是都直接或间接地得罪过韩侂胄或者他的党徒。这表明宁宗的禁道学，主要目的是反朋党，旨在清除朱熹所依附的赵汝愚一派官员，专任韩侂胄当政，立这份《伪学逆党籍》就是把以前的排斥打击做了一个总结。此后渐趋平静，庆元六年春，朱熹去世，尽管党禁严酷，但路近的学生也都来奔丧，路远的弟子则私相祭吊，并没有酿出事变，党禁渐近尾声。

到了嘉泰二年（1202），韩侂胄认为"真伪已别，人之趋向已定"，便正式建议宁宗弛伪学之禁，给赵汝愚平反。以此为标志，历时六年的党禁才宣告结束。

庆元党禁不仅是南宋政治和学术史上的一个重要事件，也是中国历史上知识分子遭受的一场浩劫。本来是党争，后来逐步演变成了道学之争，当政者对政敌所主张的道德规范、价值观念与行为方式，在歪曲丑化的前提下，借助政权的力量，予以全面的声讨与彻底的扫荡。最为可悲的是，其所声讨与扫荡的正是士大夫长久以来借以安身立命的东西。这是中国历史上知识分子遭受的一场浩劫，从此道德失范、是非颠倒，"君子之脉既削，小人之势遂成"。不仅庆历、元祐年间"以天下为己任"的风尚荡然无存，就是与此前的世风相比，也早已不可同日而语。其流毒之深远，就是今日仍能见其踪迹。

庆元党禁期间，宁宗漠然无为，听任韩侂胄肆无忌惮地排斥政敌、专断朝政。党禁之后，韩侂胄的权势如日中天，不可摇撼。那下一步他又会做出什么举动呢？

五、开禧通宝：见证了南宋一次军事冒险的钱币

通过长达六年的"庆元党禁"，韩侂胄虽然肃清了政治上的反对派，在朝廷上广植党羽，实现了他掌控朝政的政治目标，但是鉴于外戚身份和赵汝愚的教训，他并没有接受宰相之类的官衔。即便如此，

他还是招来了朝野的抨击，尽失人心。为了保住他的既得利益，韩侂胄于嘉泰三年（1203）岁末决定做一次军事冒险，希望以收复中原、建立奇功的方式，平复朝野上下的反对之声，以此巩固他的权位，这就是开禧北伐。

下面就通过为了筹备此次北伐而铸造的开禧通宝钱，来说说韩侂胄发动的开禧北伐为什么不但没有实现他的政治目标，反而让他搭上了自己的身家性命。

（一）

开禧是南宋宁宗的第三个年号，铸有元宝与通宝两种年号钱。它们与庆元通宝钱一样，如果仅从钱币本身来说，都极为普通，几乎没有什么可说的。但是，说到开禧通宝，必然要涉及开禧北伐。这是因为开禧通宝钱就是为筹备这次北伐而铸造的，同时作为南宋这场军事冒险的见证者，极具警示意义。它不但没有像战争的发动者韩侂胄当初改年号时所希望的那样开门见喜、收复中原，反而是以惨败告终。更悲惨的是，韩侂胄本人作为当时南宋最有权势的人物，竟然被反对者刺杀。而南宋朝廷为了满足金国的议和条件，竟然将大臣的首级献给了敌国！

韩侂胄的这一悲惨结局，与前文所讲的赵汝愚改元"庆元"的结果如出一辙。这不仅是赵汝愚、韩侂胄的个人悲剧，更是整个国家的悲剧和民族的耻辱。南宋宁宗一朝，政治上为何会如此波谲云诡、变幻莫测？这种世所罕见的、跌宕起伏的内斗剧情，为什么能够连续发生？

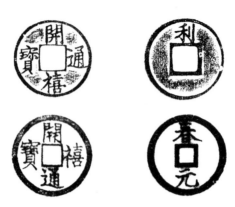

图 5-27　开禧通宝（背"利""春元"）

这要从庆元党禁之后韩侂胄的顾虑说起。

韩侂胄利用庆元党禁将政敌悉数逐出朝廷，掌控了南宋的军政大权。但是，鉴于外戚身份以及赵汝愚的教训，韩侂胄并没有担任宰相之类的官职，只是先后接受了开府仪同三司、少傅、少师、平原郡王、太傅、太师、平章军国事等荣誉性的头衔。但是，即便如此，他还是招来了朝野上下的抨击，尽失人心。他虽然位极人臣，但是没有什么功劳可以服众，属于官大功小威望低。

正好在这个时候，他在宫中所依靠的力量韩皇后去世了，而与他关系不好的杨贵妃被立为皇后，这让韩侂胄深感不安。如何才能保住他在朝廷中既得的权位呢？

正当韩侂胄忧心忡忡的时候，有人向他建议"立盖世功名以自固"。

那什么样的功名才能算是盖世功名呢？

北伐金国，恢复中原。这是自靖康之耻以来几代臣民都梦想实现的愿望，所谓的盖世奇功莫过于此！于是，在嘉泰三年（1203）岁末，韩侂胄决定做一次军事冒险，希望能够建立奇功，以此巩固他取得的权位。这种冲动产生之后，韩侂胄并没有马上发兵，而是认真做了一番准备。

当时在金国的北部，成吉思汗崛起后逐渐统一蒙古各部，并与金国之间战事不断，宋金对峙的格局出现了有利于南宋的变化。韩侂胄在淳熙末年与庆元初年两次出使金国，对金国的情况略知一二。他虽然想对金开战，但是顾虑人心舆论的向背。他的心腹就有意渲染金国已经陷入内外交困，"仅延残喘"，并对非议者实施打击迫害，使得舆论迅速向北伐主战一端倾斜。于是，韩侂胄认为北伐中原的时机已经成熟，便接受其党羽陈自强、苏师旦等人的建议，紧锣密鼓地开始了北伐的筹备工作。

（二）

面对因"庆元党禁"而撕裂的朝野社会和士林的不满，韩侂胄是如何来做弥补修复工作的呢？

首先，为了缓和、消除南宋朝野因"伪学逆党"之禁所结下的恩怨矛盾，韩侂胄于宋宁宗嘉泰二年（1202）以朝廷的名义正式宣布解除党禁，追复已经死去的赵汝愚、朱熹等人的官职。

其次，为了激励人心，又于嘉泰四年（1204）下令在镇江为取得"黄天荡大捷"的韩世忠立庙，追封抗金英雄岳飞为"鄂王"，并追夺主和投降派的代表人物秦桧的申王爵位和忠献的谥号，改谥"谬丑"，下诏追究秦桧误国之罪，说他"一日纵敌，遂贻数世之忧"。原来被排斥的主战官员得到起用，如赋闲居家的辛弃疾被任命为绍兴知府兼浙东安抚使。这些措施深得民心，有力地打击了主和派，使主战派受到了鼓舞，在社会舆论上倡导了主战的调子，为力主北伐做了舆论准备。

最后，在嘉泰四年岁末决定第二年改元"开禧"。这个年号大有讲究，取太祖"开宝"与真宗"天禧"年号各一字缀合而成。开宝年间，宋太祖开疆拓土，平南汉、取南唐，基本奠定了统一的版图；天禧年间，宋真宗则在击退辽国、签订澶渊之盟以后稳固中原，出现了太平盛世。因此，新的年号"开禧"昭示着要开门见喜、恢复中原、实现太平，释放出了南宋想收复中原的强烈信号。这样韩侂胄就在政治导向、舆论宣传上为北伐做好了充分的准备。

就在朝野上下充满主战声音的氛围下，颇知经世致用的叶适和深谙兵韬武略的辛弃疾虽然平生都极力主张北伐、收复中原，但此时却异常清醒。叶适认为宋金强弱之势未改，实政实德之事未修，因此主张务实备战，反对仓促伐金；辛弃疾更是在北伐的前一年以一首《永遇乐·京口北固亭怀古》对即将到来的北伐表达了深切的忧虑，"元嘉草草，封狼居胥，赢得仓皇北顾"，以刘宋元嘉北伐草率出师、仓皇败北的历史教训反对朝廷贸然开战。但是，只想建立盖世功名的韩侂胄根本不顾这些建议，认为既然已经赢得了社会舆论的支持，就没有必要再让辛弃疾来分享唾手可得的功名，于是借故解除了辛弃疾的职务。

北伐的战幕于开禧二年（1206）四月下旬拉开，宋军兵分三路，从长江上游、中游、下游三个方向对金朝不宣而战，宋金之间的第四次战争由此爆发。因初战顺利，南宋群情激昂，韩侂胄于是请宁宗正式下诏伐金，并举行了隆重的祭告天地、祖先、社稷的仪式。

实际上，韩侂胄早就在筹划这篇北伐出师的诏书了，最初他想让叶适来草拟，欲借其大名制造轰动一时的宣传效应。叶适借口有病，说"我做一篇诏书要十天半月，恐怕误事"，给推辞了。最后是请直学院士李壁起草的。诏书写得非常好，其中有这样两句："天道好还，盖中国有必伸之理；人心助顺，虽匹夫无不报之仇。"

　　韩侂胄确实是舆论战的高手。在与赵汝愚进行权力斗争的过程中，他发动舆论战，占据制高点，然后打击政敌，屡屡得手。在筹备开禧北伐时，他依然把舆论战的思维运用到了战争的动员上，很快就将舆论宣传的效果推到了高潮。但是，舆论只会造势，而收复中原却必须靠战场上的胜利才能实现。那战场上的情况又如何呢？

（三）

　　韩侂胄虽然在舆论上做足了功课，但军事准备不足的缺陷很快就暴露了出来，战场上的形势很快就发生了逆转。就在南宋正式对金宣战的前一天，宋军进攻蔡州时遭遇挫折，撤退之时又发生了大规模的溃败，损失惨重。金军则乘势反攻，南宋各路军队节节败退。真州（今江苏省扬州市仪征市）、扬州相继被金军占领，西路军事重镇和尚原与四川的门户大散关也被金军占领。韩侂胄本来还寄希望于吴曦在四川战场上能够挽回败局，谁知任四川宣抚副使的吴曦却早已暗通金兵，以割让关外四郡为条件，被金朝册封为蜀王，等于是在背后又捅了南宋一刀。

　　到了这一步，宋军已经没有再组织进攻的可能了，该轮到金军后发制人了。于是，宋军溃败、城池失守的边报不断传来。得知金军已经逼近长江防线后，韩侂胄"为之须鬓俱白，困闷莫知所为"。他虽然认识到建立盖世功业的美梦已成泡影，但是战端已开，面对败局，韩侂胄又该如何来收场呢？

　　韩侂胄一面拿出家藏的先朝赐予的金器6000两献为军费，以鼓励军队的士气；一面派萧山县丞方信孺作为谈判代表与金军接洽议和，打算在不伤体统的情况下与金朝议和，结束战争。然而，战场上获胜的金军却不肯轻易休战，提出了割地赔款、将挑起战端的首谋缚送金朝等五个极为苛刻的条件，并威胁谈判代表方信孺全部接受。方信孺不但能言善辩，而且威武不屈。在金人将他投入监狱、断绝饮食，并以杀头相威胁时，他也毫不畏惧，并据理力争，说两国谈判，从来没有将一方的最高指挥官捆绑起来送往敌营的做法。最后金人拿他没有办法，只得将他放回。

这年（1206）八月，韩侂胄听取了从金营谈判回来的宋使方信孺的汇报。方信孺汇报了割两淮、增加岁币等金人提出的四项条件以后，变得欲言又止。在韩侂胄的追问之下，方信孺只得告诉他，金人提出的议和前提是，宋朝必须将挑起战端的首谋韩侂胄缚送金营。

韩侂胄闻之大怒。多割一点地或多赔一点钱还有讨论的余地，可是金人提出的这最后一条，却没有给他留退路。于是他迁怒于方信孺，夺去了方信孺的三级官阶，并将其贬到临江军居住。但是，不久金军再次提出，南宋只有将韩侂胄绑赴金朝或者是献上他的首级，才能停战议和。

韩侂胄当然不会以自己的项上人头作为与金人议和的筹码。谈判的条件既然不能被接受，那就只能硬着头皮继续打仗。就在他计无可施的时候，突然从四川传来反叛的吴曦已经被平定的消息，加之淮南的形势也渐趋平稳，金国的主帅仆散揆又病死于军中，宋金战场上的形势出现了对宋朝有利的变化。于是，韩侂胄又下定决心要与金军血战到底，并轻率地宣称"有以国毙"，意思就是要把整个国家都捆绑在战车上，孤注一掷，与金人决一死战。这使得都城震惊，朝野疑惧，唯恐祸在旦夕。

速战速决的美梦破灭，特别是吴曦的叛乱使得韩侂胄的威望跌至谷底，而金国开出的和议条件，又推动了以杨皇后和礼部侍郎兼资善堂翊善史弥远为首的倒韩联盟的迅速形成。就在韩侂胄思考如何才能挽回败局的时候，他怎么也想不到，在他背后一场至暗的阴谋正在凝聚成形，不但要置他于死地，还要彻底断送南宋复兴的希望。

这场阴谋的主谋者史弥远，本来职在礼部，任在教育皇子。但是当他看到韩侂胄因北伐失利政治地位不稳之后，就想设法除掉韩侂胄，取而代之，于是便与对韩侂胄恨得牙痒痒的杨皇后合谋。那杨皇后为什么这样痛恨韩侂胄呢？

杨皇后原来是太皇太后吴氏身边的一名宫女，因长相姣美，被还是皇子的宁宗看中。后来她就被太皇太后送给了宁宗，深受宠爱，之后被封为贵妃。当韩侂胄的侄孙女韩皇后生病去世后，宁宗想册立杨贵妃为皇后，韩侂胄则主张册立性情温顺的曹美人。宁宗虽然没有同意，但是杨皇后却因此对韩侂胄怀恨在心。同时她也认为北伐过于轻率，因此她就与史弥远通过皇子向宁宗进言，说"侂胄再启兵端，将不利于社稷"，她也在旁边劝说宁宗。但是宁宗很犹豫，一时难以定夺。杨皇后担心走漏风声，若让大权在握的韩侂胄知道，后果将十分严重。于是她就与史弥远密谋，伪造宁宗的御批密旨让韩侂胄进宫议事，然后指使宫中卫兵在上朝的路上将毫无戒备的韩侂胄挟持到玉津园杀死。昏庸无能的宁宗，对于杨皇后、史弥远等人发动的夺权活动几乎是不管不问。最初他以为是要将韩侂胄贬官，便没放在心上。当知道韩侂胄被劫持后，曾下旨要追回韩侂胄。杨皇后以死相逼，宁宗最后只好作罢。

韩侂胄被杀以后，史弥远立即派人把这一消息告诉了金国，并以此作为向金国求和的砝码。但是，金国坚持必须"函首以献"，意思就是将韩侂胄的首级送到金国验证后才能举行和谈。

在随后的朝议中，史弥远认为"和议重事，待此而决，则奸凶已

第5章　两宋　491

毙之首，又何足惜"。意思就是说，与金国议和这件大事的前提是必须献上韩侂胄的首级，如今这个祸首已经被诛杀，又何必怜惜他那颗人头呢。于是决定挖出韩侂胄的棺木，遵照金国的要求，砍下了他的头颅函送金军。宁宗对此的解释是："恢复岂非美事，但不量力尔。"意思是说，能够收复中原当然是件好事，但韩侂胄自不量力。言外之意就是说这是韩侂胄咎由自取，而将自己下诏伐金的责任推得一干二净。韩侂胄本来就因为"庆元党禁"而得罪了很多士人，理学家将其视为奸臣。开禧北伐失败后，在史弥远等人的操纵之下，南宋官方更是对他进行了污名化的宣传，使他在历史上成了与秦桧一样的大奸臣。

金国收到韩侂胄的首级后，举行了隆重的献受仪式，庆祝对宋战争的又一次胜利。庆典结束后，金国将首级高悬于旗杆上，并配有画像，让百姓围观。后来金国认为韩侂胄"忠于谋国，谬于谋身"，因此追封他为"忠缪侯"，并将他的首级安葬在安阳，就在他的五世祖韩琦墓的旁边，并将此事报告南宋。这显然含有嘲讽之意，即比起你们本朝来，我们金国的评价似乎更加公正些。不只是敌对的金国，南宋朝廷也有很多大臣认为将韩侂胄的首级函送金国有失国体。《四朝闻见录》记载，王介曾提出抗议："韩侂胄头不足惜，但国体足惜。"《齐东野语》记录当时有诗讽刺道："自古和戎有大权，未闻函首可安边。"

韩侂胄被杀之后，宁宗改元嘉定。嘉定元年（1208）三月，史弥远实际掌权之后，立即恢复了秦桧的爵位以及谥号，表明他要效仿秦桧，奉行降金乞和的政策。九月，宋朝与金国签订和议，史称"嘉定和议"。内容主要是：两国的边界保持不变，改金宋叔侄之国为伯侄之国，面子上比"隆兴和议"还要不如；岁币由银绢各20万两（匹）

增至各 30 万两（匹）；此外，还需另外付给金军犒军银 300 万两。这是以往宋金和议中从来没有过的，也是宋金历史上最为屈辱的和议。史弥远的丑行实际上与秦桧不相上下。韩侂胄因为反对道学，长期遭到程朱门徒的咒骂。元代修《宋史》，特立《道学传》，专崇程朱理学，又依南宋《国史》立《奸臣传》，不列入史弥远，反而将韩侂胄与秦桧并列，辱骂他是"奸恶"，颠倒了历史是非。后世史家立论，多沿袭旧说，不免有失公允。

开禧北伐在一片欢呼声中开始，却是在一地鸡毛中收场。在这场仓促的军事行动中，权力引导着舆论，舆论裹挟着权力，最后一起坠落深渊。南宋不但劳师破费、伤亡惨重，还不得不增加对金国的岁币。韩侂胄本人被杀，亲信党羽战后被追责、清洗，主战派也被连累。而拟定《出师诏书》的李壁，转身投靠史弥远，成为谋诛韩侂胄的成员之一；刘过的"大家齐唱《大风歌》，不日四方来贺"沦为笑柄；陆游的"身际风云手扶日，异姓真王功第一"则成为他诗坛生涯的一个污点；唯有辛弃疾"元嘉草草，封狼居胥，赢得仓皇北顾"的词句，在一片喧嚣之中，显得分外清醒、分外勇敢。

我们虽然不能因为韩侂胄包藏私心、轻率用兵而诋其为抗战派的代表，但是，他所发动的开禧北伐毕竟是以国家名义进行的，将他诛戮并将首级献给敌国，既是南宋有辱国体的奇耻，对韩侂胄本人也有失公允，不但使南宋被金国看不起，也丧失了民心。这反映了史弥远之流的无耻与无能。从此，史弥远取代韩侂胄成为新的权臣，南宋政治变得更加腐败。

开禧北伐失败之后改元嘉定。嘉定和议虽然暂时结束了宋金之间的战争，但战争的巨额开支、所造成的破坏，以及增加的赔款和岁币，更加重了南宋的财政负担。在史弥远的操纵之下，南宋朝廷将会如何应对这一困难局面呢？

六、嘉定铁钱：见证了南宋经济凋敝、政治堕落的钱币

"嘉定和议"之后，南宋与金国的战争虽然暂时结束了，但是南宋自"绍熙内禅"以来所积累的各种社会矛盾不但没有减缓，反而因为开禧北伐的失败而变得更加尖锐。此时替代韩侂胄执掌朝政的史弥远，面对经济上以及政治上日趋严重的危机，将会如何应对呢？

下面就通过这一时期大量铸造的嘉定铁钱来说说，嘉定和议之后南宋君臣面对危机的应对之策，以及嘉定年间朝野的精神状态。

（一）

"嘉定"是南宋宁宗的第四个年号，也是他使用的最后一个年号，从公元1208年到1224年，总共使用了十七年。嘉定年号钱有两大特点：一是在四川地区铸造了大量的铁钱；二是嘉定铁钱所使用的钱文除传统习惯使用的元宝、通宝，或者是偶尔会使用的重宝之外，又新创立了十七种钱文，可谓空前绝后，并因此而成为我国古代钱币文化中一道与众不同的风景线，甚至成了困惑钱币学、货币史领域的一大不解之谜。

图 5-28　嘉定元宝（背"汉"）

图 5-29　嘉定通宝（背"春元"）

图 5-30　嘉定正宝（背星月）

实际上，嘉定年间之所以会铸造如此大量的铁钱，并新创立如此多的钱文，与当时南宋朝廷所面临的经济困难以及社会压力有关，是当时各种社会矛盾的具体表现。

这要从开禧北伐失败、韩侂胄被杀，史弥远成为新的权臣说起。

史弥远与杨皇后结盟除去韩侂胄之后，在主持与金人的和谈过程中逐步掌控朝政。他为了尽快与金人达成和议，结束战争，以便实现他借拯救国家之名攫取权势、控制朝政的目的，在嘉定元年（1208）三月实际掌权之后，立即恢复了秦桧的爵位以及谥号，表明他要效仿秦桧，奉行降金乞和的政策。

宋代文献《两朝纲目备要》记载，史弥远当时几乎是无条件地接受了金人提出的议和条件："金人欲多岁币之数，而吾亦曰可增；虏人欲得奸人之首，而吾亦曰可与；至于往来之称谓，犒军之金帛，根括归明、流徙之民，承命惟谨，曾云（亡）留难。"意思就是无论金国提出什么样的苛刻要求，史弥远都表示可以考虑，可谓屈辱至极。因此，"嘉定和议"成为两宋与辽金西夏等国签订的诸多和议中，经济上损失最大、政治上也最为屈辱的和议。它不但在经济上增加了每年需要向金国上贡的岁币数量，政治上也更加出卖了南宋的尊严，让南宋朝廷在金国面前的地位更加卑微。除此之外，为了抚恤、补偿在战争中牺牲的金国将士，南宋政府还要一次性支付 300 万贯钱当作"犒军费"，即战争赔款，这更是此前诸多和议中所没有过的。

和议总算是达成了，战争也算是结束了。但是，巨额的战争赔款让本来就已经十分吃紧的南宋财政雪上加霜、入不敷出。对此，史弥远又能想出什么样的应对办法来呢？

历朝历代的统治者，在财政吃紧、入不敷出的时候，惯用的办法无非两种：一种是增加赋税，横征暴敛，直接从百姓口中夺食；另外一种是实行通货膨胀政策，通过发行虚值大钱，变相地从社会上征收赋税。

奸猾、狡诈的史弥远显然不会从老百姓口中直接夺食，一定会选择间接地洗劫社会财富的通货膨胀政策。因此，史弥远首先会同他的前任一样，大规模地发行使用纸币会子。

北宋初年我国就已经发明了纸币，当时称为交子。南宋时使用的纸币叫会子，是绍兴三十一年（1161）由"行在会子务"发行的。相比于北宋的交子，南宋的会子纸币的属性更为完备。它以铜钱为准备金，采用铜版印制，面额最初分为一贯、二贯、三贯三种，隆兴元年（1163）又增加了五百文、三百文、二百文三种。

纸币因为是由政府发行的信用货币，几乎没有成本，数量又完全由政府掌握，很容易就成了政府实行通货膨胀政策的工具。孝宗隆兴年间因为北伐失败，巨额的军费开支导致会子的购买力大幅降低，孝宗最后是靠从府库中拿出大量的金银收兑会子，才将会子的价格稳住，防止了会子的进一步贬值。这种办法在宋代被称为"秤提"。乾道五年（1169），会子改为定界发行，每三年一界，每界的发行量是1000万贯，到界后要换发新会子，收兑旧会子。这样做是为了防止会子越发越多。开禧年间因为北伐，为了满足军需，会子改为三界并行，就是前两界发行的会子继续流通，因此，会子的总流通量达到近7000万贯。

"嘉定和议"以后，大量的战争赔款和增加的岁币开支，最后就是以增发会子的方式转嫁给了老百姓。这样一来，又出现了一个新问题。纸币会子是以铜钱为准备金的，只能与铜钱作价、兑换。而四川地区流通使用的是铁钱，因此当时会子流通不到四川，直到四五十年之后的宝祐三年（1255），派驻四川的军队将会子带入四川，四川地区这才开始流通使用会子。

面对四川地区在"嘉定和议"之后财政吃紧而会子又流通不到的现实困难，史弥远就决定在四川地区大量铸造铁钱。但是铁属于贱金属，大规模地铸造使用铁钱老百姓能接受吗？此前的汉朝和唐朝都没有使用过铁钱，宋代为什么要使用铁钱呢？

（二）

这里需要先给大家介绍一下铁钱的由来，然后再分析两宋使用铁钱的原因。

先来说说铁钱的由来。

铁本身属于贱金属，价值比铜还要低，但是它却是一种性质比金、银、铜都更坚硬、锋利的金属。因此，在古代大多数国家和地区，铁都被用来制作兵器或者是工具，很少选用它来铸造钱币。不铸造使用铁钱，另外还有两个原因：一是铁钱容易氧化，不易保存；二是铁钱价值低，同样的价值与铜钱相比，铁钱不仅数量多，而且体积大、重量沉，携带困难。但是，在我国古代一些特殊时期，或者是特殊的地区，也铸造使用过铁钱，如东汉初年占据四川的公孙述和南朝时期的萧梁政权，他们都属于地方割据势力，使用铁钱的时间都不长，使用的地区也有限。但是，宋朝却是一个例外，《宋史·食货志》明确记载"钱有铜、铁二等"。意思是说，铁钱与铜钱一样，都是宋朝政府正式铸造发行的法定货币，这在历史上只有赵宋王朝一家，既不见于此前的唐朝五代时期，也不见于此后的元明清各朝代。

实际上，无论是东汉初年的公孙述还是南朝时期的萧梁政权，它们铸造使用铁钱的主要原因是缺少铜料。但是，宋代正式并大规模地铸造使用铁钱的原因却比较复杂。这既有历史上遗留下来的问题，也有现实的需要，甚至可以说，这本身就是南宋朝廷特意设计的货币制度。

历史遗留的问题比较容易理解，就不说了。但是，现实的需要又怎么理解呢？我们可以从对内与对外两个方面来理解。

对内是为了缓解钱荒的压力。

历史上，随着人口的增加，商品货币经济日益发达，社会对铜钱的需求越来越大。但是，限于铜矿资源的稀缺，政府铸造的铜钱不能满足流通的需要，从唐朝中期开始就成为困扰朝廷的一大难题。到了宋代，这种钱荒的矛盾更为突出。因此，从北宋末年开始，因为铜钱不足，江南、两浙、福建、广南等地先后都开始铸造使用铁钱。当时就有人精辟地指出，"所以为楮券，又欲为铁钱，其原在于钱少"。意思是说，发明使用纸币又铸造铁钱，原因就是铜钱少。

对外则是为了防止铜钱流入西夏、辽以及金国境内。

两宋时期，大量的铜钱随着贸易流入西夏、辽、金国境内。当时苏东坡的弟弟苏辙出使辽国的时候，就发现辽国境内没有铸造钱币，公私之间的交易使用的都是宋朝的钱币。另外，辽、金还将通过贸易换来的铜钱销毁改铸成铜器使用。铜钱的大量外流更加重了宋朝的钱荒。针对这种情况，宋朝除了用严刑峻法禁止铜钱的外流，还在边境地区采取使用铁钱的办法，以阻断铜钱外流的渠道。正如当时的大臣叶适所说，"始作铁钱，非要添此一项泉币，盖专以绝铜钱渗漏之患尔"。意思就是说，最初使用铁钱并不是为了要新增加一种钱币，而是专门为了杜绝铜钱的外流。最后南宋就设计了以长江为界，南北两岸分别流通铜钱和铁钱的规划布局。于是，铁钱就成了两宋与敌国开展货币斗争的一种手段，这也可以说是一种货币战争。

两宋时期虽然大部分时间都铸造并流通过铁钱，但铁钱基本上是断断续续地铸造使用，各个年号所铸造的钱币仍然以铜钱为主，铁钱只是作为铜钱的补充，只限于特殊时段、在特殊地区流通使用。但是到了南宋宁宗嘉定年间（1208—1224），情况却发生了变化。在长达十七年的时间里，所铸造的年号钱几乎都是铁钱，并且还是当三、当五等大面值的。

实际上，这就是"嘉定和议"之后，南宋朝廷面对严重的财政压力，在不流通使用纸币会子的四川地区所施行的一种通货膨胀政策。

南宋与金国虽然签署了屈辱的和约并承担了大量的战争赔款，但是仅仅维持了不到十年的平静，宋金之间战端又起。这主要是因为金国在与北面蒙古的战争中虽然屡次败北、赔款求和，但对南宋却始终从心理上拥有自信，想将对蒙古作战的损失从南宋身上捞回来。因此，从嘉定十年（1217）开始，南宋与金国又爆发了战争，并一直持续到嘉定十四年三月，战争波及从长江上游直到下游的所有地区，最终宋金双方都没能获胜，却消耗了国力。随着蒙古的崛起，金国和南宋最后都为蒙古所灭。

这种解释虽然回答了南宋嘉定年间大肆铸造铁钱的原因，但是对于嘉定铁钱为什么会有那么多的钱文依然没有给出答案。因此，我们还需要再从别的视角来做一番考察和探讨。

（三）

嘉定铁钱是我国历史上最繁杂的一种铸币，这种繁杂主要体现在它的钱文名称上。钱文由年号"嘉定"加宝文组成。其中，宝文除了通常所使用的元宝、通宝、重宝三种，还有永宝、安宝、万宝、全宝、崇宝、正宝、真宝、新宝、洪宝、珍宝、隆宝、泉宝、封宝、之宝、大宝、兴宝、至宝十七种。这仅仅是已经发现的钱文，实际上到底有多少种钱文至今无人能够说得清楚。

嘉定铁钱的面值有小平、折二、折三、折五共四种，每一种面值又有各种不同的钱文名称，其中以折三、折五两种面值的种类最多。钱币背面的文字还有纪年和纪监，这里纪年指的是铸造的年代，纪监指的是铸钱的钱监名称。意思就是说，嘉定铁钱的背面铸有铸造的时间和地点。钱文的书体除楷书之外还有篆书。这样粗算下来，嘉定铁钱最少要有一二百个品种。嘉定铁钱名称之繁多、复杂，在我国钱币史上是绝无仅有的，可以说是空前绝后。

那么，嘉定铁钱为什么会出现这么多宝文呢？

在钱币收藏界流行过一种解释，有人将嘉定铁钱的宝文归纳排列为"永安万全、崇正真新、洪珍隆泉、封之大兴"诸句，与"至宝"合起来共有十七种。因为嘉定年号总共使用了十七年，所以就认为每一种宝文表示的是其中的一个年份。这种解释显然是不成立的。因为嘉定铁钱的宝文除了上面所说的十七个，已发行的还有元宝、通宝、重宝三种，这就已经二十个了，所以说宝文与纪年应该没有内在的联系。另外，也找不出以宝文表示年份的根据。

（四）

嘉定铁钱的宝文可能与应瑞有关。

这些宝文可能就是为了应瑞，而专门选用的一些含有特殊吉祥寓意的字。著名钱币学家罗伯昭写过一篇《西川嘉定铁钱分析》的文章，认为宁宗爱搞一些应瑞的事。他因为曾经被封在明州（宁波），就将明州升为庆元府，即位后用的第一个年号就是庆元。嘉州也因为曾经是宁宗的封地，后来被升为嘉定府，并取嘉定为年号。

嘉定铁钱的宝文用的都是具有吉祥寓意的字，这与后来越南在后黎朝显宗景兴年间（1740—1786）铸造的景兴杂宝钱有点类似。景兴年号钱的宝文计有巨宝、大宝、泉宝、至宝、用宝、重宝、中宝、内宝、正宝、顺宝、永宝、太宝等十多种。

因此，我倾向于认为，嘉定铁钱的宝文可能是为了应瑞而选择的一些具有吉祥寓意的字，具有特殊的用意，只是我们现在还没有解读出来。这些宝名可衍化为"崇封之地""真人隆兴""洪福正新""万珍全至""大宝永安"等颂语，有的钱币收藏者也将嘉定铁钱的宝文编成韵语以便记忆，如"国用永安崇，平正新万隆，元泉全大洪，真兴玉珍封"。

铁钱作为一种特殊材质的货币，在我国古代两千多年的货币流通历史上，只有在两宋时期被正式作为货币使用。这是于特定的时期、在特定的地区实行的一种特殊的货币政策。它既有经济方面的原因，也有军事和政治上的考量。但是，像嘉定铁钱这样违反传统和惯例，创造出如此众多且繁杂无比的钱文的现象，在我国古代铸钱历史上确实也是前无古人、后无来者。

这已经不能从经济、政治、军事上来找原因了，很可能是它的铸造者宁宗面对内忧外患的局面，因为没有应对之策，只好借助于做一些应瑞的事，以求神灵的保佑，才创造了各种带有吉祥寓意的钱文。

"嘉定铁钱"从一个侧面反映了宁宗朝统治阶层的"三观"，同时也是当时整个社会精神面貌的写照。这实际上已经预示着南宋将不可逆转地走向最后的灭亡。

七、端平通宝：见证了南宋战略上一错再错的钱币

嘉定十七年（1224）宁宗病逝，理宗继位。替代韩侂胄执掌朝政的史弥远又继续擅权九年直到绍定六年（1233）十月病重不治，理宗这才得以亲政，改元端平。理宗本来想推行一系列的改革措施，革除史弥远独揽朝纲二十六年所积累的弊端。但出人意料的是，这场被后世称为"端平更化"的变革运动，刚刚开始就被两场战争给打乱了。当年北宋徽宗宣和年间联金灭辽的一幕，竟然一百多年后又在南宋端平年间以联蒙灭金的方式上演了。

下面就通过端平通宝说说理宗为什么要在推行更化的端平年间，先去联蒙灭金，后又发兵占领洛阳，这在战略上能与徽宗宣和年间的联金灭辽、自取灭亡相提并论吗？

（一）

端平通宝是南宋第五位皇帝即理宗赵昀铸造的年号钱，钱文除了通宝，还有元宝、重宝两种，但是书体都只有楷书一种。理宗在位四十一年（1224—1264），总共使用了八个年号，铸造了六种年号钱，其中"宝庆""宝祐"两个年号因为都带有"宝"字，为了避免钱币

上面仅有的四个钱文中出现两个"宝"字，就没有铸造年号钱，而是分别铸了"大宋元宝"和"皇宋元宝"这样两枚国号钱。

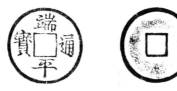

图 5-31　端平通宝

"端平"是理宗的第三个年号，是权臣史弥远死后理宗亲政后改的新年号，虽然只有三年（1234—1236），但是这却是南宋历史上生死攸关的三年，面临重要的战略选择。首先是南宋终于摆脱了史弥远的专权，有了推行一场清除政治腐败、实行自我拯救改革运动的机会；其次是金国这一不共戴天之敌即将被蒙古消灭，但是，走一个世仇，又新来一个强邻，是祸还是福？该如何应对？最后是对于金国灭亡之后的中原失地又该如何处理，是顺势收复，实现百年夙愿，还是作壁上观，任由蒙古占领？

这些战略选择都需要在端平年间给出答案，考验着南宋君臣的智慧与勇气。但是，传统史学界普遍认为，在这一决定南宋命运的关口，理宗又一次犯了北宋徽宗宣和年间联金灭辽的战略错误。他这次是联合蒙古灭金，结果与上次金国在北宋的协助下灭辽之后顺势又灭了北宋如出一辙。不仅如此，随后进行的"端平入洛"军事冒险更是错上加错，不但为蒙古下一步消灭南宋创造了便利，还提供了口实。历史果真是如此简单吗？南宋真的是在摔倒北宋的西瓜皮上又摔倒一次吗？南宋的联蒙灭金与北宋的联金灭辽能简单地类比吗？"端平入洛"到底是军事冒险还是战略必须？

这首先要从史弥远的专权说起。

史弥远，不仅在南宋历史上，就是在整个中国古代历史上，都是一个谜一样的存在。他出身名门，父亲是孝宗朝宰相史浩，但他并不是靠父荫走入仕途的，年仅 23 岁时就考取了进士。在他的职业生涯中，曾经铤而走险做了两件大事：一次是于开禧三年（1207）谋杀重臣韩侂胄，借机上位，在宁宗朝专权十七年；另一次是在嘉定十七年（1224）宁宗病逝的时候，矫诏废立太子，拥立理宗继位，又控制朝政九年，直到绍定六年（1233）十月病死，享年 69 岁，可谓寿终正寝。

他冒险干的这两件事，无论哪一件都足以让他身首异处、祸及家族，然而他却能够在宁宗、理宗两朝专擅相位二十六年，最后还得到了善终，被追封为卫王，谥"忠献"。他专权的时间之长、危害之大，既超过了北宋的蔡京，也是南宋的秦桧无法比拟的。但是，他居然没有被记入《宋史》的《奸臣传》，而是单独立传且多有粉饰，只是在传末把他擅权用事、结党营私等行为用寥寥数语一带而过。史书中对他的评价也极为矛盾，一方面说他擅权用事、专用奸佞，另一方面又说他的哥哥和外甥等亲友、心腹在仕途上没有捞到半点好处。他虽然专权长达二十六年，但是所"专"之事在《宋史》中竟然无一记载，只是死后理宗给他赐的谥号与奸相秦桧的一样都是"忠献"，似乎意有所指，耐人寻味。

不管史书如何记载，单就史弥远的作为而言，套用一个现代的词语，我们可以说他是一位"精致的利己主义者"，既心狠手辣，又精于算计。对内以巩固他个人的权势，对外则以苟且偷安为其执政的根本宗旨。

史弥远执掌朝廷大权之后，"决事于房闼，操权于床笫"。意思是说，他竟然公开在家中床前理政，会见大臣，处理政务，破坏了宋代宰执合堂共议的政事堂制度。他独揽官吏的任命大权，以官职差遣为诱饵，呼朋引类，结党营私，培植个人势力，将南宋官场的风气彻底带坏，朝野上下贪腐、受贿之风盛行，并不以为耻，反以为荣。

关于当时官场的腐败情形，《宋史》在与孝宗乾道、淳熙年间对比后说："乾道、淳熙间，有位于朝者以馈及门为耻，受任于外者以包苴入都为羞。今馈赂公行，薰染成风，恬不知怪。"

在长达二十六年的擅权专政时期，史弥远根本没有去主动提升南宋的综合国力与应变能力，对蒙古兴起之后华北地区风云变幻的大变局更是视而不见、不思作为，只顾维护他个人的权势与利益，建立起一个以他为核心、以利益为导向的政治利益集团。

（二）

这种背景下，依靠史弥远矫诏而登基的理宗只能韬光养晦，甘当傀偶，凡事都要看史弥远的脸色，直到绍定六年史弥远病死。而此时的南宋社会，在史弥远的祸害之下，早已千疮百孔，岌岌可危。亲政后的理宗急切地想有所作为。他想尽快清除史弥远长期专权而积累的政治腐败，重整大宋江山。这从他亲政之后所选用的年号"端平"一词中就可以体现出来。

"端平"一词语出《礼记·月令》："〔孟秋之月〕决狱讼，必端平。"意思是说判决案件必须公正。《南齐书·张岱传》中解释得更明白："我为政端平，待物以礼，悔吝之事，无由而及。"意思是说，我为政公允，按礼行事，追悔顾惜的事从来不做。因此，年号"端平"就是指公正、允当，表示他要纠正此前政治上的偏差。我们平常说的要"一碗水端平"，指的就是这个意思。

理宗认为，史弥远独揽朝政二十多年，培植的都是他个人的势力，牟取的更是小圈子的利益，南宋社会被撕裂成了不同的利益集团，朝野上下都认为社会上存在很大的不公平。因此，理宗希望清除这些弊端，将"一碗水端平"，于是发起了一场轰轰烈烈的政治改革运动，史称"端平更化"。

一是罢黜"史党"，清理史弥远的流毒。二是频繁地更换宰相，防止再次出现宰相专权的现象。三是吏治方面的改革，这是"端平更化"的重点，采取的措施主要有：取消官场陋习、收紧官吏权限、减少科举录取的人数、控制官员的数量、严格官员升迁的程序等。四是财政方面的改革，主要是减少纸币会子的发行量，加强旧币的收回，同时实行严格的审计制度。五是文化方面大力提倡、尊崇程朱理学，提拔重用了一批理学人士，为程朱理学最终的官学化打下了基础。

客观地说，"端平更化"所推行的上述新政还是很有针对性的。这些新政措施的推行，给经过史弥远长达二十六年专权浸淫的南宋政坛带来了一股清风，朝野上下的面貌为之一新，社会风气也出现了好转的趋势。理宗在位长达四十一年，除去史弥远专权的最初九年还有三十二年，他如果能够将"端平更化"推行下去，南宋的历史命运或许还能有新的转机。但是，出乎大家意料的是，就在这时，理宗竟然又突然做出了两个重大的决定，一是联合蒙古灭金，二是"端平入洛"。这完全打乱了"端平更化"的继续推行，使这场改革虎头蛇尾，草草收场，最后不了了之。南宋因此而错失了最后一次转机。

有人可能要问：理宗为什么要在这个时候不继续推进他的"端平更化"，反而要去联合蒙古灭金，并冒险派兵去占领洛阳呢？这背后到底有什么原因？

（三）

我们先来看看所谓的"联蒙灭金"到底是怎么一回事。

徽、钦二帝被掳、宋室南渡之后，消灭金国、收复中原，一雪靖康之耻，就成了南宋朝野的强烈共识。为了实现这一愿望，南宋先后两次主动出兵北伐金国，第一次是孝宗的"隆兴北伐"，第二次是宁宗的"开禧北伐"，结果都以惨败告终，不但没有收复失地，反而又丢失了部分土地，还增加了每年上供的岁币和战争赔款，得不偿失。因此，北伐灭金、收复中原，就成了南宋最为渴望却又遥不可及的一件事。

自身的力量不够，为什么不寻求外援呢？但是，因为有徽宗联金灭辽最后反被金国所灭的惨痛教训，南宋君臣对于联蒙灭金，可以说自始至终是非常谨慎的。那最后又是如何与蒙古联合的呢？

鉴于徽宗联金灭辽的教训，自"嘉定和议"之后，南宋一段时间内是严格遵守和议内容的。到了嘉定四年，南宋去金国贺寿的使臣将金国当时正被蒙古入侵困扰的消息带回来后，抗金的心思一度又活跃起来，但是很快就被朝廷给压了下去。直到嘉定七年（1214）金人被迫将都城从北京迁到开封，南宋这才发现金人已经自顾不暇，于是就以漕渠干涸无法运输为由将岁币给停了。出乎南宋预料的是，金人竟然以此为由发兵南侵，于是宋金之间又爆发了战争。即便是到了这个时候，南宋也没有主动地想联蒙抗金。反倒是蒙古很积极，早在嘉定七年就主动联系过南宋，想联合南宋南北夹击金国，但是南宋却未置可否。直到嘉定十二年的下半年，南宋才开始有所行动，派出使臣与蒙古会面。

金哀宗得知宋蒙两国正在联系，准备达成南北夹击、联合灭金的协议之后非常恐惧，也立即向南宋派出使者，力陈宋金唇齿相依的关系和宋金结盟共同抗击蒙古的必要性。但是，南宋因为与金国世代为敌，仇怨很深，根本没有冷静地考虑金朝被灭之后如何应对蒙古铁骑的威胁，断然拒绝了金人的请求。

当时的南宋朝廷则分为两派：一派出于对金人的仇恨，主张联蒙灭金，既能报靖康之仇又可恢复中原；另一派则相对理性，援引当年徽宗联金灭辽的教训，强调唇亡齿寒的道理，希望以金为藩屏，不要重蹈覆辙。两派无休无止的争论使得朝廷始终拿不定主意，既不联金抗蒙，也未联蒙灭金。

蒙古方面，成吉思汗为了灭金，生前曾经留下"找南宋借道，联宋灭金"的遗嘱。因此在理宗亲政的前一年，即绍定五年（1232），十二月，蒙古大军强行借道南宋包抄金军，最后取得了三峰山之战的胜利，歼灭了金军主力。战后蒙古大汗窝阔台再次向南宋派出使臣，提出联合灭金的倡议。

事情发展到这一步，南宋君臣不管愿不愿意，都要面对蒙古灭金的事实。而刚刚亲政的理宗因为急切地想有所作为，认为这是建立不朽功业的天赐良机，于是答应了蒙古人的要求，决定派兵与蒙古大军一起围攻金哀宗最后的据点蔡州城。蒙古则表示灭金以后可以将河南归还宋朝，但是双方并没有就河南的归属达成书面协议，只是口头约定，因此留下了巨大的后患。

达成口头协议之后，南宋派孟珙率领宋军与蒙古军队联合围攻躲在蔡州城中的金哀宗。城破之后，金哀宗自缢而死，金国灭亡。孟珙则在废墟之中找到了金哀宗的遗骨，并送回临安。灭金之后，蒙古并没有向南宋兑现战前的承诺，只是归还了河南境内陈州、蔡州以南的部分领土。但是，即便如此也足以让理宗满意，他还专门在太庙举行了隆重的庆贺仪式，献上金哀宗的遗骨，告慰徽、钦二帝的在天之灵。这是自北宋被金朝灭亡之后的一个多世纪以来，南宋臣民梦寐以求的愿望，朝野都沉浸在报仇雪恨的狂喜之中。

实际上，在联蒙灭金问题上，南宋的整个战略都是十分保守的，也是很被动的。其中虽然犯了不少错误，但是跟北宋徽宗宣和年间联金灭辽相比，还是非常谨慎的。随后，南宋主动派出大军，实施"据关阻河"收复中原的战略部署，但却事与愿违，最后酿成了"端平入洛"的惨败。这又是为什么呢？

（四）

所谓的"端平入洛"，是指南宋在金国灭亡、蒙古北撤之后，实施的"据关阻河"收复中原的战略部署。具体内容是：由淮西战区出兵横扫黄河沿线，由京湖战区出粮在上游接应；然后出兵据关（潼关）、守河（黄河）；在抢占潼关、控制黄河之后，以此二者为屏障，收复三京（西京洛阳、东京开封、南京商丘），进而抚定中原，与蒙古长期对峙。

那我们到底应该如何来看待"端平入洛"呢？

传统观点认为，南宋联蒙灭金之后的"端平入洛"，属于愚蠢至极的横挑强邻、自取灭亡的军事冒险行动。实际上，事情并不是这么简单。南宋当时并不是在维持和平的现状与挑起战争之间做选择，而是在被动地等待敌人进攻和主动出击之间做选择。因此，我们在明确了宋蒙一战不可避免这一前提之下，应该说"端平入洛"在战略上是可取的，当时宋军的战斗力也是可以的。那么"端平入洛"最后为什么会以惨败告终呢？

这完全是由南宋政治上的腐败导致的，正反映了一个残酷的现实，即高宗时期有恢复之臣而无恢复之君，孝宗时期有恢复之君而无恢复之臣，孝宗之后则既无恢复之君，更无恢复之臣。

南宋军队在配合蒙古消灭金朝，特别是将金哀宗的遗骨献上太庙这一极具象征意义的事件，确实提高了南宋朝野的自信与冲动。正是在这一背景之下，一举收复故土、建立盖世功业的"端平入洛"建议，深深地打动了刚刚摆脱史弥远控制而得以"赫然独断"的理宗。他欣然接受，并正式下诏出兵河南。

理宗想不到的是，史弥远虽然死了，自己也已经亲政，但是史弥远所遗留下来的派系内斗的流毒依然存在。规划好的两淮、京湖、四川三大战区齐头并进的计划，实际上只有两淮战区孤军深入，其余两大战区的主官坐观成败。因此，粮草只能由两淮战区自己解决。更不幸的是，出兵时赶上了淮西发大水，粮食无法运到前线。即便是在这种情况下，宋军进入河南之后，还是按计划先后收复了南京（商丘）、东京（开封）。因后勤供应不上，无法继续进军西京（洛阳），贻误了战机。半个月后，在粮饷不足的情况下，宋军先头部队又占领了没有设防的洛阳。

蒙古得知宋朝出兵抢占河南地盘之后，立即出兵南下，设伏袭击了后续赶赴洛阳的宋军。已经占领了洛阳的宋军，在断粮四日的情况下仍然孤军奋斗，与蒙古进行了殊死战斗，最后被迫撤出洛阳。留守开封的宋军眼看战机已失，再加上粮饷不继，只能率军南撤。这都是因为担任京湖制置使的史弥远的侄子史嵩之不按计划跟进，致使宋军先头部队得不到后续接应而全线失败。声势浩荡的"端平入洛"就这样草草结束了，却给蒙古提供了进攻南宋的借口，因此拉开了第一次宋蒙战争的序幕。

无能的理宗，既然不能追究史嵩之贻误战机的罪责，只能下诏罢免了当初的提议者，表示悔意。这非但没有取得蒙古的谅解，更使得朝野议论纷纷，理宗不得已又下罪己诏，检讨过失，以便安定人心。

经此打击，理宗再无进取之心，"端平更化"也就不了了之。此后的理宗就一门心思提倡、尊崇程朱理学，将理学大师朱熹、周敦颐、程颢、程颐、张载都先后入祀孔庙，后来又加封爵位，最终成就了理学为正统官学的地位，他本人也因此获得了"理宗"这一庙号。但是，被树为正统官学的理学却严重地禁锢了人们的变革思想，南宋朝廷又重新回到了因循守旧、得过且过的状态，坐等最后的灭亡。

蒙古之所以没有像金灭北宋那样顺势灭掉南宋，让它又延续了四十年，只是因为随后蒙古发动了第二次西征和远征伊朗，忙着去改写世界史，暂时没顾上南宋。而南宋的苟延残喘主要也是靠发行纸币来维持的。南宋的纸币是什么呢？

八、行在会子：为守住东南半壁江山立功的纸币

"交子"是北宋发明使用的人类历史上最早的纸币。交子的出现，是人类文明进程中的一大进步，在传统的金属货币之外，又新增加了一种纸质的信用货币，不但方便了大规模的商贸活动，而且缓解了自唐朝中期以来朝廷所面临的钱荒难题。但因为统治者贪婪，总是愿意超发纸币实行通货膨胀政策，导致交子贬值，最后于徽宗大观三年（1109）被废弃。不久北宋就灭亡了。

宋室南渡之后，因为丢失了大片的中原领土，在税源减少的同时，原来给铸钱监提供铜料的矿冶坑也大多沦陷或废弃了，即"建炎经兵，鼓铸皆废"[1]。因此，再像北宋那样大量铸造铜钱根本不现实。而抗击金人的南侵以及安顿难民又都需要大量的财政开支。这种背景下，赵构建立的南宋朝廷是如何解决货币流通的呢？

---

① 《宋史·食货志》。

这一节就通过国家博物馆收藏的一块"行在会子库"铜钞版，来给大家说说南宋如何通过发行纸币"会子"解决货币流通的难题及其所造成的影响。

（一）

　　我们先来认识一下这块"行在会子库"铜钞版。

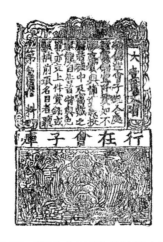

图 5-32　"行在会子库"铜钞版（拓片）

　　钞版为红铜质，长 18.4 厘米，宽 12.4 厘米，呈长方竖形。上半部分为赏格，内容是："敕伪造会子犯人处斩，赏钱壹阡贯，如不原（愿）支赏，与补进义校尉。若徒中及窝藏之家能自告首，特与免罪，亦支上件赏钱，或愿补前项名目者听。"赏格的右边为竖写的"大壹贯文省"，这是会子的面值；左边为"第若干料"，这是会子的编号。赏格的下面是一行文字，自右至左为"行在会子库"五个大字，这是会子的发行单位。再下面为花纹图案。赏格里的文字是对造假者的处罚以及对告发者的奖赏，是中国古代纸币上常见的内容，属于当时的货币立法。这里有两个概念需要给大家做一解释。

一是赏格中的"阡"字。这里"阡"是"仟"的通假字，表示1000枚铜钱，又被称为一贯。

二是会子面值"大壹贯文省"中的"省"字。"省"的本义是指尚书省，但是这里指的是"省陌"。"陌"是"佰"的通假字，表示100枚铜钱。前文已经说过，我国古代货币史上有"足陌"和"短陌"的概念。所谓"足陌"就是指100枚铜钱，一枚不差，而"短陌"则是指把不到100枚的铜钱当作100枚来使用。这种"短陌"的制度是我国古代于特殊的时期在特定的地区出现的一种特有的支付方式。它最早出现于唐朝中后期，盛行于五代及两宋。这种现象的出现，实际上是与市面上铜钱的数量紧张，即所谓的钱荒有关。南宋朝廷实行以770枚铜钱当作一贯使用的短陌制度，因此，这里的"省陌"就是指尚书省规定的以770枚铜钱当作1贯。在宋代文献中，看到"某某贯省"，便是指省陌；相对应的，如果是"某某贯足"，则指的是一枚不差的足陌。

明白了这两点之后，对钞版上赏格内的文字就很容易理解了。接下来，给大家介绍一下这块铜钞版的来历。

收藏在国家博物馆里的这块铜钞版，没有被保管在库房的保险柜里，而是陈列在国家博物馆常年开放的"中国古代通史展览"的展柜中，说明它在串联中国古代通史中扮演了重要的角色。但是，关于它的身世，却具有很多难解之谜。

这块"行在会子库"铜钞版，最初为世人所知是1936年。当时上海有一位浙江镇海籍的富商，名叫陈仁涛。他以中药起家，却嗜古成癖，爱好收藏古钱币，曾因于1934年以十多万元的高价买下了著名钱币收藏家方药雨的全部藏品而震惊钱币界。不久他就收到了大连钱币商崔家平寄来的一张"行在会子库"钞版的拓片，询问是否有意收购。因为要价太高,陈仁涛犹豫不决,便去请教钱币学家郑家相。郑家相认为钞版为稀世之宝,于是陈仁涛就以 5000 枚银元的高价收下这块钞版。上海解放前夕,陈仁涛移居香港,将"行在会子库"铜钞版在内的文物都随身带去了香港。1952 年春,通过张䌹伯的介绍,国家文物局局长郑振铎报经国务院批准,以 80 万港元的价格购回了陈仁涛的全部藏品,共 17000 余件。这样,"行在会子库"铜钞版最终入藏国家博物馆。

这件铜钞版虽然被国家博物馆收藏了,但是它的传承经过却不完整,充满谜团。谜团之一是铜钞版的出处。如果是出土之物,出土于何年?何地?如果是传世之物,在近千年的时间里,它竟然秘藏于人世间而不被记载,突然冒出来,更显得神秘。谜团之二是钞版的拥有者。经手这块钞版的崔家平只是一个中间人,幕后的物主因为崔家平秘而不宣,至今不为世人所知。因此这块南宋朝廷的钞版是如何流落民间的,历经九百多年的流转之后,又是如何落到了崔家平的手上,至今都不为世人所知。

"行在会子库"铜钞版的身世虽然还有很多不清楚的地方,但它却是目前所能见到的最早的宋代纸币钞版,对认识南宋纸币会子具有重要意义。

(二)

宋室因为有过使用纸币的经历,南渡之后面对铜钱匮乏又无铜料铸钱而导致的货币流通困难,自然会想起使用纸币。但是,南宋时纸币的名称,已经从北宋时的"交子"改成了"会子"。

"会子"之名,实际上早在北宋的时候就已经出现过。文献中"会子"之称,最早见于北宋吕惠卿的《日录》,书中记载熙宁八年

（1075），吕惠卿与神宗以及王安石在谈论是否废除陕西交子时曾经
说："自可依西川法，令民间自纳钱请交子，即是会子，自家有钱便
得会子，动无钱，谁肯将钱来取会子？"

据此可知，会子实际上是对陕西使用的交子的另一种称呼。因此，
会子与交子一样，也是在一地纳钱之后去另一地取钱的凭证，最初也
是由民间发行。

图 5-33　临安府行用（钱牌）

这种私商发行的会子，南宋初年又在行都临安（即杭州）出现了。
当会子的印造发行权被官方接管之后，它就发展成了一种新的官方纸
币。会子的这一转变是由钱端礼完成的，因此，我们讲到南宋的纸币
会子，就要从钱端礼说起。

钱端礼，字处和，是五代十国时期的吴越国最后一位皇帝钱俶
的六世孙。钱俶是主动归附宋朝的，因此他的后人在宋朝受到了很好
的礼遇，基本上世代为官。钱端礼的父亲钱忱，曾经任泸川军节度使。
钱端礼不是科举出身，而是以祖辈的恩荫补官的方式步入仕途的。最
初任过台州、明州的通判，后来因为得到宋高宗的赏识，被提拔为临
安知府，不久又升迁为户部侍郎兼枢密都承旨。宋孝宗曾经赐给他同
进士出身，后来让他出任参知政事和资政殿大学士，相当于宋朝的宰

相。钱端礼不但官做到了宰相级别，而且属于皇亲国戚，因为他的女儿是宋孝宗的皇长子邓王的夫人。邓王被立为太子之后，钱端礼为了避嫌，根据南宋朝廷的惯例，就以去位的宰执大臣的身份掌管皇家道观洞霄宫，不久后病逝。

关于钱端礼将民间私商的会子收归官办，正式发行南宋官方纸币会子的事，见于《建炎以来朝野杂记》和《宋史》等文献。其中，《建炎以来朝野杂记·东南会子》记载说："临安之民，复私置便钱会子，豪右主之。钱处和（端礼）为临安守，始夺其利以归于官。既而处和迁户部侍郎，乃于户部为之。"

据此可知，当时杭州城内流通有民间商人发行的"便钱会子"。钱端礼任杭州知州后，于绍兴三十年（1160）二月获朝廷之命，以十万缗铜钱作为发行本钱，"印造会子，许于城内外与铜钱并行"。这样就将私营的"便钱会子"收归官营，变成了南宋政府发行的官方纸币。

会子最初只能在临安城内外流通使用。第二年即绍兴三十一年二月，钱端礼升为户部侍郎后，奏请朝廷设立"行在会子务""会子务隶都茶场"，将会子的印造发行权都收归朝廷所有，并让左藏库收支使用会子。这样会子的流通使用区域，就从杭州城的内外，推行到了淮、浙、湖北、京西诸路。因此，《宋史·食货志》记载说"东南用会子自此始"。会子后来又逐渐流通全境，成为全国性的纸币。

宋孝宗"隆兴北伐"失败之后，宋金进入了相对平稳的对峙局面。为了防止铜钱流入北方金国境内，南宋政府将境内的货币流通划分为铜钱和铁钱两个流通区域。具体以长江为界，在长江以南地区，除四川之外，流通使用铜钱，在长江以北地区流通使用铁钱。纸币会子则在江南江北诸路都可以流通使用，成为南宋发行的诸种纸币中，唯一不受流通区域之限且影响最大的一种。因此，时人多称其为"官会"，以别于一些地方会子，譬如湖广总领王钰发行的"湖会"、川陕宣抚副使吴玠发行的"关外银会子"等。

（三）

会子的发行使用，对南宋来说具有特别重要的意义。

一方面是帮助南宋朝廷解决了钱荒的难题，为调动各种社会资源抗击金军的南侵，守住东南半壁江山立下了汗马功劳。靖康之难后，北宋亡国，徽钦二帝、赵氏皇族、妃嫔以及大臣共计 13000 多人都被金人掳走。徽宗诸多子嗣中，只有康王赵构侥幸脱身。国破家亡之后，赵构渡江南逃，虽然在杭州建立南宋朝廷，接续了赵宋王朝的余脉，但是金人的威胁始终存在。他既要招募溃散的军队，抵御金人的追杀，又要安置南迁的难民，恢复社会生产。这些都需要大量的财政开支。但是，赵构所面对的却是一个没有货币可用的悲惨局面。北宋国库里原来储藏的铜钱以及金银绢帛等财物，都被金人搜刮运往北方了。而铸造新的钱币，却又没有铜料可以供应。原有的冶炼铜料的矿冶坑，受战争的破坏，不是被金人占领了，就是被废弃了，根本没有铜料可以用来铸钱。正是在这种艰难的背景之下，钱端礼将民间私商使用的"便钱会子"收归官办，改名为"行在会子"，而成为南宋朝廷正式的官方纸币。正是依靠纸币会子，南宋朝廷才解决了钱荒的难题，渡过了难关。

另一方面是为推动南宋商品经济的发展以及各地区间贸易的繁荣，增加南宋朝廷的税收发挥了重要的作用。宋朝的疆域比唐朝小了很多，以土地为主要来源的税收自然减少不少。但是，因为宋朝的商品货币经济比唐朝更加发达，商业活动不但在时间和空间上突破了限制，而且政府允许工商业者"以资买官"，商人的地位有所提高，形成地主、官僚、商人逐步结合的趋势。因此，商业税收在政府财政收入结构中的比重大幅增加，不但弥补了土地税收减少的损失，而且使得宋朝社会的经济、文化生活远比唐朝富庶与丰富。

会子的发行使用，不仅对于南宋朝廷具有重要意义，而且在中国古代纸币的发展进程中也占有重要的地位。

北宋的交子，虽然是人类历史上最早发明使用的纸币，但是因为没有实物流传下来，人们只能通过文献中的只言片语来了解和想象它的模样。而南宋的会子却可以通过国家博物馆陈列的"行在会子库"铜钞版，让将近一千年后的我们看到它的尊容，这是目前所知人类历史上最早的纸币模样。

另外，北宋最初发明使用纸币的时候，为了防止纸币发行越积越多，最后的总量难以控制，就制定了纸币要分界发行的规定，界期到后，所发行的纸币就不能再继续流通使用，需要兑换成新的纸币后才能再流通。因此，北宋之后，无论是金人的交钞还是南宋的会子，最初也都模仿北宋的交子设定了流通的期限，金人是以"七年为界，纳旧易新"，南宋则是以三年为界。分界的制度规定，虽然有利于国家控制、调节纸币的发行量以及流通量，但是却不利于保持纸币的稳定流通和信用。因此，金人首先于大定二十九年（1189）废止了交钞以七年为界的限制，南宋也于淳祐七年（1247）宣布第十七、十八两界会子再不立限，永远行用的新规定。这是我国古代第二次实行纸币的无界发行，在纸币的发展史上具有重要的意义。

（四）

南宋私商最初发行的会子，与北宋时期的私交子一样，票面上的面额都是不固定的，根据商家交付的现钱数额临时用手填写。绍兴三十年（1160）二月，钱端礼将会子收归官办之后，就设定了固定的面值，有一千文、二千文、三千文三种。到了宋孝宗隆兴元年（1163），"更造五百文会，又造二百、三百文会"。这样会子总共有过六种面值，最大的是三千文，最小的是二百文。

钱端礼最初发行会子时，既没有分界的制度，也无发行额的限制。朝廷规定会子"军需，并同见钱"。意思就是将会子发给军队，会子可以与铜钱一样流通使用并自由兑换。但是，不久朝廷就做了两次调整，即将会子由可兑换纸币变成不可兑换纸币，并且设定了界分和发行额。

第一次调整是绍兴三十一年（1161）七月，会子发行仅一年多时间，朝廷就规定会子不但不能与铜钱自由兑换，而且只能与铜钱搭配使用，比例以"钱会中半"为主，就是缴纳赋税时只能支付一半会子，另一半必须支付铜钱。这说明会子还不是具有无限法偿能力的货币，也不可以与铜钱进行兑换，它之所以能够流通使用，只是因为"官府一同见钱入纳"，即靠的是国家的信用支持。

第二次调整发生在乾道四年（1168），朝廷规定"三年立为一界，界以一千万贯为额"。这次调整不但设立了界分，而且限制了发行额。会子界满后的收兑方式以持旧换新为主，收取百分之二的纸墨手续费。为了方便兑换发行，除了"都茶场会子务"，官府还在临安城内另外设立了五个会子务，专门负责会子的收兑工作。

宋孝宗对会子发行数量管理严格，他自称"朕以会子之故，几乎十年睡不着"。皇帝本人谨慎的态度让会子的价格在其主政时期一直比较稳定。据《鹤林集》记载，淳熙二年（1175）大臣龚茂良曾经对孝宗说："闻得商旅往来贸易，竞用会子，一为免商税，二为省脚乘，三为不复折阅，以此观之，会子可谓通流。"

会子不但没有贬值，甚至一度高于法定一贯值七百七十文的标准。据《南宋文范·论行用会子疏》记载，淳熙三年辛弃疾在回忆乾道年间会价时曾云："平居得会子一贯，可以变转一贯有余。"淳熙末年，一些地区甚至出现"军民不要见钱，却要会子"的情形。但是，自开禧军兴以后，巨额的军费支出完全依靠发行纸币筹措，造成三界会子并行，总发行量高达1.4亿贯，会价大跌，每贯仅值三四百文。

嘉定元年（1208）以后，朝廷虽然使用金银铜钱、出卖官爵，甚至用官田、度牒等多种手段称提会价，但再也未能扭转会价贬值的趋势。这与南宋所实行的"钱会中半"的财税政策有重大的关系。

"钱会中半"是南宋朝廷利用会子不是无限法偿的性质，在发行、回笼、管理纸币时推行的一项特有的货币政策，在嘉定以前对会子的流通及信用起到了稳定作用。嘉定以后因铜钱日少，会子日增，为获得上缴所必须有的一半铜钱，百姓只得低价抛售会子，这更加促进了会价的贬值。南宋后期有关钱荒的议论多由此而来。

淳祐七年（1247），宋廷宣布第十七、十八两界会子更不立限，永远行用。这是南宋继金国之后实行的纸币无界发行，在我国古代纸币发展史上具有重要意义。但是，十多年后朝廷就背信弃义，于景定五年（1264）又"造金银见钱关子，以一准十八界会之三，出奉宸库珍货，收弊楮，废十七界不用"[1]。据《宋史·贾似道传》记载，最初曾经计划将第十七、十八两界会子都废弃，后来只是因为有些大臣害怕"厉民太甚"，第十八界会子才得以保留，与关子一起见证了南宋的最后灭亡。

会子的流通使用几乎贯穿南宋的始终，虽然在靖康之难后为守住东南半壁江山立下了汗马功劳，但最后却因为统治者的贪婪而沦为敛财的工具，导致的恶性通货膨胀加速了南宋的灭亡。因此可以说，南宋是成也会子败也会子。

---

① 《宋季三朝政要笺证》。

第 6 章

辽夏金元四朝

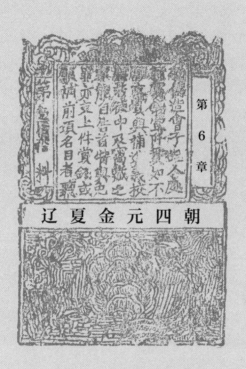

中国古代历史上，从 10—14 世纪由契丹、党项、女真、蒙古族先后建立的辽、夏、金、元四个少数民族政权，被称为四朝，历时四百五十多年，是我国统一的多民族国家融合发展的重要时期。

关于这段历史，主要记载于元朝修撰的《辽史》《金史》《宋史·夏国传》，以及明朝编写的《元史》。前者因编撰过于仓促，很多资料缺失；后者因"华夷之辨"而导致的去蒙古化，以及语言上的隔阂，正史中的记载多有错讹及疏漏，未能全面地记录和反映那段时期的历史。

实际上，辽、夏、金、元即所谓的"四朝"时期，正是我国古代融合各民族文化，形成以"多元一体"为特色的统一多民族国家历史进程的重要时期；也是我国古代货币由贱金属铜向贵金属白银转变，以及为了解决钱荒难题而探索使用纸币的重要时期；另外还是古代中外文化交流融合的重要时期。这些历史的信息在遗留下来的四朝的钱币中，实际上都有所体现。但遗憾的是被以往的研究者所忽视了。本章就由钱币这一视角讲述一段有关四朝的历史，给大家提供一个新的了解认识四朝历史的视角。

辽钱：体现了契丹民族非凡的创新能力

四朝开始于契丹族于公元 907 年建立的辽朝，它虽然比 960 年才建国的北宋要早约半个世纪，但因为受传统"中原中心论"的影响，我国历史发展的正统脉络在唐朝之后是按宋、元、明、清这一顺序排列的，因此当时比宋朝更强大且制度上多有创新的辽、金两个少数民族建立的政权，都被视作地方政权而附在了宋朝的后面。

实际上，这对契丹民族是极不公平的，因为契丹人不但建国早于北宋，而且制度设计上也有很多创新。另外，辽和北宋虽然都亡于金人，但是宋室南渡后建立的南宋作为正统被记入了历史，而耶律大石西迁建立的西辽却几乎不为世人所知。

这除了"华夷之辨"这一观念上的偏见，还有一个很重要的原因，即《辽史》的记载过于简单、草率。当年元朝丞相脱脱编撰《辽史》时，仅仅用了十一个月就完成了。因此，很多内容都被遗漏或记错，这也给后世研究者造成了很大困难。

这里我将通过近年考古发现的辽代遗留下来的钱币实物，就契丹人创立的"两部制"的管理机构，以及耶律大石西征建立西辽，在中亚地区传播汉文化的历史做一梳理，使大家对辽代的历史有一个更加清晰的了解。

（一）

建立辽朝的契丹人，原属于东胡的一支。"契丹"这一名称，最早见于二十四史之一的《魏书》。北魏初期的时候，契丹人游牧于辽河的支流西拉木仑河一带。贞观年间归附唐朝，唐太宗李世民曾经设立松漠都督府，下辖十个州，管辖契丹的各个部落。五代的后梁时期，契丹迭剌部的首领耶律阿保机合并其他的部落，在汉人韩延徽的辅佐之下，于后梁贞明二年（916）建元神册，国号"契丹"，定都上京（又称临潢府，位于今天内蒙古巴林左旗附近），这就是辽朝。历史上称耶律阿保机为辽太祖。他随后又创立了文字，制定官制，使契丹初步具备了国家的体制。

据史书记载，契丹人最初的贸易形式主要是以物易物，多以布帛作为等价物，而不使用钱币。如947年后晋使臣胡峤记述上京还是"交易无钱而用布"。随着契丹人与中原地区汉人的接触，他们对于钱币的功能逐渐有了新的认识。

耶律阿保机发现在他们的草原游牧以及狩猎生活中，钱币虽然在交换物品时并不是必不可少的工具，但却具有强大的政治宣传的功能。无论是在汗国内部宣传首领的合法性、权威性，还是对外宣示他的独立性、自主性，钱币都能发挥重要的甚至是不可替代的作用。因此，耶律阿保机在他的第二个年号，即改元天赞（922—926）之后，铸造了天赞通宝钱，这是辽代最早的年号钱。契丹也成为北方游牧民族中继回鹘之后第二个铸造钱币的民族。

天赞通宝在宋代洪遵的《泉志》中有记载，因为形制特点与一般的辽钱有异，曾经被质疑。直到1991年和1994年在辽宁沈阳以及内蒙古的林西各发现一枚，特别是林西发现的那枚出自一处辽代的窖藏，才确定天赞通宝钱确实铸造过。

天显元年（926）七月，辽太祖耶律阿保机去世，第二年，他的儿子耶律德光继位，称太宗，他没有改元，而是沿用了天显年号，并铸造了天显通宝。后来改元会同，又铸造了会同通宝。会同九年（946）太宗灭后晋，第二年改国号为"辽"。

辽国的第三位皇帝是辽世宗耶律阮，文献中虽然没有记载他曾经铸造过钱，但是20世纪50年代却发现了辽世宗的年号钱"天禄通宝"，并收入了《古钱大辞典》。钱币学家郑家相鉴定这是真钱，但因为不是科学发掘，在社会上仍然存有质疑。1981年8月，在内蒙古巴林右旗的一处窖藏中，出土古钱180多公斤，发现辽钱9种123枚，其中就有1枚天禄通宝，现收藏于巴林右旗博物馆。

辽朝历经世宗、穆宗、景宗三朝，至乾亨四年（982）景宗病逝，其子耶律隆绪继位，这是第六位皇帝，称圣宗，年仅12岁，由太后摄政，她就是辽国历史上著名的萧太后。第二年改元统和，又将国号从"辽"改回"契丹"。澶渊之盟就是萧太后摄政时期签订的。圣宗在位四十九年，是契丹的全盛时期，铸有统和元宝。虽然《辽史》中没有记载，但是在1981年7月内蒙古林西县出土的古钱中有1枚统和元宝，由此证明圣宗曾铸统和元宝。此次共出土古钱20余万枚，共77种，以唐宋钱最多，辽钱有10种，共246枚。另外，《辽史》记载圣宗"兼铸太平钱，新旧互用"。但是，太平钱传世较多，种类繁杂，哪种太平钱可以系之于辽代，因为没有出土钱币可资参考，还不能确定。

以上这些年号钱，历年出土发现的数量都非常少，显然主要不是为了流通需要，而是为了政治的需要铸造的。这种情况从辽国第七位皇帝即辽兴宗耶律宗真即位之后，发生了变化。

图 6-1　统和元宝

（二）

太平十一年（1031）圣宗死后，其子耶律宗真即位，这是辽国第七位皇帝，称为兴宗，他基本上维持了国势的强盛，铸造有"重熙通宝"钱，《泉志》中有记载。史载重熙二十二年（1053），辽国于长春州（吉林农安县）专门设置负责铸造钱币的机构"钱帛司"，开始大量铸造钱币。这与石敬瑭割让燕云十六州有直接的关系。

图 6-2　重熙通宝

天显十一年（936），后唐的石敬瑭为了求得契丹的支持，将燕云十六州献给了辽太宗。燕云十六州的割让，是中国历史上的一件大事。从此，中原地区从战略上丧失了防御北方游牧民族南下的关隘，给北宋的国防建设带来了巨大的压力。同时，它给辽朝的统治者也带来了挑战，随着燕云十六州的并入，新增了大量从事农耕生产的汉人，这对以往仅仅熟悉游牧生活方式的契丹统治者来讲，确实是一个巨大的考验。但是，这并没有难住富有创新精神的契丹人。

《辽史·百官志》记载，契丹统治者根据农耕以及游牧两种不同的生产方式，创建了一套"两部制"的政府管理机构，即"官分南北，以国制治契丹，以汉制待汉人"，"北面治宫帐、部族、属国之政，南面治汉人州县、租赋、军马之事"。这样辽朝就创建了一个在一国之内，分别按照游牧和定居两种生产方式和文化形态进行管理的模式，这实际上就是现代"一国两制"最原始的版本，极富创新思想。

燕云十六州的汉人最初使用的货币主要是唐朝遗留下来的钱币，以及流入的宋朝钱币。后来随着人口的增加以及加强统治的需要，辽朝也开始专门设立铸钱机构，并正式铸造流通货币。

兴宗殁后，耶律洪基继位，是第八位皇帝，称道宗，于咸雍二年（1066）又将国号改回"辽"。道宗十分钦慕汉文化，曾经用两千两白银铸了两尊佛像，并铸铭文"开泰寺铸银佛，愿后世生中国"，表明了对汉化的向往。他实行十年改元之制，在位四十八年，共用了五个年号，每个年号都铸造了钱币，但是《辽史》中只记载了四个，遗漏了最早的年号钱清宁通宝。道宗铸造的清宁通宝、咸雍通宝、大康元宝（通宝）、大安元宝、寿昌元宝都有实物传世，近年也有出土，数量还比较多。其中，清宁、咸雍、大康、寿昌四种年号钱的铸工都比较平常，只有大安元宝较为精细。另外，大康钱有元宝、通宝之别，大安钱有长安、短安之分，这些变化明显都是受宋钱的影响。道宗一朝四十八年间所铸造钱币的数量，超过了此前诸朝的总和，这说明当时辽朝货币经济较前已有很大的发展，对货币的需求量较大。

图 6-3　大康元宝

　　辽国因为长期处于和平的环境中，奢侈、享乐之风日盛。道宗后期国势急转直下，内有权臣跋扈，外则强敌压境，宫中更是奢侈无度，政治日趋腐败。《辽史》记载"上下穷困，府库无余积"。在这种内外交困的形势下，道宗死后，由他的孙子耶律延禧继位，称天祚帝。他是辽代最后一位皇帝，铸造了乾统元宝、天庆元宝两种年号钱。《辽史》记载："天祚之世，更铸乾统、天庆二等新钱。"

图 6-4　天庆元宝

　　1984 年，辽宁建平县万寿乡一处辽代遗址出土窖藏铜钱 197 公斤，有 171 种，共 38168 枚。其中辽钱有 8 种，共 53 枚。这是辽代钱币的一次重要发现，统和以后的所谓"后八品"年号钱都有发现，这说明"后八品"已经是当时行用的钱币。保大五年（1125）天祚帝被金军俘获，辽国灭亡，辽国共传了九帝，历时二百一十九年（907—1125）。

图 6-5　保宁通宝

图 6-6　天朝万顺（契丹文）

（三）

就在辽国即将被金人灭亡的 1123 年，辽朝宗室耶律大石自立为王，率部西迁，并于 1132 年在位于今天新疆的塔城称帝，国号仍为大辽，史称西辽。西辽共传五帝，历 87 年（1132—1218），1218 年被西征的蒙古大军所灭。

关于西辽的这段历史，汉文史料记载得非常少，世人大多很陌生。近年来，随着俄罗斯学者在位于中亚的七河地区发现了西辽铸造的"续兴元宝"方孔钱，有关西辽的历史才又开始引起钱币爱好者的关注。

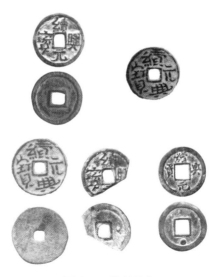

图 6-7　续兴元宝

西辽的这段历史，首先要从他的建立者耶律大石讲起。

耶律大石是来自东方的三位著名征服者之一，另外两位征服者是他之前的匈人阿提拉和他之后的蒙古人成吉思汗。在这三人中，阿提拉和成吉思汗的知名度似乎都要比契丹人耶律大石高，而实际上耶律大石要比他俩优秀多了。

耶律大石出身于辽朝皇族，是契丹开国皇帝耶律阿保机的第八世孙，从小就接受了系统的贵族教育，不但善于骑射、精通兵法，还通晓契丹文与汉文，熟读儒家经典。他29岁就考取了进士，被任命为翰林承旨，负责给皇帝起草诏书，可谓是文武全才。但是，耶律大石后来并没有继续沿着文官的仕途发展，而是变成了一位和阿提拉、成吉思汗齐名的征服者，最后在异域重建辽朝，当上了开国之君。这并不是饱读儒家治国经典的耶律大石的初衷，而是形势所迫。这需要从辽朝末代皇帝天祚帝亡国说起。

曾经盛极一时的辽王朝，到天祚帝继位时已经走上了末路。这位末代皇帝更是表现出了亡国之君所具有的一些共同特点，如亲信小人，猜疑心重，整日不理朝政，满足于打猎游玩。与昏庸无能的天祚帝形成强烈对比的是，辽国东部的女真人这时诞生了一位杰出的领袖完颜阿骨打。女真人强势崛起，建立金国，并屡次以少胜多，打败前来镇压的辽军。这让一直想收复燕云十六州的宋朝认为等来了机会，于是就撕毁一百多年前和契丹人签订的"澶渊之盟"而与金国缔结了"海上之盟"，南北夹击辽国，希望借助女真人的力量收复失地。两面受敌的辽国顿时陷入了危机。

历史上每当出现危机的时候，往往也是英雄登场的时刻，所谓"沧海横流方显英雄本色"。这次也不例外，文武全才的耶律大石被天祚帝派往南面，负责阻击宋军，承担起了拯救辽王朝的使命。

不负众望的耶律大石虽然多次以少胜多，击败宋军，守住了南面的阵地，但是无能的天祚帝竟然率领着从各地调集的 70 万大军被力量悬殊的金军给击败了。作为一国之主的天祚帝，不是重新调整力量以期再战，而是首先逃跑。为了躲避金军的追击，天祚帝甚至丢下朝廷藏进了夹山之中，并对耶律大石起了疑心。

无奈的耶律大石只能率领 200 多位部将撤到辽国西北边界上的可敦城，召集七州十八部商议，最后决定收集残部，积蓄力量，向西北发展，再伺机收复失地，重建辽国。他最后选择位于今天新疆塔城的叶密立筑城而居，并于 1132 年二月称帝建国。耶律大石根据当地游牧民族的习俗，称"菊尔汗"，同时又依据儒家传统，称"天佑皇帝"，改元延庆，国号仍为大辽，中文史料中称"西辽"，伊斯兰史料中则称"喀喇契丹"。

早在七年前（1125）已经被金人灭国的契丹人，在耶律大石的率领下，又在遥远的西域复国了。仅凭叶密立这块地方，无法积聚足够的力量与金人抗衡，于是，耶律大石又先后降服了高昌回鹘王国和东喀喇汗王朝，并将东喀喇汗王朝的首都定为西辽新的都城，改名虎思斡尔朵，意为坚固之城，同时改元康国。当年三月他就向东派遣了讨伐金国的远征军，但是恶劣的交通环境迫使远征半途而废，无功而返。

东进受挫之后，耶律大石开始向西寻求发展，导致康国八年（1141）九月与西亚强国塞尔柱集结的穆斯林联军爆发了一场影响极为深远的卡特万战役。这是 4 个世纪之前，高仙芝率领的唐军在怛罗斯被阿拉伯人击败之后，中国与穆斯林联军在中亚爆发的另一场重要战役。在耶律大石的亲自指挥下，西辽以少胜多，击败了塞尔柱军队并趁势降服了花剌子模，威震整个阿拉伯世界以及东欧斯拉夫诸部，奠定了信奉佛教以及儒家文化的西辽在已经被伊斯兰化的中亚地区立足建国的基础。

以至后来的斯拉夫语就用"契丹"一词来称呼中国，并沿用至今。

康国十年，也就是卡特万战役之后仅仅两年，耶律大石就去世了，年仅56岁。西辽政权又持续了七十年，共传了五位皇帝。1212年，乃蛮部被成吉思汗击溃，其王子屈出律投奔西辽，被招为驸马，后来屈出律篡夺了西辽皇位。1218年，成吉思汗派大将哲别消灭屈出律，西辽灭亡，蒙古大军西征的序幕随即拉开。

耶律大石作为契丹民族最后的一位英雄，在大辽国势衰竭之时，凭借着复国的信念奋斗抗争，戎马一生，以雄奇悲壮的西行，在远离故乡的异域再建家园。西辽的疆域包括今天新疆西部以及吉尔吉斯斯坦、乌兹别克斯坦和哈萨克斯坦的大部分地区，远远超过辽朝原有的面积。

耶律大石还是一个汉化程度很高的儒士，他建立的西辽具有浓厚的儒家文化成分，使得唐末以后中断的汉文化再次传入西域地区。后来西域地区因为持续的伊斯兰化，西辽的很多文化遗存都荡然无存。俄罗斯钱币学家在西辽故地发现的"续兴元宝"钱，就见证了当年耶律大石要继承祖先遗志、续写契丹伟业、复兴大辽的政治追求。

另外，《古泉汇》卷十五还著录有一种"康国通宝"，耶律大石的年号正是"康国"，而历史上没有其他帝王用过这一年号；《钱录》卷十二记载，宋代学者于1149年曾经提到一种"感天元宝"的钱币，而耶律大石的皇后塔不烟的称号正是"感天皇后"，同样也没有其他帝王用过这一称号或年号，因此，感天元宝也被认为是西辽的钱币。但是，这两种钱币到目前为止还没有在中亚地区被发现。我们期待今后能有新的发现，向世人说明即便在伊斯兰化已经深入推进的12世纪，中亚地区因为西辽的建立，还持续了一段使用圆形方孔钱的时代。

钱币纠正并补充了《辽史》记载中的错误及缺失，给读者提供了一个新的认识辽代历史、了解契丹文化的视角。

2

西夏钱币：揭开了尘封千年的王朝面纱

元朝修史的时候，可能是因为多次征讨西夏都不顺利，甚至连成吉思汗都死于西夏人之手，导致蒙古人对西夏没有丝毫好感，因此在编修史书时，没有像辽、金那样给西夏也单独立传，而是在《宋史》的"外国传"末尾，收入了"夏国传"，保留了一点简单的记述，既不系统，也不完整。中国历史上很重要的一个王朝，就这样几乎被后世给遗忘了。

很多人可能不知道，通过出土以及传世的西夏钱币，却可以再现被尘封近千年的西夏历史。下面我们就通过钱币去窥探神秘的西夏王国。

（一）

由党项族在西北地区建立的西夏，曾经是北宋的劲敌。为了抵御西夏的进攻，宋仁宗不得不派出朝廷里最能干的韩琦、范仲淹率领近百万人的庞大兵团，长期驻守在西北地区。范仲淹那首著名的《渔家傲》反映的就是他当年驻防西北，与西夏对峙时的边塞生活。

与西夏的长期对峙给北宋造成了巨额的财政负担，深刻影响并改变了北宋后来的社会发展。正是为了解决财政上日益沉重的负担，王安石才施行了熙宁变法。同时，也是为了给防御西夏的驻军提供后勤供应，北宋朝廷在陕西、山西两省区专门行使铁钱，而这又诱发了票据以及纸币的使用和推广。

立国将近二百年、与两宋及辽、金保持了三国鼎立局面的西夏，是中国历史上的一个重要王朝。但是，自从被蒙古灭国之后，党项族就像从人间蒸发了一般，再无踪迹可寻。

消失了近千年的西夏王朝，直到1908年初俄国探险家科兹洛夫从位于额济纳的黑水城中发现了大量的西夏文书以及佛像，才又重新进入世人的视野。

实际上，早在科兹洛夫发现黑水城一百多年前的嘉庆十年（1805），钱币收藏家刘青园就在凉州（今武威）出土的一批西夏钱币窖藏中，发现了一种他从未见过的钱币。这种钱币上的文字，初看很像是汉字，但是仔细一看却又不是汉字，这引起了刘青园极大的兴趣。经过与1804年在凉州发现的，刻有汉文与西夏文两种文字的西夏石碑对照之后，刘青园惊喜地发现，这种早在宋朝洪遵所编写的《泉志》中就有收录并被称为"梵字钱"的钱币，实际上就是西夏铸造的钱币。钱币上的文字是西夏文，是党项人在汉字构成原理的基础上，借用汉字的偏旁另外创造的一种文字。

这一发现虽然没有引起钱币收藏界之外更多的重视，但却为我们打开尘封了近千年的神秘王朝西夏提供了一把钥匙，为我们通过钱币进一步了解西夏的历史，提供了观察的视角和实践的手段。因此，通过钱币来讲述西夏的历史，既是必要的，也是可行的。

首先，目前我们已经发现的最早用西夏文记载的文物，是李元昊之子毅宗李谅祚铸造的"福圣宝钱",它比已经知道最早的用西夏文书写的纸质文献《瓜州审案记录》还要早十多年。

其次,西夏从李元昊之后的每个皇帝都铸造过年号钱,有的甚至不止一种,既铸有西夏文字的钱币,也铸有汉文字的钱币。这些没有间断且成体系的钱币,可以将西夏的历史串联起来,这是其他零散的资料不可替代的。

最后,西夏钱币作为西夏历史的实物见证和文化载体,记录和保留了丰富的政治、经济、军事以及文化等方面的信息,正好可以补充文献资料的缺失。

下面就从钱币的视角,结合有关的文献记载,来梳理、还原这个被尘封了近千年的神秘王朝。

(二)

西夏最早的钱币虽然是从李元昊之子李谅祚开始铸造的,但是,西夏建国的历史却要从李元昊的爷爷李继迁说起。

建立西夏的党项族最初居住在青藏高原的东部,为了避免被吐蕃吞并,他们在唐朝初期就逐渐向东迁移到了现在的陕、甘、宁交会处至内蒙古的鄂尔多斯一带。唐朝末年,居住在鄂尔多斯的党项族拓跋部落的族长拓跋思恭,因为接受唐朝的调遣追剿黄巢有功而被赐国姓"李"。此后,拓跋思恭这一族党项人就一直以李为姓,并占据了以夏州为根据地的鄂尔多斯至陕西北部的广大地区,形成一个事实上的独立王国。

等到宋太宗灭北汉的时候,身为族长的李继筠曾经出兵相助。980年李继筠之弟李继捧即位后归顺了宋朝。但是,同族的李继迁却起兵闹独立,占据灵州,并以此地为中心,奠定了西夏后来建国的基础。

1004 年李继迁死后，其子李德明继位，继续扩张势力。1032 年李德明去世，第二年太子李元昊继位，并于 1038 年正式称帝，以兴庆府（今银川）为首都，定国号为"大夏"。李元昊弃用唐宋两朝所赐的国姓"李"以及"赵"，改用西夏名嵬理（意为"珍惜富贵"），后来又更名为曩霄，但是汉文文献中还是习惯称他为李元昊。他建立官制、设立年号、创建文字，将原来的一个小部落变成了与北宋平起平坐的独立国家。

随着李元昊的登台，自从 1004 年签订"澶渊之盟"以来暂时得以稳定的亚洲东方的政局，骤然间发生了改变。西夏在宋辽之间强行插入的这一杠子，硬是将南北对峙挤成了三国鼎立的局面。

李元昊在位十七年（1032—1048），其间对外战争不断。他击败吐蕃后，向西控制了甘州回鹘以及敦煌的归义军；向东侵扰北宋，挑起了长达十一年的与北宋的战争（1034—1044）。面对人数众多的宋军，李元昊有如神助，连续在三川口、好水川等战役中大败宋军，迫使宋朝议和，宋朝封李元昊为"夏国主"，以每年赏赐巨额财物的方式买了一个臣属的名义。这期间李元昊又在河曲之战中击败了御驾亲征的辽兴宗，由此奠定了北宋、辽、西夏三足鼎立的局面。

在交易方面，党项族早期与契丹和女真人一样，也是实行以物易物，并不使用钱币。这在唐朝大历五年（770）的《平党项德音》中说得很清楚，说党项部落中除了禁止兵器，其他的物品都是以物物交换的方式进行交易。后来党项人受北宋的影响，逐渐过渡到货币交换，最初使用的也是北宋的钱，自己还没有铸钱。李元昊时期虽然国势强盛，并且多有创设，但是因为每年能够从宋朝获得大量的岁币收入，因此，他也没有铸钱。直到他的儿子即位之后，西夏才开始铸钱。因此，我们讲述西夏的钱币，应该从他的儿子开始讲起。

（三）

李元昊死后，他两岁的幼子即位，史称毅宗，由小皇帝的母亲摄政。其间铸造了西夏文的"福圣宝钱"，这是目前所知最早的西夏文文物。1914年罗福苌写的《西夏国书略说》中，最早著录了此钱并附有拓本。1985年在宁夏盐池县萌城乡的一处窖藏出土了两枚福圣宝钱，为传世品的认定提供了依据。因为当时只铸造了这一种西夏文字的钱币，而且目前仅仅发现了3枚，说明当时铸造得非常少，应该是为了政治上宣示独立，社会上流通使用的应该还是宋钱。

此后的惠宗、崇宗也都是孩提即位，朝政都由皇太后执掌。惠宗铸造了西夏文的"大安宝钱"和汉文的"大安通宝"。

图6-8　大安宝钱（西夏文）　　　图6-9　大安通宝

大安宝钱是西夏文钱币中出土最多、著录最早、流布最广的一种。最早见于宋朝洪遵的《泉志》，因为不认识西夏文字，而被归为所谓的屋驮钱、吐蕃钱，又称为"梵字钱"。乾隆朝的《钦定钱录》转袭《泉志》的观点仍然将其归为"梵字钱"。嘉庆年间初尚龄的《吉金所见录》才将它与西夏联系起来，直至《西夏国书略说》将钱文释译出来，并特别说明这是以往的古钱币收藏家所不知道的。直到这个时候，学术界才知道西夏除了用汉字铸造钱币，还铸造了西夏文字的钱币。

大安通宝是目前发现的西夏铸造的最早的汉文钱。钱文是隶书直读，旧钱谱中都没有收录。1981年在内蒙古林西县辽代窖藏出土的20多万枚钱币中，发现了一枚，同时出土的还有一枚西夏文的大安宝钱。惠宗年间同时铸造汉文大安通宝和西夏文的大安宝钱，反映了西夏国内围绕实行汉礼还是蕃礼，即与大宋王朝是和好还是对抗，两种政治势力之间激烈斗争的情况。惠宗亲政之后，主张恢复汉礼而铸造了大安通宝汉文钱。但是，坚持蕃礼的梁太后对惠宗的政策不满，就发动政变囚禁了惠宗，引起国内大乱，北宋也乘机发兵。梁太后为谋应对之策，就用西夏文字铸造了大安宝钱，想以此来唤起党项民族的独立意识，凝聚人心，与国内的亲宋势力相抗衡。于是，用什么文字铸造钱币，就成了西夏国内政治斗争的工具，这是西夏不同于同时期的辽和金两国的地方。

崇宗铸造了西夏文的"贞观宝钱"和汉文的"元德通宝"以及"元德重宝"。

西夏文贞观宝钱，在清代的钱谱中没有著录，1937年才被发现，是发现最晚的一种西夏文钱。钱文中的第四个字与其他西夏文钱不同，该字的原意为"根本"的"本"，引申为"钱"字。发现的数量极少，1998年宁夏盐池县曾出土一枚，现收藏于宁夏博物馆。

元德通宝有隶楷混书与楷书两种，嘉庆年间发现于凉州，收录于《吉金所见录》。另外山西省博物馆收藏有一枚传世品。元德通宝是西夏汉文钱币中发现最少的一种，因为文献中没有记载，存世又极为稀少，因此曾经被认为是安南国（即越南）的钱。1987年，内蒙古伊克昭盟（现鄂尔多斯市）乌审旗发现一处窖藏，出土钱币605公斤，其中有元德通宝3枚，证明该钱确实为西夏所铸。

元德重宝为折二钱，以重宝作钱文的钱币，到目前为止，西夏钱币中只发现这一例。1979年内蒙古鄂托克旗二道川出土一枚，现藏于中国钱币博物馆。

第五代皇帝仁宗在位五十四年（1140—1193），这时西夏的经济、文化都达至鼎盛。

　　仁宗铸造了汉文钱"天盛元宝""乾祐元宝"和西夏文钱"乾祐宝钱"。《宋史·夏国传》记载，天盛十年"始立通济监铸钱"。因此，天盛元宝是西夏历史上最早有明确记载的钱币，此前铸造的钱币都没有明确的记载。天盛元宝有铜质、铁质两种，是西夏钱币中出土数量最多、铸工最好，也是钱文最美的一种，是西夏社会经济文化高度发展的体现。

图 6-10　乾祐宝钱（西夏文）　　图 6-11　乾祐元宝

　　历史上，以"乾祐"为年号的政权，有五代的后汉隐帝刘承祐、十国中北汉刘旻以及西夏的仁宗李仁孝，其中，后汉铸造的是汉元通宝，北汉则没有铸钱。乾祐元宝为西夏仁宗所铸，最早收录于《吉金所见录》，20 世纪 50 年代以来曾有多次出土，有铜质、铁质两种。铁钱大小悬殊，轻重不一，版别较多。铜钱中还有一种钱文是行书的，与楷书组成对钱。这也是同时期的辽和金所没有的，说明西夏铸钱受宋朝的影响更深。

　　西夏文字的乾祐宝钱，最早发现于嘉庆年间的凉州，收录在《古泉汇》中，被归类为"西夏梵文钱"。后来在宁夏、甘肃、内蒙古等原西夏故地也有发现。

　　西夏在天盛、乾祐年间，铸钱的数量突然大增，并且都是铜钱与铁钱并行，这可能与当时北宋灭亡之后，西夏没有了岁币的来源，而且又不断受到金兵的骚扰，致使军费增加的时局变化有关。因此，西夏才于天盛十年（1158）增设通济监，专门负责铸钱。

仁宗以后的三十多年间，西夏统治者内斗不止，桓宗、襄宗相继被废，国势日衰。对外又与南宋、金朝时常交恶，后来更是遭受蒙古的六次入侵。神宗在内外交困的形势下，将帝位禅让给了太子，史称献宗。献宗后来因为蒙古的入侵，受到惊吓死去，第二年（1227）西夏就被蒙古所灭。党项族建立的西夏政权，从李元昊称帝开始，共传了十帝，历时一百八十九年。如果从1003年李继迁建都灵州算起，党项族建立的这一政权实际存在了二百二十四年，也是四朝中跨时最长的政权。

桓宗铸造了西夏文的"天庆宝钱"和汉文的"天庆元宝"。天庆宝钱最早收录于《古泉汇》，钱体美观精整，文字清晰端庄，是西夏文字的钱币中铸造最精美的一种。天庆元宝在嘉庆年间出土于凉州，最早收录于《吉金所见录》，传世和出土的数量都很少。

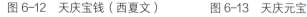

图 6-12　天庆宝钱（西夏文）　　图 6-13　天庆元宝

襄宗铸造了"皇建元宝"，嘉庆年间曾出土于凉州，最早收录于《吉金所见录》。贺兰山等处发现的窖藏中经常有出土，数量不少，而且字体美观，铸造精整。"皇建"年号仅仅使用了一年，而且当时正处于蒙古大举围攻兴庆府（今银川）的战争年代，还能铸造出如此精美的铜钱，也从一个侧面证明了西夏铸钱业的发达和较高的技术水准。

神宗铸造了"光定元宝"，钱文有楷书、篆书两种，也属于对钱。嘉庆年间曾出土于凉州，最早收录于《吉金所见录》。楷书文字的较多，数量仅次于天盛元宝；篆书文字的极为罕见，仅 1984 年在贺兰山发现的一个窖藏中出土的 3 万枚钱币中拣选出一枚，为孤品。

另外，还有一种"大朝金合"，大小和当十钱一样，字体为楷书，制作规矩。北宋绍圣（1094—1098）年间李孝美在《历代钱谱》中最早提到了这枚钱，说是外国钱，但是没有具体所指。因为蒙古在建元之前铸造过一种"大朝通宝"银钱，有人因此认为它也是蒙古铸造的。成吉思汗大约在李孝美一百年之后才降生，因此不可能是蒙古钱。但是，从文字书法及铜色制作上，大朝金合又不像是辽钱，很有可能是西夏钱。这还仅仅是一种推测，需要将来的考古发现证明。

（四）

迄今为止，已经出土发现的西夏钱币有 20 多万枚，按照材质，可以分铜钱与铁钱两种，其中，铜钱近 2 万枚，铁钱有 18 万~19 万枚；按照钱币上面的文字，可以分为西夏文字与汉字两种，其中，西夏文钱币 5 种，汉文钱币 7 种，而汉文又可以分为篆、隶、楷、行等书体。这些钱币的铸造和流通几乎贯穿了整个西夏历史，通过它们正可以从一个侧面大致窥见西夏当时政治、经济、文化发展的情况以及与宋朝关系的疏密程度。

西夏钱币整体上看，以元德为界，大致可以分为前后两个时期。前期铸工粗疏，文字浅显，形制不整；后期则铸工精细，文字深峻，形制规整。这与西夏的汉化程度，换言之就是受宋朝政治、经济、文化影响的程度呈正相关的关系。

西夏钱币文字规矩，制作精整，无论是钱文的书法还是铸造工艺都超过辽钱甚远，即便是与宋、金钱币相比，也毫不逊色。这说明西夏的文化和手工技术都优于契丹人建立的辽朝。最明显的是西夏与辽国都铸有"天庆元宝"，西夏铸的天庆钱文字匀整秀气，铸工精美；而辽国铸造的天庆钱则文字拙而粗犷，铸工粗糙。由此就可以看出西夏钱与辽钱铸造工艺以及文化发展方面的差别。

与辽、金相比，西夏钱币总体上比较注重规律化、制式化。钱文多以"元宝"为名，书体多用正楷，光背，旋读，整齐划一；面值以小平钱为主，偶尔也铸有折二钱；材质以铜为主，间或铸有铁钱，铜、铁钱并行。流通使用以汉文钱为主，钱文书体包括篆、隶、楷、行各体，并有对钱，这些显然都是受宋钱的影响。西夏文钱的铸造虽然早于汉文钱，但是文献中没有记载，只能依照钱文年号来推算铸行的大致年代。铸有西夏文字的钱币，钱文多称"宝钱"，而不是汉文钱的"元宝"或"通宝"。有阔缘、窄缘两种，文字笔画较肥。西夏钱币虽然用汉文和西夏文两种文字铸钱，但是每一种钱币上却只使用一种文字。

西夏铸钱数量总体上较少，流通使用中以宋钱为主。这从西夏钱币窖藏中主要为北宋钱，西夏钱不到百分之二三就能得到证明。因为铸造的钱币少，所以《西夏法典》对私运或销毁铜钱的禁令极为严厉，如"禁止任何人向他国贩卖钱币，禁止工匠毁铸或走私钱币"；"鼓铸走私百文直五百文者，处三个月苦役"；"十缗者处十二年苦役"；"过十缗者，对罪犯处绞刑"。西夏没有像北宋、金朝那样铸造大钱，基本都是小平钱。这可能与大量用银有关。

西夏钱币揭开了尘封千年的王朝的面纱，那金代钱币又是如何体现女真族的崛起，两年之内就先后灭亡无论是国土面积还是人口都几十倍于己的辽国与北宋的呢？

3

金代钱法：极富创新思想的币制

女真人崛起于东北的白山黑水之间，一个居于弹丸之地的蕞尔小邦，竟然在十年间就灭了契丹人建立的辽国，第二年又顺势灭了北宋。女真人因此给世人留下了一个擅长骑马打仗的战斗民族的强悍形象。

实际上，女真人不仅善于骑马打仗，也精于经邦治国。他们的才智并没有被局限在攻城略地的武功上，在文化建设上同样也表现出了非凡的创新思想，这一点在金代的货币制度上就体现得非常明显。女真人铸造了我国最早的银币"承安宝货"；发行了世界上最早的不受时间限制、可以永久使用的纸币，甚至将纸币当成了与南宋进行军事斗争的工具；另外，还用手工技术铸造出了堪比近代机制币的精美的"泰和通宝"铜钱。因此，金代虽然立国时间不长，但是在我国古代货币发展史上却占有重要的地位。

下面就给大家说说，金代纸币制度以及银铸币产生的背景及对后世的影响。

（一）

契丹人与党项人虽然在制度建设方面也多有建树，如前者设立的"两部制"的南北面官，以及后者的"制国书、理官制、定新律"等举措，在四朝时期都是很有新意的，但是，在货币制度方面，契丹人、党项人与女真人相比就显得太过逊色了。因为，在前两个国家刚刚学会模仿宋朝使用铜钱的时候，金国除了铜钱，已经开始使用纸币与银币，并将纸币作为斗争的工具与发明使用纸币的宋朝玩起了货币战争，真可谓"青出于蓝而胜于蓝"。

图 6-14　正隆元宝

图 6-15　大定通宝

图 6-16　泰和通宝（楷书）

图 6-17　泰和重宝（篆书）

讲到金国的纸币，就不能不提到金国历史上的两位皇帝。

首先是金代最富争议的第四位皇帝，即海陵王完颜亮。他出身于金国皇室，是金国的建立者完颜阿骨打的孙子、金熙宗完颜亶的叔伯兄弟，他才高志大，文武兼备，正所谓"上马打天下，下马能吟诵"。他的皇位以谋杀金熙宗的方式夺得，在位十三年后又以被谋杀而告终。他刚愎自用、暴虐成性、荒淫无度，被视为大逆不道的乱臣贼子，因此死后不但没入皇陵，甚至还被迁出了王陵，既无尊号也无庙号，而被称为海陵王。即便如此，后人并不否认他是一位兼具文韬武略的皇帝。他在推进女真族汉化以及制度建设方面做出了很多重要的贡献。除大家都知道的将金国的都城由偏居一隅的会宁府迁往北京之外，他还在金国率先发行纸币，并以纸币为手段与南宋进行了一场货币战争。

按照常理，一般都是先铸造使用铜线，当财政出现了亏空，需要弥补时才开始发行纸币。但是完颜亮却一反常理，首先于贞元二年（1154）发行纸币，三年后才于正隆三年（1158）铸造铜钱。这正体现了完颜亮的政治智慧。

完颜亮发行纸币，主要是有两方面的原因。

一方面，这是解决当时钱荒难题的无奈之举。"钱荒"是从唐朝中期就延续下来的一个社会问题，只是到了金代变得更加突出和尖锐。《金史》记载，皇太子询问山东来的使者："民间何所苦？"答曰："民间无钱，以此苦之。"因此，完颜亮就想学宋人发行纸币来解决钱荒的难题。

另一方面，这是与南宋进行货币战争的需要。当时南宋与金国之间，除了金人的南侵与宋人的北伐这种金戈铁马的军事对抗，实际上在金融货币领域，围绕着对铜钱的控制，两国还进行着一场激烈的货币战争。面对日益严重的钱荒，金朝政府的应对措施除了大量吸纳宋钱，首先想到的办法就是模仿宋朝发行纸币，这除了客观上有当时金国境内缺少铸钱的铜料这一原因，主观上还为了防止北宋遗留的铜钱再流回南宋，因此金国的纸币仅限于在黄河以南地区流通使用。过了黄河就开始使用铜钱，而不再使用纸币。

这一点在范成大出使金国回来后写的《揽辔录》一书中说得很清楚，即"又不欲留钱于河南，故仿中国楮币，于汴京置局造官会，谓之交钞，拟见钱行使，而阴收铜钱，悉运而北，过河即用见钱，不用钞"。

金国的纸币交钞最初主要用于黄河以南，而兑换来的铜钱则被悉数运往黄河以北使用，以防止铜钱再流回南宋。这完全是金国对南宋禁止两淮地区使用铜钱、只许使用纸币以及铁钱做法的应对之策。

（二）

另一位与纸币有关的金代皇帝是第六位皇帝金章宗完颜璟。他是金代汉文化水平最高的一位皇帝，雅好汉人的书画作品，学的一手宋徽宗的"瘦金体"，几乎能以假乱真。这一看就是从小受了很好的汉文化熏陶，是位在承平年代长大的皇帝。因此，要想了解完颜璟，就必须先从他的爷爷即金代的第五位皇帝完颜雍讲起。

完颜雍与完颜亮是堂兄弟，也是完颜阿骨打的孙子。完颜亮征讨南宋时，完颜雍被任命为东京（今辽阳）的留守。完颜亮在前线被杀后，完颜雍被拥立为新皇帝，即第五位皇帝，称为金世宗。他一即位就立即停止了侵宋战争，励精图治，部分革除海陵王统治时期的弊政，缓解了社会矛盾，出现了所谓的"大定之治"，因此他也被后世称为"小尧舜"。大定二十五年（1185），被完颜雍立为皇太子的嫡长子去世，嫡长孙完颜璟被立为皇太孙，成为皇位继承人。大定二十九年（1189）正月金世宗去世，完颜璟继位，成为金国的第六位皇帝，被称为金章宗，当年没有改元，继续使用大定年号。

当时金朝已经立国七十多年，礼乐制度多是沿袭辽宋旧制，杂乱无章。因此，金章宗即位后，进行更定修正，推行了一些变革的措施。在货币制度上最重要的举措就是废除了纸币限界流通的规定，这样纸币就可以永久使用，不再受时间的限制。

金人发行的纸币交钞最初也模仿北宋的交子设定了流通期限，以"七年为界，纳旧易新"。即以七年为一界，纸币流通七年之后就作废，必须发行新的纸币进行兑换。分界的制度虽然有利于国家控制、调节纸币的发行量以及流通量，但是不利于保持纸币的稳定和信用。

据《金史·食货三》记载，有人因此在纸币交钞行使三十多年后主张罢弃交钞，结果朝廷内部就是否继续发行交钞以及是否保持七年厘革展开了一场讨论。主张保留交钞的大臣认为，交钞比铜钱更利于商旅去远方贸易，因此商人都愿意用铜钱兑换交钞，使用交钞对公私都有便利，怎么能罢弃呢？进而指出百姓对交钞缺乏足够的信心并不是因为交钞本身，而是由七年厘革制度造成的。因此提议"乞削七年厘革之法，令民得常用"。这一建议被新继位的金章宗采纳，于大定二十九年（1189）废止了交钞七年厘革的限制，允许交钞永久使用，不限年月，并停止铸造铜钱，为纸币流通区域的迅速扩大创造了条件。

图6-18　北京路一伯贯交钞版

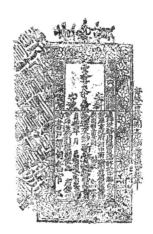

图6-19　陕西东路十贯五合同交钞版

纸币从有界期行用发展到无限期流通是金代的创举，标志着纸币作为金属货币的符号在商品交换中取得了更加重要的地位。金代交钞较南宋会子无界发行早了将近六十年，在纸币发行史上具有划时代的重要意义。

金代的纸币因为不分界，后来为了应对通货膨胀便频繁地更换名称，发行新钞。所发行的虽然都是纸币，但是名称却像是铜钱，如贞祐通宝、兴定宝泉、元光珍货、元光重宝、天兴宝会等，这也成了金代纸币的一大特点。

（三）

金章宗除了取消纸币的限界流通，还于承安年间（1196—1200）铸造发行了我国历史上最早的银铸币，这与蒙古的崛起有关。

就在金朝经过号称"小尧舜"的金世宗长达二十九年的统治，奠定了"大定盛世"的时候，一支更加强悍的势力已经开始在金国北部的草原上崛起，这就是蒙古人。

当时的蒙古各个部落还没有统一，以游牧为生的他们时常进入金国境内抢劫。不堪其扰的金章宗也学起汉人的办法，从临潢到泰州，就是今天内蒙古巴林左旗东南到黑龙江洮安东北一线，开挖了一条绵延九百多里的壕沟（据考古勘测，这条壕沟深3~4米，宽十余米），内侧还筑有墙堡，并派驻大批驻军防御蒙古人的侵扰，这是一项规模浩大的防御工事。不仅如此，金章宗甚至还在明昌六年至承安三年（1195—1198）这四年间，三次派兵深入蒙古草原进行讨伐，最终都无功而返。但是，这场消耗战却耗费了金朝大量的人力、物力。

为了弥补财政上日趋严重的亏空，金章宗唯一能想到的办法就是大量发行纸币，实行通货膨胀政策。于是他罢废了耗资巨大且得不偿失的铸钱监，从此停止铸造铜钱，完全依靠使用纸币来满足社会上的流通需要。因为纸币交钞已经废止了按界换发的限制，可以不限年月，永久使用。因此，纸币越发越多，面值也越印越大，为后来的通货膨胀埋下了隐患。

金章宗停铸铜钱之后，在增加纸币发行量的同时，也增加了白银的使用。给官员、兵士的薪俸以及军需款项都是纸币与白银搭配发放。因为纸币的面值越发越大，铸成银锭的白银基本上每个都重达五十两，小一点的也有二十多两。所以，驻守在东北边境防范蒙古入侵的士兵领到军饷之后，因为银锭重量过大，小额日常使用时非常不方便，有的士兵就将银锭截凿成小块使用，这样在每次使用时，不仅需要验成色、称重量，还容易掺假。

图 6-20　五十两银锭

金朝政府为了解决因为铜钱不足而导致的小额交易的不方便，就于承安二年（1197）铸造了一种从一两至十两，分为五等面值的小额银锭，称为"承安宝货"，规定承安宝货银锭一两可以兑换铜钱两贯。铜钱一贯是 1000 枚，两贯就是 2000 枚。无论是官府还是个人，都必须将承安宝货银锭视作现金，与铜钱一样流通使用。明令禁止私销、私铸，也不允许以任何理由拒绝接受，或者是擅自稽留、蓄藏等。另外还规定，交易中二贯以上必须用纸币和承安宝货银币来支付，不许使用铜钱。但是一贯以下"听民众自便"，就是纸币、白银、铜钱可以任意选择使用。可见，以银为货币的目的已经非常明显。

图 6-21 "承安宝货"银锭

这种小面值的银币，金章宗最初是给防御蒙古侵扰的军士们发饷用的，为了便于他们在日常生活中使用，所以某种意义上也可以说它们是一种军用货币。但是，金章宗没有想到的是，承安宝货银锭因为大小适中、重量统一、成色一致，使用起来非常方便，很快就流向了市场并大受欢迎。一些不法之徒于是就开始打起私铸的主意。他们在银锭的中间掺杂一些铜锡，成色、重量也任意减低。后来市面上因为充斥着大量造假的承安宝货银币，商人难以辨识，就拒绝接收，正常的商业贸易活动因此受到了破坏。无奈的朝廷就在承安五年（1200）十二月将使用了三年多的承安宝货银锭废止了。

承安宝货使用的时间虽然并不长，但它却是自汉武帝铸造"白金三品"以后，第一次由政府铸造的正式用于流通的银币，对后世用银的影响较大。

"白金三品"还不能被认为是真正意义上的银币，因为它含银量很低，主要是银锡合金，并且是一种虚币。因此，只能说它是法定银币的滥觞，开启了我国古代白银货币化的进程，但是进程非常缓慢。

从唐朝中后期开始，随着商品货币经济的发展以及人口的增加，社会对流通领域货币数量的需求越来越高，贱金属铜、铁已经不能满足这种日益增长的需求，贵金属白银取代铜钱成为流通中的主要货币已经是一种必然的趋势。因此，从唐末、五代时期开始，白银的货币性逐渐加强，并出现了正式进入流通领域的趋势。

宋代白银的使用数量及范围虽然比以前都有显著的增加，并且已经初步具备了部分的货币职能，但是在交换媒介和价值尺度这两个货币最为核心的职能上，白银与铜钱、纸币，甚至是铁钱相比，地位还都很有限，发挥的主要是价值高、体积小、便于携带的作用，但是仍然必须称量使用。

到了金朝后期，即金章宗时期，白银不仅作为流通手段，而且已经具有了价值尺度的功能，开始取代铜钱以及纸币成为主要的货币。特别是承安宝货是以铸币的形式出现的，这为元代白银价值尺度的确立以及明朝中叶白银成为法定货币，最终完成白银的货币化奠定了基础。因此，我们说承安宝货银币在中国古代货币发展史上占有重要的地位。

（四）

　　文献中虽然记载金章宗承安二年（1197）铸造过一种叫"承安宝货"的银币，但因为没有实物传世，后人不能确定它形制上到底是方孔圆钱，还是束腰形的银锭。民国时期社会上出现过一种铸有"承安宝货"四字的方孔银钱。直到1981年9月黑龙江省人民银行工作人员在从各市县上缴省金库的碎金杂银中，意外发现了4枚錾刻有"承安宝货"字样的束腰形银锭，面值都是一两半，世人这才知道承安宝货是束腰形的银锭，而不是银钱。不久又有两次发现：一次是1985年8月，在黑龙江省阿城杨树乡，一位种地的农民在挖地时挖出了一枚面值也是一两半的承安宝货银锭；另一次是1987年6月，在内蒙古的兴和县，一位农民在田间捡到了一枚承安宝货银锭，面值竟然也是一两半。这样，已发现的6枚承安宝货银锭的面值都是一两半。

　　文献记载承安宝货银锭，自一两至十两分为五等面值，但是没有说明中间三个等次的重量。日本著名的货币史学家加藤繁先生根据贞元以后交钞的面值，推测是一两、二两、三两、五两、十两。但是，一两半面值承安宝货银锭的发现，证明加藤繁先生所推测的这五个整数面值是错的。但是，他以交钞五等为承安宝货五等的思路是对的。按照这个思路，一两半面值的银锭对应的是三贯的交钞，那五贯的交钞对应的就应该是二两半的银锭，十贯交钞对应的是五两银锭。这样，承安宝货银锭的五等面值就应该是：一两、一两半、二两半、五两、十两。

　　女真人建立的金朝创建了极富创新思想的币制，那比女真人还要勇猛的蒙古人建立的元朝，将会采用怎样的币制呢？

4

元代的币制

　　元代的币制在我国货币史上是一个转折点，具有重要地位。此前以小平铜钱作为价值尺度，元代则代替为白银及纸币。这一方面是从唐朝以来逐渐推演变化形成的，另一方面也是受外来因素的影响。最直接的原因，则是因为蒙古在统一中国之前首先受到西域及金朝的影响。统一后，创制立法、度支理财的臣佐，不是西域色目人就是金国的汉人，他们在各自原有货币制度的基础上加以损益，给元朝制定了以白银与纸币为主的货币制度。

　　禁用铜钱、元宝银锭、元代钞法三节，分别介绍了元朝废弃铜钱，专用纸币，以及白银货币属性加强的原因。第四节"供养钱"揭示了元朝统治者推行扶植优待藏传佛教的政治目的。第五节"四体文至元通宝钱"则反映了元代在我国"多元一体"民族构成和文化融合过程中的重要地位。

一、禁用铜钱：刘秉忠咒语背后的真相

铜钱作为我国古代最重要、同时也是最基础的货币，每个朝代都有铸造。特别是在王朝建立之初，铸造新的货币往往被视为改朝换代、标榜正统，或者是宣示合法性，表示王命所归的象征，而成为统治者必做的事项之一。即便是四朝时期由少数民族建立的辽、西夏、金诸朝代也莫如此。但是，蒙古人却是个例外。无论是在崛起并进行扩张征服的初期，还是稳定后回归中国传统的元朝统治时期，几乎都没有铸造正式流通使用的铜钱，而是以使用银和纸币为主。这是为什么呢？

文献记载，这与刘秉忠对忽必烈讲的一段咒语有关。他说蒙古人兴起于塞外幽阴之域，不适合使用铜钱。如果使用铜钱，将会导致天下大乱。后来果不其然，元顺帝铸造"至正通宝"钱之后，竟然真的天下大乱，元朝也因此而灭亡，似乎应验了刘秉忠的咒语。

果真是这样吗？那蒙古兴起之初没有像辽金西夏那样铸造铜钱，又是为什么呢？

这一节我将通过钱币实物，给大家分析蒙古崛起之初以及建立元朝之后不铸造铜钱的原因，并揭示刘秉忠咒语背后的真相。

（一）

蒙古兴起之初没有铸造圆形方孔铜钱，显然和刘秉忠的咒语没有任何关系，因为当时刘秉忠还没有出生。实际上，当时蒙古人并不是没有铸造钱币，只是他们的钱币是打制的圆形无孔的金银币，而不是中原地区的圆形方孔铜钱，这是因为当时蒙古人主要是受西域以及中亚的影响。

成吉思汗统一蒙古各部之后，与中原地区隔着金朝和西夏，当时他们又都处于战争状态，因此并没有直接的商贸往来。那时蒙古的贸易对象主要是西域以及中亚的花剌子模等国。成吉思汗在他派出的贸易商队被花剌子模国边境驻军抢劫之后，他为了报复花剌子模的暴行才发动了第一次西征。

　　当成吉思汗率领蒙古大军击败花剌子模，占领中亚地区之后，以撒马尔罕、布哈拉为代表的各地城主为了表示归顺蒙古、尊奉成吉思汗为新的统治者，就按照当地的习俗，在他们的钱币上面打上了成吉思汗的名字。后来，蒙古人为了宣示他们的主权，也在一些征服地区打印带有成吉思汗以及后继的窝阔台、蒙哥等人名字的钱币，这应该就是最早的与蒙古有关的钱币。当时中亚、西域地区都已经接受伊斯兰教，因此这些钱币都属于伊斯兰风格的钱币，材质以金银币为主，偶尔也有少量的铜币；而且是用打压法制成的圆形无孔钱币；上面只有伊斯兰教的经文，而无动物图案。

图 6-22　铸有成吉思汗名字的银币

　　除此之外，蒙古早期还打制有人物或动物图案的圆形无孔的银币，正面有的是人持刀骑马的图像，但是大多数不是人物图像，而是动物图像，例如鼠、牛、虎等，代表的是年份。因为蒙古人是用动物来纪年，如虎儿年、兔儿年等。这些显然都不属于伊斯兰钱币的风格，而是保留了浓郁的蒙古草原上的游牧文化。这些也与中国古代传统的圆形方孔钱不同。

蒙古帝国在忽必烈之前，实际上铸造过圆形方孔钱，铭文为"大朝通宝"，有银、铜两种，数量都极为稀少（铜质的更少），主要是为了政治宣传，而非流通使用。

"大朝"是蒙古建立元朝之前的自称，实际上"大朝"与"大蒙古国"都是源自蒙古文"Yeke Mongghol Ulus"的汉译，前者为简译，后者为直译。1986 年在宁夏贺兰拜寺口双塔出土银质大朝通宝钱一枚，背铸阳文，为回鹘文"蒙兀儿·合罕·钱·宝"，就印证了这一点。

（二）

忽必烈建立元朝之后没有铸造使用铜钱，而是选择使用纸币，文献记载这与刘秉忠有关。据王恽《中堂事记》以及陶宗仪《南村辍耕录》的记载，中统元年（1260）忽必烈即位之初，曾计划将来"以钱、钞互为表里"，意思就是实行纸币和铜钱并用的货币政策，并征求亲信谋士刘秉忠的意见。

刘秉忠学贯儒释道三教九流，又长于阴阳术数之学。于是，他就引用道教的阴阳术数理论对忽必烈说，"钱用于阳，楮用于阴；华夏阳明之区，沙漠幽阴之域；今陛下龙兴朔漠，君临中夏，宜用楮币，俾子孙世守之。若用钱，四海且将不靖"。意思就是，铜钱适合向阳的地区使用，纸币适合背阴的地区使用。中原地区是阳明之区，塞外是幽阴之域。蒙古人龙兴于塞外，君临中原，应该使用纸币，子孙后代也要坚守这一点。如果使用铜钱，将会导致天下大乱。

刘秉忠的这番话对忽必烈产生了很大的影响，促使他最后决定废弃铜钱，专门使用纸币。《南村辍耕录》记载"遂绝不用钱。迨武宗，颇用之，不久辄罢"。因此，元朝成为世界历史上第一个使用纯纸币制度的国家。

面对日益严重的钱荒现象，金朝政府的应对措施除了从南方大量吸纳宋钱，首先想到的办法就是模仿宋朝发行纸币，而没有像大多数政权那样去铸造铜钱，这也是金朝币制上不同于其他朝代的地方。这样做是因为华北地区既缺少铜矿，铸钱的成本又比较高。因此，海陵王于贞元二年（1154）首先发行了纸币交钞，想用推广使用纸币的办法来解决钱荒的难题。但是，因为千百年来民间已经习惯于使用铜钱，所以他才在四年之后，又设置钱监开始铸造铜钱。这种铜钱与纸币并行使用的局面仅仅维持了三十五年，到大定二十九年（1189）金章宗刚一即位就被废止了。

金章宗首先是罢废了亏损严重的两个铸钱监。据《金史·食货志》记载，当时这两个钱监"岁铸钱十四万余贯，而岁所费乃至八十余万贯"。铸14万贯钱的成本竟然高达80多万贯，铸钱真的成了赔钱赚吆喝的事，肯定维持不下去，要被废弃。

金朝停止铸造铜钱之后，就完全依靠使用纸币来满足社会上的流通需要。金章宗接着又颁布了一项重要的措施，既然废弃铜钱使用纸币，那就索性废止了在这之前交钞每七年就要换发一次的限制，允许交钞不限年月，永久使用。这是一项极富创意的做法，意味着世界上出现了最早的无限流通的纸币，在纸币发行史上具有划时代的重要意义。实际上，可能正是这一点启发了后来的刘秉忠建议忽必烈实行纯纸币制度，以此来解决当时所面临的钱荒难题。刘秉忠的预言正反映了宋金以来长期困扰华北地区的钱荒现实。

蒙古灭金以后，占据了华北地区。帮着蒙古人创立制度、度支理财的大部分都是金国的汉人，他们非常熟悉金朝的纸币制度。受他们的影响，蒙古人在建立元朝之前，窝阔台、蒙哥以及忽必烈就已经开始借鉴金人的办法，在华北地区的一些地方短暂地发行过三次纸币。

除此之外，当时归顺蒙古的一些地方割据势力，譬如何实在博州、刘肃在邢州、李璮在益都，也都发行使用过纸币。2005年山东淄博市所发现的"淄博交会"铜钞版，就是那一时期的实物见证。这些纸币大都是模仿金朝的交钞，只限于在当地流通使用。

图6-23 "淄博交会"铜钞版

（三）

忽必烈称帝建立元朝之后，他既可以选择继续像金朝一样，纸币、铜钱与白银三者相兼行用；也可以选择像宋朝那样，纸币和铜钱并用。显然忽必烈是想采用后者，就是同时使用纸币和铜钱。但是，他的这一设想被刘秉忠给否定了，刘秉忠建议他只能使用纸币而不用铜钱。

忽必烈最后采纳了刘秉忠的建议，选择使用纸币而不用铜钱。这是由当时华北地区的现实条件所决定的。实际上，这也是没有办法的办法。

首先，自金代以来，华北地区的铜钱以及铜矿资源严重不足，铸钱耗资巨大，亏损严重，是财力空虚并且正在与阿里不哥争夺皇位的忽必烈所难以承受的。

其次，作为称量货币的白银价值高，使用时又需要称重、验色，非常不适合老百姓的日常小额交易，主要是用于上层的赏赐和大额支付。实际上，当时底层的民众也很难有机会接触白银。因为大部分白银都被充当"斡脱"（与蒙古贵族关系密切的西域商人）的回鹘人贩运到中亚、西亚去放高利贷了，华北地区实际上是很缺银的。

最后，也是最关键的，印造纸币的成本很低，又便于操作。纸币既可以解决钱荒的难题，又能为统治者提供财政上的支持。特别是经过金朝一百多年来的推行和实践，华北地区的百姓已经普遍接受了纸币。另外，使用纸币也便于收兑此前华北地区汉人世侯、投下领主等割据势力所发行的纸币，有利于尽快实现货币的统一。

基于上述几点，忽必烈在他称帝的当年，即中统元年（1260）七月，就颁布圣旨，印造纸币。从中统元年到至元二十四年（1260—1287）的二十八年间，忽必烈先后 7 次下达诏令，要求改革币制，统一钞法，最终建立起了世界上最早实行的纯纸币制度。这种纸币的流通使用不限年月、不分地域，是一种具有无限法偿能力的不兑换纸币，与之配套的是比较完备的管理办法和措施。这些实际上已经基本具备了近代纸币的雏形。这一极富创意的纯纸币制度无疑是当时世界上最先进的。

刘秉忠建议忽必烈废弃铜钱、专用纸币的观点，如果抛开其源自道家的阴阳术数的谶纬外衣，单从宋金以来长期困扰华北地区的钱荒背景分析，可以说是非常有见地并富有创意的。这一点可能大家都比较容易理解。但是，刘秉忠为什么说，如果使用铜钱，将会导致天下大乱呢？

刘秉忠建议忽必烈实行纯纸币制度，是借鉴和分析了南宋以及金朝实行钱钞并行（即铜钱和纸币同时流通）的弊端而提出来的，是有针对性的。因为铜钱本身是有价值的，受铜矿资源以及铸钱成本的限制，铜钱的总数是有局限的。而纸币几乎是没有成本的，在专制时代可随用随印，数量是无限的。因此，钱钞并用必然使得民众"惟钱之是用"，就是谁都愿意将纸币兑换成铜钱。这一定会加速纸币的贬值，带来物价的飞涨。南宋以及金朝就是因为钱钞并用，而一再陷入"钱重钞轻"的通货膨胀泥潭，最终导致天下大乱，政权毁灭。因此，刘秉忠才会告诫忽必烈不能使用铜钱，否则将会天下大乱。

（四）

刘秉忠这一预言性的咒语，最后竟然不幸在元顺帝时应验了。元顺帝于至正十年（1350）十月，更改了忽必烈制定的只使用纸币而不铸造铜钱的遗训，在京城设置铸造铜钱的机构"诸路宝泉提举司"，铸造"至正通宝"钱。第二年即至正十一年五月，就如刘秉忠所预言的那样，爆发了以韩山童、刘福通为首的白莲教起义，从此天下大乱，仅仅十七年之后，元朝就被明朝给取代了。

图 6-24　至正通宝、至正之宝

元末这场农民大起义是我国古代历史上一次重要的农民起义，于1351 年由河南颍川的刘福通发起。他乘元朝政府聚集 15 万民工修复黄河之机，联系白莲教首领韩山童，在社会上大肆宣传"弥勒下生""明王出世""石人一只眼，搅动黄河天下反"，并暗中凿了一个独眼石人，刻上"莫道石人一只眼，此物一出天下反"几个字，埋在即将要挖掘的河道上。这和发动了最早的农民起义的陈胜、吴广，将事先写好的布条"陈胜王"放在鱼的肚子里，然后再派人去集市上买回来的手段如出一辙。时间虽然相差了一千五百多年，但是这种宣传所产生的效果却是惊人的一致。等河工们看到挖出的石人后，都惊诧不已。就在人心浮动之际，刘福通振臂一呼，吹响了反元起义的号角。

这就如同推倒了的多米诺骨牌一般，黄淮一带遭受水灾、正无着落的流民、饥民群起响应。因为大部分起义军都头裹红巾作为标志，因此被称为红巾军。起义队伍后来逐步形成了以刘福通、徐寿辉、张士诚、陈友谅、方国珍、明玉珍、朱元璋等为首的几支。他们仿佛都知道刘秉忠的预言似的，在占据一块地盘相对稳定之后，都创建年号，建立政权并抢着铸造钱币。

例如，张士诚铸造了"天佑通宝"钱，刘福通铸造了"龙凤通宝"，徐寿辉铸造了"天启通宝"和"天定通宝"，陈友谅铸造了"大义通宝"，明玉珍铸造了"天统元宝（通宝）"，朱元璋铸造了"大中通宝"。除了明玉珍铸造的天统元宝（通宝）只有小平钱一种面值，其余各路起义军铸造的钱币，面值都有小平、折二、折三、折五等多种。但是，他们都没有发行纸币。

图6-25 天佑通宝（背"贰"）

图 6-26　龙凤通宝

图 6-27　天启通宝（折二、背"十"）

图 6-28　天定通宝

图 6-29　大义通宝（折三）

图 6-30　大中通宝（小平、折二、折三、当五、当十）

这一点很有意思。金朝末年,华北地区的割据军阀为了筹措经费,都纷纷发行各自的纸币,因为印刷纸币的成本要远远少于铸造铜钱,而元末农民起义军却没有一支发行纸币的,几乎都铸造了铜钱,这说明他们都知道或听说了刘秉忠的咒语。因为按照刘秉忠的阴阳术数之说,纸币是适合元朝统治者的,只有铜钱是不利于蒙古人的。因此,各路起义军都纷纷开炉,大肆铸造铜钱,希望以此加剧天下的乱局,以便自己乱中取胜。

除此之外,这些起义军铸钱还能实现两大目标:一是政治上表示与元朝彻底决裂,打出民族的大旗,有利于在社会民众中宣示自己的正统性;二是经济上能够获得铸币税,筹集经费,这也是很关键的。因此,元朝末年就成了中国历史上起义军铸钱最多的一段时期。

这说明天下是大乱还是大治,实际上与货币制度有着密切的关系。刘秉忠正是看到了这一点,所以在元朝初建的时候向忽必烈做了预警,怕忽必烈不能理解,又结合蒙古人信仰萨满教的习俗,专门附以阴阳谶纬之术。刘秉忠虽然说动了忽必烈,给元朝制定了废弃铜钱、专行纸币的货币制度,并在元朝初期得到了很好的执行。但是,正如俗话说的那样,管得了生前,管不了身后。忽必烈之后的蒙古统治者并没有能很好地执行这一货币制度,前有武宗,后有顺帝,先后都违背了忽必烈的遗训。武宗那次时间很短,仅有三年时间就改过来了。而顺帝这次连改错的机会都没有了,就直接应验了刘秉忠的预言,仅仅十多年,元朝就灭亡了。所以,货币政策的制定者与执行者,不能不慎,因为它直接关系着社会的稳定与民众的福祉。

二、元宝银锭：元朝之宝

"元宝"之名，最早出现在唐朝，指的是铜钱，来源于"开元通宝"钱。但是，用"元宝"来称呼银锭，却是从元朝开始的，意为"元朝之宝"。从此以后，单称"元宝"，意思就是"银元宝"，指的是银锭，已经和铜钱没有关系了。

实际上，这正反映了元朝给中国的币制所带来的重要变革。这说明从元代开始，白银的货币属性明显地加强了，社会上不但开始采用白银作为价值的尺度，而且逐渐发展到用白银作为流通的手段，这对于后来中国社会的发展产生了重要的影响。

本节将通过考察"元宝"之名的出现来分析中国古代在元朝之前白银货币化过程发展缓慢的原因，并以此说明是元朝推动了中国古代白银货币化的进程，使中国的币制产生了重要的变革。

（一）

将银锭称为"元宝"是忽必烈至元十三年（1276）的事。史书记载，杨湜担任"诸路交钞都提举"这一负责印造、发行纸币的官职时，为了防止白银出入平准库时被遗漏或偷窃，要求将重量不等、形制不同的各式银锭，都重新熔铸成重五十两的大银锭，并且在银锭的背面加铸"元宝"两字，表示元朝之宝。后来"元宝"一词就成了银锭的通称。

实际上这是元代白银货币属性增强的一种反映。因为此前只有铜钱可以被称为"宝"，而白银只是根据形制被称为"饼""铤""锭"，这既看不出白银和货币有什么关系，又体现不出它的贵金属属性。

图 6-31　杨国忠进献的五十两重银铤

图 6-32　船形银铤

可能很多人并不清楚，虽然经典政治经济学认为"金银天然不是货币，但货币天然是金银"，但是来自西方的这一经典理论却不完全适用于中国。中国古代长期选择使用贱金属铜，甚至是铁作为货币金属，而贵金属特别是白银的货币化过程非常的缓慢和曲折，直至明代中叶始告完成。这是为什么呢？

首先需要来解释一下贵金属这一名称的由来。

金、银在古代因为不够坚硬和锋利，既不能制作武器也不适合用作生产工具，几乎不具有实用价值，仅仅具有象征性的装饰作用。但是，金、银特有的属性，如价值比较稳定、易于分割、易于保存、便于携带，却是天然的货币金属，并因此而成为财富的象征。金银作为衡量商品的价值尺度和达成交易的支付手段，远比能够制作武器以及生产工具的铜、铁更为贵重，因而被称为贵金属。

在中国古代，黄金与白银虽然都是贵金属，但最初它们的货币属性是不同的。

黄金用作货币的记载，在春秋时期还很少见到。据统计，在《春秋》及其三部"传"中，很少有用金的记载，仅在《国语》中发现两处。但是，进入战国以后，上层阶级交易贵重物品时，多以黄金论价，并以"斤"或"镒"为单位，常以"千金之家""其家万金"表示富有的程度。这说明最迟在战国时期，黄金作为贵金属已经被普遍用作保藏和支付手段，而成为上层社会所使用的主要交换工具。当时上币用玉，中币用金，下币用铜，但没有使用白银做货币的记载。

秦始皇统一六国之后，更是用法律的形式明确规定，白银只能用来制作器物或装饰，而不能作为货币使用，即"黄金以镒名，为上币；铜钱识曰半两，重如其文，为下币。而珠玉龟贝银锡之属为器饰宝藏，不为币"[1]。因此，秦以及西汉盛行黄金，主要是将其作为支付手段，如赏赐、税捐、赎罪费、贿赂等，但它不具流通功能（购买手段），还不是十足的货币。到了东汉，特别是经过新莽末年的战乱，黄金已经普遍散落民间，不再集中于官府。因此，黄金的货币作用开始衰退。这时白银才逐渐成为货币金属，比黄金发挥了更多的货币职能。特别是汉武帝铸造的"白金三品"，开启了白银漫长的货币化过程。

（二）

晋到隋的三百多年间，金、银特别是白银的使用又盛行起来。

---

[1] 《史记·平准书》。

魏晋以后，黄金便逐渐退出了流通领域，主要是作为器饰、宝藏之用。如曹植《美女篇》的诗句"皓腕约金环，头上金爵钗"，以及李公佐《南柯太守传》中"金凤钗两双"等记载，就反映了当时黄金器饰的流行。白银在两汉时期，除武帝、王莽时曾用作货币之外，大多数情况下，仅是一种宝藏。魏晋以后用银的例子逐渐增多，金银往往并用。西晋末年已经有用白银表示物价的例子，这都说明白银的货币职能在逐渐增强。

这一时期，金银直接用作货币，发挥购买手段或流通手段的职能，仅限于广州、交州和河西地区，这明显是受外国的影响，与陆路和海上丝绸之路贸易的兴盛有关。交州、广州地区，金银可能还是称量使用，属于称量货币。西域以及河西地区流通使用的"金银之钱"则是指东罗马金币以及波斯萨珊朝银币。证以历年大量发现的东罗马金币、波斯萨珊朝银币，以及吐鲁番地区出土的文书，可知当时的吐鲁番地区正是兼用金银钱、布帛为支付手段，这与文献记载完全相符。估计这些金银币的使用在时间上不限于北周，地点上也不限于河西，直至唐朝，整个西北丝绸之路沿线都广泛流通使用东罗马金币以及波斯萨珊朝银币。这些外国金银币的传入，反映了南北朝直至隋唐时期中西交通、对外贸易的发展，以及经济、文化频繁交流的情况。

（三）

到了唐朝，白银在支付上逐渐变得重要。

唐代的货币制度是钱帛兼行，表示物价的尺度通常是用钱币或绢帛，文献中还没有见到直接使用黄金或白银表示价值的，因此金银还不是价值尺度，也不是十足的货币，使用上远不如绢帛普遍。白居易《卖炭翁》中"半匹红绡一丈绫，系向牛头充炭直"就是用绢帛支付的例子。但是，唐朝中叶以后，随着绢帛货币作用的衰退——逐渐退回其日用商品的地位——大额交易中缺少了适当的流通手段。虽然当时已有飞钱，但是仍然满足不了流通领域的实际需求。在这种背景下，金银除了继续发挥已有的支付手段和储藏手段的职能，从唐末、五代时期开始，货币性逐渐加强，出现了正式进入流通领域的趋势。

唐代金银的支付手段还主要是在社会上层，在社会下层则主要是作为储藏手段。金银的价值高，得来不易，非到万不得已时不肯轻易转让，因此金银的使用实际上是以上层权贵社会为主。但是在岭南与西域地区，因为对外贸易而受外来文化的影响，社会各个阶层都普遍以金银为货币。

白银自唐代起在支付上逐渐取得重要性，这明显是受岭南及西域地区用银的影响。建中初年，唐朝因为无力用绢帛支付向回鹘购买战马的费用，最后就是用 10 万两金银支付的。但是，在民间使用时，金银多数情况下还是先要变卖成铜钱而后支付，这说明金银还没有具备法定支付手段的职能。

唐末五代，白银的使用比黄金更加普遍，部分地区甚至有以银为赋税的一种而被征收的记载，如饶州、怀州、平阳县都曾经赋税征银。1937 年在陕西出土的一块"饶州开十九税山课银壹铤伍拾两"的银铤就是旁证。

根据文献记载，唐代金银的计重单位，都用"两"，几乎已经不再使用"斤"。文献中的"金"字，如果是指金银，就是指一两黄金或一两白银。铤为最通行的铸造形式，称铤银，也称笏。笏、铤有时也互用。

图 6-33 "饶州开十九税山课银壹铤伍拾两"

（四）

两宋时期，金银虽然在一定时间和一定范围内具有货币功能，但仍然不是官方的法定货币，用作价值尺度的事例还较为罕见。黄金的使用基本和唐代一样，主要是作为储藏手段和支付手段，如赋税、捐献、赏赐、军政开支、贿赂、谢礼等，甚至偶尔也有用作价值尺度的情形。黄金因为不具备流通手段以及购买手段这两种货币最基本的职能，所以仍然不是真正的货币。但是，白银的地位在宋代超过黄金，发挥了更多的货币职能作用。白银用作交换媒介时大多数情况下仍然需要折算成铜钱，表明白银虽然有货币化的趋向，但还仅仅是铜钱的代用品。后来因为纸币的产生以及广泛地流通使用，更延缓了白银货币化的进程。

贵金属白银取代铜钱成为流通中的主要货币，是货币经济发展的必然趋势，两宋时期的钱荒现象，实际上就反映了货币经济发展的这一客观要求。宋代白银货币职能的增强，概括地说有以下四点原因。

一是宋代商品经济高度发达，国内以及海外贸易繁盛，原来适合小商品交换的铜钱已不能满足流通的需求，遂使价值大、重量轻且便于携带的贵金属白银，开始发挥越来越重要的作用。白银是以弥补铜钱不便大额交易及长途运输的缺陷而出现的。

二是因铜钱大量外流出现严重的钱荒现象，因此增加了白银的使用。

三是自五代以来各地货币的不统一，至宋代时变得更为严重，使得铜钱、铁钱以及各种名号不同的纸币各自分区流通，只有白银不受区域限制，能够通行全国。

四是每年需向辽、西夏、金等国输出巨额的岁币银，这势必要增加税赋中银的征收。

宋代金银虽然在贸易中发挥的作用比较有限，但是在非贸易性的支付中已经开始广泛地使用，特别是在交通不便的地区，人们已普遍使用金银来折纳赋税后上缴。

宋代白银使用的数量及范围，虽然较之以前都有显著的增加，但是白银的货币属性较铜铁钱和纸币而言，还是较为次要的。尽管白银已经初步具备了部分的货币职能，但是在交换媒介和价值尺度这两个货币最为关键的职能上，还都非常微弱。白银的货币职能主要是以其较贱金属铜铁钱价值高且携带便利的优势而发挥作用。但是，宋代普遍盛行的回货贸易、大量有价证券参与流通、发达的信用汇兑制度，以及纸币的发明和大规模的流通使用，使得白银发挥作用的优势受到了一定的限制。这是宋代白银货币化发展缓慢的一个重要原因。

（五）

到了金代，白银已经具有了价值尺度的功能。

北方的金人原本就有用银的习惯，入主中原之后，更在宋人的基础上而有所发扬光大。金代中后期，为了弥补华北地区因纸币贬值、铜钱不足而导致的通货膨胀，人们开始使用黄金、白银以及绢帛，特别是白银取代铜钱、纸币。此时，金银不仅作为流通手段，而且具有了价值尺度的功能，获得了主要货币的地位。据记载，金朝后期，米、茶等生活日用品的价格也已经逐渐开始从以铜钱标价变为以白银标价。

另外，金代纸币交钞的单位，一直都是用铜钱的单位"贯""文"表示，但是临近灭亡前夕发行的纸币"天兴宝会"，则改用"钱"这一表示银的重量单位。这说明当时民间以银标价已经很普遍，甚至价值低廉的日用品也以银计价。可见白银已经取代铜钱以及纸币成为主要货币，为元代白银价值尺度的最终确立奠定了基础。

（六）

元代的时候，白银不仅是价值尺度，更逐渐发展成为流通手段，实现了货币最重要的流通职能，这与蒙古人的兴起有直接的关系。

蒙古灭金之后，华北地区成为蒙古的属地。此前蒙古通过西征，早已占领西域以及中亚地区，因此蒙古的货币深受西域以及中亚的影响，也是以白银为货币。这导致华北地区也被纳入以中亚为中心的金银货币的体系，这是元朝给中国币制带来的一大变化。从此，中国开始以白银为价值尺度，并逐渐发展到用白银作为流通手段。元朝在给中国币制带来重要变革的同时，也促进了亚欧大陆在白银货币基础上的一体化，对后世产生了重大而深远的影响。

蒙古在入主中原以前以及入主初期就使用白银，不但贸易借贷用银，物价也用银表示，甚至还一度铸造了"大朝通宝"银钱。元朝建立之后，虽然以使用纸币为主并几次禁止金银的流通和买卖，但是时间都很短暂，实际效果也很有限，目的主要是推行纸币。民间实际上仍然承袭宋金以来的习惯，使用金银与铜钱。后来随着钞法败坏，纸币的信誉破产，使用金银的情形就更加普遍。

图 6-34 "大朝通宝"银钱

　　民间对于借贷、劳务报酬、物价以及日常的交易，几乎都用银。这在元代杂剧、元曲以及《算学启蒙》等作品中都有大量的反映。银的借贷不仅流行于上层阶级，即便在民间也普遍通行。白银除了大宗交易，在一般日常生活中，比较小额的交易也广泛使用，范围已经遍及社会各个阶层。除日常交易外，白银还普遍被用作储藏手段，更是纸币发行的保证金。

　　蒙古早期的"交钞"多以丝为本，从"中统钞"开始就以银为钞本。这说明元初的货币已经开始从丝本位向银本位过渡。"中统银货"虽然没有正式发行流通，但是单位已经和白银完全相同。等到"至大银钞"发行之后，白银才成为真正的价值尺度，元代的币制也因此而更加接近于银本位制。

　　元代白银的形态不再像宋以前称"铤""笏""版"，而是统一称为"锭"，并规定一锭重五十两，统一称为"元宝"。

　　银锭被称为元宝虽然是从元代开始，但是五十两重的银锭却不是蒙古人的首创。五十两重的元宝早在唐代就已经出现，但是普遍使用始于元代。据《元史》记载，至元十三年（1276）元军平定南宋回至扬州，丞相伯颜号令搜检将士的行李，将所得撒花银子铸成五十两银锭并纪"扬州元宝"，归朝献纳；至元二十四年，又将征讨辽东所得白银铸成"辽阳元宝"银锭。扬州元宝、辽阳元宝文献中都记载重五十两，近年常有出土发现，可为旁证。

图 6-35 "扬州元宝"银锭

元宝偶尔也称银锭或铤银，形制像汉代船形银锭，两端呈外弧状，两侧为内弧束腰，周缘折起，略作上翘，中间内凹，较明清船形式样的银元宝低平，完全承袭了宋金银锭的形制特征。一般大锭重五十两，中锭重二十五两，小锭重十二两左右，也有重五两的小银锭。铭文有錾刻和戳记两种，錾刻的文字较多，内容涉及银锭的用途、铸造机构、相关官员、银匠和纪年等。戳记的铭文内容相对简单，通常为地名、用项及银匠名称等。

图 6-36 "蒙山课银"银锭
（天字号）

图 6-37 "蒙山课银"银锭
（元字号）

这说明"元宝"已经具备了铸币的各种要素,可以被视作我国古代一种特殊的银币。它上面的铭文反映了当时的社会经济状况以及白银的使用情况,与税赋政策的变化直接相关。因此,元宝比后来的银币具有更重要的历史文献价值。

银锭被统一称为元宝,是由蒙古人在元朝初建的时候完成的,在中国古代白银货币化的进程中具有重要的意义,为明朝中后期最终实现白银的货币化奠定了基础。

三、元代钞法:深刻影响了世界发展的纸币

讲到元朝的纸币,有两个汉人起了关键的作用。一个是影响忽必烈决定禁用铜钱、发行使用纸币的刘秉忠,另一位是具体为忽必烈设计纸币制度的王文统。而使世人了解中国纸币的却是两位外国人。一位是最初向欧洲介绍中国纸币的意大利旅行家马可·波罗;另一位是近代最早发现中国古代纸币的俄国探险家科兹洛夫,他因用实物印证了《马可·波罗游记》中有关元代纸币的记载而轰动世界。

本节将通过他们四位来向大家介绍元朝使用纸币的原因以及过程,并分析元钞是如何深刻影响了世界发展的。

(一)

前文已经说过,蒙古人最初使用纸币,完全是受金朝的影响。

给蒙古人创制立法、度支理财的大臣,一多半是金国的汉人或契丹人。他们在金朝纸币制度的基础上加以改进,给蒙古人制定了以纸币为主的货币制度。

早在忽必烈称帝之前,蒙古就在华北地区发行过三次纸币:第

一次是太宗窝阔台时期，第二次是宪宗蒙哥时期，第三次是忽必烈称帝之前在自己的封地发行的交钞。这三次发行使用纸币的时间都很短，流通的地域不广，影响也不大。

忽必烈建立元朝之后，决定禁用金属货币，实行纯纸币制度，是受汉人刘秉忠的影响。

刘秉忠（1216—1274）可以说是元朝初年的一位传奇人物。他出生于河北邢台，自幼聪慧，于书无所不读，学贯儒释道三教九流，尤其精通《易经》，熟悉天文地理、律例占卜。忽必烈将他视为奇才，极为宠信，并留他在身边供职，接受了他"采汉法，以儒治国"的理念。元朝这一名称就是刘秉忠取自《易经》中的"大哉乾元"。他还规划设计了元大都，并对元初的政治体制、典章制度的奠定都发挥了重要作用，可以说是大元帝国的总设计师。古代著名科学家郭守敬是他的学生，明朝永乐帝的谋士姚广孝是他的崇拜者。刘秉忠病逝后，忽必烈给予他"共成庶政，乃成斯业"的评价，并赠太傅，封赵国公，谥文贞。这是文臣的最高规格。忽必烈接受刘秉忠的建议决定使用纸币之后，就将具体设计发行纸币制度的工作交给了王文统。那王文统是何许人？他又是怎样设计元朝的纸币制度的呢？

王文统（1190？—1262），字以道，元初政治家，金朝大定府（今内蒙古宁城西）人，为金朝末年进士，所学不限于儒家，喜读权术、谋略之书。他由刘秉忠推荐给忽必烈，被任命为"中书省平章政事"，就是俗称的宰相，主管中原汉地政务，被委以"除旧弊、立新政"的重任，为元朝各项制度的奠定发挥了重要的作用。中统三年（1262），王文统因女婿李璮发动叛乱受到牵连，被以同谋罪处死。

王文统任宰相时，忽必烈正在与阿里不哥进行争位战争，亟须得到中原汉地的财政支持。王文统于是就在认真总结金朝发行纸币经验的基础上，制定了发行中统钞的严密钞法。这一钞法不仅对中统钞，而且对整个元朝的纸币制度都有重要的影响。

在这一钞法中，王文统提出了五条特别要遵循的原则：一是中统钞没有时间和地域限制，可以在境内各处长期使用；二是各路原来发行的旧钞，限期尽数收换，不再流通；三是各种赋税都收中统钞；四是以银作钞本，中统钞可以随时兑换白银；五是印钞只限于流通，不许挪作他用。

上述精细的措施，保证了中统钞的信用。另外，王文统还在各路设立交钞库（或称行用库）作为兑换机关，同时下发新钞和相应数目的钞本银，也就是准备金。百姓持纸钞来兑换白银、用白银来兑换纸钞，或是用旧钞兑换新钞，都依数支发，每两收取手工费三分，收兑的白银就作为准备金储存在钞库。

王文统在宋金纸币的基础上所设计制定的严密钞法，确保了中统钞发行的顺利进行。因为管理制度完善，中统钞的购买力一直比较稳定，为忽必烈战胜阿里不哥以及与以海都为首的西北藩王的斗争提供了财力保障。但是，从灭亡南宋前后开始，元朝政府就将加印纸币作为弥补财政亏空的手段，实行通货膨胀政策，之后纸币就开始踏上贬值的不归路。

忽必烈之后，王文统制定的钞法更是没有得到很好的执行。一变于武宗的"至大银钞"，再变于顺帝的"至正钞"。两次变更钞法，都违背了忽必烈当初专行纸币的政策以及王文统制定的严密钞法，武宗及顺帝因为试图纸币与铜钱并行流通，最终都陷入南宋以及金朝一再出现的钱重钞轻的通货膨胀，终至一发而不可收。因此，我们可以说元朝最后的灭亡与纸币制度的破产有着密切的关系。

图 6-38　中统元宝交钞（十文）

图 6-39　至元通行宝钞
（一百文）钞版拓片

图 6-40　至元通行宝钞（二百文）

图 6-41　新疆吐鲁番发现的中统元
宝交钞摹本（王树枏摹本）

图 6-42　昏烂钞印

图 6-43　江西等处行中
书省烧钞库印

图 6-44　开元路
退毁昏钞印

（二）

世界上最早的纸币虽然是北宋初年四川人发明的交子，但是直到元朝，中国的纸币才被外国人所了解并被介绍到欧洲。世人一般认为，欧洲人最早是通过《马可·波罗游记》知道中国人使用纸当钱购买物品的。

实际上，早在马可·波罗来华二十多年前，法国传教士鲁布鲁克受教皇派遣已于 1253 年奉命出使蒙古，在蒙古帝国的都城和林见到了蒙哥所发行的纸币，并记入了他写给教皇的出使报告《鲁布鲁克东行纪》。他是这样描述蒙哥纸币的："契丹通行的钱是一种棉纸，长宽为一巴掌，上面印有几行字，像蒙哥印玺上的一样。"这实际上是欧洲有关中国使用纸币的最早报道。但因为《鲁布鲁克东行纪》是写给教皇看的，知道的人不多，因此它在社会上的影响反而不如后来的《马可·波罗游记》大。

《马可·波罗游记》中有关中国使用纸币的记载，对当时只知道使用金属货币的欧洲人来说，因为超出了他们的认知范围，根本没有人相信，而被视为无稽之谈。直到将近七百年之后的 20 世纪初，元代纸币被发现，欧洲人才发现，原来马可·波罗说他所记载的还不及他所看到的十分之一并不是在吹牛，由此又引发了一股研究《马可·波罗游记》的热潮。

纸币虽然是中国人最早发明使用的，但是最早发现中国古代纸币实物的却是位外国人，他就是俄国的探险家科兹洛夫。1908 年初他受俄国地理学会派遣第五次来中国探险时，在内蒙古阿拉善一座被废弃的古城哈拉浩特发现了元代的"宝钞"。

科兹洛夫发现元钞的过程颇具传奇性，仿佛被深埋了 6 个多世纪的元钞就专门等着他去发现似的。科兹洛夫费尽艰辛第一次进入哈拉浩特古城挖掘时，只找到了一些古文书、佛像、纺织品、陶瓷以及古钱币等。就在他准备离开古城的时候，偶然在一堆沙子下挖掘出厚厚一沓灰纸，每一张上面都盖有红色的官府印章。科兹洛夫因此认为这是中国古代的纸币，就把它们装进箱子，向青海进发了。

他此行的计划是经青海湖进入黄河上游考察，但是他心中总是惦记着哈拉浩特古城，感觉似乎有什么在召唤着他。于是他又折返阿拉善，再次挖掘哈拉浩特古城。这次他选择的是古城外的一座佛塔，打开佛塔后发现了堆积如山的经卷、图书，以及各种材料制成的佛像。他足足忙碌了 4 个多星期，才将挑选出来的 300 多件佛像和 2000 多册书籍打包装箱运回了俄国。

这批文物的价值不可胜计，其中有两点最为引人注意。

一是有大量的西夏文图书。西夏文是党项人仿照汉文的造字法则另外创造的一种文字，西夏灭亡之后，西夏文随之消失，元朝以后就已经完全没人认识了。科兹洛夫发现的大量西夏文书籍，对于了解西夏的历史和文化有非常重大的意义。特别是有几部西夏—汉文字典，对释读西夏文有非常重要的作用，俄国因此成了世界上西夏学的研究中心。

另一点就是盖有官府红印的古代纸币。这些纸币经过俄国学者的辨认，被确定为元朝的纸币。虽然《元史》中记述了元代的纸币，但在此以前根本没有人见过元钞实物，不知道元代的纸币到底是什么样子。当年秋天，俄国将其中的一部分在彼得堡俄国科学院亚洲博物馆展出。这是保留下来的最早的古代纸币实物，立刻在西方学术界引起了轰动。

当时正好有日本学者在欧洲考察，途经彼得堡时，就将展出的元钞拍了照片带回日本，送给了在日本的中国学者罗振玉和王国维。罗振玉随即把它们收进了他正在编辑的《四朝钞币图录》。尽管这些照片都是隔着玻璃拍的，模糊而且没有比例，但却是中国人第一次见到元代纸币的实物照片。

（三）

元代的货币制度无疑是当时世界上最先进的，而元朝又是一个具有世界影响力的王朝。因此，随着蒙古的对外扩张以及远征欧洲和西亚，元代的纸币制度对周边国家以及地区的货币流通、亚欧大陆间的贸易关系，以及中外文化交流等诸多方面，都产生了重要而深远的影响。

首先，大量的白银被输入中亚、西亚乃至欧洲，开启了欧亚大陆货币一体化的进程。

元朝政府推行纸币，禁止金银流通，闲置出来的大量银锭被称为"斡脱"的与蒙古贵族关系密切的西域回鹘商人借贷后，运往当时苦于白银不足的中亚、西亚出售，牟取暴利。这些白银后来又随贸易进一步向西流入欧洲。根据日本黑田明伸的研究，13 世纪末至 14 世纪中期，亚欧大陆上白银的使用较之以往显著增加，颜色也变白了。这批新增加且颜色较白的银子，就来自中国。颜色较白是因为中国所产白银含锑的成分较高。这种推测有一定的道理，特别是考虑到 14 世纪后半期，亚欧大陆两端的货币流通在同一时期所发生的互动变化，即随着元朝末年纸币制度的崩溃，社会上又重新恢复使用银钱交易这种币制上的变化，中亚、西亚以及欧洲流通的白银也明显开始减少，且变得越来越稀缺。换言之，元朝纸币体系的崩溃是与欧亚大陆白银供给的减少相继发生的。亚欧大陆东西两地，同一时间段上货币流通发生如此紧密的互动变化，更印证了上述推测的合理性。

中亚地区的商务契约，以前一直使用布或铜钱，蒙古统治时期则一变而为银锭，并发生了前所未有的变化，开始使用一种被称为索莫（somo）的银块进行交易。这种银块显然就是来自中国的银锭，在传入中亚、西亚的过程中，蒙古语称之为 sukes（斧头），回鹘语则称为 yastuk（枕头）。实际上这都是对束腰形的元代银锭的形象称呼。在亚欧大陆的许多地方，参照中国的白银称量单位"两"，确立了一个重约 37 克（相当于 1 两）的标准货币单位，称为腾格（tenge），用于长途支付和纳税，直到近代都在使用。在白银从中国流入中亚、西亚的同时，由西方输入中国最重要的货物是钴，它是制作元代著名的青花瓷的必备原料。

其次，铜钱大量向东流入日本，使得日本在长达六百多年的时间里不铸钱，专用中国铜钱。

元代在至大（1308—1311）以前，为了推行钞法，明令禁止使用铜钱，民间所藏的旧钱大多被销毁或卖与商人，通过对外贸易而贩运到了国外。元朝限制铜钱流通的政策，恰逢日本大量需求铜钱的时候，因此铜钱主要是流向了日本及东南亚地区。《元史·日本传》中所记载的"至元十四年（1277），日本遣商人持金来易铜钱，许之"，反映的就是这种情况。

日本除了用黄金交换铜钱，更多的是通过贸易大量地直接进口中国的铜钱。如至正元年（1341）日本将军足利直义派出两艘商船来中国贸易，要求这两艘船回去时必须缴纳铜钱 5000 贯，用以建造天龙寺。据说以后年年派遣，被称为"天龙寺船"。1978 年在位于韩国全罗南道的海底打捞出一艘元代的沉船，船上发现中国古钱 470 箱，重 26775 公斤，主要为宋钱。这就是一艘当年与中国进行贸易的日本货船。

直至明朝万历年间，在长达六百多年的时间里，日本完全依赖从中国输入的货币来满足国内流通的需要。据日本学者根据对马等48个地方所出土古钱币的统计分析，除了无法辨别的，在总数55万多枚出土钱币中，中国钱币占99.8%，其中宋钱又占到了82.4%。日本古代货币流通中，对中国古代铜钱尤其是宋钱依赖之深，由此可见一斑。

再次，欧洲出现了东方存在一个"黄金岛"的说法，并对后世产生重大影响。

至元十四年，居住在会同馆的马可·波罗目睹了日本商人用黄金兑换被废弃的铜钱，对此大惑不解。由此产生了东方大海中有一个遍地都是黄金的岛国的认知，并随后将这一认知写入了《马可·波罗游记》，即"日本国是一岛，在东方大海中……据有黄金，其数无限，盖其所属诸岛有金，而地距陆甚远，商人鲜至，所以金多无量，而不知何用。此岛君主宫上有一伟大奇迹，请为君等言之。君主有一大宫，其顶皆用精金为之，与我辈礼拜堂用铅者相同……宫廷房室地铺金砖，以代石板，一切窗棂亦用精金，由是此宫之富无限，言之无人能信。……亦饶有宝石、珍珠，珠色如蔷薇，甚美而价甚巨，珠大而圆……忽必烈汗闻此岛广有财富，谋取之"。

《马可·波罗游记》中有关"黄金岛"的记述，吸引了14—16世纪欧洲无数有志青年去海外寻宝，最有代表性的就是哥伦布和达·伽马，前者发现了新大陆，后者探明了去往东方的新航线，由此开启了大航海时代。

最后，纸币制度传入中亚、南亚以及伊朗，并进而传播了中国古代的印刷术。

元代的纸币制度对周边国家及地区产生过重要的影响。文献记载，日本在 13 世纪末的足利将军时代也使用过纸币，直至延祐六年（1319）才停止发行，据说一部分甚至流通到了 15 世纪；印度的杜格拉克王朝据说在至顺初年（1330—1331）也使用过纸币；越南、朝鲜、伊朗等国更是仿照元朝使用过纸币，其中又以蒙古西征后建立的伊利汗国统治时期的伊朗，为解决财政困难而仿效元朝发行纸钞的影响最大。

据多桑《蒙古史》记载，伊朗是 1294 年在出使伊利汗的元朝丞相孛罗的指导下，于都城帖必力思（今大不里士）发行纸币的。伊朗的纸币完全仿照中统元宝交钞，并盖有汉文专用印章。虽然在强制实行两个多月后便被迫放弃，但是在中外文化交流史上却做出了重要的贡献，影响深远。

一方面使当时的波斯人、阿拉伯人最早认识了中国的纸币制度，并进而传入了欧洲。纸虽然在 10 世纪中叶就已经传入欧洲，但欧洲人根本想不到能用它做交易媒介进行商品买卖。直到《马可·波罗游记》问世，才听说"中国人用棉纸制成通用货币进行商业贸易"，"用最便宜的材料能交换最贵重的东西"，但因难以置信而被视为天方夜谭。这种背景下，伊朗仿效元朝实行纸币制度，使当时的波斯人、阿拉伯人认识了世界上最早实行的中国纸币制度，并进而传入欧洲，不仅使之大开眼界，学会了使用纸币，同时更为其后来进行大规模的商业活动带来了便利。波斯语中至今仍将纸币称作"钞"，影响之深可以想见。

另一方面是推动了我国古代雕版印刷技术的西传。印刷术是我国古代四大发明之一。早在 8 世纪初，唐朝已经开始使用雕版印刷技术大量印刷佛经、书籍传播知识，而同时期的波斯、阿拉伯以及欧洲基督教的寺院里，还停留在依靠手抄古代传本的古老方式上，有可能接触书籍的仅限于宗教人士及贵族。在这种背景下，1294年伊朗仿照元朝"钞印用木为版"的技术印刷纸币，是雕版印刷技术西传的最早记录，具有十分重要的意义。它打破了教会对知识的垄断，扩大了受教育的范围，为文化知识的传播和普及发挥了重要的作用。

元钞统一由户部发行，并配有计划周详且富有创意的管理措施。如：国内专用纸币、禁用金属货币、集中金银并禁止出口、设置纸币发行准备金、平准钞价、统制物价等。

这种近代社会才通行的纸币政策，在七百多年前元代的钞法中大致上已经具备，可以说元代的纸币基本上已经具备了近代纸币的雏形。因此，对于元代极富创新精神的纸币制度，我们应该给予充分的重视，不能因为元朝财政上的失败而否定它货币制度上的创新性及前瞻性。

元代除了纸币制度深刻影响了世界历史的进程，它还铸造了一种特殊的钱币，虽然不用于流通，但是却记录和见证了当时的民俗文化。这是一种什么钱币呢？

四、供养钱：元代特有的钱币

元朝为了推行纸币，明令禁止使用铜钱，除了武宗和顺帝短期铸造过铜钱，其他皇帝都没有铸造用于流通的铜钱。但是，官府和民间却铸造了大量用于敬神礼佛、祈求神佑的各式"供养钱"。这样大量地铸造供养钱的做法，既不见于此前的唐宋，也不见于后来的明清，而成为元代特有的一种钱币文化景观。

下面我就结合钱币实物及有关文献资料，向大家介绍元朝特有的这种供养钱。

（一）

所谓"供养钱"，是指古代由官府或寺院铸造的，专门供信徒布施于神庙，用来敬神礼佛、祈求神佑的一种钱币，又被称作供佛钱、香火钱。说香火钱，大家可能就比较容易理解了，因为现在去寺庙烧香拜佛，也要花香火钱。但是，供养钱与现在的香火钱并不完全一样。这种钱币多数由寺院铸造，并且专门是为供奉寺庙里的神像用的，因此又被称为庙宇钱，属于厌胜钱一类。

历史上用钱来供佛、敬神的习俗，很早就有了。《大方广佛华严经·普贤行愿品》中就有佛家要以财来供养的说法。唐朝末年，房千里在《投荒杂录》中记载说，人如果生病，可以用纸做成一个方孔钱放在佛像旁，这样就能治病辟邪。《元史·不忽木传》中更有"释氏请以金银币帛祠其神"的记载。

在元朝之前，信徒们用作供养的钱，几乎都是流通钱，就是日常生活中使用的钱。如南朝的梁武帝布施给同泰寺的钱，用的就是当时流通的铁钱。也有用金银钱的，最著名的就是1988年春天在维修五台山佛塔时发现的铸有佛像的"淳化元宝"金币。其背面铸有左立、右坐的两尊佛像，坐像为观音，立像手持如意者为善财童子。佛像造型逼真，体态栩栩如生，五官清晰可辨。淳化是北宋太宗赵光义的年号，行书钱文"淳化元宝"就是他的御笔。这种造型奇特的佛像金币，显然是宋太宗为了向五台山寺庙敬奉而专门铸造的供养钱。

图6-45　淳化元宝（金币）

到了元代情况为之一变，为了推行使用纸币，几乎不铸造铜钱，但是却另外铸造了一种专门用来敬神礼佛、祈求神佑的"供养钱"。

这一方面与元朝实行纯纸币制度、日常交易中不再使用金属货币的制度有一定的关系。因为纸币的面值都比较大，体积也大，不太适合当供养钱使用，需要另外铸造。但更主要的原因则是蒙古上层与藏传佛教界建立起了一种特殊的关系，供奉神佛、布施功德已经成为蒙古统治者的一项重要社会活动。因此，铸造供养钱与元朝统治者积极推行扶植、优待佛教的政策有着密切的关系。

在具体讲供养钱之前，有必要先介绍蒙古统治者与藏传佛教的关系。这要从元朝建立之前阔端与萨迦班智达举行的"凉州会谈"说起。

（二）

当蒙古大军西征凯旋的时候，太宗窝阔台的次子阔端受命经略西藏，于是他率领大军驻守凉州（今甘肃武威），伺机与西藏地方势力取得联系。

当时的西藏地区，强盛一时的吐蕃政权自唐末崩溃之后就内乱不止，地方势力割据，宗教派别林立。其中，萨迦派（意为白土，又称花教）的势力比较强大。萨迦派创立于萨迦地区，萨迦寺在日喀则以南，距珠穆朗玛峰仅100多公里。1996年我曾经专门去萨迦寺考察那里发现的元代纸币。

面对蒙古大军的压力，西藏各派共同推举萨迦派的首领萨迦班智达出面与蒙古进行谈判。

大约在1244年，已经60岁的萨迦班智达，带着他的两个侄子，大的是年仅10岁的八思巴，小的是年仅6岁的恰那多吉，从萨迦寺动身前往凉州。历经两年多的艰苦跋涉，于1246年8月抵达凉州。

1247 年，阔端与萨迦班智达分别代表蒙古汗廷和西藏地方势力举行了会谈，这就是历史上著名的"凉州会谈"。会谈的过程非常顺利，达成的结果更是具有深远的历史意义。

萨迦班智达代表西藏地方势力表示愿意归顺大蒙古国中央政府，阔端则代表大蒙古国授予萨迦班智达管理西藏地区僧俗人众的权力。会谈后，萨迦班智达给西藏的僧俗民众写了一封公开信，题目就是《萨迦班智达贡噶坚赞致乌思藏善知识大德及诸施主的信》。

这里"善知识大德"是指各派宗教首领，"诸施主"是指世俗民众。信中除了说明归附蒙古大汗的必要性，还要求各地官员清查户口、人口，确定本地贡税，造册上缴，由萨迦寺任命地方官，等等。我们今天常说，自元朝以来西藏的主权就归属中国，这种说法的法理依据就是阔端和萨迦班智达的凉州会谈以及致西藏僧俗民众的这封信。

1260 年，忽必烈登上汗位，建立了元朝。这时萨迦班智达已经去世，忽必烈就任命萨迦班智达的侄子八思巴为帝师。元朝在中央政府机构设立"宣政院"，统管全国的佛教事务，兼管西藏事务，由帝师担任长官。以后直到元朝末年，元朝的历任皇帝都任命帝师，而且每位帝师都是由萨迦派的传人来担任，萨迦派的"大黑天神"就成了国家的护法神。这样一来，以萨迦派为代表的藏传佛教，在蒙古宗室贵族中就具有了重要的政治地位。

元朝宗室尊崇佛教、厚遇僧侣，使得僧人、道士在社会上划分的十个职业等级中，分别居第三、第四等级，其特权丝毫不比居第一、第二等级的官、吏逊色。经济上，朝廷每年用于醮祠佛事的费用占全年财政收入的 50%。此外，佛教寺院还拥有大量被赏赐的土地，可获得租赋收入。寺院的财力甚至超过了国库，以至于皇帝赏赐时，有时还需要从寺院里拿钱。

《元史·赵孟𫖯传》记载，延祐三年（1316），仁宗想给臣下赏赐五百锭钞，对侍臣说，中书省经常说国用不足，肯定不会同意，就叫被赏的臣下从普庆寺储藏的钞里领取。致和元年（1328），泰定帝死后，大臣燕帖木儿拥立文宗发动政变，就是从京城的寺观中借钱招募死士、购买战马而取得成功的。因此，有元一代，享受政治特权并拥有雄厚财力的寺院，就铸造了形制大小各异、工艺精粗不一的各式供养钱，供信徒们敬神礼佛、祈求神佑的时候使用。因此，元朝的钱币中就出现了供养钱这样一种特殊的钱币。

（三）

元代的供养钱门类繁杂，种类众多。概括地讲，大致可以分为如下 7 种。

一是年号钱。与普通的年号钱相似，钱币上的文字以年号加通宝、元宝为主。元代几乎每个年号都有年号钱传世，从世祖的中统年号到顺帝的至正年号。据《古钱大辞典·拾遗》统计，传世的年号钱只缺"天顺"一种，却多了一种"定天"，这也可能是将天顺误写成了定天。另外，至大三年（1310）虽然铸造了行用钱"至大通宝"和八思巴文的"大元通宝"，但是"至大元宝"以及汉文"大元通宝"钱应该也属于供养钱。

图 6-46　至大元宝

图 6-47　至大通宝、大元通宝

图 6-48　至治元宝

图 6-49　大元国宝

　　二是国号加年号钱。仅有"大元至治"一种。形制与一般的钱币不同，正面与背部都铸有四出文，钱文楷书，直径 23.3 毫米，厚 1.9 毫米，重 4 克。

　　三是纪年钱。如"至治元年""延祐三年""泰定元年""大元元年"等。这种纪年钱形制一般都比较小。

图 6-50　大元元年

四是寺院名号钱。钱文用的都是寺院的名称，如"圣寿万安"（背"穆清"）、"承华普庆"、"普庆寺宝"、"大安福寺"、"大帝觉寺"、"延祐通宝"（背"大昊天寺"）等。

图 6-51　普庆寺宝

五是佛家名号钱。钱文用的都是佛经的名号或专用术语，如"大悲神咒""宝珠菩萨""佛法僧宝""阿弥陀佛"等。

六是吉语钱。如"穆清铜宝"（背"至正"）。"穆清"就是"穆如清风"的简称，语出《诗经·大雅·烝民》："吉甫作诵，穆如清风，仲山甫永怀，以慰其心。"后世就用"穆清"来指天，又引申指清和之气或太平祥和。后来的宫殿也多用"穆清"来命名。如五代时的南唐、北宋都建有穆清殿，元朝也在圣寿万安寺中建有穆清殿，又称穆清阁。"穆清"系列的供养钱，除穆清铜宝之外，还有穆清银宝、穆清金宝，虽然名称用的是银宝、金宝，但材质却都是铜质的。穆清三宝之外，还有"圣寿万安"背"穆清"（另有背"至正"）和"穆清万安"背"至正"。这些可能都是圣寿万安寺穆清阁举行祭祀的时候所使用的供养钱。

七是进香钱。如"进香直社"（背"神"）、"真定献香"（背"清旗小社"）、"至顺壬申"（背"护圣"）、"至顺通宝"（背"太乙"）、"至元戊寅"（背"香殿"）等。

图 6-52　穆清铜宝、银宝、金宝

图 6-53　至顺壬申

（四）

下面选取有代表性的几种供养钱，给大家做进一步的介绍。

至元通宝（背铸"玉"字及三种民族文字）

元代供养钱的背文多为寺院、宫、殿的全名或简称。至元通宝背"玉"字，有楷书、草书两种字体，指元室皇宫内供佛的玉德殿，皇帝经常在此做佛事。《南村辍耕录》卷廿一"宫阙制度"条记载"玉德殿在清灏外，七间，东西一百尺，深四十九尺，高四十尺，饰以白玉，甃以文石，中设佛像"。《元史·文宗纪》载天历二年（1329）五月"又于玉德殿及大天源延圣寺作佛事"。

另有一种背铸三种少数民族文字的"至元通宝"当十大钱。背穿上的文字被钱币学家方若识为八思巴文"至"。其余三字被内蒙古大学陈乃雄教授于1985年识出：穿下为八思巴文"治"；穿右为察合台文（又称老维吾尔文），为汉语"通宝"中"通"字的读音；穿左为西夏文，为汉语"通宝"中"宝"字的读音。四字按上下右左的顺序可读为"至治通宝"。

至治（1321—1323）为英宗的年号，较世祖至元（1264—1294）晚三十到六十年。这枚钱币应该是至治年间用至元通宝钱范，背面加铸三种民族文字而成。这与敦煌莫高窟窟名碑、建于至正五年（1345）的北京居庸关过街塔石刻，以及至正八年（1348）速来蛮西宁王及其眷属等所修建的用汉、梵、藏、西夏、八思巴、回鹘等六种文字书写的六字真言碑一样，都使用了多种民族文字，反映了元朝多民族文化融合的特点。

进香直社（背"神"）

"直"字或为"真"字之误，即真定进香之义。"神"字是指神御殿，为供祭帝、后御容的地方。《元史·祭祀志四》载"神御殿，旧称影堂。所奉祖宗御容，皆纹绮局织锦为之"。另有"真定献香"，背铸"清旗小社"，此类供养钱应该是真定祭祀时专用的。

圣寿万安（背"穆清"）

"圣寿万安"为寺名，指的是今天北京的白塔寺。《元史·祭祀志四》载"影堂所在，世祖帝后大圣寿万安寺，裕宗帝后亦在焉"。但是，北京却从未出现过此类供养钱，而且已知的多出于上都（位于内蒙古自治区锡林郭勒盟正蓝旗）。因此有人认为圣寿万安（背"穆清"）及"穆清"系列的其他供养钱，可能都是元代至正年间上都宫城内穆清阁所铸。

至顺壬申（背"护圣"）

至顺壬申是指1332年，"护圣"是"大承天护圣寺"的简称，建于天历二年（1329），位于玉泉山东。据《嘉庆重修一统志·京师》记载，"功德寺，在玉泉山东麓，本元大承天护圣寺"。《元史·顺帝纪》记载，元统元年（1333），"奉文宗皇帝及太皇太后御容于大承天护圣寺"。因此，"至顺壬申"及"至顺通宝"背铸"护圣"的供养钱，应该都与祭祀文宗有关。

至顺通宝（背"太乙"）

太乙为道教名称，《元史·释老传》记载："太一（乙）教者，始金天眷中道士萧抱珍，……至元十一年建太一（乙）宫于两京。"《元史·文宗纪》记载："道士建醮于玉虚、天宝、太乙、万寿四宫及武当、龙虎二山。"天历、至顺都是文宗的年号，建醮是文宗为他的哥哥明宗资冥福而作。"至顺壬申"及"至顺通宝"背铸"太乙"的供养钱，记录了文宗为争夺帝位毒杀他的哥哥明宗，事后却又为其大作道场，这段兄弟相残的历史。

至元戊寅（背"香殿"）

香殿为玉德殿的配殿，也是元代帝王礼佛的地方。以前人们认为此钱于顺帝后至元四年（1338）所铸。孙仲汇考证"香殿"见于《元史》者共有四处，都在世祖忽必烈的时候，因此认定这枚钱币应该铸于前至元时期。《南村辍耕录》卷廿一"宫阙制度"条记载"东香殿在玉德殿东，西香殿在玉德殿西"，另记有东宫香殿，在御苑中，"香殿在石假山上，三间，……三门之外有太子斡耳朵荷叶殿二，在香殿左右，各三间"。因此，此钱可能与忽必烈的太子真金有关，戊寅或为纪年，当指至元十五年（1278）；或为纪日，有可能是真金的生日。因为元代有择日祭祀的习俗，至元十九年三月，阿合马就是以戊寅日太子回宫做佛事为由被诱骗出迎，而遭刺杀的。

大悲神咒

"大悲神咒"为佛教中的经咒名，是观世音菩萨《大悲心陀罗尼经》中的主要部分，共有八十四句，完整的名称为"千手千眼观世音菩萨广大圆满无碍大悲心陀罗尼经大悲神咒"。佛家认为救人苦厄之心曰悲心，菩萨之悲心广大无边，故曰大悲，元代建有大悲寺。这枚佛家名号的供养钱，应该是为祈佛求福做法事时用的。

宣光之宝（元宝）

至正二十八年（1368），徐达、常遇春攻占大都（燕京），并破开平，元顺帝北遁和林。三年后顺帝死，子爱猷识理达腊继位，改元宣光，史称北元，在位八年而亡，曾经铸造了"宣光之宝"及"宣光元宝"两种年号钱，直径仅10毫米及14毫米。"宣光元宝"背穿上铸有八思巴文"午"字纪年，属于北元的供养钱，传世稀少，名贵异常。

（五）

供养钱，除了寺庙铸造的，还有一部分是官府铸造的，主要是供恩赏或者是皇家、宗室进香礼佛时专用。它们既不属于民间私铸，也与国家正规铸造的钱币不同。因为都不是作为流通使用的货币，供养钱总体上来说也可以被视为民俗钱的一种，是元朝钱币家族中重要的一员，记录和反映了元代社会各个阶层的宗教信仰情况，对于宗教史、社会史研究具有重要的参考价值。

供养钱的功能是表达信徒对神灵的虔诚心愿，仅仅具有象征性的意义，因此它的尺寸一般比行用钱要小。但是，所选用的铜质普遍比较好，有的材质选用的甚至是金银。制作都很规整、精美。除了用作供养布施，金银质地的供养钱还经常被贵族、宗室妇女作为喜爱的首饰佩戴出行，而流行一时。

供养钱虽然不做流通使用，但是，每当纸币滥发，贬值到形同废纸的时候，民间交易就开始使用供养钱。于是民间的不法之徒就披着供养钱的外衣大肆私铸，行逐利的目的。我们现在所看到的那种铜质窳败、制作粗劣的供养钱，应该就是当时的造假者所为。

官府所铸造的供养钱多半是年号钱。元代除了武宗铸造的至大通宝、大元通宝在史籍中有明确记载，其他各位皇帝都没有铸钱的记载。但是，元代不论哪朝都有年号钱传世，无一遗漏。《新元史·食货》也记载，（元代）"历朝并铸铜钱，盖以备布施佛寺之用，非民间通用也"。这说明元代的年号钱都是官铸的供养钱，虽然出自官炉，也是用于赏赐、馈赠以及庆典等，但不用作流通，因此正史中都没有记载。

年号钱之外的供养钱，大部分都是寺庙所铸。它们多不遵守官铸行用钱的标准，随意命名，任意创作。如名称上的"穆清铜宝""普庆寺宝""佛法僧宝"等都殊为别致，为元代所独有；制作技术上，简单粗陋，尺寸多变，大小不一，厚薄悬殊；文字书写上更是随意发挥，但是却表现出了元代特有的那种朴实豪迈、卓尔不群、富有个性的特点，有的甚至还出现了最早的简化字，如"寳"省作"宝"、"慶"省作"庆"，真是千奇百怪，不一而足。

元代宗教盛行，各地庙宇寺观林立，佛、道尤其受到朝廷的尊尚，这是供养钱盛极一时的基础。元朝政府因为推行纸币、注重钞法而忽视铸钱，因此元代的供养钱大部分并非官铸，而是出自庙宇、道观或信徒，铸造的目的是供奉神佛，布施功德，以求庇护降福。这些供养钱作为民俗钱的一种，形制不一、种类庞杂，虽然没有参与社会流通，但是却记录和反映了元代社会各个阶层的宗教信仰情况，对于宗教史、社会史的研究具有重要的参考价值。

五、四体文至元通宝钱："多元一体"融合的见证者

中国古代铸造钱币的惯例，是在钱币的正面铸造文字，而钱币的背面既无文字，也没有图案，正面的钱文也基本上都是汉字。单独使用少数民族文字铸造的钱币，只在唐朝、元朝以及后金时期，分别用突厥文、回鹘文、八思巴文以及满文铸造过；使用汉字与少数民族文字两种文字铸造的钱币，除了清朝的制钱，只有西域地区的龟兹国、于阗国以及唐代的粟特城邦出现过；使用三种文字铸造的钱币，只有清代新疆的红钱以及个别的银币，在金属货币上，除新疆之外再没有出现过使用三种文字的现象。

但是，元朝的时候却出现了一次特例，在一枚"至元通宝"铜钱上面，同时铸有汉文、八思巴文、察合台文、西夏文，共四种文字。这是怎么回事呢？

实际上，这是因为元朝在中华民族形成的过程中，处在一个民

族大融合、文化大交流的特殊重要的历史时期。四种不同民族的文字同时出现在一枚钱币上面，正反映了我国民族构成和文化融合过程中"多元一体"的特点。

下面我就通过这枚元代的四体文"至元通宝"钱，给大家聊聊隐藏在这枚钱币背后的故事。

（一）

四体文"至元通宝"钱是我国古代钱币中的大名誉品。因为钱文中使用了四种不同民族的文字，四体文"至元通宝"显得与众不同，很早就引起了钱币界的关注，被收录在丁福保编撰的《古钱大辞典》（上编）中。我们还是先来认识一下这枚钱文独特的钱币。

这枚方孔铜钱属于折十大钱，直径 44.1 毫米，穿口直径 14 毫米，重达 34 克，尺寸比一般的小平钱大得多。正面铸有楷书汉字"至元通宝"四字，对读；背面穿孔的四边铸有四个少数民族文字。另外，传世还有一种正面为四体文、背面为龙凤图案的花钱。

图 6-54　至元通宝（四体文）

图 6-55　四体文背龙凤花钱

根据钱文中的"至元"年号，我们虽然可以判断它可能是元朝"至元"年间铸造的年号钱，但是元朝使用过两个"至元"年号（一个是元世祖忽必烈使用的，1264—1294年，历时三十一年，被称为前至元；另一个是元顺帝妥欢帖木儿使用的，1335—1340年，历时六年，被称为后至元），因此仅凭钱文中的"至元"，还不能确定这枚四体文的"至元通宝"钱，到底是哪个"至元"的年号钱。

古人选用什么字来做年号是一件政治上非常严肃的大事。朱元璋称帝之前选用的"大中"年号与唐宣宗的年号"撞车"，后来明熹宗朱由校的年号"天启"又与元末起义军徐寿辉的年号再次"撞车"，后人曾因此讥讽明朝的宰相不读书，才闹出了如此荒唐的事情。但是，那毕竟是和前朝的年号相同，而元朝的顺帝怎么会和本朝的年号闹出乌龙来呢？

其实，元朝出现的两个"至元"年号，倒不是因为宰相不读书而闹出来的乌龙事件，而是朝廷有意为之。这又是怎么回事呢？

实际上，这与元顺帝元统三年（1335）十一月二十一和二十二日连续两天出现的异常天文现象有关。元朝的统治者认为这是上天的"示警之兆"，因此，"乃欲重新使用元世祖的至元年号以消弭"灾祸。这可能是因为"至元"是元世祖忽必烈的年号，使用时间长达三十一年，其间国泰民安，被认为是元朝最兴盛的时期。因此，元顺帝发布诏书，表示："更号纪年，实惟旧典。惟世祖皇帝，在位长久，天人协和，诸福咸至，祖述之志，良切朕怀。今特改元统三年仍为至元元年。通遵成宪，诞布宽条，庶格祯祥，永绥景祚。"[1]意思就是要借用元世祖忽必烈的"至元"年号来消灾祈福，安定民心。

---

① 《元史·本纪》。

对于元顺帝的这种做法，明朝的时候已经有人批评指出："惟法其所行而已，何必区区袭其年号乎？"意思是说元顺帝如果真想效法元世祖忽必烈，只要采取他的政策就行了，为什么只是沿袭他的年号呢？沿袭旧的年号会造成"文案所纪者，不知为前至元乎？为后至元乎？检覆之际，奸伪百出，其害可胜言哉"。因此，指出元顺帝"袭其号而不践其实，徒启弊端而已，谓之善法祖，可乎"，可谓一针见血。

上述文献记述虽然可以解释元顺帝妥欢帖木儿沿袭使用元世祖忽必烈"至元"年号的原因，但是却并不能证明这枚四体文的"至元通宝"钱是元顺帝铸造的。这枚钱币如果不是元顺帝铸造的，那又会是谁铸造的呢？

（二）

要想弄清楚这枚四体文"至元通宝"钱到底是谁铸造的，我们必须考证清楚钱币背面的四个文字是什么民族的，以及表达的是什么意思。经过方若先生，特别是陈乃雄教授的考证释读，世人终于明白四体文"至元通宝"钱币背面的四个文字，实际上使用的是八思巴文、察合台文和西夏文三种少数民族文字，按照上下右左的顺序，拼读成汉字"至治通宝"的读音。

细心的读者可能已经注意到了，这枚钱币背面的三种少数民族文字，所拼读的发音对应的是汉字"至治通宝"，与钱币正面的汉字"至元通宝"并不一致。这里出现了两个年号，一个是正面用汉字书写的"至元"，另一个是背面用八思巴文字拼读的"至治"。在同一枚钱币的正反两面，为什么会出现两个不同的年号呢？

"至治"是元英宗硕德八剌的年号，从1321—1323年，只有三年时间。至治年号比元世祖忽必烈的至元年号要晚三十到六十年。这是否能说明这枚钱币就是元英宗硕德八剌在至治年间（1321—1323）铸造的？这一推测如果成立，那他为什么要铸造这枚四体文的钱币呢？又为什么在正面用元世祖忽必烈的"至元"年号，而在背面却用八思巴文拼读他自己的年号"至治"？

为了解读这些疑问，需要先来认识一下元英宗硕德八剌短暂、悲剧却不平凡的一生。

元英宗硕德八剌是元朝的第五位皇帝，同时也是蒙古帝国的第九位大汗。他在位的时间虽然仅有三年，但是在蒙古统治者的汉化过程中却具有重要的地位。他自幼深受儒学的熏陶，登基之后因为积极推行"以儒治国"的政策，引起蒙古统治集团内部顽固守旧势力的不满而被刺杀。一位蒙古汗王为什么会如此钟情于儒学呢？

这与他童年的经历有关，首先要从他的父亲说起。

英宗的父亲爱育黎拔力八达是元朝第三位皇帝武宗海山的弟弟。海山继位之后，将他的弟弟爱育黎拔力八达立为储君，称"皇太子"。至大四年（1311）正月，武宗病逝，爱育黎拔力八达继位，成为元朝第四位皇帝，是为仁宗。他是元朝第一位没有经过蒙古传统的库里台大会的推选，而是以纯汉制的形式登基的皇帝。因此，仁宗在位期间积极推行汉化政策，重用汉族官员，并正式恢复了科举制度，使程朱理学成了中国封建社会后期的指导性学说。仁宗这种"以儒治国"的思想与他登基之前在洛阳附近的怀州（今沁阳）度过的一段贬居经历有关。

怀州的贬居生活，不仅对仁宗本人，而且对他的儿子硕德八剌产生了重要影响。怀州附近的洛阳是宋代理学大师程颢、程颐的故乡，儒学氛围浓厚。出生于怀州王府的硕德八剌从小就接受了汉族儒家文化的教育，身边聚集了一群社会地位低下的汉族知识分子。在儒家思想潜移默化影响下长大的硕德八剌，自然与蒙古草原在马背上长大的传统贵族子弟大不相同。因此，他从小就具有儒家所倡导的以天下为己任并谦让的品德。他虽然不是长子，但是他的父亲仁宗很欣赏他，想要立他为皇太子。当他知道后就去拜见他的奶奶，即皇太后，坚决推辞说："我年纪太小而且能力不足，况且我的兄长还在，应该立我的兄长，让我来辅佐他。"

按照当初武宗和仁宗兄弟的约定，仁宗之后皇位应该传给武宗之子和世㻋，但是皇太后认为硕德八剌性格温和，比和世㻋好控制，因此也力主传位给硕德八剌。这样仁宗就于延祐三年（1316）正式下诏，立13岁的硕德八剌为皇太子。

延祐六年十月，仁宗为了培养硕德八剌处理朝廷政务的能力，授给他太子官印，并设立了一套行政办公机构，下诏"命百司庶务必先启太子，然后奏闻"。意思就是所有机构的事务都要先交给太子，然后再向皇帝奏报。硕德八剌对中书省的大臣们说："皇上把天下的事务都交给了我，我日夜战战兢兢，唯恐不能胜任。你们一定不要有所顾忌，一定要恪尽职守，不要有懈怠的地方，以免达不到为君父解忧之效。"从中可以看出，这位年轻的蒙古王子，在儒家仁政思想的熏陶下，早已被培养成了一位以天下为己任的仁义之主。

（三）

延祐七年正月仁宗去世，三月，17岁的硕德八剌在他的奶奶即太皇太后的支持下，在大都登基称帝，是为元英宗。年轻的皇帝深受儒家思想的影响，改元"至治"，很想在政治上大有作为。

英宗的奶奶，即太皇太后，思想保守，性格强悍。当她发现英宗实际上并不好控制时，后悔地说："当初怎么瞎了眼，立了这么一个不听招呼的孩子！"因此，仁宗刚一去世，她就以"太后之命"将被仁宗罢了相位的亲信铁木迭儿重新调入中书省，出任右丞相。铁木迭儿恢复相位之后，更为嚣张跋扈，对从前弹劾过他的人肆行威福，予以打击。年幼的英宗，因为缺乏像元世祖忽必烈和父亲仁宗那样既有声望又足以信赖的潜邸侍臣班子，"孑然宫中"，在朝堂上经常处于孤立无援的境地。他所能依靠的只有一个与他同样主张以儒学治天下，但是也年轻迂阔而不谙世故的拜住。

拜住是成吉思汗的开国元勋木华黎之后、世祖忽必烈时的明相安童之孙。他的家族在蒙古贵族中享有很高的地位，他本人又是蒙古贵族中积极主张"行汉法"的代表人物，因而有"蒙古儒者"的美名。因此，英宗就任命拜住为左丞相，以遏制太皇太后和铁木迭儿等守旧派的势力。

从延祐七年（1320）正月仁宗去世到至治二年（1322）八九月间铁木迭儿、太皇太后相继去世，从元朝中央政府的政令中可以明显地看出，分别以英宗和太皇太后为首的两个不同政治派别的施政倾向及相互之间的冲突。这期间，仁宗时期就曾经与太皇太后和铁木迭儿相对抗的主张以汉法治理国家的中坚分子，在英宗即位之前就遭到了太皇太后的清洗，幸免于祸的汉人儒士在太皇太后的淫威之下，也都三缄其口，再不敢发表议论。因此，急切地希望有所作为的英宗在朝廷中枢机构的人事安排上，受到保守势力的牵制而毫无作为。直到至治二年九月，太皇太后去世，英宗政治改革的阻力消失，他才有机会专任拜住，实施政治上的改革。改革的主要内容可以概括为以下四个方面。

一是为了推行以儒学治天下的理念，大量起用汉族官僚和儒臣。

二是采用"助役法"以减轻人民的差役负担。三是审定颁行《大元通制》，革除以往政令不一、罪同罚异的混乱现象。这是一部具有法典性质和权威的"政制法程"的汇编，对于统一元朝的政令具有积极作用，同时也体现了英宗通过颁布法典来加强元朝作为中原王朝正统形象的用心。四是为了澄清吏治，大规模开展了清除铁木迭儿余党的活动，查处他们的贪赃枉法事件。

实际上，英宗的改革不止以上四个方面，他还曾经想把"征东行省"即高丽王国给郡县化。就是罢废"征东行省"，改设"三韩行省"，使其完全和元朝其他的行省一个待遇，"制式如他省，诏下中书杂议"。最后是集贤大学士王约的一段话拯救了高丽王国，他说："高丽去京师四千里，地瘠民贫，夷俗杂尚，非中原比，万一梗化，疲力治之，非幸事也，不如守祖宗旧制。"他的这一观点又得到了丞相的赞同。因此，英宗设立三韩行省，郡县高丽王国的计划最终没有实行，高丽国祚才得以存续。高丽人知道后说："不绝国祀者，王公也。"[1] 并将王约的画像带回高丽，给他立生祠进行纪念。

英宗的新政使得天下为之风动，政治为之一新，元朝的国势也大有起色。但是，这些改革措施，特别是大规模任用儒臣和罢汰冗员，势必触动蒙古、色目贵族的既得利益，引起以上都为据点的保守派贵族势力的不满。特别是查处清算铁木迭儿余党的做法，引起了其义子铁失的恐惧。铁失于是铤而走险，纠集上都一批对英宗心怀怨恨的守旧贵族，利用英宗从上都返回大都，住宿在上都以南三十里南坡店的防卫空档，发动兵变，杀害了英宗和宰相拜住，史称"南坡之变"。

年仅 21 岁的英宗和年轻有为的丞相拜住，深受儒家文化的熏陶，

---

① 《元史·王约传》。

怀抱一种治国平天下的理想，虽然不乏决心和毅力，但是因为年轻，在推行新政的过程中，多了些少年君主的坦诚，却少了几分政治家的谋略，而被守旧势力杀害，变革因此搁浅，殊为可惜。

（四）

从表面上来看，"南坡之变"好像是一次事先难以预料的突发性事件。实际上，它的发生有着深厚的社会背景和时代原因。这与年轻的英宗所推行的政治改革引起元朝统治上层中，传统的蒙古及色目贵族势力与主张以儒学治国的"汉法派"之间的剧烈斗争和矛盾激化有关。而四体文的"至元通宝"钱，应该就是英宗在推行上述政治变革的背景之下铸造的。为什么这样说呢？

一方面，年轻的英宗除了拜住，缺少既有声望又足以信赖的潜邸侍臣班子。因此，在他推行"变易旧章"，以儒学治国的政治改革中，必然会面临既得利益集团的重重阻力。为了消除蒙古上层贵族守旧势力的反对，他需要搬出元世祖忽必烈来给他做政治背书。因为忽必烈是最早采取"附会汉法"，即重用汉族儒士以适应中原地区高度发达的政治经济文化传统的蒙古统治者，最后也是依靠华北地区人力物力的支持，才得以战胜蒙古传统势力所支持的阿里不哥夺得汗位。因此，英宗选用忽必烈的年号"至元"，并以"至元通宝"作为钱文铸造钱币，借以表示他的政治改革是效法元世祖忽必烈当年的做法。这与后来的元顺帝借用"至元"年号的想法如出一辙。

另一方面，铸造一枚同时包括汉字、八思巴文、察合台文以及西夏文四种字体的钱币，也非常符合在儒家仁政思想熏陶下，以天下为己任的英宗所主张的天下一家、兼容并蓄的政治理念。英宗所向往的这种政治理念，实际上在他所选用的"至治"年号中就反映了出来。

"至治"一词出自《吕氏春秋·审分览》中的"至治之世，其民不好空言虚辞"。这里的"至治"指的是最好的治理，即社会安定昌盛、教化大行的政治局面或时世。按照儒家天下一家的标准，只有教化了全体臣民，一个都不能少，才可以称之为"至治"。但是，这种观念与当时守旧的蒙古贵族将全体臣民分为四等的做法是相背离的。因此，英宗在他所铸造的钱币上面，除了蒙古统治者新发明的被称为"国字"的八思巴文，还另外使用了汉字、察合台文、西夏文三种都曾经被蒙古人征服的民族的文字，实际上就隐晦地表达了他天下一家的政治理念。

四体文"至元通宝"钱币的铸造意义重大。它不但反映了英宗借助元世祖忽必烈的政治影响力来宣传他"天下一家"的政治理念，而且还见证了元代在"多元一体"统一多民族国家形成过程中所具有的重要地位。

"多元一体"是我国现代民族学上的一个重要思想，由著名的社会学家费孝通先生于1988年在香港中文大学发表"中华民族的多元一体格局"演讲中正式提出。它由"政治一体"与"文化多元"两个层面结合而成，反映了中华民族的构成特点，是在长期的历史发展过程中形成的，其中元朝占据重要的地位。

元朝的建立结束了唐末以来近四个世纪的分裂割据局面，不但实现了全国性的大一统，而且与域外的交往也达到了空前的规模，民族之间融合的广度和深度都超过了前代。汉族大量迁居到边疆地区，边疆各族也大量迁入中原和江南。随着各族的通婚杂居，辽金时期入居黄河流域的契丹、女真人已被视为"汉人"，而自唐朝以来迁入的波斯人、阿拉伯人与当地人通婚形成了"回族"。面对不同的民族及其语言，忽必烈命令八思巴借用藏文字母，创造了一套新字母来拼写蒙古语及其他语言，称为"国字"，颁行全国。八思巴字母拼写的汉语可以说是最早的汉语拼音文字。

元朝"多元一体"民族融合的这一特点，直观形象地体现在了四体文"至元通宝"钱币上面。譬如：形制上继承了自秦汉以来确定的圆形方孔传统，正面钱文使用汉字并称"通宝"，背面使用八思巴文、察合台文以及西夏文，拼读的分别是汉字"至治通宝"的读音。既照顾了不同民族文字的"多元"，也遵守了圆形方孔的"一体"，形象地反映了元代民族融合、文化交流的特点。

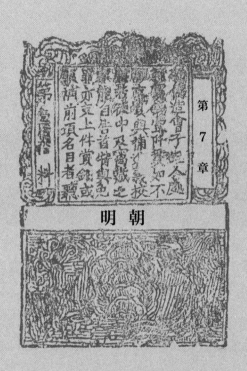

第 7 章

明 朝

明代的币制总体上是落后的，这体现在我国货币流通领域经过宋金以及元朝的发展，到了元朝末年已经出现了由贱金属铜向贵金属白银过渡的重大转型，但是朱元璋建立明朝之后，却禁止使用白银，最初选择铜钱，后又推行无保证金的纸币，禁用白银和铜钱。落后的币制既阻碍了社会的转型，也削弱了国家调控经济的能力，加重了管理成本及社会矛盾。

本章分4个专题，介绍了10种钱币。五等制的洪武通宝是重农轻商的"洪武型体制"的见证者；因为铜钱满足不了社会上对货币流通量的需求，洪武八年（1375）又印发"大明通行宝钞"，但因将纸币视作敛财的工具随意印发，使纸币到永乐初年就开始贬值；永乐通宝因朝贡贸易，大部分都被赏赐到了国外，成为中国古代唯一在国外的影响超过国内的钱币；嘉靖通宝见证了被称为"中兴之主"的嘉靖皇帝在位四十五年的得与失；隆庆通宝见证了隆庆开关后中西最初的贸易；万历通宝则揭示了万历死后二十四年明朝就亡国的原因；跑马崇祯与西王赏功在预言明朝灭亡的同时，也解释了农民起义军失败的必然；永历通宝见证了明末清初之际，中国大陆、中国台湾以及日本之间一段特殊的关系；琉球钱币则讲述了琉球建国的历史、明清两朝时与中国的亲密关系，及其被日本野蛮吞并的悲惨命运。

落后的币制

朱元璋建立明朝之后，为了巩固他所构建的重农轻商的"洪武型体制"，在货币制度上不顾宋元以来流通领域即将结束以贱金属铜为主要币材，而进入以贵金属白银或纸币为主币的变革趋势，又退回以铜钱为主币的老路上，铸造了五等制的"洪武通宝"。但是，社会经济发展的趋势是不以人的意志为转移的，以贱金属铜为币材的弊端很快就暴露了出来。不久，朱元璋就于洪武八年又决定印发"大明通行宝钞"。但是，无论是洪武通宝还是大明通行宝钞，都是非常落后的币制。

一、洪武通宝：重农轻商的"洪武型体制"的见证者

朱元璋虽然以"驱逐胡虏、恢复中华"为口号，但是，推翻元朝之后，他所创设的制度实际上并没有"恢复中华"，反而距离宋朝原有的制度非常遥远，更多的是复制了元朝的一些做法，结果形成了一个杂糅元朝和宋朝两种传统，并印有朱元璋特有元素的一种新的统治

模式，历史上称为"洪武型体制"。

下面就通过"洪武通宝"钱币的铸造以及流通，来透视"洪武型体制"在货币流通方面所表现出来的落后性，及其对明代社会经济发展的严重束缚。

（一）

早在 11—13 世纪的宋朝，中国社会就已经出现了被后世称为"唐宋变革"的一种向近代化转型的趋势和契机。但是，后来因为蒙古人的野蛮入侵，这一社会转型不但被打断了，而且因为蒙古民族来自草原、具有浓厚的中世纪色彩，所以，蒙古人用武力强加给中国的是一种野蛮、落后的管理方式和蒙昧、粗俗的生活习俗，迫使中国社会的发展在蒙古统治时期出现了全面的倒退。

朱元璋及其伙伴们，作为来自社会底层的无产者，虽然以恢复中华文明为口号，但是因为缺乏制度设计者应有的视野，几乎全盘沿袭了蒙古人的治理办法。譬如在中原地区早已消失的家产制（分封制）、家臣制、廷杖制、匠籍制、路引制、肉刑与酷刑制度、人殉制、宵禁制等野蛮落后的制度，又都被朱元璋给接了过来。而更为遗憾的是，蒙古人原有的重商主义的观念、对外开放的胸怀、以世界为视野的格局，以及意识形态上的多元化和宽松、简约的治理方式，却被朱元璋这个极度保守的草根农民给全部废除了。

因此，朱元璋所创立的"洪武型体制"，不但与被蒙古人阻断的"唐宋变革"背道而驰，就是与蒙古人所建立的元朝相比，很多方面也显得非常保守、专制和僵化。他甚至留下遗训，要求后世子孙"我已成之法，一字不可改易"。于是，"洪武型体制"就成为整个明朝不可逾越的祖制，被朱元璋的子孙们所遵行，严重阻碍了中国社会的转型和发展。

朱元璋的"洪武型体制"就反映在他所设计的"洪武通宝"钱币制度上。我们先来认识一下"洪武通宝"钱币。

明朝的钱币有个特点，就是名称只有"通宝"一种，而不像其他朝代那样还有元宝或重宝。这是为了避朱元璋的讳，因为朱元璋的小名叫"重八"，因此"元"和"重"都不能使用，只能用"通宝"。

1368 年朱元璋称帝时选用"洪武"作为年号，并铸造了"洪武通宝"钱。它虽然是明朝最早的年号钱，却不是朱元璋最早铸造的钱。因为早在称帝之前，朱元璋就在金陵（南京）设宝源局，铸造了"大中通宝"钱，这属于元末农民起义军铸钱的范畴，还不能算是明朝的钱。

大中通宝的面值有小平、折二、折三、当五、当十，共五等，洪武通宝的面值沿袭大中通宝的五等制，也是分为五种。小平钱在背面穿孔右边铸有"一钱"两字，这是纪重钱，表示重量是一钱。折二为二钱、折三为三钱、当五为五钱、当十为一两，都表示的是钱币的重量。当十钱的背面，除了"一两"二字，穿孔的上方还铸有一个"十"字，表示当 10 枚小平钱。朝廷在各省分别设立了宝泉局，与京师的宝源局一起负责铸造钱币。

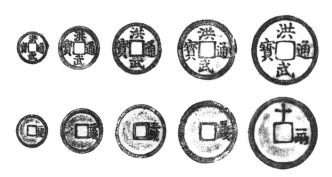

图 7-1　洪武通宝（小平、折二、折三、当五、当十）

大家可不要小看了分为五等制的洪武通宝钱。朱元璋是一个做事特别精细并有规划的人，他所设计的分为五个等次的洪武通宝钱，从一个侧面甚至可以说，就是专门为他所设计的太平盛世的蓝图服务的。这如何来理解呢？

要想说清楚这一点，我们首先要从"唐宋变革"所揭示的中国社会在货币流通领域中出现的转型变化，以及金朝和元朝的应对措施谈起。只有在这个大的历史背景之下来分析，才能够通过洪武通宝钱币，看清楚朱元璋在明初所建立的"洪武型体制"，在货币流通和赋税征收等方面所表现出来的落后、保守、专制和僵化的本质属性。

（二）

自秦汉以来，我国老百姓对国家所承担的义务，主要可以归纳为两大类：一类是徭役，由成年男丁负担，每个法定年龄段的成年男子，每年都要为国家无偿提供若干天的劳役，这是按人头计算的，属于人头税；另一类是田赋，是按田亩征收的，属于土地税。

早期的徭役都需要本人亲自去服役，这在农忙时节非常影响农业生产的正常进行。田赋最初征收的都是土地上所出产的用于吃穿用度的粮食、麻布等实物，属于实物税的范畴。这些食物需要储存、运输，特别是在交通不便的边远山区，给农民增加了很多负担。后来随着经济的发展、人口的增加、贸易的繁荣以及社会的进步，传统的赋税制度在唐朝和北宋时期分别进行了两次比较大的调整。

唐朝的调整

唐朝的调整发生在安史之乱以后。因为战乱的破坏以及豪强地主的兼并，政府手里已经没有可以分给百姓的土地，均田制遭到了破坏，与之配套的"租庸调"制自然也就成了无源之水。

这里需要对"租庸调"制做一简单的介绍。唐朝实行的是北魏以来的均田制,政府将土地按一定标准分给成年男子,领有土地的人需要承担三项义务:一是"租",指田租,缴纳的是粟或米;二是"调",原来是指常额之外征调的物品,按户征收,又称户调,这里指每户应交纳一定的绢、麻或布;三是"庸",成年男子每年要服徭役二十天,如不服役,可以输绢或布代役。

安史之乱以后,"租庸调"制已经很难维持下去,为了增加财政收入,唐德宗于建中元年(780)接受宰相杨炎的建议,对税制进行了改革。新的税制规定每年分春秋两季征收,被称为"两税法"。主要内容是以原有的地税和户税为基础,按照"量出制入"的原则来确定总的税额,地税征粮,户税征钱,原来的租庸调也都折成铜钱并入了户税。

两税法属于并税制改革,既简化了税制,又减少了实物的征收。因为加大了货币税的分量,方便了运输,加强了货币在国家财政中的地位和作用,是我国赋税制度上的一次重大变革。两税法因为既纳钱又纳粮,合称为"钱粮",从此钱粮就成了我国古代赋税的代名词。

北宋的调整

北宋的调整是指宋神宗时期王安石变法中所推行的"募役法"。王安石根据宋代商品经济高度发达、雇工现象比较普遍的实际情况,废除了原来百姓必须按每户的等级轮流充当官府差役的办法,而改为统一由官府在社会上招募专人来承担差役,百姓只需按规定缴纳役钱,不用再亲自去服劳役了。原来不用负担差役的官僚、豪强地主以及寺院等享受特权的阶层,也要缴纳半数的役钱,称为"助役钱"。募役法还将民户按财产的多少分为十等，规定城市中六等以下、乡村中四等以下的贫困户享受减免的优待。这样不但减轻了乡下穷人的负担，还使他们可以专心从事农业生产。

无论是杨炎的"两税法"，还是王安石的"募役法"，共同的一点是增加了货币在税收中的比重。这标志着我国古代的赋税开始由实物税为主向货币税为主的方向转变，说明政府在社会管理方面开始重视发挥货币的功能。实际上，从某种意义上也可以说，这一变化正是"唐宋变革"的经济基础。

赋税征钱在进一步促进商品货币经济发展的同时，也增加了社会上对货币流通量的需求。因此，以唐朝中期推行两税法为转折点，我国古代货币流通出现了通货日趋紧缩的趋势。这种货币不足的矛盾日益突出，最终发展成了贯穿整个唐朝中后期的钱荒难题，对底层百姓的生活造成了很大的影响。

当时著名的现实主义诗人白居易在他的《赠友诗》中，针对钱荒现象，对于赋税征钱的做法表达了强烈的不满，发出了"私家无钱炉，平地无铜山。胡为秋夏税，岁岁输铜钱"的质问。但是，客观地讲，用以"资产为宗"的两税法代替以"丁夫为本"的租庸调制，是我国古代赋税制度发展进程中的一大进步。两税法的施行，虽然表面上带来了钱荒，但是却促使了由实物赋税向货币赋税的转变，是社会发展进步的一大表现。

钱荒的出现，原因虽然是多方面的，但最根本的则是随着商品货币经济的发展以及人口的增加，社会上对流通领域货币数量的需求越来越高，而贱金属铜已经不能满足这种日益增长的需求。因此，贵金属白银取代铜钱成为流通中的主要货币，或者是使用金属货币的价值符号纸币来作为流通的手段，就成了历史的必然选择。

（三）

　　接下来，我们具体看看面对"钱荒"的难题，唐、宋以及金、元这四个朝代都是如何应对的。

　　唐朝针对"钱荒"的现象，先后推行了多种解决的办法，如开放铜山，奖励采铜，增加铸钱数量；严禁销毁铜钱，禁止百姓铸造铜器、储藏钱币以及携带出境；实行省陌制度；鼓励大额交易使用绢帛，实行货币多元化的政策；甚至于会昌五年（845）采取了毁佛铸钱的极端手段。"飞钱"也是为了应对"钱荒"而出现的，它只是一种汇兑的凭证，还不能算是真正意义上的纸币，但却是纸币的滥觞，为北宋交子的产生创造了条件。

　　进入宋朝以后，随着商品经济的进一步发展，国内以及海外的贸易日益繁盛，特别是"募役法"的实行，社会各界对于货币的需求更加旺盛，钱荒的矛盾也就变得更为严重。为了解决这一难题，宋朝政府从三个方面采取了措施，包括增加铸钱、使用纸币和积极推广贵金属白银作为货币，具体内容、措施前文已述及，此处不再赘述。

　　金朝和元朝是两个凭借武力入主中原后建立的少数民族政权，虽然经济和文化都要比中原地区落后，但是面对日趋严重的钱荒难题，却能够顺应商品货币经济发展的规律，比唐、宋采取了更富有创意的解决办法。

　　金朝采用了先印纸钞再铸铜币的办法，后来因为铸造铜钱成本过高，索性停止铸造铜钱，主要使用纸币。金朝发行的纸币，在流通使用上与铜钱没有任何区别，属于真正意义上的流通纸币。金朝还废止了宋代要定期换发新钞的规定，使纸币可以永久使用，不限年月，这在纸币发行史上具有划时代的重要意义，标志着纸币作为金属货币的符号，在商品交换中取得了更加重要的地位。除大量流通使用纸币之外，金朝还铸造了最早的银币"承安宝货"。金人以纸币与白银为主要的货币，而将铜钱视作辅币，仅仅用于小额的支付，这已经有舍弃铜钱而用纸币、白银的趋势。

元朝则在金人的基础上又有所创新，实行纯纸币制度，贵金属金银以及铜钱都不许流通，替代金属货币流通的是国家强力推行的纸币，它的使用不限年月、不分地域，是一种有无限法偿能力的不兑换纸币，并有一套比较完善的管理办法与之配套，这已经基本上具备了近代纸币的雏形。元代是我国古代货币发展史上的一个重要转折点，在此之前都是以铜钱的货币单位"文"为价值尺度给商品标价，到了元朝就改为"两""分"，这是纸币和白银的货币单位。这说明我国的货币即将结束以贱金属铜为主要币材的历史，马上就要进入以贵金属白银或纸币为主币的新的历史时期。

（四）

在上述历史背景之下，建立了明朝的朱元璋最初却放弃了使用白银和纸币，而是选择了铜钱，并铸造流通分为五个等次的洪武通宝钱。朱元璋为什么要做这种选择呢？

这要从朱元璋的身世以及他所追求的理想社会说起。

朱元璋来自社会的最底层，苦难的童年让他认识到：社会上的不公都是源自对土地占有的不公，社会的动乱是失去土地的农民变成游民造成的，而政权的更替则是因为赋税的流失使得国家没有财力、物力组织军队镇压叛乱。因此，称帝以后的朱元璋所憧憬的理想社会，就是在封闭的农村共同体内，首先要做到家家有田可耕，只有将老百姓牢牢地拴在土地上，才能保证国家的赋税和百姓的吃穿用度。他推行的是中国传统的重农轻商政策，认为商人属于不劳而获的食利阶层，于是制定了很多歧视和限制商人的政策，譬如商人不许穿丝绸、不许乘轿，子女不许参加科举考试等。他认为只有这样才能实现圣人所倡导的人人有粮吃、有衣穿的太平盛世。

为了实现这一蓝图，朱元璋对全国大部分地区的户籍、土地状况都进行了清查，编造了记载户籍的"黄册"和记载土地状况的"鱼鳞图册"，作为征收赋税的依据。对土地的所有者根据土地的面积、土质等级征田赋，一般按收获量的十分之一征收。田赋征收实物，称"本色"，包括粮食、丝、麻、棉等农作物；如果折为钱、银等货币形式，就称"折色"。对人户则征发"职役"，对16~60岁的男丁征发"均徭"；出劳动力者称为"力差"，如果出钱、出物代替力役者称"银差"，还有为官府提供种种劳役的"杂泛"。这仍然是按田亩征收田赋，按户、丁征发徭役的赋役制度。

在朱元璋所规划的这种理想的小农经济生活中，每个家庭都是男耕女织，衣食基本可以做到自给自足，国家征收的田赋也多为粮棉等实物。因此，人们满足基本的生活需求不用花费太多的钱，日常生活中实际使用货币的机会和数量都很有限，有铜钱就足够了，对白银以及纸币等高币值的货币需求并不大。因此，他就废弃了金、元两朝都大量使用，并已成为主要流通手段的纸币和白银，甚至法律规定禁用白银，只允许使用铜钱。为了照顾日常的零星使用和大额支付，他又将铜钱的面值分为小平、折二、折三、当五、当十五个等次。

朱元璋主观上设计的这一蓝图，客观上违背了随着经济的发展、人口的增加以及贸易的繁荣，社会上对货币流通量的需求将会日益变大的经济规律。铜属于贱金属，铜钱的价值低、重量大，不便进行大规模、长距离的交易，因此到了洪武八年（1375），朱元璋才又决定印发"大明通行宝钞"，使用纸币。规定百文以上的交易用纸币，百文以下用铜钱。从形式上看，这一设计似乎很完美，大额的支付与小额的交易都能兼顾。但是，因为朱元璋及其子孙只是将纸币视作敛财的工具，发行纸币既无保证金，随意印发，又没有完善的回收办法，只发不收，越积越多，因此纸币到永乐初年就开始贬值。洪武二十七年（1394），为了推行纸币，又禁用铜钱。后来因为铜钱匮乏，私铸盛行，民间又开始使用白银，铜钱流通更加不畅，许多地区甚至以物易物，钱钞兼行的币制宣告瓦解。

正统元年（1436），受形势所迫，明英宗不顾朱元璋的遗训，废除了用银的禁令。到了万历九年（1581），张居正又进一步推行名为"一条鞭法"的税制改革，以资产计税为主代替了原来的以人头为主的税收制度，将各种赋役都尽可能地归并为几项货币税，以征收货币代替征收实物和征发差役。以此为契机，明朝的货币及赋税制度最终摆脱了朱元璋所设计的"洪武型体制"的束缚，以货币税代替实物税，以缴纳货币代替直接服役，并统一折成白银来征收。这样明代的货币才又重新回到了自唐末五代以来，历经宋、元，由贱金属铜向贵金属白银过渡的轨道上，并实现了白银的货币化。

从此以后，白银排挤了纸币，并取代铜钱成为流通中的主要货币，形成了以银为主、钱为辅的银钱兼行的货币流通制度。但是，这已经是朱元璋建立"洪武型体制"两个多世纪以后的事了。

以重农轻商为特点的洪武型财税货币制度，与14—16世纪西欧盛行的重商主义背道而驰，明朝因此错失了最好的发展时机。从此，中国被欧洲超过并越落越远。只有遗存下来的洪武通宝钱，作为重农轻商的"洪武型体制"的代表物，成了中西国运逆转的历史见证者。

二、大明通行宝钞：一种落后的纸币制度

朱元璋所发行的"大明通行宝钞"与宋、金，特别是元朝的纸币有什么不同？它对于"洪武型体制"又起到了什么作用呢？本节就和大家谈谈明代的纸币制度。这对于加深我们对我国古代纸币的本质，以及古代从贱金属铜向贵金属白银过渡的认识都有重要意义。

（一）

我们先从1974年维修山西应县木塔时，发现的一张明朝永乐二十年（1422）的布告说起。这是一张有关使用纸币的布告，虽然已有破损，但是内容基本清楚，个别缺漏的字，根据前后文也可以补齐（本书摘录中用括号标注）。当时官府为了让老百姓看明白内容，布告所使用的语句都是当时的白话，非常有意思。节录一段：

> 奉圣旨，……如今街市上做买卖的，有等泼（皮）无（藉）之徒，不肯接钞，及有接钞的，（只）要新钞，将那昏软旧钞，（拒）不（肯使）用，故行阻滞钞法，好生无理。（应）都察院便出榜去晓谕多人（知）道，那新旧昏软钞贯，务要一般行使，不许阻滞。敢有（拿到那昏）软不行使用的，许诸（人首告，其）所在官司拿问。那正犯人（就地处）死，户下追钞，全家发边远（充）军。其中若有因行钞法，辄将（铺）面关闭，不做买卖，及有等泼（皮）无藉之徒，倚恃钞法，于（各街市）铺面并客商处强买强（抬占百）货的，拿住都一般治罪不饶……

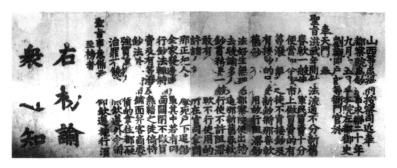

图7-2　明代钞法布告

布告的内容是官府告诫百姓要接收纸币，不能拒绝使用，否则将会受到严惩，这反映了当时纸币流通不畅的实际情况。洪武八年才开始发行的大明通行宝钞，不到五十年就要被强制推行，甚至以杀头或全家充军相威胁，这说明明代的钞法出现了严重的问题。此后仅仅几十年，纸币就被市场淘汰，白银则乘势崛起。从此，中国的货币似乎走进了白银时代，古代纸币渐渐退出了货币舞台。

上一节我们介绍了朱元璋称帝之后，为了构建他重农轻商的"洪武型体制"，在货币制度上没有沿用元朝的纸币以及白银，而是回到使用铜钱的老路，铸造发行的是五等制的洪武通宝。但是，到了洪武八年，朱元璋却又突然改行钞法，使用纸币。这是为什么呢？

《明太祖实录》对此解释说，这是因为朱元璋看到基层的老百姓为了完成承担的缴纳铸钱所需的铜料配额任务，"皆毁器物以输官"，他于心不忍，认为铸钱不但增加民众的负担，还给奸民以盗铸的机会。因此，朱元璋想到了宋元时期使用过的纸币，认为纸币"其法省便，易于流转"，并且还"可以去鼓铸之害"，便决定模仿元朝的做法，继续使用纸币。

实际上，这只是官方的一种说辞，为的是体现朱元璋爱民如子的菩萨心肠。铸造铜钱与发行纸币相比，固然有增加民众负担、易于伪造、携带不便等弊端，但是明朝政府于洪武八年发行纸币，主要还是发现纸币更容易从社会上聚敛财富，以便于他们任性地挥霍。这从明朝政府制定的纸币政策中就能清晰地体现出来。

明代的纸币称"大明通行宝钞"（以下简称"宝钞"），用桑皮纸制成。宝钞不但有实物传世，还发现了印制宝钞的钞版。因此，我们知道明朝的宝钞是模仿元代的"至元通行宝钞"的款式来设计印制的，只不过名称有所不同。

元钞以年号为名，如"中统元宝交钞""至元通行宝钞""至大银钞"等都是冠以年号。明代的宝钞则是以国号为名，并且只有"大明通行宝钞"一种，以一贯为最高面额，即使宝钞后来贬值，也没有再发行更大面额的纸币。不管面值大小，尺寸都完全一样。表面上看，明代的宝钞可以说是我国古代形制最为规范和统一程度最高的纸币，但是在宝钞的实际发行、数额控制以及新旧宝钞的兑换等制度方面，明朝所推行的措施都属于权宜之计，而"不为常制"。这与元朝的纸币制度完全不可同日而语。

图 7-3　大明通行宝钞（三百文）

图 7-4　大明通行宝钞钞版　　　图 7-5　大明通行宝钞钞版
　　照片（三十文）　　　　　　　（五十文）

<h2 style="text-align:center">（二）</h2>

明朝宝钞发行之后，为了保证能够畅通使用，政府严令禁止民间以金银交易，但是准许铜钱与宝钞兼行流通。规定百文以下的交易只能使用铜钱，但是政府的收支则全部用宝钞来支付。

明朝发行宝钞没有储备金，数量不受限制。因此，宝钞自发行之后价格就持续跌落，到洪武二十三年（1390）十月，两浙地区宝钞一贯只能折铜钱二百五十文，钞值比官方规定的下降了 75%。四年之后，浙江、江西、闽广一带，宝钞一贯仅值铜钱一百六十文，贬值了 84%。沿海地区已经普遍使用白银，到洪武三十年，杭州一带的商人，不论货物贵贱，一律以金银定价。这说明宝钞的流通在洪武末年就已经发生了停滞。

永乐年间（1403—1424），朱棣五次北伐蒙古、营建并迁都北京，以及郑和船队七次下西洋，这些活动都耗费巨大，财政的亏空全靠印钞来弥补，这就更加速了宝钞的贬值。《明史》中说"由是钞法益滞不行"。明政府就以政权的力量强力推行宝钞的流通，规定百姓买盐、赎罪，商人缴纳摊税、商税等都要用宝钞，但是收效甚微。洪熙、宣德年间还有百文的小钞流通，到成化、弘治年间就只有一贯的大钞了。

实际上，正统以后，宝钞在社会上已经不流通了，只有官吏以及军士的俸饷还有一部分折成宝钞发放。

前面提到的那张永乐二十年的布告，就反映了永乐末年全国"钞法益滞不行"的整体状况。其实，弘治以后宝钞在货币经济上就已经没有意义了，钞法作为一种货币制度实际上早已寿终正寝。此后，宝钞就退出了流通领域，只是在与国家财政有关的某些方面还有使用，商业交易以及民间日常支付都已经完全使用白银和铜钱。其后，政府虽然仍然在印钞，但主要是作为保存祖制的一种象征措施，在社会经济中，纸币早已不发挥任何实际作用了。

日常支付中虽然已经不用宝钞了，但是"钞"字已经被普遍接受，因此明末还用"钞"来代表货币。如《今古传奇》中说"常言道，妓爱俏，妈爱钞"，这里的"钞"所指显然已经不是宝钞，而是泛指货币。再如《金瓶梅》等书中也常有"钱钞"或"银钞"的称呼，实际所指的就是铜钱或白银，和纸币没有任何关系。

（三）

明朝钞法日益败坏的根本原因，就是明朝政府将发行纸币当作了敛财的工具。这既有对纸币制度本质认识上的不足，更主要的还是统治者贪婪的本性造成的，最终使钞法成了朝廷敛财的手段。加之吏治的腐败、恶商的操纵，使得本来应该能够增加财政收入、促进商业发展，也便利百姓交易的纸币制度，非但没有发挥积极的作用，反而成为统治者洗劫民众、搜刮社会财富的工具，更加重了社会的危机。

明代的宝钞很快就变得流通不畅，主要是因为宝钞的发行完全没有钞本即储备金，因此不受数额的限制。这说明明朝的统治者似乎还不明白纸币的原理，宝钞流通的依据主要不是经济上的，而是靠政权的强制力及信用。所以明朝的钞法极为简单，政府印出宝钞后，规定价值，然后发行出去就行了。明代纸币的发行作用仅有两种。一种用来兑换民众手中的金银，这由宝钞提举司所属的行用库负责。行用库设于正式发行宝钞的洪武八年（1375），仁宗即位后，民间的金银已被兑换得差不多了，行用库就被撤销了。另一种是用于政府财政上的支出。政府原来很多需要用白银、铜钱或是实物支出的开销，发行纸币之后，都改用宝钞来支付了。因此，明朝的钞法是只管发钞，而不管回收。

百姓可用金银向国家兑换宝钞，却不能用宝钞向国家兑回金银，回收宝钞便只有赋税这一条途径。但赋税收入主要靠田赋，而明初规定宝钞在财政上的用途是按钞七钱三的比例缴纳商业税，并不包括田赋。因此，宝钞回收的数量非常有限，贬值便不可避免。

《明史》记载，到了成化年间（1465—1487），新钞一贯值铜钱10枚，旧钞仅值1~2枚铜钱。宝钞掉在地上，过往行人甚至看都不看一眼。一百多年的时间里，宝钞的价值已经不及原来的千分之一。

造成这种局面的根本原因是明朝没有制定一个健全的管理制度。最初实行纸币制度的时候，朱元璋和他的大臣们似乎没有考虑旧钞需要更新的问题，直至洪武九年旧钞问题出现，才制定了以新换旧的"倒钞法"。该法规定：各地设立行用库，用新钞倒换旧钞，每贯收取工墨费三十文，五百文以下的递减。收到旧钞后，在上面用墨印上"昏钞"二字，封收入库，在京城按季、外地则半年一次送交户部。虽然有了规定，但是"倒钞法"实行的时候却不多。明代宝钞因为不能严格控制发行额，又不分界，更不能健全倒换，旧钞越积越多，难以保持新旧纸币等价流通的原则，不久便出现了新旧宝钞差价使用等问题。旧钞的迅速贬值不仅引起物价的上涨，更刺激新钞的增发以及购买力的降低，这又进一步推动纸币贬值，形成恶性循环。

另外，明朝政府为了防范伪钞所采取的一些措施，也阻碍了宝钞的流通使用。譬如《明会典》卷一六四《钞法》规定，使用伪钞无论知情与否，都要承担法律责任，特别是用钞"折纳诸色课程"时还需在背面盖章。这样一来，使用宝钞不但不方便，还需要承担法律风险，更使得"钞法益滞不行"。

（四）

按理说，在金元纸币制度的基础上，明代的钞法应该更为完善，能从货币制度上助力中国实现社会转型。实际上却完全相反，它反而成了阻碍社会经济发展的一种落后的纸币制度。

自元朝末年钞法失败之后，社会上就开始恢复使用铜钱、金银，甚至是物物交换，再未使用过纸币。明初在这种背景下推行钞法使用纸币，首要的问题就是如何来确定金银以及铜钱的货币地位。对此，明朝政府最初的做法是，禁用金银，限制铜钱。后来，纸币的流通出现了问题，为了确保宝钞的发行和流通，明朝政府不仅将金银的禁令执行得更加严格，甚至连铜钱的使用也禁止了，似乎是想仿照元朝实行纯纸币制度。但是，明朝没有《至元宝钞通行条画》那样一个比较全面的纸币发行管理办法，仅仅将纸币视为方便敛财的工具，因此表现出严重的落后性，失败是必然的。

另外，明朝在我国古代货币的发展史上，正处于从贱金属铜向贵金属白银过渡的后期，自唐末宋初以来，历经金、元两朝的发展，白银已经具有了支付手段、流通手段、价值尺度等货币的主要职能，白银的主币地位即将确立。当时的纸币仅仅是这一过渡阶段特有的货币形态，如果处理不好纸币与白银以及纸币与铜钱之间的关系，纸币存在的基础就不复存在，失败也是必然的。明朝恰好就没有处理好它们之间的关系，失败是不可避免的。

宝钞与铜钱之间的关系

朱元璋当初为了推行纸币，实行的是禁用金银、限制铜钱的政策，规定"百文以下止用钱"，即"大数用钞，小数用钱，钱钞兼行，以钞为主"的货币制度。

洪武二十七年（1394）八月，宝钞发行还不到二十年，朱元璋就下令禁用铜钱，原因是两浙地区民众重钱轻钞，使用时宝钞折钱的比价很低，有的地方甚至以铜钱一百六十文折宝钞一贯。《明太祖实录》卷二三四记载："时两浙之民重钱轻钞，多行折使，至有以钱百六十文折钞一贯者。"此外，福建、两广、江西等处也基本这样，物价因此上涨，宝钞越发壅塞不通。

朱元璋将纸币流通不畅的原因归罪于铜钱，在严厉禁用金银的同时，开始禁止使用铜钱。这破坏了钱钞兼行的原则，虽然此前已经发行了最小面额为十文的宝钞，但是因为小面额纸币易破损，以新换旧的制度又不健全，禁用铜钱之后，宝钞贬值反而更趋严重。《明英宗实录》卷一六六记载，正统十三年（1448），市面上"每钞一贯，折铜钱二文"。

从永乐至宣德朝，明朝政府虽然通过多种措施强力推行纸币，但是因为其根本出发点都是视钞法为聚敛社会财富的工具，发行的宝钞既无钞本，又不限量，流通不畅是必然的，民众自然要拒绝纸币而用铜钱。

自洪武八年至正德年间，明朝政府在行、禁铜钱之间来回折腾有十次之多。宣德十年（1435）十二月弛禁，改钱钞兼行。又禁于正统十三年（1448），三禁于景泰七年（1456），天顺元年（1457）再弛其禁。成化元年（1465）试图恢复钱法，《明宪宗实录》卷十九记载："凡征商税课程，钱钞中半兼收，每钞一贯，折钱四文，无拘新旧，年代远近，悉验收以便民用。"

铜钱如此反复被行、禁，虽然表面上反映了朝廷推行纸币意愿被民众拒绝后的无奈，实质上则揭示了古代纸币作为金属货币的价值符号，必须要与金属货币实现自由兑换的原则，否则纸币就没有了存在的基础，失败是不可避免的。

宝钞与白银的关系

自唐末宋初开始的白银货币化的过程，到明初已经基本完成，白银具有了货币的各项主要职能。但是，《明史》记载，洪武八年（1375）为了使宝钞顺利流通，明朝政府"禁民间不得以金银物货交易，违者罪之；以金银易钞者听"。金银从此变成了不合法的货币，《大明会典》中有钞法、钱法，而无银法，万历朝之前甚至禁开银矿。

虽然政府禁用金银，但是民间承袭金元以来的传统，早已习惯使用金银。

洪武二十七年（1394）禁用铜钱之后，许多地方专用白银交易，如《明太祖实录》记载，洪武三十年，"杭州诸郡商贾，不论货物贵贱，一以金银论价"。永乐九年（1411）曾一度解禁，洪熙元年（1425）、宣德元年（1426）又重申金银交易的禁令，尤其以宣德元年的规定最为严厉。《明史·钱钞》记载："交易用银一钱者，罚钞千贯，脏吏受银一两者，追钞万贯。"

政府虽然三令五申禁银，但都形同具文。因为此举违背了社会经济发展的规律，民间用银交易始终在进行。史载宣德年间"民间交易，惟用金银，钞滞不行"。英宗正统元年（1436）又弛银禁，并将江南、湖广等地的田赋米麦四百余万石折收银一百余万两，即所谓的"金花银"，白银的货币地位最终得到了官方的认可。《明史》记载，此后"朝野率皆用银，其小者乃用钱"。大数用银、小数用钱，银钱兼行的货币制度最终形成。这样一来，宝钞就被彻底排挤出了流通领域，终止了已经行用了四百多年的纸币货币形态。从此白银成为主币，直到1935年民国政府实行法币改革。

明初政府对于白银的流通时禁时弛，反复多次。一方面是为了推行纸币制度，另一方面则是随着商品货币经济的发展，流通中日益需要白银充当主要的交易手段。看得见的政府之手与看不见的市场之手斗争的结果是，政府屈服于市场，于正统元年（1436）解除了用银的禁令。白银的主币地位确立之后，纸币存在的必要性就降低了，被排挤出流通领域也就成了必然。

总之，从我国古代货币发展史的角度来看，纸币出现于宋元之际不是偶然的。自唐中期实行两税法后，伴随着长期困扰宋金的钱荒难题，我国古代货币开始由贱金属铜向贵金属白银缓慢过渡，也就是我们通常所说的开启了白银的货币化。

两宋的交子、会子，以及金代的交钞，就是在这一过渡阶段出现的。作为金属货币的价值符号，它们代替价值低且重量大的贱金属货币，在缓解钱荒的同时方便了大额、远距离贸易。因此，我国古代的纸币是一种早产的、过渡性的货币形态。

明朝中期，在白银的货币化基本完成，白银的主币地位即将确立的情况下，明朝政府为了搜刮社会财富，禁用白银、铜钱，强制推行既无钞本又不限额的纸币，更缺乏旧钞的回收制度，这是封建专制主义在货币政策上的体现。可以说，明代所推行的钞法，完全是一种超经济的掠夺，违背了社会经济发展的规律，严重阻碍了白银货币化的进程。因此，我们说它是一种落后的、阻碍了社会经济发展的货币制度。

朱元璋当年为了推行纸币而实行了严格的禁钱令，但是执行了两代的禁钱令却被发动靖难之役上台的燕王朱棣给打破了。朱棣为什么不惜违背祖训也要铸造他的年号钱"永乐通宝"呢？

2

币制的调整

朱元璋所建立的洪武型财税体制，实际上从朱棣发动靖难之役后就开始了调整。到了正统元年，英宗受形势所迫不顾朱元璋遗训，废除了用银的禁令。万历九年，张居正又进一步推行"一条鞭法"税制改革，以货币税代替实物税，以缴纳货币代替直接服役，并统一折成白银来征收。以此为契机，明朝的货币及赋税制度最终摆脱了朱元璋所设计的"洪武型体制"的束缚，重新回到了自唐末五代以来由贱金属铜向贵金属白银过渡的轨道上，并实现了白银的货币化。

一、永乐通宝：国外影响远超国内的钱币

中国古代习惯于使用贱金属铜作为币材，所铸造的铜钱主要是为了满足国内的流通需求。然而，明朝的永乐通宝钱却是个例外。当时永乐通宝钱在国内很少使用，大部分流通到了国外，还被大量地仿铸，并因此而成为中国古代历史上唯一的一枚"墙内开花墙外香"的钱币。

下面就给大家讲述一段有关永乐通宝钱的鲜为人知的故事。

<h1 style="text-align:center">（一）</h1>

这段故事的核心内容是，明朝初年为了推行纸币制度以及重建东亚朝贡体系而在货币流通方面所做的调整，竟然对日本和东南亚两地产生了重要的影响。其中的主角就是永乐通宝钱。

图 7-6　永乐通宝

永乐通宝是明朝的第三个皇帝即明成祖朱棣发动靖难之役夺了他的侄子建文帝的皇位，改元永乐之后铸造的年号钱。《明会典》记载，朱棣于永乐六年（1408）在京师南京铸造永乐通宝钱，永乐九年又派官员去浙江、江西、广东、福建四省铸造。但是《明史·食货志》中却只记载了"九年铸永乐钱"，而漏记了永乐六年在京师铸钱的事。

朱棣于永乐六年在京师铸钱，三年后又于永乐九年在位于东南沿海的四省铸钱，这看似极为平常的一件事，实际上背后却有着极为复杂的原因和背景。这是朱元璋在洪武二十七年（1394）八月正式禁用铜钱之后，明朝政府首次开禁铸钱。朱棣为什么要违背他父亲的禁令，开禁铸造永乐通宝钱呢？

朱棣在夺取皇位之后，之所以不惜背负一个不遵守祖制的罪名，也要打破朱元璋的禁钱令，迫不及待地铸造一枚他的年号钱"永乐通宝"，是因为在他的内心深处有一个挥之不去的心结，那就是他非常害怕别人说他的帝位不合法。因此，他就想通过正式铸造一枚他的年号钱，来抹去他篡位者的嫌疑，并以此向世人昭示他的皇位继承既正统又合法。

有人可能会提出疑问：铸造一枚年号钱，真的能起到这么大的作用吗？

钱币特别是年号钱，不同于一般的物品，在中国古代具有非常强的政治寓意。因此，每当新的王朝建立，或者是新的皇帝即位，甚至是改元换年号，都要铸造一种新的钱币。只有这样才具有新旧更替、改朝换代的象征性意义，才能昭示其政权的正统性与合法性。而朱棣正是因为明白这层意义，才会宁肯违背朱元璋的祖训，也要打破禁钱令，铸造他的年号钱。

为了让大家更好地理解朱棣铸造年号钱的目的，下面我就结合另外两件事，再做进一步的分析。

一件是靖难之役成功之后，朱棣直接将他的侄子朱允炆的年号"建文"给废弃了，并将以建文为年号的四年全部换成了洪武年号。因此洪武年号本来只有三十一年，最后变成了三十五年。这样就表示朱棣的"永乐"年号是直接继承自朱元璋的"洪武"年号。洪武年号铸造了洪武通宝，中间的建文年号没有铸钱，因此他铸造永乐通宝就可以向世人昭示他才是洪武皇帝的合法继承人。

朱棣铸造年号钱永乐通宝，表面上看虽然打破了朱元璋的禁钱令，但在实际的货币流通中，朱棣还是继续推行朱元璋制定的流通使用纸币的政策。因此，他所铸造的永乐通宝钱根本就没有在国内流通使用，而是都赏赐给了国外的朝贡使团。这也从一个侧面证明了朱棣铸钱的目的是政治上的考虑，而不是经济上的需要。

另一件是朱棣登基之后，立马派出郑和率领庞大的使团出使海外，"通好他国，怀柔远人"，他的目的就是向世人宣告，他才是大明王朝的合法天子。实现这一目的最好的办法，就是用他的年号钱来赏赐沿途各国。因此，在郑和的七次航海中，从永乐七年（1409）十月第三次开始，所携带的都是永乐通宝钱。这也是朱棣于永乐六年在京师南京，接着又于永乐九年在东南沿海四省大量铸造永乐通宝钱的原因。

大量的钱币撒出去之后，必然会招来更多的朝贡使臣。永乐一朝，仅泛海而来的国王就有四位，其中三位还留葬在了明朝。为了接待朝贡使臣，朱棣又在福建、浙江、广东分设来远、安远、怀远三个市舶司，在京师则设会同馆以国宾待之。另外还设置了四夷馆，负责翻译各国及少数民族语言文字。这些使臣都不会空手而归，赏赐他们的多半都是永乐通宝。

铸造永乐通宝的目的，就是供郑和船队去海外宣扬国威，以及赏赐朝贡使臣，怀柔远人。因为不在国内流通使用，永乐通宝在国内出土发现的数量很少，在明清时期的钱币窖藏中更是难得一见，但在海外却有大量发现。20世纪70年代在东沙、西沙群岛的水下考古中，发现了被认为是郑和下西洋船队的沉船所遗下的铜钱，其中永乐通宝钱的数量巨大。据统计，仅西沙群岛第一次清理的80706枚古钱中，永乐通宝就有49684枚，占62%；第二次清理的能看清文字的1995枚铜钱中，永乐通宝多达1215枚，占61%。在东沙群岛清理的钱币中，永乐通宝也比大中通宝、洪武通宝多得多。

永乐通宝不仅在南海的西沙、东沙群岛大批量发现，在环印度洋周边的国家和地区也是随处可见。譬如，从肯尼亚、坦桑尼亚到阿曼、伊朗，从斯里兰卡、印度到泰国、马来西亚，都有大量的永乐通宝钱出土发现的记录。因此，可以毫不夸张地说，永乐通宝钱是明朝所构建的东亚朝贡体系中的通用货币，在中国主导的有等级秩序的东亚朝贡体系中，无疑发挥了重要的作用。

（二）

随着郑和下西洋的深入，大量的永乐通宝钱成了东南亚各国的通用货币，由此开启了永乐通宝风行亚洲的旅程。实际上，与东南亚地区相比，永乐通宝钱在日本发挥的作用更大，影响也更为深远。这是因为在中国明朝进入永乐盛世的同时，日本的室町幕府也迎来了足利义满统治的全盛时代，并加入了明朝所建立的东亚朝贡体系。

元朝初年忽必烈两次东征日本都以失败告终，中日之间断绝了官方往来。后来的朱元璋因为怀疑日本人与宰相胡惟庸勾结，企图篡夺皇位，因此对日本始终保持警惕。中日两国这种互不信任的紧张关系，最终是被室町幕府的第三任将军足利义满于1399年以向明朝称臣的方式给缓和了。这是日本第一次也是唯一一次向中国称臣，在日本历史上是一件非同寻常而且有争议的事件。那足利义满为什么要向明朝称臣呢？

实际上，足利义满向明朝称臣是为了与中国开展贸易，而贸易的目的则是获得中国的铜钱。那日本为什么自己不铸造，非要用中国的铜钱呢？

这需要从唐宋时期讲起。

日本早期是以稻米、粗布等实物为交易手段进行以物易物贸易，直到683年受唐朝的影响才开始使用货币，并于708年仿照开元通宝铸造了日本最早的钱币"和同开珎（珍）"。在此后的二百五十多年间，日本又先后铸造了"万年通宝""神功开宝"等十一种钱币，与"和同开珎（珍）"钱一起，被称为"皇朝十二钱"。因为技术不过关，加之铜料不足，这些粗制滥造且重量不足的钱币，与通过贸易而流入的、制作精美的宋钱相比，日本民间都喜欢宋钱而不愿意使用日本自己铸造的钱币，日常交易更是非宋钱不用，遂使宋钱通行日本全国。日本政府虽然一再颁发禁令，但是终归无效，最后只得停止铸钱，承认宋钱流通的合法性，完全听任宋钱的自由流通。由于日本民间渴望得到宋钱，所以南宋中叶以后，日本商人来宋朝贸易的很多。文献记载"倭人冒鲸波之险，舳舻相衔，以其物来售"，其目的就是换取宋钱。

进入元朝以后，因为推行使用纸币，废弃不用的宋钱便被商人大量地输入日本，称为"渡来钱"。当时日本商人来华获取铜钱，除了以货物来售，有时直接携带黄金来购买。《元史·日本传》中记载："至元十四年（1277）日本遣商人持金来易铜钱，许之。"这件事在《马可·波罗游记》中也有记载。据彭信威先生在《中国货币史》中的统计，日本各地考古发掘出土的钱币中，宋钱的占比超过80%，数量有40余万枚。数量之多，由此可见一斑。

大量的宋钱流入日本之后，对日本的货币经济、地租以及赋税制度都产生了重要影响。譬如日本由此前盛行的以物易物的实物货币形态，逐渐发展为以铜钱为主要的流通手段。不仅官方和民间的买卖广泛使用铜钱，而且土地、房屋的出售或抵押也多以铜钱形式支付。

另外，日本由实物地租加速向货币地租转化，铜钱成为地租的主要支付手段。在自然经济条件下，封建庄园的地租原来主要是通过大米等实物来支付，后来随着货币经济的发展，众多领地分散的庄园主纷纷开始征收货币租税，使用铜钱缴纳地租日渐盛行。

最后是随着商品货币经济的发展，至15世纪前期，钱币作为赋税的支付手段在日本也被广泛地使用，并被用于交易结算，因此，百姓外出都愿意携带钱币。如1429年出使日本的朝鲜通信使朴瑞生在一份报告中记述他在日本的见闻时说："钱之兴用胜于米布，故行者虽适千里，但配钱缗，不粮。"意思是说人们出远门都愿意带钱，而不带粮食。这反映了当时日本货币经济高度发达的情况。

来自中国的宋钱促进了日本货币经济的发展，而商品经济的进一步发展又使其对于铜钱的需要更加迫切。正是在这一背景下，足利义满以向明朝称臣为条件所达成的"勘合贸易"，使永乐通宝钱大量流入日本，并对日本的政治、经济、文化等诸多方面都产生了重要影响。

<h1 style="text-align:center">（三）</h1>

"勘合贸易"就是朝贡贸易，因为贡船必须核验明朝颁发的"勘合"即执照后才许入境，因此得名。这是明初实行海禁政策之后，为了构建东亚朝贡体系，对朝贡国所施行的一种管理方式。明朝政府接收贡品并购买方物之后，再以回赐的方式赏给外商所需要的中国物品。各朝贡国的贡期长短不一，或三年或五年，日本是十年一贡。即便是十年一贡，但是凭借快速发展的勘合贸易，仍然有大量的永乐通宝进入日本，成为日本的通用货币。

勘合贸易回赐的物品中，日本最想要的就是铜钱。足利义满向明朝称臣，等于认可了朱棣的正统性，这使得朱棣龙颜大悦，在册封足利义满为"日本国王"的同时，还赏赐了大量的洪武通宝钱，从此给朝贡国赏赐铜钱便成了一种惯例。

永乐六年京师开铸永乐通宝，同年五月日本第三次入贡，朱棣赏赐铜钱15000贯，这很有可能是永乐通宝第一次流入日本。此后凡勘合贸易使团来明朝进贡，都要援引永乐赐钱的故事，请求朝廷多赐铜钱。其中，成化四年（1468）已经陷入困境的第八代将军足利义政，在请求赐予铜钱的国书中说得更直白："书籍、铜钱仰之上国，其来久矣。今求二物，伏希奏达，以满所欲。书目见于左方。

永乐年间多给铜钱，近无此举，故公库索然，何以利民？钦待周急（济）。"

永乐通宝流入日本，除了勘合贸易这一主要途径，两国的民间贸易也是重要途径之一。这是因为十年一贡周期太长，满足不了日本对铜钱的需求，就通过民间走私贸易来弥补。另外通过安南、琉球、朝鲜等国也能间接流入一部分。即使这样，似乎还是满足不了日本国内的需求。进入16世纪以后，日本民间开始大量仿铸永乐通宝钱。这种仿铸从单纯的翻铸，到加刀改刻，再到重新设计永乐通宝的字体等，各种方式不一而足。明朝万历时期的朱国桢在其所著《涌幢小品》中记载，日本"亦用铜钱，只铸洪武通宝、永乐通宝，若自铸其国年号则不能"，反映了日本仿铸明朝钱币的情况。

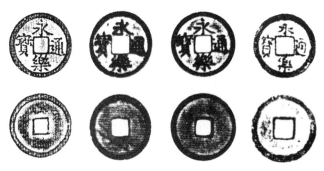

图 7-7　永乐通宝（日本铸）

图 7-8　洪武通宝（日本铸）

图 7-9 永乐通宝（安南铸）

　　永乐通宝在日本的出土发现也能印证这一点。譬如 1930 年日本专家入田整三对日本 48 处发掘铜钱的分析统计，总数 554714 枚钱币，中国钱占 99.8%，其中永乐通宝就有 29225 枚，占总数的 5.27%。

　　永乐通宝最初流入日本时并不受欢迎，反而成为"选钱"的对象，这是因为此前大量流通的都是宋钱，新来的永乐通宝要被限制使用。经过一段时间的流通，等级单一、版式统一、钱文秀逸、铸造精整的永乐通宝，相比分等繁多、背文复杂、大小不一、钱文书体各异的宋钱，更受民众的欢迎。因此，16 世纪以后，永乐通宝就成为"精钱"而被广泛使用。但是，它在日本各地的流通也存在一定的地域差异。譬如在日本近畿等西部地区由于白银的竞争而使用量有所减少，但是在关东等东部地区却继续上升并在一定时期内成为超精钱。进入 17 世纪以后，由于江户幕府大力推行日本自己铸造的货币，永乐通宝钱在流通了二百多年后，逐步退出日本的货币市场。

　　永乐通宝对日本的影响，不仅表现在促进日本货币经济的发展、成为日本自铸货币的模仿对象等经济方面，而且对日本当时的文化也产生了重要影响。譬如日本战国时代最重要的人物织田信长，为了宣传他的重商思想，改变传统的重农观念，就将永乐通宝钱画在军旗上，以此宣扬"金钱万能"的政治理念。除了军旗，织田家武士的盔甲和背旗上也都画着永乐通宝钱的图案。因此，永乐通宝成为中日交流史上对日本影响最大的一种中国钱币。

图 7-10　织田家武士盔甲及背旗上的永乐通宝钱图案

朱棣篡位之后，不惜违背禁钱令的祖训，铸造永乐通宝回赐给朝贡国，是为了构建他的东亚朝贡体系。而朱厚熜即位之后，不仅铸造了年号钱嘉靖通宝，还计划补铸前朝的年号钱。这又是为什么呢？

二、嘉靖通宝："中兴之主"的得与失

明朝从建立之初到中期，因为推行纸币，铜钱的使用经历了一个由合法到非法，再由非法到合法的过程。受此影响，在洪武之后，直到嘉靖年间，中间历经十个年号，除了永乐、宣德、弘治三个年号少量地铸造了小平钱，其余的七个年号都没有铸钱，嘉靖皇帝即位之后才又铸造了嘉靖通宝钱币，并计划补铸此前各朝没有铸造的几种年号钱。

本节就通过嘉靖通宝钱，给大家聊聊被称为"中兴之主"的嘉靖皇帝在位四十五年中的得与失。

（一）

嘉靖是明朝的第十一位皇帝明世宗朱厚熜的年号，从 1521 年到 1566 年，共使用了四十五年。因此，明世宗又被称为嘉靖皇帝。说起

明世宗朱厚熜，可能很多人都不太熟悉，但是对于嘉靖皇帝这一称呼，大家却并不陌生。在社会上知名度很高的京剧《海瑞罢官》，讲的就是嘉靖皇帝罢免了以廉洁正直著称的清官海瑞，嘉靖皇帝因此而给世人留下了一个昏庸无能、忠奸不分的昏君形象。

实际上，这都是戏剧以及影视作品演绎和宣传的结果，与真实的历史并不完全一样。嘉靖皇帝即位之初，对内整顿吏治、减轻赋役，对外抗击倭寇、加强武备，颇有作为，历史上甚至将这一时期称为"嘉靖中兴"。后来他虽然因为沉迷于道教而对朝政有所懈怠，但是却始终牢牢地掌控着朝廷大权。比起明朝那些奇葩荒唐、不务正业的皇帝，嘉靖仍然可以称得上是一位有作为的皇帝，因此《明史》将他称为"中兴之主"。下面我们就通过嘉靖通宝钱币，来看看嘉靖皇帝作为"中兴之主"的所作所为。

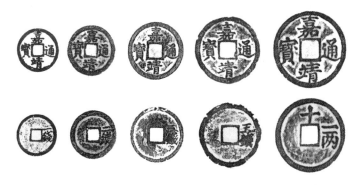

图 7-11　嘉靖通宝（小平、折二、当三、当五、当十）

"嘉靖通宝"钱币共有小平、折二、当三、当五、当十五种面值，它在形制以及面值的设计上，虽然模仿的还是朱元璋称帝之前的大中通宝以及称帝之后的洪武通宝所沿用的五等制，但无论是在书法艺术还是铸造工艺，以及铜质的精炼纯度上，都更为讲究。因此，嘉靖通宝可以说是明朝钱币中的上佳之品。特别是一套大小五种面值齐备的嘉靖通宝钱币，更见功夫。嘉靖通宝钱币在明朝整个铜钱的铸造使用中，可以说是承上启下，占有非常重要的地位，见证了嘉靖皇帝作为"中兴之主"的得与失。

说嘉靖皇帝是明朝中期的一位"中兴之主"，完全是相对他的前任正德皇帝，即嘉靖皇帝的堂兄明武宗朱厚照来说的。一定意义上甚至也可以说，正是因为正德皇帝沉湎于玩乐，荒废了朝政，才成就了嘉靖"中兴之主"的称号。因此，我们讲嘉靖皇帝，首先要从正德皇帝说起。

"正德"是明朝的第十位皇帝明武宗朱厚照的年号。从明朝开始，每位皇帝都只使用一个年号，不再像此前的皇帝那样频繁地改用新的年号。因此，后人就习惯用年号来称呼明清两朝的皇帝。譬如洪武皇帝、康熙皇帝等，而他们的庙号，即正式的名号明太祖、清圣祖，却很少被使用。

正德皇帝可以说是明朝一位极具个性，且行为荒诞不经的皇帝。他天资聪颖，具有不因循守旧、勇于尝试新鲜事物的创新进取的精神。但是，他早在年少的时候，就在以刘瑾为首的随侍太监们的诱惑之下，被引入歧途而荒废了学业，整日沉溺于声色犬马而不能自拔。称帝之后成了一尊，他更是恣意妄为，荒淫无度。在刘瑾的蛊惑怂恿之下，正德皇帝干出了很多离经叛道的荒唐事，不但荒疏了朝政，甚至于壮年时期玩丢了性命，给明朝的政治造成了严重的腐败和危机。譬如：正德皇帝为了摆脱皇宫里各种礼仪的约束，竟然远离象征皇权的紫禁城，在皇城西北端贵族豢养虎豹等猛兽以供玩乐的地方，另建一处新宅"豹房"。此宅有几百间之多，里面供养有许多乐户、美女以及猛兽，供他日夜淫乱作乐。另外，为了实现巡视边关、建立功业的愿望，同时摆脱朝中大臣的掣肘，他又在北边重要的军事重镇宣府修建了"镇国府"，并长期驻守于此而不返回京城，甚至下令朝中的大臣一律不许来宣府汇报工作，只准豹房的亲信随从出入。

正德皇帝非常羡慕洪武皇帝和永乐皇帝的武功，也以雄武自居，盼望着自己也能立下赫赫军功，于是，他就给自己更名为朱寿，后来又加封自己为"镇国公"，并且命令兵部存档，户部发饷。最后竟然以"大将军朱寿"的名义亲自率领明兵，冒着"乘舆几陷"，重蹈明英宗土木堡之变的覆辙，与蒙古王子交战。虽然最终取得了"应州大捷"，但是自古以来还没有哪个皇帝像他这般自降身份为将军，又自己给自己下达出征的命令，如此视国事朝政为儿戏的荒唐举动。《明史·武宗本纪》因此说他："然耽乐嬉游，昵近群小，至自署官号，冠履之分荡然矣。"意思就是说，武宗因为沉溺于游乐而陷于一帮小人佞臣之中，身为君主却给自己封官，破坏了君臣应有的名分界限，使得朝政越发腐败不堪。

不仅如此，正德皇帝还置朝政于不顾，四次出巡北部边关，一次出游南方。巡游南方返回京城时，路过清江浦，武宗见水上风景优美，鱼翔浅底，顿起渔夫之兴，便自驾小船捕鱼玩耍，结果跌落水中，虽然被救起，但是因为江水呛入肺中，受寒得疾。正德十六年（1521）正月，正德皇帝回到北京不久就病逝了，年仅 31 岁。

正德皇帝整日忙于出巡游玩，恣意寻欢作乐，将批阅奏折的正经大事都委托给了亲信宦官刘瑾，刘瑾因此而掌握了朝廷大权，被称为"立地皇帝"。在正德皇帝的任内，不但首开了明朝宦官专权的先例，而且先后发生了安化王和宁王的两次叛乱。这是除了靖难之役，明朝历史上仅有的两次藩王反叛的事例，正德皇帝因此而成了明朝历史上最为荒唐奇葩的一位皇帝。

（二）

正德皇帝没有子嗣，生前也没有指定皇位继承人。他在临终之前对自己的荒唐行为终于有所醒悟，悔恨道"前事皆由朕误"，命令司礼监转告皇太后"天下事重，与阁臣审处之"，意思就是将后事托付给了皇太后和阁臣。于是，以杨廷和为首的阁臣与皇太后商议后，援引《皇明祖训》中"兄终弟及"的原则，决定由皇室的近支、正德皇帝的堂弟朱厚熜继位，改元嘉靖。

在中国古代，凡是政治上相对清明、经济上能减少民众疾苦、社会矛盾较为缓和的时期，史书上就习惯称为"盛世"或"治世"。实际上，所谓的"盛世"或"治世"都是相对"衰世"或"乱世"而言的，也都是因为政治腐败而积累的社会矛盾达到极点之后的一种反弹。这是统治阶级内部的开明派，在政治上通过整饬法制、完善制度、平反冤假错案、清除腐败势力，在经济上通过赋税制度的改革限制权贵阶层的特权、减轻民众的负担来实现的。因此，"嘉靖中兴"的出现，就与嘉靖皇帝继位之后，在以杨廷和为代表的阁臣的辅佐之下，为了革除前朝的弊端而推行的一系列"新政"有关。

当时的君臣都立志要效法洪武、永乐，重新振兴大明王朝，因此大刀阔斧地推行了一场涉及政治、经济等多方面的社会变革。

政治上，倡导纳谏，勤于政务，打击权臣和封建地主贵族势力，平反忠臣冤狱，大赦天下，诛杀蛊惑教唆武宗行乐的钱宁、江彬等佞臣，整顿朝纲，裁抑司礼监的权力，撤废镇守太监，严肃监察制度，严分厂、卫与法司职权，提高内阁的地位，重视任用张璁、夏言、桂萼等贤臣，吸取前朝宦官当权乱政的教训，对宦官严加管束，使中央集权的体制又得到了复兴和加强，朝政为之一新。

经济上，在盐法、税法、赋役等方面对经济制度进行整饬，严惩贪赃枉法；勘查皇庄和勋戚庄园，还地于民；裁革冗员，减轻人民的负担；鼓励耕织、蚕桑，重新整顿赋役；赈济灾荒，减轻租银，体恤民情；修理河道、堤堰，治理水灾；汰除军校匠役 10 万余人；这极大地缓解了当时激化的社会矛盾，史称"天下翕然称治"，因此号称"嘉靖中兴"。

那应该如何来认识"嘉靖中兴"的实际效果？它在明代历史上又起到了怎样的作用呢？我们只有将所谓的"嘉靖中兴"放在明朝发展的整个历史的大脉络中来看，才能明了其得与失。

嘉靖皇帝继位的时候，正值明朝中期，中国社会处在一个由传统向近代变革的巨大转折之中。这一转折变革的趋势，在很多领域都有所表现。其中，在赋役以及货币制度方面表现得尤为明显。

在赋税、徭役制度上，由赋役制向租税制转化，即由对人课税逐渐向对物征税转化，从征收实物税逐渐向征收货币税转化，从民间负责征收并运送官府逐渐向官府直接征收转化。

在货币制度上，货币金属开始由贱金属铜逐渐向贵金属白银转化，并最终实现了白银的货币化，同时终止了为解决钱荒的压力，自北宋以来行用了四百多年的纸币货币形态。

接下来我们就通过嘉靖通宝钱币，从赋税、徭役以及货币制度这一重大转折变革的背景之下，来看看"嘉靖中兴"的得与失。

（三）

中国古代历朝历代的改革或变法，实际上都是从赋税入手的。这是因为赋税收入与国家的财政状况息息相关，而财政的盈亏又直接决定了国家治理能力的强弱以及王朝的兴衰更替。同时，赋税制度上的任何变化，最后都会对货币制度产生重要的影响。

前文介绍洪武通宝钱的时候曾提到：我国的货币制度，自宋金特别是元朝以来，即将完成从传统的铜钱向以贵金属白银为主币的过渡。白银当时不仅是流通的手段，也已经成了价值的尺度，很多商品都开始用白银计价。因此，元代的币制可以说是非常接近于银本位制了。但是，实现白银货币化的最后这一环节，却因为朱元璋所刻意推行的"洪武型财税体制"而受阻。

这种背景之下开始的"嘉靖中兴"，它创新的"得"体现在赋役制度上，而无作为的"失"则表现在货币制度上。

赋役制度上的创新，是提出了赋役合一的"一条鞭法"。

明朝中期因为土地兼并无法遏止，鱼鳞图册和黄册早与事实不符，富户权贵田连阡陌，却以各种手段逃避赋役，贫苦农民地少，但赋役日益加重。这不但激化了阶级矛盾，而且严重影响了国家的财政收入。为了解决这一难题，主张均平赋役和清丈土地的礼部尚书桂萼，于嘉靖九年（1530）十月，提出取消依照旧的黄册派定年份轮役的老办法，改以将赋和役合并以及化繁为简的原则，把各种役目并为一项，按丁粮一次编定，于秋粮征收的建议。新办法是把各州县的田赋、徭役以及其他杂征综为一条，合并征收银两，按亩折算缴纳。这样就简化了税制，方便征收税款，同时使地方官员难于作弊，进而增加财政收入。这就是历史上有名的"一条鞭法"，于万历九年（1581）被推广到全国。

此后，赋役制度逐渐让位于租税制，这一变革使得两千年来一直成为农民沉重负担的徭役制度逐渐消失，农民因此获得了一定程度上的人身自由。另外，实物之征逐渐转变为货币之征，有利于促进商品货币经济的发展。这符合当时中国社会转型发展的需要，因而具有重要的意义。

但是，在货币制度方面，明英宗虽然早在正统元年（1436）就废弃了用银的禁令，但是整个嘉靖朝却毫无建树，反而因为模仿洪武通宝大量铸造五等制的嘉靖通宝钱，延迟了白银货币化的完成。

嘉靖即位的时候，大明宝钞的信用虽然已经破产，但是朝廷并没有放弃纸币，因此没有铸造铜钱。直到嘉靖六年（1527）才开始像永乐、宣德、弘治三个朝代一样，铸造了嘉靖通宝小平钱，重量为一钱二分[1]，种类和版别都比较多。到嘉靖二十三年，又模仿洪武通宝五等制，补铸了四种大面值的嘉靖通宝钱，即折二、当三、当五、当十。到了嘉靖三十二年，纸币的购买力继续降低，朝廷开始有放弃纸币、改用铜钱的打算，因此又开始大规模地铸钱，甚至有补铸自洪武至正德九个年号钱的计划，但是在白银的使用方面却没有大的作为。

关于补铸前朝九个年号钱这件事，存在很多的疑问，也是明代货币史上的一大疑案。实际上可能只是有此计划，并没有具体实行。嘉靖四十二年再度铸钱，以小平钱为主，重一钱三分。各地铸钱略有差别，种类较多。以京师铸造的最为精美，有所谓金背、火漆、镟边等名称，金背是指经过四次熔炼之黄铜，火漆是两次熔炼，镟边是指使用镟车到磨钱币的边缘，其作用主要都是防止私铸。由于精炼程度以及工艺上的不同，不同范式的铜钱与白银的作价也有差别。其中，金背钱最贵，至嘉靖末年，金背钱八百文就可以折银 1 两，而火漆与镟边钱则仍然需要 1000 枚才能兑银 1 两。

嘉靖皇帝在位四十五年，他在执政的前二十年颇有作为，以不因循守旧的革新精神开创了中兴的局面，顺应历史潮流，敢于打破传统，体恤士农工商，推行了一些有利于社会发展的政策。但是，先后发生

---

[1]　一钱约 3.73 克，一分约 0.37 克。——编者注

的两件事深刻地改变了嘉靖皇帝，并导致"嘉靖中兴"提前结束。

一件是结束于嘉靖十七年的大礼议之争。这让他体会到了专制皇权的无上威严，因此变得越来越独断专行，促成了他刚愎自用的专断作风。大臣也形成两派，党同伐异，势不两立，酿成了后来愈演愈烈的党争之风，明朝又陷入新一轮的因循败政。

另一件是发生于嘉靖二十一年的壬寅宫变。他在这次中国历史上绝无仅有的宫女起义中差一点被勒死，从此移居西苑，养生修道，二十余年不回大内，法纪逐渐松弛。因此，海瑞于嘉靖四十五年说他"二十余年不视朝，法纪弛矣"。

就在嘉靖二十多年不视朝，一心修道的时候，西方的贸易船队正沿着新发现的航路，绕过大半个地球，带着白银来到了天朝的家门口。大明朝野对此又会做出什么反应呢？

三、隆庆通宝：见证中西最初贸易的钱币

本节就以隆庆通宝钱为切入点，和大家聊聊"隆庆开关"的背景，以及由此开启的中西贸易。

（一）

嘉靖四十五年（1566）十二月，嘉靖皇帝驾崩，他的第三个儿子裕王朱载垕即位，次年改元隆庆，又于隆庆四年（1570）铸造了隆庆通宝钱。如图7-12所示，隆庆通宝钱文为楷书，文字对读，重一钱三分，仅有小平钱一种，没有铸造大钱，背面也没有铸造文字。铜质和铸工都很精美，甚至超过此前的嘉靖通宝钱。但是铸造的数量却非常少，仅有200万枚。这里有两点需要我们注意：一是隆庆皇帝继位

之后，并没有按照惯例在改元之后立即铸钱，而是等了四年才铸；另一点是铜钱铸造的数量非常少，只有 200 万枚。

图 7-12　隆庆通宝

如果这是在唐宋时代，或者是在明朝初年，铸造那么少的一点铜钱，肯定不能满足社会流通的需要，而且会闹出钱荒。但是，到了明朝中期，随着白银货币化进程的逐渐推进，白银在社会流通中发挥了越来越重要的作用，铜钱在这个时候已经降为辅助性货币的角色，铸造得多一点或少一点，实际上都已经无关大局了。

然而，隆庆皇帝在即位的当年没有立即铸造铜钱，却是事出有因的。当时朝廷上正酝酿着一场重大的政策调整，准备改变朱元璋制定并已经执行了近二百年的"海禁"这一祖宗成法，实行新的对外开放的政策，就是允许民间商人自由驾船出海，去东、西二洋和外国人做生意。这就是历史上著名的"隆庆开关"。从此，以往被严厉禁止的民间海外贸易，瞬间获得了合法的地位。于是，东南沿海从事民间海外贸易的商人迎来了一个全新的飞速发展的时机。

隆庆皇帝为什么一继位就要改变祖宗成法，废除海禁，实行对外开放的政策呢？这实际上是由当时国内、国外两方面的因素推动的。

先从国内来看。

明朝建立之初，为了防范倭寇等海盗对沿海地区的骚扰，朱元璋于洪武四年（1371）首次颁布海禁令，要求"濒海民不得私自出海"，意思就是不允许人民私自下海与外国商人进行贸易。这就叫"海禁"，是朱元璋立下的祖宗规矩，要求后来的皇帝都要遵守。永乐年间，虽然出现了政府组织的郑和七下西洋的壮举，但对于民间的海外贸易仍然是严令禁止的，规定"原有海船者，悉改为平头船，所在有司，防其出入"[①]。实行海禁政策之后，替代民间海外贸易的是朝贡贸易。

所谓"朝贡贸易"，就是将国家与国家之间的贸易纳入"朝贡"的框架。"朝贡"实际上就是把国内皇帝与臣民之间的关系放大并移植到与周边国家之间的关系当中。周边藩属国的国王，只有得到中国皇帝的册封才算合法，他们要不定期地来朝贡，向中国皇帝进献土特产，中国的皇帝则居高临下地给他们赏赐。朝贡的物品很少，属于象征性的土特产一类，但赏赐的却是大量的生活必需品，如丝绸之类。这是一种不等价的交换，主要体现的是政治关系，而不是经济关系。正是这种朝贡贸易关系，维系了中国作为天下共主的地位。它给予中国的是统治者所渴望获得的万邦来朝的国际地位，而其他国家则得到了现实的贸易机会。

朝贡使节每次来中国，都随船带着一些商人。他们登陆以后，被允许在下塌的宾馆附近与当地的商人进行小额的贸易往来；然后赶到北京，在礼部官员的安排下，首先对皇帝进行朝拜、敬献贡品并领取赏赐。进贡皇帝之后剩下的土特产品，也可以在住所附近进行交易，但交易的内容和形式都有严格的限制。

自明成祖永乐皇帝去世之后，朝贡贸易开始萎缩，同时海禁令的执行也逐渐废弛，违反海禁令私自出洋贸易的交易活动日趋频繁。因为官府的围剿，这些海商大部分都与武装的海盗、倭寇相勾结，以至于海商与海盗很难区分，严重威胁了东南沿海地区的稳定。

---

① 《明成祖实录》卷二十七。

当时的朝廷为了重建中国沿海的秩序，对海禁政策的存废产生分歧。特别是嘉靖年间发生的大规模倭乱之后，朝野就有关海禁的政策进行过一场激烈的辩论，其中的焦点就是要不要放弃传统的海禁政策，开放民间的海外贸易。虽然很多人仍然抱着既定的海禁政策不放，但是已经有一批有识之士看到了海禁与海寇之间的关系，其中，以福建巡抚许孚远提出的"市通则寇转而为商，市禁则商转而为寇"[①]的观点最有代表性，他主张开放海禁，以便根除海寇。另一位担任过福建巡抚的谭纶也积极倡导开海，奏请朝廷允许福建商民在近海与外商进行贸易，这得到了朝中一部分大臣的认同和东南沿海民众的积极响应。

从国际方面来看，开放海禁也是外在的全球经济一体化推动的结果。

大家知道，从 15 世纪末到 16 世纪初，世界历史上出现了一大变局，即人类的发展进入一个全新的时代——地理大发现时代或称大航海时代。这个新时代的出现，是由两大新航线的发现促成的。

一条是葡萄牙人沿着非洲的西海岸南下，绕过非洲最南端的好望角进入印度洋，开辟的一条通向印度和中国的新航路。通过这条新发现的航线，欧洲人来到印度和中国，从此开始了中国和世界的对话。另一条是西班牙人越过大西洋发现了美洲新大陆，随后又开辟了由墨西哥濒临太平洋的阿卡普尔科港横跨太平洋到达菲律宾马尼拉的新航线。这样一来新旧大陆就连成了一个整体，开启了世界经济一体化的进程。

这是一个划时代的伟大发现，可以称为人类历史上的里程碑。西

---

① 许孚远：《疏通海禁疏》，载《明经世文编》（卷四百）。——编者注

方的历史学家把它作为中世纪和近代的分界线，因为它标志着世界近代史的开端。从此，欧洲人的海上贸易就不再局限于地中海一隅，而是开始面向全球。

在这种全球化贸易的大背景之下，明朝所推行的海禁政策显然是不合时宜的，是违背历史潮流的。因此，最早来到中国东南沿海的葡萄牙、西班牙以及荷兰等国的商人，就和中国沿海的商人联合起来进行走私贸易。这一时期，在东南沿海一带出现了很多走私贸易的基地，如浙江舟山群岛上的双屿港、福建沿海的浯港和月港等。

这样就在官府的海禁政策和民间的反海禁势力之间，爆发了尖锐的冲突。众所周知的福建巡抚朱纨的悲剧自杀、海盗首领王直的受骗被杀，就是这两股势力剧烈斗争的具体表现。

世界潮流浩浩荡荡，顺之者昌，逆之者亡。在国内和国外两方面动因的共同冲击之下，明初朱元璋制定的"海禁—朝贡"体制与世界潮流格格不入，闭关锁国的局面维持不下去了，对外开放已是大势所趋。因此，当顽固坚持海禁政策的嘉靖皇帝病逝之后，新继位的隆庆皇帝立即于隆庆元年（1567）诏告群臣："先朝政令有不便者，可奏言予以修改。"[①] 于是，福建巡抚都御史涂泽民利用隆庆改元而政治布新的机会，奏请朝廷在福建漳州的月港开放海禁，准许商民自由出海，前往东、西二洋进行贸易。

奏议迅速得到了隆庆皇帝的批准，并以月港镇为治所，升格为海澄县，设立海防馆，负责管理私人海外贸易，对进出口货物征收关税。"隆庆开海、月港开放"后，原来的走私变成了合法贸易。以此为开端，明代的对外贸易进入了一个新的时代。

---

① 《明穆宗实录》。

（二）

隆庆开关是明代继郑和下西洋之后对外关系中的又一件大事，影响深远。它标志着明朝的对外交往从官府层面转向了民间，突破了以往朝贡贸易的局限，促进了民间私人贸易的蓬勃发展，推进了中国与国际市场的联系；同时也打开了阻碍社会发展的枷锁，释放了民间被抑制的商业活力，给明朝的经济发展注入了新的动力。不仅如此，它甚至在国家安全方面也产生了积极的作用——不但减轻了长期骚扰东南沿海的倭患，而且在开关之后的第三年，即隆庆四年（1570），又与北方的蒙古实现了封贡互市，结束了与蒙古二百多年的军事对峙，解决了一直困扰明朝的"南倭北虏"问题，第一次在南北两个方向同时获得了和平的发展环境。

即便如此，隆庆开关最大的影响，或者说是它所带来的最重要的结果，实际上是体现在对中国古代货币制度的影响上。这应该如何来理解呢？

因为隆庆开关所开启的中外贸易而流入的大量白银，最终促使中国完成了白银的货币化，使得中国古代的货币，从先秦以来以贱金属铜为主，过渡到了以贵金属白银为主。这对于中国后来的社会发展、与西方的关系，乃至世界经济一体化的进程，甚至是近代世界格局的形成都产生了重要的影响。

通过前文的介绍，我们知道中国古代白银货币化的过程曲折而漫长，直至明朝中叶才最终完成。而这临门一脚，实际上就是隆庆开关。

16世纪初，随着新航路的开通，欧洲商人不畏艰辛、远涉重洋来到东方开展贸易，就是为了获得中国生产的丝织品、瓷器以及茶叶。这些质高价廉的生活必需品深受欧洲各国民众的欢迎，具有很高的利润。当时的欧洲虽然没有能够满足中国需要的名优商品，但是他们却掌握了在美洲发现的大量的白银。为了从中国购买所需要的商品，欧洲商人只能用白银来兑换。而中国为了补充货币供给的不足，又正需要这些白银。白银就成了当时最理想的货币，出现得也正是时候。于是中国与欧洲这种互补性的贸易，催生了对白银的大量需求。

福建沿海一带的商人敏锐地抓住了这一商机，对每年出海的时间都进行精心的计算，以便能够对接从墨西哥阿卡普尔科港驶往菲律宾马尼拉的帆船春季到港的时间。等两边的船只都到达马尼拉港后，他们就开始协商价格，支付关税，银货两讫之后，又都要赶在六月季风到来之前各自返航。如此这般，白银就架起了从月港到马尼拉、福建到美洲、明朝到西班牙，以及中国到欧洲之间的贸易桥梁。

除了西班牙人所控制的这条太平洋航线，葡萄牙和荷兰两国则分别以澳门和台湾为据点，开展对日本的转手贸易，用中国生产的优质丝绸交换日本产的白银。于是，美洲和日本两地所产的大量白银最终都流向了中国。16世纪的全球经济，实际上就是围绕着这个供需结构进行的。白银将分处亚洲、欧洲以及美洲的地区性经济，连接成了奠定今日全球模式基础的跨地区交易网，并最终形成了一体化的世界经济格局。

福建商人每年都从马尼拉运来巨额的白银，这使得"菲律宾藏有银山"的谣传在福建不胫而走，甚至引起了时任福建税监的太监高寀的注意，他于1603年专门派人前去打探这一消息的真实性。虽然在菲律宾没有发现银山，但是民间对南海之外有座银山的传说深信不疑。实际上，海外确实有这么一座银山，只是它远在南美洲的波多西，正是那里出产的白银源源不断地流入了中国。

隆庆开关给明朝政府带来了十分可观的财政收入，当时的人们甚至将月港看成"天子之南库"。月港的海防馆后来也改称"督饷馆"，这实际上相当于后来的海关，专门负责管理民间的海外贸易和收税。

（三）

那隆庆开关之后，到底有多少白银流入了中国呢？

民间的贸易不会留下太多的统计数字，我们只能从不同的侧面来推论。虽然数据不尽相同，但是仍然能大致反映当时白银流动的总体趋势。

经济史专家梁方仲先生推论，在万历元年到崇祯十七年（1573—1644）的七十二年间，因为贸易的关系而流入中国的白银货币是一万万（一亿）银元。他的结论是"此时中国为银的入超国家，已毫无疑问"。

全汉昇是研究太平洋丝绸之路以及中国与西属美洲的贸易的经济史专家，他推定1571—1821年的两个半世纪里，从美洲运入中国的白银货币大概是两亿西班牙货币，或者更多。他的这一观点被法国的年鉴派学者布罗代尔认可。

图 7-13　西班牙十字银币

德国学者弗兰克在他的著作《白银资本》中，对各个国家学者的研究成果进行综合分析，认为16世纪到17世纪中叶，美洲产白银30000吨，日本产白银8000吨，两者合计38000吨。流入中国的白银数量为7000~10000吨，即流入中国的白银占世界白银总产量的五分之一到四分之一。

海外白银的大量流入，改变了我国古代两千多年来以贱金属铜钱为主币的货币形态，贵金属白银开始成为社会流通领域的主币，形成了"大数用银，小数用钱"的银钱兼行的复本位制，是我国古代货币制度上的一大变革，影响极为深远。从此以后，中国的货币问题，已经由传统的钱荒难题，演变为新的更为复杂的"银钱比价"问题。隆庆年造就属于最早的银钱之一，反映了银钱比值，即一枚隆庆年造为四钱白银。

图 7-14　隆庆年造（四钱）

明朝政府在"朝野率皆用银"的形势下，为了维系铜钱在货币体系中的地位，曾经施行以钱折俸的政策，并多次申令收钱之例，规定在货币税收中，除了纸币、白银，必须收纳一定比例的铜钱，甚至用法令的形式确定银钱的比率。但是，因为私铸泛滥以及政策上的失误，课税收钱的规定在执行中大打折扣。为了改变钱法式微的局面，隆庆元年（1567）又制定了收税时银钱兼使以及专令使钱的规定。这实际上是对铜钱实行有限法偿，意味着铜钱已经正式降为白银的辅助货币。另外，以钱折俸政策中，铜钱仅占十分之一的比重，说明铜钱在明代中期币制中的地位已经非常有限。这就是我们前文提到的隆庆继位四年之后才开始铸造隆庆通宝钱，并且只铸造了 200 万枚的原因。

称量使用的白银成为主币之后，削弱了国家对铸造铜币以及印刷纸币这一传统货币铸造权的垄断，促进了商品货币经济的发展，削弱了封建的依附关系。随着商人地位的提高，市民阶层开始形成，世俗文化的发展更加促进了思想的解放以及社会的转型。但是，因为中国缺乏银矿资源，作为主币的白银几乎完全依靠贸易从海外输入。

这种情况下，政府调控货币的能力受到了极大的限制。因此，从明朝中后期开始，历经清朝，直至1935年的法币改革，中国的币制始终深受国际银价变动的影响。自主性日益减少，依附性日益加深，20世纪30年代爆发的"白银风潮"就是典型的例证。可以说，中国从明代中期开始就逐渐被纳入由西方殖民者所掌控的国际白银资本体系，近代世界的格局，即资本控制生产、海洋主导大陆、西方主宰东方的局面已经初步形成。

隆庆开关打开了中西贸易的闸门，美洲以及日本的白银随着海外贸易开始大量流入中国，既弥补了中国银矿资源不足的缺陷，解决了传统的钱荒难题，同时完成了白银货币化的进程。那明代中期货币制度上的这一变化，对当时的赋役制度又有什么影响呢？

四、万历通宝：有为时代的不作为者

嘉靖十年开始在部分地区试点的"一条鞭法"，于万历九年又进一步推行全国。但是，万历初年中国古代赋役制度上的这一重大变革，并没有进一步推动明代社会的转型。不仅如此，即位之初看似颇有作为的万历皇帝，后来却怠政罢工，竟然有将近三十年不上朝。他身处一个大变革的时代，却是历史上最不作为的皇帝，直接导致明朝在他死后二十四年就亡国了。这是为什么呢？

实际上，一部分的答案就记录在万历通宝钱币上。本节就通过万历通宝钱，给大家分析其中的原因。

（一）

如明朝其他年号的钱币一样，"万历通宝"钱文也是楷书，文字对读，从万历四年（1576）二月开始，直到万历四十八年（1620）都有铸造。其面值有小平钱和折二钱两种，大部分背面都没有文字，少量的小平钱背面铸有"工""厘"等字。其中，"工"字表示是工部铸造的；"厘"字表示值银一厘，属于权银钱。折二钱铸造的数量不多，但是制作精良。

万历通宝钱与此前明朝各种年号钱最大的不同，是出现了权银钱，即背铸"厘"字小平钱，表示它的面值相当于白银一厘。除了权银钱，还铸造有银质的"万历通宝"钱，光背，没有铸字；另外一种是穿孔的上下铸有"矿银"两字。除此之外，还铸造了一种正面是"万历年造"，背文纪银值的系列银质方孔钱，目前发现有二钱、五钱、八钱、九钱四种面值。

图 7-15　万历通宝

图 7-16　万历通宝（背"厘"）

图 7-17　万历通宝（背"工"）

万历通宝钱不仅出现了权银钱，还铸造了标有面值的银钱，这是万历年号钱与此前明朝各种年号钱最大的不同。这一区别既是明代社会转型在货币金属上由贱金属铜向贵金属白银过渡的体现，同时也带来一个新的难题：随着白银货币化的逐渐完成，因为实行的是"大数用银、小数用钱"的银钱复本位制，所以从万历朝开始，银钱比值关系取代钱荒，成了更加棘手的问题。

图 7-18　万历通宝（背"矿银"、背"矿银四钱"）

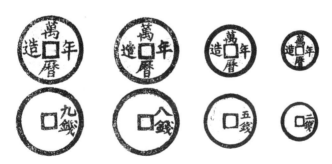

图 7-19　万历年造（九钱、八钱、五钱、二钱）

　　明朝初年为了推行使用纸币，朱元璋制定了限制使用铜钱、禁止使用白银的政策，规定百文以上用纸币，百文以下用铜钱。这一币制从形式上看，似乎是一种完美的设计，既有高度的统一性，层次上也很便利，能够满足各种交易的需求，但这却违背了随着商品货币经济的发展，贵金属白银必将取代铜钱成为主要流通货币的这一必然规律。加之明代的纸币发行既没有保证金，也没有具体的回收制度，实际上是朝廷需要多少就印发多少，而且又只发不收，因此朱元璋所设计的纸币与铜钱搭配使用，即"钱钞兼行"的货币制度是很难维持下去的。

后来随着社会经济的恢复、人口的增加以及商品经济的繁荣，纸币滥发日益严重。到了永乐初年，纸币就已经开始贬值。弘治、正德以后，铜钱匮乏，私铸盛行，民间开始使用白银，纸币的流通更加不畅，许多地区甚至以物易物，最终宣告"钱钞兼行"的币制失败。此后历经嘉靖、隆庆两朝（1522—1572），明朝虽然进行了种种重建国家财政以及币制的努力，但是政府这只看得见的手最终还是败给了市场那只看不见的手。此后"朝野率皆用银"，白银的主币地位逐渐确立，形成了"大数用银、小数用钱"的银钱复本位制。这样一来，维持银钱之间的比价就成了明朝中后期币制上的一大难题。

明代银钱的比价总体的发展趋势是铜钱的价格越来越高。洪武初年白银一两合铜钱一千文，成化时期减为八百文，弘治初年再减为七百文，正德、嘉靖年间虽然没有大的变化，但是嘉靖时期市价一两白银只能买到好钱三百文。隆庆元年（1567）开关之后，海外白银通过贸易大量流入，钱贵银贱的趋势变得更加严重。

实际上，导致明朝钱价上涨的原因是多方面的，除了随着海外贸易流入的白银大量增加这一主要因素，另外还有三个方面的原因：一是铜钱的重量一再增加，如洪武通宝重一钱，弘治通宝重一钱二分，嘉靖通宝重一钱三分；二是因为推行纸币，铜钱铸造的数量不多；三是一部分铜钱被分流到了海外。

总之，自万历中期以后，明朝随着政治的腐败，银钱比值关系也更加紊乱。因为实行滥铸的政策，铜钱的比价迅速跌落。万历四十年（1612）潞安知府在其编纂的《潞安府志》中这样记载："万历初，遵例鼓铸制钱，一时铜价腾跃数倍，而监造官与匠役减去铜料，杂以铅锡，愚民见利争趋，日有私铸，虽论死不止。而制钱堆积不能行。"

白银的主币地位确立之后，需要朝廷更加审慎地通过调整铜钱的重量或铸造数量，来维持银钱之间相对稳定的比价关系，以此来稳定币值、促进经济发展、协调各种社会矛盾。但是，就在此时万历皇帝却开始了怠政罢工，有将近三十年的时间甚至不上朝，这种不作为更加剧了各种社会矛盾。到了崇祯时期，国力日衰，铸钱更是大肆减重，规定京师铸造的铜钱重一钱，南京铸造的仅重八分。自此银钱的比价关系更为混乱，难于维持，明朝最终与失败的币制一同走向了末路。

作为明朝最高统治者的万历皇帝，为什么在本应有所作为的社会大变革的时代如此不作为？这究竟是什么原因造成的？

（二）

说明朝的万历年间（1573—1620）是一个本应有所作为的时代，可以从两个方面来理解。

一方面是指万历皇帝在位四十八年，是明朝在位时间最长的皇帝。特别是在他继位的前十年，在一代名相张居正的辅佐下，"一条鞭法"这一重大的赋役改革推广至全国，不但增加了朝廷的财政收入，还减轻了对民众的束缚，释放了活力，实现了白银的货币化，解决了长期困扰我国古代社会的钱荒难题。既然有了这样好的一个开局，万历皇帝理应有一番大的作为。

另一方面是指当时正值大航海时代，西方的商船顺着新航线来到我国的东南沿海寻求贸易的机会，万历皇帝的父亲即隆庆皇帝顺应时代的需要，废弃执行了近二百年的"海禁"政策，允许民间商船自由出海贸易。随着海外贸易的开展，西方的先进文化开始输入中国，特别是以利玛窦为代表的西方传教士入居北京，向万历皇帝进献了自鸣钟，并带来了西方先进的科技文明。这种背景之下，万历一朝更应该有所作为。

令人遗憾并扼腕叹息的是，万历皇帝虽然碰上了这样一个千载难逢、大有可为的变革时代，但是他不但没有顺应时代发展的需要，顺势推动中国古代社会向已经出现端倪的近代社会转型发展，从而成为一代有所作为的皇帝，反而怠政罢工，创下了连续近三十年不上朝的荒唐纪录，成为中国古代历史上最不作为的皇帝。这不但错失了明朝由传统向近代转型发展的机会，甚至将明朝带入了覆灭的境地。《明史》因此认为："明之亡，实亡于神宗。"

历史的发展如此波谲云诡、出人预料！开局不错并握有一手好牌的万历皇帝，为什么会打得如此稀烂，甚至还要为二十多年后，在他的孙子崇祯手里丢弃的江山负责，这冤枉他吗？造成这种结果，是他昏庸无能还是另有原因？

实际上，万历皇帝一点都不昏庸。他出生于嘉靖四十二年（1563），于隆庆二年（1568）5岁时被立为太子。作为未来的皇帝，他从小受到很好的教育，曾经得意地说："朕五岁即能读书。"他自幼学习勤奋，了解帝王治国的经验，熟悉朝章典故，还学会了驾驭臣民的本领。

隆庆六年（1572），年仅10岁的万历继位。他继续按照内阁首辅张居正的建议，每天于太阳初出就去文华殿，听儒臣讲读经书；只有每月逢三、六、九常朝之日，才暂时可以免去讲读。除此之外，即使是隆冬盛暑也不曾间断。

万历在亲政之前，将内廷的事务托给冯保，外朝的大事则委以张居正。他对张居正不仅委以重任，而且尊礼有加，言必称"元辅张先生"或"张先生"，从不直呼其名。万历即位不久就单独召见张居正共商大计。隆庆皇帝在位时从没有召见过大臣，因此万历此举在当时曾引起朝野轰动，被认为是一位有为君主的应有表现，这同时也提高了张居正的威信。这样在万历皇帝的全力支持下，张居正推行了一套被称为"万历新政"的改革。

"万历新政"在政治上的主要措施是于万历元年（1573）推行的"考成法"。主要针对的是官僚作风和文牍主义，希望通过改变国家机构的运作机制，提高朝廷各机构的办事效率。具体做法是：以内阁监控六科，六科监控部院，部院监控地方抚按，最后使"部权尽归内阁"。六科和部院原来都是直接向皇帝负责，张居正将它们都改成受内阁制约，听从内阁的指挥。这一改变有悖于祖宗旧制，实质上是将一部分的皇权转移到了内阁。这是张居正对明代官制的一次重大变革。

万历改革在经济领域主要有两项，一项是清丈全国的土地，于万历六年（1578）十一月在福建行省试点，后来推向全国。这项工作实际上是为下一步的赋役改革服务的，因为只有清丈清楚全国的土地，才好推行赋役制度的改革。于是在万历九年又将早在嘉靖十年就已经在部分地区实行的"一条鞭法"推行全国，这标志着张居正的改革取得了重大的胜利。

为什么这样说呢？这是因为"一条鞭法"对中国传统社会向近代转型的意义重大。

在工业化以前，中国经济史上最重大的转型就是明朝中期开始的以"里甲制"为基础的适应农业社会的赋役模式，向适应以货币化交换为核心的经济方式的转变。这一赋役制度上的转型就是所谓的"一条鞭法"，即将各种田赋、徭役、杂征税目总为一条，合并征收银两。这里的"鞭"指"鞭子"，又与"转变""变革"的"变"字谐音，一语双关。该法初名"条编"，老百姓将"一编"用更为形象的"一鞭"代替，于是被称为"一条鞭法"。

"一条鞭法"将粮食和劳动力这两项农业经济的主要来源，转化为可以支配的等价货币并统一折算为白银。赋役折征银两，再用征来的税银雇佣劳力。因为雇佣的劳力比强征的劳力更有工作效率。

这一变革促进了税收体系由适应原有的农业经济向适应商业经济转变，为现代经济的出现奠定了基础。这种演变也说明，随着历史的进步，封建国家对农民的人身控制开始松弛。用银两收税则是封建社会后期商品经济活跃以及资本主义萌芽产生的相互反应。赋役制度上的这一调整，所带来的一大变化就是最终完成了白银的货币化。

（三）

万历十年（1582）六月，就在"一条鞭法"推行全国的第二年，各项改革措施正大刀阔斧地推进、朝野面貌焕然一新之际，一代名相张居正病逝，万历皇帝开始亲政。但是，出人意料的是，万历皇帝掌权仅仅两年之后，就于万历十二年八月，以无视皇帝权威、钳制言官、擅权乱政的罪名清算了张居正。不但查抄了张居正的家，张府的一些老弱妇孺甚至因为来不及退出被封闭于张府，被饿死十余口，连张居正80岁的老母也是在首辅大学士申时行的请求之下，才得以保留了一所空宅和十顷田地，借以活命。张居正生前恐怕绝对不能想到，他死后竟然会遭到一手扶持的万历皇帝如此无情的惩处。

万历皇帝这种一百八十度的态度转变，可能既是他长久以来处于张居正约束下的发泄，也是他亲政的前提。因为只有推倒了张居正，才能树立起他自己的绝对权威。但是，他同样想不到的是，如此一来，他的权威虽然树立了起来，可是朝政却又坠入了正德、嘉靖两朝以来所形成的颓势，并最终决定了明朝国运的走向。

万历皇帝清算了张居正之后，再无顾忌，"日夜纵饮作乐"，沉湎于酒色，因纵欲过度，身体虚弱，每况愈下。从万历十四年十一月开始，他就很少上朝理政，处理朝政主要是通过谕旨的形式向下面传递，而不是大臣所希望的传统的"召对"形式。

万历皇帝最为后人所诟病的是他的懒惰怠政，这起因于皇太子的人选问题。他因为宠幸郑贵妃，想立郑贵妃所生之子朱常洵为太子，拒绝立长子朱常洛，因此与朝臣发生分歧，相持数十年，最后演变成了旷日持久的"国本之争"，直到万历二十九年（1601）才妥协，立长子朱常洛为太子。这期间他为了与内阁冷战，索性既不出宫门，又不理朝政，实行所谓的"六不"，即不郊、不庙、不朝、不见、不批、不讲，万历十七年之后，甚至不再接见朝臣，内阁出现了"人滞于官""曹署多空"的现象。很多朝廷大臣都没有见过皇帝，当值时只能以数太阳影子长短来打发时间。

万历皇帝虽然懒惰怠政，但是并没有对这期间先后在明朝西北、西南边疆和朝鲜展开的被称为"万历三大征"的三次大规模军事行动撒手不管，而是采用谕旨和诏令的方式在幕后遥控指挥，最终都取得了胜利。单从这一点来看，万历绝对不是一个平庸无能的皇帝。实际上，他对于每一次军事行动，似乎都充分地认识到了其重要性。而且在战争进行的过程中，他对于前线的将领都能给以充分的信任，而对于指挥失误的将领的坚决撤换，更显示了他的胆略和主见。

在对外战争中表现得并不昏庸且有见地的万历皇帝，为什么在内政上却要如此懒惰怠政而毫不作为呢？这确实是值得我们思考的一个问题。

实际上，这正反映了朱元璋所建立的君主绝对专制政体的危害。皇帝对内具有绝对的专制权力，没有任何的制约力量，因此他可以恣意妄为。他所惹的祸，总会有手下的大臣来替他善后或者背黑锅，承担责任，而他本人却不承担任何责任。但是三次对外战争情况就不同了，他绝对的皇权对敌对的一方失去了任何的效力，战争失败的最终结果威胁的是他的皇位，这并不是他能决定的，因此他就不敢任意胡来。但是，等三次对外用兵结束之后，他对于批复大臣们的奏章似乎更不感兴趣了。这样懒惰怠政的后果，自然是各级官僚人浮于事，各级机构推诿扯皮以至行政效率低下，问题矛盾越积越多，终至不可收拾。

"三大征"对明王朝的财政也造成了极其沉重的负担，张居正时期辛苦积蓄的四百万两贮金，在万历援朝之战中消耗殆尽。国库的空虚，导致明王朝与满洲八旗军队作战的军费只能依靠不断增税来弥补。自万历四十六年（1618）九月起，明王朝先后三次下令加派全国田赋，时称"辽饷"。这就是明末"三饷"（辽饷、剿饷、练饷）加派的开始，可以说是明末农民大起义的一大重要诱因。

万历年间除"三大征"之外，还发生了"三大案"，即发生在万历、泰昌年间的梃击、红丸和移宫三大迷案。然而，泰昌皇帝在位仅仅一个月就去世了，可以说"三大案"都是万历皇帝一手造成的。这"三大案"把明朝的朝堂搅得天翻地覆、乌烟瘴气。

紧接着，明朝又与后金发生了萨尔浒之战，以惨败而宣告结束。自此明朝再也无力抵御后金的进攻了。萨尔浒之战一年之后，万历皇帝驾崩。二十四年后，崇祯皇帝缢死煤山，给明朝二百七十七年的历史画上了一个句号。究其灭亡的根源，应该就是万历皇帝的懒惰怠政。

万历皇帝的不作为给明朝的灭亡奠定了基础，那勤政的崇祯皇帝又为何会使明朝最终走向了灭亡呢？

3

见证明朝灭亡的三枚钱币

明朝是被农民起义军推翻的。当时的起义军主要有两支：一支是号称"闯王"的李自成领导的，直接攻入北京推翻明朝，建立了大顺政权；另一支是张献忠领导的，攻占四川建立了大西政权。但是他们先后都被入关的清军给消灭了。而最后坚持反清复明的是奉南明永历政权的郑成功。

本节选择了三枚见证了明朝灭亡的钱币。其中，跑马崇祯钱预言了明朝的灭亡，西王赏功钱解释了农民起义军失败的必然性，而永历通宝见证了明末清初之际，中国大陆、台湾以及日本之间一段特殊的关系。

一、跑马崇祯：预言了明朝灭亡的钱币

万历皇帝的不作为，使得明朝错失了借助"一条鞭法"赋役制度的改革，以及白银的货币化和伴随中外贸易而输入的西方先进科技文明所提供的契机，实现社会转型的机会。明朝在万历中期又重新坠入了正德、嘉靖两朝以来所形成的颓势，并最终决定了明朝走向灭亡的国运。

下面我将结合崇祯通宝钱以及民间的传说，来说说“跑马崇祯”钱如何预言了明朝的灭亡。

（一）

在正式流通的钱币的背面铸动物图案，不符合我国古代铸币的传统。但是，历史上却有三次例外：一是三国时期的“背龟太平”，二是唐朝的“瑞雀乾元”，三是明朝的“跑马崇祯”。

民间认为出现这种情况非瑞即妖，而赋予了很多的传说，其中又以“跑马崇祯”在社会上流传最广、影响最大，说它预言了明朝的灭亡。

“跑马崇祯”钱是明朝最后一种年号钱“崇祯通宝”钱的一种。

崇祯通宝在我国古代铜钱中，以版别复杂著称。这种复杂性主要表现在钱币的背面，钱币的正面就是楷书“崇祯通宝”四个字对读，既简单又整齐划一，几乎没有变化，但是背面却是千变万化、花样百出。其中尤其是面值为小平、折二、折五三种钱币背面的文字最为繁杂混乱，有纪重、纪天干、纪铸局、纪铸地、纪铸局兼纪值、吉语等，名目繁多，举不胜举。而最不可思议的是，还另外有一种背面没有文字的小平钱，直径 23.55 毫米，厚 0.6 毫米，重 2.5 克，这是标准的小平钱的尺寸和重量。它的特殊之处是在背面穿孔的下方，铸有一个奔跑的马的图案，因此俗称“跑马崇祯”钱。

在崇祯通宝钱背面穿孔的下方，为什么会铸造一个跑动的马的图案呢？

史书中对此钱没有记载，后人已经无从考证。因此，历史上就留下了很多种解释。有人说是因为崇祯皇帝属马，铸一匹马的图案是为了表示纪念。这种解释几乎无人相信，因为当时明朝即将亡国，因此大家更愿意将它与明朝的灭亡联系起来，就像前文所说的东汉末年灵帝铸造"四出五铢"钱一样。按照这种逻辑推理，崇祯年间的明朝，本来就已经内忧外患、危机重重，这个时候在钱币的背面又出现了一个马的图案，必定会被认为是个凶兆，预示明朝即将灭亡，并且暗示明朝的灭亡和"马"似乎有着某种联系，因此，民间有所谓"一马乱天下"的说法。

图 7-20　崇祯通宝（背"跑马图"）

（二）

实际上不是"一马乱了朱家的天下"，而是先后有两匹"马"，不但搅灭了朱家的天下，还搅乱了明朝复国的希望。

第一匹是闯入北京紫禁城、迫使崇祯皇帝上吊、一举颠覆大明江山的"马"。

关于这匹马，民间流传一个故事，说的是崇祯十七年（1644）的新年刚过，崇祯皇帝就做了一个梦，梦中看见一匹马穿过紫禁城进入皇宫。他不明白这有什么寓意，就向大臣请教。有位大臣听后大惊失色，说城门中有匹马，是个"闯"字，这暗指当时闹得正凶的号称"闯王"的农民起义军领袖李自成；而马经过紫禁城进入皇宫，则意味着李自成将率领起义军攻入北京。因此这个大臣建议朝廷迁都南京，避其锋芒，以图将来再消灭流寇。崇祯皇帝听后非常不高兴，说他妖言惑众，居心叵测。这位大臣当即就被锦衣卫收监了。这时有别的大臣赶紧出来圆场，说皇上做梦看见马是天下臣民的福分，是祥瑞、吉祥的预兆，表示"出马得胜"，这时派兵进剿一定很快就能平定流寇。

这虽然只是一个传说，但是却形象地揭示了明朝末年腐败的政治生态环境：朝廷上敢于直言的大臣，只是因为不符合皇上的意愿，便身陷囹圄，这迫使别人只能见风使舵，用皇帝爱听的谎言来自保；崇祯皇帝因刚愎自用且疑心过重而自毁长城，最后只能成为孤家寡人而吊死煤山；不堪明朝苛捐杂税的底层民众都期盼着"闯王"李自成尽快进京，解救他们。这个流传的故事，实际上就反映了明朝末年社会上的民心所向。

这里我们首先要说说李自成为什么会被称为"闯王"？

据史书记载，明朝末年的农民起义军领袖李自成是陕北米脂人，因为家境贫寒，早年在银川当过驿卒，就是驿站里的兵卒。后来明政府因为财政吃紧，裁撤了西北地区的一些驿站，失业后的李自成于是参加了被称为"闯王"的高迎祥领导的一支起义军。李自成因为当过驿卒，比起义军里大部分只知道种田的农民见过些世面，加之他作战时勇猛而有谋略，在高迎祥死后，就被部众推为首领，而继承了"闯王"的称号。"闯王"的本义应该是指作战勇猛、富有闯劲，虽然它最早是指高迎祥，但是李自成继承"闯王"的称号之后，随着起义队伍的壮大和声势的传播，逐渐成了李自成的专有称号。

当时中原灾荒严重，饥民遍野，社会矛盾极度尖锐。李自成接受李岩的建议，提出"均田免赋"的口号，获得了广大农民的支持，部队很快发展到百万之众，成为起义军中的主力军。社会上当时广泛流传着"迎闯王，不纳粮"的民谣。一时间，"闯王"仿佛成了能救万民于水火的大救星。

凭借着这股声势，李自成于1641年正月攻克洛阳，杀死万历皇帝的儿子福王朱常洵，并从王府后花园弄出几头鹿，与福王的肉炖在一起，起名为"福禄宴"，与将士们共享，自称"奉天倡义文武大元帅"。

当时明朝正集中全力在山海关外抗击清军的进攻，无力围剿起义军。于是，李自成就于 1643 年正月在襄阳称新顺王，十月，攻破潼关，占领陕西全省。1644 年正月李自成在西安称帝，建国号"大顺"，改年号为"永昌"。二月，李自成亲率起义军东征，渡过黄河后于三月十三日攻克太原，四月七日攻占宁武关；十一日，大顺军开进宣化府，"举城哗然皆喜，结彩焚香以迎"。崇祯急调辽东总兵吴三桂等入卫京城，并号召在京的皇亲国戚以及众官僚捐助饷银。

四月二十一日，李自成抵达居庸关，明军不战而降，农民军直抵北京城下。已经毫无士气的守城官兵遂放弃抵抗，打开城门，向"闯王"的军队投降。李自成在太监的引导下，从德胜门进入北京城，经承天门步入内殿。这个时候的紫禁城内，大臣们都已逃散，只剩下了孤零零的崇祯皇帝。崇祯皇帝眼见大势已去，就出紫禁城后门，在煤山自缢身亡，史称"甲申之变"。立国二百七十六年的明朝，就这样被闯入北京城的这匹"马"给踏灭了。

（三）

第二匹是搅毁了明朝复国希望的"马"。

甲申之变主要发生在北方，北京的朝廷虽然沦陷了，但是，在明朝原来的京师南京，实际上还保留着一套备用的官僚体制。同时，除了湖北、四川，南方几乎没有受到战争的破坏。明朝完全有机会像西晋、北宋那样，在北方国土沦陷之后，在南方再聚集力量，借鉴东晋、南宋的做法，建立南明政权，撑起半壁江山。

实际上，明朝的皇室宗亲、朝廷大臣以及士大夫们，在甲申之变发生后，就是仿效东晋、南宋的故事，在南京拥立被李自成炖"福禄宴"的福王朱常洵的儿子朱由崧，建立了南明的弘光政权。当时入关的清军主要盯着北方李自成领导的"大顺"农民起义军，南明的弘光政权完全有条件凝聚社会各方面的力量，扛起明朝正统的旗号，凭借南方的半壁江山，与北方的异族入侵者清军相抗衡。南明弘光政权既有这种实力，历史也给了它这种机会。但是，明朝复国的大好机会，又生生地被另一匹马给搅毁了。这匹"马"指的是马士英。

据《明史》记载，马士英，字瑶草，贵州府贵阳人。他原籍实际上是广西梧州府藤县人，与著名的抗清英雄袁崇焕是同村的老乡，又是同一年所生。马士英原本姓李，5岁的时候被一位姓马的贩卖槟榔的商客拐去贵阳而改姓了马。万历四十四年（1616），马士英到北京参加会试，结识了阮大铖。三年后考中进士，授官南京户部主事；天启朝时，又被任命为郎中、知府。崇祯三年（1630），马士英任职宣府巡抚时，因为动用公款数千两白银贿赂朝中权贵，被揭发后受到革职充军的处分。这时他的好友阮大铖也因为依附阉党魏忠贤而被撤职。

两位难兄难弟为了躲避农民起义军，这时都来到了南京。阮大铖为人机敏狡猾，但是因为名列崇祯皇帝钦定的魏忠贤逆案之中，政治上很难再有作为，于是他就推荐马士英于崇祯十五年（1642）当上兵部右侍郎兼右佥都御史，总督庐州、凤阳等处的军务。

甲申之变后，崇祯自缢，南京准备另外建立新的朝廷。以东林党为代表的一派准备拥立潞王，但是，马士英与阮大铖视福王为"奇货"，就派兵迎接福王。《明史》记载："诸大臣乃不敢言。王之立，士英力也。"马士英因为在福王称帝的过程中起了关键作用，被任命为东阁大学士兼兵部尚书、都察院右副都御史。后来史可法被排挤出朝廷，渡江北上扬州督师之后，马士英就实际控制了南明弘光政权。

马士英入主南京和史可法出镇扬州，是弘光政权兴亡的一大转折，不但成就了两人不同的历史定位，也改写了南明历史的发展。史可法为官清廉，在江南地区特别是明朝南京政府中威信很高。他坚守扬州，多次拒绝围城的清朝豫亲王多铎的劝降，城破后壮烈牺牲。清军因为遇到顽强抵抗，伤亡惨重，而对扬州百姓实行了野蛮的大屠杀，史称"扬州十日"。

入阁辅政的马士英首先提出了"大计四款"，作为优先处理的头等政务：第一件，为弘光帝寻找走失的老母亲；第二件，为弘光帝的父亲，也就是被李自成农民军处死的福王朱常洵上尊号；第三件，以弘光皇帝还没有生儿子为由，大选宫女，以满足其淫欲；第四件，把那些失去封地的藩王监视起来，避免被他人拥立为帝的事情发生。

所谓的四件大事，都是弘光朝廷鸡零狗碎的私事，没有一条与大敌当前、生死存亡的国事相关。而被推上复兴明朝大业的南明弘光皇帝，更是纨绔子弟，他不但无意恢复中原，甚至连朝政都懒得过问，把军国大事完全交给了马士英。而马士英只要照顾好弘光皇帝的个人需求，以固其宠就可以了。这样的君臣怎么可能复国呢？因此，不到一年时间，弘光朝廷就被清军消灭，弘光帝和马士英也被清军所杀。

（四）

明朝灭亡和复兴失败的原因，除了上面所提到的"闯王"李自成所领导的农民起义军和马士英所主导的腐朽堕落的弘光政权这两匹"马"，实际上还有一匹更加凶悍的"马"，它就是真正骑着马，从东北杀入山海关占领中原的满洲"八旗兵"。也就是说，明朝的灭亡和复兴的失败，除了农民起义、腐败的官僚体制，还有一个重要的原因——外敌的入侵。

这样说来，明朝不是被两匹"马"，而是被三匹"马"共同搅乱而最后亡国的。无论是三匹"马"，还是两匹"马"，实际上都是我们作为后来者的一种解读，与"跑马崇祯"钱铸造者的初衷已经没有关系了。

那么，崇祯通宝钱的背面为什么会出现一匹马的图案呢？这一定不是随便出现的，而是具有一种特殊的寓意！

从"跑马崇祯"钱传世及出土情况看，可以确定它是铸钱局正式铸造并流通使用过的钱。因为在有的钱上有很明显的流通使用过的痕迹，说明它属于流通钱。

考虑到崇祯末年钱法的极度混乱以及民众的普遍诉求，我们倾向于认为，号称"闯王"的李自成提出的"均田免赋"的口号，直接触碰了千百年来中国社会最根本的土地和赋税问题，呼应了失去土地并被苛捐杂税逼得走投无路的农民的需求，满足了他们的愿望，因而获得了广大农民的欢迎。

这与为了抗击清军的入侵和围剿农民起义军而新增加"三饷"（即辽饷、剿饷和练饷）和矿税的明朝政府形成了鲜明的对照，因此社会上广泛流传着"迎闯王，不纳粮"的民谣。

正是在这种背景之下，对明朝腐败统治极度失望的铸钱工匠，就利用王朝末期制度管理的松懈，于铸钱的便当，在钱的背面穿孔下方添铸了一个跑马的图案，借以表达他们朴素、美好的愿望。因为穿孔与马组合的寓意就是"一马入门"或"门下有马"，本意显然指的就是"闯"字。而特别选用的还是一匹跑马的图案，更是充分表达了广大基层民众希望"闯王"李自成能够尽快进军北京，推翻已经失去民心的朱明王朝，救万民于水火的急切心情。实际上李自成的大军就是兵不血刃，在民众自动打开城门的情况下进入北京城的。

据统计，跑马崇祯钱版式众多，有大、小马，单、双点通，有星、无星，以及大、小样之分。这说明跑马崇祯钱不是某个铸钱局偶然铸造的，而是很多铸钱局都参与了，反映了"迎闯王，不纳粮"是当时社会上带有普遍性的一种思潮。

百姓的愿望虽然很美好，但现实却是非常残酷的。从北宋的王小波、李顺起义最早提出"均贫富"的诉求，到李自成提出"均田免赋"的口号，这期间中国农民进行了无数次的反抗斗争。每次暴烈的农民起义之后，旧王朝都会被一个新建的王朝替代。虽然新建的王朝最初都会推行一些与民让利的政策，对吏治也进行一番整治，但都没有从根本上对社会制度进行变革，都是在旧有的框架下做些细微的调整，新瓶子里装的依然是旧酒。因此，原来的社会矛盾不可能得到根本解决，周期性的王朝更替还会进行下去。只有从根本上推翻旧的制度，在全新的基础上建立一个新制度，才能从根本上解决中国历史上王朝虽然频繁更替，但是社会制度却无根本变革的独特现象。这也是"跑马崇祯"钱给我们的一点启示。

"跑马崇祯"钱预言了李自成将要攻陷北京灭亡明朝的历史。那另一支起义军张献忠在明朝灭亡的过程中又起了什么作用呢？

二、西王赏功：赏的是功还是过？

明朝末年爆发的农民起义军首领中，除了李自成，还有一位张献忠，他俩号称起义军中的"双雄"，李自成属于后来居上。张献忠最初的实力和影响力都在李自成之上，他进军四川、攻占成都后建立了大西政权。但让人难以理解的是，他称帝之后，不但不爱惜他的蜀地臣民，反而大开杀戒，毫无人性地屠杀了大批四川民众，以至于清初康熙年间要大规模地从外省移民来四川，这就是著名的"湖广填四川"。张献忠为何要如此变态地屠杀四川人呢？其实，一部分答案就记录在"西王赏功"钱币上。

（一）

　　"西王赏功"钱为圆形方孔，体形较大，有金、银两种材质，尺寸都一样，直径在50~50.5毫米之间，但厚度与重量却差异较大。金币厚1.6~2.4毫米，重30.37~53.56克；银币厚1.9~2.2毫米，重33.22~37.84克。正面是楷体"西王赏功"四字对读，笔画较粗，雄健有力；背面没有文字，都是光背。

图 7-21　西王赏功（金币、银币）

　　西王赏功钱不是用于流通的货币，因此不具有通用货币的职能。但是它将奖赏的功能与钱币的形式相结合，可以视作用来奖励军功的纪念章。这是钱币的衍生物，属于民俗钱。

　　据记载，最早发现西王赏功钱的，是清朝光绪末年一个叫张扫巴的人。相传他在成都地摊上见到了一枚西王赏功金币，以八十文购入后熔成黄金使用了。

　　最早流传下来的西王赏功钱币实物，是1927—1932年在蜀地任职的收藏家蒋伯埙收集的一枚西王赏功金币。1933年著名的四川籍钱币收藏家罗伯昭买到了一枚西王赏功银币。罗伯昭收藏的这枚银币于1957年捐给中国历史博物馆（中国国家博物馆前身），蒋伯埙的那枚金币于 1963 年捐给了上海博物馆。中国一北一南的这两家著名的博物馆，因为分别收藏有被视为"存世孤品"的银质与金质的西王赏功钱，在相当长的一段时间内，都是钱币收藏爱好者必欲亲去一睹其芳容的地方。

除了上海博物馆和国家博物馆所收藏的一金一银两枚西王赏功钱，后来偶尔也有新的西王赏功钱在四川民间被发现的消息在钱币收藏圈里流传。但是，这并没有引起钱币圈以外的关注。西王赏功钱真正在社会层面上引起广泛的关注，是 2017 年 1—4 月由四川省文物考古研究院等单位对四川眉州市彭山区江口镇的一次考古挖掘。这次考古活动与公安机关破获的一起民间盗掘活动有关。

据报道，2005 年 4 月，彭山县修建城市供水工程时，在江口镇岷江河道老虎滩河床的施工中铲出 10 枚银锭，这些银锭经专家鉴定为明代银锭，属国家珍贵文物。

江口镇岷江河域有沉银的消息不胫而走，在当地民众中引起关注。因为它印证了一个在四川民间流传了三百多年的传说，说的是张献忠在撤离成都的时候，将抢来的大批金银财宝秘密掩埋，并有一首广为流传的童谣为证，即"石牛对石虎，金银万万五，谁人识得破，买尽成都府"。因此，自清朝以来四川民间始终有人试图破解这段童谣，以便能寻找到张献忠埋藏的财宝。

这次彭山县施工中的意外发现，无疑给民间寻找张献忠财宝的人提供了一条重要线索。消息传开之后，先是引来附近的居民用农具在江边挖掘"淘宝"，后来又演变成有组织地利用潜水装备和探测工具，在夜间潜入江中河道中去探寻挖掘。

2014 年 5 月 1 日，彭山警方成立专案组，经过近一年的秘密调查，逐渐摸清了以盗掘"江口沉银遗址"文物为目标的 6 个盗掘团伙、3

个倒卖团伙，总计 40 余名涉案人员。该案涉及全国 10 多个省市，涉案文物百余件，金额过亿。

2015 年 4 月 25 日，眉山警方开始抓捕，破获了"江口沉银"特大盗掘倒卖文物案，累计追回包括"虎钮永昌大元帅金印""长沙府天启元年五十两金锭"，以及银元宝、金册和西王赏功金银钱等在内的国家珍贵文物 1000 余件。

警方破案之后，"江口沉银遗址"就交由四川省文物考古研究院等单位于 2017 年 1—4 月进行考古发掘。考古工作者对江口镇附近的岷江河道进行局部围堰，抽干堰内江水后进行发掘。出水文物主要是银锭、金银册、散碎的银两、大顺通宝铜钱以及戒指、耳环、发簪等各类金银首饰，还有铁制刀、剑、矛、箭镞等兵器，共计 3 万余件。其中，西王赏功金银币有 200 多枚，令世人瞩目。

"江口沉银遗址"出土的这批文物中，最核心的是张献忠铸造于 1643 年的"虎钮永昌大元帅金印"以及西王赏功金银钱和大顺通宝铜钱，正是它们证明了这批文物与张献忠有关。那张献忠的这批金银财宝，为什么会沉没在江口镇岷江的河道下面呢？

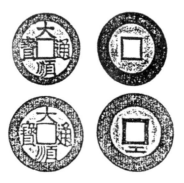

图 7-22　大顺通宝（张献忠铸）

图 7-23　永昌通宝（李自成铸）

这说来话长，需要从张献忠的身世以及他与李自成的结怨说起。

（二）

张献忠（1606—1647），字秉忠，号敬轩，外号黄虎，陕西延安府庆阳卫定边县（今陕西定边县）人。他出身贫苦，少时读过书，并随父做过小生意，成年后当过延安府的捕快，因犯事被革职，后去延绥镇从军，成为一名边兵，又犯法当斩，主将见他样貌奇异，向总兵求情，重打一百军棍后除名。从此张献忠便脱离体制，流落乡间。但是，谁也没有想到，随后的一场天灾却将张献忠推向了大明王朝掘墓人的角色。

天启末年，陕西全境灾荒不断，发生了严重的干旱和虫灾，禾苗枯焦，饿殍遍野。朝廷因财力枯竭无力救助，无法存活的农民只能铤而走险去打家劫舍。陕北农民的暴动，很快就形成了明末农民起义的燎原之势，给不安分且无出路的张献忠提供了施展的机会。

崇祯三年（1630），张献忠在家乡聚集十八寨农民，号称"八大王"，响应暴动，自成一军。张献忠因为小时候读过书，有点文化，后来的从军经历又使他受过军事训练，还开了眼界；加之他为人果敢勇猛，并有智谋，显示出了指挥才能，他的部众很快就成为当时以"闯王"高迎祥为盟主的陕北十三家起义军中最强劲的一支。

陕西是重灾区，有钱有粮的富户很快就被饥民抢光了。于是高迎祥率领十三家起义军于崇祯六年冬渡过黄河南下，去外省讨生活。崇祯八年，各路农民军被明朝军队围困于河南。为了冲出包围圈，十三家农民军首领在河南荥阳举行了一次军事会议。

在这次会议上，当十三家领袖议而不决，拿不出一个切实可行的办法的时候，盟主高迎祥手下号称"闯将"的李自成提出"分兵定向、四路攻战"的方略。意思就是利用农民军人数多的优势，进行分散突围，官兵因为人数少，将会顾此失彼。只有这样才能突破官军的围困，闯出一条生路。同时还建议"所破城邑，子女玉帛均分"。

李自成的这两条建议得到了十三家领袖的首肯。随后十三家农民军划分战区，决定分兵出击。李自成作为高迎祥的部将，随同高迎祥和张献忠联军向东挺进。这支东路军的主力就是张献忠的部队，他的部队作战勇猛，由河南到安徽，直指明朝的中都凤阳。起义军在大雾弥漫的清晨包围了凤阳城，不到半天就全歼了两万守军，攻下了朱元璋的老家。农民军不但扒了朱元璋家的祖坟，还毁了他出家的龙兴寺（皇觉寺），并将凤阳富户杀得一干二净。消息传来，朝野震恐，崇祯皇帝不得已下了罪己诏。

攻下凤阳后，李自成与张献忠因为争夺缴获的太监、乐工和乐器而结怨。李自成分军西走甘肃。第二年即崇祯九年，高迎祥战败被杀，余部皆投奔李自成，从此李自成被推举为"闯王"，继承了高迎祥的衣钵，正式成为与张献忠平起平坐的十三家领导人之一，率部转战潼关以西地区。张献忠所部则活动于潼关以东地区，为官军攻击的主要目标。以张献忠与李自成为代表的农民起义军，采用机动灵活的游击战术，打破了官军企图在中原地区围歼农民军的战略计划。

中原突围之战，充分展现了起义军中的双雄，即张献忠与李自成，卓越的战略眼光和军事才能。从此这两位既是同乡，又是同龄人，同时都有过当兵经历的农民起义军首领，相互之间产生了很深的既生瑜何生亮的"瑜亮情结"。某种程度上可以说，正是"一山不容二虎"的这一传统法则所引发的他们之间的恩怨情仇，最后决定了他俩的悲剧人生。而"江口沉银"所挖掘出的西王赏功钱，实际上就是这一悲剧的见证物。

（三）

农民起义军各部之间缺乏统一部署和协同行动，都是各自为战，很容易被官军各个击破。崇祯十一年（1638）春，在官军强大的攻势下，各路农民军连遭挫折。为了保存实力，张献忠在谷城接受了朝廷的"招抚"，条件是保持独立性，既不接受官衔，也拒绝改编和调遣。在此期间，张献忠集草屯粮，打造军器，招兵买马，训练士卒，经常请人讲解《孙子兵法》，并结合战例总结经验教训，等待东山再起的时机。

李自成不久也被洪承畴击败，带着百余人马前往谷城投奔张献忠。张献忠不但不予接纳，反而准备干掉李自成，幸好李自成警惕性高，及时逃往商洛山中，躲过一劫。从此他俩在结怨的基础上又结了仇。

风水轮流转。三年后即崇祯十四年秋天，再举叛旗的张献忠在河南信阳被左良玉击败，部众溃散。腿部受伤差点被俘的张献忠在走投无路的情况下，也像当年穷途末路的李自成一样，带着几十名残兵败将去投奔李自成。此时的张献忠可能早已忘记了三年前的谷城往事，但是李自成显然无法忘怀当年"谷城会献"带给他的屈辱和惊吓。作为一介起于草莽的农民，李自成信奉的是江湖义气，他认为既然当初你不仁，休怪今日我无义！因此，他不但不打算收留张献忠，也想趁机消灭送上门的宿敌，以除后患。

命悬一线的张献忠，全靠和他交情不错，也是十三家首领之一，当时正和李自成结盟的罗汝才的一再求情，才使李自成勉强打消了杀他的念头。后来又是罗汝才给张献忠借了500人马，叫他尽快离开这一是非之地。张献忠这才摆脱危险，转向湖北发展。从此，李自成和张献忠之间的矛盾公开化，彻底决裂的他俩走向了各自独立发展的道路。

张献忠进入湖北后，于崇祯十六年五月攻占楚王府所在地武昌。处死楚王后，张献忠与部下分食其肉，"尽取宫中积金百余万，辇载数百车不尽"①，拉不完的白银都分给了民众，并招募流民充实队伍。张献忠在武昌自称"大西王"，建立了大西农民政权，设六部和五军都督府，还开科取士，招揽人才，授以官职。

张献忠的这一举动让在襄阳建号称王的李自成大为恼火。他派人以贺喜为名送来一封书信，警告张献忠说，原来的十三家首领都已经被他收编，现在就剩下你了，希望能看清大势，早日归顺。不仅如此，李自成还公开张贴告示，宣布："有能擒献忠以献者，赏千金。"②

面对兵强马壮、咄咄逼人的李自成，张献忠认为他当时的实力还无法与之对抗，而武昌、襄阳两地又距离太近，为了避免与李自成发生冲突，他主动采取了回避的办法。张献忠于八月率部南下进入湖南，先后攻占岳州、长沙，宣布免征三年税粮；接着控制了湖南全省，然后是湖北南部以及广东、广西北部的广大地区。张献忠在南方转战的半年多时间里，遭到明军以及地方武装的顽强抵抗。于是他又决定效仿诸葛亮在"隆中对"中的战略，进军四川，寻求新的发展。

---

① 《明史纪事本末》卷七十七。
② 《明史纪事本末》卷七十七。

崇祯十七年是农历甲申年，是中国历史上一个重要的年份。这一年在北方发生了两件大事：一是李自成攻陷北京，明朝灭亡；二是清军入关。在南方则发生了一件大事，就是张献忠入川。郭沫若曾写过一篇著名的文章《甲申三百年祭》，总结分析了李自成失败的原因，但是并没有谈到张献忠入川这件事。实际上，张献忠入川也是一件值得认真总结分析的大事。因为张献忠入川后，不但在成都大肆屠杀民众，给蜀地的人民带来了一场浩劫，而且还深刻地演示了人性之恶。

（四）

崇祯十七年正月，张献忠率部向四川进发，八月攻克成都，十一月十六日在成都称帝，建国号大西，改元大顺，以成都为西京。大西政权建立后，设置了左右丞相、六部尚书等文武百官，并开科取士。张献忠还封他的四个养子为王，分兵四出，"遂据有全蜀"。

他宣布对百姓"蠲免三年租赋"，不许"擅自招兵""擅受民词""擅取本土妇女为妻"，号令森严，违者正法。另外，为了表示改朝换代，他还颁发了新的历法，并设置铸钱局。除了大顺通宝年号钱，还铸造了一种用于奖赏部下的金银钱，即西王赏功钱。

上述措施表明，张献忠入川之后，想结束此前的流寇生涯，效法刘备在蜀地建国，利用四川易守难攻的地理位置，进可攻退可守，静观中原局势的变化。

张献忠这一战略上的选择以及战术上的举措其实都是正确的，他为了建立政权所做的各种努力，也都表现出了一个有政治抱负的枭雄的所为。但令人不可思议的是，不久他就性情大变，仿佛恶魔一般大开杀戒。他这种自毁长城式的变态行为，不但毁了他自己，最后也葬送了大西政权。

实际上，张献忠这种自暴自弃式的杀戮行为与李自成有关！为什么要这样说呢？其实这是张献忠得知李自成攻陷北京后引发的心理变态。

张献忠的资历虽然比李自成老，但是政治谋略却明显不如李自成。历史学家吕思勉曾评价说："献忠系粗才，一味好杀，自成则颇有大略。"清初名臣贾汉复评价李自成说："猛勇有胆略……御众严，号令一，领一军不敢仰视，以故制胜，雄于诸寇。"因此，李自成后来居上，在张献忠围攻重庆的时候，北上一举攻占了北京。

张献忠虽然在成都也称帝了，但是在他看来，李自成拿下京师就意味着已经"神器在手"，就像刘邦或朱元璋一样，由一介草民摇身一变成了开国之君。张献忠认为自己扒了朱元璋的祖坟，断了明朝的龙脉，取代朱明王朝的应该是他，因此接受不了资历不如他且与他势不两立的李自成抢了位子。李自成进京的消息就像是一记闷棍，击碎了张献忠的皇帝梦。更让张献忠恼火的是他还不断受到残余的明军以及豪强武装的袭击。他说："朕待蜀獠最好，而蜀獠每每要反，负朕之极！"于是他要杀川民，出气泄愤。

关于他的这一心理变化，鲁迅在《晨凉漫笔》中曾有精辟的论述：

> 他开初并不很杀人，他何尝不想做皇帝，后来知道李自成进了北京，接着是清兵入关，自己只剩没落这一条路，于是就开手杀，杀……他分明感到天下已没有自己的东西，现在是在毁坏别人的东西了，这和有些末代的风雅皇帝，在死前烧掉了祖宗或自己所搜集的书籍古董宝贝之类的心情，完全一样。他还有兵，而没有古董之类，所以就杀，杀，杀人，杀……但他还要维持兵，

这实在不过是维持杀。

另外，鲁迅在《且介亭杂文·病后杂谈》中又说："《蜀碧》《蜀龟鉴》，都是讲张献忠祸蜀的书，其实是不但四川人，而是凡有中国人都该翻一下的著作，……翻了一遍，在卷三里看见了这样的一条：'又，剥皮者，从头至尻，一缕裂之，张于前，如鸟展翅，率逾日始绝。有即毙者，行刑之人坐死。'"

张献忠内心深处对李自成的嫉妒和不服，从一句流传甚广的谚语上也能得到证明。他在成都因不信任川民，常派奸细打探消息，一夫妇俩在床上闲谈，夫斥责说："你说的都是些张家长、李家短的琐事。"张献忠得报后甚是高兴，说这是我张家要胜过他李家之兆也。

张献忠以如此变态的心理、毫无人性的残忍手段屠杀川民，必然激起川人的剧烈反抗。张献忠想肃清新归附的川人，部下刘进忠劝他不要乱杀，张献忠不听，反而调刘进忠一同会剿。刘进忠认为张献忠对他起了疑心，被迫降清。

内有反抗，外有清军，已无法在成都立足的张献忠，于大顺三年（1646）初率领部下，将掠来的金银财宝装载于数千艘船上，顺岷江东下，在行至彭山江口段时遭到前明参将杨展的火攻伏击。仿佛赤壁大战重现一般，数千艘装有金银财宝的船只被焚烧后，悉数沉入江底，张献忠狼狈逃回成都。后来他又放弃成都，想北上进入陕西。他行至西充凤凰山，与清军相遇。张献忠察看地形时被降清的刘进忠隔河认出，清军主帅肃亲王豪格搭箭拉弓，张献忠中箭而死，年仅40岁。一代枭雄就这样以瞬间崩盘的方式，结束了其血腥而短暂的一生。这也可能是上天对他行恶的报应。

张献忠在四川待了不到三年的时间，屠杀了将近三分之一的人口，其中甚至包括他的妻妾以及幼儿。他的统治没有给任何一个阶层带来好处，他身上所彰显出来的人性之恶，是使其在四川无法立足以及造成四川这个天府之国人口大减的根本原因。

西王赏功是张献忠在成都称帝后为了奖赏立功的部下而铸造的，可是谁能知道其中有多少奖赏给了因杀川人而立功的，这是功还是过呢？但是，通过西王赏功钱，我们却可以看到，当一个因变态而丧失理性的人居于权力之巅时，所造成的祸害是无法想象的！

李自成、张献忠相继战死之后，抗清的大旗又由谁来挑呢？

三、永历通宝：郑成功反清复明的象征物

在中国古代钱币中，有一种铜钱很特殊，它不但铸造流通于大陆，也流通于台湾，并因此成为台湾地区流通最早的铜钱。更特别的是它还在日本铸造过，因此又成为中国历史上唯一的由外国铸造、用于流通的圆形方孔铜钱。它就是"永历通宝"钱。

这是一段特殊历史背景之下的特殊事例，反映了明末清初之际，中国大陆、台湾以及日本之间一段特殊的关系，而将这三者串联起来的正是传奇人物郑成功。

下面就通过永历通宝钱，向大家介绍郑成功反清复明以及收复台湾伟大壮举中一段鲜为人知的历史。

（一）

首先我们来看看永历通宝钱。

永历通宝是南明政权最后的永历王朝铸造的货币。如图7-24所示，钱文"永历通宝"四字对读，字体古拙朴素，内郭、外郭都比一般的

钱币略宽，表面打磨得不够精整，铸工比较粗糙，但是钱体庄严敦厚，分量十足，明显具有广西、云南一带铸钱的风格。这怎么会和郑成功、日本扯上关系呢？

图 7-24　永历通宝（权银钱）

这需要从南明政权说起。

所谓南明政权，是指明朝灭亡之后，明朝宗室先后在南方建立的几个地方性政权的统称。它包括弘光政权、隆武政权、鲁王监国、绍武政权以及永历政权，从公元 1644 年到 1661 年，共历时十八年。其中，建立最早的是弘光政权。公元 1644 年是明朝崇祯十七年，清军也是这一年入关的，因此又是顺治元年。这年的三月十九日李自成攻占北京，明朝灭亡。留守南京的马士英、史可法于五月拥戴福王朱由崧在南京即皇帝位，改元弘光，但仅仅一年后就被南下的清军消灭。接着成立的是隆武政权，它是由郑成功的父亲郑芝龙等人在福州拥戴唐王朱聿键建立的，改年号为隆武，史称隆武政权。隆武政权建立之初，朱聿键很想有番作为，但是后来因为掌握实权的郑芝龙暗中降清，很快就被清军消灭。第三个想重建明王朝的是鲁王朱以海，他于顺治二年在绍兴建立政权，因为没有称帝，也无年号，因此被称为监国，不到一年也失败了。第四个南明政权是顺治三年苏观生等在广州拥立隆武之弟建立的绍武政权。它的命运最短，仅仅存在了四十一天就被消灭。最后一个南明政权是原明朝两广总督丁魁楚、广西巡抚瞿式耜等拥戴桂王朱由榔于顺治三年十一月在广东肇庆建立的，次年改元"永历",历史上称为永历政权。

南明几个政权中,只有永历政权坚持的时间最长,从顺治三年到顺治十八年,共有十六年。如果根据一直使用永历年号的台湾郑氏政权来计算,永历年号更是长达三十七年。

永历政权之所以能够坚持这么长的时间,有两方面的原因:一是它联合了占有中南和西南的原来归属于李自成的大顺农民军以及张献忠的大西农民军的旧部,势力相对强大;二是据有厦门、金门以及台湾的郑成功势力始终尊奉永历政权为正统。

这样,明朝残存的地方力量、退守西南的农民起义军以及占据东南沿海部分岛屿的郑成功等势力,在"反清复明"的大旗下,三方摒弃前嫌,抱团取暖,都奉"永历"为正朔,形成了声势浩大的抗清联盟。这是永历政权没有像此前几个南明政权那样旋即灭亡而得以生存下来的主要原因。永历政权最强盛的时期,名义上保有台湾及中南、西南数省,与入关的清军势力相对峙。

永历政权虽然表面上拥有西南半壁江山,但是它本质上与南明的其他政权一样,都是成分复杂,腐败透顶。朝廷之内的朝臣、宦官之间,朋比为奸,以权谋私;朝廷之外的统兵将帅,更是专横跋扈,相互倾轧。最后在吴三桂大军的追剿之下,永历帝被迫由云南退入缅甸。顺治十八年清军入缅,永历帝被俘,后来与其子一起在昆明被吴三桂缢杀。现在缅甸讲汉语的果敢人,就是当年那批追随永历帝留居缅甸华人的后裔。

(二)

随着南明最后一个政权的覆灭,明清政权的鼎革便落下了帷幕。历史虽然翻开了清朝的一页,但是,"永历"年号却没有寿终正寝,而是继续被坚持反清复明的郑成功扛起，又坚持了二十二年。其间，郑成功及其子郑经不但始终尊奉永历正朔，而且铸造了大量的永历通宝钱。

据《三藩纪事本末》记载，南明永历政权于顺治三年在广东肇庆建立之后，为了躲避清军的追杀，便去广西梧州避难，在那里改元永历，并铸造了永历通宝钱。当时，除了避难于广西的永历小朝廷，各地尊奉永历年号的将帅也多有铸造。因此，永历通宝钱的来源极为复杂，版式也特别多。

如果按照铸造地区来划分，有永历小朝廷在两广铸造的，有原属大西政权的孙可望在云南铸造的，有郑氏政权委托日本长崎藩以及在福建铸造的，另外，在四川可能也铸造过永历通宝钱。

如果按照面值划分，永历通宝钱有小平钱、折二钱、当五钱和当十钱四种，尺寸大小和轻重都很悬殊：小平钱直径一般为2.5~2.7厘米，折二钱是3厘米，当五钱是3.2厘米，当十钱多为3.5~4.5厘米。小平钱重4~4.8克，折二、当五、当十的重量为10~26克。又有一种权银钱，面值有折白银二厘、五厘和一分三种。

如果按照钱文书法来划分，有正楷、仿宋、八分、篆书、行书五种。按铜质划分，又分黄铜和红铜两种。另外还有一种所谓的"敕书钱"，12枚一套，背面分别铸有"御敕督部道府留粤辅明定国"十二个敕书文字。

永历通宝钱因为铸造地点众多，加之钱文多出自工匠之手，字体虽然古拙朴素，但是却版别众多。如永历通宝中的"永"字，就有写成上"二"下"水"而被称为"二水永历"；"通"字上的横折点写成一倒三角形，被称为"三角通"；繁体"曆"字内写成上为双"禾"字，下为一"目"字（正确写法应为上"秝"下"曰"），而被称为

"双禾一目"。这些都反映了永历通宝钱铸地分散、钱文书写不统一的实际情况。

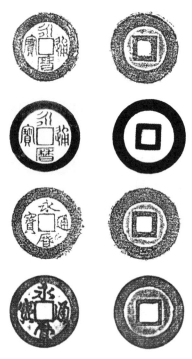

图 7-25　永历通宝（篆书、行书）

永历通宝钱总体的特点是：内郭和外郭都比其他的钱币宽，钱体打磨也不够精整；用材单一，多为铜质；铸工比较粗糙，但是分量足，很少有减重现象。永历钱虽然铸行的时间长、数量大、地域广，但是后来因为清政府的大力收缴销毁，存世数量在明代的年号钱中却不算多。

（三）

在种类以及版别如此复杂的永历通宝钱中，到底哪一种是由郑成功铸造的？他为什么要在日本铸造永历通宝钱？版别上又有什么特点呢？

要回答这些问题，首先要从郑成功的特殊身世，以及他矢志不移所追求的反清复明大业说起。

大家都知道郑成功是收复台湾的民族英雄，但是可能很多人并不一定知道郑成功实际上有一半的日本血统。这又是怎么回事呢？

郑成功的父亲郑芝龙祖籍福建泉州，初为海商，后成海盗，经常出入日本；后来组建武装走私集团，占据厦门，于崇祯六年（1633）在金门与厦门之间的料罗湾海域击败荷兰人，垄断了海外贸易，以收取保护费的形式建立了他的海上贸易王国，聚敛了巨额的财富。据说他一年的收入高达数千万两白银，与明朝政府的收入相差无几，真可谓富可敌国。后来，郑芝龙接受明朝政府的招安，亦官亦商的身份更加巩固了他对海外贸易的垄断。

郑成功于1624年出生于日本长崎平户岛，母亲是日本人田川氏。郑成功幼年时在日本长大，所受的教育是被德川幕府定为官学的朱子学，讲究五伦以及上下尊卑。他7岁时与母亲一起回到祖籍福建泉州南安，每日念书、骑马、射箭。据说他最爱读发扬孔子春秋大义的《左传》，这为他后来满脑子的忠君爱国思想、强烈的民族意识打下了基础。另外，郑成功之所以始终坚持抗清复明也与他的家仇国恨有关。

清军入关之后，郑芝龙最初曾支持南明的隆武政权。但是，作为商人的他最讲求实际，他很快发现隆武政权所进行的反清复明完全没有成功的可能，因此就决定投降清朝以保全他所建立的海上商业王国。虽然遭到了儿子郑成功的极力反对，但是主意已定的郑芝龙还是决定冒险亲自去北京，与清朝政府谈判归顺事宜。

郑芝龙到了北京之后，就被扣留再没有返回。同时，清军加紧了对福建的进攻。不久，清军攻陷了泉州并洗劫了郑芝龙的家。郑成功的母亲田川氏来不及逃跑而被清军强奸，羞愤地上吊而死。在南京读书的郑成功回到家后，一语不发，将母亲的肚子剖开，取出肠子清洗干净缝好后才将其下葬。他又将平时所穿的儒生衣帽带到孔庙，在大殿上一把火烧光，他对着孔子像下拜，高声说："我昔日乃是儒生，今日成为孤臣。谨谢儒服，请先师昭鉴。"表达了他将用武力抗击清军的决心。接着，郑成功就在金门起兵，扛起"反清复明"的大旗。当时是顺治四年（1647），郑成功只有23岁。

郑成功原名郑森，后来被隆武帝御赐国姓，改名成功，并被封为忠孝伯，因此世人又称郑成功为国姓爷。郑芝龙被清政府扣留在北京之后，郑成功就接手了他父亲打下的海上商业王国。他虽然年纪轻轻，但是在民族大义方面却看得很重，特别是母亲的惨死，更加坚定了他要向清军报仇雪恨的决心。他意志力坚定，又拥有他父亲留下的雄厚财力基础以及上千艘的战舰和十几万人的队伍，并配有精良的武器。从此，清军遇到了入关后最强劲的对手。

郑成功的反清复明大业，以顺治十六年（1659）为一转折点。当年，郑成功孤注一掷，亲率十几万大军在南京与清军决战，却不幸败北。十多年的辛苦经营，一朝又回到了原点，只剩下了厦门和金门两个岛屿。失望之余，郑成功决定攻取台湾，以作为下一步发展的根基。

经过一年多的准备，顺治十八年（1661）四月，郑成功率领25000人，分乘400多艘舰艇，趁着清晨的大雾以及海水涨潮的便当，突然在台南外海的沙洲鹿耳门登陆。荷兰人猝不及防且寡不敌众，被迫固守待援，郑成功则采取围城战略。1662年二月，荷兰人在坚守了九个月之后终于不支而投降。郑成功驱逐荷兰人后占据了台湾，这为他反清复明的大业获得了一个稳定的基地。

但是，世事难料，占领台湾这一重大胜利带给郑成功的却是一连串不幸事件的打击：首先是他的父亲郑芝龙在北京被杀，其次是泉州老家的祖坟被清军焚毁，两个月后他矢志忠诚拥立的永历帝又被吴三桂绞杀。这一连串的不幸消息使得刚烈无比的郑成功无法承受，就在这个时候，又爆出奉命留守厦门的长子郑经与弟弟的奶娘通奸生子的丑闻。郑经原来被郑成功视为能够继承他反清复明大业的人，如今在他看来可能就是一个不成器的败家子。经此打击，郑成功一病不起，并于当年五月病逝，享年只有39岁。郑成功死后，其子郑经继位，郑氏集团内部发生分裂，实力大为削弱，传至第三代郑克塽后，仅维持了两年，就于康熙二十二年（1683）被清政府剿灭了。

（四）

郑成功为了表达他反清复明的坚定政治立场，另一方面也是为了筹集经费，在尊奉"永历"年号为正朔的同时铸造了永历通宝铜钱。据清代文献《台湾外记》记载，郑成功及其子郑经先后三次铸造永历通宝钱，都是委托日本长崎藩给铸造的。

第一次铸钱发生于南明永历五年（顺治八年，1651）十二月。当时郑成功刚拒绝其父降清的命令，率领部分官兵活动在福建沿海以及广东潮阳、南澳一带。而永历朝廷远在广西南宁，不能提供军需。为了筹集军费，郑成功于是派他的族兄郑泰前往日本，以外甥的身份遣使通好长崎藩，要求"相助铜铅，令官协理，铸铜煩、永历钱"，即提供盔甲、器械等物，并帮助铸造永历通宝钱。这是一种折二的光背钱，直径28毫米左右，重7克上下，钱文有篆书、行书两种，钱缘较宽，材质与日本宽永通宝一样为红铜。

第二次铸钱发生于南明永历二十年（康熙五年，1666）七月。这时郑成功已去世五年，由其子郑经治理台湾。当时厦门、金门已经被清军占领，郑氏集团的势力退回台湾，养精蓄锐，等待机会。郑经接受部属的建议建造商船，装载白糖、鹿皮等物品，前去日本长崎进行贸易，购买倭刀、盔甲，同时委托日本铸造永历通宝钱。这次铸钱应该主要是为了满足台湾地区经济发展的需要。

第三次铸钱发生于南明永历二十八年（康熙十三年，1674）四月。三藩之乱发生后，驻福建的靖南王耿精忠邀请郑经一起反清。郑经认为这是一次机会，于是率领军队占领厦门。为了筹集军费，他"又差兵部事李德驾船往日本，铸永历钱"。这次派人前往日本长崎，除了委托铸造永历通宝钱，还购买腰刀等器械以资军用。这次铸钱显然是为了西征军需之用，所铸之钱主要行使于福建南部及台湾一带。

除上述三次有史料记载的委托日本长崎藩代铸永历通宝之外，郑氏集团很可能还在今福建省漳州市龙海区铸造过永历通宝钱，时间大概是在南明永历二十九年至三十三年，也就是康熙十四年至十八年间（1675—1679）。这种推断的主要依据是1994年4月在福建省龙海市石码镇施工时出土一个陶罐，内装永历通宝钱100多枚，全是生坑并锈蚀严重，为黄铜质的折二钱，钱文有篆书和行书两种，钱币的外郭还留有浇铸时留下的铜柄和流铜，完全没有流通过的痕迹。从形制上看，这与日本代铸的永历通宝几乎完全一样。

据史料记载，南明永历二十八年（康熙十三年，1674），郑经乘三藩之乱，渡海西征，占领厦门，次年又攻入漳州。在历时六年与清军的对峙期间，占据今漳州市龙海区石码镇的时间至少有四年。这期间为了满足军需之用，郑经有可能在日本代铸的永历通宝钱还没有运到之时，或者是在用完之后，又自行铸造了一批，而且很可能就是用日本代铸的钱为模翻砂铸造的。因为技术不过关，试铸失败。这从石码镇发现的这100多枚钱币工艺粗糙、字迹模糊的外形就能够看得出来。因为质量太次，难以投入流通，撤离时也未带回台湾，而是就地掩埋了。

因此我们认为，郑成功及其子郑经前后共铸造过四次永历通宝钱，其中三次都是为了军事需要，只有第二次铸钱是为了台湾经济的发展。前三次都是委托日本长崎藩代铸的，只有最后一次是在大陆铸造的，但很可能只是试铸，并没有成功。

郑氏集团始终没有在台湾铸造永历通宝钱，估计是因为技术不行，当时台湾刚开始有大陆移民，才开化不久，还没有人能够熟练地掌握铸钱技术，所以才要远道去日本委托长崎藩来代铸。

了解了郑氏集团委托日本代铸永历通宝钱的背景以及过程之后，我们再来看看日本铸造的永历通宝钱在版别上又有些什么特点。

在种类以及版别众多的永历通宝钱中，有一种折二面值的钱，钱文书体有篆书、楷书两种，铜质泛红，中国钱币界最初不知这两种钱币的来历。民国年间丁福保先生组织编撰的《古钱大辞典》是我国钱币学中一部重要的奠基之作，书中就记载说："明末有'永历通宝'，泉大如折二，篆书、楷书两种，铜色淡赤。诸谱莫识其源。"

就在中国的钱币学家不知这两种永历通宝钱出自何处、议论纷纷的时候，日本钱币学界认定它们就是当年长崎藩为郑成功及其子郑经铸造的永历通宝钱。

日本钱币界的这种认定是正确的，也是有依据的，后来被中国钱币界接受。世人这才从众多的永历通宝钱中，区分出郑成功委托日本铸造的永历通宝钱的真实面目，即面值为折二、钱文书体为篆书及行书的两种。另外，据《重修台湾省通志》记载，日本长崎藩为郑成功铸造的永历通宝钱为红铜，为郑经铸造的则为黄铜。

由于清朝统治者实行过严酷的文字狱迫害政策，当时的文人学士都不敢谈论南明政权，更不敢记录有关反清复明的事，南明政权铸造的各种钱币也都被视为"伪钱"而被大量收缴销毁，因此，有关永历时期的史料保存下来的极为稀少。

这种情况下，存留的永历通宝钱币作为历史的见证，真实地记录了永历政权的兴衰历史。特别是其中郑成功及其子郑经委托日本长崎藩铸造的折二面值的篆书、行书两种永历通宝钱，因为反映了明末清初之际，中国大陆、台湾以及日本之间的那段微妙的关系，记录了郑成功的反清复明大业，而成为研究那段历史的实物见证。通过这两种钱币，后人可以近距离地触摸那段历史，这也正是收藏、研究钱币的魅力所在。

4

琉球钱币：琉球国历史兴衰的见证者

琉球可以说是近代中国人的一大痛心点。它本来是中国的一个藩属国，无论是从地理位置、商贸往来，还是文物制度、语言文字等方面来看，琉球历史上都与中国有着千丝万缕的联系。然而，早在明朝时就已号称是"万国津梁"的琉球，从清朝后期开始，却在中国的眼皮子底下，被日本人一步步地蚕食，最后竟然被野蛮地吞并，将隋朝时中国给起的、已经沿用了一千多年的中式名字琉球，改成了日式的冲绳，而成了日本的国土。在日本人的片面宣传之下，当今世人就只知冲绳而不知琉球，更不清楚琉球历史上与中国的亲密关系。

下面就通过琉球国所铸造使用的钱币，给大家讲述琉球建国的历史、明清两朝时与中国的亲密关系，及其被日本野蛮吞并的悲惨命运。

（一）

我们还是先从琉球国的钱币讲起。

目前所知琉球铸造使用的钱币有两种，一种正面铸有文字，另一种两面都没有文字，两种钱币形制上都是圆形方孔。其中，铸有文字的钱币只有四种，分别是大世通宝、世高通宝、金圆世宝和中山通宝。它们不但使用的都是汉字，而且三枚钱币都称通宝，只有一枚称世宝。很明显，琉球国的钱币和中国的钱币几乎完全一样。这是为什么呢？

这要从琉球名称的由来以及它与明朝所建立的藩属关系说起。

琉球是位于西太平洋上的一个岛国。地处中国的台湾省和日本的九州之间，由大小三十六个岛屿组成。琉球民族是古代百越的一支，与我国闽浙沿海一带的越族同出一源。琉球早期的历史因为"国无典籍"而无从考证，最早的文献记载见于唐朝贞观十年（636）成书的《隋书·流求传》。

隋炀帝派羽骑尉朱宽出海寻访，朱宽见到一串珍珠般的岛屿，"若虬龙浮在水面"，于是给它取名为"流虬"。"虬"字古代同"虬"，指的是一种传说中头上有角的龙。在古代因为所有与龙有关的字都是皇帝专用的词，因此唐朝在编纂《隋书》时为了回避皇帝的龙讳，就将"虬"字更换为"求"，即"流求"。到了明代又改用了"琉球"俩字，取其琉璃玉和珍珠球之意，这就是琉球之名的由来。

琉球虽然早在隋唐时期就已经被中国官方记录在正史之中，并有了经济与文化方面的联系，但是双方直到明朝建立之后才有了正式的官方交流与往来。这是因为朱元璋于洪武五年（1372）正月在南京称帝建立明朝之后，为了昭告天下他已经实现了"驱逐胡虏、恢复中华"的目的，曾经派出专使向周边各国传送诏书，其中出使琉球的使臣是杨载。

当时琉球的本岛上分立着三个政权，分别被称为南山、中山和北山，史称"三山时代"。杨载到了琉球之后，分别向三国宣读了诏书。其中，中山王察度接到诏书之后，于同年十二月第一个派出使臣来明朝上表称臣。琉球国文献《中山世谱》记载说"由是琉球始通中国，以开人文维新之基"。后来琉球的南山和北山两国也分别于 1380 年和 1383 年向明朝遣使进贡，这样琉球就正式成为明朝的藩属。

琉球位于大海之中，往来大陆全靠船运。受当时造船技术以及航海知识的限制，琉球人每次朝贡往返明朝都要冒很大的风险。因此，朱元璋应中山王的请求，于洪武二十五年（1392）特赐"闽人善操舟者三十六姓，以便往来"，并钦准琉球官生到国子监读书。从此，琉球"始节音乐、制礼法，改变番俗，而致文教同风之盛"。

明朝迁去的三十六户，大多是居住在闽江出海口一带、擅长出海作业的人家。他们子孙中优秀的，都被送到明朝设在南京的国子监去读书，等学业结束后回到琉球，先担任"通事"（即翻译官），后逐渐升迁为长史、大夫。《琉球国志略》也记载，这些福建人移民到琉球后，"知书者授大夫、长史，以为朝贡之司；习海者授通事，总为指南之备"。他们所带去的先进的中华文明，对于当时社会生产力还相对落后的琉球国，无疑具有十分重要的意义。

三十六户移民，平均每户按八口之家算，总数有三百多人。他们所居住的地方曾经被称为"唐营"，这显然是因为海外习惯称中国人为"唐人"，唐营又被当地人俗称为久米村，村中建有一座孔庙，成为中华文明在琉球的传播中心。时至今日，三十六户福建移民的旧居虽然早已不复存在了，但是在他们当时所聚居的久米村，孔庙以及后来修建的天妃（妈祖）宫却依然保存着。

琉球与明朝建立藩属关系之后，结束分裂的"三山时代"，实现琉球本岛的统一就被提上了日程。最后统一琉球的任务是由中山国的尚巴志完成的。

尚巴志原名巴志，尚姓是明宣宗所赐。永乐四年（1406），尚巴志以"中山（武宁）王失德废政"为由，起兵推翻了武宁的统治。永乐十四年尚巴志灭北山，宣德四年（1429）又灭南山，结束分立局面，实现琉球王国的统一。他以首里城为王城，建立了"第一尚氏王朝"，但是仍然以中山王的名义继续向明朝入贡，史称"琉球中山国"。尚氏王朝统一琉球之后，在明朝的影响及技术支持下，仿照永乐通宝钱铸造了琉球国自己的钱币。

（二）

琉球最早的钱币"大世通宝"铸造于明朝天顺元年（1457），据文献记载是在明朝技术人员的指导下，仿照永乐通宝钱铸造的。当时琉球王尚泰久的神号是大世，因此以"大世通宝"为钱文。这枚钱币的铸造，虽然在明朝和琉球的史料中没有记载，但是在朝鲜的史书《世祖实录》中却有记载。说是明朝景泰六年（1455）正月，朝鲜人梁成等人从济州岛出海，因为遭遇风灾，船漂流到了琉球，在琉球留居了八年之后于天顺七年（1463）十二月被送还。他说琉球"所兴用者钱货，然不知铸成之法，皆得于中原而用之。丁丑年（1457）中原人始来教之，十文准米一升"。这里的"中原"就是指中国，并且记载在琉球铸造货币之前，所流通使用的就是中国的货币，这在嘉靖三十四年（1555）出使琉球的册封使郭汝霖撰写的《使琉球录》中也有记载。

图 7-26　大世通宝

琉球的第二种钱币是琉球王尚德于明朝成化五年（1469）铸造的，钱文是"世高通宝"。钱文中的"世高"是尚德的神号，也是以王的神号为钱文。这枚钱币的文字风格和铸造工艺与大世通宝钱一样，也是仿自明永乐通宝钱，有大字、小字两种版别。但是，世高通宝字体歪斜，铜质陋恶。

图 7-27　世高通宝

世高通宝钱币铸造后不久，琉球国就发生了内乱，尚德王被杀，第一尚氏王朝灭亡。第二年即成化六年，负责管理财务的宫廷官员内间金丸（又称金圆）被推举为中山王，翌年，明朝派使臣册封内间金丸（改名尚圆）为王，史称"第二尚氏王朝"。

琉球王尚圆被明朝册封之后，铸造了"金圆世宝"钱币。据《中山世谱》记载，"尚圆王童名思德金，神号金丸"。因为"丸"与"圆"相通，因此"金丸"也被称作"金圆"。所以尚圆铸造的钱币"金圆世宝"，也是以神号为钱文。与前两次铸钱所不同的是，这次不称通宝而改成了世宝。

图 7-28　金圆世宝

"第二尚氏王朝"传至第三代国王尚真统治的时期（1477—1526），琉球国依据明朝的制度确立了官员的品秩、朝仪、赋税等制度，扩建了首里城，废除了殉葬等陋习，将势力扩张到整个琉球列岛，形成

"三省并三十六岛"的规模，琉球王国进入稳定发展的时期。

琉球王尚真在位期间铸造的钱币是中山通宝。琉球曾经以中山为国号，因此中山通宝属于国号钱，这与此前的三枚钱币都是以王的神号为钱文的传统明显不同。中山通宝钱形制较小，钱体轻薄。

图 7-29　中山通宝

据《琉球国旧记》记载，在中山通宝钱之后，琉球另外还铸造过一种"赤钱"，也是琉球王尚真铸造的。因为没有实物传世，不知所谓"赤钱"是否就是用纯净红铜所铸。

琉球铸造的没有文字的钱币，日本文献称为"鸽目钱"，实际上就是我国古代所谓的"鹅眼钱"。据琉球文献《中山传信录》记载，这种钱币是继中山通宝、赤钱之后铸造的，直到江户时代，呈紫黑色，形制薄小，两面既无周郭也没有文字，直径一分五厘至五分八厘不等，大小参差不齐。穿孔有方孔、圆孔两种，无论材质还是铸工都很低劣，50 枚仅当小平铜钱 1 枚。因为使用不便，以四百文至一千文为一串，以绳贯之，上面用压捺朱印纸封上，作为一缗通用。

琉球这种无文的鸽目钱，在中国明清两朝遣使琉球的册封使所著《使琉球录》中也有记载。例如，嘉靖十三年（1534）陈侃的《使琉球录》云："行薄小无文钱。"万历二十八年（1600）夏子阳的《使琉球录》记有："行轻小黑色铜钱，千钱不盈一掬。"康熙二十二年（1683）汪楫的《使琉球杂录》也说："钱大小不及鹅眼，无轮郭文字，虚其中以受贯。大约四千文当中国百文。亦复有公私之别。中国人不能辨，或误以私铸入市，市人不受也。"无文小钱的穿孔有方孔、圆孔两种，已经可以看出受日本影响的痕迹，这种小钱一直流通使用到江户时代。

另有一种"琉球通宝"钱，有椭圆形（又称龟形）和圆形两种，铸工和文字都很精美。椭圆形仿日本"天保通宝"钱，面文直书"琉球通宝"，背无铸工花押，穿上"当"、穿下"百"，属于当百大钱。圆形钱面文为"琉球通宝"，篆书直读，背穿孔上"半"、下"朱"也是篆文；直径42毫米，一枚当小平钱128文使用。它们虽然都称琉球通宝，却非琉球王国所铸，而是对琉球怀有野心的日本萨摩藩，于江户时代末期的孝明天皇文久三年（1863年，清同治二年）铸造，记录和见证了日本吞并琉球王国的野心及历史。

图 7-30　琉球通宝（半朱）

图 7-31　琉球通宝（当百）

（三）

琉球在明朝的技术支持下，仿照永乐通宝钱铸造琉球钱币，只是反映了琉球与明朝亲密关系的一个方面。实际上，它们之间更加亲密的关系还体现在政治以及贸易方面。

我们先来看看体现政治关系的册封。

明朝对琉球国王最早的册封始于永乐二年（1404），明成祖派遣担任迎送接待宾客之礼的"行人"时中出使琉球，册封武宁为中山王；永乐十三年又派遣行人陈季芳前往琉球，册封他鲁每为南山王；

洪熙元年（1425）仁宗派遣中官柴山前往琉球册封尚巴志为中山王。成化十一年（1475）定制两年一贡，每次贡舶两艘，使团人数限制为150人（康熙二十八年增至200人），允许正副使两员、从人15名入京，其余的留在福建待命。每遇国王薨逝，世子或世孙继位时，必须先派遣报丧使和请封使来华，中国皇帝也从其所请，派遣使臣前往琉球进行谕祭故王和册封新王两大典礼。

琉球对明朝始终奉臣子之礼甚恭，即使明朝衰败，仍是朝贡不绝，到南明唐王立于福建时还继续遣使朝贡。《明史》赞扬琉球国，"其虔事天朝，为外藩之最云"①。

入清以后，琉球一依明例，奉中国正朔，并受册封。顺治十一年（1654）琉球王遣使入贡，请求册封，顺治帝封尚质为琉球王，定为两年一贡，列为中国的藩属国。三藩之乱时，靖南王耿精忠"遣游记陈应昌，至国招之"，但"王不肯从"，因此"圣祖大悦，深嘉琉球忠顺之诚"②。康熙二十二年（1683），清朝第二次派册封使汪楫出使琉球，回国后著《使琉球杂录》，书中记有"近亦有唱中国弦索歌曲者，云系飘风华人所授"；又云"无贵贱老幼，遇中国人，必出纸乞书，不问其工拙也。得使臣书，尤恭谨；俯身搓手、高举加额而后启视"。这说明中国与琉球之间有着密切的文化交流。即使是一般的琉球人民，对中国都是非常尊敬与仰慕。琉球国都首里城的宫殿，不是坐北朝南，而是面向西方，即表示琉球王国向化、归慕乃至臣从中国之意。

---

① 《明史》卷三二三。

② 《中山世谱》卷八。

图 7-32 琉球国王宫

图 7-33 "中山世土"匾（康熙题）

图 7-34 "辑瑞球阳"匾（雍正题）

图 7-35 "永祚瀛需"匾（乾隆题）

图 7-36 琉球国王之印（汉满文）

为便于使团朝贡，清政府还在福州建立琉球馆。清代中琉关系较明代更为亲近和密切。据统计，明清两朝五百多年间，琉球进贡船渡海来华有 241 次，中国前往琉球的册封、宣慰使团有 23 次，琉球为答谢而派出的谢恩使团也是 23 次。琉球最后一次向中国遣使朝贡是清朝同治五年（1866）。

接下来我们看看朝贡贸易关系。

以海洋贸易立国的琉球王国，自明代以来就与中国及东南亚各国保持紧密的文化交流和贸易联系。据统计，琉球在明朝十七个朝贡国中，朝贡次数最多，先后共达171次，居首位，是居于第十三位的日本的九倍。15世纪琉球与明朝通商贸易共计206次。琉球向中国主要输出苏木、胡椒、锡块以及硫黄，从中国输入的主要是瓷器和铁釜等生活及生产用品。中琉贸易给琉球带来丰厚的利润，有所谓"唐十倍"的说法，意思就是说与中国的贸易利润丰厚。

明朝建立之初，为抑制倭寇的袭扰，实施了严格的海禁政策，严禁中国商人出海贸易，但是却以朝贡贸易的方式，选择琉球替代中国商人成为输入海外物产的唯一渠道。万历年间丰臣秀吉两次入侵朝鲜，明朝越发严厉禁止对日贸易。被明政府拒绝贸易的日本，被迫借助琉球与中国之间的朝贡贸易，开启了日本九州与琉球之间的贸易，以此间接地实现了与明朝贸易的目的。

拥有地理优势的琉球，成为实行海禁政策后明朝连接东亚及东南亚海上贸易的唯一中转站，号称"万国津梁"，在沟通连接明朝与日本及东南亚地区的贸易中，扮演了极为重要的角色。曾悬挂于首里王城正殿的于琉球尚泰久王五年（1458）铸成的万国津梁钟上的铭文，对当时琉球的繁荣有十分形象的描述："琉球国者，南海胜地也，而钟三韩之秀，以大明为辅车，以日域为唇齿，在此二中间涌出蓬莱岛。以舟楫为万国之津梁，异产至宝充满十方刹。"但是，以贸易立国的琉球王国，也因此随中国明清两代海洋朝贡贸易体系的扩张和收缩而呈现兴起、鼎盛以及衰落的变化，并最终于光绪五年（1879）三月被日本野蛮吞并。

（四）

琉球虽然是中国的属国，但是日本却早有吞并之心。早在万历二十年（1592）丰臣秀吉出兵侵略朝鲜期间，就曾派萨摩藩主岛津家征至琉球征粮糈，为琉球王尚宁所拒。万历三十七年（1609）岛津家久

"以劲兵三千，掳其王，迁其宗器，大掠而去"。慑于明朝的声威，同时也是为了以琉球为中介开展对明贸易，萨摩藩两年后又将尚宁等释回，强令琉球每年向萨摩藩纳税进贡的同时继续与明朝通好，接受明朝册封。

萨摩藩的入侵改变了以往日本与琉球之间的对等关系。琉球王国自主时代结束，进入同时是明朝和萨摩藩附庸国的"两属时期"。

同治十年（1871），琉球宫古岛渔船漂流到台湾牡丹社（今屏东县境），登陆后与当地人发生流血冲突，史称"牡丹社事件"。日本乘机于同治十三年发兵进攻台湾，后与清政府缔结《中日台湾事件专约》，向清政府索得补偿银五十万两，并迫使清政府承认日本出兵台湾为"保民义举"。清政府此举等于默认日本对琉球的宗主关系，为日本吞并琉球打开了方便之门。

光绪元年（1875）六月，日本派内务大臣松田道之前往琉球宣告琉球改制，要求使用日本年号，废止琉球对清朝朝贡和庆贺清帝即位而派遣使节的惯例，同时也废除琉球国王更迭之际接受清朝册封的惯例，撤销在福州的琉球馆，强迫琉球和中国断绝关系。1876 年 12 月，琉球国王秘密派遣紫巾官向德宏来华乞援。

迫于社会舆论的压力及朝野上下的强烈要求，清政府于光绪三年一月派第一任驻日公使何如璋向日本提出抗议并展开交涉，后在美国前总统格兰特的调停下，中日之间就琉球问题展开磋商。日本提出"分岛改约论"，愿割宫古、八重山两岛给中国，同时修改中日通商条约，使日本人与欧洲列强一样能入中国内地贸易。这实际是以琉球南部两岛换取清政府对日本吞并琉球的正式承认，并修改 1871 年签订的《中日修好条规》中拒绝日本内地通商的条文及获得最惠国待遇。清政府曾考虑接受此案，让琉球国王在宫古、八重山两岛复国，但琉球来华求援官员认为此两岛贫瘠僻隘，不能自立，万不可接受。

正当中日琉球交涉进行之际（1878—1881），发生了中俄有关伊犁问题的交涉。受此影响，清政府在琉球交涉问题上采取了"延宕之法"。光绪五年（1879）三月，松田道之再次前往琉球，强行接收琉球王国所有政府文件、册籍，宣布"废藩置县"，正式将琉球国兼并，大部分琉球国土改设为冲绳县，北部诸岛则划入鹿儿岛县，强迫最后一任琉球国王尚泰及其子移居东京。清政府坐视不救，最终断送了曾藩属中国五百余年的琉球国。

1880 年 4 月，李鸿章会见日本政府代表竹添进一时，提出了琉球"三分方案"，即包括琉球本岛在内的中部各岛归还琉球，恢复琉球王国；宫古及八重山以南各岛划归中国；包括奄美大岛在内的五岛划归日本。但日本不愿接受，只愿从琉球国土中分割出宫古和八重山两岛予清朝。分岛方案由于中日双方协议不一，谈判遂陷入僵局，中日双方最终未签字，琉球问题遂被长期搁置成为悬案。

不久，清政府又面临中法战争（1883—1885）的压力，日本也将视线移向了朝鲜。甲午战争失败后，中国已无力再向日本提出琉球一案，有关交涉遂不了了之，日本侵吞琉球遂成定局，琉球人复国的希望就此破灭。与明清两朝维持了五百多年朝贡历史的属国琉球就这样被日本强行吞并，标志着中国传统的宗藩政治体制开始瓦解。

历史虽然过去了一百三十多年，但是存留的这些钱币作为一种文化的载体和历史的见证，却客观真实地见证和记录了明清两朝五百多年间，作为藩属国的琉球与中国之间的亲密关系。

天命汗钱（满文）　　　天命通宝　　　天聪汗钱（满文）

昭武通宝　　　　　　道光通宝（银币）

乾隆宝藏　　　　　　咸丰元宝（雕母）

咸丰重宝·宝伊当四（红铜）

咸丰元宝·宝伊当百（红铜）

道光通宝·八年十

太平天国·圣宝

道光通宝·八年五

"楚"字天罡

足银壹钱

光绪天罡（光）

光绪银钱（背五分）

状元及第

辟邪迎瑞

四川银币（汉）

寿星银饼

漳州军饷

吉林厂平

上海王永盛万全造银饼（壹两）

光绪元宝（七钱二分）

光华银炉元宝

饷金一钱

饷金二钱

饷金五钱

饷银一钱　　　饷银二钱　　　饷银四钱

饷银五钱

饷银一两

四川藏洋

炉关银币

色章果木

大清银币（湖北一两）　　　　　　光绪元宝（北洋一两）

普尔钱（策妄阿拉布坦）

普尔钱（噶尔丹策零）

银质普尔

阿古柏普尔（铜币）

阿古柏天罡（银币）

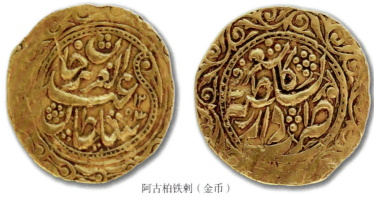

阿古柏铁剌（金币）

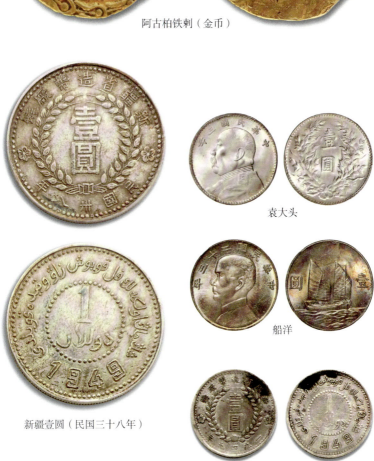

袁大头

船洋

新疆壹圆（民国三十八年）

新疆壹圆（双四九）

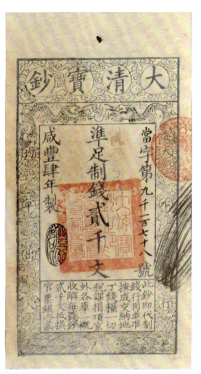

大清宝钞

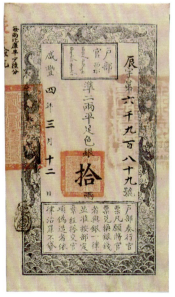

户部官票

中国通商银行兑换券
（银两票）

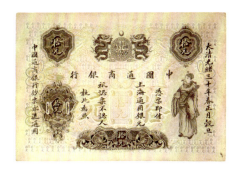

中国通商银行兑换券（银元票）

法币

关金券   金圆券

第一套人民币

钱币上的
中国史

器物、制度、思想视角的解读

王永生◎著

中信出版集团 | 北京

图书在版编目（CIP）数据

钱币上的中国史：器物、制度、思想视角的解读：
全3册/王永生著. -- 北京：中信出版社，2022.6（2023.9重印）
ISBN 978-7-5217-4087-5

Ⅰ.①钱…Ⅱ.①王…Ⅲ.①货币史－中国Ⅳ.
①F822.9

中国版本图书馆 CIP 数据核字（2022）第 044304 号

钱币上的中国史——器物、制度、思想视角的解读（下）

著者： 王永生
出版发行：中信出版集团股份有限公司
　　　　　（北京市朝阳区东三环北路 27 号嘉铭中心　邮编　100020）
承印者： 宝蕾元仁浩（天津）印刷有限公司

开本：880mm×1230mm　1/32　　　插页：14
印张：35　　　　　　　　　　　　字数：868 千字
版次：2022 年 6 月第 1 版　　　　印次：2023 年 9 月第 2 次印刷
书号：ISBN 978-7-5217-4087-5
定价：198.00 元（全三册）

目　录

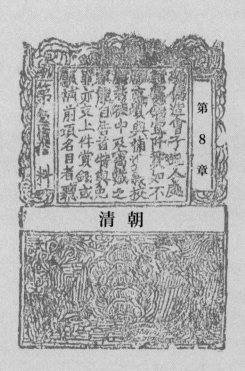

第 8 章

清 朝

清代的币制总体上处于由传统的制钱向近代机制币以及纸币的转型变革过程之中。本章分 7 个专题、23 个小节，内容涉及制钱、银锭、机制银元、近代纸币。其中，最初的 4 小节通过天命通宝、天聪汗钱、顺治通宝、康熙通宝、雍正通宝，从货币角度讲述了后金崛起、清军入关以及康乾盛世形成的原因；而昭武通宝则讲述了明清鼎革之际吴三桂的政治投机及其悲惨结局。

乾隆宝藏、准噶尔普尔钱、新疆红钱讲述了乾隆皇帝对西藏、新疆等边疆地区的经营，记录了乾隆自称"十全武功"的一半；嘉庆通宝从钱币的视角分析了清朝国运由盛转衰的原因，道光通宝、咸丰通宝、太平天国圣宝则讲述了鸦片战争之后，内忧外患下清政府的艰难自救；银锭、寿星银饼、漳州军饷、足银壹钱、吉林厂平、广东龙洋讲述了中国自铸银币的历史，反映了传统银锭向近代机制银币的艰难转型。

湖北一两"大清银币"、宣统年造"大清银币"、新疆饷金及四川藏洋讲述了清末艰难的币制改革与边疆治理。其中，新疆饷金讲述了中国历史上唯一一枚金币诞生的背景；四川藏洋则记述了中英在川藏边区爆发的一场鲜为人知的货币战争。

中国通商银行兑换券介绍了中国近代银行及纸币产生的艰难过程。最后一小节通过"状元及第"介绍了有关民俗钱的知识。

1

见证清朝崛起与成就康乾盛世的钱币

满族是金人（女真族）的后代，自被蒙古人攻灭之后，蛰伏了将近四百年，到了明朝万历年间又重新崛起。满汉文钱"天命通宝"与满文"天聪汗钱"，像政治宣言书一般宣告了大清的崛起。顺治通宝、康熙通宝、雍正通宝从钱币的视角解释了崛起后的清朝抓住千载难逢的机遇入关之后不但占领了中原地区，而且出现康乾盛世的原因。而利用通宝、昭武通宝两枚钱币，则讲述了明清鼎革之际吴三桂的政治投机及其悲惨结局。

一、天命、天聪：大清崛起的政治宣言书

清朝是我国历史上第二个由少数民族入主中原建立的中央集权的大一统政权，同时也是我国古代最后一个封建专制王朝，对后世影响重大。学术界有一种观点是，从1644年清军入关算作清朝的开始，到1912年最后一个皇帝宣统退位，历时二百六十七年。因此，社会上很多人都误以为清朝是1644年清军入关之后才建立的。

实际上，清朝早在入关之前就已经建立。如果从皇太极1636年将国号由"金"改为"清"算起，则清朝实际延续了二百七十六年；如果从努尔哈赤1616年称帝建立金国算起，则有二百九十六年的历史。因此，我们要完整地了解清朝的历史，就不能局限于入关之后，而必须要了解满族在东北的崛起。

本节就通过努尔哈赤与皇太极所铸造的满汉文钱"天命通宝"与满文"天聪汗钱"，给大家介绍他们父子俩如有如天助一般，在不到三十年的时间里，如何由女真诸部落里一个势单力孤的普通小酋长一跃而起，建立了一个统一东北各民族的后金政权，并为下一步入关夺取中原、建立中国历史上最后一个大一统的政权奠定了基础的。

（一）

还是先来认识一下这两枚钱币。

图 8-1　天命汗钱（满文）、天命通宝（汉文）

图 8-2　天聪汗钱（满文）

关于这两枚钱币，《清史稿·食货志》中有记载："太祖初铸'天命通宝'钱，别以满、汉文为二品，满文一品钱质较汉文一品为大。

天聪因之。"这段话的意思是说，清太祖努尔哈赤最初铸造了"天命通宝"钱，文字有满文和汉文两种，满文钱比汉文钱略大。清太宗皇太极也铸造了钱币。

这段史料来源于官修正史，因为过于简略，很多重要的信息都没有交代清楚。下面我就结合钱币实物给大家略做介绍。

天命通宝钱是努尔哈赤于万历四十四年（1616）称帝建立后金政权、改元天命时铸造的年号钱，有满文、汉文两种。汉文钱字体为楷书，"天命通宝"四字对读，直径 26 毫米，重约 4.6 克。满文钱直径 27~28 毫米，重约 5.4 克，尺寸略大且重于汉文钱；根据满文书写习惯，钱文是从穿口左侧读起，按左右上下顺序读，意为"天命汗王之钱"，又译"天命汗钱"。两种钱币的背面都没有文字，内外郭多不齐整，轻重厚薄也不统一。材质分红铜与黄铜两种，但是铜质不精，铸工又粗糙，书法也很拙劣，反映了后金初创时期的草昧简陋。

皇太极于明天启七年（1627）即位后改元天聪，又模仿明朝的"天启通宝"当十大钱铸造了天聪年号钱，但是只有满文一种，没有铸造汉文钱，直径约 44 毫米，重约 22 克。正面满文可译为"天聪汗王之钱"，或"天聪汗钱"。背面用满文纪值"十"和纪重"一两"，这也是模仿自"天启通宝"钱，表示 1 枚天聪钱等于 10 枚天命钱。天聪钱只有红铜一种，铜质、铸工以及钱文都较天命钱精美。特别是天聪钱的边郭坚挺、圆宽，更比天命钱显得大气。这说明皇太极时期后金的国力已经获得了长足的进步。

努尔哈赤与皇太极为什么要铸造"天命通宝"与"天聪汗钱"？这两枚钱币在他们崛起并建立后金政权的过程中，又发挥了怎样的作用？

实际上，这两枚钱币可以说是清朝崛起的政治宣言书。为什么要这样说呢？

这要从努尔哈赤的身世说起。

努尔哈赤于明朝嘉靖三十八年（1559）出生在位于今天辽宁省抚顺市新宾县境内女真建州左卫一个小部落酋长的家里。他的六世祖猛哥帖木儿本来是元朝的一个万户，永乐三年（1405）接受明成祖朱棣的招抚，入京朝贡，被封为建州卫指挥使，后来执掌建州左卫，升至右都督。此后的几代也都世袭担任建州左卫的都督。

当时的女真部落分为建州女真、海西女真和东海女真三支。其中，建州女真比较开化，相对其他两支在经济、文化等方面也要发达一些，被明朝分为建州卫、建州左卫以及建州右卫三个卫所。建州三卫女真各部因为互不统属，常年征战不止。

万历十一年（1583），在明朝军队惩罚劫掠边境的建州右卫女真人的一次突袭行动中，给明军充当向导的努尔哈赤的父亲和爷爷被明军误杀。但是，谁也没有想到，这件看似不起眼的小事，不但彻底改变了努尔哈赤的人生轨迹，甚至深刻地影响了明朝历史的走向。

为什么这样说呢？

明朝边将的滥杀无辜且蛮横无理，极大地刺痛了努尔哈赤，从而激发了他誓死反抗明朝的决心。明朝因此而给自己培养了一个掘墓人，并加速了自身灭亡的进程。

祖、父被杀的噩耗传来之后，年方 25 岁的努尔哈赤痛不欲生。他给祖、父申冤惩凶的合理请求，竟然又被骄横跋扈的明军将领粗暴地拒绝了。这更加刺痛并彻底激怒了血气方刚的努尔哈赤。后来明朝虽然归还了他祖、父的遗体，并给努尔哈赤"敕三十道，马三十匹，封龙虎将军，复给都督敕书"①以示安抚，但在努尔哈赤的内心深处已经埋下了报仇雪恨的种子。于是，他收整旧部，虽然仅有数十人，但是性格刚烈无比的他，毅然靠着祖、父遗留下来的十三副甲胄起兵，开始了统一建州女真各部的战争。他想等力量壮大之后，再寻机找明朝报杀父杀祖之仇。

（二）

努尔哈赤的出身经历、人生遭遇以及在历史上所产生的重要作用，都很容易让人联想起征服者成吉思汗，因为他俩在很多方面都惊人地相似。譬如：都是部落酋长之子；都是在父亲意外去世，又被本部落抛弃之后，重新通过征服战争统一各部落后建立政权的；都是白手起家的著名征服者，成吉思汗崛起于北方蒙古草原，努尔哈赤则崛起于东北白山黑水之间；都分别为我国仅有的两个入主中原并建立大一统的少数民族政权奠定了基础，一个是蒙古族建立的元朝，另一个是满族建立的清朝。

在统一女真部落的过程中，努尔哈赤也与成吉思汗一样，都很好地采取了远交近攻、分化瓦解、各个击破的策略。从万历十一年五月开始，至万历十六年九月，经过五年多的征战，努尔哈赤征服了建州五部，后来又相继征服了海西女真和东海女真。

努尔哈赤在武力征服女真各部落时，也和成吉思汗一样，非常重视本民族的文化建设以及民族意识的觉醒，便效仿成吉思汗创建了女真文字。成吉思汗是在征服乃蛮部落时，通过归降的畏兀儿人塔塔统阿，于泰和四年（1204）在回鹘字母的基础上创建了蒙古文。努尔哈

---

① 《东华录》卷之一。

赤则是于万历二十七年（1599），命令手下的大臣额尔德尼，使用蒙古文字为女真语标音而创制了女真文。

创制女真文体现出了努尔哈赤的远见卓识。

实际上，女真人历史上有过文字，即女真人在金朝时期依照契丹文所创制的女真文。但是，金国亡于元朝之后，中原地区的女真人已经高度汉化，不再使用女真文，而东北地区的女真人因为深受蒙古人的影响，而多用蒙古文。因此，女真文在明朝中后期就已经彻底失传。文献记载，当时的女真人，"凡属书翰，用蒙古字以代言者，十之六七，用汉字以代言者，十之三四"[1]。

努尔哈赤在他早期的对外交往中，深感因为没有本民族的文字，在与明政府、朝鲜往来文书时需要反复译写的不便，于是指示大臣创制女真文字来解决这一问题。当时很多人都认为女真人早已习惯使用蒙古文，表示没有必要再创造一种新的文字，直接用蒙古文就行了。但是努尔哈赤不同意，他反驳说："如何以我国之语制字为难，反以习他国之语为易耶？"[2] 因此，他要求借用蒙古字母来拼写女真语。于是，大臣额尔德尼根据努尔哈赤的这一要求，创制并颁行了"无圈点满文"，即老满文，后来又在天聪年间完善为"有圈点满文"，即新满文。

努尔哈赤不仅受成吉思汗的启发创制了女真文字，还用女真文字铸造发行了自己的货币，在这一点上他超越了成吉思汗。成吉思汗本人并没有铸造发行过货币，铸有他名字的金银币，是他征服中亚地区之后，当地的统治者为了表示臣服而用阿拉伯字母将"成吉思汗"这一名字打制在了当地的钱币上面。

---

① 福格：《听雨丛谈》卷十一。

② 福格：《听雨丛谈》卷十一。

努尔哈赤在统一女真各部的过程中，除创制文字、铸造货币之外，还建立了八旗制度。万历二十九年（1601），他对属下人马进行整编，以300人为一牛录，设置一牛录额真（后称佐领）管理，并以黄、白、红、蓝四色为四旗。万历四十二年（1614）又增编镶黄、镶白、镶红、镶蓝四旗，共为八旗。八旗士兵出则为兵，入则为民。因此，八旗制度兼有军事、行政、生产三方面的职能。每旗可出兵7500人，共有兵力6万余人。努尔哈赤就是依靠这支精干的八旗队伍，统一了女真以及蒙古各部而崛起的。

（三）

随着势力的扩大以及地位的提高，努尔哈赤的政治野心也逐渐显露出来，这从他名号的变化上就能看出端倪。从最初明朝授予的"龙虎将军""聪睿贝勒"发展至"女真国建州卫管束夷人之主"，到"建州等处地方国王"，再到喀尔喀蒙古尊号"昆都伦汗"，努尔哈赤已经由"将军"逐渐变为"王"及"可汗"。但是，明朝的官员对此却浑然不觉。甚至到了努尔哈赤正式称汗建国时，蓟辽总督还向朝廷奏称努尔哈赤"唯命是从"。

努尔哈赤在征服了大部分女真部落、羽翼丰满之后，于万历四十四年（1616）正式称汗建国。他自称"覆育列国英明汗"，以赫图阿拉（今辽宁省抚顺市新宾县）为都城，国号"大金"（史称后金），年号"天命"。

努尔哈赤为什么要选用"天命"做他的年号，并铸造满、汉两种文字的年号钱呢？

众所周知，女真人作为我国古代北方的少数民族，同契丹、蒙古等民族一样，都有浓厚的萨满教信仰传统，非常崇信天命。如契丹人的"天不可逆"、蒙古人的"长生天",讲的就是要顺从天命,凡事都要向上天祈祷。努尔哈赤选用"天命"作为他建国的年号,目的就是向信仰萨满教的女真、蒙古民众宣传并昭示他受有天命,是一位顺应天命的真命天子,借以表明他起兵反明是顺天应命的正义行为。这一点比较容易理解,但是,女真人当时主要是从事狩猎、游牧活动,交易的主要方式是以物易物,平常很少使用货币。那努尔哈赤为什么还要用年号"天命"铸造钱呢?

实际上这正是努尔哈赤的过人之处,他铸造货币并不是因为经济方面的需要,而是有政治上的考虑。早年努尔哈赤经常去抚顺马市与汉人、蒙古人进行贸易活动,在这一过程中,他发现货币除了具有交易商品的功能,还能发挥强大的政治宣传作用。因此,他在建立后金政权之后,为了政治宣传,特意铸造了"天命"年号钱。这样对内能够凝聚女真各部落的向心力,宣传他是受有天命的,以此说明他政权的合法性、权威性;对外则可以宣示他政权的独立性,表达了他要独立建国,与明朝分庭抗礼、平起平坐,并取而代之的政治抱负。因此我们说,满汉文"天命"年号钱是努尔哈赤独立建国的政治宣言书。

努尔哈赤建立后金政权后,就把战略重点从原先统一女真诸部,转移到了反抗明朝这一主题上。他于天命三年(1618)四月十三日举行"告天"誓师,宣读了与明朝结仇的"七大恨",并将其作为讨伐明朝的檄文,指出明朝对他"欺凌实甚,情所难堪,因此七大恨之故,是以征之"[①]。宣布不再承认与明朝的附属关系,正式起兵反明,随即派兵攻占了抚顺城以东的一些城堡。

努尔哈赤称帝建国并接连攻占抚顺等地的消息传到朝廷后,万历

---

① 《清太祖实录》。

皇帝这才意识到事态的严重性，于是急忙派兵部左侍郎杨镐为辽东经略，主持辽东防务，并决定大举出兵辽东，讨伐努尔哈赤，消灭后金政权。但是，因为缺少兵饷，不能立即行动，只得加派"辽饷"，在征得二百万两白银之后，才从川、甘、浙、闽等省抽调兵力增援辽东。又通知朝鲜、女真叶赫部出兵策应。经过半年多的准备，增援的明军才陆续到达沈阳地区。

天命四年正月，杨镐到达沈阳后，采取先礼后兵的办法，派遣使者去后金商议罢兵和谈，但被努尔哈赤拒绝。二月，明朝 8 万援军抵达辽东，外加女真叶赫部兵马一部及朝鲜援军 1 万多人，共约 10 万，号称 20 万。在万历皇帝的一再催促之下，杨镐决定兵分四路，采取分进合击的战略，直捣后金的都城赫图阿拉。他坐镇沈阳，居中指挥，希望一举荡平后金政权。

四路明军还没有出动，努尔哈赤就侦察到明军的作战计划。他认为南北两路明军因为路途较远、道路险阻，耗时较长，因此决定先集中优势兵力伏击担任主力的中路明军，制定了"凭你几路来，我只一路去"的集中兵力、逐路击破的作战方针。他于三月初将 6 万后金军队秘密集结在中路明军必经的萨尔浒附近，采取诱敌速进，设伏聚歼的打法，将孤军深入的中路明军主力一举全歼。随后移师，又相继击败了北、南两路明军。如有神助一般，后金在五天之内连破三路明军，歼灭 5 万多人，并缴获了大量的军用物资。萨尔浒之战奠定了后金崛起的基础。

此战之后，努尔哈赤又乘势攻占开原、铁岭，顺势征服女真叶赫部，并迫使朝鲜采取中立立场，明朝在辽东的军事实力受到了毁灭性打击。后金从此夺取了辽东战场的主动权，明军开始陷入被动。到天启年间，随着辽阳、沈阳、广宁等重镇的相继失守，明军被迫退守辽西，由进攻转为防御，后金方面则由防御转为进攻。攻守之势的这一逆转，表明明朝再也没有能力阻止后金的崛起了。

天命六年，努尔哈赤迁都辽阳，天命十年又迁都沈阳。天命十一年一月，努尔哈赤发起宁远之战，但被明朝守将袁崇焕用葡萄牙传教士制作的红夷大炮击败。八月努尔哈赤病逝，终年68岁。

（四）

努尔哈赤生前没有指定接班人，突然去世之后，其第八子皇太极因文武兼备、"才德冠世"被长子代善等诸贝勒大臣拥戴为新的汗王。皇太极继位之后，焚香祭天，宣布次年改元"天聪"，并铸造了满文"天聪汗钱"。

汉语"天聪"意为上天赋予人的听力，或对天子听闻的美称。满语"天聪"音译自汉语，表达的意思与"天命"一样，也是要昭示世人，他可汗的名号是受自上天，他和他的父皇努尔哈赤一样也是一位顺天应命的真命天子。为了彰显女真人的主体地位，他只用满文铸造了少量的年号钱，用作政治宣传。形制上模仿明朝天启通宝当十钱，背面也铸有满文纪值"十"和纪重"一两"。与"天命"钱相比，"天聪"钱铸工精美，体型硕大，展现了皇太极的自信。

皇太极继位之初，虽然政治上很自信，但是面临的形势却十分严峻。外部受到明朝、蒙古、朝鲜的包围，处境艰难；内部因贵族分权势力的存在而矛盾重重。

皇太极对内废除了"与三大贝勒俱南面坐"共理朝政的旧制，改为他"南面独坐"，突出了汗位独尊的地位；另外设立都察院、理藩院，加上原有的六部，构成八衙门，逐步建立了国家统治机构；对外在与明朝的斗争中，表现出了更加机动灵活的战略战术。

当后金军队突破不了袁崇焕防守的关宁锦防线时，他于天聪三年（崇祯二年，1629）十月至天聪四年正月，亲率八旗兵从蒙古突入内地，虽然攻打北京受挫，却施反间计除掉了后金的克星蓟辽督师袁崇焕。

天聪九年，多尔衮平定察哈尔蒙古，从林丹汗之子手里缴获了一枚刻有篆书"制诰之宝"的历代传国玉玺。这枚玉玺颇具传奇性，据说出自汉代，后传至元代。元顺帝撤离北京时，随身携带这一玉玺至蒙古草原。顺帝死于应昌府后，玉玺遗失。二百多年后被一牧羊人捡到，交给元后裔博硕克图汗，察哈尔林丹汗打败博硕克图汗后获得玉玺。

作为成吉思汗黄金家族的林丹汗归降后金并献上传国玉玺，被认为是一大吉兆。于是皇太极将族名由女真改为"满洲"，并于第二年在盛京祭天后，正式称帝，定国号"大清"，改元崇德。

皇太极接着于崇德元年降服朝鲜，解除了后顾之忧。但是碍于山海关的阻隔，清军多次绕道蒙古，侵扰北京、山东等地，迫使明朝将围剿农民军的主力部队调到抗击清军的战场上，因此导致李自成最终做大。

崇德六年（崇祯十四年，1641）皇太极发动松锦之战，清军攻破松山，歼灭明军 5 万余人并生擒蓟辽总督洪承畴，一年后孤军坚守锦州的祖大寿也被迫投降。皇太极最终取得了具有决战性质的、堪比萨尔浒之战的松锦大战的胜利。

两年后的崇德八年，时年 52 岁的皇太极与他的父亲努尔哈赤一样猝死，但是此时的清军已经占领了除宁远之外的明朝关外全部城镇，为一年后清军的入关奠定了基础。

二、顺治通宝：五种形制背后的故事

崇德八年皇太极猝死之后，其幼子福临继位，改元顺治。随即发生了李自成攻陷北京的"甲申之变"，给清军创造了入关的机会。因此，顺治是清军入关后的第一个年号，共使用了十八年。在此期间虽然只铸造了一种货币即"顺治通宝"钱，但是却因钱币背面的不同分为五种形制。这与清朝其他皇帝的年号钱基本上是一种形制相比，显得既复杂又特殊。这是为什么呢？

实际上，这与清军入关之初错综复杂的政治、军事以及经济形势有关，可以说是当时特殊历史背景下的产物。但是，它也从一个侧面反映了顺治这位 6 岁登基、14 岁亲政、24 岁就去世的少年天子短暂、悲情且传奇的一生。从中既可以看到他胸怀大志、富于进取的精神气质，又表现了他浮躁易怒、任性放纵的顽劣秉性。

本节就通过顺治通宝钱币背面五种形制的演变，来给大家聊聊其背后的故事。

（一）

五种形制的顺治通宝钱史称"顺治五式"。按照铸造的时间顺序可以分为：仿古式、汉字纪局式、纪值式（即权银钱）、满文纪局式、满汉文纪局式。

图 8-3　顺治通宝（5 种形制）

我国古代的钱币，自北宋初年确立了年号钱这一命名规则之后，钱币的正面通常都是由年号加"元宝"或"通宝"构成，偶尔也有用"重宝"表示虚值大钱的。钱币的背面绝大多数是光背，并不铸造文字。但是，个别情况下也有加铸钱局名称或面值的。自南宋淳熙七年（1180）开始，又有加铸年份的。但是，像顺治通宝这样，钱币背面的形制有多至五种不同式样的情况，还从来没有出现过。

实际上，这些形制上的细微变化都有着特殊的寓意。它反映了清军入关之初，面对错综复杂的政治、军事以及经济形势，清政府的应对之策。

我们先从第一种"仿古式"的顺治通宝钱说起。

福临是清太宗皇太极的第九子，本来没有继承皇位的机会，他的继位是各政治派别妥协的结果。皇太极生前没有指定皇位继承人，当他于崇德八年八月暴卒后，他的十四弟即执掌正白旗的和硕睿亲王多尔衮，与他的长子即肃亲王豪格之间，展开了激烈的皇位争夺战。

皇太极领有的八旗中的两黄旗都支持立豪格为帝。但是，多尔衮的弟弟阿济格、多铎拥有的两白旗则坚决拥戴多尔衮继位。双方势均力敌，相持不下。在这种情形下，为了避免清朝统治集团内部的分裂，精明的多尔衮就提议拥立皇太极年仅6岁的第九子福临为帝，由和硕郑亲王济尔哈朗与他共同辅政。这一提议最终获得诸王公贝勒大臣的同意。福临即位后，实际大权由摄政王多尔衮控制，第二年即公元1644年改元顺治。

公元1644年是农历甲申年，是中国历史上非常重要的一年，很多重大的历史事件都发生于这一年。如：李自成攻陷北京，明朝灭亡；清军入关，开始了对中原地区的武力征服；张献忠入川，此后大肆屠杀蜀地民众；明朝后裔在南方建立南明政权；等等。但是，对中国历史影响最大的还是清军入关。

清军是在明朝降将吴三桂的邀请之下，以给崇祯皇帝报仇的名义于顺治元年四月入关的。实际上这只是多尔衮的托词，他的目的是乘机从李自成的手中夺取大明江山，建立清王朝对中国的统治。因此，清军占领北京之后，多尔衮严禁抢掠，停止剃发，为明朝的崇祯皇帝朱由检发丧，以此博得汉族士绅的好感。六月，清朝迁都北京，开始了以北京为都城的长达二百六十多年的统治。

清朝迁都北京之后，为了表示改朝换代的政治象征性，以及筹措军需、便利民众生活的现实需要，铸造了"顺治通宝"年号钱。

入关之前，努尔哈赤和皇太极虽然分别铸造过满汉文的"天命通宝"和满文的"天聪汗钱"，但它们都是政治上宣示的需要，铸造的数量很少，铸工也很粗劣。清朝自身的铸钱技术有限，因此入关后的清军只能依靠明朝原有的户部宝泉局、工部宝源局的铸钱设备及技术工匠来铸钱。这就决定了顺治通宝钱无论是技术还是形制，都继承了崇祯通宝钱的风格，正面为楷书"顺治通宝"四字对读，背面为仿古式。

仿古式的顺治通宝钱有两种，一种是纪值类的，即背面铸有纪值的"一"、"二"和"十·一两"三种，意思分别是可以当一文、二文、十文流通使用。除了第一种是小平钱，后两种都属于虚值大钱，直径分别是25毫米、28毫米和47毫米。因为后来都被大量销毁，除了背纪"一"的小平钱，其余的两种虚值大钱现在已经很少见了，特别是背纪"十·一两"的，更是顺治通宝钱币中的大珍品。铸造这种纪值的虚值大钱，反映了清军入关之初，因为财力紧张，急于通过铸钱来筹集军费的现实需要。

另一种仿古式顺治通宝钱是光背，就是钱币的背面没有铸造文字，风格类似努尔哈赤的"天命"钱。因此，有可能是顺治初年盛京旧局以及北京的宝泉、宝源两局所铸。

仿古式顺治通宝钱自顺治元年开始铸造，直到顺治八年停铸，共铸造了八年。它们是多尔衮摄政时期铸造的，最初的重量是一钱，顺治二年又增重至一钱二分；规定每七文折银一分，七百文折银一两；后来被大量销毁，留存下来的并不多。

（二）

顺治通宝钱币的第二种形制是"汉字纪局式"。

这种形制的顺治通宝钱，类似于唐朝的会昌开元通宝，背面都铸有一个汉字，表示铸钱局的简称，这是清代钱币纪局的开始。从顺治元年五月宝泉、宝源两局开始铸造，直到顺治十年（1653）改铸权银钱，总共铸造了十年，是顺治钱币中铸造时间最长的一种。

这种"汉字纪局式"是顺治钱币中品种与版式最多的一种，已经发现的约有33个品种，分属19个铸钱局。根据背面所铸钱局的名称，可知大部分铸造于北京、山西、陕西、山东、河南、江苏等地。这与当时清军追击农民军的路线有关。

李自成撤出北京退守山西、陕西之时，张献忠率领的一支农民军也在四川建立了大西政权，明朝的残余势力则拥戴福王朱由崧在南京建立了南明弘光政权，拥有江南半壁江山。这三支势力构成了清朝最初统一中国的障碍。多尔衮的战略是：对农民军的主要力量坚决消灭，对南明政权则是"先礼后兵"。他派大军进攻山西，十月攻陷太原，进而包围陕西。同时派出降清的明朝官员对南明进行招抚。

当清军于九月占领山东，十月进据苏北，与史可法率领的南明军队隔长江对峙时，多尔衮认为全面武力征服的时机已经成熟，于十月先后命阿济格和多铎率军出征，向农民军和南明弘光政权发起了战略总攻。十二月底，多铎在潼关大败李自成，迫使他放弃西安南撤。多尔衮下令由阿济格追击农民军余部，多铎则继续南下。至顺治二年（1645）二月，农民军连战失利，五月，李自成牺牲于湖北九宫山。这时多铎也已攻克扬州，史可法殉难。接着清军渡过长江，南京不战而克，南明弘光政权灭亡。

这一连串的胜利使多尔衮忘乎所以，以为天下就此平定，江山已归一统，遂于六月初向全国发布剃发令。此举激起了南方民众的激烈抗争，清军对其进行了残酷的屠杀，发生了著名的"扬州十日""嘉定三屠"惨案。

这种背景下铸造的"汉字纪局式"顺治钱，承担着筹集军饷的任务。文献记载说："有一镇之兵，便有一镇之局，各就其所铸，以佐粮饷之不时。"这段话揭示了清军南下征服战争的进展情况主导了货币的铸造，这就是当时铸局多、版式杂的主要原因。

这一形制的顺治通宝钱，根据背面汉字的位置，又可以分为两种。一种是铸在穿孔的右侧，铸造时间从顺治元年到顺治八年，与第一种仿古式同时铸造。另一种铸在穿孔的上侧，就是将纪局的汉字从穿孔的右侧移到了上侧。这是为什么呢？

实际上，这一变化与顺治亲政有关。

顺治登基时只有 6 岁，朝政大权都掌握在摄政王多尔衮手中。但出人预料的是，大权独揽的多尔衮于顺治七年十一月在古北口外行猎时坠马跌伤，不久病逝，时年 39 岁。这一意外事件使得年仅 14 岁的福临提前于顺治八年正月亲政。他对币制进行了一番整顿，将钱币的重量从一钱二分增重至一钱二分五厘，同时统一要求各铸钱局将纪局的汉字都移至穿孔的上方。这一规定到顺治十年铸造权银钱为止，虽然只有短短的两年多时间，却是清政府着手统一币制的开始。

（三）

福临亲政两年之后，于顺治十年九月对币制又进行了一次改革，铸造了顺治通宝钱币中的第三种，即"纪值式"的权银钱。

所谓权银钱，就是在钱币背面穿孔的左侧加铸"一厘"两字，表示一枚小平钱，即俗称的一文钱兑换白银一厘。同时在穿孔的右侧铸一表示铸局的汉字，"所以辨精粗，而分殿最也"，意思就是这样便于对各铸钱局所铸钱币的质量进行考核。

为什么要在铜钱的背面注明与白银兑换的比价呢？

这既是当时社会上大数用银、小数用钱的"银钱复本位制"的需要，也是亲政后的顺治皇帝缓和社会矛盾的手段之一。为什么这样说呢？

自明朝中叶白银成为普遍使用的货币以后，政府的开支几乎全部用银，赋税也都折成白银征收。但是，社会上广大底层民众的日常生活中主要使用的还是铜钱，这就形成了大数用银、小数用钱的"银钱复本位制"。此后中国的货币问题，就由唐代中期开始出现并曾长期困扰两宋的钱荒难题，逐步演变为自明朝中后期直至清末更为复杂的"银钱比价"问题。

清初沿袭了明朝银钱并用的做法，铜钱由国家统一铸造，但是白银却几乎全靠海外贸易输入。随着海外贸易关系的变化，白银的输入时多时少，这势必影响银钱比价的变动，并进而严重影响底层民众的生活。

正是在这一背景之下，顺治亲政后仅仅两年就在钱币的背面加铸"一厘"两字，他是想通过这种方式，明确一文铜钱，即一枚小平钱，可以兑换白银一厘，即 1000 枚铜钱兑换一两白银，"永为定例"，希望以此稳定银钱之间的比价关系，减轻底层民众的生活压力。当时的南明永历政权以及后来的吴三桂所铸造的货币，也都对银有作价，被称为权银钱或折银钱，这在货币史上具有特殊意义。用银来确定铜钱的币值，铜钱似乎成为白银的辅币，反映了当时白银在社会上的重要地位。

顺治铸造权银钱，除了有上述经济方面的原因，实际上也可以看作他调整多尔衮血腥屠杀政策、缓和社会矛盾举措的一部分。

顺治亲政之时，多尔衮所推行的武力征服政策激化了以民族矛盾为核心的各种错综复杂的社会矛盾。在各地反清斗争连绵不断、社会始终不得安宁的现实压力面前，顺治为了安抚汉人、缓和矛盾，在思想上极力尊崇孔子的儒家思想，号召臣民尊孔读经，提倡忠孝节义。他于顺治九年封关羽为"忠义神武关圣大帝"，大肆表彰李自成攻陷北京时的"殉君死难"者，赞扬其"幽忠难泯，大节可风"，还特为"身殉社稷"的崇祯帝立碑，赞扬他"励精图治"，追谥为"庄烈愍皇帝"，对唯一"从君殉节"的明朝司礼监太监王承恩更是赞扬备至。顺治通过全面倡导忠义，树立了清朝传统道德捍卫者的形象。这对消除广大汉人对清朝统治者心理上的隔阂，缓和民族矛盾，特别是对安定汉人地主的心，产生了积极的作用。

（四）

顺治通宝钱的第四种形制是满文纪局式。

清军入关之初，各省甚至是一些军镇，根据军情的需要都能铸钱，导致所铸钱币的尺寸大小、重量厚薄多不一致，既给伪造者提供了便利，也使得各地银钱的兑换比值很难统一。为了统一币制，户部于顺治十四年责令此前在各省以及各镇所设立的铸钱局都停止铸钱，只准户部的宝泉局、工部的宝源局铸钱，所铸新钱的重量从一钱二分增加至一钱四分，这主要是为了维持 1000 枚铜钱兑换白银一两这一固定兑换比率，同时也是为了杜绝私铸。令人意想不到的是这种新钱却成了我国古代小平钱最重的一种。另外，户部对钱币背面的纪局也做了调整，将文字统一改为满文，穿孔的左侧为满文"宝"，穿孔的右侧分别为满文"泉"或"源"。这次币制整顿意义重大，使顺治钱在形制上完全摆脱了明代钱币的影响，确立了清朝钱币形制上的风格，一直沿用至清末。

顺治十七年，户部对币制又做了一次调整。重量虽然没有变化，还是重一钱四分，但是将三年前关闭的地方铸局又重开了 15 个，对钱币背面的纪局方式也做了调整，由此前的只有满文一种改为满、汉两种文字，穿孔的左侧为满文，穿孔的右侧为汉文。这就是顺治通宝钱的第五种形制，即满汉文纪局式。

顺治通宝钱币背面的纪局方式最后所做的这两次调整，表面上看似简单，一次是满文纪局，另一次是汉、满文纪局，区别只是有无汉字，但背后却隐含着深层的政治斗争与文化冲突，反映了顺治皇帝与满洲贵族统治集团之间的矛盾，部分揭示了他的一生短暂且悲情的原因。

清军入关之后的军事行动主导了顺治通宝钱币最初的铸造，因此早期的顺治钱属于典型的战时货币，实用是其主要目的。这就决定了它形制上沿袭明朝崇祯通宝钱的风格，无论是仿古式，还是汉字纪局式都属于这一类。顺治八年福临亲政之后，为了缓和社会矛盾，维持银钱之间稳定的比价关系，铸造了纪值式的权银钱。顺治十四年局势基本稳定之后，顺治钱才开始从明朝的制钱体系中解脱出来，开始体现出清朝钱币的风格特点。正是在这种背景之下，铸造了满文纪局式的顺治通宝钱。这是我国历史上第二个完成了大一统的少数民族政权的开国铸币，体现了满与汉文化的融合。

本来正面年号用汉字、背面铸局用满文，即顺治通宝钱币第四种形制已经确定，但是三年之后，即顺治十七年，福临又在钱币的背面加铸了汉字，推出了满汉文纪局式，这是为什么呢？

实际上，这是顺治皇帝推行满汉和谐政策的一部分。

顺治亲政后认识到，满族作为人数很少的征服者，面对汉族人口占绝对优势的广大中原地区，满汉的和谐对维系清政府的统治非常重要。因此，他特别强调满汉和谐，要改变"各衙门奏事，但有满臣，未见汉臣"①的现象。他要在提高汉官权力、重用汉官方面进行大胆的尝试和努力。

顺治十六年，他曾经要求吏部："向来各衙门印务，俱系满官掌管，以后各部尚书、侍郎及院寺堂官受事在先者，即著掌印，不必分别满汉。尔部即传谕各衙门一体遵行。"这是破天荒的决定，不论实际执行情况如何，汉官权力地位都有了明显提高。他还一再要求满汉官员和衷共事。

他对汉人地主的上层人物也极力笼络。将皇太极第十四女下嫁吴三桂之子吴应熊，以示优宠。对洪承畴的重用，更是突出地反映了福临争取汉人的勇气。另外，他还突破了从努尔哈赤开始宫女不以汉人充当的规矩，派内监赴江南采买汉族女子。

不仅对汉人亲近，年轻的顺治皇帝还对宗教表现出了极大的兴趣。他最初接触的是天主教传教士汤若望，深为其渊博的学识与高尚的品

---

① 《东华录》。

德所折服，不但多次亲临汤若望住宅，"作较长之晤谈"，而且对其言听计从。如顺治十六年，郑成功率军打进长江，攻到南京城下。福临失去了镇静，初欲退走东北，经母亲斥责后又宣称亲征，砍碎御案，表示决不动摇，后经汤若望劝阻，才罢出征之论。

除了天主教，顺治后来又接触了佛教，这位被朝政弄得疲惫不堪的年轻皇帝，因为能够从佛教的禅性中找到慰藉与解脱，而成了虔诚的佛教信徒。特别是在他深爱的董鄂妃去世之后，万念俱灰的他甚至一度要剃发出家。他后来虽然是因为得了天花去世，但是在民间却始终流传着他去五台山出家的传说。

顺治虽然胸怀大志、富于进取，但是在他身上也存在着浮躁易怒、任性放纵的顽症。因此，早在顺治八年二月他刚亲政的时候，他的母亲即孝庄皇太后就告诫他要"惩忿戒嬉"，可谓是知子莫如母。他后来所推行的重视汉族、倡导汉化的一些做法违反了祖制，自然不被满洲贵族统治集团所接受。因此，在他去世之后，孝庄皇太后就以遗诏的形式发布了一份罪己诏，罗列了十四条罪过，主要就是未能遵守祖制、渐染汉俗，重用汉官致使满臣无心任事，这几乎完全否定了他一生中最有光彩的政绩。

随着顺治皇帝的去世，顺治通宝的第五种形制，即满汉文纪局式的结局又怎样呢？

三、康熙通宝：奠定了康乾盛世基础的钱币

顺治皇帝去世之后，康熙继位，按照惯例停铸顺治通宝钱，改铸康熙通宝。康熙作为中国古代在位时间最长的皇帝，执政时间长达六十一年（1661—1722），其间铸造的康熙通宝钱形制上又有几种式

样呢?

本节就通过康熙通宝钱,来聊聊所谓康乾盛世的基础是如何奠定的。

(一)

如果要说中国古代历史上的所谓盛世,那"康乾盛世"一定榜上有名。自康熙到乾隆将近一个半世纪,是中国古代持续时间最长的一段相对国泰民安的时期。而这一盛世的出现,可以说是康熙在位时打下的基础,其中康熙通宝钱扮演了重要角色。

康熙通宝钱,直径25~27毫米,重3.8~5.5克。正面为汉文楷书"康熙通宝"四字对读。背面有两种形制,一种是仿照顺治通宝钱的第四式,即满文纪局式,钱币背面只有满文。这种形制又分两种情况,穿孔左侧是满文"宝",穿孔右侧一种是满文"泉",另一种是满文"源",分别指的是户部宝泉局和工部宝源局。无论是宝泉局还是宝源局,都设在京城,因此,这两种钱币都是京师钱局,即中央造币厂铸造的。

图8-4　康熙通宝(满文纪局、满汉文纪局)

另外一种是京师之外各省铸造的钱币,形制上仿照顺治通宝钱的第五式,即满汉文纪局式。钱币背面用的是满、汉两种文字,穿孔左侧为满文"宝",穿孔右侧铸一汉字,表示铸钱局的名称,现发现有二十四个字,表示各省共开设铸钱局二十四处。

康熙通宝钱中有一种是康熙60岁时宝泉局铸造的祝寿用的贺岁钱，比普通康熙通宝钱制作精良，尺寸稍大，且铜质金黄光亮。民间传说这种钱铸造时熔入了金质罗汉佛像，因此被称为罗汉钱，人们将其视为吉祥之物，用它打制戒指，或当作压岁钱赐予晚辈，或在女儿出嫁时作为压箱钱，致使存世数量越来越少。实际上，这种钱币在铜料里加入了锌元素，因此看上去泛金色，但并不含金。它形制上与普通康熙通宝有两点不同：一是普通康熙通宝钱"熙"字左边多一竖，而罗汉钱却没有；二是普通康熙通宝钱的"通"字为"双点通"，而罗汉钱为"单点通"。

图 8-5　康熙通宝（罗汉钱）

康熙通宝钱按照京师钱局与外省钱局分为两种形制：京师钱局沿用的是顺治通宝五式中的第四式，即满文纪局式；外省钱局沿用的是顺治通宝五式中的第五式，即满汉文纪局式。因为每个铸钱局的名称都被铸在了所铸钱币的背面，这样便于考核钱币的质量。因此，康熙通宝钱虽然连续铸造了六十多年，但是铜质、铸工都普遍较好，几乎没有减重现象的发生。

清政府通过钱币背面所铸的钱局名称，能很方便地对铸钱官员进行追踪考核、问责，虽然在一定程度上能够杜绝地方各省铸钱局的舞弊行为，保证铜钱的质量，但是却还面临一个更加棘手且事关国计民生的难题，这就是"银钱的比价关系"。

（二）

中国古代自先秦以来，特别是秦朝统一全国之后，各个朝代所使用的货币金属主要是贱金属铜，甚至还用铁铸钱，而不是像希腊罗马等西方国家那样使用贵金属金银做货币。因此，在中国古代，金银等贵金属最初的货币属性都非常有限，白银直到明朝中后期才最终完成货币化，成为正式的法定货币。而黄金自两汉之后，就再也没有被正式当作货币使用过。因此中国古代货币流通中的关键问题，以明朝中后期为界，大致可以分为前后两个阶段。

前一阶段货币流通中的难题就是从唐朝中后期爆发的"钱荒"。钱荒现象的出现，反映了随着商品货币经济的发展，贱金属铜、铁早已不能满足社会对货币流通总量的需求，贵金属白银取代铜钱成为流通中的主要货币已经是一种必然趋势。于是，从金元两朝开始，白银的货币属性逐渐得到加强，不仅作为流通手段，也已经具有了价值尺度的功能，开始取代铜钱以及纸币成为主要的货币，并最终于明朝中后期完成了货币化的过程。

白银正式成为法定货币之后，虽然暂时缓解了钱荒难题，但是却又产生了另一个更加棘手的货币难题。这就是货币流通后一阶段的"银钱比价"难题，明朝就是因为这一问题激化了社会矛盾而加速灭亡的。

（三）

清朝入关之后，完全沿袭了明朝的货币制度，实行的也是银钱复本位制。其中，铜钱由国家统一铸造，但是白银并不铸造成钱币的式样，而是继续以银块的形式任由民间自由称量使用。

铜钱主要是满足社会底层各界民众的日常使用，而白银则是用于国家财政以及商业上的大额支付。因为官府的各项税收征收的都是银两，因此底层民众在缴纳赋税时，就需要将手中的铜钱折算成白银上缴，这样银钱的比价关系就成为一个事关国计民生的大问题。

清政府和明朝一样，最初也希望能够将银钱的比价保持在一两白银兑换1000枚铜钱这一固定的比值上。这一规定创立于元朝，经过明代到清初延续使用了三百多年，民间早已习惯并普遍接受。但是，银钱这一固定比值实际上很难维持。受供需变化的影响，银钱的比值总会上下浮动。如果浮动的比例不大，老百姓还能承受，但是如果浮动的比例过大，就会严重影响底层民众的生活，导致其破产、失业，从而严重影响社会稳定。明朝末年爆发的大规模流民起义，就与银钱比值大幅波动导致民众生存艰难有关。

当时中国的白银主要通过对外贸易从海外输入，数量很难控制，因此它与铜钱的比值就会产生波动。这种情况下，政府要想维持一两白银兑换1000枚铜钱这一固定比值，只有一种办法，那就是通过增加或减少铜钱的重量，或者是铜钱的铸造数量，以保持银钱比值的相对稳定。这是一项精细的工作，需要精准地把握才能准确调整银钱的比值。明朝末年，因为政治腐败，政府根本做不到这一点，导致银钱比值按"银贵钱贱"的趋势波动，致使底层民众无以为生而引发了大规模的流民起义。

进入清朝以后，海外白银的输入与明朝末年相比有了较大规模的增加，但是铜的生产和运输却因为国内战争不断而被阻断，导致银价下降、铜价上升。受此影响，新铸造的铜钱数量增加不多。因此，银钱的比价又按"钱贵银贱"的趋势波动。这又引发社会上私铸、私销，特别是销毁官钱改铸私钱的现象十分猖獗，致使"官民两受其害"。

清朝初年，鉴于明朝末年的教训，清政府非常关注银钱比值的波动。早在顺治年间，为了调整银钱的比价并杜绝私铸私销现象，在进行军事征服的同时，清政府先后三次增加铜钱的重量。第一次是顺治二年将铜钱的重量由一钱增加为一钱二分；第二次是顺治八年又增加至一钱二分五厘；第三次是顺治十四年再增加至一钱四分，这已经是我国古代小平钱最重的纪录。不仅如此，顺治十年甚至还铸造了一种权银钱，就是直接在钱币的背面铸造"一厘"两字，表示一枚小平钱兑换白银一厘，即1000枚铜钱兑换白银一两。顺治通宝钱连续三次增加重量，并铸造权银钱，目的都是应对"钱贵银贱"的波动趋势，希望能够将银钱的兑换比值维持在一两白银兑换1000枚铜钱这一固定比值上。

（四）

到了康熙年间，因为缺铜，民间不法之徒又开始通过私销、私铸交替进行来获利，钱价因此增高，再次出现了"钱贵银贱"的局面，严重影响了普通百姓的生活。清政府在禁铸、禁用黄铜器皿，规定违者以僭越治罪的同时，对铜钱的重量又进行了两次调整，希望能够尽量维持银钱的比价。

第一次调整发生在康熙二十三年（1684）。当时社会上毁钱取铜的现象猖獗，致使铜钱数量减少，钱价上涨，一两白银仅能兑换铜钱八九百文。于是负责管理钱法的吏部左侍郎陈廷敬奏请朝廷同意，将钱币的重量由原来的一钱四分减去四分，变成一枚铜钱重一钱。

第二次调整是在康熙四十一年（1702）。这次是将每一枚铜钱的重量又增加四分，即重一钱四分，又恢复了原来的重量。

第一次减重因为幅度过大，社会上私铸竞起。清政府为了增加铜料的来源，开始从日本大量进口优质铜料，同时降低新铸铜钱中铜的比例，铜与铅的比例为铜六铅四。因此，社会上银钱比值波动的趋势，开始由"钱贵银贱"又变为了"银贵钱贱"。在这种情况下，清政府又将钱币的重量恢复为原来的一钱四分。

另外，给事中汤右曾奏请朝廷，另外铸造了一种重量仅为七分重的小钱，每1000枚兑换白银七钱，这种小钱又被称为"轻钱"，主要是供应京师使用，外省则以使用大钱为主。

这种做法不仅未能杜绝社会上私铸现象的发生，反而使销毁大钱改铸小钱的现象更加猖獗，最后迫使清政府于雍正十二年（1734）再次进行调整。这次是每枚铜钱减去二分，将重量调整为一钱二分重。文献记载："在销毁者无利，而在私铸者亦难，似属权衡得中，可以行之久远。"

康熙年间两次调整铜钱的重量，第一次是侧重防止私毁，因此减轻重量；第二次是侧重防止私铸，因此增加重量。实际都是为了维持1000枚铜钱兑换白银一两这一固定比值。虽然因为幅度过大都没有能够持久，但是却为后来雍正十二年的调整奠定了基础。从此之后，一直到乾隆后期，法定铜钱的重量基本都是一钱二分，这一基础是康熙通宝打下的。此后的雍正通宝和乾隆通宝，正是通过调整铜钱重量以及铸造量的办法，维持了从康熙到乾隆时期银钱比价的长期相对稳定，促进了经济的发展，保证了社会的稳定以及文化的繁荣，奠定了康乾盛世的基础。

（五）

康熙一朝，通过调整康熙通宝钱的重量以及铸造数量，保持了银钱比价的相对稳定，不但促进了经济的恢复和发展，还为先后取得平定三藩之乱、收复台湾、抗击沙俄入侵、击败南侵的噶尔丹、收降漠北喀尔喀蒙古等赫赫战功提供了财力支持，并实现了社会文化的繁荣，从而成就了康熙"千古一帝"的美名。

康熙8岁登基，和他6岁登基的父亲顺治一样，都是少年天子。但不一样的是：顺治因为摄政王多尔衮意外暴死，于14岁顺利亲政，但是24岁时就去世了；康熙14岁时虽然名义上亲政了，但是朝廷大权仍然被权臣鳌拜把持，直到康熙16岁时设计除掉鳌拜才真正掌握实权，直至69岁去世。他在位六十一年，是我国古代在位时间最长的皇帝。

康熙继位之初，清军入关还不足二十年，根基未稳，百废待兴。其间备历艰难，屡经风险，终能化险为夷，恢宏基业。因此，康熙虽曰守成，实同开创之君。

康熙亲政之后，首先遇到的考验就是"三藩之乱"。康熙十二年（1673）十一月，以吴三桂为首的"三藩之乱"爆发，短短数月，滇、黔、湘、桂、闽、川六省丢失，一时间清帝国危在旦夕。但是，康熙皇帝非常沉着，他的对策是：坚决打击吴三桂，决不给予妥协讲和的机会，但是对其他叛变者则大开招抚之门，以此来分化敌军，孤立吴三桂，并且放手重用汉族兵将作战，最后于康熙二十年冬平定三藩。

平定"三藩之乱"后，清政府就开始了收复台湾的工作。康熙二十年恰逢郑成功之子郑经去世，台湾发生内乱。康熙接受福建总督姚启圣的建议，于康熙二十二年任命施琅为福建水师提督，出兵攻台，在澎湖大败郑氏海军，随后台湾归降，清政府在台湾设一府（台湾府）三县，隶属福建省，并设立了宝台局，铸造发行康熙通宝钱，收缴原来郑成功铸造的永历通宝钱。

图 8-6　康熙通宝（宝台局）

收复台湾之后，面对沙俄的入侵，康熙皇帝于康熙二十五年七月发起了雅克萨反击战，获胜之后迫使沙俄和清政府于康熙二十八年缔结了《尼布楚条约》，划定了两国边界。在稳住沙俄之后，康熙又御驾亲征，先后于康熙二十九年在乌兰布通、康熙三十五年在昭莫多，两次大败漠西蒙古准噶尔汗噶尔丹的南侵，并同漠北喀尔喀蒙古以及漠南蒙古举行"多伦会盟"，怀柔蒙古各部，将漠北喀尔喀蒙古纳入了版图。后来又于康熙五十六年（1717）发兵入藏，驱逐了入侵西藏的准噶尔军队，实现了对西藏的控制。另外，康熙三十五年利用哈密回王内附清朝之机，派遣清军进驻巴里坤地区，不但将嘉峪关外上千里土地收入版图，还为清朝后来打击准噶尔部、进军西域建立了前哨基地。

康熙不仅通过辉煌武功奠定了大清的安全基础，在发展经济以及繁荣文化方面也做出了重要贡献。

康熙亲政之后，就宣布停止圈地，将土地让与百姓耕种，并放宽开垦荒地的免税年限，在清初规定垦荒三年内免税的基础上，又先后放宽至六年、十年后再征税，极大地刺激了农民垦荒的积极性，使耕地面积迅速增加。他认为"家给人足，而后世济"，秉持"藏富于民"的思想，多次蠲免钱粮。从康熙五十一年（1712）开始，在全国范围普免天下钱粮。据统计，在他执政的六十一年间，蠲免钱粮共计 545 次，免除天下钱粮计银 1.5 亿两，减轻了民众的负担。

康熙对赋税制度也进行了改革，康熙五十一年决定，以上一年的丁税即康熙五十年的人头税的数额作为定额，以后新增人丁不收丁税，即所谓"盛世滋生人丁，永不加赋"[①]。这样丁税额数便固定了下来，实现了地丁合一。康熙三十九年（1700），康熙还下令废除了手工业工匠的匠籍，将清初还需交纳代役的班匠银并入田赋中征收，从而使工匠摆脱了人身控制，促进了手工业发展。此外，康熙还加强了对黄河、淮河的治理，使之各归故道，并疏浚北京常年淤塞成灾、有"小黄河"之称的浑河，改名为永定河。

文化方面，康熙强调兴礼教，将治统与道统合一，以儒家学说尤其是程朱理学为治国之本。他曾经举办博学鸿儒科，创建了南书房制度，并亲临曲阜拜谒孔庙。康熙还组织出版了《康熙字典》《古今图书集成》《全唐诗》《朱子全书》《大清一统志》《康熙永年历法》《康熙皇舆全览图》等图书、历法和地图。同时，他对西方文化也非常感兴趣，向来华传教士学习代数、几何、天文、医学等方面的知识，并应用于实践，最突出的成就，是他在发现原来的地图绘制方法相对落后之后，就用科学方法和西方仪器绘制新的全国地图，于康熙四十七年（1708）委任耶稣会士和中国学者走遍各省，用当时最先进的经纬图法、三角测量法、梯形投影技术在全国大规模实地测量，最后于康熙五十七年（1718）绘制完成《康熙皇舆全览图》，这被科技史学家李约瑟称为当时世界地理学的最高成就，认为比当时欧洲所有的地图都要精确。

不可否认的是，康熙在思想上为了控制臣民，曾经大兴"文字狱"。他执政期间，发生的文字狱案共有 11 起，其中比较著名的"南

---

① 《清史稿·食货二》。

山案"，牵连人数达300之多。文字狱残酷地摧残打击了文化事业，禁锢了人们的思想，是应该被否定的。

开创了盛世局面的康熙皇帝去世之后，盛世又是如何延续发展的呢?

四、雍正通宝：一场赋税制度重大变革的见证者

"康乾盛世"历经康熙、雍正、乾隆三代，历时一百三十多年。这期间，除了康熙朝通过调整康熙通宝钱的重量以及铸造数量，较好地维持了银钱的比值关系，雍正朝更是在此基础上，通过赋税制度上的重大变革，延续并进一步推动了盛世的发展。雍正通宝钱就是这场赋税制度重大变革的见证者和参与者。

本节将通过雍正通宝钱，来聊聊康熙所开创的盛世局面，在雍正执政的十三年间是如何得到进一步推进和发展的。

（一）

雍正通宝钱始铸于雍正元年（1723），正面钱文"雍正通宝"四字对读，以宋体书写，但略带楷书成分，虽然缺乏艺术感，但是端庄规范，笔画较康熙通宝稍微细一些。相比正面规范有余、美感不足的汉字，背面的满文则不仅规范，而且十分秀丽。

图8-7　雍正通宝（宝泉局）

雍正通宝的直径在 26~28 毫米之间，直径之大开了我国古代一文小平钱的先河。从唐朝铸造开元通宝钱以来，历代所铸小平钱的直径普遍在 23~26 毫米之间，雍正通宝钱明显偏大。加之雍正统治时期，正是清王朝国力上升的鼎盛时期，勤政务实的雍正皇帝，"任法尚廉，吏道澄清"，"循名责实，信赏必罚"。他不但重视钱币的铸造，而且规定雍正通宝要用黄铜铸造。因此，雍正通宝不但体型较大，铸工精细，而且通体色泽黄亮，数量相对又比较少，非常受钱币收藏爱好者的喜爱。

雍正通宝钱形制上只有一种，为顺治通宝钱的第四式，即满文纪局式。钱币的背面只有满文一种，穿孔左侧是满文"宝"，穿孔右侧也是用一个满文纪钱局名称。这实际上是将康熙通宝钱背面的京师钱局与外省钱局两种纪局方式综合统一成了一种。

雍正通宝钱有两点对清朝后来的铸钱有重要影响：一是形制上，奠定了此后直到清末一百八十多年的铸钱风格，雍正之后清朝的各种年号钱都延续了雍正通宝钱的这一形制式样；二是重量上，最初铸造时沿用了康熙通宝钱一钱四分的重量标准，后来于雍正十二年减为一钱二分，重约 4.48 克。这一重量标准一直沿用到道光年间。

除了以上两点，雍正通宝钱还是清代各种年号钱中形制最为规范、铸工最为精细、标准最为统一的。这是因为雍正执政时期对全国的铸钱局进行了一次裁撤调整，每省只保留了一个铸钱局。

在雍正之前，因为军事上的需要，清政府在外省设立铸钱局的情况非常复杂，有省局、镇局、府局、州局等多种等级以及归属都不相同的铸钱局，每个钱局都冠以当地的地名而成为局名。譬如顺治通宝钱仅第二式就有 19 个铸钱局，康熙通宝钱则有 24 个铸钱局。有的是一省数局，也有的是数省没有一局。外省铸钱局的归属、等级既不统一，分布、大小又不均匀，所铸钱币的形制既不能做到统一，版式也更为复杂，不但不便于货币的发行流通，也难于进行统一管理，因此私销私铸的现象极为猖獗。

针对这种情况，康熙六十一年（1722）户部曾经议定，对外省所设铸钱局进行调整，计划每省只设一个铸钱局，但是还没有来得及实施，康熙皇帝就去世了。因此，直到雍正九年（1731）在江南省设江宁宝安局，以及四川设宝川局、贵州设宝黔局、湖北设宝武局，户部提出的一个省只设一个铸钱局的计划才得以实现。随后雍正皇帝又出台了严厉打击私销私铸的措施，犯禁者都将被处以死刑，这才最后杜绝了造假者。因此，雍正通宝钱要比顺治通宝、康熙通宝钱铸工更精美，更整齐划一，很难见到轻薄、粗糙的私铸钱。

实际上，雍正皇帝对铸钱局以及钱币本身所做的这些调整，与他所推行的一场赋税制度上的重大改革有关。因为只有全国规范统一的货币制度才便于新的赋税制度的推行。

（二）

雍正所推行的这场赋税制度上的重大改革，就是著名的"摊丁入亩"。

所谓摊丁入亩，又被称作"地丁合一"。这里的"丁"是指丁税，即人头税；"亩"又称为"地"，指的是土地税。意思就是将我国实行了两千多年的人头税废除，全部分摊并入土地税统一征收，这是我国古代赋税制度上的一项重大改革。它草创于明代嘉靖年间，推广于万历年间，最后完成于清朝雍正时期。说到摊丁入亩，我们首先要从明朝的"一条鞭法"说起。

一条鞭法的具体内容及历史意义，上一章已经讲过，此处不再赘述。这里我们讲一下它的局限性，也就是清朝为何要推行"摊丁入亩"。

受时代的限制，一条鞭法的局限性主要表现在两个方面。

一是役银虽然不再像过去那样按照户、丁来出，而是根据丁数和田粮来出，把丁役部分地分摊到土地里征收，但是，丁和粮各占多少比例却没有统一的规定，各地实行不一。有的地方以丁为主，以田为辅，采取丁六粮四的比例；有的地方却以田粮为主，以丁力为辅，田粮多者役银多，丁居四分之一而粮居四分之三。因此，一条鞭法只能说是初步地实行了部分的摊丁入亩，或者说是实行了不完全的摊丁入亩。

二是滋生了另外一个对后世影响非常久远的问题，即"火耗"问题。一条鞭法规定各项赋税都统一折成银两征收，而百姓缴纳上来的各种散碎银两，最后都要熔化铸成五十两的大银锭上交国库。而碎银在熔铸的过程中会产生一定的"火耗"，即损耗。火耗的比例约为平均每两一至二分，即百分之一二，但是官府实际征收的火耗比例却高出许多。史载"天下火耗之重，每银一两，有加耗至五钱者"。火耗因此成为官吏敛财的一个重要手段，额外又增加了纳税人的负担。

因此，一条鞭法只是部分地实行了摊丁入亩，而没有彻底地解决人头税的问题。清朝入主中原之后，为了筹措军饷，平息各地的战乱，缓和社会矛盾，加强统治，清政府亟须建立一套比较完善的赋税体系。在这种背景之下，清政府于康熙五十一年颁布了著名的"滋生人丁，永不加赋"的诏令，后来又在此基础之上，于雍正年间向全国推行摊丁入亩。

（三）

中国自秦汉以来就有征收人头税的做法。清初制度规定，民间男子16~60岁的称为"丁"，而女子和未成年的男子统称为"口"，丁与口都记录在"户"上。成年男丁不管有无田产，都要为国家服徭役。徭役可以折算成白银，即以"代役银"的形式缴纳给国家，这就是"丁银"。因此，丁银就成了压在百姓头上的一项沉重的负担。尤其是大批贫穷无地或少地的农民，因为无法忍受丁银不均的负担，被迫选择反抗或逃亡。这样在清初已有民族矛盾的基础上，又增加了一层阶级矛盾，社会矛盾变得更为尖锐。

到了康熙中后期，因为逃亡以及隐匿人口，原先五年一次的人丁编审制度已经形同虚设，各地审增的人丁越来越少，国家掌握的人口数量甚至一直未能恢复到明朝万历年间的水平。清政府鉴于旧的人丁编审和丁银征收制度存在的漏洞和弊端，于康熙五十一年实行了"盛世滋生人丁，永不加赋"的政策，意思就是根据康熙五十年的全国人丁总数，核定出丁银总额，以后额外新增加的人丁不再多征丁银。这一政策固定了丁银赋税的总额，相对减轻了农民负担，促进了人口增长和经济发展。但是，这一政策在执行过程中却又产生了新的弊病。

一方面是"除丁"与"补丁"之间发生脱节。所谓"除丁""补丁"，是指为了防止人丁缺额，康熙五十五年补充规定以新增人丁补足旧缺额数。但是，因为实际生活中每户人家子孙的多寡不相等，就会出现数人承担原来一人的丁银，或者是一人承担原来数人丁银的现象。这又造成了新的赋税不均。

另一方面是地主官绅转嫁丁银的现象较为普遍。尽管名义上"丁增而银不增"，但是地丁册、粮册都掌握在经办的官吏手里，有人就勾结地主将赋役转到了农民头上。因此出现"无田无地赤手穷民，则现丁当丁，而田连阡陌之家，粮册在手，公然脱漏，浸淫成习"的情况，赋税制度因此而受到冲击。

另外，随着经济的恢复和发展，城镇商业日渐繁荣。到了康熙年间，手工业逐渐由家庭作坊发展为独立的工场。经济结构的这一变化，给无地或地少的农民带来了新的生机。于是大批农民弃农从工。随着流动人口的增加，人头税即丁银的征收变得越来越困难。雍正即位时，"各省库项亏空动盈千万两"，财政收入日益减少。这一财政危机，势必要倒逼清政府对赋税制度进行一场重大的改革。正是在这一背景之下，康熙末年已在个别地区试行的"摊丁入亩"政策，被雍正皇帝推行到了全国。实际上，这也与雍正本人的施政风格有密切关系。

雍正名为胤禛，是康熙的第四子。康熙认为他"深肖朕躬"，意思就是很像自己，并在其少年和青年时代进行了严格的培养，先是进行以四书五经为主要内容的学习，及年长便跟随自己四处巡幸，并奉命办理一些政事。雍正既善于治国，又懂得韬光养晦。在康熙晚年九子夺嫡的激烈政治斗争中，他因为表现诚孝，最终赢得了康熙的信赖，被选为接班人，成为清军入关后的第三位皇帝，在位十三年（1723—1735）。其间雍正与康熙一样勤于政事，他在位时朱批过的折子就有360卷。他对清廷的机构、制度和吏治做了一系列的改革，如设立军机处，密建皇储并实行密折制度，对清朝的政治制度影响巨大。而经济上则以摊丁入亩最为重要。

摊丁入亩制度的主导思想，是废除原先单独征收的丁银，将丁银纳入田赋中统一征收，也就是以所占有的土地作为课税依据。这样就将税收负担和纳税能力结合起来，田多者多税，田少者少税，无田者无税。具体办法就是：将全国各省的丁银数额，平均摊入该省各州县的田赋银中，按每一两田赋银均摊若干丁银计算，然后一起"输纳征解"，因此被称为"摊丁入亩"。

这一制度实际上早在康熙末年就已在广东、四川的部分地区试行。

雍正二年（1724）起开始在直隶正式实行，之后相继在各省推行。到雍正七年，大部分省份都普及了这一政策。

由于土地和人口是赋税的基础，因此自摊丁入亩制度推行以后，田赋银就成了清政府最主要的财政收入来源，直到清末都没有改变。在康熙、雍正年间，全国的田赋银为二千五六百万两。从乾隆年间直至清末，一直保持在三千三百万两以上，约占全国财政收入的四分之三。

（四）

雍正皇帝在推进摊丁入亩制度的同时，还实施了两项配套措施，即"火耗归公"和"官绅一体当差"。正是这两项措施和摊丁入亩制度一起，健全了清代中期的财政制度，使得清政府的财政收入状况逐渐好转，并最终奠定了康乾盛世的基础。

"火耗"的本质是赋税之外附加征收的费用。它既没有政府的明文规定，也没有统一的课征标准，因此成为各级官吏中饱私囊的借口。这种加派不但日益成为百姓身上的沉重负担，而且严重影响了正税的征收，对清政府的统治也构成了现实威胁。雍正二年，清政府决心推进"火耗归公"改革，改暗征为明征，禁止再行私下加派。归公的"火耗"，一部分用于弥补各地财政的亏空，在某种程度上减轻了加派、改善了吏治。

"官绅一体当差"改革的是国家的徭役制度。清代徭役分为里甲、均徭、驿传、民壮四种。另外，还有河工，专司整治河流、修筑海塘。按照摊丁入亩的税制，田赋里已经包含丁银，百姓不需要再无偿服徭役。官府如果需要劳力，应该支付报酬。但是，官府在实际征用劳力时，仍然是无偿获取，造成了役外有役、差外有差的徭役制度。官绅是一群有官职或有科举功名而退居在乡间的人，他们依仗封建特权和经济手段，千方百计地逃避徭役，因此徭役负担大部分又落在了自耕农和贫农身上。雍正年间大力整顿这一不公平的徭役制度，要求官绅一体当差，一定程度上堵住了特权阶层转嫁赋役的漏洞，缓解了农民的赋税压力，缓和了社会矛盾。

摊丁入亩是我国古代史上最后一次相对广泛、彻底的赋税制度改革。它既是对此前各代赋税制度，特别是明代一条鞭法的继承和发展，也是顺应经济社会发展的必然结果。通过改革税制，进一步减轻了老百姓的税收负担，在当时的历史条件下相对科学地简化了税制，适应了商品经济的发展要求，收到了一定的通过"减赋节用"实现"兴农足民"的效果。

它以土地占有以及占有的多少为赋税征收的依据，革除了我国延续数千年的单独征收的人头税，改变了古代长期以来因丁、地分征而出现的赋税不均的状况，减轻了无地和少地农民的税收负担，并由此基本上取消了地主官绅免除丁银的特权，相对增加了地主阶级的税负，起到了一定的均衡税负、减轻农民税收负担的作用。

它以康熙五十年的丁册为常额，采用固定全国丁税总额的方法，巧妙地将赋税问题与人口问题分割开来，不仅稳定了朝廷的税收收入，而且有效地限制了地主转嫁丁银、苛剥百姓的行为，一定程度上调动了百姓参与税制改革的积极性，并限制了土地兼并。

它取消了按土地和人丁分别征收赋税的双重标准，进一步简化了赋税征收内容、征收程序和征收方法，特别是统一了明末清初以来各地相对混乱的赋税制度，让百姓能够比较清楚地了解简化后的税制，拥护税制改革，进而稳定税收收入。它还减少了原先人丁编审过程中带来的繁杂劳动和耗费，从而降低了税收成本。因为土地较人口而言具有更强的固定性和可见性，相对不容易弄虚作假，因此也在某种程度上防止了官员的营私舞弊。

无地农民不再需要承担苛重的丁银，可以离开原籍自谋生路，从事手工业和商业贩卖，这进一步放松了劳动者与封建国家之间的人身依附关系，促进了人口的自由迁徙和流动，客观上为工商业的发展提供了有利条件。受益于丁徭的减免，城市的手工业者和中小商人经营状况有了明显改善。离开土地的商人和工匠不再纳丁银，不服徭役，只缴商税，适应了当时商品经济发展的需要。它不仅改进完善了国家的赋税制度，也有助于社会的稳定与发展，使清政府的财政收入状况明显好转，巩固了清朝统治。

据史料记载，全国的田赋银与粮食，康熙二十四年（1685）分别为 2444 余万两、433 余万石；雍正二年（1724）为 2639 余万两、473 余万石；乾隆十八年（1753）为 2961 余万两、840 余万石；嘉庆十七年（1812）为 3284 余万两、435 余万石。①

在促进财政收入增长的同时，由于摊丁入亩制度的实施堵住了部分地主官绅转嫁丁银的漏洞，强化了"滋生人丁，永不加赋"的政策效果，因此也极大地促进了人口增长。康熙五十年（1711）全国人口为 2460 万人，乾隆六年（1741）为 1.43 亿人，到乾隆五十五年（1790）就突破了 3 亿，道光二十年（1840）达到 4.12 亿人。

摊丁入亩的实行，改革和完善了赋税制度，社会经济逐渐恢复和发展，财政收入日益充裕，人口快速增长，为康乾盛世的巩固和持续发展打下了坚实的物质基础。如果用农事做比喻，康乾盛世可以说"康熙为之开垦，雍正为之种植，而乾隆得以收获也"。

---

① 王郁琛，《"摊丁入亩"制度的历史透视与现实启示》，《税务研究》2020 年第 2 期。

雍正朝，上承康熙，下启乾隆，使康、雍、乾三朝持续发展，成为清朝的鼎盛时期。雍正立志清除历史上遗留下来的数百年积弊，摊丁入亩成功地解决了中国古代历史上的人口税问题，火耗归公和养廉银政策具有现代财政预算、财政管理的意义，这都是伟大的创举。唐朝杨炎的两税法、明朝张居正的一条鞭法都很得赞誉，而雍正的经济政策有过之而无不及。因此，可以说雍正是古代历史上杰出的政治家。

康熙宽大，乾隆疏阔，要不是雍正的整饬，清朝恐怕早已衰亡。雍正如果有像他父亲康熙那样的寿考，多活十一年，政局就会不同；要是像儿子乾隆那样长寿，多活三十一载，政治上变化之大，更不在话下，可能因此而改变中国的命运亦未可定。

但是康乾盛世并非一帆风顺，在康熙继位之初，曾经爆发了以吴三桂为首的三藩之乱，差一点颠覆了清朝的统治。吴三桂为什么要发动这场叛乱呢？

五、利用、昭武：吴三桂政治投机的见证

吴三桂被明清鼎革的历史大潮推到了政治舞台的中央，但是他只知政治投机而无政治伦理和政治操守，虽然得逞一时，但最终还是以政治投机失败者的形象被历史淘汰。

本节将通过"利用通宝"和"昭武通宝"两枚钱币，给大家介绍一介武夫吴三桂的政治投机活动。

（一）

我们还是先来看看吴三桂铸的这两枚钱币。

图 8-8　利用通宝（背"十"）

图 8-9　昭武通宝

　　利用通宝是吴三桂于康熙十二年（1673）十一月发动叛乱之后铸造的钱币，正面为楷书"利用通宝"四字对读，钱文工整。面值有四种，分别在背面铸有"厘""二厘""五厘""一分"，表示与白银的兑换关系，属于折银钱。小平钱背面有的铸有"云"或"贵"，表示分别铸造于云南和贵州。

　　吴三桂虽然打着"兴明讨虏"的旗号发动了叛乱，但是此时的他在政治上并不愿意与清政府彻底决裂，作乱只是要挟的手段，因此没有建年号。为了筹集军饷，同时也是作为一种姿态，他选用了毫无政治色彩却充满实用寓意的"利用"铸造了"利用通宝"钱。

　　"利用"语出《尚书·大禹谟》："正德、利用、厚生惟和。"《尚书孔传》解释为："正德以率下，利用以阜财，厚生以养民，三者和，所谓善政。"后人因此就用"利用阜财，厚生养民"表示物有所用，民有所养。吴三桂铸造利用通宝钱，想表达的也是这层意思。

　　昭武通宝是吴三桂于康熙十七年（1678）三月初在湖南衡阳称帝时铸造的年号钱。他当时为了维持人心，表示政治上与清政府彻底决裂，而改元"昭武"，建国号"大周"，并铸造了昭武通宝年号钱。

昭武通宝面值有小平和折十两种。小平钱直径约 24 毫米，重约 3.7 克。钱文直读，有楷书及篆书两种，其中楷书较多，而篆书很少。钱币的背面除了纪有"工"字的一种，其余都是光背无文。折十面值的大钱，钱文只有篆书一种，书体优美、古拙，制作精良，传世稀少；直径约 35 毫米，重约 10.5 克。背铸篆书"壹分"，为权银钱，表示一枚折十钱兑换白银一分，即 10 枚兑换白银一钱。银钱兑换的比价仍然是千文（百枚）兑换白银一两。

图 8-10　昭武通宝（篆书"一分"）

"昭武"的意思是致力于武备，古人早已使用过。譬如《后汉书·刘虞公孙瓒陶谦列传》中曾有"缮兵昭武，以临群雄之隙"的句子，清初诗人周亮工在《乱后过米澹生遁园》中也有"万马嘶昭武，将军夜控弦"的诗句，所表达的都是显扬武威的意思。

吴三桂选用"昭武"一词做年号，也是想以此彰显他的武力强大，借以鼓舞士气。但是，昭武通宝钱却非常不给他面子。钱币发行仅仅五个月，即在当年（1678）八月，吴三桂就病死了。因此，昭武通宝使用的时间并不长，流通的地域也不广。但是作为一种历史的见证物，昭武通宝与利用通宝都是吴三桂进行政治投机的工具。

说起政治投机，吴三桂是中国古代历史上一个比较有代表性的人物，并且是一个只知政治投机，而不讲政治伦理以及政治操守的典型。

政治投机贯穿吴三桂的一生，淋漓尽致地体现在三个具体的历史时段。

（二）

吴三桂出身于辽西将门世家，父亲吴襄是锦州总兵，舅舅祖大寿是宁远前锋总兵官，更是宁远的望族，世袭宁远军职。吴三桂在父亲和舅舅的教诲和影响下，自幼习武，善于骑射，不到20岁就考中武举，从此跟随父亲和舅舅开始了他的军旅生涯：20岁出任游击，23岁任参将，26岁任副总兵，27岁被擢升为宁远团练总兵。

崇祯十四年（1641）松锦之战失败后，他的顶头上司蓟辽总督洪承畴以及舅舅祖大寿相继战败降清，对他影响重大。不久吴三桂就收到了皇太极的劝降信，他虽然没有立即降清，但是已经给自己预留了后路。

崇祯十六年（1643）春天，清军第五次迂道入塞，吴三桂奉命入关驰援京师，因为行军迟缓，到达京师时清军已退，但是崇祯皇帝还是很器重他，在武英殿宴请并赐尚方宝剑以示恩宠。第二年，即崇祯十七年，李自成攻陷北京，崇祯皇帝吊死煤山。手握重兵、据守山海关的吴三桂，面对内有农民起义军、外有异族入侵者的进退两难局面，进行了第一次政治投机。

年初，面对李自成的围攻，崇祯皇帝曾经将北京解围的希望寄托在山海关外拥有重兵的吴三桂身上。三月五日，崇祯加封吴三桂为平西伯，命他火速领兵入卫京师，但他却行动缓慢。二十二日得知京师陷落、崇祯自缢的消息后，他就退守山海关，坐山观望。在此后一个多月的时间里，吴三桂开始在李自成、多尔衮，甚至是南明福王等各种政治势力之间进行投机活动。

他先是对李自成大顺政权的多次招降犹豫再三，一度有投降李自成的念头。后来因为父亲被劫持、家产被洗劫，特别是爱妾陈圆圆被李自成部下掳去而作罢。但是，为了保全家人的性命，他在答应李自成议和的同时，为了防止李自成有诈，又私下以黄河南北分治为条件向多尔衮求助。李自成被拖得心中生疑之后，亲率大军于四月十三日奔赴山海关，为了招抚吴三桂，还带上了他的父亲吴襄同行。得知消息的吴三桂又急忙致书多尔衮，求其"速整虎旅，直入山海"。

吴三桂的如意算盘是先借清军之力击败李自成，之后无非厚谢清军，多与财帛女子，甚至是效仿石敬瑭割让土地，之后他仍然可以自己称帝为王。

李自成抵达山海关之后才发现吴三桂假投降的真实意图，但是为时已晚，错过了轻兵速进夺取山海关的有利时机。而多尔衮在接到吴三桂的二次求援信后，经过一昼夜的强行军，已于二十一日抵达山海关外十五里处扎营休息。狡诈的多尔衮，虽然是应吴三桂"复君父之仇"的名义而请来的援兵，但是他决定利用处境的危急，逼迫吴三桂放弃联清的主张而归顺清朝。因此，到山海关后，他按兵不动，静观李自成与吴三桂两军的厮杀。

四月二十二日，吴三桂与农民军初战失败后，亲自赶到多尔衮大营求援。多尔衮要求吴三桂按照满洲习俗剃头表示归降，之后才出动八旗兵击溃李自成。恼羞成怒的李自成杀吴襄泄愤，回到北京后又杀了吴家老少三十八口。清朝迁都北京后，多尔衮封吴三桂为平西王，命其率领所部追击李自成。

吴三桂的政治投机不仅酿成了清军入关的国恨，还导致了他父亲以及全家被杀的家仇，从此他一心只想复仇。而此时已经在军事上、政治上掌握了主动权的多尔衮，更是只把吴三桂视作众多明朝降将中的一员，先利用他复仇的心理去追剿最大的政治对手李自成，后来又将他视如走狗，驱使他为自己征服全中国的野心效力。投机失败的吴三桂，不但为此付出了沉重的代价，而且为了继续投机越陷越深，并注定了他最后以失败收场的悲剧命运。

（三）

降清之后，吴三桂就身不由己了。他为了报杀父之仇，也为了继续投机，只能倾其全力追剿李自成。多尔衮入关之后，甚至没有允许吴三桂进入北京城，而是命令他率领所部，从长城外逼近绥德，配合阿济格去剿灭李自成。

顺治二年（1645），吴三桂攻克延安、鄜州（现陕西省延安市富县），进攻西安，斩敌数万。李自成出武关向南逃走，吴三桂一路追击，经襄阳直逼武昌。李自成败死之后，吴三桂又向东进入九江。在李自成主力基本被消灭之后，多尔衮就将吴三桂从前线召回，安排他"出镇锦州"。

对于清政府的这种安排，吴三桂心知肚明。他和明朝的其他降将不同，拥有一支由自己独立统率的部队。因此，入关之初清政府虽然对他外示优宠，但是却内存疑忌，并没有授予他事权。不仅在政治上对他严加防范，在军事上也只是利用他对李自成报仇心切的心情，而命他追剿消灭李自成。

这种情况下，善于政治投机的吴三桂，再也不提什么"复君父之仇"了，而是见风使舵改称崇祯帝为"故主"，反复表白自己要"矢忠新朝"，意思就是为新主子效劳。

经过近两年的考察，清政府对吴三桂的顾忌有所减轻，于顺治四年又调他入关，与八旗将领一同镇压西北地区抗清义军的余部。在此期间，吴三桂为了表示自己对清朝主子的绝对忠诚，不但对农民军余部进行残酷镇压，动辄屠城，而且对一些起兵抗清的人，更是不遗余力地斩尽杀绝。

吴三桂政治上的投机表态，以及行动上对抗清军民的大开杀戒、残酷镇压，使得清朝政府对他更加倚重。在西北地区的抗清义军余部被剿杀殆尽之后，清政府又任命他为"平西大将军"，将消灭最后退守西南地区的永历政权的任务也交给了他。

顺治八年，吴三桂率军入川，攻打张献忠的大西军余部。几年之中，他就先后平定了重庆、成都等川中重镇。

顺治十四年，吴三桂南征云贵，攻打南明的最后一个政权，即永历政权。

顺治十六年，吴三桂攻下云南。清政府委其开藩设府，镇守云南，总管军民事务。

顺治十八年，吴三桂出师缅甸，迫使缅王献出永历帝。第二年，吴三桂在昆明将永历帝父子及眷属二十五人用弓弦勒死，最终消灭了明朝的皇统。

十九年间，吴三桂率部从东北打到西北，又从西北打到西南边陲，为清朝确立对全国的统治效尽犬马之劳。因此，清朝对他由原先的控制使用改为放手使用，不但让他独承方面之任，而且在一切军事活动中也"假以便宜，不复中制。用人，吏、兵二部不得掣肘；用财，户部不得稽迟"，同时在职务上也一再予以升迁。康熙元年（1662）十一月，吴三桂又以擒杀永历帝之功晋爵亲王，兼辖贵州。其子吴应熊也选尚公主，号称"和硕额驸"，加少保兼太子太保，可谓是父子俱荣。

吴三桂开藩设府，坐镇云南，权力和声势都达到顶点，而他与清朝中央政府的矛盾也开始激化。吴三桂想在云贵做"世镇云南"的平西王。对于吴三桂的这些想法，清政府洞若观火，因此在吴三桂杀死南明永历帝，彻底断了明朝的皇统之后，就开始着手裁抑吴三桂的权势。

康熙二年，清政府以云贵军事行动已经停止为由，收缴了吴三桂的平西大将军印信，接着又"裁其用人题补之权，迁除悉归部选"。康熙六年，康熙又乘吴三桂上疏请辞总管云贵两省事务之机，下令云贵两省督抚听命于中央；同时还剥夺了他的司法特权，明令"平西藩下逃人，俱归有司审理，章京不得干预"。

此时已经利令智昏的吴三桂，竟以"构衅苗蛮，借事用兵"为由，以扩军索饷为名，对清政府进行要挟，更加剧了他和清政府之间的矛盾。

（四）

吴三桂最后一次政治投机是在被削藩之后——他打着"兴明讨虏"的旗号发动了军事叛乱。

康熙十二年（1673）三月，镇守广东的平南王尚可喜上疏请求归老辽东，康熙皇帝乘势做出了令其移藩的决定。这样一来，镇守福建的靖南王耿精忠和镇守云南的平西王吴三桂坐不住了，也被迫提出了撤藩的请求。但是，吴三桂的本意是希望朝廷鉴于他的功劳，能够慰留他，效仿明代的沐英，让他一家世守云南。

康熙皇帝却不这样想。他认为吴三桂已经做大，"撤亦反，不撤亦反。不若及今先发，犹可制也"[1]，于是力排众议，果断下令撤藩。吴三桂对此极为失望，就以朝廷撤藩之议为由，于当年十一月联合海内外反清势力起兵反叛。他发布檄文，自称"原镇守山海关总兵官，

---

[1] 《清史稿》。

今奉旨总统天下水陆大元帅，兴明讨虏大将军"，并佯称拥立"先皇三太子"，兴明讨清。吴三桂要求大家蓄发，易衣冠，传檄远近，并致书平南、靖南二藩以及各地的故旧将吏，甚至还联络台湾的郑经，邀约响应。

吴三桂在"矢忠新朝"三十年后，又扯起了"复明"的旗号。反叛之前，他率领部下祭扫被他勒死的永历帝的陵墓，"恸哭，伏地不能起"，对部下大加煽动。反叛之后，他发布檄文，指责清朝"窃我先朝神器，变我中国冠裳"，并声称要"共举大明之文物，悉还中夏之乾坤"。

由于吴三桂专制滇中十四年，在反叛之初，叛军乘势连下贵州全省、湖南的衡州。福建靖南王、广东平南王二藩和吴三桂在各地的党羽也先后揭起叛旗，纷纷响应。

清政府因为军事上还没有做好准备，一时之间有点应对不暇。叛军很快占据了云、贵、桂、粤、闽、湘、蜀等省，以及赣、浙、陕、甘、鄂等省的一部分。但是，年轻的康熙皇帝对此镇定自若，并很快制定了应对措施。首先是停撤平南、靖南二藩，以便在政治上孤立吴三桂。接着将在京师的吴三桂之子吴应熊及其同党处死，以打击吴三桂的嚣张气焰。与此同时，对吴三桂的部下以及响应者进行分化瓦解，宣布各省任职的吴三桂部下的亲属概不株连，各安本业。在政治上进行分化瓦解的同时，军事上则是调集重兵，进行坚决镇压。

反叛之初，吴三桂认为他的军队战斗力远胜八旗兵，一旦高举"兴明讨虏"的旗帜，就可以争取到广大汉族士民的支持。但是，进行政治投机的他又不愿意和清朝彻底决裂，只是以此要挟清政府与他妥协，同意他效仿明代的沐英世守云南。因此，他虽然发动了叛乱，但是却没有改元，铸造的也是毫无政治色彩的利用通宝钱。但是，一阵喧嚣过后，他发现事实远不像他想的那样。

叛乱发动之初，清军虽然有所失利，但是年轻的康熙皇帝意志坚定，政治上坚决讨逆平叛，经济上又是以全国制一隅，时间不长便扭转了军事上的不利局面，使得正面进攻的叛军不能越过长江一步，战场上出现了相持的局面。

吴三桂的投机表演，终于让世人看穿了他是一个毫无政治伦理与道德底线的无耻小人，不但有气节的汉族知识分子对他嗤之以鼻，羞与为伍，就是一般的普通民众也将他视为见利忘义、口是心非、反复无常的民族败类。因此，吴三桂发出的"反清复明"的号召，在广大的汉族士民中不但没有产生正面的重要影响，反而进一步暴露了他毫无廉耻的本性，颇具讽刺意味。因此，已经67岁的吴三桂决定称帝建国，重新树立旗帜。康熙十七年（1678）三月，吴三桂匆忙在衡州称帝，国号大周，改元昭武，并铸造了年号钱，想以此彰显他的强大武力，借以鼓舞士气。但是，这也没有能够改变他的困境，不到半年他就病死了。

吴三桂一死，叛军无首，形势陡变。部将拥立吴三桂的孙子吴世璠即位，改元"洪化"，并铸造了"洪化通宝"，想借以重新凝聚众心。但是，叛乱集团的瓦解已不可避免。清军趁机发动进攻，湖南、广西、贵州、四川等地相继被清军攻陷。康熙二十年（1681）年底，吴世璠势穷自杀，余众出降，历时八年的三藩之乱终告平定。

图 8-11　洪化通宝（背"户"）

吴三桂的失败是必然的。叛乱之初他虽然兵力强盛，各地的党羽也纷纷响应，但是长于政治投机的他毫不具备政治家的战略眼光。起兵之后，他既没有利用清军准备不足的空隙，"疾行渡江，全师北向"，设法以军事上的胜利去推动政治上的成功；也没有"下金陵，扼长江，绝南北通道"或"出巴蜀，据汉中，塞崤函自固"，以建立稳固的后方，而是分兵湖南、江西、湖北，逐地去争夺一些战略价值不高的城镇，贻误了战机，给了清政府以从容布置反击的时间。

这说明政治上的投机者所关注的只是一时一事上的小利，而看不清整个大势。虽然能够得逞于一时，但是却无法避免最后失败的命运！

康熙平定三藩之乱消除了割据势力，接着又收复了台湾，从此有组织的"反清复明"运动不复存在。此后清政府开始了内政的调整和改革，成就了康乾盛世，并致力于解决边疆问题。

2

记录乾隆"十全武功"之半的钱币

乾隆皇帝自认他统治时期是清朝的鼎盛期，曾经用"十全武功"自我标榜，自号"十全老人"。实际上，他自诩的"十全武功"并非真的十全十美，而是情况不同、性质各异，有的是镇压民变，有的是小题大做，扬兵耀武。其中降缅甸、降越南，都是先胜后败，导致战争旷日持久，耗费大量钱粮，得不偿失，体现了乾隆帝的虚荣浮华。

所谓的"十全武功"中，只有两次对准噶尔、两次对廓尔喀、一次对回部共五次用兵，对巩固新疆、西藏边疆地区的领土完整具有重大意义。而乾隆宝藏、准噶尔普尔钱、新疆红钱就见证了乾隆皇帝对西藏、新疆等边疆地区的五次用兵，这占了"十全武功"的一半。

一、乾隆宝藏：见证了一场货币战争的钱币

历史上真有货币战争，即由货币而引起的战争吗？回答是肯定的，在乾隆年间就发生过一次。

要讲清楚这场货币战争的起因，我们必须先从西藏使用货币的历史说起。

<h2 align="center">（一）</h2>

文献记载，西藏早期以沙金作为货币使用。譬如唐朝的时候，松赞干布的使臣禄东赞到长安求婚，就是"献黄金五千两"作为迎娶文成公主的聘礼。蒙古兴起之后西藏归顺了蒙古，并被正式纳入元朝中央政府的管辖，西藏萨迦派高僧八思巴还被忽必烈聘为国师。元朝皇室曾经将大量白银赏赐给西藏，受此影响，白银逐渐取代黄金成为西藏地区的主要流通货币。

清朝初年，五世达赖喇嘛到北京朝拜顺治皇帝时，顺治赏给他黄金 550 两，白银 10000 两。后来康熙皇帝又规定由打箭炉（今四川甘孜州康定市）税收项下，每年拨给达赖喇嘛白银 5000 两，作为经费使用。但是，从中国内地运去的大批白银，都是每个重达五十两的大银锭，除了大额支付，日常小额使用时都要将银锭破碎，使用碎银。这些碎银每次使用的时候，都需要称重验色，非常不方便。

与中国使用银锭不同的是，和西藏相连的今天尼泊尔境内的加德满都河谷地带分布的三个土邦即巴德冈、加德满都和帕坦都铸造使用银币。到 16 世纪中期，这些尼泊尔土邦的银币逐渐流入西藏地区。西藏商人在与尼泊尔人的交易中，发现这些土邦的银币使用起来非常便利，于是就有西藏商人用银锭或碎银兑换尼泊尔的银币来使用。这样一来，在西藏与尼泊尔之间就出现了一种用银锭兑换银币的"银钱贸易"。最先是加德满都土邦与西藏地方签订了一个向西藏提供银币并从西藏换回白银的条约。后来，其他两个土邦也相继加入，开始了持续二百多年的西藏与尼泊尔之间的银钱贸易。

图 8-12　尼泊尔打制的章卡

图 8-13　尼泊尔代铸银币

银钱贸易，是用同等重量的银币兑换同等重量的白银，不再另外收取铸造费用。这一贸易对尼泊尔商人非常有利，因为他们从中可以获取高达 12% 的利润，其中，4% 的利润来自从西藏换回的银锭中提炼出来的黄金，另外 8% 的利润则是在银币中掺加杂质所得。后来，贪得无厌的尼泊尔商人在银币中不断加大杂质的比重，到 1750 年，银币的含银量甚至都不到 50%。尼泊尔商人把这种劣币大量运往西藏，仍然要求换取同等重量的白银，自然引起西藏民众的强烈不满。

就在这个时候，尼泊尔的政局发生了重大变化。原来位于尼泊尔西北部的一个名叫廓尔喀的小王国突然崛起，最后于 1769 年攻占加德满都，统一了尼泊尔全境。所以，清代又称尼泊尔为廓尔喀。廓尔喀新铸造的银币质量比原来各土邦铸造的质量要好，这样在市面上就同时流通两种银币：一种是质量比较好的新币，另一种是质量比较差的旧币。商人在使用的时候就要挑选，如此一来很容易引起纠纷，扰乱市场。因此，西藏地方政府要求廓尔喀用新币收回旧币。但是，廓尔喀提出的条件非常苛刻，双方最终未能达成收回旧币的办法，为后来的纠纷埋下了隐患。

<h1 style="text-align:center">（二）</h1>

廓尔喀因为统一了尼泊尔，扩张的野心开始膨胀。

在银钱贸易纠纷还没有解决的情况下，因为聂拉木口岸地区征税的问题，廓尔喀与西藏又闹出了新的矛盾。面对这些纷争和矛盾，尚武好战的廓尔喀，不是通过谈判来协商解决分歧，而是蛮横地要求西藏地方政府答应他的条件，被拒绝之后竟然于1788年（乾隆五十三年）七月，派兵三千人越过喜马拉雅山脉，分两路侵入西藏地区。

夹在中国和印度之间的尼泊尔是南亚地区的一个小国，怎么竟敢如此狂妄地入侵西藏呢？

其实，当年的廓尔喀要比今天尼泊尔的国土面积大三倍多，后来因为逐渐被英国的东印度公司蚕食，最后剩下的就是今天的尼泊尔。当年的廓尔喀敢于入侵清朝控制下的西藏大致有两方面的原因。

一是当时的廓尔喀正处于扩张的鼎盛时期。

廓尔喀人信仰印度教，属于高种姓中的刹帝利。印度教中"牛"被视为神物，廓尔喀的本意就是"牛的保护者"，这与信仰佛教的西藏人本身就有矛盾。廓尔喀最初是由印度拉吉普特王公后裔中的沙阿家族于1559年在尼泊尔西北部建立的一个小王国，后来经过两个多世纪的征战，征服了富庶的加德满都谷地，历史上第一次统一了四分五裂的尼泊尔，并进一步在东起不丹、西至克什米尔、北及西藏、南达恒河平原边缘的喜马拉雅山南麓广大地区建立了它的宗主权。

二是因为西藏防务空虚，并不团结。

自从1720年清军驱逐了进犯西藏的准噶尔蒙古，西藏地区已经有六十多年不见兵戈，承平已久，武备废弛。藏军虽然号称有 15000 多人，但是，平常大部分士兵都在家里兼营农牧业以维持生计。为了应对廓尔喀的入侵，仓促之间也只能召集千把人。而清政府在整个西藏地区的驻军更少，只有区区数百人。这些情报早已被廓尔喀商人摸得一清二楚。另外，六世班禅的两个兄弟不和，在班禅去世后因为分割财产而产生矛盾，其中一位潜逃至廓尔喀，愿为向导。因此，廓尔喀敢于出兵西藏，并迅速占领了聂拉木等三处地方。

廓尔喀的入侵不但震动了西藏，更震惊了清廷。乾隆皇帝立即委派负责处理蒙藏事务的理藩院侍郎，相当于副部长的巴忠"驰驿赴藏查办"。另外派成都将军率兵三千从西昌入藏，以为后援。

先期入藏的巴忠与廓尔喀谈判，受贿的他瞒着达赖以及西藏地方的噶厦政府，与廓尔喀达成了西藏三年内每年赔偿白银三百锭的协议，用这种屈辱的条件换取了廓尔喀的撤军，并签了字据。巴忠为了邀功，没有向乾隆皇帝报告赔偿白银的事，只说失地已"次第收复"。但是，当第二年廓尔喀派人拿着字据前来讨要赔偿的时候，事情就露馅了。达赖和噶厦政府都拒绝承认，廓尔喀认为自己被骗了，就于1791 年（乾隆五十六年）七月再次派兵侵入西藏，闯入班禅的驻锡地扎什伦布寺大肆抢掠，康熙皇帝赏赐给班禅的金册以及历代班禅积累下来的金银财宝，甚至是灵塔上镶嵌的珍宝、珊瑚都被廓尔喀人抢劫一空。

廓尔喀人再次入侵的消息传到紫禁城之后，受贿的巴忠畏罪自杀。被激怒的乾隆皇帝紧急召见曾经平定了台湾林爽文起义、时任两广总督的福康安，要他火速进京。面授机宜后，乾隆皇帝任命福康安为大将军，要他率兵入藏，反击廓尔喀入侵者。

福康安是乾隆皇帝孝贤皇后的内侄。就像汉武帝手下的卫青、霍去病一样，福康安虽然属于皇亲国戚，但是也很能打仗，是乾隆皇帝的心腹爱将。民间野史中甚至传说福康安是乾隆皇帝的私生子，足见他受宠的程度。

（三）

福康安受命之后，知道军情紧迫，十万火急。他丝毫不敢耽搁，日夜兼程，五十天疾行五千里，走完了平常需要走一百二十多天的路程，于1792年一月赶到了拉萨。他一边安抚西藏僧侣，一边排兵布阵。备齐兵马粮草之后，一路势如破竹，六战六捷，到当年的六月，就已经收复了全部失地，将入侵的廓尔喀军队逐出了西藏。

接着他又率领汉、满、藏、索伦等各族战士组成的六千精锐翻越喜马拉雅山，攻入廓尔喀境内七百多里，直指其都城加德满都，以惩罚廓尔喀两次入侵西藏的狂妄之举。

眼看就要亡国的廓尔喀国王曾向英国东印度公司乞求援兵。但是，当时英国为了扩大对华贸易，已经派出了以替乾隆皇帝庆祝八十大寿为名的马戛尔尼使团，因此拒绝了廓尔喀的请求。

求救无望的廓尔喀人拼死抵抗，使得清军在最后的帕朗古之战遇挫。加之冬季即将到来，后勤供应异常困难，虽然距离加德满都只剩下一日的路程，"但为气候所限"，清军没有继续推进，在接受了廓尔喀第三次求和并保证"此后永远不敢侵犯边境"的承诺之后于九月撤军。

平定廓尔喀之战是乾隆皇帝"十全武功"中的最后一役。此战之后，廓尔喀成了清朝的属国，每五年遣使赴京朝贡一次。这种从属关系一直很稳定，直到1908年廓尔喀彻底被英国控制才结束。

这期间廓尔喀也确实信守承诺，不但再未侵扰西藏，还将击败英国小股部队缴获的英军装备上缴清廷请功。但是，因为对英国名称翻译的不同，清政府以为是南部边陲的一个不知名的小国，只是嘉奖几句，未予重视。甚至太平天国起义爆发时，廓尔喀国王还曾经上书清政府，表示愿意派兵协助镇压起义，清政府没有同意。

福康安率领的清军以摧枯拉朽之势击败了廓尔喀军队，并攻入其国内，甚至差一点就攻占了其首都，而英军却是在付出了沉重的代价之后才征服廓尔喀的。英军对廓尔喀士兵的忠诚勇敢与骁勇善战印象深刻，于是招募廓尔喀雇佣兵帮他们在各地打仗。血腥又残酷的战争使廓尔喀士兵身配弯刀的勇猛与忠诚的形象更加深入人心。迄今为止的二百年间，作为雇佣兵的廓尔喀军团在英国的米字旗下，几乎参与了英军参加的所有战斗，成为延续至今的一段雇佣兵传奇。

每次看到这段历史，都让我感慨万分！当年福康安指挥的远征军所表现出来的战斗力，与半个世纪之后鸦片战争时期在自己家门口的清军的战斗力相比，已是天壤之别。仅仅半个世纪的时间，清军就腐败到如此不堪的程度。因此，清朝的覆灭是历史的必然！

（四）

廓尔喀之战意义重大。这次战争不但驱逐了入侵者，保全了西藏领土的完整，更重要的是在班师回到拉萨之后所进行的善后工作中，福康安根据乾隆皇帝的旨意，对西藏的事务进行了一次比较彻底的整顿。

他会同达赖、班禅以及西藏地方噶厦政府，共同议定了《大清乾隆五十八年"善后章程"二十九条》（以下简称《善后章程》），对西藏的政治制度和宗教制度，特别是对驻藏大臣的地位和职权，达赖和班禅的转世，官员的任命，国防、财政、外事等重大问题都一一做出了明确的规定。从此以后，西藏政教各项事业都有章可循、有法可依，这对于安定西藏社会秩序、发展社会生产起到了重要的作用。

这次战争是与廓尔喀的货币纠纷引起的，所以《善后章程》的第三条对西藏地区使用的货币做了明确规定。

实际上，早在福康安出征之前，乾隆皇帝就认真分析了这次战争爆发的原因。他认为西藏地方长期使用廓尔喀提供的货币"尤属不成事体"，因此要求福康安"西藏地方，照内地之例，安设炉座，拨派官匠，鼓铸官钱"；同时禁止廓尔喀银币在西藏地区的流通，"旧有廓尔喀钱文，概行销作银两，一律使用官钱"。乾隆皇帝最初的要求非常明确，就是在西藏设立铸钱局，和内地一样统一铸造制钱；同时收缴销毁廓尔喀银币，改铸成银两。

战争结束之后，福康安会同西藏地方噶厦政府，详细分析了西藏地方的经济、交通、民俗习惯以及实际的贸易情况，向朝廷提出西藏不适宜像内地那样铸造铜钱，而应该铸造银币的建议。具体原因福康安概括为如下三点。

一是西藏本地从来不出产铜，铸造铜钱的铜需要完全从外地运来，运输成本将会非常高。西藏每年仅仅是铸造佛像就需要购买熟铜四五千斤，价值三四千两白银。如果铸造铜钱，数量将会更大，其成本将比内地高出数十倍，完全不具有可行性。

二是即便是铸造出铜钱，在西藏地区也不好使用。因为藏民没有使用铜钱的习惯，内地的铜钱只行使到打箭炉一带，从打箭炉至拉萨，沿途的居民都使用碎银，从拉萨到日喀则即卫藏地区的藏民，则使用尼泊尔的银币。

三是如果铸造可以替代尼泊尔银币的银钱，既杜绝了廓尔喀商人从中渔利，也维护了国家的货币主权，还可以保证商民进行公平的交易，减少纠纷，有利于今后与廓尔喀之间的通商贸易。

　　乾隆皇帝根据"顺俗从宜，各因其便"这种一贯的治理边疆民族地区的策略，接受了福康安的建议，批准在西藏地区设立铸钱局铸造银钱；使用的技术是锻打制作，而不是传统的浇铸，具体的办法就是先将白银化开铸成银薄板，然后放在钱范内用锤敲打而成。同时，由驻藏大臣会同达赖喇嘛委任两名俗官和两名僧官为铸钱局的负责人。朝廷接济西藏的饷银就交由铸钱局直接用来铸造银钱。

　　按照《善后章程》，西藏铸钱局于乾隆五十八年正式铸造了"乾隆宝藏"银钱，有一钱和五分两种规格，搭配铸造。一钱的重 4 克、直径 26 毫米、厚 1 毫米；正面铸汉文"乾隆宝藏"四字，边廓星状间铸"五十八年"四字，背面铸藏文"乾隆宝藏"四字，边廓铸藏文"五十八年"，正反两面都套以藏族人民喜欢的吉祥图案云状花纹。五分的重 2 克、直径 22 毫米、厚 0.85 毫米，花纹与一钱银币完全相同。

图 8-14　乾隆宝藏（一钱）

图 8-15　乾隆宝藏（五分）

　　银钱以"纯粹汉银"即纹银来铸造，不得掺假。兑换办法是每纹银一两兑换一钱新币 9 枚，五分新币 18 枚。新币兑换余下的一钱白银，作为铸造费用。为了保证银钱的质量纯正，由驻藏大臣委派汉官会同噶厦政府的官员对铸造的银钱进行检查。对于恪尽职守的有功人员，由驻藏大臣保奏朝廷奖励；如果有徇私舞弊、掺杂假料的情况发生，就严加办理，并根据所铸造的假币数目加倍罚款。

乾隆宝藏一钱、五分两种面值的银钱在西藏地区畅通无阻，深受藏汉人民的欢迎，很快就替代尼泊尔银币成为西藏市面上流通的主要货币，稳定了西藏的金融贸易秩序，加强了汉、满、藏各民族间的往来，并抵制了境外货币的冲击。

乾隆之后，嘉庆和道光年间，西藏铸钱局按照《善后章程》的规定，又先后铸造了嘉庆宝藏和道光宝藏两种银钱，直到道光十八年（1838）因为汇兑中的弊病而被停铸。后来，随着西方影响的日益加深，中国传统的制钱逐渐被近代机制币取代，中国的货币翻开了新的一页。而在这一历史进程中，乾隆宝藏银钱从某种意义上来说，也可以被视为白银货币化进程中的一位探路的先行者，在中国货币发展史中占有一席之地。

图 8-16　嘉庆宝藏（一钱）

图 8-17　道光宝藏（一钱）

乾隆宝藏银钱的诞生意义重大。它将多民族文化进行了一次积极的互融，在保留传统制钱模式的基础上，进行了一次创新的尝试。其最大的特色，就是在银钱两面的中央都铸有一个正方形的图框，像是穿孔却又没有打透。这一独具匠心的设计，体现了中国传统钱币文化即圆形方孔的典型特征，以及中华民族多元一体的特点，说明乾隆宝藏银钱是汉藏文化融合的产物，是中华钱币文化大家庭中的重要一员。

　　乾隆宝藏见证了清政府对西藏的治理，那什么钱币见证了清政府对西域的经营呢？

二、准噶尔普尔钱：形制异样、命运多舛的钱币

　　金属铸币虽然在面值、材质、尺寸、形状上各有不同，但是总体上无非有孔或无孔两大类。以希腊罗马为代表的西方钱币都是无孔的打制币，而以中国为代表的东方钱币则是有孔的浇铸币。

　　钱币除了有孔、无孔的区别，在形制上基本都是圆的，偶尔也有方形的，如古代的罗马、印度就使用过一种方形的钱币。但是椭圆形的钱币，大家可能都没有见过。

　　明末清初，游牧在新疆北部的准噶尔汗国征服南疆的叶尔羌汗国后，打制了一种被称为普尔钱的椭圆形钱币，因为它像是桃核仁，又被形象地称为"桃仁形钱"。

　　准噶尔汗国为什么铸造这种外形奇特的普尔钱？它特殊的外形背后是否隐含有不为人知的秘密？

　　下面，我就结合准噶尔汗国的历史，给大家介绍一下形制异样、命运多舛的准噶尔普尔钱。

（一）

准噶尔普尔钱为红铜质，呈椭圆形，一头微尖，体小而厚重。直径自尖端算起为 17~18 毫米，横径约 15 毫米，厚 4~5 毫米，重 6.3~8.2 克，两面都打印有文字。

我最初接触准噶尔普尔钱，是刚参加工作时新疆钱币学会的董庆煊先生告诉我的。他说这种钱币不但外形奇特，铭文也很特殊。虽然在清代的文献中能查到记载，但是除了外形与文献的记载相符，钱币上的铭文与文献记载的并不完全一致，还有很多难解之谜。他要我结合准噶尔汗国的历史，对有关普尔钱的资料做一系统的梳理，争取能够考证清楚准噶尔普尔钱的来历。

接受董老布置的课题之后，我就开始认真查阅、梳理有关记载准噶尔普尔钱的文献资料。我发现最早的记录见于清朝定边将军兆惠于 1759 年（乾隆二十四年）写给朝廷的奏折，他说"查回城钱文，俱红铜鼓铸，计重二钱，一面铸准噶尔台吉之名，一面铸回字"。这一记载太过简单，《西域图志》①和《回疆通志》②中的记载比较详细，并说准噶尔普尔钱有策妄阿拉布坦和噶尔丹策零两种。

---

① 《西域图志》："回部旧属准噶尔。所用'普尔'钱文，质以红铜为之，质小而厚，形圆椭而首微锐，中无方孔。当策妄阿拉布坦时，面铸其文，背附回字。噶尔丹策零嗣立，即易名更铸。"

② 《回疆通志》："回地旧用钱文名曰普儿（尔），以红铜铸之，每五十文为一腾格。其式小于制钱，厚而无孔，一面用帕尔西（即波斯）字铸'业尔奇木'（即叶儿羌），一面用托特（忒）字（即厄鲁特字）铸策妄阿拉布坦及噶尔丹策零字样。重一钱四、五分至二钱不等。"

图 8-18　策妄阿拉布坦钱币

图 8-19　噶尔丹策零钱币

图 8-20　策妄阿拉布坦钱币（文字摹图）

图 8-21　噶尔丹策零钱币（文字摹图）

　　"普尔"指的是铜钱，"腾格"又译作"天罡"，指的是银币。根据上述文献记载，我们知道普尔钱有两种，一种是策妄阿拉布坦铸造的，另一种是他的儿子噶尔丹策零铸造的，钱币上面分别铸有他们的名字以及打制的地点叶尔羌。噶尔丹策零即位后曾销毁一部分策妄阿拉布坦铸造的普尔钱，而将名字改铸成自己的。

　　我找来准噶尔普尔钱实物测量后发现它与兆惠奏折中所说的重量、

尺寸、形状以及铭文完全相符。这说明存留下来的准噶尔普尔钱与文献中所记载的一样，确实是两种。

确定了呈椭圆形的"桃仁形"钱币实物就是准噶尔普尔钱之后，下一步就需要释读钱币上的铭文，并在此基础上考证、分析准噶尔汗国铸造它的背景及原因。

因为两种普尔钱背面的铭文是一样的，所以我们就先来看背面的铭文。

将普尔钱的尖端向上，铭文为阴文，自下而上很清晰地可以拼读出来是察合台文，读为"Zarb Yarkand"，意思就是"叶尔羌铸造"。这与文献记载完全一致。这里需要解释一下，所谓察合台文，是指用阿拉伯字母拼写的波斯语化的回鹘文，实际就是现代维吾尔文字的前身。

两种普尔钱正面的文字，文献记载都是托忒文。

这里也需要解释一下，所谓托忒文，又称厄鲁特蒙古文，是1648年咱雅班第达在回鹘式蒙古文的基础上创造的，是能更清楚地表达厄鲁特蒙古方言的一种蒙古文字，主要在新疆的厄鲁特蒙古流通使用。我请教新疆的托忒文专家，他们认为其中有一种铭文属于托忒文。钱币尖端向右，左侧铭文为阳文，发"Cawang"的音，应该就是策妄阿拉布坦名字的前半部分"策妄"，但右侧部分还有待考释。

对于另外一种钱币上的铭文，专家们认为不属于托忒文。仔细辨识后，我也发现两枚钱币正面的文字风格不一样，应该不属于同一种文字系统。钱币的尖端向右，无论是阴文还是阳文，都释读不通。但是，将钱币的尖端向左，铭文的阴文按自右向左再由上而下的顺序读，可以清晰地读出察合台文"Khardan Chirin"（گاڵدان جرن）的音，即"噶尔丹策零"。比照《西域同文志》"噶尔丹策凌"词条中的察合台文拼写字母，也完全一样。因此我们大胆地提出，"噶尔丹策零"钱币上的文字，很可能不是文献中记载的托忒文，而是察合台文。

董庆煊先生很认可这一观点，后来在他的指导下，我写了《准噶尔普尔钱考》一文，并提交中国钱币学会 1989 年年底在苏州召开的成果汇报会，该文被列入了大会表扬的四篇论文之一，随后被刊登在 1990 年第 1 期的《中国钱币》杂志上。这是我参加工作后写的第一篇有关钱币的学术论文。

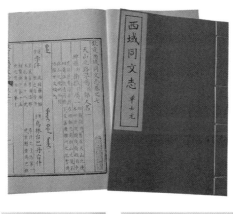

图 8-22 《西域同文志》书影

以上对准噶尔普尔钱铭文的释读，虽然能够自圆其说，但我却始终有点信心不足，存在三点疑惑。

一是按理讲策妄阿拉布坦和噶尔丹策零两种钱币的尖端应该朝向一致，而不应该分右左两个方向。

二是铭文也应该是一致的，即或为阴文，或为阳文，应该统一，而不应该一个为阴文另一个却是阳文。

三是考虑到两种钱币背面铭文是一致的，都释读的是阴文，钱币的尖端朝上，自下往上读，因此钱币正面的铭文似乎也应该是尖端朝上，自下而上释读才更为合理，但这样却又释读不通。

上述疑惑，有待专家指教或容日后再做更进一步的考释和研究。

（二）

铭文考释清楚之后，我们就结合历史来看看，准噶尔汗国为什么要铸造这种形制奇特的普尔钱。

为了便于叙述，有必要先来简单介绍一下准噶尔汗国的历史。

准噶尔汗国是由准噶尔蒙古建立的。讲到准噶尔蒙古，可能有的人并不太清楚。因为准噶尔不属于成吉思汗家族的东蒙古，在蒙元并不为人所知，但是明清时代在西北的历史舞台上，它却演绎了几出恢宏壮阔的大戏。

（1）建立准噶尔汗国

准噶尔是被称为西蒙古的厄鲁特四大部落之一，另外三支为和硕特、土尔扈特和杜尔伯特。部落之间因为争夺牧场，经常发生矛盾。后来，和硕特部落向南翻越阿尔金山进入青海、西藏，藏传佛教就是由它扶植登上西藏政治舞台的。土尔扈特部落则向西游牧到了伏尔加河地区，后来为了摆脱俄国的控制，又东归回到新疆，电影《东归英雄传》讲的就是这件事。杜尔伯特部落力量相对较小，就依附于准噶尔部落游牧于伊犁、塔城一带。

明朝建立后，元顺帝被逐回蒙古草原，成吉思汗黄金家族所在的东蒙古开始衰落，西蒙古乘势崛起，当时被称为"瓦剌"，其首领曾经于1449年制造"土木堡之变"，俘虏了明英宗，后来向西游牧进入新疆地区。西蒙古以准噶尔部最为强大，它先后将和硕特部排挤去了青海、西藏，将土尔扈特部排挤去了伏尔加河流域。这样准噶尔部就以伊犁为中心，建立了准噶尔汗国。噶尔丹在位时（1671—1697）曾征服南疆的叶儿羌汗国并入侵漠北的喀尔喀蒙古，兵锋直指北京。康熙皇帝被迫两次御驾亲征，击败噶尔丹并顺势收服漠北蒙古。噶尔丹死后，策妄阿拉布坦（1697—1727）以及噶尔丹策零（1727—1754）父子相继为准噶尔汗。在他们统治时期，再次征服叶儿羌汗国并远征西藏挑起真假六世达赖之争，在西面抗击俄国的东进。这一时期是准噶尔汗国最繁荣强盛的时期。普尔钱就是在这一时期铸造的。

准噶尔汗国的蒙古人主要以游牧为生，他们的商品交易大部分都是以茶马、绢马等物物交换的形式进行，很少使用钱币。那准噶尔汗国为什么要铸造普尔钱呢？实际上这与征服叶尔羌汗国有关。

（2）征服叶尔羌汗国

叶尔羌汗国是由已经伊斯兰化、回鹘化的察合台后裔建立的，建立者赛义德汗是印度莫卧儿帝国建立者巴布尔大帝的表兄弟。正是在巴布尔的支持下，赛义德于16世纪初在新疆南路以叶尔羌（今莎车）为中心建立了一个小汗国。到17世纪中期，统治汗国的察合台后王已经衰弱，代表伊斯兰教的"和卓"势力日益强大。所谓"和卓"，指的是伊斯兰教创立者穆罕默德的后裔，这多半都是他们为了欺骗当地的信徒自己吹嘘的。当时的"和卓"分为白山、黑山两派，长期争斗不已。

噶尔丹曾经于1678年出兵征服了叶儿羌汗国。噶尔丹死后，叶尔羌汗国乘势摆脱了准噶尔汗国的控制。但是，策妄阿拉布坦继任后，又于1700年再度征服叶尔羌汗国，并将白山派的子弟押往伊犁扣为人质，直至噶尔丹策零在位时，都对叶尔羌汗国行使了有效的统治。

文献记载，准噶尔汗国模仿匈奴在西域设置童仆都尉、模仿突厥派驻吐屯"督赋入"，即监督征收赋税的办法，在叶尔羌汗国指派"德墨齐"，即收税官，专门负责征收南疆地区的贡赋。收税官依靠派驻在各地的蒙古代理人以及和卓所造的户口、赋役表册，按户索取。据《和卓传》记载，叶尔羌汗国每年向准噶尔汗国交纳的贡赋是十万腾格。

（3）铸造普尔钱

普尔钱就是策妄阿拉布坦于公元1700年征服叶尔羌汗国后，命令叶尔羌汗国在叶尔羌打制的。该钱币主要是供南疆叶尔羌汗国的维吾尔人使用，所以在普尔钱的背面，用当时南疆普遍使用的察合台文打制了叶尔羌的地名，正面为了彰显征服者的威权，用托忒文打制了准噶尔汗王策妄阿拉布坦的名字。噶尔丹策零继位后，将打印有其父名字的旧普尔钱收销，重新打印上自己的名字。

《西域图志》记载说，每当新的汗王继位，就新打制10000枚普尔钱，以一换二的比价以新换旧，随换随铸，直至旧普尔钱换完。实际上，这种做法只维持到噶尔丹策零。因为他后面的几任汗王统治的时间都很短，贵族内部为争夺汗位争斗不已。被征服的叶尔羌汗国也试图摆脱被奴役的处境。准噶尔汗国本身也面临被清政府征服的危机，再顾不上改铸新普尔钱了。所以目前我们见到的只有策妄阿拉布坦和噶尔丹策零这两种面文的普尔钱，而由于噶尔丹策零大量收销策妄阿拉布坦的普尔钱，改铸成有自己名字的普尔钱，因此目前遗留下来的准噶尔普尔钱中，绝大部分是噶尔丹策零的普尔钱，这与历史记载的情况是可以互相印证的。

噶尔丹策零的普尔钱虽然形制上与策妄阿拉布坦的普尔钱一样，但是铭文却从托忒蒙古文改成了察合台文，这是为什么呢？

这主要是因为，托忒蒙古文本身自 1648 年由咱雅班第达在原回鹘式蒙文的基础上创造以来，主要用来书写藏传佛教经典，流行于宗教界，还没有深入群众的日常生活，只在策妄阿拉布坦打制的普尔钱正面使用过。而真正使用普尔钱的是叶尔羌汗国的广大维吾尔民众，他们使用的是察合台文，根本不认识托忒蒙古文。所以，新继位的噶尔丹策零在打制普尔钱的时候，为了照顾当地民众使用方便，就将原来的托忒蒙古文改成了在南疆通行的察合台文。

普尔钱为什么要打制成椭圆形，并且还要带一个小小的尖，即"首微锐"这种奇特的形状？

对此，文献中没有记载，也无其他的钱币进行比对，还是一个不解之谜。我想这不可能是打制者随意为之，应该有一定的寓意，估计和准噶尔蒙古人信仰的藏传佛教有关。但这只是一种猜测，还有待进一步的研究。

（三）

清代文献《石渠余记》和《皇朝续文献通考》都记载说："西藏

旧用普尔钱，红铜为之，重二钱，质小而厚，外有轮廓，中无方孔，每五十谓之腾格。"

这段记载颇耐人寻味，是否"西藏"为"新疆"之笔误？但是联系准噶尔汗国的历史，这可能和策妄阿拉布坦在位时曾侵扰西藏的事件有关。

文献记载，策妄阿拉布坦为了挟持西藏的达赖喇嘛，号令众蒙古并进而与清朝抗衡，于1716年（康熙五十五年）十月曾利用西藏真假六世达赖废立之争，派大将大策凌敦多布率兵六千，经新疆和田，由藏北突入，"败唐古特（忒）兵，围攻布达拉，诱其众内应开门，执杀拉藏汗"，攻占了拉萨。直到1720年八月被清军赶出西藏，准噶尔汗国占领拉萨达三年之久。这期间他们可能将普尔钱随军携带至西藏作为饷糈之用，从而使部分普尔钱流入西藏亦未可知。

普尔钱除了红铜质的，另外还发现有黄铜质的和银质的两种。

图 8-23　黄铜普尔与银质普尔

黄铜质的普尔钱较红铜质的略重一些，铭文虽然打制粗糙，但是依然能够清晰地辨识出是托忒文的"策妄"字样，并非赝品。普尔钱打制于叶尔羌，应该都是红铜质的，因为新疆南路铸钱从不掺用铅、锡，都是用纯净红铜直接铸造，因此呈红色，这是新疆南路铸钱的一大特点。但是，怎么会出现黄铜质的普尔钱呢？这恐怕又与策妄阿拉布坦侵扰西藏有关。

据文献记载，准噶尔军队占领拉萨之后，曾在全城大肆抢劫三天，寺院神庙里的金、银、铜器等贵重财物多被抢走运往伊犁，途中要经过叶尔羌，很可能用抢来的一些铜器在叶尔羌打制了一部分普尔钱。因为西藏使用黄铜，这可能就是我们今天所见到的黄铜质普尔钱的来历。

银质普尔钱目前只发现噶尔丹策零的一种，数量稀少，属于真品无疑。限于资料，对其来源还不能做出解释。相信随着新资料的发现以及研究的深入，对于黄铜质和银质的普尔钱的来历会有更准确可靠的解释。

（四）

普尔钱之所以始终吸引我的目光，不仅仅是因为它还有很多未知的谜团需要我们去发现、揭秘，更主要的是，我认为从某种程度上讲，普尔钱就是准噶尔民族多舛命运、悲惨结局的历史见证者！它记载了那个时代中国西北历史的风云突变，见证了准噶尔蒙古以悲剧收场的几出恢宏壮阔的大戏，值得我们深思。

准噶尔部落作为西蒙古的核心，自明朝初年随着以黄金家族为代表的东蒙古势力的逐渐式微，而强势登上了历史的舞台。

准噶尔部落的首领妥欢以太师的身份控制了北元黄金家族的废立，其子也先在土木堡一战俘虏了明英宗，这是前无古人后无来者的一幕！更绝的是他在要挟明朝失败的情况下，竟然放回英宗，随着英宗后来的复辟直接影响了明朝历史的走向。

巴图尔洪台吉在位时配合和硕特部落首领固始汗进军西藏，将藏传佛教中的格鲁派扶植起来，奠定了蒙藏民族共同信仰藏传佛教的基础。后来他又牵头制定了《喀尔喀-卫拉特法典》，协调西蒙古各部落内部的分歧，以便一致对外。

其子噶尔丹初拜五世达赖为师，后还俗夺取准噶尔大汗之位，南取叶尔羌汗国、东击漠北喀尔喀蒙古，欲与康熙争夺天下，虽然最后兵败自杀，但在蒙古民族中一直享有很高的威望。

策妄阿拉布坦本来是噶尔丹的侄子，于危难之际继承汗位后，励精图治，再次征服叶尔羌汗国，并进军西藏，意图控制达赖并进而与清政府争夺天下，兵败后却依然能从拉萨全身而退。

其子噶尔丹策零在与清朝对峙的同时，还能在西面抵御俄罗斯的东进，并从南疆移民维吾尔族开发伊犁河谷，使准噶尔汗国进入最强盛的时期。

曾几何时，风云突变。

噶尔丹策零因为没有处理好汗位的继承问题，为准噶尔蒙古招来了灭顶之灾。

1745 年噶尔丹策零去世后，次子策妄多尔济那木扎勒继位，不久发生内讧，被其兄喇嘛达尔扎赶下台。喇嘛达尔扎又被达瓦齐杀死。达瓦齐上台后与曾经支持他取得汗位并有野心的阿睦尔撒纳交恶，战败的阿睦尔撒纳降清，并带领清军灭了准噶尔汗国。

阿睦尔撒纳因为不满清朝对他的任命，后来又多次叛乱，反反复复，直到 1757 年（乾隆二十二年）才被最后平定。但是，已经对准噶尔蒙古失去信任和耐心的乾隆皇帝，在下令销毁普尔钱改铸圆形方孔的乾隆通宝钱的同时，对准噶尔汗国的男子也实行了灭绝式的屠杀，个头超过马车轮子的男子统统被杀了，妇孺则被掳去做奴婢。

正是因为准噶尔蒙古的男子几乎被杀光了，伊犁河谷人烟稀少，才给了西迁伏尔加河流域的土尔扈特部东归伊犁的机会，并演出了一场东归故里的壮举……

曾经强盛无比的准噶尔汗国，经此浩劫，除了在新疆北部留下来一个空洞的"准噶尔盆地"这一地名，只有劫后存留的普尔钱还能诉说准噶尔蒙古曾经的辉煌。这一切告诉我们，无论是大至一个国家，还是小至一个单位或家庭，内部的团结无论什么时候都是最重要的！古人云："兄弟阋于墙，外御其侮。"我想这应该是准噶尔普尔钱带给我们的启示。

准噶尔普尔钱见证了准噶尔汗国因内乱而招致的覆灭。那清政府消灭准噶尔汗国之后，是如何治理新疆的呢？

三、新疆红钱：体现了乾隆治疆策略的钱币

"新疆红钱"是清代铜钱体系中的一个独立分支，因其只在新疆南部铸造流通并且呈红色而得名。它不仅颜色与内地各省流通的制钱不一样，就是在形制、钱文、重量、比值等方面也与内地的制钱不尽相同。因为红钱流通不到内地，加之形制较为独特，因此始终笼罩着一层神秘的面纱。

新疆红钱与众不同的外在表象背后，实际上体现的是清政府治理新疆的政策设计。

下面我就结合新疆历史，从货币的视角探讨清政府统一新疆后，为什么在南疆铸造使用红钱，以及这体现了怎样的政策考虑，又产生了怎样的影响。

（一）

"新疆红钱"，顾名思义，它的颜色是红色的，从外观上就与内地的制钱不一样。这是因为新疆与内地传统的铸钱习惯不相同。

新疆以及中亚地区铸造钱币所用的铜料，都是当地用土法提炼的铜，原有的杂质都没有去除，也不再添加铅、锡等配料，直接用原铜铸钱，因此含铜量都在 90% 以上。因为铜本身的颜色就是红色的，古人就称铜为"赤金"，新疆用纯度 90% 以上的铜铸出来的钱自然呈红色，因此俗称为"红钱"。

而内地所使用的制钱，为了增加钱币的硬度以及加快铜液浇铸时的流动速度，同时也考虑降低成本，还要在铸钱的铜料中添加相对低廉的铅、锡、锌等配料，一般比例为"铜六铅四"，铜只占 60%，因此铸出来的钱呈青铜色或黄色。

新疆红钱与内地制钱，除了颜色上的不同，在钱文、重量、流通区域、比值等方面也都不同。这些不同，实际上正反映了清政府在新疆治理政策设计方面"因俗施治"的总原则。

新疆是一个多民族、多宗教，农耕与游牧经济并存且发展极不平衡的边疆地区，以天山为界，分为北疆和南疆。南北疆在气候、地理、物产，以及民族构成和经济发展等方面存在很大的差异。

清朝的统治者因为本身就是少数民族，因此在治理新疆的时候，比较尊重、照顾少数民族的传统习俗，能够根据"顺俗从宜，各因其便"的原则，采取因地制宜、因俗施治的政策。在政治上分别实行郡县制、伯克制、札萨克制、八旗制等不同的管理制度；而在货币制度方面，针对北疆与南疆地区不同的传统习俗，分别实行了制钱制度和红钱制度，这属于清政府在政治上对边疆地区实行的分区管理政策的一部分。

北疆推行制钱制度

北疆的乌鲁木齐一带多数是从关内迁来的汉族、回族百姓，因此设立镇迪道，由陕甘总督及乌鲁木齐都统双重管辖，实行与关内一致的郡县制；为了巩固边防，从内地抽调的满族、蒙古族、锡伯族和索伦等八旗驻防军及其眷属，主要驻守在北疆的伊犁地区，对他们的管理同内地一样，实行的是八旗制度；对早期归顺的哈密、吐鲁番等察合台后裔以及后来归附的哈萨克、土尔扈特等部众实行札萨克制即世袭制。与上述三种政治管理制度相适应，清政府在货币政策上实行的是和内地一致的制钱制度，这就形成了北疆的制钱区。

南疆实行红钱制度

南疆的塔里木盆地沿线，是维吾尔族的传统集中居住地区。清朝统一新疆之后，政治上保留了原有的伯克制即封建领主制，但是将原来的世袭制改为清政府的委任制。与此相适应，在货币制度上沿袭了原来的普尔钱制，与准噶尔汗国时期所不同的只是用圆形方孔的红钱替代了原来"桃仁形"的普尔钱，形成了南疆的红钱区。

红钱是清政府统一新疆后的第二年，即乾隆二十五年（1760）由定边将军兆惠奏请铸造的。因为要销毁准噶尔汗国在叶尔羌铸造的普尔钱，清政府就在叶尔羌设立铸钱局，将收缴的普尔钱销毁后改铸成圆形方孔的乾隆通宝钱，背面用满文和维吾尔文注明叶尔羌。

这种方孔钱与清政府在内地统一铸造的制钱，虽然外形上看起来一样，但是内容上却有两点不同：

一是材质上没有掺杂铅、锡，而是直接用纯铜铸造；

二是钱币的背面除了满文，还铸有维吾尔文，标明铸地。

据《西域图志》卷三十五《钱法·名数》记载，乾隆皇帝在审核兆惠上报的样钱时，曾经写下了"形犹腾格因其俗，宝铸乾隆奉此同"的诗句。其"奉此同"的原则性与"因其俗"的灵活性，在红钱身上可以说是得到了完美的体现。

（二）

清政府在新疆南路实行红钱制度，一方面是尊重当地民众习用红钱的传统；另一方面是这样做有利于收缴、销毁旧钱，顺利统一货币制度，保持社会稳定。新铸的乾隆通宝采用红铜，每枚重二钱，与原来流通使用的普尔钱在钱质、重量上完全一致。背面加铸维吾尔文，便于当地民众辨认，这有利于统一货币工作的顺利完成。

日本和中国台湾的学者曾经认为，红钱制度是清朝统治者所推行的"汉回隔离"政策的一种表现。这种观点不能说没有道理，客观地讲，如果从清代红钱制度实施的全过程来看，最初确实存在"汉回隔离"的考虑。但是，这种意识与动机在不断地淡化，后来就逐渐不存在了。乾隆皇帝在南疆实行红钱制度后不久，考虑过北疆也"照回部之例"建局"铸造乾隆通宝，永远遵行"。当有人将宝伊局的钱带往南疆冒充红钱使用时，他又提出"不如将伊犁钱文与回地普尔画一办理，使奸商无所获利，自然不复滋弊"[1]。道光皇帝甚至还想将红钱制度推行到关内的陕、甘两省。新疆建省之后，红钱就被推广到了北疆，成为全疆统一使用的货币。

新疆被划分成红钱与制钱两种不同的货币流通区后，两种钱的兑换比率是多少？两者又是如何兑换的呢？

红钱每枚重二钱，含铜量在 90% 以上。制钱的含铜量只有 60%，其余 40% 为铅、锡等劣质金属，标准重量只有一钱二分。红钱与制钱的材质和重量都不相同，所以它们的币值也不相同。最初规定一枚红

---

[1] 《清实录·乾隆朝实录》卷一〇九。

钱兑换 10 枚制钱,后来调整为 1 : 5,即 1 枚红钱可以兑换 5 枚制钱,
这一比值延续使用到清末。

红钱区与制钱区以吐鲁番地区的托克逊为界。那里是北疆通往南
疆的门户,专门设有货币兑换点,为往来的官员以及商客提供兑换服
务。道光二十四年(1844)去南疆勘查耕地的林则徐[①],以及咸丰元年
(1851)去叶尔羌任职的倭仁[②],都在日记和游记中记载了进入南疆之
前在托克逊将制钱兑换成红钱的经历。

红钱与制钱虽然确立了兑换比率,也设立了兑换地点,但是在
同一个地区发行、使用两种不同的货币,并且划区流通,给人员往来、
货物交流以及经济发展都带来了诸多不便并且影响深远,新疆在民国
时期形成的"省票区"与"喀票区"与此不无关系。

(三)

新疆地区从唐朝以后逐渐就接受了伊斯兰教,钱币文化也被伊
斯兰化了,钱币都是打制技术铸造的圆形无孔钱。譬如喀喇汗朝、察
合台汗国、叶尔羌汗国以及准噶尔汗国的钱币,都是用打压法制成的。
此前汉唐时期从中原传入的浇铸技术早已失传。那么铸造红钱的技术
又是如何解决的呢?

这全靠宝陕局的技术支持。

据记载,应当时主持南疆事务的定边将军兆惠的请求,清政府命

[①] 《林则徐集·日记》:"道光二十五年正月二十五日,……傍晚时已至托克逊……
此地颇不荒寂,凡赴南路者多于此易换红钱,缘过此则不用青钱也。红钱一文
抵青钱五文者,背面铸'五'字;抵十文者,背面铸'十'字。今市上常行之
红钱,背无铸字,每一文亦抵青钱四文之用。"

[②] 倭仁,《莎车行记》:"宿托克逊,制钱行使止此,以西皆用红钱。"

令陕西巡抚从宝陕局派来八名技术工匠，携带铸钱所需要的成套器具两副，三月中旬从西安出发，历时五个多月，到了八月才抵达叶尔羌，九月就开炉铸钱。最初是用军营里备用的余铜，铸钱 50 多万枚，兑换原来的准噶尔普尔钱，销毁旧钱后再铸新钱。新铸造的钱主要供叶尔羌、喀什噶尔、和田三城使用。

绥疆懋績

图 8-24　兆惠

　　不仅是叶尔羌局，后来设立的阿克苏局以及北疆的宝伊局，都是在宝陕局技术工匠的主持下筹建的。因此，新疆最初铸造的钱币都带有明显的宝陕局的特点，这从乾隆当朝所铸造的乾隆通宝钱币正面文字上就可以清楚地看出。后来补铸的乾隆通宝逐渐就没有了宝陕局的特点，更多体现的是浓郁的新疆风格。

　　红钱的形制是由乾隆皇帝钦定的，《西域图志》卷三十五《钱法·制式》记载："从各省之例，附彼处城名于其幕，而正面遵用天朝年号，以彰同文之制；幕文兼用回字者，从其俗也。"红钱在外观上与内地各省通用的制钱一样，正面用汉字铸"乾隆通宝"。制钱的背面只有满文一种，在穿孔的左右为满文"宝某"表示铸局。但是，红钱的背面用满文和维吾尔文标注地名叶尔羌，分列穿孔的左右。因为保留了用纯铜铸钱的传统，钱币的色泽红润，内地人形象地称之为"红钱"。但是，当地民众则仍然称之为"普尔"或"雅尔马克"，表示的都是铜钱。

图 8-25　乾隆通宝（满文"叶尔奇木"）

除了叶尔羌局，清政府在南疆还先后设立了阿克苏、乌什、库车、喀什噶尔等四个铸钱局。其中，最重要的是阿克苏局及后来的库车局。

图 8-26　乾隆通宝（叶尔羌局）

图 8-27　乾隆通宝（阿克苏局）

图 8-28　乾隆通宝（乌什局）

图 8-29　乾隆通宝（喀什局）

叶尔羌不产铜，叶尔羌局的主要任务是销毁普尔钱。而阿克苏地区铜矿资源丰富，因此在叶尔羌局设立后的第二年，即乾隆二十六年（1761）又设立了阿克苏局，承担在南疆铸造新货币的使命。

图 8-30　乾隆通宝（阿克苏局，背"九"）

乌什局是乾隆三十一年（1766）将阿克苏局移迁到乌什铸钱而形成的。这与镇压乌什爆发的一场农民起义后，清政府在政治及军事上所做的调整有关。当时将驻南疆的参赞大臣由喀什噶尔迁往乌什，兼辖阿克苏及喀什噶尔。乌什的地位顿时提高，成为清政府管理南疆回部各城的政治及军事中心。顺应这一调整，同时也为发放兵饷的便利，于是将原设于阿克苏的铸钱局移设乌什，成为清政府在新疆设立的第三个铸钱局。但是，乌什地处偏僻，交通不便，又不产铜，也没有熟练的工匠，铸钱所需要的一切都要从阿克苏等处运来，劳民伤财，得不偿失。因此，到了嘉庆四年，又将铸钱局从乌什移回了阿克苏。

库车和喀什噶尔两个铸钱局都是在咸丰年间为了赶铸大钱而设立的。铸造大钱的风潮过去之后，喀什噶尔局就停铸了。但是，库车局不但保留了下来，还和阿克苏局一起，成为光绪年间新疆最重要的铸钱局。实际上，新疆红钱主要是阿克苏局和库车局铸造的。

（四）

新疆红钱之所以能够吸引海内外的钱币收藏爱好者不惜重金求购，显然不仅仅是因为它的颜色与众不同，更主要的是它丰富多彩的文化内涵、独特的地域风情、遥远的丝路情怀。

下面我就选取比较有代表性的红钱给大家做一简单介绍。

道光通宝背铸"八年五""八年十"

那彦成于道光八年铸造于阿克苏。它不但见证了平定张格尔叛乱这一重大历史事件，同时影响了此后红钱背面必须加铸一个"十"字，否则当地的维吾尔族民众就认为不是官铸的钱，只能折半使用。这不但成为新疆红钱上面一道独特的风景线，甚至还是后来朝廷里主张铸行大钱者的现实依据，并因此而成为咸丰朝广铸大钱的滥觞。

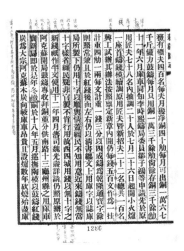

图 8-31 《新疆图志·钱法》中关于加铸"十"字的记载

光绪丁未、光绪戊申

钱文不是按照惯例用"光绪"年号加"通宝"二字，而是"光绪"年号加农历干支纪年"丁未"和"戊申"。这两种钱币用农历干支纪名，既是一种纪名钱，也是一种纪年钱。这打破了自唐朝武德四年铸开元通宝以来的命名惯例，实在是太过大胆且别出心裁，彭信威先生也认为"这在中国的钱制上是一种创制"，可惜的是制作过于粗陋。

图 8-32　光绪戊申、光绪丁未

新疆建省纪念币

光绪十年（1884）新疆建省。为了纪念新疆政治生活中的这件大事，库车局特意铸造了两种建省纪念币。正面都是"光绪通宝"四字，背面穿上为"九年"，穿下为"十"字。一种穿左右为满文、维吾尔文"库车"；另一种穿左右为满文"宝库"。阿克苏局铸造的正面为"乾隆通宝"，背面穿上为"九"，穿左右为满、维文"阿克苏"。

图 8-33　光绪通宝（宝库"九年十"）

图 8-34　光绪通宝（库车"九年十"）

　　钱币背面的"九年"及"九"字，显然是模仿道光"八年十"的格式，用以纪年而别有寓意。新疆建省这一过程从光绪九年开始，到光绪十年任命刘锦棠为巡抚后始告完成，所以钱文纪年用的是"九年"。铸造流通的铜质纪年方孔圆钱建省纪念币，是只有新疆红钱才能出现的一大创新。

乾隆通宝钱

　　此钱币不但有当朝铸造的，还有后朝补铸的。乾隆皇帝为了纪念他重新统一新疆之功，曾经在乾隆三十九年（1774）明令他的子孙们，在乾隆朝以后"不便照内地钱文，随时改铸"，而是要"永远恪遵，不必改毁另铸"。所以，新疆地区的乾隆通宝钱要永远铸造，历朝通用，成为定例。当朝铸造的乾隆通宝钱钱体厚重、规整，数量较少；后来补铸的钱体轻薄、简陋，数量大，版式杂。这更增加了红钱版别的复杂性。

各个铸局之间相互代铸钱币

更绝的是，红钱各个铸钱局之间还经常有相互代铸钱币的事。通常的做法是钱币背面穿孔的左右用满文、维吾尔文所纪的地名为实际铸造钱币的局名，穿孔的上面用汉字标注所代铸的钱局名称。如"阿""库""喀"等字即分别代表阿克苏、库车、喀什噶尔等，但也有例外。库车局在宣统元年代乌什局铸造"宣统通宝"时，就打破了代铸钱币在背面记地名时的惯例，反其道而行之，用满文、维吾尔文注明所代铸的局名乌什，汉字"库十"却表明此钱实际为库车局所铸。即"上用库字，以志库局所制。下仍用十字，以顺舆情"。如果不是《新疆图志》上有这一段记载，会给大家一种错觉，以为早在嘉庆四年就停铸的乌什局在宣统年间又突然开炉铸钱了。

图 8-35　宣统通宝（背"库十"）

库车局别出心裁，打破惯例，独创出多种奇特的品种

在红钱的铸造中，最富创意的是库车局，它完全不按常理出牌，别出心裁。如：模仿制钱用满文"宝库"记局名；背面均以半边月圈为记；背面的维吾尔文不标局名，而为拼写的汉文"光绪"；背面纪汉字"库局"；铸造内地局名的红钱；等等，不一而足。这更增加了红钱版别的多样性、复杂性，满足了钱币收藏爱好者的需求。

图 8-36 乾隆通宝（背维文"光绪"）

图 8-37 乾隆通宝（背"库局"）

（五）

新疆红钱作为我国古代钱币文化大花园中的一朵奇葩，向来以种类众多、版式繁杂、违反惯例、别出心裁而呈现出一种独特的异域风情。这与内地千面一孔、标准划一、毫无创新的制钱相比，自然成为收藏爱好者梦寐以求的目标。

另外，铸造的红钱大部分是作为军饷发放给驻军使用，其铸造多与重大的事件有关。因此，红钱作为新疆很多重大历史事件的见证者，既能给收藏者带来厚重的历史感，又可以起到证史、补史的作用，因而具有重要的学术价值。

新疆红钱在新疆的南疆地区铸造，流通使用也仅限于当地。因此，早期内地的人很难见到。即便是专门的钱币收藏爱好者，也很难收集到新疆的红钱。对海外的钱币收藏爱好者来说，红钱更是一币难求，偶有所得，便视为珍品，甚至要专门摆桌酒席，邀请同好们一起欣赏把玩。到了 20 世纪 80 年代，随着改革开放政策的实行，新疆与内地的联系、交流增加，才开始有大量的红钱流出新疆。当时，内地百废待兴，钱币收藏才刚刚起步，因此红钱主要流向了海外。于是，在我国的港、澳、台以及日本、东南亚地区形成了一股收藏、研究新疆红钱的热潮。但这些地方的收藏爱好者主要是从版别的角度收录了新疆红钱各种不同的版别和品种，并标注了珍稀度，给收藏者提供参考指南，而很少挖掘红钱背后深厚的历史文化底蕴。

实际上，新疆红钱是一个完整的体系，只有放在东西方货币文化交流的大背景下来考察，其文化价值才能彰显出来。从历史上看，东西方货币文化的交流大致经历了如下四个阶段。

第一阶段是西方货币向东传播，时间大约是公元前 4 世纪至公元 8 世纪。随着亚历山大大帝的东征及随后的希腊化影响，发源于地中海沿岸的希腊钱币文化首先传入中亚地区，影响了当地钱币的设计和制作。

第二阶段是东方货币向西传播，时间大约是公元前 2 世纪至公元 8 世纪。随着张骞出使西域及随后西域都护府的设立和有效管理，发源于黄河流域的中国钱币文化开始传入中亚地区。五铢钱在中亚地区的流通使用，深刻影响了当地钱币的设计和制作。

第三阶段是伊斯兰化，时间大约是公元 8 世纪至 18 世纪。随着阿拉伯势力的向外扩张以及伊斯兰教的东传，中亚地区自 8 世纪开启了对后世影响深远的伊斯兰化进程。受此影响，中亚地区的钱币文化最终也被伊斯兰化。

第四阶段是回归东方，时间大约是 18 世纪中期至 20 世纪初。乾隆二十四年（1759）清朝政府重新统一新疆，仿照内地制钱式样铸造发行了圆形方孔钱，中国钱币文化又重新传入中亚地区，并将中亚东部即新疆地区重新纳入中国统一的钱币文化体系。

我们相信随着"一带一路"倡议的推进，作为丝绸之路钱币文化重要组成部分的新疆红钱，其独特的文化价值将会被更多的海内外钱币收藏爱好者挖掘出来，掀起一股新的、更高层次的新疆红钱收藏、研究的热潮。

清军收复新疆是乾隆"十全武功"的重要组成部分，也是"康乾盛世"的标志性事件之一。但是盛极则衰，那清朝是如何转入衰世的呢？

3

反映清朝国势转衰的钱币

嘉庆皇帝在位二十五年，正好处于清朝"康乾盛世"和"道咸衰世"之间，可以说是清朝国力由盛转衰的转折点。清朝的国势为什么在嘉庆皇帝之后就急剧衰落了呢？实际上，这与钱币有着密切的关系。清朝当时使用的是银钱复本位制，银钱比价关系的波动导致银贵钱贱，致使农民及小手工业者纷纷破产，加剧了社会矛盾。另外，白银的外流更使清政府财政亏空，由此引发了林则徐的禁烟及鸦片战争，最终爆发了太平天国起义。

本节将通过嘉庆通宝从钱币的视角分析清朝国运由盛转衰的原因，并通过道光通宝、咸丰通宝、太平天国圣宝讲述鸦片战争之后，内忧外患下清政府的艰难自救。

一、嘉庆通宝：见证了清朝国运转折的钱币

乾隆之后嘉庆朝（1796—1820）的二十五年，是清朝国力由盛转衰的转折点。它上承励精图治、开拓疆宇、四征不庭、揆文奋武的

"康乾盛世"，下启鸦片战争、南京签约、联军入京、帝后出逃的"道咸衰世"，夹在中间的嘉庆皇帝扮演了大清帝国由极盛而转为衰败的过渡者角色。

（一）

嘉庆通宝钱铸造于嘉庆元年（1796）。当时户部宝泉局和工部宝源局并没有全额铸造嘉庆通宝钱，只铸造了八成，另外两成铸造的仍然是乾隆通宝钱。这是因为乾隆不想超过在位六十一年的康熙，因此在当了六十年皇帝之后，将皇位禅让于十五子嘉亲王颙琰。颙琰登基之后改元嘉庆，为了表示对太上皇的尊重，特意在嘉庆朝继续铸造乾隆通宝钱。直到四年后乾隆去世，才全额铸造他自己的年号钱嘉庆通宝。但是，在新疆地区，为了纪念乾隆平定新疆的功劳，由登基之初乾隆、嘉庆两种年号钱各铸造一半，改为乾隆占两成、嘉庆占八成，这一比例一直保持到清朝末年。因此，新疆的红钱中存在大量的后铸乾隆年号钱。

嘉庆通宝钱在形制上与乾隆通宝钱一样，都遵循了雍正通宝钱所确定的，正面为年号加通宝、背面为满文纪局名的式样。嘉庆通宝名义上的重量与乾隆通宝一样，每枚钱币重一钱二分，但它实际的重量与尺寸却多有不同，重量一般在2~4克之间，直径则是22~26毫米。嘉庆通宝重量与尺寸上的这种波动变化，主要是为了调剂银钱之间的比价关系，而对钱币重量进行了增减。

图 8-38　嘉庆通宝（宝源局雕母）

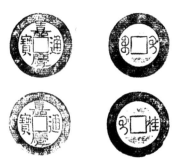

图 8-39　嘉庆通宝（宝桂局）

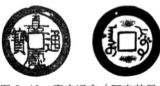

图 8-40　嘉庆通宝（阿克苏局）

　　银钱的比价关系是清代货币制度中最为核心的问题。清政府自入关以来，历经顺治、康熙、雍正、乾隆四朝，基本上维持了一个半多世纪银钱比值关系的相对稳定。到了嘉庆统治时期，银钱的比价关系却出现了巨大波动，最初是钱贵银贱，后来又逆转为银贵钱贱。对于银钱关系的这一波动，清政府因为财力枯竭，已经无力进行调节，嘉庆皇帝最后甚至放弃了自顺治以来一百多年银钱比值"官为定制"的这一祖宗之法。这是为什么？它又产生了怎样的后果？

　　这要从清初所实行的"银钱复本位制"的货币制度说起。

　　清代的货币制度沿袭自明朝，实行的也是所谓的"银钱复本位制"。白银主要在政府收税以及大额支付时使用，而民间日常流通使用的主要还是铜钱，对铜钱的使用也没有数量上的限制。白银的使用除了传统的银块、银锭，在清朝初年的顺治、康熙、雍正、乾隆四朝，还有外商输入的各种银元。但是，这些外国银元也都被视作银块称量使用。因为各种白银的成色不同，各地的秤码又不统一，使用的时候需要换算，多有不便。因此，在实际的流通中，民众更愿意将手中的小银块或碎银，拿到钱铺中去兑换成铜钱供日常使用。因此，乾隆皇帝曾经说："今惟以钱为适用，其应用银者皆以钱代。"[1]

在清朝统治的二百六十多年间，银钱之间的比价关系，除了鸦片战争前后几十年间是钱贱银贵，其余的二百多年都以钱贵银贱为主进行波动。特别是在顺治元年到乾隆六十年（1644—1795）约一个半世纪的时间段内，银钱比价虽然有波动，但是清政府通过财政政策和货币手段进行调整，总体的比价是稳定的，大致围绕一两白银兑换 1000 枚铜钱上下波动。这是清初维持社会稳定、成就康乾盛世的重要基础。

清政府为了保持银钱比价的稳定，采取的调控手段主要有两种：一种是财政手段，主要是通过官方核定银钱的比价，或者是调整铜钱与白银的投放以及回收比例来进行；另一种是货币手段，主要是通过增加或减少铜钱的重量，以及增加或减少铜钱的铸造数量来实现。这两种调控手段的目的实际上只有一个，那就是将银钱的比价尽量维持在一两白银兑换 1000 枚铜钱这一比例上。

到了乾隆朝的中后期，清朝入关已经将近一个半世纪，中国传统社会所固有的各种社会矛盾积累到了一定程度，危机日益加重，银钱之间的比价越来越难以维持。这一方面是因为政治上权臣当道，吏治败坏，各级官员贪污腐败严重，国库日渐空虚，政府调控银钱比值的能力降低。另一方面是因为鸦片走私贸易越来越严重，导致大量的白银外流。因此，到了嘉庆统治时期，银钱的比价关系开始由钱贵银贱

---

[1] 《清朝文献通考》卷十六。

变为银贵钱贱，到了嘉庆十三年（1808）钱价更是急转直下。史载："江、浙两省钱贱银昂，商民交困。"到了嘉庆二十四年，"银价增昂，每两换制钱一千三百余文"。

嘉庆皇帝面对各地平抑银价、调剂银钱比值的呼声，只能无可奈何地说："各直省钱价消长不齐，势不能官为定制。"意思就是要将银钱之间的比价交由市场决定，无奈地放弃了自清初以来一百多年间，调剂银钱比价"官为定制"这一祖宗之法。这说明当时清政府的财力已经匮乏到没有调控的能力了。

钱贱银贵更加重了底层民众的负担。因为农民、手工业者出售自己的产品或佣工所获得的基本上都是铜钱，但是缴纳各种赋税时，又必须将铜钱换成白银上缴，而钱贱银贵额外增加了一份负担，很多底层民众因此破产。加之乾隆皇帝又大兴文字狱，更加重了各种社会矛盾。这就是乾隆末年大规模爆发并延续到嘉庆朝，蔓延至四川、湖北、陕西等省的白莲教起义，以及湖南、广西爆发的苗民起义的社会基础。平定起义的巨额军费开支以及战争的破坏，又进一步加重了财政负担。因此，嘉庆朝就成了清朝统治由盛转衰的转折点。

（二）

除了固有的各种社会矛盾长期积累而导致的银钱比价关系失衡这一最重要的经济因素，乾隆朝后期政治的腐败也是清朝由盛转衰的一个重要原因。

乾隆是清朝入关后的第四位皇帝，在位六十年，将皇位禅让给嘉庆后又当了四年的太上皇，实际控制朝政长达六十四年，是中国古代在位时间最长的皇帝之一。

乾隆统治的前期，他在继承和发展雍正所推行的整顿吏治、清查亏空、摊丁入亩、火耗归公、官绅纳粮、移民政策、改土归流、豁除贱籍等改革政策的同时，也以极大的勇气调整了雍正过于严苛的施政风格，改以儒家的理念为指导，实行宽缓的政策，对百姓实行仁政，对大臣官员宽容开明，极大地缓和了雍正时期的政治紧张气氛。

另外，乾隆对前朝的一些错误政策和措施也进行了调整和纠正。譬如：雍正皇帝因为崇信"祥瑞"，迷信炼丹等长生之术，在宫中供养了一些僧道，这些僧道都被不信丹术的乾隆皇帝驱逐出宫，并下令以后严禁呈报"祥瑞"，"凡庆云、嘉谷一切祥瑞之事，皆不许陈奏"。另外，针对火耗归公和摊丁入亩中的失误，乾隆皇帝也予以纠正，要求以后各地奏报垦荒田亩时，必详办查核，"不得丝毫假饰以滋闾阎之累"。

通过这些政策措施，乾隆朝的政治和经济在康熙、雍正两朝的基础上得以向前发展。到乾隆统治的中期，全国各地区的农业、手工业和商业都有较大程度的发展，耕地面积扩大，人口激增，国库充实，整个社会经济得到了空前的发展。单就国库存银来说，长期都保持在六七千万两，几乎相当于全国每年赋税总收入的两倍。文化事业也很发达，编印了《四库全书》这一古代文化的集大成之作。清朝进入了被后世盛赞为文治武功兼备、疆域空前辽阔、社会繁荣、文化发达的"康乾盛世"的鼎盛时期。

正所谓物极必反，在这种全盛之象的背后，实际上正孕育着衰败的因素。中年以后的乾隆皇帝，因为好大喜功，极度奢侈，而导致吏治开始败坏，而政治腐败更是迅速地蔓延开来。

乾隆皇帝好大喜功，生活极度奢侈。主要表现是他在皇太后八十大寿以及他自己八十寿辰时大兴土木、任意挥霍，"京师巨典繁盛"，与皇太后六十寿辰相比，有过之而无不及。另外他多次巡幸各地，游山玩水，尤其以六下江南最为著名，靡费特甚，耗用国家大量的人力物力。上行下效，在皇帝的示范效应下，各级以及各地的大官僚、大地主、大商人竞相效仿，骄奢淫逸、贪污腐化之风开始在朝野盛行，由此带来了吏治的败坏和政治的腐败。

吏治的败坏是乾隆统治后期一个非常严重的政治问题。这源于乾隆皇帝晚年宠信和珅，导致和珅专权、贪赃枉法，从而严重破坏了吏治。

和珅最初虽然只是内务府的銮仪卫，即乾隆皇帝仪仗队的一名侍从，但因为他容貌俊朗，为人机警，精通满、汉、蒙、藏四种语言，更熟读四书五经，受到乾隆皇帝的欣赏而得宠，一路升迁，直至位居军机大臣、户部尚书并被授予大学士，前后专权达二十四年之久。

和珅最初为官时非常清廉，1780年通过审结李侍尧案巩固了在官场中的地位，后来随着权力的增加，私欲也日益膨胀，他利用职务之便，结党营私，聚敛钱财，打击政敌，积攒了大量钱财。和珅秉政期间，他利用乾隆皇帝年老昏愦、喜谀厌谏的心理，报喜不报忧，一方面积极经营，扩大权势，致使"内而公卿，外而藩阃，皆出其门"；另一方面则是凭借他掌握的权势索取贿赂，大肆"纳贿谄附者，多得清要，中立不倚者，如非抵罪，亦必潦倒"，从中搜刮了骇人听闻的巨额财富，并因此带坏了官场风气，使得乾隆后期的政治达到了非常腐朽的地步，各地贪腐大案频发。譬如：乾隆三十三年（1768）发生了两淮盐政高官和盐运使贪污盐引案；乾隆四十六年六月，甘肃出现了捐监贪腐案；乾隆四十七年四月，山东又爆发了巡抚亏空库帑案。

对于这些贪腐案件，乾隆皇帝虽然命令刑部严肃查办，对于各案要犯都处以极其严厉的刑罚，但是贪腐之风并未有所收敛。相反，贪腐的恶性发展使得各级官吏严重不纯，为政素质普遍降低。吏治一坏，直接导致了乾隆朝后期的政治日益走向腐败。

乾隆朝中期以后，官场中更是形成了各种陈陈相因的陈规陋习。当时下级官员觐见上司时，都要馈送银钱；年节生辰，更要进送礼品；官员外放，也要通贿吏部官员以及京中大员；钦差及督抚大员赴任途经地方，地方官员必须馈赠盘费。这样，上至阁老大员，下至胥吏差役，都从这种陋习中获取厚利。因为"州县有千金之通融，则胥役得乘而牟万金之利；督抚有万金之通融，州县得乘而牟十万之利"。

乾隆朝中期以后，土地的高度集中和残酷的剥削将广大农民逼向了绝境，与啼饥号寒、无以为生的广大农民形成鲜明对照的，是各级统治者穷奢极欲、醉生梦死的腐朽生活，这加剧了社会的两极分化。统治者的腐败没落，预示着皇朝日渐衰落的命运。政治的腐败没落，激化了国内阶级矛盾、民族矛盾，乾隆朝末期以后，以白莲教以及苗民起义为代表的农民起义的烈火，迅速燃遍了大江南北。

（三）

除了经济上的银钱比价关系失衡，以及政治上乾隆朝后期吏治的日益腐败等客观原因，清朝在嘉庆统治时期开始由盛转衰最直接的原因，则是嘉庆皇帝本人平庸的施政表现。

颙琰如果不当皇帝，只是做一名普通皇子，还是很优秀的。他少年时学习儒家文化，成绩也不错，"英词炳蔚，援笔立就，动成典则"，成年之后，几乎没有不良嗜好。他崇俭勤事，除了喜欢听戏和打猎，就是通读经史，对于诸史、通鉴，达到"上下三千年，治迹之目了然"的程度。乾隆五十四年他被封为和硕嘉亲王，乾隆六十年被正式册立为皇太子。第二年正月初一，乾隆皇帝举行禅位大典，颙琰即帝位，改元嘉庆。

执政之后，嘉庆从乾隆手中接过来的是一个"金玉其外，败絮其中"的烂摊子。当时的清朝虽然表面上看疆域辽阔、人口众多、歌舞升平，呈现的还是一派盛世的气象，但是内部却早已经是国库空虚，纪纲败坏，官员贪腐，民不聊生，武力不竞，教徒纷起，完全是一个危机四伏的政局。造成这种危机局面的原因，主要是乾隆皇帝执政的时间太过漫长，加之他又本性奢侈。

乾隆既是中国有文字记载以来享年最高的皇帝，也是中国历史上实际执政时间最长的皇帝。他本人虽然以"持盈保泰"自励，但是月盈则亏，水满则溢。在长达六十四年的统治中，特别是到了晚年，自吹的"十大武功"更使他志骄意满，思想僵化，喜谀恶谏，懒于进取。老人御政，自然是宵小环绕，长年累月积累下来的各种弊端，最终引发了严重的社会危机。

嘉庆亲政之前，面对乾隆末年危机四伏的政局，他非常焦虑，想予以扭转。但是碍于太上皇还健在，只能韬光养晦，事事顺从，政事上不做任何更张。等到嘉庆四年（1799）正月初三，乾隆驾崩的当天，嘉庆宣布亲政，仅仅十五天之后，还在办理大丧期间，他就断然采取措施，将和珅革除职务，下刑部大狱，会审后宣布二十大罪状，赐他自尽，并查抄家产。

据文献记载，和珅被查抄的总财产是"二十亿两有奇，政府岁入七千万，而和珅以二十年之阁臣，其所蓄当一国二十年岁（税）入而强"。民间因此有"和珅跌倒、嘉庆吃饱"的说法。从中既可以看到和珅贪腐之猖獗，也说明乾隆晚年政治腐败之深重。

嘉庆对和珅的惩治，震慑了官场。接着嘉庆又要求地方官员对当地的民情"纤悉无隐"，据实陈报，想用这种办法来力戒官员的欺隐、粉饰、怠惰之风。这些措施虽然看似很有必要，但是却暴露了嘉庆皇帝政治上的平庸。

正如康熙经过六十一年的长期执政，到晚年所积累的弊端是继位的雍正通过摊丁入亩、火耗归公和"官绅一体当差"等改革措施予以纠正的，这才延续了康乾盛世。乾隆长达六十年执政所累积的弊端，也需要后继者能通过制度上的改革予以纠正。但遗憾的是，嘉庆与他的祖父雍正相比，是一位循规蹈矩有余、创新精神不足的人。他既没有理政的才能，又缺乏勇于作为的品格。因此，可以说平庸是嘉庆的主要性格特点。譬如：嘉庆只是把和珅当作个案来处理，认为天下的问题都是和珅不好造成的，而没有从制度上找根源，并没有将"和珅现象"当作制度性的弊端，通过制度性的改革来彻底解决。这既有嘉庆政治上平庸、缺乏创新精神的原因，同时也是受时代、传统的局限所致，他不可能突破祖宗家法、王朝利益。因此，嘉庆既不敢，也不愿，更没有魄力从体制上做大的、根本性的调整，只能做些头痛医头、脚痛医脚式的整顿，不可能从根本上扭转清王朝的衰落。这似乎又说明嘉庆的平庸，并不完全是他的性情所致，也受了时代的局限以及传统的束缚，又有其历史的必然性。

嘉庆在位的二十五年，虽然想一件一件地解决乾隆盛世遗留下来的各种危机，但他因循守旧的平庸性格却又使清王朝一步一步地陷入了更深的危机。他就在这一日日的抱怨、迷惑、痛苦、尴尬中度过了二十多年。其间虽然也经常心灰意懒，但是他却从来没有放松过权柄，直到去世前一天，他还在不知疲倦地处理政务。表面上看他一天到晚，废寝忘食，实际上，他早已习惯于不动脑子，让祖宗为自己动脑子。"体皇考之心为心，本皇考之治为治。"只要祖宗说过或做过的，他都依样画葫芦地贯彻执行。但是，他并不知道，他所碰上的是三千年未有之变局，嘉庆二十一年（1816），他因礼仪之争而龙颜大怒，下令驱逐了英国的阿美士德使团，这是英国继乾隆八十大寿时派出的马戛尔尼使团之后的又一个，也是最后一个寻求通商谈判的使团。最后这次谈判的机会错过之后仅仅二十三年，就爆发了那场鸦片战争。

嘉庆皇帝从亲政初期惩治和珅的积极有为，到去世时的平庸无为，历经二十五年。他前面连着康乾盛世，紧接其后的是鸦片战争。因此，可以说正是在嘉庆统治时期，大清王朝完成了由盛转衰的过渡。乾隆后期累积的弊政以及嘉庆本人的平庸虽然都是重要的原因，但是银钱比价关系的失衡却是最根本的。

道光继位之后，清朝无论是东南沿海还是西北边疆都已经是危机四伏。早在鸦片战争爆发之前，新疆地区就出现了分裂势力发动的叛乱。道光皇帝又是如何应对的呢?

二、道光通宝·八年十：为平定叛乱铸造的钱币

历史上，每当财政出现困难，统治者一般都会采用发行虚值大钱、实行通货膨胀的办法，向老百姓转嫁负担。虽然原因各不相同，做法也各有差异，但是结果基本上都是以失败告终，有的还直接导致了政权的覆灭。

但是，却有一次例外，虚值大钱不但发行成功、流通顺利，完成了历史使命，还对后来的货币政策产生了重大影响。这就是清朝道光年间，那彦成在新疆铸造发行的"道光通宝·八年十"大钱。

下面，我就结合当时新疆特殊的历史背景，介绍"道光通宝·八年十"大钱成功铸造的原因及其历史影响。

（一）

"道光通宝·八年十"铜钱是由钦差大臣那彦成受命处理平定张格尔叛乱的善后时，奏请道光皇帝批准，于道光八年（1828）在阿克苏铸钱局铸造的一种虚值大钱。它的正面与普通的道光通宝钱一样，铸有"道光通宝"四字，对读。背面穿上为"八年"，表示道光八年；穿下为"十"，表示当十，即1枚"道光通宝·八年十"当10枚小平钱的意思；穿孔的左右两侧分别用满文和察合台文标注地名"阿克苏"。

图 8-41　道光通宝（背"八年十"）

那彦成（1763—1833），清朝前期著名的大学士阿桂的孙子，他的家族属于满洲上三旗之一的正白旗，是名副其实的贵族出身。但是，那彦成的仕途却不像大多数的满洲贵族子弟那样，依靠祖父辈的功劳而获得，他完全是依靠自己的才学取得的。那彦成于乾隆五十四年（1789）考中进士，后出任伊犁领队大臣，喀喇沙尔、叶尔羌办事大臣，喀什噶尔参赞大臣等职，熟悉边疆事务。

饱读诗书并有学问的那彦成应该非常清楚历史上铸造虚值大钱、实行通货膨胀政策所带来的危害，但是，在平定张格尔叛乱之后，处理南疆善后的时候，他为什么还要铸造虚值的大钱呢？一向以谨慎著称的道光皇帝为什么又会同意那彦成铸造大钱的请示呢？

要回答这些问题，我们首先要从平定张格尔的叛乱说起。

（二）

　　张格尔是大和卓波罗尼都的孙子。"和卓"是波斯语"Khwaja"的音译，意为"圣人的后代"，指伊斯兰教的创立者穆罕默德的后裔。事实上，中亚以及新疆的所谓"和卓"，基本上都与穆罕默德没有任何血缘关系，他们的身世都是为了欺骗信徒而杜撰的。

　　新疆的"和卓"势力是叶尔羌汗国时期传入的，17世纪中叶统治叶尔羌汗国的察合台后王逐渐衰落后，代表伊斯兰教的和卓势力开始强大，并分为白山、黑山两派，以头戴白帽、黑帽相区别。两派长期争斗不已。

　　准噶尔汗国的噶尔丹第一次征服叶尔羌汗国时，扶植的是白山派。噶尔丹死后，白山派曾谋自立，又被策妄阿拉布坦征服，转而扶植黑山派，将白山派和卓阿玛特拘禁于伊犁。阿玛特在伊犁时生了两个儿子，就是后来的大和卓波罗尼都和小和卓霍集占。

　　乾隆十九年（1754）清政府平定准噶尔汗国之后，将囚禁中的大小和卓释放，委任他们去南疆劝降当地的封建主。但是，获释后回到南疆的大小和卓却违背了最初的承诺，发动了叛乱，失败后逃亡到中亚的巴达克山时被当地的部族所杀，他们的首级也被交给了清军。但是，和卓的后裔们则被位于今天乌兹别克斯坦一带的浩罕汗国收留，成为这些封建主与清政府进行交易的筹码。这些所谓的和卓后裔，在国外势力的唆使下，多次潜入南疆，在成为破坏新疆稳定祸源的同时，也开启了他们自己悲剧的人生。其中又以张格尔最为典型。

　　张格尔在浩罕汗国统治者的支持下，曾经于嘉庆二十五年（1820）、道光四年（1824）两次潜入南疆发动叛乱，但都被清军击溃。道光六年（1826）七月，张格尔第三次潜入南疆。他利用和卓后裔的身份进行宗教煽动，裹胁白山派信徒攻破喀什噶尔城，后来又先后攻陷英吉沙、叶尔羌、和田等南疆西四城，南疆一半的城池沦陷，引起全国的震动。

道光皇帝于是任命伊犁将军长龄为扬威将军，又从关内调集大军三万六千多人，集结在阿克苏，经过将近两年的围剿，于道光八年的除夕之夜将张格尔俘获，平定了叛乱。张格尔后来被押送至北京，在故宫的午门外举行受俘仪式后被处死。在故宫收藏的《平定回疆战图册》中，专门有一幅《午门受俘仪》，记录了当时的情景。

图 8-42 《平定回疆战图册·午门受俘仪》

（三）

叛乱虽然被平定了，但是善后却是一项复杂棘手的事，既涉及安抚南疆民众、早日恢复生产的内政方面，又与妥善协调处理中亚地区特别是与浩罕汗国的关系有关。道光皇帝经过慎重考虑，决定委任直隶总督那彦成为钦差大臣，亲赴南疆主持善后事宜。

当时，南疆地区最为急迫、需要马上解决的民生问题，是银贱钱贵导致的钱荒难题。而这一问题的出现，与平定张格尔的叛乱有直接关系。

张格尔叛乱最严重的时候，南疆一半的城池都已失陷，军情孔急。为了平定叛乱，清政府先后从内地调集了三万六千多人的大军，所携带的军饷全部是白银。驻军在当地采购日常生活必需品时，支付的都是白银，这就导致阿克苏以及南疆的市面上出现了以银贱钱贵为特点的钱荒现象。

据那彦成的调查，当时南疆地区的银钱比值出现了巨大波动。在平叛行动进行到最紧要的关头，阿克苏铜厂的官兵也曾经被调赴前线去作战，铸钱局更是一度"暂时停铸"，以至于计划委托远在伊犁的宝伊局代阿克苏局铸造红钱，这更加剧了银钱比值的大幅波动。

据统计，银钱比值由嘉庆朝至道光朝初年的一两白银兑换红钱二百五六十文这样一个长期稳定的比值，到了道光七年已经升至一两白银只能兑换红钱八十到一百文。

清军从关内带来的都是大额银锭，不便日常小额使用，加之缺少铜钱，扬威将军长龄认为如果增加红钱的铸造数量，阿克苏地区所产的铜满足不了需求，近处也无铜可买。因此，他主张利用价格偏低的白银铸造银钱来使用。奏请道光皇帝同意后，于道光七年（1827）二月，在阿克苏铸钱局，仿照红钱的式样及铸造技术，铸造了"道光通宝"圆形方孔银钱。一枚银钱重库平1钱，抵红钱十六文。投入市场，希望以此减轻钱荒的压力。

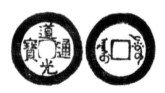

图 8-43　道光通宝（银钱）

银钱因为折算不便，又有民间掺杂造假，当长龄于道光八年初押解张格尔去北京请功之后，银钱就停铸了。银钱虽然仅仅流通了一年多，却也从一个侧面说明了当时钱荒的严重程度。道光通宝银钱是清代最早铸造的用于流通的圆形方孔银币，反映了白银由称量货币向计量货币过渡的历史趋势，在货币发展史上具有一定的意义。

叛乱平定之后，虽然一部分军队撤走了，但是"钱贵"即流通中铜钱缺少的现象依然存在，严重影响了当地百姓的日常生活和社会稳定。这是那彦成首先要解决的难题。

（四）

经过实地考察，那彦成认为如果按照常规思路来解决南疆的钱荒难题，将会陷入一个两难困境：如果采用增加钱币铸造量的办法，将会受制于铜量不足而无法实现；如果采用减轻铜钱重量的办法，又会破坏货币的信誉，更不足取。

无奈之下，他向道光皇帝建议，主张铸造大面值的铜钱，也就是通常所说的铸行大钱。具体的办法是，在原来的"当五"钱之外，另铸一种"当十"钱。

前文述及，清政府统一新疆南路之后，为了照顾当地民众用钱的习惯，在南疆铸造、使用的货币是红钱，新疆北部则和内地一样使用制钱。红钱每枚重二钱，制钱的标准重量为一钱二分。红钱与制钱因为材质和重量都不相同，因此它们的币值也不同。最初规定红钱与制钱的兑换比率为1∶10，后来调整为1∶5，这一比值延续使用到清末。

那彦成在给道光皇帝的奏折中所说的"当五"，指的是1枚红钱当5枚制钱，这原本就是红钱与制钱的兑换比值，所以"当五"钱实际上仍然是一文的小平红钱。"当十"指的是 1 枚红钱当 10 枚制钱，这相当于两枚小平红钱，实际上可以理解为是折二的红钱，这属于一种虚值的大钱。

对那彦成提出的币制改革建议，道光皇帝批示："普尔钱以一当五，行用多年，兹那彦成等请改铸当十钱，相间通用，事属创始，必须试行无弊，方为妥协。著详加体察，如果通行便利，固属甚善，倘有轻重挽杂，格碍难行之处，即据实奏明停止。"[①]意思就是说，红钱 1 枚当制钱 5 枚使用，已经行用多年。现在新铸一种当十钱，必须要试行无弊之后再行推广。如果试行得不顺利，就"据实奏明停止"。道光皇帝的态度虽然很慎重，但是基本上同意了那彦成铸造大钱的想法。于是，那彦成就在当年即道光八年在阿克苏铸钱局试铸了"当十"钱和"当五"钱，这就是新疆红钱中著名的"道光通宝·八年五"和"道光通宝·八年十"。

图 8-44　道光通宝·八年五

"八年五"的直径为 23~24.6 毫米，重 3~4.1 克；"八年十"的直径为 27~27.2 毫米，重 5.2~5.4 克。这两种钱币发行之后，市面反应不错，流通得很顺利。那彦成于是在第二年即道光九年将"当十"钱的比例由当初的十分之三提高为二分之一，即"当五"钱与"当十"钱各占一半，但是纪年仍然保持"八年"不变。"道光通宝·八年十"是

---

① 《清实录·道光朝实录》。

清代最早的纪年钱，也是纪值钱，因此它是一种既纪年又纪值的钱币，这是一种崭新的钱币命名形式。

（五）

历史上，凡是铸造虚值大钱的几乎都失败了。但是那彦成在阿克苏局铸造的"道光通宝·八年十"大钱却能够被市场接受，流通顺畅，并缓解了银贱钱贵的钱荒难题。这主要有如下几方面的原因。

首先，那彦成所铸造的"八年十"，虽然名义上是当十大钱，但实质上只是折二的红钱，折当并不算高，因此能够被市场接受。其次，当时钱荒的原因是突然流入了大量的白银，致使"银贱钱贵"，那彦成的"当十钱"因为增加了流通中红钱的数量，便利了民众日常的交易，因此在一定程度上缓解了钱荒难题，而容易被民众接受。再次，新疆的红钱不掺杂铅、锡、锌等配料，都是用纯净红铜铸造，这使得造假者无利可图，而无私铸的动因。最后，红钱仅限于在南疆一地流通，地域相对封闭，这也便于管理，因而不易于造假。

因此，那彦成铸造大钱的币制改革措施，客观上等于增加了红钱的数量，这在一定程度上缓解了当时南疆市面上的钱荒问题，也节省了一部分铸钱的费用。按照那彦成奏折中的估计，每年可节省白银3300两左右，达到了官民两便的效果，实现了双赢，所以，"道光通宝·八年十"被视为一次成功铸造大钱的案例。

"道光通宝·八年十"大钱虽然铸造的时间并不长，流通的地域也仅限于南疆一隅，但是它的影响却是持续和深远的，不但深刻影响了此后新疆红钱的铸造和流通，甚至还超出新疆影响了道光年间货币制度的制定以及咸丰年间大钱的铸造。

据《新疆图志》记载，自"道光通宝·八年十"之后，南疆各铸钱局所铸造的小平钱，都必须加铸一个"十"字。"盖缠民不知用意，近来铸钱，无'当十'字样者，缠民疑非官制，不肯行用。故西四城用钱，以无'十'字之新钱，只作半文使用。"意思是说，钱币上如果不带"十"字，当地的维吾尔族民众就认为不是官铸的钱，只能折半使用。所以，从那彦成铸造"道光通宝·八年十"以后，南疆铸造的红钱虽然已经和"当十"无关，都是小平钱，但是背面也都必须加铸一个"十"字。这成为新疆红钱上一道独特的印记。

清朝中期以后，钱荒成为普遍存在的难题，困扰朝野上下。从道光十八年（1838）开始，清朝政府从中央到地方的官员围绕铸大钱的议题进行了激烈争论。持肯定意见的人就举那彦成在阿克苏铸造的"道光通宝·八年十"为例，建议朝廷铸行大钱。

如御史张修育就说，"道光通宝·八年十"钱"咸称便利，至今遵行无弊"，建议陕甘总督"酌量情形，仿照试行，如有成效，再议推广"[1]。

御史雷以诚也认为"现可行于边疆，自应不滞于内地也"[2]。甚至道光皇帝也说："回疆所用当五、当十普尔钱文，行使多年，颇称便利。因思陕西、甘肃二省，相距非远，地方情形大略相同，当可仿照铸行，疏通圜法。"并要求陕甘总督富呢扬阿等"体察情形，妥议章程具奏"[3]。后来因为考虑到陕西、甘肃与新疆南路的情况到底不同，民俗习惯也不一样，没有贸然实行。

上述资料说明那彦成在阿克苏铸造的"道光通宝·八年十"大钱，已经成为主张在全国铸行大钱者的重要现实依据，这实际上也成为后

① 《中国近代货币史资料》第一辑，中华书局，1964。
② 《中国近代货币史资料》第一辑，中华书局，1964。
③ 《中国近代货币史资料》第一辑，中华书局，1964。

钱币上的中国史

来咸丰朝广铸大钱的滥觞，其影响已经超出了新疆，在清代货币史上也占有一定的地位。

（六）

那彦成在南疆的善后工作，从内政的民生方面看，他妥善地解决了钱荒难题，安抚了当地民众，稳定了社会局势，可以说是比较成功的。但是，在对外交涉方面，他却成了道光皇帝的替罪羊，并因此而葬送了仕途。

那彦成在铸造"道光通宝·八年十"的同时，对唆使并多次支持张格尔叛乱的浩罕汗国实行了断绝贸易的强硬政策。他的这种做法确实过于简单和强硬，反映了当时清政府中普遍存在的自视为"天朝大国"的自大且封闭的心理。那彦成对浩罕汗国的政策是道光皇帝批准的，他甚至还被道光称赞为"秉性刚方，怀才明干"。

但是，当浩罕汗国因贸易被清朝断绝，于道光十年（1830）又挟持和卓后裔玉素普，在南疆发动叛乱并出兵侵占喀什噶尔等地之后，那彦成就成了道光皇帝错误决策的替罪羊而被革职查办。

那彦成的命运使我想起了林则徐，他俩的命运何其相似：

同样被任命为钦差大臣，同样是受命去边疆处理棘手的难题——一个在广东，一个在新疆；同样最初都获得了道光皇帝的赞誉，最后又都为道光皇帝的错误决策充当了替罪羊，并被革职查办，身系牢狱。

唯一不同的是那彦成于道光十三年在"待罪"中病死，而林则徐经过在新疆八年流放的煎熬，终于等到了被重新起用的机会。但是，已经熬出一身病的林则徐，在被起用的途中也病死了。都以悲剧告终，这一点他俩的命运又是相同的。

"道光通宝·八年十"铸造成功了，那么部分大臣以此为案例建议铸造的咸丰大钱，命运又将会如何呢？

三、咸丰朝的钱钞制：中国历史上最混乱的币制

中国古代币制混乱的时候，基本上都发生在大分裂的战乱时期。统一政权发行的货币总体上是有序的，但是也有两次例外：一次是王莽的宝货制，另一次是清代咸丰年间的钱钞制。

世人多认为王莽的宝货制最为混乱，有所谓"五物六名二十八品"，并因此亡国。实际上，王莽的币制是杂而不乱，有脉络线索可寻；咸丰的钱钞制是既杂且乱，毫无规律可言，这一时期实为中国古代币制最为混乱的时期。

下面，我就结合钱币实物及有关文献资料考察咸丰朝的钱钞制，看看它到底乱到什么程度，又产生了什么样的影响。

（一）

咸丰朝币制的混乱，不仅表现在既铸钱又印钞，实行钱钞混用，还表现在广铸大钱的同时滥发纸币。大钱的面值、尺寸、材质应有尽有，五花八门，完全没有一个统一的标准；而纸币方面，既有与银作价的银钞，也有兑换铜钱的钱票。

清朝的统治者鉴于前代恶性通货膨胀的教训，对于大钱的铸造和纸币的使用都非常慎重，都是以不用为原则。大钱只有道光年间那彦成在善后新疆时使用过，并且只限于南疆一隅；纸币只是顺治初年为了筹集平定江南的军费而短暂发行过，大局稍微稳定之后就停止了发行。后来不但再没有铸造过大钱，也没有再发行过纸币，甚至连提

都不许再提。嘉庆十九年（1814），翰林院侍讲学士蔡之定在奏折中提议用发行纸币的办法，来填补因镇压白莲教起义而亏空的财政。该建议不但没有被朝廷采纳，蔡之定反而受到了"交部议处，以为妄言乱政者戒"的处分。但是，进入咸丰朝之后，朝廷的态度来了个一百八十度的大转弯，不但广铸大钱，还滥发纸币！这是为什么呢？

实际上都是被形势给逼的，就是俗话所说的"形势比人强"。

深陷内忧外患的清政府，为了摆脱财政危机以及流动性短缺，被迫采取了印发纸币、广铸大钱的办法。那危机是怎样一步步形成的呢？我们就从它的盛世乾隆末年看起。

乾隆末年，清政府还号称"天下承平，府库充溢"，那时国库里还存有7000多万两白银。到了嘉庆年间情况就开始发生变化。这一方面是为了镇压白莲教起义，耗费了大量国库存银；另一方面则是以英国商人为首的外商开始向中国走私鸦片，出现了白银外流的情况。白银外流的直接结果就是银贵钱贱，到了道光年间，银贵钱贱的现象更为严重。钱价跌得越多，铸钱亏损就越多。道光年间竟然有十一个省停止了铸钱。

清初白银一两可以兑换铜钱七八百文，嘉庆年间已经到了一千多文，道光、咸丰年间甚至到了两千多文。因为农民卖粮所得的收入是用铜钱计算的，而向政府缴纳赋税时又必须用白银，所以以银钱的比价每上升一成，农民的负担就加重一成。因此，银贵钱贱一方面给清政府带来了严重的财政危机，另一方面更加剧了农民以及小手工业者的赤贫化，这又进一步激化了社会矛盾。

鸦片战争之后，巨额赔款、外国商品大量倾销以及鸦片贸易的合法化，使得白银外流的情况更为严重，社会矛盾更加激化。咸丰登基的当年（1851），广西爆发了太平天国起义。后来随着富庶的江南大多沦陷，税收减少的同时，军费开支却在急剧地上涨，国库因此枯竭，财政进一步恶化。

"屋漏偏逢连阴雨"，长江中游被太平军占领后，"滇铜"北运的道路被切断了，产自云南的铜无法运到北京，就铸不成钱，发不了军饷；没有军饷，就无处采购军需用品，军心就不稳，清政府一下子到了崩溃的边缘。这在咸丰皇帝给军机处的上谕中表露无遗："军兴三载，糜饷已至二千九百六十三万余两……现在部库仅存正项待支银二十七万七千余两，七月应发兵饷尚多不敷。……若不及早筹维，岂能以有限之帑金供无穷之军饷乎？"[1]

正是在这种军情十万火急的情况之下，为了填补财政上的亏空，同时也解决钱荒，万般无奈的咸丰皇帝被迫于1853年4月初印发纸币，紧接着又于4月底铸造大钱。希望用这种历史上从来没有人使用过的非常之法，即纸币和大钱同时流通的办法，帮助他度过眼前最紧迫的危机。这就是咸丰的"钱钞制"，由此揭开了我国古代货币制度最为混乱的一段历史的序幕。

下面我们就来介绍咸丰皇帝的"钱钞制"，看看它到底混乱到了什么程度，能够"荣登"货币史之最。

（二）

首先介绍1853年4月初印发的纸币。这是清政府在顺治末年停用纸币之后第二次使用纸币，相隔了一百九十二年（1661—1853）。这次发行的纸币有两种：一种是"户部官票"，以银两为单位，又称"银票"或"银钞"，用高丽纸印制。面值分一两、三两、五两、十两、

---

[1] 《清实录·咸丰朝实录》卷九十七。

五十两；另一种是"大清宝钞"，以制钱为单位，又称"钱票"或"钱钞"，用较好的白纸印制。面值有二百五十文、五百文、一千文、一千五百文、二千文五种，后来又新增加了五千文、一万文、五万文、十万文四种面额的大钞，共有九种。

图 8-45　户部官票与大清宝钞

官票与宝钞简称"钞票"，后来将纸币通称为钞票就来源于此。它最初是指政府发行的纸币，后来也包含民间的钱票。官票和宝钞的面值，最初都是用手写，后来改用木戳加盖；形制则是仿自明朝的纸币"大明通行宝钞"。但因为是仓促发行，纸张和印刷都不如大明宝钞，尺寸上也要稍小一点，宝钞又比官票小一点。官票与宝钞又各有大小，大致与面额成正比。

官票与宝钞虽然注明可以与现钱兑换，但是从发行开始，这种纸币实际上就是不能兑换的国家强制流通的财政性纸币，根本不具备完全的法偿能力，交纳钱粮的时候，只能搭用三至五成。政府各种开支都用官票与宝钞搭放，但是发出去之后就再不肯收回了。虽然规定出纳都以五成为限，但实际上却是滥发无度。因此，官票与宝钞发行后很快就开始贬值，形成恶性通货膨胀。面值二十两的官票，实际上只能兑换实银一两。甚至在京城顺天府的军营发放军饷时，因为搭放官票与宝钞发生了拒收的事件。社会上拒收的情形更为普遍。

官票与宝钞很快贬值的根本原因，就是它自发行之日起，就是不兑现的纸币，因此丧失了信用。讲到这里，我们必须提到一个人，他就是户部右侍郎王茂荫。户部右侍郎相当于现在的财政部副部长。王茂荫虽然是最初发行纸币的提案人并参与了整个方案的设计，但是朝廷后来发行的官票与宝钞与他最初的设想相去甚远。

王茂荫的本意是发行可兑换的纸币。面对因不能兑换而日渐丧失信用的官票、宝钞，王茂荫于咸丰四年三月初五上奏朝廷建议改善发行办法。在他所提的四条建议中，最主要的是宝钞可以取钱、官票可以兑银，就是随时都可以兑现。因为清政府是在财政万般拮据、军情极为急迫的情况下发行纸币的，其目的是要弥补财政的亏空。因此，王茂荫不但有关纸币兑换的建议未被接受，还因为激怒了咸丰皇帝而被严行申斥，自请交部严议。咸丰说他"看伊奏折，似欲钞之通行；细审伊心，实欲钞之不行"[1]，并将他调离了户部。王茂荫的这份奏折以及咸丰皇帝的反应在当时影响很大，甚至引起了远在欧洲但是关注中国问题的马克思的注意。王茂荫因此被记入《资本论》，而成为《资本论》中唯一提到的中国人。

既然官票、宝钞不能实现兑换，那么清政府就只能从按规定搭放纸币的比例方面，严格整治有关官员的舞弊行为。除了屡次下发上谕严令各地照章搭放，还针对官吏的舞弊情形，由刑部和吏部分别制定了相关的处罚标准。但是，这种治标不治本的措施看似非常严厉，实

---

[1] 《清实录·咸丰朝实录》卷一二三。

际的效果并不大。

随着商品经济的发展，清代早在康熙年间就有民间钱庄发行的银票、钱票流通使用。这些票据都是民间发行的，全部靠信用维持，因为能够做到十足兑现，因此币值稳定并能长期流通。与之相比，咸丰朝所发行的官票、宝钞，虽然有政府的强力推行，但是因为不能兑现，信用始终树立不起来，贬值是必然的。当时，官票几乎已成废纸并基本绝迹，只有宝钞在捐纳中还可以部分搭放，或者是用来赎当。但是一千文的宝钞只能兑换当十钱一百多文，约合制钱二十三文。到了这一步，咸丰纸币作为货币的职能，实际上已经丧失。

咸丰十一年（1861），咸丰皇帝病死于承德行宫，慈禧政变上台后，于同治元年（1862）十一月初七下令直隶、山东、河南、四川等省各种赋税停止收钞，改收实银，各种开支也不再用钞。咸丰朝所发行的官票、宝钞前后流通不到十年就迅速失败，退出了历史的舞台。

受咸丰纸币危害最深的是社会底层的普通百姓，他们手中的钞票不断贬值，用之纳粮遭官吏克扣勒索，用之购物所得无几。此外，依靠俸饷养赡家用的八旗兵丁也是受害者，他们所领钞票"不能买物，则日用愈绌，强欲买物，则滋生事端"[1]。获利者除了清政府和各级贪官污吏，外国商人也乘机从中渔利。据罗振玉在《四朝钞币图录》"附考释"中记载，咸丰十一年钞票所值不到十分之一，"西欧美商人乃贱价购之，以五成纳海关税，悉照原票价目计算，官吏无以难也"。

与宋、金、元、明等历朝行钞相比，清朝咸丰年间所发行的纸币

---

① 《皇朝经世文续编》卷六十。

有两大特点：一是纸币的发行自始至终都是服从中央财政的需求，是为弥补国库的亏空，而非经济发展的需要；二是所发行的纸币既有银票又有钱票，并且和白银、铜钱搭放搭收，同时流通使用，这与元代的废弃金属货币完全使用纸币，以及明朝以大明宝钞为主币、铜钱为辅币的做法都不相同，更增加了币制的混乱。因此，可以说咸丰时期发行的纸币没有任何积极的意义，既不是社会经济发展的象征，更对社会进步毫无推动作用，反倒加剧了清朝币制的混乱。

（三）

下面介绍 1853 年 4 月底开始铸造的大钱。

4 月初已经发行了纸币，为什么紧接着于 4 月底又匆忙铸造大钱呢？这只能说明当时财政拮据、军情急迫的程度。大钱的铸造虽然显得很仓促，实际上它也有一个从提议到实施的过程。

最初提议铸造大钱的是四川学政何绍基、御史蔡绍洛，他们在咸丰即位之初就奏请变通钱法，铸造大钱。虽然没有获得批准，但是从咸丰二年（1852）开始，咸丰通宝就已由一钱二分减重为一钱，后来又减重为八分，实际上这已经是变相的大钱了。第二年年初又有人奏请铸造当十大钱，咸丰皇帝这次要户部议奏，就是研究后拿出意见。户部的意见非常明确，就是可以"试行当十大钱，每文以六钱为率"，并称"当五十一种或可与当十大钱一并试行"——甚至在当十大钱之外，还建议铸造当五十的大钱。咸丰皇帝很快批准了他们的建议，于4 月底陆续开始铸造当十、当五十的大钱，重量分别是六钱和一两八钱。这和此前每文重一钱二分的惯例相比，每铸当十大钱 1 枚，用铜量只相当于 10 枚制钱的一半，当五十的大钱则只有原来用铜量的十分之三。

图 8-46　咸丰通宝（小平钱）

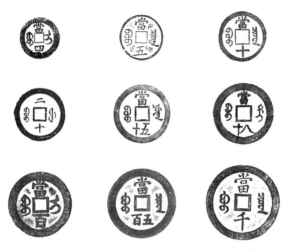

图 8-47　各种面值的咸丰钱（当四、当五、当十、当二十、当五十、当八十、当百、当五百、当千）

　　讲到咸丰大钱，必须提到一个人，此人就是惠亲王绵愉。就像王茂荫在纸币发行中所起的作用一样，绵愉在铸造大钱中也发挥了重要的推动作用，但是他们的性质不同，王茂荫起的是正面的积极作用，而绵愉所起的却是负面的消极作用。因为正是在他建议并带头捐铜设立铸钱局的情况下，才铸造了当百、当五百、当千等极端面值的咸丰大钱，将广铸大钱之风推向了"登峰造极"的不归路。

　　绵愉提议当千大钱以重二两为标准，当五百、当百大钱的重量依次递减。咸丰同意并在奏折上加了朱批："所奏是，户部速议具奏。"

从此开始，不仅中央户部的宝泉局、工部的宝源局鼓铸大钱，各省也都奉命设置铸钱机构，仿造户部成式铸造大钱。福建、陕西、云南、热河、甘肃、河南、湖南、湖北等省率先行动起来，原先已经停铸的宝河、宝蓟、宝济、宝台、宝巩、叶尔羌又重新开炉，并新设置了宝德、喀什噶尔、库车等局，共有二十九个铸钱局铸造了咸丰大钱。

面值当千、当五百的大钱，法定价值可以兑换制钱一千文和五百文。但是，它们实际上的金属比价只分别合制钱三十八文和三十文，如果减去工本费，则分别被政府强制增值了八百八十六文和四百一十文。清政府显然是把铸造大钱当成了填补财政亏空的工具。因此，各地纷纷开炉鼓铸，除了铜钱甚至还加铸了铁钱和铅钱。

清初铸钱本来沿袭明朝的制度，名称上只有"通宝"一种。但是咸丰年间因为赶铸大钱，又恢复了"重宝""元宝"的称呼。基本上是当五十以下称"重宝"，当百以上称"元宝"。但是，因为各地都铸，并且都要图利，所以咸丰大钱的名称、面值、尺寸、重量、材质、钱文五花八门，各有不同。后来随着币值的下跌，重量变动更是频繁，大小错出、轻重倒置是普遍现象。材质方面，除了黄铜、红铜，另有铁钱、铅钱；钱文方面，除了纪值，福建省铸造的大钱上面还有纪重；仅就面值而言，从一文到当千可以分为十六个档次；另有铁质大钱六种，铅质大钱四种。

所有这些都给私铸者提供了便利。

《光绪顺天府志》记载："未及一年，盗铸如云而起。"于是，到了第二年（咸丰四年）的七月，朝廷就下旨停铸了当千、当五百面值的大钱。十月以后当百、当五十也不许流通了。又过了一年，即咸丰五年，就只允许当十、当五大钱与制钱并行流通，其余面值的大钱都被废弃了。但是，当十大钱也开始迅速贬值，以至于社会上开始由最初的销毁制钱私铸大钱，变成了销毁大钱私铸制钱。

清政府为了维持大钱，虽然规定了搭放搭收的办法，但是仍然不能阻止当十大钱贬值的厄运。到了咸丰九年，每枚当十大钱只能兑换制钱二文左右。铁钱因为遭到民间的强烈抵制，跌价后已不敷成本，户部于咸丰九年七月奏准停铸。铅钱在市面上使用的时间极为短暂，有的说仅在北京一地使用，并且在咸丰五年以后就不见流通的记载了。

平定了太平天国起义之后，财政压力暂时得到了缓解，同时铸造大钱也已无利可图。于是，清政府又想恢复制钱的流通。但是，这时北京城内已经没有制钱了。无奈之下，清政府只能继续铸造当十大钱，直到光绪三十一年（1905）才宣布永远停铸当十大钱。至此，咸丰大钱的余波才算结束，但是距离清朝的灭亡也已经不远了。

（四）

咸丰朝共有十一年，始终面临严重的内忧外患：内有太平天国以及陕甘回民和捻军的起义，外有英法联军的入侵。巨额的军费开支引发了严重的财政危机，清政府无奈之下实行了通货膨胀政策。通过广铸大钱和滥发纸币，虽然暂时渡过了难关，延缓了清朝的灭亡，但是对于广大民众却是一场浩劫。另外，还有两点对此后中国历史的走向产生了重要的影响。

一是削弱了统治中国两千多年的专制皇权。

清政府因为迫不得已将铸币权下放各省，因铸币而积攒了大量财富的地方势力开始做大，使得咸丰后期地方督抚分权的现象日益严重。这迫使清政府的金融及货币政策的制定及其财政管理体制，由此前的一元化体制逐渐演变为中央集权和地方督抚分权并存的二元化体制。

二是破坏了中国传统币制的基础。

清初的货币制度沿袭了明朝银钱复本位制的做法，但是因为大钱的冲击，货币流通环境以及社会金融秩序都遭到了空前的破坏，传统的制钱以及银钱复本位制再难恢复，表明已经行用了两千多年的传统制钱行将瓦解。

咸丰朝所推行的钱钞制，其自身的出发点决定了它虽然有"破旧"的功能，却不可能起到"立新"的效果。自咸丰之后，中国的币制改革历经清末统一币制的"元两之争"，到北洋军阀时期的"废两改元"实践以及"国币"的铸造，直至国民政府的"法币改革"，才最终与国际社会接轨，初步建立了现代纸币制度。而咸丰朝的钱钞制，无疑为这一艰难改革的启动起到了"破旧"的作用。

咸丰朝币制上的"破旧"，很大一部分是太平天国起义带来的。那起义的太平军建立政权之后，又实行了怎样的币制呢？

四、太平天国·圣宝：天国也不太平

造成清朝后期币制如此紊乱的主要原因，是财政紧张导致的流通枯竭，而这又是因为当时清政府要同时面临对外、对内的两场战争。对外是第二次鸦片战争，对内则是太平天国起义。其中，太平天国起义是造成币制混乱的主要原因。清朝政府不但为此耗费了巨额的军费，还丢失了长江流域富庶省份的税源，甚至连铸钱所需要的"滇铜运京"的路线也被阻塞，直接导致无铜铸钱。军情孔急，为了应对流通急需，朝廷只能既铸造虚值大钱又发行纸币。

当时不仅清政府被货币流通所困，太平天国也遇到了同样的难题。

这是因为他们不承认清政府的合法性，视之为"妖"，并废除了清政府所发行的货币。于是他们按照太平天国的意识形态另外铸造了一套"圣宝"钱。

（一）

太平天国钱币，文献记载有金、银、铜币，但金、银币情况不详。流传下来的各种大小不一的铜币，都是太平天国癸好三年（1853）太平军定都南京后发行的以"圣宝"为名的钱币。太平天国各个占领区的币制并不统一，这可能是各地的将领自行铸钱造成的。

太平天国有三套成系统的钱币：一是楷书阔边，背"圣宝"直读，共分五等，小平、当五、当十、当五十、当百，可能是在天京（南京）铸造；二是方体宋字，估计钱范是由书版的雕匠所刻，共分四等，小平、当十、当五十、当百，有一枚特大的，同至正权钞钱一样大，可能是试铸的当千钱；三是隐起文楷书，背"圣宝"分列穿孔两侧，分四等，黄铜铸，有两个特点，一是钱币称"圣宝"，二是无纪值文字。

图 8-48　太平天国·圣宝（阔边）

图 8-49　太平天国·圣宝

此外，太平天国还有不成系统的五种钱币：一是厚肉楷书"太平圣宝"，背"天国"横读，有大小三种；二是楷书"太平天国"，背"圣宝"横读，有大小两种；三是楷书"天国圣宝"，背"太平"小钱；四是"天国圣宝"四字钱，一面为"天国"，另一面为"圣宝"，楷书，均为直读；五是"天国通宝"，一面为"天国"，一面为"通宝"，无"圣宝"两字，可能铸造得较早。除铜钱外，还铸有银钱。文献记载，李秀成曾经于同治元年赠送英国人银钱20枚、青钱10枚。

太平军的货币材料有金、银、铜、铁、铅等，面值分为小平（当一钱）、折五、折十、当五十及当百等多种，同时书体品式较为复杂。此外，太平天国还铸造了一批镇库性质的不能参与流通的花钱。其种类有四：小号大花钱、中号大花钱、大号大花钱、特号大花钱，其中特号大花钱是我国最大、最重的钱币之一，仅半枚残钱就超过四市斤，重达2170克，现藏于湖南省博物馆。

图 8-50　天国圣宝

图 8-51　天国通宝

我国古代的钱币，自唐朝以后名称上就不称"通宝"称"元宝"，但是太平天国所铸造的钱币却称"圣宝"，这是为什么呢？

实际上，这与太平天国所信奉的意识形态，即"拜上帝教"有关。讲到拜上帝教，就要从它的创始人洪秀全早期的一段经历说起。

（二）

洪秀全于嘉庆十九年（1814）出生于广东花县（今广州市花都区）的一个耕读世家。他 7 岁开始上学，宗族邻里都希望读书不错的他将来能够考取功名，可是他却连续三次院试落选。已经 25 岁的洪秀全受此打击，从广州回家后大病一场，一度昏迷出现幻觉。幻觉里有一老人对他说："奉上天的旨意，命你到人间来斩妖除魔。"从此洪秀全变得寡言少语，举止怪异。

大病初愈的洪秀全，在翻阅此前在广州应试时收到的一本由中国基督徒所写的宣传基督教的小册子《劝世良言》时，受书中宣扬的基督教教义的启发，萌发了信奉上帝、追求人人平等的观念。他把书中的内容与那场大病时所产生的幻觉联系起来，坚信自己就是那位受上帝之命下凡诛妖的人。从此他告别了孔孟之书而改信了上帝，把家里的孔子牌位换成了上帝的牌位，并自称上帝的次子，即耶稣的弟弟。

洪秀全因为对基督教教义认识不足而被牧师拒绝洗礼，他甚至连《圣经》都没有读过，但是却开始宣传起了他对上帝的理解，并称之为"拜上帝教"或"拜上帝会"。

道光二十七年（1847）十月，洪秀全在冯云山的协助下，在广西桂平创立了拜上帝教，吸收杨秀清、萧朝贵、韦昌辉等骨干会员两千多人。在这一过程中，为了宣传拜上帝教，洪秀全编写了《原道救世歌》《原道醒世训》《原道觉世训》三篇布道诗文，抨击清政府统治下的种种黑暗现象，呼吁按照基督教的教义，建立一个"天下一家，共享太平"的类似远古天下为公的新世界，并逐渐萌发了要利用基督教的教义来进行社会改造的志向，最后于咸丰元年（1851）年底发动金田起义，自称"天王"，建立天国，定国号为"太平天国"。

被拜上帝教灌输了人人平等思想、追求太平生活的起义农民，狂飙突起一般崛起于广西，然后一路北上，所向披靡，于咸丰三年年初攻克南京，并将其改称天京，作为天国的首都，正式建立了太平天国。

太平天国起义之所以能够爆发出如此强大的战斗力，与"圣库"制度的实行有重大关系。所谓圣库制度，是指在拜上帝教思想的影响下，为实现"公有共享"的理想所建立的一套生活保障制度。这对于饥寒交迫的贫苦农民具有极大的吸引力。

拜上帝教认为一切财物都是上帝所赐，同时规定只有上帝才能被称为"圣"。因此，太平天国就将为实现公有共享理想提供保障的"公库"称为"圣库"。

太平天国的圣库制度肇始于起义之初。当时拜上帝教的信徒基本上都是举家或举族携老扶幼来参加。他们变卖了田产，将所有的财物都捐献给了公库，因此，他们生活所需的衣食物品都由公库负责提供。后来这一制度又被推行于全体起义军，要求每个士兵必须将作战中缴获的财物上缴公库，"凡一切杀妖取城得金宝、绸帛、宝物等项，不得私藏，尽缴归天朝圣库，逆者议罪"[1]。

在一切财物归公的基础上，太平天国对太平军及其家属的生活

---

[1] 《太平天国史料汇编》，凤凰出版社，2018。

实行供给制："全体衣食俱由公款开支，一律平均。"但是，实际供给的种类和标准却是有区别的。大致上是粮、油、盐等基本生活必需品，不论男女老幼，一律等量供应；而肉食品的供给，自天王以下每天的份额各有等差，下级将领也不是每天都有，需要根据缴获的数量来定；另外还发现钱，作为买办祭告天父所用上供物品的礼拜钱，以及兼做买菜用的零用钱，所分配的数量也是各有不同。实际上，所有供给物品的定额也都不是固定的，这要根据缴获的多少来决定分配的对象和数量。

占领天京之初，圣库制度在首都天京也被推行于军队以外的民众。太平天国当时将城内的居民按性别分隔开，并按年龄、技能分别编入不同的馆和营，他们的个人财物都被收归公有，衣食所需由公库供给。编入各馆各营的民众，因为都是为太平天国服务的，也被看作太平天国的成员。因此，在他们之中所实行的圣库制度，实际上与在军队中所推行的圣库制度的性质是一样的。

太平天国的圣宝钱就是在这种背景下铸造的。它是为了实现"公有共享"这一理想服务的，既由圣库负责铸造，也由它负责发行，因此在钱币的背面铸有"圣宝"俩字。但是，圣库制度真的能够实现"天下一家，共享太平"这一公有共享的理想吗？

圣库制度的基础，是个人没有私有财产以及全面实行大致的平均分配，这属于战时共产主义性质。它最初的实行保障了太平天国将士及其家属的生活所需，消除了他们的后顾之忧，更加激发了他们的战斗力，因此吸引了更多的贫苦大众参加起义。这对太平天国初期的胜利起到了非常重要的作用。但是，圣库制度事实上后来并没有被严格地执行。一方面，随着军事的胜利，太平天国占领的城市乡镇越来越多，获得的财物也越来越丰富，将士们就开始各自拥有了财物，个人无私财的原则已经被突破，不能再坚持了，因此又规定私藏财物不能超过五两白银。另一方面，高级将领的生活开始日益奢靡，任意取用于圣库，使得供给配额制度逐渐失去了实际的意义。

太平天国后期，圣库制度虽然名义上仍然继续存在，还是由圣库供给各王、各将领和士兵以各自份额的财物，但是因为他们大多数都拥有一定的私人财产，生活并不完全依赖于这份份额，因此，圣库制度名存实亡，已经蜕变成为一般的后勤供给制度。

（三）

洪秀全根据拜上帝教的理念建立的太平天国，所追求的目标有两个：一是实现人人平等，二是实现天下太平。但是在实践的过程中，人人平等的理想因为圣库制度后来的名存实亡而夭折。那天下太平的目标又会是什么结局呢？

拜上帝教是洪秀全从科举失败的刺激中觉醒之后，以他所获得的有限的基督教知识为基础而创立的一个宗教组织。它既源于基督教又异于基督教，既反对孔子崇拜，抨击儒学，又吸纳和融会了儒家纲常伦理的部分内容。因此，拜上帝教实际上是洪秀全试图将西方传入的基督教与儒释道等中国传统思想融合在一起，对中国的传统社会进行一番改造，以实现他所倡导的"天下一家，共享太平"的理想的工具。然而，实践的结果表明，不但"人人平等"原则没有坚持下来，"天下太平"的目标则更难实现。不仅如此，甚至还酿出了一场自相残杀的"天京事变"，用残酷的事实告诉后人，天国也不太平！

太平天国运动的失败，虽然有多方面的原因，但是毫无疑问，悲剧是以"天京事变"的爆发为序幕而拉开的。那倡导"天下一家，共享太平"的天国诸王之间，为什么会发生这场自相残杀的悲剧呢？

实际上，这与拜上帝教早期传教过程中所发生的"天父下凡"事件有关。

金田起义之前，洪秀全的表弟兼助手冯云山曾经被地方士绅以聚众谋反的罪名逮捕，并送广西桂平县衙囚禁。在洪秀全前往广州以"传教自由"为理由找关系营救时，拜上帝教的会员因为群龙无首，信心动摇，人心涣散，好不容易聚集起来的力量面临散伙的危险。在这存亡的危急关头，炭工出身的杨秀清站了出来，他利用当地迷信的降童巫术，伪装成神灵附体的样子，代表天父传达圣旨，从而挽救了拜上帝会。等冯云山出狱并与洪秀全返回后，他们虽然知道杨秀清伪装天父下凡是左道巫术，但是看见这一招术在当地民众中很管用，认为可以加以利用，就认可了。从此杨秀清利用"天父下凡"获得了天父代言人的身份，这为后来"天京事变"悲剧的发生种下了隐患。

金田起义初期，杨秀清多次借"天父下凡"予以说教并传达必胜的信念，将自私散漫的农民组织起来，突破清军的围堵，取得了军事上的胜利。因此，在永安分封诸王时，杨秀清被封为东王，并担任军师，节制诸王，掌管了兵权。

占领南京后，洪秀全退居幕后少理朝政，大权基本上落在杨秀清手上。1856年杨秀清指挥太平军攻破清军的江南、江北两大军营，解除了对天京的围困，之后他居功自傲，又一次以"天父下凡"的方式，"逼天王到东王府封其万岁"，想与天王平起平坐。洪秀全认为杨秀清有篡位的图谋，于是密诏北王韦昌辉、翼王石达开进京诛杀杨秀清。与杨秀清不和并怀有野心的韦昌辉，乘机屠杀了杨秀清和家人以及东王府部属两万多人。洪秀全为了安抚大家，不久又下诏杀了韦昌辉。这一事件史称"天京事变"。

事变之后由翼王石达开主持朝政。但是，洪秀全鉴于前车之鉴，加之忌惮石达开的声望和才能，不但不授予石达开军师的地位，局势稍微稳定之后，甚至还产生了谋害之意。石达开为了避免再次爆发内讧，被迫率领数千人出走天京。以此为转折，太平天国走向了败落。

出走后的石达开被迫走向了独立发展的道路，转战于川黔滇一带，最后于1863年被清军围困在四川大渡河边的安顺场，最后全军覆没。

天京事变之后，清军乘机重建了江南、江北两大军营，天京又陷入清军的包围。后来虽然又涌现出了陈玉成、李秀成等杰出的将领，并进行了艰苦卓绝的斗争，但是天京仍于1864年被湘军攻陷。这标志着历时十四年，势力发展到十八个省，最盛时几乎占据半壁江山的太平天国运动宣告失败。

（四）

太平天国是我国古代规模最大、影响最为深远的一次农民起义运动。它不同于传统的农民起义的地方，是将从西方传入的基督教"在上帝面前人人平等"的教义与儒家"天下一家，四海之内皆兄弟"的思想结合起来，创立了拜上帝教，提出"天下多男人，尽是兄弟之辈；天下多女子，尽是姊妹之群"[1]的教义，建立了一个将君权与神权相结合的、政教合一的太平天国政权。

太平天国的政治原则和宗教原则，基本上都建立在道德原则基础上，即"天下总一家，凡间皆兄弟"。这对于身处社会底层，既愚昧又有着原始道德的农民来说，非常具有号召力和凝聚力。因此，拜上帝教将自私散漫的农民凝聚成一支起义队伍，为了追求实现"人人平等、天下太平"的理想天国，犹如从山涧狂泻而下的泥

---

[1] 《原道醒世训》。

石流，形成一股不可阻挡且极具破坏力的滚滚洪流，席卷了大半个中国。但是，这股洪流很快又四散分流而成一片狼藉。因此，可以说太平天国运动早期的成功以及后来的失败，都源自拜上帝教。这是因为以拜上帝教为意识形态所建立的太平天国，在政治制度上存在着结构性的缺陷。

太平天国在政治上是由神权与君权相结合而成的政教合一政权。作为天王的洪秀全，既是太平天国的君主，又是拜上帝教的教主；但是东王杨秀清通过"天父下凡"具有了代天父传言的宗教特权，如同希伯来人必须通过摩西之口来聆听上帝的指示那样，太平天国包括君主洪秀全在内的全体臣民，只有通过杨秀清之口才能聆听上帝的指示，杨秀清因此成了最高神权的代表，这就将神权与君权的关系给弄复杂了。当东王杨秀清作为天父下凡的时候，他就是天父上帝，代表的是最高的神权，就连天王洪秀全也必须跪在他面前，俯首听命，任凭发落。正是制度上的这一缺陷，最后酿成了"天京事变"。

太平天国将中华几千年固有的传统文化全部推倒，对传统知识分子百般仇视。定都天京后，洪秀全甚至想将"四书五经"都列为禁书，杨秀清不同意，最后还是借"天父下凡"这一招才迫使洪秀全让步。如此反对传统文化的太平天国，如何能够获得士大夫阶层的支持？仅靠一批无产者又怎能建设一个先进的文明国家呢？

不仅如此，太平天国还说一套做一套。在其文明进步的外表下，实际隐藏的却是极端腐朽落后的内容，没有丝毫进步性可言。

太平天国对外宣传的虽然是"天下总一家，凡间皆兄弟""人人平等，天下太平"，但是在内部制度的设计上却是等级森严，极为不平等。天国法令森严，刑律残酷，普通民众凡触犯天条者，一律处死刑；而为王为官者却可以为所欲为，骄奢淫逸。其政治之腐败、法纪之紊乱、生活之糜烂，更甚于儒家思想约束下的清王朝。

太平天国倡导的虽然是"有田同耕，有衣同穿，有饭同食，有钱同使，无处不均匀，无人不饱暖"的社会，但是这只适用于社会下层的农民、商户、士兵。对于社会上层的领导者，每天一人用几人共用的钱，吃几人共吃的东西，穿的、住的也都比下层民众好许多。

太平天国的诸王更是极度腐化。天王洪秀全把两江总督衙门扩建为天王府，拆毁了大批民房，动用了成千上万男女劳工，"半载方成，穷极壮丽"，周围十余里，宫殿林苑，"金碧辉煌"，"侈丽无匹"，此外，天王还不断选取民间秀女入宫。其他诸王的王府修建得也是"穷极工巧，骋心悦目"，至如冠履服饰、仪卫舆马等也都备极奢华。

因此，历史上对太平天国的定性存有非常大的争议，其"先进性"并没有得到历史学家的赞同，认为它虽然打着"人人平等，天下太平"的幌子，实质上却是建立在欺压人性基础上的又一个残暴的农民暴力政权。他们所宣扬的天国，实际上并不太平。

4

自铸银币的历史

元宝（银锭）作为我国古代一种传统的银币，自唐宋直到 1933 年的废两改元，近一千多年来始终是我国古代银币最主要的货币形态。但是，各地铸造的银锭大小不一、种类繁多，不但秤码不统一，成色相差也很大，每次使用都要验色、称重，属于称量货币，还是一种落后的货币形态。这与西方那种重量、成色标准划一，制作精美，可以按枚数计算价值的银币相比，烦琐无比，反差巨大。这为欧美银币在东南沿海地区的输入及流通创造了条件，也为清朝后来自铸银元预留了伏笔。以货币改革为先导，中国近代社会变革拉开了序幕。

元宝（银锭）、寿星银饼（漳州军饷）、足银壹钱、吉林厂平、广东龙洋等银币见证了中国自铸银币的历史，反映了传统银锭向近代机制银币的艰难转型。

一、元宝（银锭）：中国特有的"银币"

两头翘起、中间凹陷，像个马蹄形状的"元宝"（银锭），大家并不陌生。即便是没有见过实物，在影视节目或书刊中也见过它的图片。这种银元宝自明中期以来就是我国最主要的白银货币形态。

但是，银锭为什么要铸造成马鞍的形状，而不是钱的式样？为什么也像铜钱一样被称作"元宝"？一颗银锭重达五十两，如何携带？重量、成色都不统一，交易时又如何换算？

上述诸多疑问，不是专门研究中国古代白银货币的，一般都回答不上来。

下面我就向大家介绍银锭这种特殊"银币"的一些不为人知的秘密。

（一）

中国虽然使用白银的历史悠久，但是在西汉以前，白银主要还是用于工艺，而不是用作货币。譬如春秋战国时期很多器物上都有错银的工艺。秦朝统一之后，更是用法律的形式明确规定，白银只能用来制作器物或装饰，而不能作为货币使用。

汉武帝时期，因为与匈奴作战，用度不足，曾发行过"白金三品"。因为其中锡的含量多于银，也仅仅使用了五年就被废弃了，所以还不能说是完整意义上的银币，只可以看作法定银币的滥觞。此后，白银虽然偶尔也被用作支付工具，但是直到唐朝中后期以及五代的时候，白银的货币属性才逐渐加强，出现了正式进入流通领域的趋势。

接下来，我们看看作为货币使用的白银，形制上是如何一步步演变为元宝（银锭）的。

唐代称"铤"

唐代白银最通行的铸造形式是"铤"，这是根据它的形状称呼的。

我国古代习惯将长而且端直的东西称为"梃"，譬如木用"梃"、竹用"筵"。金银称作"铤"，单从字面上我们就能够判断出，它的形状是既长又直。

唐代最著名的银铤，是 1956 年 12 月在西安市唐大明宫遗址出土的四块杨国忠等人进献唐玄宗的银铤，重量都是五十两，其中一块正面的文字为"专知诸道铸钱使兵部侍郎兼御史中丞臣杨国忠进"，背面是"天宝十载正月日税山银一铤五十两整"。从铭文中可以知道，这枚银铤来源于地方政府征收的税山银，属于地方向朝廷解缴的国库银，最后由杨国忠进献给了唐玄宗。白银在这里起到的作用只是把赋税钱物折换成白银作为财富进献给皇帝，主要是为了便于携带运输，发挥的仅仅是支付手段和储存手段的作用，还不具备流通的职能，因此还不能算是完整意义上的货币。

图 8-52　杨国忠进献的五十两重银铤

唐代的银铤，除了长条式样的笏形（板形），还有一种船形的，呈束腰两头翘起状。无论是扁平长条的银铤，还是两侧很夸张地翘起的船形银锭，之所以要铸造成这种式样，除了通过展示白银的延展性来测试其纯度，还能防止银铤里面掺假。

图 8-53　船形银锭

在唐代，"铤"有时候也称为"笏"。笏是古代大臣上朝时手执的一种礼器，由象牙、竹木等制成，用来记载一些备忘的事项。因为形状与银铤相似，所以有时铤与笏互用，但只有"铤"是正式规定的白银的计数单位名称。唐代一铤的重量为五十两。

宋代称"锭"

到了宋代，银铤逐渐演变称为银锭。这是因为"铤"与"锭"的发音相近，在民间口语中"铤"字就逐渐转为"锭"字，所以宋代以后就专门用"锭"，很少再使用"铤"字了。北宋通行的银锭重五十两，南宋末年曾经出现重二十三两的银锭。宋末元初胡三省在《通鉴释文辨误》中说："今人冶银，大铤五十两，中铤半之，小铤又半之，世谓之铤银。"说明宋代的银锭按重量分为大、中、小三个档次。

银铤到了宋代不但称呼发生了改变，形态上与唐代相比也发生了很大的变化。主要表现在由长条的板形演变为束腰的板形。北宋时期的银铤有平首束腰、圆首束腰和弧首束腰三种形制，其中以平首束腰形为主，这是承袭唐代银铤平首长条状特点并加以改变而形成的。南宋银铤的主要形制为弧首束腰形，中间内凹，四周有波纹，首部略高于腰部，已有向马鞍形元宝演变的趋势。

图 8-54　宋代达州进奉的五十两银锭

元代称"元宝"

白银除了统一称"锭",正式称作"元宝"是从元朝开始的。《元史》记载,至元三年(1266),杨湜任诸路交钞都提举时,为了防止白银出入平准库时被偷漏,就将各种大小银锭都统一铸成五十两重,并且在背面加铸"元宝"两字,表示"元朝之宝"。从这以后"元宝"就成了银锭的通称。

银锭正式称"元宝"虽然是从元朝开始的,但是"元宝"一词却早已在铜钱上使用过,这是因民间有人将唐朝的"开元通宝"钱读作"开通元宝"而得名,后来铸造的铜钱就有称元宝的。譬如安史之乱时,史思明铸造的"得壹元宝""顺天元宝"以及驻守西域的安西守军铸造的"大历元宝",用的都是"元宝"。五十两重的银锭虽然早在唐代就已经出现,宋金时期也在继续使用,但是普遍使用却始于元代。

据《元史》记载,至元十三年元军平定南宋回到扬州之后,丞相伯颜号令搜检将士的行李,将搜到的散碎银子都铸成五十两重的银锭并刻上"扬州元宝",回到大都后献给了忽必烈。至元二十四年,又将征讨辽东所得的白银同样铸成了五十两重的"辽阳元宝"银锭。扬州元宝、辽阳元宝近年常有出土发现，与文献记载完全一致。元宝的形制像唐代船形银锭，两端呈外弧状，两侧为内弧束腰，周缘折起，略作上翘，中间内凹，比明清时期船形式样的银元宝低平，完全承袭了宋金银锭的形制特征。一般大锭重五十两，中锭重二十五两，小锭重十二两左右，也有重五两的小银锭。

图 8-55　扬州元宝

明代形制固定

明朝初期对于白银的流通时禁时弛，反复多次。到了明朝中期才确立了白银的主币地位，但是仍然没有铸造成钱的形状，而是继续以元宝（银锭）的形式流通。虽然形制繁杂，式样多变，但是基本上都采用圆首束腰的元宝形式；名称上早期有花银、金花银，晚期有纹银（细丝）、雪花银、松纹、足纹等不同的称呼；白银的计算单位为两，两以下是钱、分、厘，都是十进制。普通的银锭为五十两，另外还有二十两、十两、五两、三两、二两、一两不等。最大的银锭重至五百两，现藏日本造币局的船形镇库银锭，上面有"万历四十五年四月吉造，镇库宝银一锭重五百两"等阴刻文字。日本造币局另外还藏有一个没有年号的刻文为"三百两重二两"的大银锭[1]，这些都是八国联军入侵北京时被日军从户部抢走的。

图 8-56　明代十九两小银锭

图 8-57　明代五十两银锭

（二）

　　清初的货币制度继续沿袭明朝的做法，实行的是银钱复本位制，就是日常小额支付用铜钱，大额支付用白银，铜钱和白银同时在社会上流通使用。因为百姓日常在市面上的小额交易使用的都是铜钱，偶

---

[1]　奥平昌宏，《东亚钱志》，岩波书店，1938。

尔也使用一些面值比较小的碎银，这在《水浒传》《红楼梦》《金瓶梅》等明清小说中都有反映；而在大额商贸以及政府的巨额开支中都使用白银，五十两银锭主要是供它们使用的，因此根本不存在随身携带不方便的问题。铜钱是老百姓日常使用的货币，为了防止私铸造假，所以要由国家统一铸造。白银主要由富商以及政府在大额支付中使用，有专门的验收人员核验，因此采取自由放任的政策，并不铸造银币，而是继续以银锭的形状做大额使用。

银锭已有标准的重量，并铸有文字，内容多为铸造地名、重量、年号、用途以及银匠、监铸官、押运官的姓名，这说明它已经具备了铸币的各种要素。银锭上面的铭文反映了当时的社会经济状况以及白银的使用情况，与税赋政策的变化直接相关联。因此，银锭比后来的银币具有更重要的历史文献的价值。

清代的各项税收，大部分是折成银两征收。因此，每个州县都设有官匠，负责将纳税人上缴的各种不同形状和成色的银两熔铸成一定重量及成色的银锭，并打上戳记以示负责，然后由州县负责将银锭解送省城的布政使司库。因为白银每次熔铸都会有损耗，运输也有成本，为了填补这一部分的损耗和运输的成本，各地的银炉往往都另外加征一部分的火耗，也就是成本费。因为标准不一，各个银炉可以随便定取，火耗因此成为侵渔百姓的一项苛政。

乾隆元年（1736），清政府将各州县设置的官匠都撤销了，发给辖内银匠记名戳记，纳税人自行决定去哪位银匠处熔铸银锭，并规定每两火耗工钱三至五文，不许多收。这类以熔铸银两为业的银匠，业务推展顺利的后来就逐步演变为"银号"，除了代客熔铸银锭，也经营银钱兑换业务；后来又进一步发展成为信用机构，不但自己发行白银货币——银锭，也与钱庄一样经营存放款业务。实际上，银号与钱庄两者的业务相同，都属于"银钱业者"，用现在的说法就是金融行业，只是北方惯称"银号"，南方习称"钱庄"，名称不同而已。各地除了钱业设置的银楼、银炉，海关、官银钱局、银行也以各自名义铸造各种银锭。

清代各府、州、县征收的各项税银，在解缴各省的藩库（布政使司库），或各省藩库解往户部银库时，都需要熔铸成十两或五十两的足色银锭，但对银锭的形状没有统一的规定。因此，银两的流通价值与银锭的造型无关，只决定于银锭本身的"平"（称重量）和"色"（看成色）。换言之，因为银锭没有"面额"，所以它的币值是由重量与成色决定的。但是，各地银锭的重量与成色不统一，那币值是如何计算的呢？

（三）

接下来，给大家谈谈元宝（银锭）的重量、称码种类以及成色标准。

图 8-58　各种形制的银锭

首先，我们来看看银锭的重量。

根据重量，银锭大体上可以分为四类。

第一类是大锭，俗称元宝，重五十两，从明代以来，这种银锭的两端往往卷起，并向上高翘呈船形，而整个银锭又呈马鞍形，也叫马鞍银。各地银锭的形式并不完全相同，有所谓长槽、方槽等，就是根据形状上的特点而起的名称。第二类是中锭，重约十两，多为锤形，或叫小元宝。第三类是小锞或锞子，像馒头，或随意各种式样，重一二两或三五两不等。第四类是散碎银子，有滴珠、福珠等名称，重量多在一两以下。

特别是十两以内的银锭，因为铸造地或者铸造者的不同，而有各种不同的造型。如方形、圆形、条形、砝码形、花形、土豆形、圆盘形等，各式各样，不胜枚举。这些银锭造型优美、工艺精湛，除了作为文物收藏、研究，也可以作为艺术品来欣赏、把玩。

其次，我们来看看各地称量银锭的秤码又有多少种。

清代各地的秤码并不一致，虽然名称上都通称"两"，但是各地一两的实际重量却又不尽相同。各行各业都有各自的秤（又称平）。根据有关部门的统计，清代全国各地所使用的平（秤码）有一千多种，极为繁杂。但是，最重要的秤码（平）有四种。

第一种是库平两，为国库收支所用，是全国纳税的标准秤，库平一两重 37.31 克；第二种是海关两，适用于征收关税，咸丰八年（1858）成立海关后采用，关平一两重 37.68 克；第三种是广平两，为广东省的衡法，广东与外商接触得早，因此在早期的对外贸易中较为重要，广平一两重 37.5 克；第四种是漕平两，为漕米改征折色，就是不用征米，可以折成白银征收以后所采用的标准，漕平一两重 36.65 克。

四种秤码中，以海关两为最重，广平两次之，库平两又次之，漕平两最轻。

最后，谈谈白银的成色标准。

成色是指一块银锭的含银量，而银锭的含银量自古就不统一。清代是以"纹银"为标准，所谓纹银，实际上是指白银铸成银锭后，表面所呈现出的有如水波状的细丝纹路，因此又称"细丝"，是对品质优良的银子的一种通称。成锭的银子只有成色达到一定的标准才能被称为"纹银"或"足纹"。

图 8-59　纹银

清代的财政收支，统一以纹银为标准。支出方面，《清朝文献通考》记载，"用银之处，官司所发，例以纹银"；收入方面，各地上缴的各种银两也必须熔铸成纹银，才准入库。

（四）

对于形制、大小、秤码以及成色都互不统一，种类又繁多的各式银锭，人们在使用的时候是如何来核验成色、计算价值的呢？

我国古代作为货币使用的白银，因为没有铸成银币，不能像铜钱那样计数使用，因此在使用的时候除了称重，还需要核验成色，就是检测它的含银量，然后与纹银比对，这样才能核算出它的价值。

根据光绪十七年（1891）印度造币局的测算，纹银的成色是935.374‰，这实际上是一种假想的标准银，现实中并不存在，被称为虚银两。但是实际流通的各种元宝（又称宝银），只有按此标准折算后，才能适当地表示出它的价值。例如我们说某物"值银一两"，是指它的价值为纹银一两，即成色为935.374‰的一两银子，但实际上各地使用元宝的成色并非这一标准，成色高的就需"加水"（申色），反之成色低的需要"补水"（贴色）。

道光以后，冶铸技术有了大幅度的提高，铸造的银锭的成色比以前的纹银还要高。但是因为传统的纹银成色标准已经被社会普遍接受，所以后铸的成色较高的银锭就需要"加水"。例如，一个五十两重的元宝若"加水"二两四钱，意即可作五十二两四钱纹银使用，称为"二四宝"。因此，成色上所谓的"二五宝""二六宝""二七宝""二八宝"都是以此类推，如果"加水"达到三两，就称为"足宝"或是"足色"。

在上海、天津、汉口等商业发达、银两使用频繁的地区，因为交易双方无法核验银两的成色，自清末光绪年间开始，便应运而生了一种代为鉴定银锭成色并保证重量的组织——"公估局"。

银锭铸成之后需要先送公估局鉴定，公估局的验色师全凭眼力以及经验判断成色的高低。如果有疑问，再穿穴勘验，或者是用锥子敲击银锭的关键部位，凭借声音就可以判断银锭的内部是否灌有铅、锡等杂物。验色师将银锭的成色与本地通用宝银的标准以及重量进行比较，核算出应"加水"或"补水"的数目，然后用墨笔写在银锭的上面，之后就可以在当地流通了。但是，核定的结果只在当地有效，如果是流通到外地，又需要由当地公估局的验色师再另行称重验色。

各地使用的银两记账单位大多数也不一致，譬如上海使用的银两记账单位称为"规元"，这是因为上海早先没有标准货币，选用西班牙的"本洋"为记账单位，"本洋"停铸之后又用过去豆商的计算单位"规元"为单位，其用意与中世纪威尼斯的银行货币相同。因此，上海市面上的元宝，在支付时需要先折合成纹银，再换算成规元。天津的银两记账单位叫"行化"，汉口的叫"洋例"，它们与上海的"规元"性质相同，使用的时候都必须先折合成纹银再换算，十分烦琐。在没有计算器的古代，这也只有发明了算盘的中国人才能做得到！

英国东印度公司所属的印度造币局对我国通用的银锭进行过化验分析，结果与公估局所核验的"加水"数目完全相符，分毫不差。例如，印度造币局测得"二五宝"的含银量为 982.143‰，纹银的含银量为 935.374‰，"二五宝"的成色为纹银的 1.05 倍（982.143‰÷935.374‰＝1.05），因此一个 50 两重的"二五宝"对纹银的作价就为 52.5 两（50 两 ×1.05＝52.5 两），即"加水"二两五钱。

公估局的验色师全凭眼力及经验判断银两的成色，丝毫不借助外力，却能与化验的结果完全相符，这正是银两时代各地成色不一的银锭能够发挥货币职能的保证，而公估局验色师的高超技能更是深为世人所惊叹折服！

元宝（银锭）作为我国古代一种传统的银币，在使用的时候还需要在称重、验色后核算价值，而不能凭个数流通，属于称量货币，仍然是一种落后的货币形态。凡此种种的不便，都为重量、成色标准划一的欧美银币在东南沿海地区的输入及流通创造了条件，同时也为清朝后来自铸银元预留了伏笔。那中国是什么时候开始仿铸西方银币的呢？

二、寿星银饼、漳州军饷：中国最初的仿铸银币

中国特有的银钱复本位制使得我国虽然从明朝中期就确立了白银

的主币地位，但是直到清末，白银的使用都还不是铸造成银币按枚数计算价值，而是使用银块称量计算。

各地铸造的银锭大小不一，种类繁多，不但秤码不统一，成色相差也很大，每次使用都要验色、秤称，烦琐无比。这与西方那种重量、成色标准划一，制作精美，可以按枚数计算价值的银币相比，相差巨大，于是东南沿海兴起一股仿铸西方银币的浪潮。

下面就以寿星银饼和漳州军饷为例，介绍自清中叶以来，始自东南沿海的以仿铸西方银币为先导的货币变革。

（一）

在中国早期自己铸造的银元中，最重要并且有实物流传下来的，是台湾和福建漳州一带铸造的以"寿星银饼"和"漳州军饷"为代表的几种银币。根据这些银币上的图案和文字，大致可以将银币分为两大类：一类铸有寿星、如意以及笔宝等图形；另一类没有铸造图形，只有画押签字。

首先我们来介绍铸有图案的银币。

目前所知我国最早模仿外国铸造的银元是"寿星银饼"，俗称老公银，或老公饼。其正面是一个手执拐杖的寿星图像，左边有篆书"道光年铸"，右边为"足纹银饼"，寿星的腹部有"库平柒式"四字。背部中央铸有一鼎，四周为四个满文，汉语意思为"台湾府铸"。银饼的边缘铸有"卐"字符。该银币含银量为98%，重量为库平七钱二分。它是由银匠用手工土法打制的，制作工艺粗糙，形如饼状，因此被称作"银饼"。另外还有同治年间铸造的一种，正面中央也是一幅寿星图案，左右两侧分别为篆书"同治元年"和"嘉义县造"，背面铸"足纹军饷通行"六字。

"如意银饼"正面是一对交叉的如意，右面和左面分别铸有"足纹"和"通行"，上方和下方分别印有银号的戳记"升平"和"六"。背面是一个聚宝盆，盆上铸一"宝"字，里面有灵芝、万年青等植物，右面和左面分别铸有"府库"和"军饷"，两面周围都有仿西班牙本洋的回纹花饰，既没有年号也没有年份。它的重量与减重的寿星银饼相同，因此铸造的时间应该比寿星银饼要晚，可能是咸丰三年（1853）林恭在台湾凤山县起事的时候，县衙铸造发军饷用的。

　　"笔宝银饼"正面是一对交叉的笔，中间横贯一支如意，右面和左面分别铸有"府""库"两字，下面是"六八足重"四字。背面也是一个聚宝盆，盆上铸有"宝盆"两字。盆的左右两侧分别铸有"军""饷"两字，下面铸"足纹通行"。

图 8-60　寿星银饼、如意银饼、笔宝银饼

　　没有图案的银币也有三种。第一种正面上部横列"军饷"两字，下面是一个像"谨慎"两字合写在一起的画押；背面铸有"足纹通

行"。另外两种银币和第一种差不多，只有两处不同。一处是在"军饷"前面加了"漳州"，变成"漳州军饷"；另外一处是画押变了，又有两种，都比较难认：其中一种有人释读为"曾"，说是曾国藩的弟弟曾国荃于同治三年在漳州打败太平军时所铸；另一种被释读为"左"，说是左宗棠在同治四年攻占漳州后所铸。

图 8-61　漳州军饷（曾、成功）、谨慎军饷

郭沫若曾经写文章将这两种画押分别释读为"国姓大木"和"朱成功"，认为都是郑成功铸造的。实际上，这些解读都是穿凿附会，完全不对。因为这些银币的重量都是七钱二分，是西班牙"本洋"的标准重量，而且这些银币边缘的纹饰也都是模仿西班牙的"本洋"，而西班牙的"本洋"铸造于 18 世纪。在乾隆以前，外国银元在中国还不是以枚数流通，都是被当成杂银称重使用。因此，郑成功那个时代是不可能仿铸外国式样的银元的。

这几种银币，除了"寿星银饼"上面铸有"道光年铸""同治元年·嘉义县造"，其余的都没有注明铸造年份以及铸造者，在历史文献中也查不到有关的记载。根据银币上面的铭文和流通过程中打印上去的戳记，我们知道它们都是由地方上的小银炉或商号铸造，作为军饷发出去的。因此，大家很容易就将这些银币与军事行动，特别是镇压民众的起义联系起来。

查阅有关的文献，我们发现在道光朝及其以后，在台湾地区发生的起义有道光十二年（1832）张丙、陈办等人在嘉义县起事，凤山也有人起来响应，但时间很短，只有两个多月就被平息了。这些银币很有可能就是嘉义县政府当时为了镇压起义而铸造发行的军饷。

这些银币是什么时间、由哪个县衙、又是为了镇压哪次起义而铸造的，目前已经很难考证清楚，即便考证清楚了其意义似乎也已经不大了。而真正需要引起我们注意的是，最早仿铸欧美银币的地区为什么是台湾以及福建的漳州一带，而不是广东或别的地区？当时中国人为什么要仿照西班牙的"本洋"，而不是葡萄牙的"十字币"或荷兰的"马剑"来铸造银币呢？

（二）

要回答这两个问题，我们的视线就必须要从清朝的道光年间，再向前追溯二百五十多年，到明朝"隆庆开关"后的大历史背景中去寻找原因。

关于"隆庆开关"，前文已经有专门的介绍，这里就不再重复了。下面我想结合欧洲与亚洲贸易新航路的发现，先来回答第一个问题，即最早仿铸欧美银币的地区，为什么是台湾以及福建的漳州一带，而不是广东或别的地区？

这个问题可以从两个方面来考察。

一方面,随着新航路的开通,最早来到中国东南沿海从事海外贸易的是被称为"佛郎机"的葡萄牙人,他们在广州被当地政府禁止上岸后,又继续北上来到福建沿海的浯港和月港以及浙江舟山群岛上的双屿港一带从事走私贸易。西班牙人和荷兰人分别占据台湾的南部和北部之后,也以台湾为基地,在福建沿海一带进行贸易活动。

另一方面,隆庆元年(1567)明朝政府取消海禁政策,将福建漳州的月港开放,准许沿海商民出海进行贸易,这就是历史上著名的"隆庆开海、月港开放"。原来的走私贸易变成合法贸易之后,福建沿海的商民就组织商船,将货物直接运往菲律宾的马尼拉,与占领菲律宾的西班牙商人进行贸易。

西方没有中国所需要的商品,而他们又要大量地购买中国所产的丝绸、瓷器以及茶叶等生活日用品,所以当时的对外贸易几乎完全是单向的,欧美商人要购买中国的商品,就必须用硬通货白银来支付。中外文献都记载,当时西方商船来的时候,几乎装的都是银元,而返回去的时候船上装的全是中国商品。这种单向贸易的结果,就是从明朝中后期开始,以西班牙"本洋"为主的外国银元开始大量地流入福建沿海地区。因此,被荷兰人占据的台湾以及最早开放的福建漳州地区,就成为最早接触并使用西方银元的地区。

制作精美,重量、大小、成色都标准划一,使用的时候可以计数核算的西方银元,与大小、轻重、成色都不统一,而且每次使用还需要称重、验色、核算、烦琐无比的中国银锭相比,具有巨大的优势。因此,台湾以及福建漳州沿海一带的商民,经过短暂的试用,很快接受了西方的银元,不再像最初那样将银元视作杂银,再销毁熔铸成银锭,而是像西方的商人一样,也按银元的枚数来计算使用。因此,最早由他们来模仿西方的银元铸造中国最初的银币就是顺理成章、再自然不过的事了。

（三）

回答了第一个问题之后，就引出了第二个问题，即当时为什么要仿照西班牙的"本洋"，而不是葡萄牙的"十字币"或荷兰的"马剑"来铸造银币呢？

这要从葡萄牙、西班牙、荷兰三国在与中国开展贸易时的特点以及它们所使用的货币说起。

最早来到中国东南沿海寻求贸易商机的是葡萄牙人，他们在福建、浙江沿海的走私贸易被明朝政府武力清剿之后，就去澳门一带活动，后来逐渐取得了在澳门停靠码头进行贸易的便利。明嘉靖三十二年（1553），葡萄牙人以向明朝进贡的物品被海水浸湿为借口，申请借地晾晒，乘机在澳门登陆定居。嘉靖三十六年，葡萄牙人又向明朝政府租居澳门，并开通了从澳门至日本长崎的转手贸易，用中国的生丝换取日本的白银和铜，后来将澳门建成欧洲在远东地区最早的贸易商埠。

紧随葡萄牙人之后来到亚洲的是西班牙人。他们是在占领了美洲之后来到亚洲的，首先占据了菲律宾的马尼拉，后来又占据了台湾北部的基隆和淡水。西班牙人以菲律宾为据点，开通了从马尼拉横跨太平洋到达墨西哥阿卡普尔科港的航线，这就是著名的马尼拉"大帆船贸易"。他们依靠从非洲贩运到美洲的黑奴，在美洲波多西以及墨西哥开挖银矿，将挖出来的白银铸造成银元即"本洋"银币，运到马尼拉换取中国的生丝、瓷器、茶叶，再运回美洲以及欧洲销售。西班牙人就这样用美洲的白银，将欧洲、非洲、美洲与亚洲连成了一体，开启了世界经济一体化的进程。

图 8-62 "蓬头"银元

图 8-63 墨西哥"鹰洋"银元

荷兰原本是被西班牙统治的殖民地，16世纪80年代独立后以商业立国，是欧洲造船业最发达的国家，号称欧洲的"海上马车夫"。为了追逐商业利润，独立后的荷兰立即加入了由葡萄牙、西班牙开创的海外贸易角逐。荷兰人获取了葡萄牙在远东的商业机密之后，很快组织商队绕过好望角经印度洋到达东南亚，打破了葡萄牙人对东方航线及贸易的垄断。荷兰最初占领爪哇，以雅加达为据点，成立东印度公司，后来又驱逐西班牙的势力独占台湾，并排挤葡萄牙垄断了幕府时期日本对欧洲的贸易，在开展贸易的同时还向日本传播了西方的科学技术及思想，被称为"兰学"，启蒙了后来日本的明治维新运动。

葡萄牙、西班牙、荷兰三国当时所使用的货币主要是银币，分别被称为"十字币"、"本洋"和"马剑"。顾名思义，葡萄牙的"十字币"就是银币上铸有一个"十"字架，重约库平银五钱六分；荷兰的"马剑"是因为在银币上铸有一个骑马持剑的人物图像，重约库平银八钱六分；西班牙的"本洋"，又被称为"双柱"，这是因为西班牙的银币无论是早期正面双球图形的两侧，还是后来背面盾形国徽的两侧，都分别铸有一个圆柱，重量为库平银七钱二分。

图 8-64　西班牙"双柱"银元

图 8-65　葡萄牙"十字币"银元

图 8-66　荷兰"马剑"（马钱）银元

　　银币上为什么要铸造这两根柱子呢？这源于希腊的一个神话故事。传说很久以前，欧洲和非洲两块大陆是连接在一起的，后来被大力士赫拉克勒斯给拉开了。银币上的这两根柱子就是被称为大力士的赫拉克勒斯，它代表直布罗陀海峡两岸的山峰，支撑着陆地的尽头。"双柱"银币的边缘铸有麦穗图纹，因而被中国老百姓称为"花边"。银币的两根柱子上面分别缠绕着卷轴，整体呈"$$"的形状，这就是银元记号"$"的由来。时至今日，世界上还有不少国家采用"$"作为本国货币的符号，譬如美元。

西班牙"双柱"银币的重量正好介于葡萄牙"十字币"与荷兰"马剑"之间，大小比较适中，同时含银量较高、铸造精美。加之西班牙控制着美洲白银，在1732—1821年将近一百年的时间里生产了大量的"双柱"银币，在早期国际贸易中，"双柱"银币实际上处于主币的地位，是各国货币参照的标准，因此被誉为"本洋"。

另外，葡萄牙和荷兰两国在远东主要是用中国的生丝换取日本的白银和铜，做的是转手贸易，博取的是两边的价差。因此，两国的"十字币"与"马剑"银币流入中国的数量很少，它们从日本输入中国的是以两计算的银块。西班牙则不同，它每年都要从美洲运来大量的"本洋"购买中国商品。因此，西班牙"本洋"大量流入中国，并逐渐被中国商人所接受。所以，当中国自铸银元的时候，只能选择"本洋"的重量，即库平银七钱二分为标准。中国传统上更习惯于用整数如一两或五钱为白银货币的重量单位，但受西班牙"本洋"的影响，有零有整的库平银七钱二分竟然成了后来中国法定一圆银币的重量标准，这也实在是一种无可奈何的选择。

（四）

春江水暖鸭先知。寿星银饼和漳州军饷虽然铸造于东南沿海的福建一隅，但是它们的出现，实际上预示着中国货币制度即将发生一场重大而深刻的变革。

中国从明朝中期开始正式确立了白银的主币地位，但是对于白银的使用却始终停留在称量使用银块的状态。即便是随海外贸易流入的

欧美银元，最初依然被中国商民视为银块，需要凿开检验成色后，再销毁改铸成银锭。直到康熙四十二年（1703）外国银元还有"贴水"的现象发生，每100枚外国银元需要贴水五元。就是说因为含银量低，105枚外国银元才等同于100枚银元所标示的面值。这说明当时对外国银元的使用，依然是凭重量而非计个数。

乾隆年间，随着外国银元流入的增多，逐渐开始凭个数流通，不再称重。因为使用上的便利，外国银元不但在东南沿海一带通行，而且开始向内地蔓延。嘉庆四年（1799）查抄大贪官和珅的家时，抄家档案记录中有洋钱，即外国银元58000元，这说明乾隆后期外国银元已经流入北京。

外国银元因为重量标准、成色统一、使用方便，越来越被市场接受，市价开始升高。除了用它直接购买商品，甚至有更多的人愿意用相等重量的纹银交换外国的银币。这是一笔非常划算的买卖，因为外国银元的重量仅有七钱二分，成色才90%，市价竟然能与重量为一两，成色高达93.5%的纹银等价。这一方面刺激外国商人用银元兑换等重量的中国纹银，运至东印度公司在印度加尔各答的造币厂铸成银币后再运回中国赚取差价，造成白银的外流；另一方面也迫使中国民间纷纷模仿铸造外国银元，几乎成为一种风潮。朝野对此不再漠视，有识之士开始主张查禁外国银元、仿铸中国银币。

据说乾隆年间广东布政使已经允许银匠仿铸洋钱，即外国银元。嘉庆年间银业方面曾经仿铸银元，以"本洋"为模本，后因成色、花纹多不统一且有贬值迹象而被禁止。

道光年间各地曾仿铸西班牙本洋，据郑观应《盛世危言》卷五"铸银"条记载，林则徐在任江苏巡抚时，因苏、常各府民间喜用洋钱，曾经铸造七钱一二分重的银饼，初曾通行，后因伪造者多，不及一年便被废止。道光十三年（1833），林则徐在奏折中曾提到有人建议铸造五钱重之道光通宝银钱，最后好像并没有实行。《清史稿·食货志》记载，黄爵滋于同一年又上奏说，"民间私铸银元已非一日"，"盖自洋银流入中国，市民喜其计枚核值，便于运用，又价与纹银争昂，而成色可以稍低，遂有奸民射利，摹造洋板，消（销）化纹银，仿铸洋银。其铸于江苏者曰苏板、曰吴板、曰锡板"。

早期模铸的银饼中，除了我们介绍的寿星银饼和漳州军饷，比较重要并有实物留存下来的还有两种，都是只有文字，而没有图案。一种是咸丰六年年底，上海道台批准王永盛、经正记、郁森盛三家银号铸造的银饼，面值分五钱和一两两种。据说是用钢模铸造，主要用来发军饷，后因仿铸较多且成色低劣，流通半年便停铸。另一种是光绪年间湖南长沙铸造的银饼，发行单位有阜南官局、湖南官钱局、大清银行、长沙乾益字号等。面值自一钱到一两分为多种，特点是饼小而厚。

模铸的银饼，虽然还没有占据主导地位，流通中仍然以银锭及外国银元为主，但是它的出现在我国货币发展史上却占有重要地位。它开启了我国自铸银元的历史，顺应了贵金属白银由称量货币到计数货币发展的规律，反映了清代用银从银两制向银元制，以及铸币技术由传统手工模具向近代机器冲压的过渡；还体现了当时"师夷之长技以制夷"的维新思想，正如林则徐所提"欲抑洋钱，莫如官局先铸银钱"[1]。所有这些实际上都预示着以货币的变化为先导的一场深刻的社会变革正在到来。那中国是什么时候开始铸造机制银币的呢？形制上会是圆形方孔钱还是圆形无孔的银币？

---

[1] 《林则徐集·奏稿》。

三、足银壹钱：左宗棠为统一新疆币制设计的银币

近代的中国，自鸦片战争以来的对外战争几乎每战必败，只有割出去的领土，而没有收回来的失地。但是，却有一次例外，中国军队不但完胜入侵者，还收复了被侵占十多年的一百六十多万平方公里国土，一举奠定了西部边疆的安全，这就是清末左宗棠收复新疆的壮举。

左宗棠收复新疆是大家耳熟能详的事。但是，很少有人知道左宗棠当年还专门设计了一款"足银壹钱"的银币，并计划用它来统一新疆的币制。

下面我将从货币的视角，分析左宗棠为了尽快清除入侵者在货币上残留下来的痕迹，恢复主权，安顿民生，稳定社会，重建文化，而在统一新疆货币方面所做的不懈努力。

（一）

"足银壹钱"是时任钦差大臣、陕甘总督的左宗棠，在收复新疆之后，于光绪六年（1880）专门委托兰州机器局为新疆量身定做的一款圆形方孔钱式样的银币。正面是"足银壹钱"四个汉字对读，背面是察合台文即老维吾尔文，穿孔上方是"BirMishkal"（汉译"壹钱"），穿孔下面是"Kumush"（汉译"银子"），重量为湘平一钱，约等于3.61克，直径22.5毫米，厚0.5毫米。

清政府在平定陕甘回民起义之后，于1875年5月任命左宗棠为钦差大臣，督办新疆军务，开始筹备收复新疆的大业。前线指挥官刘锦棠率领湘军于1876年7月进抵北疆，经过不到两年的英勇奋战，清军于1878年1月消灭最后一股入侵者，收复了整个南疆地区。

当时北疆的伊犁地区还在俄国的武力占领之下，后来经过曾纪泽

艰难的谈判，于1881年2月签订《中俄伊犁条约》后才被收回。当时为了配合曾纪泽在俄国的谈判，左宗棠在新疆积极地排兵布阵，做好谈判失败后就武力收复伊犁的军事准备。同时，刚刚经过战火摧残的南疆更是满目疮痍、百废待兴，也有很多紧迫的工作需要左宗棠去定夺。

图 8-67　左宗棠像

图 8-68　足银壹钱

　　左宗棠在忙着南疆善后的同时，还要筹划军事收复伊犁的准备。在如此繁忙紧迫的情况之下，为什么还要将铸造"足银壹钱"银币这件事看得如此重要，非要亲自设计并委托兰州机器局去制作钢模呢？

　　要回答这一问题，我们首先要从当时南疆地区经过入侵者阿古柏

12 年的殖民统治，货币流通的混乱状况以及造成的恶劣影响说起。

（二）

在阿古柏入侵之前，清政府在南疆推行"红钱"已有一百多年的历史。清政府通过设立铸钱局，按照内地制钱的形制，统一铸造发行带有维吾尔文的"红钱"，同时收缴销毁原来流通的"普尔钱"，早已将新疆的货币制度完全纳入中华货币体系，实现了新疆的货币制度与内地的完全统一。

但是，随着阿古柏 1865 年 1 月的入侵，以及随后他自称"毕条勒特汗"（意为洪福之王），建立以南疆喀什噶尔为中心的所谓"哲德沙尔"汗国（意为七座城市），并发行他自己的货币，南疆原有的货币体系都被破坏了。

阿古柏建立伪政权之后，于 1874 年（同治十三年、回历 1291 年）在喀什噶尔设立造币厂，按照中亚地区的伊斯兰钱币体系，参照他的母国浩罕汗国钱币的式样，铸造发行了一套伪"哲德沙尔"汗国货币。这种货币都是用手工打压制成，钱币的正背两面打印的都是察合台文字，周围的边缘装饰有伊斯兰风格的花纹，主要流通于以喀什噶尔为中心的南疆各被占领地区。

阿古柏铸造的钱币有金币、银币、铜币 3 种。其中，金币称作"Tilla"（铁剌），直径 20~21 毫米，重 3.7~3.8 克，正背两面的铭文都是察合台文，正面汉译为"苏丹阿不都·艾则孜汗"，背面汉译为"铸于都城喀什噶尔"；银币称作"Tanga"（天罡），直径 12~15 毫米，重约 1.7 克；铜币称作"Pul"（普尔），直径 14 毫米左右，重约 3.3 克，厚 2 毫米，红铜质。银币与铜币正、背两面的铭文和金币上的几乎相同。

图 8-69　阿古柏铁剌（金币）

图 8-70　阿古柏天罡（银币）

图 8-71　阿古柏普尔（铜币）

　　阿古柏为什么在他铸造的钱币上面不铸自己的名字，而铸"苏丹阿不都·艾则孜汗"？"苏丹阿不都·艾则孜汗"又是谁呢？

　　其实，这正是阿古柏的狡猾、阴险之处。

　　"苏丹阿不都·艾则孜汗"指的是当时奥斯曼土耳其帝国的最高统治者，"苏丹"是伊斯兰教国家对世俗统治者的称呼，"阿不都·艾则孜汗"则是他的名字。因为阿古柏遵奉奥斯曼土耳其帝国为其宗主国，自认为是它的附庸，他希望能够获得土耳其政府对他的承认，并以此来骗取中亚地区尤其是新疆伊斯兰民众对其统治的认可。所以他在铸造的钱币上面打印上了奥斯曼土耳其苏丹的名字，以示尊奉。阿古柏的阴险狡诈、权谋机变由此可见一斑。

　　阿古柏铸造的金、银、铜三种钱币中，"天罡"银币的数量为最多，银质与重量也最为参差不齐，造假的情况非常普遍，流毒也最为深远；"普尔"铜币数量次之；"铁刺"金币的数量最为稀少，却非常精整。三种货币之间的比值是：铁刺金币 1 枚合白银一两，或天罡银币 20 枚；天罡银币每枚作银五分；普尔铜币与红钱等值，50 枚普尔合天罡银币 1 枚。

阿古柏铸造的货币上面隐含有阴险的政治阴谋，在信仰伊斯兰教的维吾尔族等民众中具有极大的欺骗性，必须要尽快收缴销毁。因此，发行新的货币，收缴销毁阿古柏的货币，彻底清除他的残余影响，既是政治任务，也是安顿民生的经济工作，而成为南疆善后工作的重中之重。

（三）

根据清政府的意见，最好的办法就是尽快重开铸钱局，像当年收缴销毁准噶尔普尔钱一样，用红钱收缴销毁阿古柏的钱币，重新恢复红钱的流通体制。但是，当时新疆的情况非常复杂，受困于很多因素，马上恢复红钱的流通体制面临诸多困难。

一是在阿古柏占领南疆的十多年间，因为"专用天罡银钱，是以铜钱散失，存留无几"，因此，铸造红钱就必须重新开矿炼铜，并寻找铸钱工匠，这都需要时间，并不是马上就能开炉铸钱解决百姓的流通需要。二是南疆刚刚被收复，基层组织以及人员都要在废墟上重建，而铸造红钱需要设立铸钱局、雕刻样钱、送样审核等工作流程，这些也都要一个过程。三是伊犁还没有收回，新疆的官员以及驻军要做好一旦谈判失败就要用武力收复伊犁的军事准备。

考虑到这些现实困难，以及南疆民众历来有使用银钱的习惯，左宗棠早在进军南疆的时候就想出了一个权宜的办法，既能尽快收缴销毁阿古柏的钱币、消除其政治影响，还能满足广大民众日常用钱的需求，同时也为下一步开矿炼铜、铸造红钱赢得时间。

左宗棠到底能想出来一个什么样的办法，来实现一举三得的效果呢？

实际上，办法也很简单，就是收缴销毁阿古柏的天罡银币，改铸成光绪天罡银钱。

早在光绪三年（1877）十月，清军收复库车之后，为了尽快消除市面上流通的阿古柏钱币的恶劣影响，恢复清朝中央政府的主权象征，左宗棠报请朝廷同意之后，就命令帮办新疆军务的广东提督张曜，在库车招募当地银匠，仿照阿古柏天罡银币的式样，打制了铸有汉文"光绪银钱"、面值为"五分"的光绪天罡银钱，用以收缴阿古柏的天罡银币。

光绪天罡银钱重量足、成色高，流通后很受当地民众的欢迎。因此，后来清军收复阿克苏、喀什噶尔、叶尔羌、和阗、英吉沙等地之后，也都仿照库车的办法，在当地招募银匠，一边收缴阿古柏的天罡银币，一边改铸成光绪天罡银钱。

阿古柏铸造的钱币虽然有金币、银币、铜币3种，但是收缴之后，只按银币的款式改铸光绪银钱一种，这显然是一种应急的权宜之策，是过渡的办法，目的只有一个，就是尽快从社会上清除阿古柏伪政权的恶劣影响。

光绪天罡银钱的外形仿自阿古柏的天罡银币，除了上面的文字以及内容不同，尺寸大小、款式风格以及重量面值几乎完全一样。因此，光绪天罡银钱很容易就取代了阿古柏天罡银币。这两种银币虽然外观形制上相似，但是它们毕竟是两种不同的货币，有着本质上的区别。

首先是光绪天罚银钱沿袭了红钱的做法，使用汉字、满文和维吾尔文三种文字，正面用汉字铸"光绪银钱"四字，背面上下两端分别打印汉文"五分"两字，标明面值。右侧用满文、左侧用维吾尔文标明铸造地点，另外还铸有回历年份。

　　其次是有的银钱在正、背两面的中心都打印一个正方形的小方框，象征方孔，但是都没有穿透，表示它属于中华货币文化体系。

　　最后是因为光绪天罚银钱是各地自行打制，并没有统一的标准和模式，因此，有的没有汉字，有的不带方框，甚至面值上除了"五分"还有"一钱"的。而阿古柏的天罚银币因为只有一种文字，并且统一铸造于喀什噶尔，形制上倒显得要比光绪天罚银钱标准划一。

　　总之，光绪天罚银钱的大小虽与阿古柏天罚银币相差不多，但是种类众多，款式各异，大小不一，轻重有别。光绪天罚银钱的重量在1.1~1.75 克之间，直径为 10.9~15.8 毫米。

图 8-72　"光"字天罚

图 8-73　光绪银钱（五分）

图 8-74　光绪银钱（一钱）

（四）

光绪天罡银钱既然已经逐渐替代了市面上流通的阿古柏的天罡银币，一定程度上消除了阿古柏的影响，而铸造红钱的阿克苏、库车等铸钱局也已经在紧锣密鼓地筹备恢复之中，这种情况下，左宗棠为什么还要急于设计铸造"足银壹钱"银币来取代光绪天罡银钱呢？

这是因为作为过渡阶段的权宜之计，光绪天罡银钱在完成收缴阿古柏天罡银币这一使命之后，因为其自身先天性的不足，已经越来越不能满足新的形势需要，亟须一种新的、正式的货币来取代它。

左宗棠之所以不能接受光绪天罡银钱，是有原因的。

首先是这种银钱模仿自阿古柏的天罡银币，属于伊斯兰货币文化体系，完全不属于中华货币文化体系。虽然经过了改铸，但是看上去依然留有入侵者阿古柏钱币的印记。更让左宗棠不能忍受的是，代表国家主权的货币，因为铸造它的当地工匠不认识汉字，因此描摹的汉字多数都笔画歪斜、文字杂乱、不成体统。

其次是这种银币都是用手工一枚一枚打制的，因技术落后、受力不均，文字时常偏向一边，多数都不完整，很难见到一枚笔画完整、字迹清晰的钱币，甚至没有两个形状完全一样的。

再次是这种银币无轮无郭，大小、成色、轻重都不统一，非常容易剪边或掺假伪造。虽然规定每枚重量为五分，20 枚合银一两。但在实际使用的时候，"仍称轻重，不能计枚数而算五分"，多有不便。更不可思议的是，有的面值虽然是"一钱"，但是大小却与面值"五分"的差不多。

最后是南疆流通的货币极为紊乱，既有形制不一的各式光绪天罡银钱，又有没有收缴完的阿古柏天罡银币、普尔铜币，甚至还有原来的准噶尔普尔钱，可谓五花八门、混乱至极。因此，亟须用一种统一的货币来取代它们。

除了上述四点原因，我想还有两个重要的因素，也促使左宗棠要亲自设计一款具有中华货币文化元素的钱币，来统一新疆的币制。

一个因素是俄国占领伊犁之后，强迫当地民众使用俄国的货币，即所谓的"洋帖"（指俄国纸币）、"洋元"（指俄国的银币）、"洋普"（指俄国的铜钱）。被废弃的宝伊局铸造的铜钱等中国货币，都被俄国人用极其低贱的价格从市面上大量买走，运回俄国送兵工厂销毁后制成子弹壳，供应给正与土耳其打仗的俄军使用。这样，市面上已经没有中国的铜钱了，都是俄国的货币，因此，左宗棠要为收回伊犁之后统一货币早做谋划准备。

另一个因素则是左宗棠考虑要设计出统一形制，并用机器制出标准的"铜模"，然后交与当地工匠打制银币。这样就可以保证钱币的重量、成色都标准划一，铭文字迹端正、清晰可识。自道光年间开始，东南沿海一带受西班牙"本洋"以及墨西哥"鹰洋"的影响，已有一股模仿铸造西方银元的风潮。如道光、同治年间台湾和福建漳州一带铸造的"寿星银饼"和"漳州军饷"，以及咸丰、光绪年间上海、湖南长沙私家银号铸造的银饼。受条件所限，这几种银饼都是用中国传统的浇铸技术铸成的，因为技术落后，很容易被伪造掺假，因此很快就失败了。

在福建任过船政大臣并兴办过福州船政局的左宗棠对此并不陌生。因此，当他考虑统一新疆货币的时候，自然要选择用一种具有中华货币文化元素，即圆形方孔的机制铜模，来取代手工刻模并带有阿古柏钱币印记的光绪天罡银钱。这显然是受了早年林则徐提出的自铸银元要"轮郭肉好，悉仿制钱之式"思想的影响。

基于上述几方面的原因，左宗棠于光绪六年（1880）主持设计出圆形方孔款式的"足银壹钱"银币，委托兰州机器局制造出银币的钢模，然后命令驻扎在库车帮办新疆军务的张曜就地招募银匠，并亲自监督银匠来打制银币。特别强调他要"范银为钱，用银片捶成，不须熔铸"，即"足银壹钱"银币必须是用手工打压制成，不能浇铸。他希望用"足银壹钱"银币"为新疆创此永利，以救圜法之穷"[1]。

客观地说，左宗棠设计的"足银壹钱"银币，形制上简洁明了，主题突出，既有中华货币文化的固有元素，又充分照顾了当地维吾尔民众的使用习惯。特别是采用机器制作钢模，既保证了文字笔画的端正、清晰，又防止了民间的私铸、掺假，可谓用心良苦。

关于"足银壹钱"银币，《新疆图志》记载："外圆内方，轮廓分明，字迹显朗，大小厚薄如一。"因为工艺精细，制作精良，大小适中，使用方便，"足银壹钱"银币很受民众的欢迎。

"足银壹钱"银币在设计上沿用了圆形方孔的形制特点，充分反映了左宗棠统一新疆币制的愿望。但是，作为设计者的左宗棠却完全没有考虑到，手工打制这样一枚中间带方孔的银币工艺上是极其复杂的，这和浇铸工艺完全不是一个概念。因为银片要用手工打压制成，

---

[1] 《左宗棠全集》，岳麓书院，2009。

中间还要挖一个方孔，每次生产的数量很少，人工成本很高，亏赔较大。

据《新疆图志》记载，每匠一人，炉一座，需工人 5~6 人，每天只能铸造银币 200 枚，合银二十两左右。但是，合计工炭以及火耗，每铸二十两，费用成本就高达白银四两，占到了五分之一。如此高的成本，当时的新疆如何能承受得了？因此，"足银壹钱"方孔银币只铸造了不到一年，就于光绪七年二月被叫停了。它没有能够实现左宗棠的取代光绪天罡银钱、统一新疆币制的愿望。天罡银钱仍然通行于南疆，与红钱并用。北疆由于制钱缺乏，后来也通用了天罡银币，甚至民国时期在市面上仍然能见到。

左宗棠设计发行的"足银壹钱"方孔银币，虽然因为亏赔使用不到一年就停铸了，但是它以"湘平"为纪重单位的做法却被继承了下来。从此以后，新疆铸造的银币都用"湘平"而不用"库平"，成为新疆银币的一大特色。

左宗棠为收复新疆以及推动新疆建省做出了重要贡献，同时，他还非常重视收缴销毁阿古柏的钱币，清除其在社会上的负面影响，为统一新疆的币制做了极富创意的探索，是一位为中华民族做出了杰出贡献的民族英雄，永远值得我们怀念和宣传。

四、吉林厂平：最早试铸的机制银币

鸦片战争之前，外国银元在东南沿海一带开始流通，"市民喜其计枚核值，便于运用"[1]。

---

[1] 《黄爵滋奏疏》。

鸦片战争之后，开放口岸的增多以及外商进出口货物税率的进一步降低，更加便利了外国商品以及外国银元的大量输入。外国银元在中国境内的广泛流通，促使中国民间开始手工仿铸各式足纹的银饼。民间所铸的银饼，广东有"广板"，福建有"福板"，杭州有"杭板"，江苏有苏州的"吴板"、无锡的"锡板"，江西有"土板""行庄"等。

所有这些银饼都是东南各省民间用手工铸造的，不但技术简陋、便于掺假，而且成色、重量以及尺寸也都不统一，使用起来实际上并不比原来的银锭方便多少。因此，各地的商民都期盼朝廷能引入西方的机器铸造中国自己的机制银元。

就在大家期盼官府能够出面铸造机制银元时，谁也没有想到，拔此头筹的竟然不是东南沿海地区，而是地处东北内陆的吉林。这是为什么呢？

下面我就通过"吉林厂平"银币，来给大家说说我国最早试铸的机制银币是如何诞生的，以及它为什么中途夭折而没有正式发行。

（一）

近代最早的机制银币之所以诞生在吉林，而不是外国银元大量流通使用的东南沿海地区，既与吉林当时所面临的危急形势有关，也与银币的设计以及铸造者吴大澂关系密切。我们先来看看吉林当时面临怎样的危机。

"吉林"之名来自满语的音译，意思是船厂，即造船的地方。大家可能会有点疑惑，吉林作为东北地区的一个内陆省份，又不通海，又没有港口，为什么会叫船厂呢？

这要从明朝永乐年间说起。

永乐七年(1409)，明朝设立了"奴儿干都司"管辖东北地区。后来为了加强对东北各地的管理，明朝政府决定利用松花江流域发达的水系，开辟通往东北腹地的交通线，遂于永乐十八年（1420）派辽东都指挥使刘清到松花江上造船，这就是"船厂"之名的由来。

"船厂"的建立在明朝管辖东北的过程中起过重要的作用。因此，不但明朝重视船厂的建设，清朝也很重视，并于顺治十四年（1657）在明朝的基础上又重建了船厂。康熙十二年（1673）更进一步在船厂建造城邑，命名为"吉林乌拉"。

据《吉林通志》记载："吉林谓沿，乌拉谓江。"两者结合起来，可以理解为"沿江边之城"。这就是现在吉林市名称的由来。明清两代都在这里建造过船厂，所以有些清代的文献里也将"吉林乌拉"称作船厂。

康熙二十四年（1685），在抗击沙俄入侵的雅克萨自卫反击战中，船厂所造舰船运送的水师直抵雅克萨城，并保障了清军的后勤给养，为雅克萨反击战的胜利做出了重要贡献。随后宁古塔将军的驻地也迁移至吉林城。乾隆二十二年（1757），宁古塔将军改名为"镇守吉林等地方将军"，简称"吉林将军"，这样"吉林"就由最初的船厂逐渐扩大为城邑，最后又变成行政区的名称。

吉林将军所管辖的范围最初非常大，北起外兴安岭，南至长白山区，向东不但包括松花江、乌苏里江流域，而且还包括库页岛在内的沿江及海中诸岛，仅海岸线就有一万多公里长。后来在咸丰年间，沙俄利用清政府疲于应对太平天国起义以及第二次鸦片战争之际，迫使清政府割让了外兴安岭以南及乌苏里江以东的100多万平方公里领土。从此吉林将军所辖范围失去了沿海地区，骤然缩小为内陆的一隅。即便如此，到了光绪年间，吉林将军又一次面临着来自沙俄的武力威胁，这一次与左宗棠收复新疆有关。

光绪年间，左宗棠率军消灭了入侵的阿古柏。收复新疆南部地区之后，清政府在与沙俄谈判收复被其趁乱占据的伊犁时，沙俄背弃诺言，百般阻挠，不愿归还伊犁。对此，左宗棠做好了一旦谈判破裂就武力收复伊犁的军事准备。恼羞成怒的沙俄，为了讹诈清政府做出让步，就向东北的乌苏里地区增派军队，直接威胁东北地区的安全。不仅如此，经过明治维新崛起的日本也在觊觎朝鲜，妄图以朝鲜为跳板入侵东北。因此东北的局势非常严峻，朝中遂有加强吉林防务的提议。正是在这一背景之下，清政府于光绪六年（1880）派吴大澂"赴吉林随同铭安帮办一切事宜"。

　　吴大澂是江苏吴县人，同治七年的进士，是当时著名的学者、金石学家以及书法家，曾任编修、学政等职。吴大澂赴任后，积极配合吉林将军铭安收编土匪，组织防务，以安定局势。因工作出色，第二年即光绪七年朝廷又破例"赏吴大澂三品卿衔"，负责督办吉林军务。

　　吴大澂在组织防务的过程中，认为"防务应以东三省为先，而东三省防务则以吉林为首"。他深感吉林战略位置的重要以及所面临的危险，但是更苦于枪炮弹药的匮乏。因此他上书朝廷，要求创办机器局，自行制造枪械弹药，并陈述了必要性，表示"不独本省练军可源源接济，黑龙江各军也可兼顾资用"。

　　因为理由充分，清政府不但同意了吴大澂创办机器局的建议，还给他拨款24万两白银，作为购置机器设备的费用。为保证机器局的建造质量，机器局所用设备都由国外进口。为解决技术人才问题，吴大澂又奏请从关内调入熟悉西学的洋务人才，还从天津机器局调入宋春鳌负责总理局务。厂房的所有设计施工也都是按照西方模式，保证了厂房的质量要求。吴大澂用朝廷拨付的款项先后向英国、德国订购了机器 270 多套。其中除了制造枪械以及军火的机器，还有一套专门用来铸造钱币的机器。

朝廷派吴大澂去吉林的任务是督办军务，他筹建吉林机器局的目的是制造枪械弹药，加强防务。那么，他在购置机器设备的时候，为什么还顺便购买了一套铸钱的机器呢？难道他除了造枪，还想铸造货币吗？

吴大澂确实是计划在筹建机器局的同时，引进铸钱机器，铸造一套银币。这是因为他发现当时的东北地区，不但外部强邻环伺、危机四伏，内部的货币流通也出现了严重的钱荒现象。

这一现象的存在，严重影响了东北地区的商贸往来以及百姓的日常生活，对社会的稳定关系重大。因此，吴大澂在从国外购置机器设备的时候，特意订购了一套铸造货币的机器。这样一来，新建造的吉林机器局，就不但能制造枪械弹药，加强防务，还能铸造货币，解决钱荒的问题，从军事装备以及经济金融两个方面来加强东北的建设，可谓一举两得。

那东北地区的钱荒是如何形成的？吴大澂通过铸造银币解决钱荒的计划能实现吗？

（二）

东北地区当时严重的钱荒现象实际上是历史原因造成的，与嘉庆年间清政府废除顺治初年在东北地区实行的"封禁"政策有关。

东北地区是满族的"龙兴之地"。清军入关之后，为了保护所谓的"龙脉"不被破坏，以及防止满族尚武、简约的生活习俗被汉化，从顺治初年直到嘉庆年间，清政府对东北地区实行了将近二百年严厉的"封禁"政策，不许关内的汉人到关外去谋生。

这一封禁政策的长期实行，造成了东北地区经济发展的落后以及人口繁衍缓慢，严重削弱了东北地区的防务力量。但是，广阔的东北地区地广人稀、土地肥沃、物产丰富，特别是相较关内更轻的赋税政策，吸引着关内大量的破产农民"闯关东"去讨生活。"康乾盛世"之后，随着关内人口的增加，人多地少的矛盾日趋尖锐，最终形成了"闻风而至者不可抑遏"之势，迫使清政府于嘉庆年间逐渐废除了原来的封禁政策，改为"移民实边"政策。

随着移民实边政策的推行，东北地区的人口开始增加，商贸也日趋繁盛。但是，因为东北地区没有铸钱的历史，商品经济发展非常缓慢，商民入市交易大都使用银锭和布匹。直到清朝同治、光绪年间，制钱才开始从关内流入成为市场交易的工具。因为没有铸钱局，制钱仅靠从关内流入，根本满足不了流通的需求，于是出现了严重的钱荒现象，影响市面交易。光绪初年民间被迫又开始流通一种叫"凭帖"或"抹兑"的商业汇票以弥补制钱的不足。面对严重的钱荒现象，吴大澂说通时任吉林将军希元，在制造枪械弹药的同时，在机器局铸造一套机制银元，投入市场，以缓解严重的通货紧缩，平抑物价，稳定经济。

于是希元于光绪十年（1884）十二月初十上奏朝廷，说明钱荒的严重以及自铸银币的想法。《吉林通志》卷四十《钱法》对此有详细记载：

> 吉省制钱久缺，市面益行萧条，筹商再四，唯有仿照制钱式样铸造银钱，以济现钱之缺，以代凭帖之用。先由俸练各饷项下提银五千两，饬交机器局制造足色纹银一钱、三钱、五钱、七钱、一两等重银钱。一面铸刻监制年号，一面铸刻轻重银数，"吉林

厂平"清汉字样。盖吉林地方俗呼船厂，厂平二字实从俗也……此项银钱配发给各兵……按银钱所铸数目随市易换……不能任意轻重……免折耗压平之弊。

希元在奏请朝廷批准的同时，已经要吴大澂从军饷中提取白银五千两试铸了一批银元。但是，根据总理局务的宋春鳌于光绪十年十月二十三日（1884 年 12 月 10 日）向吉林将军希元呈报的《机器制造局申请粮饷处奉谕发来银两制造已完竣解交》记载，当时粮饷处实际仅发来白银两千两，共制作了一两银币 198 枚、七钱银币 1071 枚、半两银币 1420 枚、三钱银币 866 枚、一钱银币 825 枚，共计铸造了大小银币 4380 枚，总共耗银一千九百九十六两四分。满语"吉林"原名"船厂"，因此当地银两的衡量单位就俗称"厂平"，所以习称这套银币为"吉林厂平"银币。

"吉林厂平"银币有两种版别。一种是传统形制的方孔银钱，正面与制钱一样，为"光绪元宝"四字；背面穿上铸"厂平"，这是吉林银两的名称；穿下为面值，穿左右为满汉文"吉"字；面值有一钱、三钱、五钱、七钱、一两 5 种，实物只有五钱的一种传世。另一种是无孔的西式银元，面值也是一两、七钱、半两、三钱、一钱共 5 种。两种银币铸造较为精美，书体都为小篆，书法精湛。

图 8-75　光绪元宝（机制银钱）

试铸的这一点"厂平银币"投入市场后，并不能解决通货紧缩的问题，在银票乱飞、物价上涨的当时很快便湮没无闻了。因此，"厂平银币"流传下来的非常稀少，早已成为近代机制银币中的大名誉品而名贵异常。

这套银币的设计独具特色，与之后铸造的"龙洋"风格迥异，保留了浓厚的中华钱币文化的元素。譬如，正、背两面都是圆形的中央铸一方框，表示中国古代钱币上传统的圆形方孔的形制特点。正面方框内铸篆书"光绪十年吉林机器官局监制"三行十二字，方框上方铸一圆形的篆书"寿"字，方框左右两侧各铸一条细长的龙纹，边饰连珠纹。面值有一两、七钱、半两、三钱和一钱共五种。其中"一两"主币背面的方框内铸隶书"厂平壹两"，方框四周各铸满文，为对读的"吉林平一两"，地章饰有卷云纹。三钱以下面值的银币，因为币面空间不足，正面方框内仅铸篆书"光绪十年吉林官局制"九字。

图 8-76　厂平一两（机制银币）

这套银币除了背面方框内的纪值不同，其余的图文都相同。但是，版别上仍有细微的差别。譬如：如果按正面两侧龙纹身上有无毛刺，可以分为"光龙"和"毛龙"两大版别。其中，"光龙"版五等币值俱全，"毛龙"版只见一两、半两、三钱三等面值；再如一钱银币，可按纪值数字书体的不同，分为大写版"壹"和古体版"弌"两种。

相传银币的图案和文字都是吴大澂的手笔。钱币上的龙纹龙身细且长，如添足之蛇，是仿自两千多年前汉代的古风遗韵，体现了银币的设计者吴大澂作为近代著名的古文字学家的书法功力和艺术水准。

另外，在这枚银币图文的细节之中，实际上还隐含深刻的政治寓意。

（三）

这枚银币图文中的政治寓意隐藏在银币正面方框上方的"寿"字里。另外，在方框的左右两侧还各铸有一个古代的龙纹图案。这样就将中华传统中的"寿"文化与"龙"文化完美地结合了起来。很明显，这是一款特意向慈禧太后祝寿的纪念币。

首先是银币正面上方篆书的"寿"字呈圆形，左右两侧的古龙图案与圆形的"寿"字组合起来，就是一幅"双龙戏珠"的图案。银币下方双龙交尾处，又巧妙地结成了一个"蝙蝠"的图像，寓意为"福"，与上端"寿"字相互辉映，构成了一副"福寿双全，双龙同贺"的吉祥象征。

其次是银币双面的边缘内郭铸有小圆圈，其玄妙之处是由短线相连接的这些小圆圈不多不少正好是 49 颗，而不是整数 50 颗。这又是为什么呢？

光绪十年（1884），统揽大权、垂帘听政的慈禧太后正好是 49 岁。慈禧生于 1835 年，光绪十年正好将届 50 岁大寿。按照中国的传统，寿诞有过九不过十的习俗。因为"九"与"久"同音，有"长长久久"的吉祥寓意，是长寿的象征；而"十"与"死"谐音，为人所忌讳。因此做整寿纪念时，都要提前一年举行。另外，民间还有"男不庆九，女不庆十"之说，都是这个原因。

最后是这套银币文字的笔画，上面还有多处带有高超的防伪暗记和精妙的图案。譬如："年"字的最后一横笔上有一个镌刻得非常清晰、漂亮的小嘉结，这喻示的是喜庆祝寿的"喜结"。在如此细小字样的笔画上，竟镌刻着喻示喜庆的精妙小图案，其设计者的文化底蕴及精心构思，制模者的高超刀工以及铸造者的精湛技艺，都不禁令人惊叹连连，拍案叫绝！

由此可知，光绪十年试铸的"吉林厂平"银币，实际上是为慈禧太后 50 岁寿诞、49 岁庆典特别制作的一款祝寿纪念银币。其中，用线连接起来的 49 颗小圆圈，一颗代表一年，计 49 岁，并取 "9"的"长长久久"吉祥之意。再联系银币正面、背面特意设计的文字和图案，都清晰地表明，这套银币是吉林将军希元和督办吴大澂，为慈禧太后 50 岁大寿而特意铸造的"贺寿币"。

据史料记载，吉林将军希元将这套设计精美、寓意精妙的银币上报朝廷时，希望能"广为铸发"，但是军机大臣只是奉旨批了个"览钦此"而未置可否，后来就不了了之了。这到底是为什么呢？

实际上这套试铸的银币中途夭折，没有正式发行，是被当年爆发的中法战争给搅黄的。

中法战争是光绪九年十一月至光绪十一年二月（1883 年 12 月至 1885 年 4 月），由于法国侵略越南并进而侵略中国而引起的一次战争。战争分为两个阶段，第一阶段的战场主要在越南的北部，第二阶段扩大到中国东南沿海一带。

战争中，法国的海陆两军虽然在多数战役中都占据了上风，但是却没有办法取得奠定胜局的战略性大胜；而清军虽然在开战初期水陆两军都惨遭失败，并且导致由恭亲王奕䜣领班的军机处被全面撤换，但是后期在台湾以及杭州湾的防卫战中却取得了成功，挫败了法军的登陆企图，特别是冯子材统率的各部清军在镇南关之役取得大捷，痛击法国陆军，使之伤亡惨重，导致法国费里政权垮台。以此为契机，中法两国重启和谈，签订了《中法新约》，结果是中国不败而败，法国却不胜而胜。清朝正式承认法国对法属印度支那诸殖民地的宗主权，两国重开贸易。受这次战争的影响，清政府进一步意识到了海防的重要性，并开始重视台湾，在台湾设省，以刘铭传为巡抚大力加强防务并推行新政，同时开始积极筹建北洋水师。

中法战争还在政治上引发了清廷最高统治层内部的一次剧烈的权力斗争，导致恭亲王奕䜣和慈禧太后这对叔嫂因"辛酉政变"而结成的盟友关系彻底破裂。他们的结盟在"辛酉政变"清除了以肃顺为首的"顾命八大臣"之后，因为慈禧太后的政治野心而矛盾不断。双方的权力之争虽然几经起伏，但是恭亲王奕䜣作为"议政王"始终掌控着军机处，这是一心想独揽大权的慈禧太后所不能容忍的。因此她一直在寻找机会想彻底罢免奕䜣，实现独揽朝政的目的。

机会终于在光绪十年等到了。在这一年爆发的中法战争中，刚一开战，福建水师就在海战中全军覆灭；陆战中清军又被赶出了越南，并将战火烧到了中越边界，朝野震动，舆论哗然。精明的慈禧立即抓住这一时机，假公事而泄私愤，以恭亲王奕䜣办事循旧、固执己见、贻误战机为由罢免了他，并且借机改组了军机处，清除了奕䜣的势力。

吉林将军希元上奏朝廷请示铸造"吉林厂平"银币时，正是慈禧太后和恭亲王奕䜣政治斗争最激烈的时期，军机大臣都惶惶不可终日，生怕成为政治斗争的牺牲品。因此，在这个节骨眼上，对于吉林将军希元上报的要变更祖制铸造机制银币，而且在图文之中还隐含有给慈禧太后祝寿内容的奏折，军机大臣也只能含糊地表示一句"览钦此"而不置可否。

希元在没有得到朝廷明确批示同意的情况下，自然不敢正式铸造发行银币，"吉林厂平"银币在试铸之后就不了了之。但是，它却是我国近代最早试铸的机制银币，虽然半途而废，却为五年之后广东龙洋"光绪元宝"的正式铸造发行做了一次有益的尝试，仍然具有重要的意义。

"吉林厂平"银币半途夭折，五年之后铸造的广东龙洋能成功吗？

五、广东龙洋：最早正式铸造的流通机制银币

东南沿海一带，从道光年间开始模仿西班牙"本洋"铸造中国式银饼，虽然与中国传统的银锭已有本质的不同，但是还不能算是近代机制币，只能说是它的先声。因为这些银饼都是采用手工模具打压制成，不但技术简单、效率低下，还容易仿造、掺假，很快就被称为"龙洋"的机制币取代。

"龙洋"不但终结了我国两千多年来手工铸造铜钱的历史，而且以货币变革为先导，揭开了中国近代化的序幕。

下面就通过广东铸造的机制银币"光绪元宝"，介绍中国"龙洋"的由来，并考察清末币制变革的讨论。

（一）

1842 年中英《南京条约》签订之后，中国开放了上海、厦门、宁波、广州、福州五个通商口岸。1858 年的《天津条约》及 1860 年的《北京条约》又先后增开了营口、烟台、汉口、九江、南京、镇江、天津等十处商埠为通商口岸，并进一步降低了外商进出口货物的税率，

这更加便利了外国商品以及外国机制银元的大量输入。

随着外国势力日益扩张深入中国的内地以及对外贸易的增加，中国币制的落后以及由此造成的对外贸易上的损失，也就更多地表现出来。因此，从光绪初年开始，很多有志之士主张，中国应该尽快实行币制变革，废除落后的制钱以及使用时必须称重、验色的银两制，改向欧美国家学习，引进西式机器，铸造重量、尺寸、成色都标准统一的机制币，并禁止外国银元的流通。在挽回经济损失的同时，也维护国家货币主权的独立，认为"圜法之敝，整顿之急，实为当今急务"①，就是说改革落后的币制是当今最急迫的事情。于是朝野上下掀起了一股实行币制改革、铸造机制银元的风潮。

社会上的有志之士以郑观应为代表。郑观应是清末维新派著名的思想家和实业家，广东中山人，早年在上海的洋行里做过买办，后来则在洋务派创办的上海机器织布局、上海电报局、轮船招商局任过职。他结合自己的商务实践，认为中国当时实行的银两制并允许外国银币在中国市面上自由流通的做法有四大弊端，而如果引进西式机器，将银锭改铸成机制银元来流通，则有四大好处。并在其代表作《盛世危言》中发出了"既有此四利，而又可除彼四害，亦何惮而不行乎"的质问。因此，他呼吁清政府要尽早实行币制改革，废除银两制，改行机制币。

朝廷上的开明大臣则以张之洞为代表。张之洞是清末重臣，直隶南皮（今河北省沧州市南皮县）人。他自幼聪慧好学，号称神童，在同治三年的科举考试中高中一甲第三名，被授予翰林院编修。翰林院属于皇帝的秘书机构，是储备锻炼高级官员的地方。在清末那个新旧

---

① 《盛世危言》。

更替、错综复杂的年代，张之洞很好地把握住了历史机遇。他学业有成、仕途顺利，先后扮演了清流健将、洋务主角、新政核心等重要角色，既是政界的巨擘，又是文坛的盟主，并集文治武功与兴办实业于一身，在推动中国近代化的过程中，不但发挥了一位政治家、思想家的引领作用，更成了一位实践家，正是在他的倡导和主持之下，成功地铸造了我国最早的机制银币"光绪元宝"，他也因此被誉为"中国近代机制币之父"。

（二）

张之洞虽然是中国近代机制币的成功铸造者，但是最早试铸机制币的并不是他。

始于道光年间，用手工土法铸造银饼的台湾、福建漳州、上海和湖南长沙的银号以及林则徐在江苏等几次试铸努力失败之后，又有上海和吉林两地用西式机器试铸过机制银元。

图 8-77　上海银号铸造的银饼

图 8-78　湖南长沙铸造的银饼

上海的机制银元是同治六年（1867）上海租界的行政管理机构工部局，委托香港造币厂帮助设计的，实物只见到面值为"一两"和"二钱"两种，正面为蟠龙图案，铭文为"上海壹两（贰钱）"。因为银元背面的图案中有英国的国徽及皇冠，没有通过清政府的审核而作罢。

图 8-79　上海机制银元（一两）

无论是早期用手工模具铸造银饼，还是后来上海、吉林两地用西式机器铸造银元的努力先后都失败了。这种背景之下，张之洞铸造机制银元的计划为什么能够成功呢?

实际上，张之洞在广东铸造的机制银元，最后能够获得清政府批准并被市场接受，也是一波三折，经历了一个艰难的过程。这与张之洞百折不挠、积极争取的执着精神是分不开的。

张之洞是在两广总督的任上，于光绪十三年（1887）二月在上报朝廷的《购办机器试铸制钱折》里，另外加了一张《试铸银元片》的附件，提出设立广东造币厂，招募擅长铸造银元的西方人铸造银元。精明的张之洞在这里打了一个擦边球，他在给朝廷的正式报告中，只说购买机器是为了试铸制钱，就是传统的方孔铜钱，根本就没有提铸造银元的事，只是在另外的一张附件上才提到招募洋人试铸银元。这样容易被观念陈旧、思想保守的朝廷批准。

关于银元的面值，张之洞建议比外国银元的实际重量七钱二分加重一分，即重库平银七钱三分。他解释说，新铸的银元实际重量比外国的银元重一分，而作价都一样，趋利的商民必然乐于接受，这样容易流通并能将外国的银币驱逐出去。但是，户部的态度依然非常谨慎，认为"事关创始，尚需详慎筹划，未便率尔兴办"。因此要他"听候谕旨遵行"。

但是，一心想推动币制改革、铸造机制银元的张之洞，并没有消极等待，而是于光绪十五年（1889）八月，又向朝廷上了一份名为《洋商附铸银元请旨开办折》的报告。在表示"银元遵旨尚未开办"，要朝廷放心的同时，又打出"香港英商汇丰洋行"的牌子，说是该行"欲求代为附铸"，并"送来条银四条，请为试铸"。最后在所附的清单中说："谨将广东钱局试铸银元式样大小五种，分装两匣，开单恭呈御览。"实际上，他这是借汇丰洋行的名义，将早已准备好的试铸样币乘机报送朝廷，请求审批。

三个月以后，户部尚书张之万于十一月将户部讨论研究后的结果，即"拟请旨允准试办"告诉了张之洞，同时也提出了修改意见："唯将洋文列于中国年号之内，体制尚有未合，应请饬令该督将洋文改鏨蟠龙之外，以'广东省造库平七钱二分'汉字十字改列正面，……较为妥协。"①就是要求将英文移至背面，背面的中文则移到正面。

　　根据户部提出的修改意见，样币的钢模需要寄回英国改刻。但是在新钢模改好寄回来之前，张之洞就于当年的十月被调往湖北武昌，去任湖广总督了。接替他任两广总督的是李鸿章的胞兄李瀚章。等新的钢模从英国寄到广州之后，李瀚章于光绪十五年四月初二（1889年5月20日），在兼管广东钱局事务、署布政使（实际上相当于广东省省长）王之春的主持下，正式开炉铸造了名为"光绪元宝"的机制银元。因为新铸造的银元背面图案是一个蟠龙，所以又被称为"广东龙洋"。这是我国正式铸造机制银元的开始，也是后来各省广泛铸造"龙洋"的由来。

　　这里有必要澄清一个在社会上流传非常广的误解。"光绪元宝"机制银元最初铸造的时候，重量由库平银七钱三分改为七钱二分，以往钱币界多认为这是因为它比鹰洋重一分，流通的过程中发生了劣币驱逐良币的现象，是被鹰洋"驱逐"后而改为七钱二分的。实际上，这是一种历史性的误会。实际的情况是，"光绪元宝"在试铸的时候就由七钱三分改为七钱二分了。这是因为张之洞接受了汇丰洋行的建议，使它能和鹰洋同时流通而减去了一分，这样"光绪元宝"就与鹰洋一样重，都是七钱二分，可以等值流通。七钱三分只是最初的拟议，实际上并没有铸造流通。

---

① 《中国近代货币史资料》，第一辑，中华书局，1964。

图 8-80　广东龙洋"光绪元宝"（七钱二分、三钱六分、一钱四分四厘、
七分二厘、三分六厘）

（三）

　　当时社会各界都苦于银锭使用的不便，期盼着能有一种新式的、便于使用的银元替代它。因此，广东龙洋出现之后，不等清政府正式下令推广，各省便纷纷开始仿铸。一时间，全国竟然出现了争先购买新式机器，招聘外国技术工匠，各省广铸"龙洋"的高潮。

　　第一家起来响应的自然是张之洞管辖下的湖北省。在广东的时候，张之洞做好了全部的准备工作，但是因为任职的变动，他错过了亲自铸造中国第一枚机制银元的机会，这多少有点遗憾。因此，等"广东龙洋"正式发行之后，他就于光绪十九年（1893）设立湖北银元局，第二年便援引广东之例，铸造了"湖北龙洋"，只是将"广东省造"改为"湖北省造"，其余内容保持不变。

图 8-81　湖北龙洋"光绪元宝"

紧随湖北之后，又有直隶、江南、安徽、山东、四川、吉林、奉天、浙江、福建、云南、新疆、陕西等省陆续铸造了自己的"龙洋"。另外，湖南、台湾、山西、黑龙江以及北京的京局，则铸造了以"角"为单位的辅币，背面的图案也是蟠龙。这些辅币也都属于"龙洋"的范畴。

　　相对于广东龙洋，湖北龙洋可以说是后来者居上。湖北不但为本省铸造，更多的是代其他省份铸造，流通的地域最广，信誉也最高。

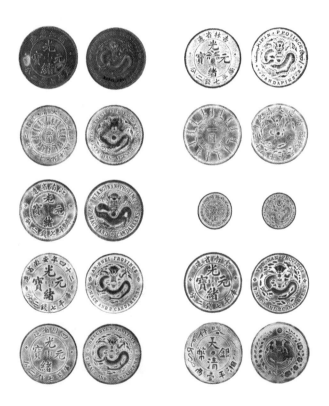

图 8-82　浙江、直隶、江南、安徽、四川、吉林、奉天、福建、云南、新疆铸造的龙洋

因此，湖北龙洋超过广东龙洋，成为清末龙洋的代表。张之洞也因此而被誉为"中国龙洋之父"。

清末龙洋的铸造，在我国货币发展史上具有里程碑式的重要意义。主要体现在如下三点。

一是开创了我国机制银元的历史。

从广东龙洋开始，湖北龙洋继之，各省纷纷跟进。我国的白银货币为之一变，在传统称量使用的银锭之外，又出现了一种具有中国特色的"龙洋"系列银铸币，开启了中国机制币的历史。

二是确立了以元（圆）为中国货币的基本单位。

受外国的影响，银元的成色只有90%左右，如果自铸银元以两为单位，流通中就不能与传统的以足银为标准的银两合二为一。用元为单位，重量、成色以鹰洋为标准，既方便同鹰洋换算，也便于被已经习惯于使用外国银元的民众接受。从此，元（圆）这一新的货币单位成为中国币制的有机组成部分。

图 8-83　湖南、台湾、北京京局铸造的辅币

三是减轻了因制钱不足所造成的通货紧缩的困难。

清末光绪年间，受国际银价下跌的影响，铜价上涨，铸造铜钱亏本，出现了钱贵银贱的局面。各省在讨论铸造银元的必要性时，多以"补制钱之不足"为理由，这正说明了铸造银元减轻了社会流通中制钱不足的问题。

（四）

清末各省最初是苦于银锭使用起来多有不便，于是都仿效广东，铸造龙洋。因为各省的银元局相互独立，所铸造的龙洋"光绪元宝"虽然形式上差别不大，但是重量和成色上却完全不同，出省之后又被视为银两，仍然需要重新进行核算。譬如广东龙洋虽然光绪二十四年（1898）就开始在北京流通，但是计算的标准仍然是银两而非银元。面对这种各自为政的混乱局面，清政府于是又开始进行统一铸造银元的尝试。

一方面是统一铸币机构。

光绪二十五年，清政府下令除广东、湖北两省的银元局之外，其余各省的全部裁撤，但这立即遭到了各省的反对。光绪二十八年又改天津和北洋机器局为北洋铸造银元总局。光绪三十一年又成立铸造银钱总厂，作为户部的造币总厂。光绪三十二年将全国20家银元局、铜元局归并为9家。宣统二年（1910）制定《造币厂章程》，总厂设在天津，另外保留4个分厂，分别设在武昌、成都、云南、广州，后来在奉天（沈阳）又增设一个临时分厂。但是，第二年辛亥革命爆发，各省纷纷独立，统一铸币机构的工作随即夭折。

另一方面是想用"大清银币"来统一各省的龙洋。

户部于光绪二十九年在天津造币厂试铸了面值为一两的"大清

银币"，光绪三十三年又铸北洋一两"大清银币"，但都没有正式发行。湖北、吉林以及新疆喀什噶尔铸造的大清银币，虽然流通，但是仅限于本省，而且重量和成色也不统一。有统一意向的是天津造币总厂成立后所铸造的"大清金币"、"大清银币"和"大清铜币"。但是，除"大清铜币"外，金、银币最终都没有发行流通。

清末随着中央控制各省能力的日趋减弱，统一铸币机构及各省龙洋的计划不但没有实现，传统的银锭以及各种外国银元都还继续在流通使用。这种背景之下，机制银元的使用在朝野上下还引发了一场有关币制改革的激烈讨论。争论的焦点有两个：一是实行金本位还是银本位，二是实行银两制还是银元制。

这场币制改革的讨论源于担任总税务司的英国人赫德，他于光绪二十九年写了篇《中国银价确定金价论》，建议中国采用金汇兑本位制。

他的这一建议遭到了以湖广总督张之洞为首的一批官员的坚决反对，他们多数认为中国黄金储量少，而人口又多，加之黄金的价值高，而中国百姓的生活水平又低，不适于使用金本位，主张采用银本位制。但是，对于银币的单位是用银两制还是银元制，则又争执不下。

特别是张之洞，虽然他最早引入西式机器铸造了以"元"为单位的机制银元，但是此时却主张国币应该以"两"为单位，并解释他当初铸造七钱二分的龙洋"系属一时权宜，未可垂为定制"[1]，而确定国币应该"别筹全国通行经久无弊之策"。因此，他主张以中国传统使用的"两"为单位，并于光绪三十年（1904）在湖北铸造了重库平一两的大清银币。

---

[1] 《光绪朝东华录》，中华书局，1958。

为了征求各省的意见，清政府于光绪三十三年向全国二十四位督抚征询对于银元制与银两制的态度。其中，有十二人主张以两为单位，以便与传统的银两制挂钩；九人赞成以元为单位，重七钱二分，以便与外国银元相通；另有三人主张两、元并用，意见相持不下。

　　第二年即光绪三十四年，被派去美国进行商务谈判的唐绍仪从美国回来，奏请朝廷要尽快确定币制，以便与外国签署商约。清政府于是参考多数督抚的意见，决定以两为单位。但是不久光绪和慈禧先后去世，以两为货币单位的决定又被搁置，而无下文。

　　当时任度支部尚书的载泽，倾向于使用元为货币单位。他于宣统元年（1909）设立币制调查局，要求再议币制。并于第二年颁布《币制则例》，宣布铸币权统一收归中央，停止各省铸造货币；并规定采用银本位，以元为单位，名称为"大清银币"，重库平七钱二分，成色90%。原定于宣统三年十月发行大清银币，并限期收回其他各种大小银元，统一全国币制，但是，还没有来得及发行便爆发了武昌起义，大清银币于是就以军饷的方式发放市面，而成为通用银元的一种。因此，统一货币的使命留给了后续的民国政府。

　　"光绪元宝"的铸造以及清末有关币制改革的讨论，开启了中国近代机制币的历史，从法律上初步确立了银本位制并以元为单位，普及了有关本位币的知识，提出了维护币制主权的观念。但是，这些都因为辛亥革命的爆发而被中断，货币制度上继续维持两、元并用的混乱局面，将中国近代以来币制改革最为核心的"废两改元"难题留给了民国政府，这也从一个侧面反映了近代中国社会变革的曲折性。

5

中国通商银行兑换券：
我国最早的银行兑换券

位于上海外滩中山东一路的 6 号楼，是一栋三层仿欧洲哥特式建筑。它曾经是外滩的地标式建筑，被认为是当年殖民者建造的洋行，是上海外滩租界地的象征。

实际上，这幢走过了一个多世纪的欧式风格的建筑物，并不是洋人建造的，而是由盛宣怀建造的。它不但不是上海租界地的象征，反而是中国近代银行的象征和金融业的起点。它就是中国近代最早由政府批准可以发钞的商业银行，即"中国通商银行"的旧址。

下面我就通过中国通商银行的设立及其发行的兑换券，说明中国近代银行发展及纸币产生的艰难过程，同时提醒大家思考：为什么我国是世界上最早发明使用纸币的国家，但是近代纸币的发行却远远落后于西方？

（一）

我们先来看看中国近代最早的发钞银行"中国通商银行"以及它发行的纸币。

中国通商银行的总行设在号称"远东第一金融街"的上海外滩，于光绪二十三年四月二十六日（1897 年 5 月 27 日）开业。它最初是购买了外滩的一家拍卖行作为行址，1906 年进行了翻建，由英资玛礼逊洋行的设计师负责设计，共有 3 层，建筑面积有 4500 多平方米，是一栋砖木结构的仿欧洲哥特式建筑，拥有浓厚的欧洲传统建筑的风格，建筑物的外围用青红砖镶砌，众多细长的柱子勾勒墙面，大门入口处还竖有一排罗马廊柱。一、二层为落地长窗，券状窗框，两肩对称。三层为坡式屋顶，并建有一排尖角形的窗户。楼顶南面则为一平台，可容纳近百人，是当年观赏黄浦江潮水的绝佳之处。

中国通商银行最大的股东是招商局和电报局，其余的多为官僚和买办。发钞、存款是它的主要资金来源。它虽然名义上和形式上是商办的银行，实质上是奉旨设立的官商银行，有很深的官府背景。中国通商银行的成立，标志着中国近代新式金融企业——银行业的开始。

中国通商银行创办时就是参照英商汇丰银行的管理办法，并且聘请在上海汇丰银行任职的英国人美德伦为洋人经理，以便对外联系外商和外商银行的一切业务；又聘请咸康钱庄的经理陈淦为华人经理，负责联系钱业市场和各个钱庄的全部业务；这样就能够兼顾中外客户开展业务。

中国通商银行自成立之初，就获得了朝廷授权，拥有发行纸币的特权。直到这时，中国才有本国自己发行的纸币与外商银行的纸币分庭抗礼，发行纸币的大权不再为外商银行独家把持。直到 1935 年，国民政府实行法币改革时收回发钞权，中国通商银行的钞票发行期长达 38 年，成为中国近代史上发行钞票历史最长的商业银行。

除了发钞，通商银行还代收库银。因此，全国各大行省都先后设立了分行。重要的有北京、天津、保定、烟台、汉口、重庆、长沙、广州、香港等处，业务盛极一时。但是，好景不长，八国联军攻占北京后，北京分行首先遭到焚毁，天津分行也受到冲击，业务逐渐开始衰落。

中华人民共和国成立后，人民政府接收了该行的官股部分作为公股，将它改造成为公私合营的银行。1952 年 12 月与上海其他 59 家私营银行、钱庄和信托公司一起组成统一的公私合营银行，成为新中国社会主义金融事业的组成部分。至此，运营了五十六年的中国通商银行退出了历史舞台。

"中国通商银行"发行了两种纸币，一种叫"银元票"，另一种叫"银两票"。

图 8-84　中国通商银行兑换券（银元票）

图 8-85 中国通商银行兑换券（银两票）正、背

同一家银行为什么要发行两种货币单位的纸币呢？

这是因为当时中国的主要货币白银，有银元制和银两制两种单位，为了与之对应，就必须发行"银元票"和"银两票"这样两种单位名称的纸币。

中国通商银行所发行的"银元票"和"银两票"，是中国最早的银行兑换券，属于新式纸币，与此前宋、金、元以及明、清时期所发行的古代纸币完全不同。

银元票与银两票的面额都是五种，分别为：一元（两）、五元（两）、十元（两）、五十元（两）、一百元（两）。两种纸币的面额都一样，只是货币单位分"元"和"两"两种。纸币的正面印的是中文"中国通商银行钞票永远通用"和"只认票不认人"，背面印的是英文。

中国通商银行先后共发行过八个版本的钞票，其中第一版设计得比较简单，钞票正面四周花框围绕，四角印有面值，中间上首为"中国通商银行"圆形行标，两侧双龙对置，中间为篆书"中国通商银行"名称，下面为汉字面值；背部都是英文，为行名和面值等。从第二版纸币开始，在钞票正面的右侧，印有一位中国老百姓家喻户晓的财神图案，并将原英文名称"The Imperial Bank of China"（中华帝国银行）改为"The Commercial Bank of China"（中国商业银行）。此后各版变化不大，基本上保持了第二版的风格。

（二）

讲到中国通商银行及其发行的纸币，我们有必要提到它的创立者盛宣怀。

图 8-86　盛宣怀

盛宣怀是清末一个非常有争议的人物，人们对他褒贬不一。

褒之者称赞他是中国的"银行之父""铁路之父""电报之父"，等等，据说他一共创造了十一项中国第一，因此被誉为中国的"实业之父"；贬之者如鲁迅就曾经将他斥责为"卖国贼、官僚资本家、土豪劣绅"。

后一种观点虽然是过度意识形态化了一点，却也揭示出了盛宣怀的势力与地位。

客观地讲，盛宣怀确实是清末的一个实干家并勇于任事，但是，仅仅有这两条，还远远不够。他的崛起实际上还有另外一个重要的原因，就是盛宣怀的父亲和李鸿章是故交。因此，他很早就做了李鸿章的幕僚并得到赏识。李鸿章后来出任直隶总督兼北洋大臣，成为权倾朝野的人物。盛宣怀作为李鸿章的得力助手，于是积极投身于洋务运动。正如李鸿章后来所概括的那样，盛宣怀"一手官印，一手算盘，亦官亦商，左右逢源"。从此，盛宣怀游走于官商之间，开始了创办实业的传奇之路。

在盛宣怀所创办的众多企业中，实际上最具前瞻性，从另一个层面上，也可以说是最具紧迫性的，应该就是他创办的中国通商银行。这要从两个方面来理解。

一方面，清政府兴办洋务的目的就是"图强求富"。"图强"是向西方采购新式武器，增强军力；"求富"是创办实业，增加国库收入。无论是"图强"，还是"求富"，都需要筹集大量的资金。但是，愚昧无知的清政府，因为其祖上即女真人因为滥发纸币而亡国，所以他们视纸币如洪水猛兽，以不用为原则。除顺治初年为平定江南、咸丰年间为了应对太平天国和英法联军，曾经短暂发行过纸币之外，再不愿意谈纸币。清政府不知道通过兴办银行、发行纸币可以从民间筹集社会资金，就只能增加赋税搜刮民众，或是向外国举债。这样既加剧了国内矛盾，又增加了对外国的依附。

另一方面，鸦片战争之后，中国开放了五口通商，随着外国商人在华贸易的增加，外商陆续开始在各通商口岸设立银行并擅自发行纸币。颟顸无知的清政府对此不闻不问，任其自由发展。这些外商银行在享受发钞带来巨额利润的同时，对中国政府却不承担任何纳税义务。更让人不能接受的是，这些外国银行用"空手套"的办法，将从中国吸纳的大量存款再贷给急需资金的清政府，不但加收高额利息，还附带很多苛刻的政治条件。腐败无能的清政府，在流失财源的同时，又进一步丧失了主权。

（三）

下面简单介绍一下当时外商在中国开办银行并发行纸币的情况，这样便于我们了解盛宣怀开办中国通商银行并发行纸币的背景及其意义。

最早进入中国的外商银行是英国的丽如银行，它于1845年在香港成立，并发行纸币；但影响最大的是英国的汇丰银行。随后法国、德国、俄国、日本、美国等外商也相继设立了各自的银行，并发行

图 8-87　汇丰银行银两票（正、背）

银行兑换券。这些享有种种特权的外商银行，在中国发行了单位各异、种类繁杂的纸币，但大致上可以分为两种：一种是英国的麦加利银行、汇丰银行，德国的德华银行，俄国的华俄道胜银行以及美国的花旗银行，它们使用中国的货币单位发行银元票或银两票；另一种是外国银行使用各自国家的货币单位所发行的纸币，如华南地区通行的由英资银行发行的港币，俄国在东北发行的卢布票，日俄战争时期日本在东北发行的军用票等。

图 8-88 德华银行兑换券（十两）

图 8-89 华俄道胜银行金币券（一钱）

图 8-90　美国花旗银行（银两票）正

图 8-91　俄国纸币（3 卢布）

外商银行在华开办银行、发行纸币的行为，极大地损害了中国的币制、金融主权，进一步加剧了中国币制的混乱，对中国社会经济的发展造成了恶劣的影响。

既流失财源又丧失主权！如此不堪的事，难道大清朝野就没有一个能看明白的人吗？

实际上，能看明白的有识之士很多，如中国近代最早具有完整维新思想体系的理论家郑观应。他很早就看到了外商在华开办银行的危害，提出应该将之取缔，改由中国自办银行、自发钞票。但是，愚昧无知且专制顽固的清朝统治者，在近半个世纪的时间里，采取了完全放任的政策，既不取缔也不加以检查和管理，而是任由这些外商银行去开展业务、拓展势力。

正是在这种背景之下，时任督办铁路总公司事务大臣的盛宣怀，利用自己的影响力，于光绪二十二年（1896）九月二十六日向清政府奏请，要求朝廷准许他创办中国自己的银行。他在奏折中对设立银行的好处做了系统的论述。他说西方的国家都是从社会上筹集资金来发展工商业，关键是有银行从中调度。中国应该尽快效仿西方国家的这一做法，不能任由洋人来华开办的银行"专我大利"。中国自办银行之后，务必要取信于商民，这样就可以用借国债的办法替代借洋债，既不受洋人高额利息的挟制，又可以避免国际上汇兑的风险。

当时的清政府不但腐败而且无能，对于盛宣怀设立银行的请求有一种矛盾的心态。他们一方面害怕洋人反对，而给朝廷增添新的麻烦；另一方面又顾虑新式银行开设以后，财政权力将会落到汉族官员的手中。因此踌躇多疑、举棋不定。熟悉官场的盛宣怀对此心知肚明，于是他就联系翁同龢、王文韶、刘坤一、张之洞等一批朝廷要员，对光绪皇帝晓以利害得失，最后终于获得了"奉特旨办银行"的恩准。他兴办银行的目的是"通商惠工"，因此，中国这第一家民办的商业银行就采用了"中国通商银行"这一名称。

盛宣怀可以说是清朝灭亡的最后推手。这是因为他推行的铁路国有政策直接导致了武昌起义的爆发。1910年袁世凯被免职后，盛宣怀受到摄政王的重用，被提升为邮传部尚书，1911年又出任皇族内阁的邮传部大臣。这时盛宣怀提出了铁路国有的政策，要求将各省自己筹资建设的铁路都收归国有。此令一出就遭到了各地的反对，并进一步导致四川、湖南等地爆发了声势浩大的保路运动。清政府慌忙调动湖北新军前去镇压，革命党则趁机在武昌发动起义，辛亥革命由此爆发，导致了清政府的灭亡。

《清史稿》对此的评论是："宣怀侵权违法，罔上欺君，涂附政策，酿成祸乱，实为误国首恶。"武昌起义爆发后，盛宣怀遭到了各方的谴责，都说正是他所倡导的收路政策导致了动乱，纷纷要求追究他的责任。已被革职永不再用，并移居大连的盛宣怀，随着局势的恶化，又逃亡日本去避难，直到中华民国建立后，在孙中山的邀请之下，他才返回上海，于1916年4月27日病逝。

（四）

有人可能要问，作为新式纸币的银行兑换券，与早在宋、金时期中国就已经发明使用的古代纸币，又有什么区别呢？

实际上，这就是我在本节最开始时提醒大家思考的问题，即为什么我国是世界上最早发明使用纸币的国家，但是到了近代，纸币的发行却远远落后于西方？

中国通商银行发行的银行兑换券，与宋、元时期发行的"交子""交钞"，虽然都被称为纸币，但是它们在性质上却有着本质的区别。

宋、金、元、明乃至清朝顺治、咸丰年间所发行的纸币，都是基于国家强制命令而流通的财政性纸币，实际上都是不兑现的；而中国通商银行所发行的纸币则是信用货币，它来源于货币的支付手段职能，发行纸币的银行都备有充足的准备金，持券人随时可以去兑现，因此又被称为银行兑换券，这是源自西方的做法。

说到这里，我们有必要谈谈西方最早的纸币，以便与中国古代的纸币进行对比。教科书中说，西方的纸币起源于英国的"金匠券"，这是怎么回事呢？

英国的金匠原本只是从事金银饰品加工的商人，他们最初为了替客户保管金银首饰，需要给客户开具收据，后来随着贸易数量的增加，金匠所开具的收据也开始作为一种流通工具在市面上流通，被称为"金匠券"，这就是英国纸币的起源。

实际上这与英国 17 世纪中叶爆发的资产阶级革命有关。当时的国王查理一世强行没收商人的黄金，商人只好把自己的黄金偷偷地存放在金匠们的地窖里，金匠收到黄金后就给商人开出一张手写的收据。为了防止被国王发现后追查，这种收据都没有署名，当然这就给转让流通创造了条件。1694 年英格兰银行成立之后，就模仿金匠券正式发行了纸币。另外，比英国更早的瑞典，在 1661 年就成立了斯德哥尔摩银行，并且发行了第一张正式的纸币，这被认为是西方最早的纸币。

瑞典、英国所发行的这种纸币，虽然距离中国最早的纸币，即北宋时的"交子"已经晚了将近七百年，但是它们都不属于国家强制命令而流通的财政性纸币，而是由银行发行的可兑换纸币，也就是被称为银行兑换券的近代纸币。

除了能否兑换，中国古代纸币与近代纸币在形式上也有不同。

中国古代的纸币形式上都为竖式，这应该是因为上面印有汉字，或者是要临时填写面值，而汉字都是竖写的，因此，纸币只能是竖式的；而新式的纸币则多为横式，这主要是因为外文都是横写的。但是，新式的纸币也有保持传统竖式的，这主要是银两票、铜元票和钱票，这显然是为了与中国传统的货币单位相对应。

富有创意的四川商民，早在北宋时期，为了代替携带不便的铁钱，发明使用了最早的纸币"交子"。最初的"交子"由民间商户发行，都可以自由兑换铁钱。如果没有这个信用做保证，那它根本就不可能发行出去。但是，"交子"被官府收归官办以后，虽然刚开始基本能够做到自由兑换，可是好景不长，很快它就不能自由兑换了，而变成了朝廷敛财的工具，不再凭借信用流通，而是依靠国家的强制力强迫民众接受。政府发行纸币不再需要准备金做保证，几乎是需要多少印多少，想印多少就印多少。

统治者总是贪婪无度，从宋金直到元明，几乎都是这样，最后也都是因为滥发纸币而灭亡的。清朝的统治者有鉴于此，对于纸币的发行非常谨慎，以不用为原则。顺治朝与咸丰年间两次发行纸币，都是因为财政困难不得已而为之，危机一过，便废弃不用，前后也都没有超过十年。所以到晚清时期，过去的纸币是什么样子，几乎已经无人知晓。等到中国人再次看到纸币，已经是鸦片战争之后外商在通商口岸发行的近代纸币了。正是这一原因导致清政府在长达半个世纪的时间里，对于外商在华开办银行、发行纸币这样的大事，竟然能够做到不闻不问。因此，我国虽然是世界上最早发明使用纸币的国家，但是到了近代，纸币的发行却远远落后于西方，关键就是因为朝廷的乱作为或不作为！

富有创意的中国人，近年来在支付领域又一次发明了支付宝及微信支付，这种快捷的支付方式便利了大众，受到社会各界的欢迎。对于这一新生事物，应该如何来引导、管理、规范，还在摸索之中。但是，在纸币上的教训却是可以借鉴的。

外资银行进入中国半个世纪后，中国才创办了自己的银行，这充分说明了中国金融业以及币制的落后，亟须进行改革。那如何来进行改革呢？

6

币制改革与边疆治理

欧美银币的大量输入及流通，在东南沿海各省掀起了一股自铸银元的风潮，并进而引发了清末有关币制改革的争论。虽经多次反复，但是直至清朝最后灭亡，也没有完成统一币制的目标，反倒是地方督抚在边疆治理中很好地发挥了货币的作用。

湖北一两"大清银币"、宣统年造"大清银币"讲述了清末艰难的币制改革；新疆饷金、四川藏洋则介绍了边疆治理。其中，饷金讲述了中国历史上唯一一枚金币诞生的背景，藏洋记述了中英在川藏边区爆发的一场鲜为人知的货币战争。

一、湖北一两"大清银币"：精琪币制改革方案失败的见证者

中国近代金融业的落后，并不只表现在设立银行以及发行近代纸币方面，更主要的是金融理论的落后以及货币制度的混乱。封闭的国门被鸦片战争打开之后，中国因为金融业的落后，受国际金银比价波

动的影响，在偿还战争赔款以及外债时损失巨大，朝野中的有识之士都呼吁进行币制改革。但是，受各方势力的掣肘，币制改革始终没有实质性的进展。直至清末推行新政时，清政府才邀请美国货币专家精琪来华协助进行币制改革。其结果又将会如何呢？

下面就通过光绪三十年（1904），由湖北省银元局铸造的库平一两"大清银币"，来介绍美国货币专家精琪提出的币制改革方案，并分析其失败的原因。

（一）

先来认识一下这枚面值为库平一两的"大清银币"。它直径42毫米，重35.9克，重量和尺寸都比一般的银元略大。正面中央圆圈内铸有满、汉两种文字的"大清银币"；圆圈外缘上端铸"光绪三十年湖北省造"，下端铸"库平一两"。背面中央铸有面值"壹两"，边缘围绕的是双龙戏珠图纹，图纹外缘的上下两端用英文分别标注"湖北省"和"面值一两"。

图 8-92　大清银币（湖北一两）

这枚湖北省银元局铸造的面值为库平一两的"大清银币"在中国近代币制改革中占有一席之地。它见证了清末美国货币专家精琪应邀来华，协助中国推行币制改革这一重要历史事件，并宣告了精琪币制改革方案的失败。

说到美国货币专家精琪应邀来华，首先要介绍一下当时的历史背景。

从 19 世纪末开始，西方大多数发达国家都已经实行了金本位。白银不再作为货币金属，需求开始下降，导致国际银价大幅下跌。据统计，仅从 1901 年 1 月到 1902 年 12 月很短的时间内，伦敦市场的银价就暴跌了 23% 左右。清政府因此损失惨重，背上了沉重的财政负担。

当时清政府背负的《辛丑条约》，赔款高达 4.5 亿两白银，虽然是以白银标价，却是以金价为基准。另外还有大量的到期外债，都要按金银比价折算成黄金偿还。因此，银价的大幅下跌，就意味着清政府要额外承担更多的金银汇兑的成本，这就是所谓的"镑亏"，即折算成英镑后的亏损。

当时有人推算，清政府每年仅镑亏一项就有 1100 万两白银，再加上每年 1900 万两白银的庚子赔款，一共高达 3000 万两白银。而清政府 1901 年的岁入才 8820 万两，岁出已达 10112 万两，赤字高达 1300 万两。朝野上下都担心清政府的财政会因此而"宣告破产"。

这种压力之下，清政府为了避免因庚子赔款而带来的镑亏，曾经与列强围绕《辛丑条约》第 6 条的解释，就赔款是"还金"还是"还银"进行了一番争论。但是，列强并没有接受清政府用白银直接偿还的请求。

与列强的交涉失败之后，如何通过币制上的改革解决财政上的危机，就成了清政府的当务之急。其实，即使列强接受了清政府庚子赔款"还银"的要求，也还是无法解决庚子赔款以外的外债所产生的镑亏问题。因此，清政府只能另寻出路。

当时的墨西哥和中国一样，也是使用银币的国家，面临着同样的问题。墨西哥政府担心银价会持续下跌，就想使用金（汇兑）本位制来推进本国的币制改革。为此墨西哥政府说服清政府，在1903年1月一起向美国政府递交了照会和备忘录，希望美国为中、墨两国顺利实行币制改革提供帮助。美国政府很快接受了请求，在国会成立了国际汇兑委员会，以康奈尔大学财政学教授精琪等三人为委员，向清政府提出在制定国币的同时，导入金汇兑本位制的币制改革方案，即"精琪方案"，并从1903年6月开始与其他列强进行协商。

有关中国的币制改革方案，美国为什么要与其他列强磋商呢？这有两方面的原因。

一是当时的欧美列强早已实行了金本位制，为了回避国际银价下跌带来的风险，都想在各自的亚洲殖民地导入金本位制或者是金汇兑本位制。美国希望列强在殖民地导入金本位制或者是金汇兑本位制的过程中，能够协调一致，尽量避免引起国际金融市场上金银比价的大幅波动。

二是当时主要的列强与清朝之间都有庚子赔款以及偿还外债的问题。因此，美国帮助中国制订的货币改革方案必须要将列强的利益考虑进来才能获得各国的支持，从而减少阻力。

那什么是金汇兑本位制呢？为了便于大家的理解，这里有必要简单介绍一下有关货币制度的一些基本知识。

货币制度，是指一个国家用法律规定的货币流通结构，这种货币流通结构可以使货币流通的各个因素组成一个有机的统一体。构成一个国家货币制度的要素，主要有四个方面：一是货币金属；二是货币单位；三是各种通货的铸造、发行与流通程序；四是发行准备制度。前两者即货币金属和货币单位，决定了该国货币的本位问题。

金本位制或银本位制，顾名思义就是指以黄金或白银为本位币的货币制度，这比较容易理解。那"金汇兑本位制"又是以什么为本位呢？

所谓金汇兑本位制，又被称为虚金本位制。它是指一个国家的货币与另一个实行金本位制国家的货币保持固定的比价，并在后者存放一定数量的外汇或者黄金作为平准基金，等于是间接实行了金本位制。因此，金汇兑本位制实际上是一种带有附属性质的货币制度。当时美国给中国币制改革提供的精琪方案，就是实行这种金汇兑本位制。

（二）

货币的本位制度，关系到一个国家币制的根本，在清末的币制改革中，争议最多的就是货币本位，即以什么金属来充当本位货币以及货币单位如何选择的问题。但是，清朝政府对货币本位的认识却相当迟缓。

1903 年 1 月，中国驻美代办公使沈桐在交给美国的备忘录中，请求美国为清政府的币制改革提供帮助。当时清政府认为，币制改革的必要性并不全在于币制的紊乱，而是在于银价的不稳定。因此，主要是希望美国能够利用其作为世界上最重要产银国的身份和影响力，帮助维持银价以避免镑亏。后来清政府的官员在与美国、墨西哥以及其他列强进行协商的过程中，才逐渐认识到银价的问题与中国的币制改革具有不可分离的关系。只有改革中国现行混乱的币制，实行金本位制或金汇兑本位制，才能从根本上摆脱国际银价波动对中国币制的影响。

接到邀请后，美国政府于 1903 年 10 月向清政府表明，美国要把《中美续订通商条约》的币制改革条款（第 13 条）与 1903 年 1 月的备忘录联系起来解释，并据此向清政府提出了金汇兑本位制的币制改革方案。国际汇兑委员会一行于 1903 年 9 月自欧洲返回美国后，就于年底任命精琪为赴华"会议货币专使"，作为美国政府的代表来中国访问并讨论中国的币制改革问题。

慎重起见，精琪先顺路访问了日本寻求支持，然后又去菲律宾调查美国在当地推行币制改革的情况，最后于 1904 年年初到达中国。2 月 22 日，精琪与美国驻华公使一起谒见光绪皇帝并提交了币制改革方案，即精琪方案。

精琪方案的具体内容主要可以概括为三条：一是立即导入金汇兑本位制；二是聘用外国人担任司泉官，并由列强"监督"中国币制的运营；三是提出了维持新币与金平价所需黄金储备的筹备办法和运行方式等。

方案公布之后，精琪离开北京，先后去汉口、上海、广州、天津、厦门、烟台等通商口岸进行了一番调研活动。在这一过程中，他与 10 位总督、巡抚，以及 12 个省的地方官员交换过意见，在上海还与商约大臣吕海寰、盛宣怀进行了会谈。

清朝的相关官员虽然也认同中国应该迅速导入金（汇兑）本位制，但他们认为更为重要和紧迫的是实现在银本位制下的币制统一。而列强所关心的却是清朝的货币改革会否影响赔款的按时偿还。因此，精琪方案中特别增加了一条规定，即"以能得赔款国之多数满意为归"。不仅如此，列强还认为中国落后，不懂货币政策，需要聘请洋人来担任"司泉官"，组建管理团队，负责中国货币发行、管理等事宜。更为过分的是，他们要求中国日常的财政、货币运营等都要接受列强的监督，允许各国代表审查账目等。这等于是将币制这一重要的内政事务都交给外国人来管理了。清政府能答应吗？

（三）

如此丧失货币主权的方案，自然引起体制内外精英人士的一致反对。不仅在朝的户部尚书赵尔巽，通商大臣吕海寰、盛宣怀，湖广总督张之洞等官员反对，甚至连流亡海外的康有为、梁启超也都撰文反驳。这使精琪大感意外。他经过调研，对有关歧视性的条款进行了修改，以突出方案中的中国主权色彩。

方案修改之后，反对的阵营大为缩小，部分反对者转而支持精琪方案，如户部尚书赵尔巽就认为中国货币制度弊端较大，只有建立全国统一的货币体系、引入先进的金汇兑本位制度才能消除镑亏，缓解财政危机。梁启超也认为金本位是世界潮流，"中国不改革币制则已，苟改革，则其大体势必采用精氏原案"，否则将"逆时以取败亡"。①但是，围绕精琪方案，朝野上下主流的舆论仍然充满疑问，这主要集中在两个方面。

一是导入金汇兑本位制所需要的黄金储备如何获得？当时清政府的财政早已枯竭，除了再借外债，已经没有其他办法。但是，借外债所需要的抵押却又无处筹措。二是维持银币的金平价，即银币与黄金的比价，是成功导入金汇兑本位制的重要因素。这项需要具备高度专业性金融货币知识的工作，因为中国当时缺少这方面的人才，势必要聘请外国专家来参与管理。

在持反对意见的官员中，最为坚决的是最早引入西式机器、铸造机制银元、被称为"近代龙洋之父"的湖广总督张之洞。他反驳的焦点有两处。

第一是聘用外国人为司泉官的问题。关于这一点，张之洞强调，

---

① 《饮冰室文集》，中华书局，2015。

精琪方案是外国人妄图掌握中国全部财权的阴谋。他认为要确保币制的公信，就要将有关币制的会计资料向各国公开，这是列强欲将中国作为它们共同贸易市场的阴谋，是对中国主权的干涉。

清末推行新政的时候，中国人在内政问题上普遍存在排斥外国人干涉的倾向，币制问题无疑最为敏感。而精琪方案允许外国人参与币制运营，势必会引起国人的强烈反对。实际上，精琪已经预料到了这一点，因此他在1904年年初代表美国政府向中国有关人士说明币制改革方案时，就明确说明他的方案是应中国政府的请求而给予中国的协助，并不是出于对中国主权的干涉。后来他根据调研情况对歧视性条款又做了修改，并特别突出了有关中国主权的论述。但是，当时国人对国际金融知识了解不多，并不能完全理解精琪方案的内容。

第二是金汇兑本位制的核心理论，即银货的金平价固定在32∶1是否可行？关于金平价的问题，张之洞有一段论述，反映了他当时的认知水平：

> 臣之所最不解者，则其于新铸银币强定为准三十二换之金价，侈然谓铸头出息可获二分厚之重利，冀以歆动中国也。……其法不过使中国商民以值市价四十换之金一两纳诸政府，勒令抵银三十二两，而外国持银三十二两，一入中国便可得金一两之用，及以中国之银抵付外国之金，则仍以银四十两准金一两。……民必不遵，法必不行，即使强迫行之，亦惟罔内地商民之资财以入之政府，而又括中国政府之利益，以倾泻于外洋而已。

张之洞的上述反驳，实际上正反映了他对于金汇兑本位制核心理论完全不懂。精琪方案是将"银货"和金的比价固定在32∶1上，并不是指"现银"和黄金的实际比价。张之洞似乎还没有弄懂"银货"和"现银"之间的区别，而将两者混为一谈。

张之洞因为不能区别"银货"和"现银"，而对精琪币制改革方案多有误解。这种误解在当时社会上带有普遍性，这是由两个原因造成的。

一是在翻译精琪币制改革方案时出现的误译。譬如将银货的金平价翻译成了"金银比价"。对于中国人来说，从"金银相等价值"或"金银比价"来了解银货的金平价是比较困难的。

二是银货在中国向来是作为"全值货币"使用的，从来没有做过"信用货币"。因此，设定银货的金平价，比银货中纯银的价值高出 20% 左右，并且持续维持的理论，对于当时的中国人是很难理解的。因此，梁启超曾经批评张之洞反驳精琪方案的主张，"是经济学门外汉的谰言"。但是，当时绝大部分的中国人，因为对现代金融货币理论知识的缺乏，很容易就偏信了张之洞的观点。

张之洞不仅在理论上反驳精琪方案，同时还提出了他的替代方案，就是由他先在湖北省银元局铸造一种新的银元，即面值为库平一两的"大清银币"，作为他所主张的实行银本位制币制改革的预备措施。出人意料的是，张之洞的这一主张竟然被清政府接受了，并决定在判明张之洞所铸造的新银元成败之前，不就币制改革采取任何措施。这样一来，张之洞不仅使精琪方案成了一张废纸，而且以自己的方案主导了清末的币制改革。

那么，作为经济学门外汉的张之洞，是依据什么观点说服清政府放弃了被中国主动邀请来华的美国货币专家精琪的货币改革方案的呢？

（四）

张之洞的观点实际上很简单，他只是在反驳精琪的金汇兑本位制的同时，提出了银本位制更适合中国的主张。他的依据主要有两点：一是中国经济的发展水平不适合金币的流通；二是银价下跌所带来的汇率损差，可以从增加输出上得到弥补。因此，他认为维持银本位制才更符合中国的利益。

张之洞的上述两条依据，其实都不能成立。

第一条即中国经济的发展水平不适合金币流通的观点，实际上与精琪的方案并不矛盾。精琪在参酌了清政府的财力和中国的经济水平后，为中国设计的货币改革方案并非严格意义上的金本位，而是被称为"虚金本位"的金汇兑本位制，即以金价确定国内金银兑换比率为1:32，国际汇率由司泉官根据国际银价随时调整，国内实际流通的不是黄金而是白银，排除了金币实际流通的可能性。因此，张之洞认为中国经济的发展水平不适合金币流通的观点，实质上与精琪的方案是一致的。这反映了张之洞对金本位制与金汇兑本位制的混淆。

第二条即银价的下跌可以带来商品输出的增加和输入的减少，从而有利于中国经济的观点，实际上是不成立的。根据统计，1891—1902 年的白银一两，以英镑计价已经从 59 便士下降到 31.2 便士，大约下跌了 47.1%，而清政府的贸易收支则从 1891 年约 1696000 两的赤字，恶化到了 1902 年 62378000 两的赤字。这说明"汇率的上升带来输出增加与贸易收支的改善"这种机制并不适用于晚清的中国。因此，张之洞关于维持银本位制就一定会增加商品输出的观点也是不成立的。

张之洞虽然对精琪方案没有完全弄懂，所反驳的依据也都站不住脚，但是却没有影响清政府接受他的方案。这是为什么呢？

这主要是政治因素导致的。中美双方虽然表面上都以促进中外贸易和投资相标榜，实则各有所图。清政府的目的是维持汇率的稳定，解决因国际银价跌落、金银折算亏累所造成的财政损失；美国则试图借此将中国货币纳入美元体系，以与英镑展开竞争。因此，当张之洞通过民粹主义的排外宣传，巧妙地将反对精琪方案与维护国家币政主权、反对外国控制混同起来，很容易就获得了朝野上下舆论上的支持。另一方面是张之洞的主张迎合了各省督抚希望继续保留他们通过地方铸币权获取铸币税的既得利益，因此也得到了各省督抚的声援。

除此之外，还有一个重要的原因，国际银价在 1903 年年初暴跌之后逐渐呈现上升趋势，1905 年平均一海关两等于 36.1 便士，1907年等于 39 便士，维持在比庚子赔款的基准汇率 36 便士更高的水平上。这样一来，不但镑亏的问题不复存在了，甚至 1905 年以后庚子赔款的偿还享受了"镑盈"。因此，金汇兑本位制的好处就显得不那么重要了，加之还有政治上的风险，清政府自然也就没有推行精琪方案的动力了。

精琪方案虽然夭折了，但是张之洞在湖北银元局试铸的库平一两"大清银币"也未能善终，甚至还没有正式流通就被户部叫停。清政府决定改由中央统一铸造面值为库平七钱二分的"大清银币"。这又是为什么呢？中央铸造的"大清银币"的命运又将会如何呢？

二、宣统年造"大清银币"：未能完成统一使命的银币

下面就通过宣统年造的面值为"元"的"大清银币"，给大家讲述清朝灭亡前夕，有关币制改革中的"元两之争"及其所反映的清末两派政治势力之间激烈的政治斗争。

（一）

　　宣统年造的"大清银币"，主币以元为单位，仿照本洋系列，有两种版别。一种铸造于宣统二年（1910），有一元、五角、二角五分、一角共四种面值。另一种铸造于宣统三年（1911），面值和图案文字都有所调整：面值上将二角五分改为二角，即二元、五角、二角、一角四种；文字上将面值从正面移到了背面，并将原来的"宣统年造"改为"宣统三年"；另外，背面蟠龙的图案也有所变化。

图 8-93　大清银币（宣统二年版）　　图 8-94　大清银币（宣统三年版）

　　这套银币命运多舛，高调登场，却黯然谢幕。它原计划于宣统三年（1911）十月发行，并限期收回其他各种大小银元，以统一全国币制。但是，还没有来得及发行便爆发了武昌起义，大清银币遂以军

第8章　清朝

919

饷的方式仓促发放市面，既没有举行发行仪式，也没有发布正式的公告。本来肩负统一全国货币使命的新设计铸造的标准国币，最后竟然以发放军饷的方式草草面市，而沦为通用银元的一种。这套历经十多年，反复多次最终才被确定的"大清银币"，不但未能完成统一货币的使命，反而随着清朝的灭亡而被废弃了，但是它却见证了清末有关币制改革的一场激烈的政治斗争。

清末的币制改革虽然反复折腾，头绪繁杂，但是本质上就涉及两个关键问题，一个是货币金属即本位问题，另一个是货币单位。朝野上下围绕这两个关键问题，先后进行了两场激烈的争论。先是精琪的币制改革方案引发的一场到底是金本位（金汇兑本位制）还是银本位更适合中国国情的货币本位制之争。清政府在否定了精琪的金汇兑本位制，决定采用张之洞所主张的银本位制之后，朝廷内部围绕银币的单位是应该用"元"还是用"两"，又展开了一场"元两之争"。这场争论持续的时间更长，影响也更大。虽然争论表面上看是一个有关货币单位的选择问题，但是实际上却反映了清末两股政治势力之间的激烈斗争。

我国古代的货币流通，严格意义上讲，似乎从来就没有本位制的概念，因此币材的选择从来都是多元的。譬如，自先秦以来中国古代虽然长期习惯于使用铜钱，但是在宋朝之前大额的支付经常使用绢帛，甚至有时还铸造铁钱。套用西方本位币的概念，可以说是铜绢或铜铁复本位制。到了明朝中后期白银最终实现了货币化，流通中基本上是大数用银、小数用钱，则又变成了银钱复本位制。但是，西方各国在货币流通上与中国不同，早期主要使用银币，属于银本位制。近代以来以英国为首的主要发达国家，又都陆续改用金本位制。白银不再被选作货币金属之后，国际银价开始下跌。这对仍然以白银为主要货币的中国产生了重要的影响，特别是每年因偿还外债以及战争赔款，承担了巨额的"镑亏"损失。正是在这一背景下，应清政府的邀请，美国政府派货币专家精琪来华帮助清政府推行以"金汇兑本位制"为主要内容的币制改革。在这一过程中，中国朝野上下的有识之士才开始关注中国货币的本位问题。

与货币的本位不同，货币的单位早在精琪来华之前就引起了关注，这与光绪年间各地纷纷引入西方机器铸造"龙洋"有关。

广东龙洋面市后，各省铸造的银币都模仿它以元为单位。这样在中国传统的以"两"为单位的银锭之外，又新出现了一种以"元"为单位的银币。

传统的银锭与新铸的银元在市面上共同流通了十年之后，终于引发了一场有关新铸造的机制银币的重量单位到底是应该选用传统的"两"还是选用与外国相一致的"元"的争论，即所谓的"元两之争"。

这场"元两之争"，始自光绪二十五年（1899）年底，起因是作为京师的北京计划筹备设立银元局铸造银元，因为京师不同外省，货币单位是沿用传统的"两"还是改用新引入的"元"引起各方关注，从而引发了一场直至清朝灭亡前夕才落下帷幕的"元两之争"。

（二）

在宣统二年最终确定"大清银币"以元为单位之前，清政府先后铸造过 3 枚以"两"、1 枚以"元"为纪重单位的银币。这 4 枚银币都是试铸的样币，没有正式发行，但是却记录了"元两之争"的激烈程度及大致过程。

首先铸造的是"光绪元宝·户部一两"。

这枚银币俗称"户部一两"，正面珠圈内为"光绪元宝"，珠圈上

方为满文，左右两侧为"户部"，下方为"库平一两"。背面中央为蟠
龙图案，四周铸有英文及年份"29 TH YEAR OF KUANG HSU"，表
示光绪二十九年（1903）铸造。"户部一两"因"两"字的笔画从
"人"或从"入"而分为两种版别。该银币为系列币，面值除一两主
币外，另有五钱、二钱、一钱及五分 4 种辅币，图案完全一样，只是
尺寸按面值逐次缩小。

图 8-95　光绪元宝（户部一两）

　　它由"北洋铸造银元总局"于光绪二十九年铸造。当时京津地
区刚刚经过庚子年的义和团事件以及随后的八国联军入侵，通货奇
缺，百业萧条，特别是当时兼造银元的北洋机器局也毁于战火。接替
李鸿章出任直隶总督兼北洋大臣的袁世凯为了尽快恢复经济，稳定社
会，于光绪二十八年奏请朝廷同意在天津设立造币厂，命名为"北洋
铸造银元总局"。就在朝野还在为银币的单位"计元计两"而争论不休
的时候，袁世凯率先要求北洋铸造银元总局委托日本正金银行代办模
具，铸造了主币面值为一两的该套银币。

　　"户部一两"为中国面值最大的机制银币，是诸多光绪龙洋中的
"巨无霸"，在筹划之际就被朝野寄予了厚望。如光绪二十八年海关
报告书中记有："袁宫保急图整顿，即拟铸一两重之银元，实于北方
不无裨益。从来洋元虽按两计，并无一两重者，若能照一两广铸行使，
当有准则矣。"但是，袁世凯在试制了样币之后就停铸了，并没有正

式发行，原因就是朝廷中主张主币单位用"元"一派的反对。

第二枚银币是"光绪元宝·北洋一两"。

"光绪元宝·北洋一两"的尺寸与"光绪元宝·户部一两"完全相同，只是将正面的"户部"改成了"北洋"。背面则是将发行年份光绪二十九年改为光绪三十三年，并将英文 HU POO（户部）改为了 PEI YANG（北洋）。其余的文字、图案完全相同，没有任何变化。从"北洋一两"的形制、图案完全沿袭"户部一两"的设计风格来看，它应该是由改称"直隶户部造币北分厂"后，又更名为"度支部造币津厂"的原北洋铸造银元总局于光绪三十三年铸造的。

图 8-96　光绪元宝（北洋一两）

"光绪元宝·北洋一两"只有"一两"面值的主币一种，没有其他面值的辅币。它是"元两之争"中铸造的最后一种以"两"为单位的银币。

第三枚是"大清银币·丙午壹两"。

就在袁世凯以北洋之名铸造"光绪元宝·户部一两"银币的同时，清朝户部也通过天津瑞记洋行从美国常生厂引进机器设备，筹建了"户部造币总厂"。因为建厂的目的是整顿币制，统一货币，因此将其命名为"总厂"，并在章程中明确规定："所造三品之币，即文曰大清金币、大清银币、大清铜币，通行天下以归一律。"

"总厂"经过两年的筹建于光绪三十一年正式开工，为缓解钱荒的压力，先行试铸了"大清铜币"。第二年即光绪三十二年为农历丙午年，又试铸了以"两"为计重单位的"大清银币"，有一两、五钱、二钱及一钱4种。这套银币设计新颖，正面中央有阴刻的"中"字，四周为"大清银币"并环以珠圈。圈外上方为满文，左右为"丙午""户部"，下端为"壹两"。背面中央为蟠龙图案，四周环以"光绪年造"及英文。主币"壹两"的正面外缘铸有水波纹饰，非常别致。钱币界习惯称之为"丙午壹两"或"中字壹两"。

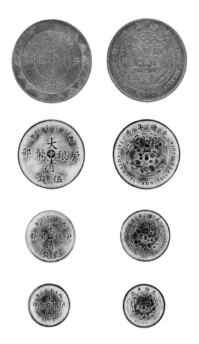

图 8-97　大清银币（丙午版）

当时"元两之争"还没有结果，银币的单位也没有确定，因此只试铸了样币，并没有正式发行。另外，"丙午壹两"的直径为40.8毫米，仅比标准的七钱二分银元39毫米的直径略大。当初北洋铸造银元总局试铸"户部一两",委托日本大阪造币局雕刻模具时,日本大阪造币局提供的建议是:"重两银币之直径宜比七钱二分者大一成。一则防止新旧混淆,二则避免声音混浊容易作伪。"因此"丙午壹两"的直径仅比一元银币稍大半成,不但容易混淆,也因声音沉闷、混浊而不易辨伪。这反映出户部造币总厂的雕模师,并不清楚银元在设计时要掌握好厚度与直径之间的比例关系。另外,分属户部与北洋的两家造币厂虽然近在咫尺,却互相封锁而无技术交流,这也是清末各衙门间各行其是的写照。

第四枚是"大清银币·丁未壹圆"。

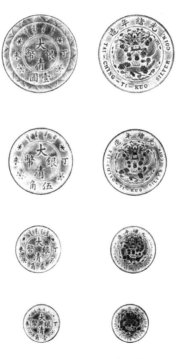

图 8-98　大清银币（丁未版）

就在试铸"丙午壹两"的第二年，即光绪三十三年（1907）三月，度支部以"丙午壹两"银币"与各省旧铸龙圆，重量不同……外间多以为不便使用"为由，奏请朝廷"似不如改从七钱二分之制，以便推行"。获准后度支部就命造币总厂试制了一套主币以"元"为单位的通用系列银币，面额有一元、五角、二角及一角四种。图文中去除了丙午系列的"中"字，主币一元外圈的水波纹饰也缩小了，并将"丙午"纪年改为"丁未"、单位"壹两"改为"壹圆"。这套"丁未壹圆"银币，因为遭到了主张以"两"为单位的张之洞、袁世凯的坚决反对，也只是试铸了样币后便无下文了。

（三）

清末的"元两之争"之所以如此激烈，多次反复，实际上正反映了清末朝廷中枢两派政治势力之间激烈而尖锐的政治斗争。

一派以张之洞为代表，成员有袁世凯、奕劻，主张新铸银币以"两"为单位。理由有三：一是中国自古以来用银的习惯就是以"两"为单位，最初铸造七钱二分银元实属权宜之计，只是为了抵制外国银币的流入；二是各国的币制都是自行制定，中国又不是藩属国，如果铸造七钱二分银币就是亵国体而损主权；三是官府出纳以及地丁钱粮的征收都习惯用两，发行一两银币不必折算，行用方便。

另一派以度支部尚书载泽为代表，成员有醇亲王载沣，主张新铸银币以"元"为单位。理由也有三点：一是目前沿海各省用墨西哥银元已久，各省铸造的龙洋主币重量也都是七钱二分，新币以元为单位便于流通；二是货币的主权标志是花纹字样，与重量、成色无关，铸造七钱二分银元无损主权；三是官府出纳银两的平色极为复杂，即便是一两的银元依然需要折算使用，以"两"为单位并不能减少折算的繁难。

两派之间以新铸银币的单位为由，展开了一场激烈的政治斗争。实际上他们所争夺的绝不仅仅是货币的单位，而是庚子之役后对推行"新政"的主导权。张之洞是朝廷重臣，既是铸造机制龙洋的倡导者，又是最早的实践者，号称"中国龙洋之父"，在币制问题上最有发言权。他说当初铸造以"元"为单位的银元是仿照墨西哥银元，是在通商口岸抵制外国银元的权宜之计。现在墨西哥银元在市场上已占优势，如果新铸造的银元仍然以"元"为单位，将更难以对抗外国银元的竞争。而中国一切赋税都以两、钱、分、厘为单位，银元如果以"元"为单位，使用时需要折算，将很不方便。因此张之洞所主张的铸造一两银币的观点最初占据了上风。这就是光绪三十年（1904）朝廷同意由湖北省银元局先行铸造库平一两"大清银币"的原因。

但是担任度支部尚书的载泽对此持反对态度，于光绪三十三年三月上奏，建议先行试铸重七钱二分的主币以及辅币。获准后载泽于当年七月进呈了新铸通用银币并议定成色分量章程，这就是"大清银币·丁未壹圆"的铸造背景。但是，直隶总督袁世凯坚决反对载泽的计划，主张铸造主币面值为一两的银币。

两派意见相持不下，清政府被迫于十一月向各省督抚咨询对于新铸银元重量及成色的意见。其中主张用"两"的明显占多数，同时还得到了张之洞、袁世凯、鹿传霖等三位军机大臣的支持。三位军机大臣还联名于光绪三十四年三月上"说帖"，主张铸造面值为一两的银币。

面对如此阵势，身为皇亲国戚的度支部尚书载泽也毫不示弱，于光绪三十四年三月二十六日也上了份"说帖"，说明铸造面值为一元银元的理由。如此一来，"元两之争"就进入白热化的阶段。

当时主持朝政的是庆亲王奕劻，他支持袁世凯，主张银币以"两"为单位。光绪三十四年九月，他以朝廷的名义发布上谕，正式否决了金汇兑本位制，宣布推行银本位制，银本位币"计重库平一两，又多铸库平五钱重之银币，以便行用"①。但是度支部尚书载泽却硬是拖着不办。

就在这个当口，慈禧太后和光绪皇帝相继去世，宣统继位，载沣以摄政王的名义执政。他做的第一件事就是罢黜袁世凯的一切官职，并以"足疾"为由，将其遣回老家养病，同时任命载泽为筹办海军事务大臣。而载泽甚至想杀掉袁世凯，但因为庆亲王奕劻的保护而没有杀成。此时张之洞也已去世，朝中再无反对以"元"为银币单位的人了。于是度支部尚书载泽于宣统元年设立币制调查局，再议币制。随后于宣统二年四月十六日颁布《币制则例》，宣布铸币权统一收归中央，停止各省铸造；采用银本位，以元为单位，名称为"大清银币"，重库平七钱二分，成色为90%。八月度支部奏请将币制调查局改为币制局，为督理币制的机关。至此持续了十多年的"元两之争"，以主张以"元"为单位的载泽一派的最终获胜而告终。

对于"元两之争"，如果抛开政治斗争的因素，我们应该如何来看待两派的观点？对此，以往社会上似乎有种主流的观点，认为主张用"元"者更为先进，而主张用"两"者为守旧。但果真是如此吗？

关于这个问题，梁启超先生当时就有一段精辟的论述。他认为清末中国币制问题的核心是本位的问题，而不是单位的问题。如果确定了实行银本位制，那么银币的单位，即主币的重量单位是用"元"还

---

① 《光绪朝东华录》，中华书局，1958。

是用"两"才有一定的讨论价值。如果连货币的本位都没有确定，那么讨论货币的重量单位就没有多少实质的意义。

清末两派政治势力有关"元两之争"之所以如此尖锐对立，本质上固然是利益之争，即对当时清政府所推行的"新政"话语权、主导权的争夺，但他们对货币理论、金融知识的欠缺也是一个重要原因。如宣统二年梁启超在《论本位银币之重量》中所指出的："今世货币之性质，以计枚不计重为原则，各种货币，皆数其枚数以为物价之尺度，不衡量重量以为物价之尺度也。"但是，光绪三十一年（1905）章程中拟铸造的一两银币，实际的含银量只有九钱六分，而主张以"元"为单位重库平七钱二分的银币，实际的含银量只有六钱四分八厘。如果要确定实行银本位制，显然要以纯银为基础计量才行。因此，两派所主张的，无论是以"两"为单位（实际含银量才九钱六分）做本位，还是以"元"为单位（实际含银量只有六钱四分八厘）做本位，使用起来都不会带来任何的便利。可以说两派是在根本没有搞清楚本位币性质的情况下，只以党派利益为原则而"攘臂争之"。因此梁启超只能发出"真乃大惑不解也"的无奈感叹。

就在朝廷中枢两派为"元两之争"吵得不可开交之际，远在西北边陲的王树枏，以其超前的金融视野，奏请清政府要率先在新疆铸造发行我国历史上唯一的金币。他能成功吗？

三、"饷金"金币：我国唯一的金币

中国古代有金币吗？很多人的回答可能都是肯定的。因为早在先秦的楚国就铸有金版，汉代还有马蹄金、麟趾金、柿子金等，因此大部分人都会认为中国古代有金币！

实际上，无论是楚国的金版、金饼，还是汉代的马蹄金、麟趾金，都不能算是真正意义上的金币！如果要说金币，只有清末王树枏任新疆省布政使时铸造的"饷金"，才属于真正意义上的金币，并且是中国历史上唯一的金币！

这里我结合清末的币制改革以及新疆当时特殊的历史背景，介绍饷金金币铸造的原因、经过及其价值，也将中国历史上唯一一种真正意义上的金币，即新疆"饷金"金币介绍给大家。

（一）

中国古代，无论是先秦时期楚国的金版，还是汉代的马蹄金、麟趾金、柿子金等，在使用时都要根据需要进行切割，支付时则要称重、验色，仍然属于称量货币。它们不能计数使用，所以还不能算是金属铸币。

自汉代开始，个别朝代也铸有金质的五铢、开元通宝、太平通宝以及带佛像的淳化元宝等金币。这些所谓的"金币"，虽然形式上已经属于铸币，但因为主要都是用于赏赐、馈赠，而不参与流通，因此也不能算是真正意义上的金币。所以《唐律疏议·杂律》的"私铸钱"条目明确规定"若私铸金银等钱，不通时用者不坐"，即私铸金银钱不做流通不算犯罪。这说明古代的金银钱虽然已经具有了铸币的形式，但是官方与民间还都没有将它视为流通中的货币。

自东汉以后，黄金更多的是用作器饰、宝藏，逐渐退出了流通领域。从唐末、五代开始，白银的货币属性逐渐加强，甚至超过了黄金，开始正式进入流通领域。虽然已经具有了支付的手段，但是仍然还不具备价值尺度的功能。后来经过金、元两代进一步的发展，才逐渐开始具有价值尺度的功能。直到明朝正统元年（1436）用银的禁令解除，白银才开始成为正式的货币，但是仍然沿用银块的形状称量使用，而各地的称量以及成色标准又不统一，只有称重验色之后才能核定出价值。因此，白银始终都是称量货币而不是按枚数计算价值的铸币。

直至清朝末年，中国才开始仿照西方铸造机制的银币。其间，中央以及地方的一些省也用机器压制了一些所谓的金币。它们五花八门、种类众多，但实际上都属于金章或是金样。所谓"金章"，就是用黄金制作的纪念章；"金样"就是用银币的模具压制的黄金样品。它们只是金质的纪念品，既无面值，又不是正式铸造的货币，根本不能流通使用。因为不具备货币的属性，因此都不能算是金币。

只有清末王树枏在新疆铸造的"饷金"才是中国真正意义上的金币。为什么这样说呢？

（二）

这首先要从王树枏的货币思想以及清末的币制改革讲起。

王树枏（1851—1936），字晋卿，晚号陶庐老人，河北新城人。光绪十二年（1886）考中进士，最初在工部、四川任职，后因受到四川总督刘秉璋案的牵连被革职，仕途上遭到挫折。后来在担任两江总督的同乡张之洞的提携下重新步入仕途，他最初给张之洞做幕僚，不久又应陕甘总督陶模的邀请，来到兰州督署任职，后来出任中卫知县。光绪三十二年（1906）调任新疆候补道台，署理布政使职。

在新疆任职期间，王树枏非常想有一番作为，因此在为政上不免专擅，遭到巡抚联魁的嫉恨，宣统三年（1911）五月被排挤离开新疆回到北京。民国三年（1914），王树枏受聘进入清史馆任总纂。他曾应邀赴日本做过考察，后来又应奉天督办杨宇霆的邀请，出任萃升书院的主讲，后于民国二十五年（1936）去世，享年85岁。

王树枏学识渊博，兴趣广泛，酷爱文史、考古，也很擅长书画，对于易书小学、诗文字画以及外国历史无不精通。他特别注重地方志的编撰，其中以他出任主纂并亲自参加编撰的《新疆图志》最为重要。这是新疆建省后第一部比较完整的志书，共有117卷，汇集资料丰富，保存了不少的原始文献档案，是研究清朝后期新疆历史的重要资料。他另有著作20多部。另外，他还整理张之洞的奏议、函电、文集，编成《张文襄公全集》200多卷；又编辑了杨增新文牍日记的一部分，保存了不少重要资料。

图8-99 王树枏

王树枏任新疆布政使期间，正是清朝末年内忧外患、国力日衰、社会矛盾日益尖锐、财政拮据、入不敷出的艰难时期。财政上的这种艰难困境，在完全依靠中央和内地各省以及海关协济"饷银"才能度日的新疆，表现得更为突出。因此，身为布政使的王树枏，为解决新疆财政困难，就整顿金融、改革币制提出了一系列颇有新意的主张，这些思想和主张都保存在他亲自撰写的《新疆图志》卷三十四《食货》篇中。

王树枏的可贵之处是他不但提出了主张，更利用身为布政使负责主管一省经济事务的便利，进行了积极的实践，"饷金"金币就是在他的坚持下铸造发行的。

（三）

清政府的币制改革多次反复，对本位问题、单位问题始终未有定论，那为什么在这种情况下清政府却特批新疆省铸造了"饷金"金币呢？

这主要是因为新疆情况的特殊和王树枏的积极争取。

当时俄国的金币在新疆大量流通使用，严重侵犯了中国的币政主权。而王树枏之所以坚持要在新疆铸造发行金币，也与他具有国际视野以及精深的货币思想有关。

王树枏认为货币制度伴随人类的发展、社会的进步也在不断地发展变化，即"人类之交通日繁，钱币之进化益精"；一个国家的货币制度对其国家实力、经济发展的影响至关重要，即"钱币之变易，人类进化之所由系也"，"币制精纯之国，必称富强于世界"。

他认为中国贫弱、落后的原因虽然有很多，但是，其中混乱、落后、不健全、不合理的货币制度是一个重要的原因。而这方面地处西北边陲的新疆，表现得就更为明显。

新疆因为对外贸易频繁，英、俄等列强环伺，随时准备对它下手。而新疆落后的货币制度，面对虎视眈眈的外敌，就如同"自缚手足"，弊端更为严重，危害也更为紧迫。

王树枏认为"新疆为产金奥区"，有和田、塔城、乌苏、阿勒泰等地的金矿可供采掘，而当地的维吾尔等族民众又有使用黄金做货币的传统。因此，他向清政府打报告，要求在新疆采购西式机器铸造金币，投放市场。这样就可以驱逐华俄道胜银行在新疆发行的俄国金币以及纸币，既可以维护国家的币政主权，又能为新疆争得利益。他还利用赴京向度支部汇报工作之便，专程去天津造币厂参观学习，对机器铸币的流程、工艺以及效果都做了详细的考察。这些在《新疆图志》卷三十四《食货》篇中，都有具体而详细的描述。

根据《度支部咨新疆巡抚联魁文——准许新疆制造金元》记载，当时清政府币制改革的方案虽然还没有最后确定下来，但考虑到新疆的情况特殊，王树枏陈述的理由又比较充分，度支部（后改为财政部）就特批新疆可以铸造金币。

为了大家能够更好地了解当时新疆作为全国唯一的特例被批准铸造金币的情形，下面将清政府批复的原文引录一段，以供参考。

现时币制尚未奏定，本难遽准外省铸造金元。但新疆情形向来与内地稍有不同，既据奏称比照原价换银不易，应准其铸元行使，仍只作为通用之品，不为制币。其每元重量若干，成色如何，是否即用银元机器铸造，原奏均未声叙，应由新疆巡抚于开铸时详细咨明，并将所铸金元拣提一枚，送部查考。[①]

（四）

那么，新疆铸造的金币为什么要称"饷金"？

"饷金"一词实际上是由"饷银"派生来的，而"饷银"却是个专有名词。整个清代，新疆的财政始终不能自立，自乾隆二十五年（1760）开始，新疆日常的军政开支以及遇到重大事件所需要的费用，绝大部分要靠中央和内地各省以及海关的协济。因为协济的款项又主

---

① 《中国近代货币史资料》第一辑，中华书局，1964。

要是用于发放新疆驻军的俸饷，所以称为"饷银"。"饷银"由常年例拨的"协饷"和临时拨解的"专饷"两部分构成。

新疆在清代早期，每年收到的饷银有 230 多万两。咸丰朝之前，因为社会稳定，新疆所需要的饷银由各省和海关所分担的部分都能按期拨解。咸丰元年（1851）爆发太平天国起义之后，清政府的财政开始吃紧，供应新疆的饷银开始拖欠并大规模地减少，因此，当王树枏奏请清政府同意后，于光绪三十三年（1907）五月，在迪化城外水磨沟机器局，采用西式机器铸造机制币的时候，所铸造的银币就称为"饷银"，金币就称为"饷金"。王树枏自己在《新疆图志》中也解释说，因为所铸造的银币、金币，是用以"辅饷糈之不济，顾市面之流通"，故名之为"饷银""饷金"。确实名实相符，非常贴切。

图 8-100　饷金一钱

图 8-101　饷金二钱

图 8-102　饷金五钱

图 8-103　饷银一钱

图 8-104　饷银二钱

图 8-105　饷银四钱

图 8-106　饷银五钱

图 8-107　饷银一两

　钱币上的中国史

《新疆图志》记载，饷金金币只铸造了一钱、二钱两种，"其金圆共分一钱、二钱两种，重一钱者抵纹银三两，重二钱者抵纹银六两。阳面铸饷金一钱、二钱字样，阴面铸龙纹，边加缠文饷金几钱字样"。

饷金实物与文献记载完全一致，世人一般都据此以为饷金金币就只有一钱、二钱两种。但是，2007 年 5 月我在陪俄罗斯的钱币学家弗拉基米尔·彼利耶夫先生参观中国钱币博物馆时，惊奇地发现中国钱币博物馆展览有一枚面值"五钱"的饷金金币。

查阅资料后，我发现这枚金币是由中国人民银行总行货币金银局的金库移交给钱币博物馆的。后来我又了解到国家博物馆也收藏有一枚五钱的饷金金币，它是 1954 年 1 月 29 日由华东文委调拨给中国历史博物馆（国家博物馆前身）的。

两枚饷金五钱的尺寸、重量、厚度完全相同。工艺精致、铸造精美，形制上与一钱、二钱完全一致，为真品无疑。但是为什么在《新疆图志》中只记载有面值为一钱、二钱的饷金金币，而没有面值为五钱的饷金金币呢？

经过考证，我发现这是因为《新疆图志》所收录的资料截止于光绪三十四年（1908），而饷金五钱金币应该是宣统二年（1910）新疆巡抚联魁因病被免职，新任巡抚袁大化上任之后，嫌原来的机器压力不够，另外又从上海添购新式机器之后加铸的。

这可能是因为饷金一钱、二钱投入市场后，大受欢迎，为了满足市面上流通的需求，于是，饷金增加了五钱面值的，饷银增加了一两面值的。因此，当时除了饷金五钱，还另外加铸了饷银一两。这就是饷银一两虽然在《新疆图志》中也没有记载，但是在现实中却大量存在的原因。当时我专门写了《饷金五钱考》，刊登在《中国钱币》2007年第 2 期上。

饷金一钱直径 19 毫米，重 3.6 克，抵纹银三两；二钱直径为 24 毫米，重 7.2 克，抵纹银六两；五钱直径为 32.7 毫米，重 18.29 克，抵纹银十五两。正面为汉文"饷金一钱（二钱、五钱）"四字对读，外圈空白无图文。背面为蟠龙图饰，四周铸有察合台文，龙上首为"Yinsi"（汉译"饷"），龙下首为"Alton"（汉译"金"），龙右侧为"Bir（Ikki、Besh）"（汉译"一"或"二"、"五"），龙左侧为"Mishkal"（汉译"钱"）。饷金一钱另外还有两种版式，一种版式的正、背两面都没有察合台文，另一种察合台文与汉文都在正面。

《新疆图志》记载饷金一钱、二钱仅"开局四月，共铸金五千零一两三钱三分"。宣统二年袁大化从上海新购机器之后，也仅仅加铸不到一年清朝就灭亡了。民国之后，带有龙纹图案的这种前清帝制标志的饷金金币自然也就停铸了。因此，饷金实际铸造的时间很短，数量也很少。据记载，饷金发行之后，多数都被商家兑换去收藏或赠给亲友，向来都被藏家视为珍品。而饷金五钱，就目前所知，仅中国钱币博物馆和国家博物馆各收藏一枚，堪称镇馆之宝。

饷金五钱的发现具有重要意义，它不仅给饷金增添了新的品种，更为研究清末拟试行金本位制的币制改革讨论，提供了新的实物资料。

（五）

说新疆的饷金才是真正意义上的金币，并且是我国历史上唯一的金币，是因为我国根本就没有实行金本位，自然没有正式铸造过流通用的金币。而新疆的饷金金币是在是否实行金本位的讨论还没有结果的情况下，清政府特批新疆先行铸造流通的金币。

研究、收藏中国近代机制币的人都知道，光绪末年直至民国初年，王树枏在新疆铸造饷金金币的前后，户部造币总厂以及吉林、福建、四川等个别省的银元局，也先后铸造过几种所谓的"金币"，如：

（1）吉林银元局于光绪二十七年（1901）铸造过"金元流通"；

（2）福建官局于光绪二十八年铸造过金质的"光绪元宝"；

（3）天津户部造币总厂于光绪二十九年铸造过金质的"光绪元宝"库平一两、库平二钱，光绪三十二年铸造过"大清金币"库平一两，光绪三十三年铸造过"大清金币"库平一两；

（4）四川省于光绪三十二年至三十四年铸造过光绪头像金卢比等。

以上几种所谓的"金币"，实际上都是未公开发行的"金章"或"金样"，都是为了纪念或测试模具，既没有获得政府的批准，也没有参与实际的流通，因此都不是正式的流通货币。进入民国以后，因为正式确定实行银本位制，就更没有铸造过金币。因此，我们说只有新疆的"饷金"才是真正意义上的金币，并且是我国历史上唯一的金币！

比王树枏于光绪三十三年五月在新疆铸造饷金金币早五年，清末另一位封疆大吏赵尔丰也在四川铸造了一枚我国历史上唯一铸有帝王头像的银币，即四川藏洋。王树枏铸造饷金金币是为了对付俄国的金币，赵尔丰铸造四川藏洋又是为了什么呢？

四、四川藏洋：中国古代唯一铸有帝王头像的银币

中国古代在正式用于流通使用的钱币上面从来都是只铸有文字而没有图案，后来在民间铸造的用于祈福、驱魔，或者是带有吉语、庆典一类的民俗钱币上面，虽然有的也铸造有图案或传说中的神像，但是都没有出现过真人的头像。因此，自古以来无论是朝廷铸造的行用钱，还是民间铸造的民俗钱，都坚守这一惯例而没有违背过。

两千多年来官府与民间始终认真遵守的这一铸造钱币的惯例，却

出人意料地在清末的四川被打破了。光绪二十八年，四川成都造币厂为康巴地区（今四川省甘孜藏族自治州）铸造了一种被称作"四川藏洋"的带有光绪皇帝头像的银币。

下面我就通过对四川藏洋银币铸造背景的分析，为大家讲述一段清朝末年中英两国在川藏边区爆发的一场鲜为人知的货币战争。

（一）

四川藏洋，又称"四川藏元"或"四川卢比"，简称"藏洋"。它的正面为光绪皇帝的半身侧面像，背面中间铸有"四川省造"四字，周边环以花草图案。有一元、半元和四分之一元三种面值，重量分别为三钱二分、一钱六分和八分。这三种银币都没有标明面值，图案和文字也完全一样。

图 8-108　四川藏洋

这套银币，虽然看起来设计简单、铸工一般，但是它的"身世"却一点都不简单，甚至可以说是非常特别。它是在一个特定的地区、特定的时间，因为特殊的原因而铸造的一套打破了中国两千多年铸钱惯例的特殊银币。

说它特殊，是因为它完全不符合中国古代铸钱的惯例。中国古代在正式铸造的用于流通的货币上面，从来没有出现过真实人物的图案，更不要说在位皇帝的头像了。历史上既然没有这种惯例，那四川藏洋为什么会选用光绪皇帝的头像做图案呢？更不可理解的是，这一违反惯例的设计方案，朝廷竟然同意了，并大量地铸造发行，甚至还流通使用了半个多世纪，直到 1958 年才最后退出流通。

在这一连串的违背惯例的现象背后，一定有着特殊的原因。我们首先来看看藏洋流通的四川省甘孜藏族自治州在地理位置上有什么特殊之处。

这一地区介于四川与西藏之间，由于自然、历史以及社会发展等方面的原因，在中国近代形成了一个既不同于内地，又有别于西藏的特殊的政治、经济、文化区域，因此又被称为"川边地区"。在货币流通上，中原内地的铜钱向西只能流通到打箭炉即今天的康定地区，以西的川边地区还停留在古代的以物易物的实物经济状态。这就为后来英国在印度铸造的一种被称作"印度卢比"（简称"卢比"）的银币大量地流入提供了便利。

图 8-109　印度卢比

卢比能够在西藏以及川边地区大量流通，有两方面的原因。

一方面，西藏以及周边藏区币制的落后给了卢比以可乘之机。前文介绍过，乾隆五十七年（1792）清王朝与尼泊尔因为货币进行过一场战争，之后清政府正式在西藏设局铸造"乾隆宝藏"银币，从此西藏才有了自己铸造的银币。但是，因为"乾隆宝藏"银币靠手工打制，数量有限，甚至满足不了西藏当地的需求，周边的藏区还是沿用传统的以物易物的交换方式，当地藏民的生活必需品，如茶叶、青稞、食盐等，在一定程度上起着货币的作用，这就为后来卢比的大量流入创造了机会。

另一方面，这也是英国以商品、货币为武器，对西藏以及周边藏区进行经济渗透的结果。早在清政府在西藏铸造乾隆宝藏之前，已经占领了印度的英国殖民者，在印度的加尔各答设立造币厂，铸造卢比银币。这种银币逐步成为英国控制印度殖民地的重要经济工具。18世纪中叶，英国又进一步控制了临近西藏的尼泊尔、克什米尔、锡金、不丹等地，并将下一个侵略目标对准了西藏。英国为了加紧对西藏地区的经济渗透，开始将大量的英国廉价商品向西藏以及川边地区倾销。伴随着商品销售，卢比也开始大量流入西藏以及周边的藏区。机制的卢比以元为单位，含银量在八成以上，加之工艺精美、形制统一、使用方便，重量虽然仅有三钱二分，购物时却可以算作四钱，因此受到藏民欢迎，几乎成为通用货币。到光绪二十年（1894）前后，卢比已经流通到打箭炉一带。

英国在印度铸造的卢比，在西藏以及川边地区的大量流通，不但使我国的币政主权受损，而且造成了严重的经济利益外流，并带来外国势力的渗透。面对这一严重局面，清政府将会做出何种反应呢？

（二）

面对流入日益增多的卢比，最先做出反应的是时任四川省打箭炉厅的同知刘延恕。他以"印币亡边"为由，向四川总督奎俊提出自铸银币予以抵制的建议。但是，奎俊因为害怕此举引起英国人的交涉而没有同意，后来在刘延恕的再三请示之下才勉强同意用饷银模仿卢比，试铸三钱二分重的纯银银币进行抵制。

在奎俊的默认之下，刘延恕于光绪二十五年至光绪二十七年的三年间，在打箭炉用手工土法打制了一批重三钱二分的纯银银币。银币的正面铸有汉文"炉关"，意思是由打箭炉官府铸造的，背面是藏文，四周环绕有花纹。这种为了抵制印度卢比而铸造的炉关银币，实际上就是四川藏洋的前身。

图 8-110　炉关银币

炉关银币是用手工土法铸造的，虽然纯度很高，但是工艺落后、设计简单，而且产量不大，既抵制不了工艺先进的印度卢比，也根本满足不了康巴地区的流通需要。因此，从光绪二十八年开始，四川省决定停铸炉关银币，改由成都造币厂用机器铸造。鉴于藏民早已习惯使用卢比，为了便于藏民接受达到抵制卢比的目的，成都造币厂就完全按照卢比的式样设计了四川藏洋。卢比正面铸有英国国王的头像，因此四川藏洋的正面也选用了一幅光绪皇帝的侧面半身头像，背铸"四川省造"并环以花饰，这也与印度卢比背面的风格一致，并规定3枚藏洋抵换内地大洋一元。

如果说刘延恕铸造炉关银币算是揭开了中英货币战争的序幕，那么成都造币厂铸造的四川藏洋，则可以说是正式开战。而真正将这场货币战争推向高潮的，则是光绪末年清政府在川滇边区所推行的"改土归流"新政。而这要从新任四川总督锡良以及川滇边务大臣赵尔丰说起。

锡良是蒙古镶蓝旗人，为官三十七年，以正直清廉、勤政务实著称，是晚清一位政绩颇佳、贡献较大的历史人物。光绪二十九年，锡良接任奎俊出任四川总督，面对当时西藏以及川边地区日益严重的内忧外患，他认为"边事不理，川藏中梗，关系甚大。征之前事，藏侵瞻对，川不能救；英兵入藏，川不问战。藏危边乱，牵制全局者，皆边疆不治、道途中梗之所致也"。因此，他向朝廷建议在川边藏区"先置川滇边务大臣，驻扎巴塘练兵，以为西藏声援，整理地方为后盾，川滇边藏，声气相通，联为一致，一劳永逸"。[①]

　　锡良的这一建议，因为第二年即光绪三十年四月又发生驻藏帮办大臣凤全在巴塘地方被害的事件，而引起了清政府的高度重视，因此于光绪三十二年七月以"四川、云南两省毗连西藏，边务至为紧要"为由，设立了相当于省级建制的"川滇边特别行政区"，以赵尔丰为川滇边务大臣，在川滇边区大规模地推行"改土归流"的新政。

　　赵尔丰是汉军正蓝旗人，祖籍辽阳，早年在山西任知县时，深得山西巡抚锡良的赏识，后随锡良入川。凤全被杀后，赵尔丰受命招募兵勇，平定了叛乱的土司。随后赵尔丰被任命为川滇边务大臣，揭开了川边地区"改土归流"的新篇章。

　　在"改土归流"的过程中，锡良以及赵尔丰奏请朝廷，强调了"国币关系主权"的严重性，针对"印度卢比流行卫藏……近年则竟侵灌至关内打箭炉关、滇省边境"，"价值任意居奇，兵商交困，利权尽失，而内地银钱又凤非番俗所能信行"的状况，力主由四川省机器局所属"铸造银元厂"，即成都造币厂，继续仿照印度卢比，大量生产四川藏洋，希望"铸造务精，成色务足"，"期于足用"，以便实现

① 任乃强、任新建编著，《清代川边（康藏）史料辑注》，巴蜀书社，2018。

用藏洋驱逐卢比，维护币政主权独立的目的。

光绪皇帝对于锡良的奏折很重视，于光绪三十一年十二月二十四日做出批示，要"财政处、户部议奏"。财政处的奕劻会同户部于第二年二月四日正式回复"此项银币专为藏卫而设，应准在西藏及附近边台行用，作为特别商品，自不得自便行使内地"。

这样，四川成都造币厂为了驱逐印度卢比而自行设计铸造的四川藏洋，在获得清朝中央政府的正式认可之后，在保证质量的前提下加大了铸造数量。于是大量的藏洋经由成都造币厂被源源不断地生产出来，并发往川边及西藏地区。它们在抵制、驱逐印度卢比的同时，也为赵尔丰所强力推行的"改土归流"新政做出了重要贡献。

（三）

清末由于清朝驻藏官员对藏区事务处理不力，致使原本反英的西藏高层统治者转而成为亲英势力，在英势力的唆使下，川边藏区的宗教上层以及领主们，为了保住原有的各种特权，在抵制"改土归流"的同时拒用四川藏洋。赵尔丰处理凤全被杀事件率军行至理塘时，因藏民拒用藏洋，他将两位为首者当场诛杀，众人才不敢再拒用。

针对藏区的这股抵制势力，赵尔丰除采取武力消灭的强硬措施之外，也配之以让利的怀柔政策。当时印度卢比在川边地区作价四钱行使，而同样质地的四川藏洋赵尔丰只作价三钱五分，因让利于民而使藏民乐于接受。正是在赵尔丰软硬两手的作用下，藏洋在川边地区才迅速得以推广，印度卢比逐渐被藏民遗弃，用藏洋驱逐卢比的计划初见成效。

但是英国却不甘心就此失败，于是利用其强大的经济实力，推说藏洋成色不足，不是拒用，就是压低藏洋的购买力，每元只肯按三钱给货,希望以此稳住卢比的颓势,实现其经济侵略的目的。当时英、印的货物占据了藏区边茶之外大部分的商品市场,因此藏洋在大部分地区只能当作三钱使用。这给赵尔丰出了一道难题,因为当时清政府按一元藏洋作价三钱五分拨付的军政费用,实际上在藏区却只能按三钱去购物,这不但使得藏洋在与卢比的斗争中处于不利的地位,而且无形之中又让军政人员承受了巨大的经济损失。

针对英国人的做法,赵尔丰采用了双管齐下的对策。首先是联合驻藏大臣联豫咨请四川总督赵尔巽将藏洋按照本位三钱二分行使,并奏请成都造币厂铸造当十铜元 1000 万枚作为藏洋的辅币运抵康定。这一招获准之后,赵尔丰又使出了第二招,于宣统元年(1909)十二月二十一日发出通告,宣布藏洋将按每元三钱二分行使,并要求税务机关在征税时只收藏洋而不收卢比。

此招一出,立竿见影,迫使卢比在川边地区只能与藏洋等值流通。"卢比受到抵制,而渐绝于康藏矣。"卢比的数量越来越少,遂使藏洋很快就成了川边地区唯一的通货。最后就逐渐形成了川边地区藏洋多卢比少但是西藏地区却是卢比多而藏洋少的局面。因此,在这场中英两国之间的货币战争中,藏洋虽然在川边的康巴地区成功地驱逐了卢比,收复了货币流通市场,但是却没有达到将整个西藏地区的卢比一起驱逐出去的预期目标。实际上,这主要是受当时西藏局势的影响,而非赵尔丰个人所能决定。

赵尔丰一方面借助改土归流的新政,推动了藏洋驱逐卢比,以及川边地区货币的统一进程;另一方面,藏洋也在改土归流的过程中发挥了重要作用。

改土归流因为要废除土司、头人以及僧人的各种特权,遭到了他们的武力反抗。赵尔丰则以雷霆手段,先后废除了以明正、德格、巴塘、理塘为首的大小土司和昌都、乍丫（察雅）等活佛的政治地位。在川边改土归流及入藏平乱的六年间，赵尔丰几乎是马不停蹄地与各地土司、领主进行斗争，其间还要频繁地派兵平乱，所遇到的难题之一就是大量零星的军事行政费用的开支。当时藏区没有统一的货币，康定以西不流通使用铜钱，朝廷拨付的大额银锭又不方便小额支出。而藏洋因为大小适中，携带便利，又为藏民所乐用，既保证了军政人员薪饷的支付，又便于乌拉差役等费用的开支，为改土归流过程中所必需的军事行政费用的支出提供了极大的便利。

另外，藏洋在川边地区改土归流之后的税赋征收中也发挥了重要的作用。川边康区因为东部紧靠川西经济富庶地区，西部连接关外广大的藏区，又是历代中央政府对藏区实行"羁縻"和"经边"政策的重要前沿阵地。这一得天独厚的地理位置，使其到清代中期就逐渐发展成了以打箭炉为中心，以边茶贸易为主线的藏汉经济交汇的枢纽地带，因此商贸活动十分活跃。以往土司管理时期，因为没有统一的货币，藏民基本上都是向土司缴纳牛羊等实物税。实行改土归流之后，有了统一的货币藏洋，极大地方便了官府征收赋税，这对于加强社会治理意义重大。

《清史稿·赵尔丰传》在评价他所推行的改土归流时说："所收边地，东西三千余里，南北四千余里，设治者三十余区。"这应该是清末所取得的可以与左宗棠收复新疆相比肩的一大贡献，其中不可否认四川藏洋也发挥了重要的作用。

（四）

四川藏洋于光绪二十八年在成都造币厂正式开始铸造，历时十四年，到了民国五年因为无利可图而停铸。此时康区民众早已习惯使用藏洋，成都造币厂停铸后给他们带来诸多不便，加之当地政府也想借造币来填补财政上的亏空，于是川康边防军第二旅旅长马骕报请川康边防总指挥刘文辉批准，在康定设立造币厂，由成都运入机器并雇用技工，于民国十九年五月四日开工铸造藏洋，又历时十二年到民国三十一年才停铸，这样藏洋先后在成都与康定两地共铸造了四十年。

康定并不出产白银，铸造藏洋所需要的白银大部分是印度所产的银砖。而印度的银砖之所以能流入康定，全靠以边茶为中心的汉藏印三地的"茶马贸易"。过程基本上是康定的商人将数额庞大的边茶、百货运往西藏换取印度的银砖以及英国的货物，再将银砖等货物以及皮毛药材等运回康定换取汉地的茶叶。这样就形成了边茶、百货—银砖、英印货物、皮毛药材的不断循环。其中用来填补贸易差额的银砖，便随着一驮又一驮的马帮运到了康定，供藏洋铸造之用。另外，康定的银炉铺也为调剂康区与内地的货币流通发挥了重要的作用。因为藏区主要流通藏洋，内地多用银锭、大洋，而康定则是藏洋、银锭、大洋通用。银炉铺则熔银砖铸银锭，兑换藏洋、大洋。这样就实现了贸易过程中货币兑换的需要。

藏洋因为在成都、康定两地铸造，时间跨度又长，加之铸模、工艺以及质量上的差异，所以成色差别很大。但总的规律是，铸造的时间越早，成色越好，越晚铸造的则成色越差。含银量从最高的九成降至最低的不足一成。不仅成色上差别巨大，而且版别上的差异也非常明显，甚至可以分出 42 种版别之多。

四川藏洋的流通使用，历经清末、民国，直到中华人民共和国成立之后，跨越了三个时期。1950 年 3 月 24 日康定解放后，人民政府接管了西康省银行总行和中央银行康定分行，并于 6 月 16 日成立中国人民银行康定专区办事处（后改名为中国人民银行甘孜藏族自治州中心支行）。为了照顾藏民的用银习惯，对藏洋采取了"不收、不兑、不禁"的三不政策，甚至还投放了一部分袁大头与之并行流通，后来又实行人民币与藏洋、袁大头共同流通的政策，直到1958年年底在民主改革取得伟大胜利的基础上，藏洋才最终退出了流通。

四川藏洋是清代在我国藏族聚居区铸造的两种银币之一，另一种是乾隆宝藏。乾隆宝藏在拉萨铸造，流通于西藏地区；四川藏洋先后铸造于成都与康定，主要流通于川边的康巴地区。与乾隆宝藏相比，四川藏洋铸造的数量更多，流通的地域更广，影响也更深远。其影响概括地讲有如下三个方面：一是驱逐了印度卢比对川边地区的日益渗透，维护了国家币政主权的统一；二是保证了军政费用的开支，有力地推动了清末在川边地区改土归流政策的实行；三是统一了川边地区的币制，促进了当地社会经济以及文化事业的发展。另外，作为一种历史的见证者，它也是研究川边地区社会经济史、藏汉交往史和中外关系史，以及川滇边区改土归流的实物资料。

中国古代的钱币，除了用于流通使用的"行用钱"，实际上还有一类不用于流通，专用于庆典、祈福的所谓"花钱"，又称"民俗钱"。它们与政府发行的流通货币到底有什么不同呢？

7

状元及第:
记录了古代科举制度的民俗钱

"状元及第"既没有年号,也没有国号,更没有钱币上通常必须使用的"元宝"、"通宝"或是"重宝",而是选用了与古代科举考试有关的"状元及第"这样带有祈福或祝福寓意的汉字作为钱文,这是钱币吗?它能流通使用吗?

实际上,状元及第这种铜钱是不能流通的。它虽然具有钱币的外形,但不能用来购物、流通,所以还不能算是真正的钱币,只能说是钱币的一种衍生物,又因为传播了民俗文化,而被称为"民俗钱"。

下面我就结合状元及第,介绍一下我国古代内涵丰富、形式多样、在社会生活中大量存在的民俗钱币。

(一)

"民俗钱"这种带有一定学术意味的名称,实际上是 20 世纪 90 年代才出现的。在此之前,它的名称并不统一,但多数情况下被称为"厌胜钱"。

厌胜钱的"厌"字，在这里读作"yā"，古代"厌""压"两字可以通用，表示将一个东西压在另一个东西之上，有用威力压制，使之屈服的含义。这实际上是一种借助咒语、祈祷神灵，或是象征性的物体来诅咒仇敌、战胜被诅咒者的巫术做法，在充满迷信的古代非常流行。

"厌胜"这种做法虽然很早就有了，但是，"厌胜"这一名词却是到了《汉书·王莽传》中才开始出现。据说当时王莽为了对付各地的反叛势力，铸造过一种叫"威斗"的东西，希望以此能够"厌胜"反叛的力量。

而"厌胜钱"这一名称却是到了北宋时期才出现。

据《宣和博古图》记载，北宋钱币学家李孝美在他编著的《图谱》中，最早将由北魏"永安五铢"钱衍生出来的"永安五男"背为四神图案的一种钱币称为"厌胜钱"。后来南宋的洪遵又在《泉志》中单列一卷（第十五卷）称"厌胜品"，收录了各种非流通的钱币。从此以后，人们就将那些铸有神仙图案或寓有特殊含义，不是用于流通而是希望能够发挥某种超自然神力的钱币统称为"厌胜钱"。

民俗钱除了被称为"厌胜钱"，更多的时候被俗称为"花钱"。

花钱最早出现于汉代，主要是民间自行铸造的一种用于祭祀、庆典等婚丧嫁娶活动的钱币。后来宫中也铸造花钱，主要用于皇室的庆典或是赏赐，这种花钱多选用金银或是象牙、玉石等贵重材质，偶尔也铸铜钱，铜质和工艺都比一般的行用钱精细。但是，民间铸造的这类花钱，与宫中铸造的相比，材质与工艺都相差甚远。因为都不用于流通，所以它们的铸工大都比较粗糙，重量和尺寸也都没有统一的标准，形制上更是五花八门，应有尽有。因此，民间就把这种有钱币的外形却不能发挥流通作用的钱币称为"花钱"。

民俗钱不用于流通，因此，形制上除了沿袭行用钱"圆形方孔"

的式样，也有铸成"圆形圆孔"的，或是模仿古代布币、刀币、圜钱等形状的，更有创新为梅花、莲花、葫芦、仙桃、蝴蝶、祥云等式样的，可谓形态各异，千姿百态。

另外，还有采用镂空工艺铸成镂空花钱的。这种镂空花钱又与传统花钱不同，它是经过长时间的发展形成的，多用于表现祥龙、游鱼、仙鹤等动物图案，镂空工艺使得动物的线条更加栩栩如生，表现力和感染力也更为生动。但是，镂空花钱的缺点是不易保存，很容易损坏，因此传世较少。

民俗钱除了文化内涵，还具有较高的审美价值。它以方寸之地，集诗、书、画于一体。其中，既有脍炙人口的经典诗句，也有山水、花鸟、建筑等各类图案，更有大家耳熟能详的典故以及真、草、隶、篆等各种书体，再配上精美的图案，使得它远比标准统一的行用钱具有艺术性和观赏性。

（二）

民俗钱虽然不是流通钱，但因为它是从古代流通货币中分离出来的，在社会上发挥了重要的文化传播的功能。

民俗钱主要用于祭祀、庆典活动，平常也用于馈赠、祝寿、压岁、佩饰、玩赏、占卜、游戏等情形，因此种类繁多、形式各异，除了文字大部分还绘有图案。内容多涉及传统儒家思想、社会风俗、宗教信仰、民间艺术等方面，文化内涵极其丰富。因此，民俗钱也应该被视为我国古代钱币文化的重要组成部分，在传承民俗文化方面发挥了特殊的作用。

民俗钱根据用途大致可以分为以下六大类。下面分别做一简单的介绍。

官铸的宫钱

顾名思义，官铸的宫钱指的是由官府铸造的花钱。实际上官府
在铸造流通货币的时候，往往会先铸造一批有纪念和祈福性质的花
钱，用于占卜兴衰、祭祀天地，或是喜庆时用于赏赐。这种宫钱的钱
文大多数情况下都与流通钱一样，但是多选用金银或是象牙、玳瑁等
名贵材质。如汉代的金质、银质的五铢钱。比较著名的当属唐玄宗时
期"金钱会"上所用的金、银"开元通宝"钱以及宋代皇子出生或是
公主出嫁时用的"撒帐钱"。这类宫钱因为是官炉所铸，大都用料精
细、铸工精美、数量稀少，市价也远远高于一般的花钱，属于民俗钱
中的精品，无论是在古代还是现代，都是藏家喜爱的珍品。

民间喜庆、祝福或是祈祷时用的花钱

这类花钱与官铸宫钱的功能差不多，只是它用于民间活动，比
如民间遇到婚嫁寿宴、添丁生子、盖屋上梁、开张升迁等喜庆活动时，
大都通过铸造花钱这种方式来表示纪念，同时也有表达祝福的美好意
愿，记录了当时民间社会生活的真实场景。可以说，民间这类喜庆、
祝福或是祈祷时所用的花钱，是花钱中最具世俗生活气息的一种，也
是民俗钱币中数量最多、文化内涵最为丰富的一种。

图 8-111 "龟鹤齐寿"钱

反映历史典故、传统故事题材的花钱

这类花钱就是在钱体上通过图像描述以及文字叙述，表现出一个

典故或故事的内容，以此来传递一种价值观或是宣传一种思想。题材大多选自历史上那种脍炙人口、耳熟能详的经典故事，如《二十四孝经》《八仙过海》《三国演义》《水浒传》《西厢记》《红楼梦》等大家一看就能看懂的故事。这种花钱以宣传儒家以及道教、佛教的思想价值观为主，可以算作大众传播的一种载体，具有浓郁的道德说教的意味。

和宗教题材有关的花钱

这类花钱常常和宗教信仰以及降魔避鬼的习俗有关。古代由于科技不发达，对很多自然现象不能给予科学的解释，因此人们十分迷信，特别惧鬼怕神。古人认为花钱可以辟邪，能够保佑他们平安。因此，他们在外出时，都要随身携带铸有钟馗降魔的图像或道教用来避鬼的符咒及咒语的花钱。

这种花钱又称"山鬼花钱"。正面穿右铸真武大帝手持宝剑图，穿上为"太极图"，穿左为道教符箓，穿下为龟蛇。背面铸楷书"太上咒曰：天圆地方，六律九章，符神到处，万鬼灭亡，急急如律令。敕"。两侧为道教符文，左"雷令"，右"杀鬼"。这种具有宗教内容的降魔避鬼题材的花钱很受社会各个阶层的欢迎，几乎每个大户人家都收藏一些，用于祈祷和辟邪。另外，元代蒙古人因为推崇藏传佛教，铸有很多专门供信徒布施于寺庙，用来敬神礼佛、祈求神佑的供养钱或香火钱，它们也都属于这一类和宗教题材有关的花钱。

图 8-112 "驱邪辟恶"钱

图 8-113 山鬼花钱

用于娱乐的游戏钱

古人用于娱乐的游戏钱有很多种,其中以在宋代文人雅士之中流行的一种叫"打马格游戏"的钱最为著名。女词人李清照对打马格游戏就非常喜欢,而且还很有研究,在她撰写的《〈打马图〉序》中就有较为详细的描述。打马格游戏中的棋子叫作"马",按照一定的规则、格局和图谱,双方用"马"来布阵、设局、进攻、防守、闯关、过堑,计袭敌之绩,以定赏罚、判输赢。玩打马格游戏时所用的搏戏工具就是我们俗称的"马钱"。李清照记载说常见的马钱有两种:一种是有马有将,如一面铸"燕将乐毅"或"蜀将马超",另一面铸将军骑马图;另一种是有马无将,如一面铸历史上传说中的"赤兔"等名马,另一面铸马的图形。这些马,或神采俊逸,表现出一种灵动之美;或四蹄腾空,展现出一种威武之势。

传授性生活知识的秘戏钱

古人将男女间的事情看得非常神秘,隐蔽行之,不欲人知,而称为"秘戏"。因此,社会上就将铸有简陋的男女合欢图形的钱称为"秘戏钱"。古人嫁女时,经常会将一枚"秘戏钱"放在嫁妆箱内,压作箱底,起到给初经人事的新婚男女传授和指导性知识的作用,以求达到早生贵子、绵延子孙的作用。后来,又因为古人认为火神是女性,见了秘戏图就会羞而却步,因此就不会引来火灾。于是,文人雅士们多在书房放置一枚"秘戏钱",以求避火。如清末的藏书大家叶德辉就以在藏书楼悬挂"秘戏钱"用以防火而被钱币收藏界传为美谈。

(三)

介绍了六大类民俗钱之后,我们就具体通过"状元及第"这枚民俗钱，来考察一下由民俗钱所记录的我国古代的科举制度。

　　"状元及第"既是一枚花钱，同时也是一枚记录了我国古代科举考试的民俗钱。

图 8-114　状元及第（背福鹿）

图 8-115　状元及第（背龙凤）

图 8-116　状元及第（背一品当朝）

图 8-117　状元及第（背太上咒）

　　讲到科举考试，很多人都会想到中学语文课本中的那篇著名的《范进中举》，说的是穷秀才范进经过多年苦读、屡次落第，终于有一天考中了举人。在这大喜的日子里，范进却因欢喜过度而一度精神失常，并因此而闹出了一系列的笑话。这篇文章节选自吴敬梓的小说《儒林外史》，它是作者在科举考试屡次失败之后，结合自身的体验，专门书写的一部揭露、批判科举制度对人性摧残的讽刺小说。

实际上，当年的科举考试就很像我们今天的高考制度，虽然大家从很多角度都可以去诟病它存在不足，但不可否认的是，科举制度作为一种社会的晋升阶梯，却是我国古代最公平的一种选拔人才的制度，它给社会最底层的读书人提供了一条改变自身命运的途径，给予了底层民众上升的希望，即所谓"朝为田舍郎，暮登天子堂"。它为古代的官僚体系不断注入新鲜的血液，避免了出现类似六朝时期那种门阀大族控制朝政的局面。

中国古代的科举制创始于隋朝，形成于唐朝，完备于两宋，强化于明朝，至清朝就趋向于衰落，1905年（光绪三十一年）被正式废止。

科举这条晋升之路可谓漫长而修远，整个走下来至少需要经过六场考试并取得三种阶段性的身份。六场考试分别是：县试、府试、院试、乡试、会试、殿试；三种阶段性的身份分别是：秀才、举人、进士。其中，六场考试中的前三场考试，即县试、府试、院试只能属于初级阶段，其目的就是考取秀才。其实，想考中秀才也是一件相当不容易的事情，经过最初级的县试、府试两级考试，合格者才有资格被称为"童生"。童生虽然听上去很年轻，但是它与年龄实际上没有任何关系，升格为童生以后，如果一直无法考取秀才，则终其一生都只能叫作"童生"。因此，曾经就有人作过这样一副对联，即"行年七十尚称童，可云寿考；到老五经还未熟，不愧书生"，来调侃那些直到白首也没能考取秀才的老年童生。

院试考试中的成绩优异者才能取得"秀才"的资格。考中秀才之后，只能说科举路上的漫漫征途才刚刚开始，更大的挑战还在后面。

在明清两朝，考中秀才之后，通常会进入府学、州学、县学等国家官办的学习机构来进一步学习。因此，通常也把"秀才"叫作"儒学生员"，简称"生员"。生员经过在这些官办学校里的学习，还要参加选拔考试，只有成绩优异者才有资格去参加更高一级的"乡试"。因此，并不是说考中了秀才就可以直接参加乡试的。

这里说明一下，"乡试"可不是我们从字面上理解的乡里面举行的考试，而是全省的统一考试，形式上类似于今天的中考，考中者被称为"举人"。乡试通常是在秋天举行，因此也叫作"秋闱"。明清两朝，乡试的录取率在 5% 左右。例如，明朝成化、弘治年间大约为5.9%；嘉靖末年又降为 3.3%，而实际录取率可能又略低于此。乡试的第一名叫作"解元"，比如说著名的唐伯虎就是在弘治十一年（1498）考中应天府乡试第一，因此世人把他称作"唐解元"。

凡是考取举人的，就有资格参加更高一级的"会试"。会试在春天举行，又称"春闱"，地点是在京城的"贡院"。会试考中的人叫作"会元"，第一名称为"贡士"；考中会元的人还要继续参加"殿试"，殿试由皇帝亲自主持，有点类似于会试的复试。

殿试之后，被录取者才能叫作"进士"。进士还要分三个等级：一甲三名，赐进士及第，分别称为状元（清末实业家张謇就是状元）、榜眼（光绪皇帝的侍读学士文廷式是光绪朝的榜眼）、探花（清末名臣张之洞是同治朝的探花）；二甲若干名，赐进士出身（洋务运动的领袖李鸿章是二甲第十三名）；三甲若干名，赐同进士出身（曾国藩是位列三甲第四十二名）。明清两朝，会试的录取率通常只有 10% 左右，难度极大。

考中进士之后，还要参加"朝考"，这也是由皇帝亲自主持的。除了通常的文化课考试，还要"观其仪度，核其年齿"。也就是说，还要有面试这一关，相貌好的，年纪轻的，有培养前途的，才能入选，被录取者叫作"庶吉士"，进入翰林院学习。

经过三年异常清苦的学习，还要进行考核，叫作"散馆"，成绩靠后的，会直接被派去中央六部或地方担任官职，而成绩优等的，则会被授予侍讲、侍读这一类起草或勘校朝廷机要文件的重要职务，或者是在詹事府参与太子的教育工作。这类工作由于十分接近权力中枢，因此明清两朝的重臣多出身于翰林院的优等生行列。

由此可见，科举之路真是漫漫征途，不但需要博闻强识、才高八斗、学富五车，还得有坚韧的意志力与健康的体魄，缺一不可，这绝对不是一般人所能承受得了的。

除了"状元及第"，反映古代科举制度的民俗钱还有"三元及第""连中三元""喜报三元"等。所谓的"三元及第"指的是接连在乡试、会试、殿试中考中第一名，分别获得"解元""会元""状元"的称号。这种情况是极少发生的，据说北宋太宗端拱二年（989）的陈尧叟，就获得了"三元及第"的殊荣，这又被称作"连中三元"，是科举制度下读书人渴望得到的最高荣誉。

其实，在延续了一千多年的中国科举史上，能够连中三元者可以说是稀若星凤。因此，无论在明代的铜镜上，还是在清代的花钱上，经常会见到"三元及第"或"连中三元"这样的吉语，表达了读书人对于科举之路通达的美好诉求。

民俗钱，因为不用于正式流通，所以在社会生活中所具有的重要性不及行用钱，因此历史上很长一段时期并不被官方重视，但这丝毫没有影响它在民间所发挥的重要作用。也恰恰因为它不是官方所发行的正式流通的货币，更少受到政治等人为因素的限制与影响，反而更接地气，能更真切、如实地反映民俗文化及民间传统。因此，民俗钱无论是题材选择、表现形式，还是铸造技术、文字图案，乃至尺寸的大小、数量的多少等诸多方面，都比官方正式铸造的行用钱更为鲜活、更富有生命力，已经成为记录民俗文化、承载民间传统的见证物。

如果说行用钱因其官方属性而更多地体现了补史、证史以及见证历史的作用，那么民俗钱则依托其民间属性的特点，更多地表现了记录习俗、传承文化的功能。因此，我们可以说无论是行用钱，还是民俗钱，都是我国悠久灿烂、博大精深且一脉相承的钱币文化的重要组成部分，两者缺一不可，否则，就不是完整的钱币文化了。

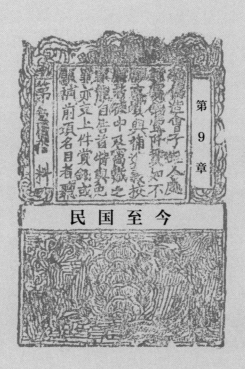

第 9 章

民 国 至 今

进入民国后，货币与政治、经济，乃至边疆稳定的关系变得更加紧密。篆书"汉"字银币见证了四川保路运动引发的辛亥革命；色章果木金币、阿尔泰通用银券、光华银炉元宝、中央银行新疆省流通券，以及双"四九"纪年银币记录了西藏、新疆等边疆地区的危机与治理。

民国建立后，币制改革的步伐加快。"袁像银币"讲述了北洋政府于 1914 年颁布《国币条例》，并铸造了带有袁世凯头像的"国币"，由此实现了银币的统一。

船洋、法币、金圆券，记述了南京国民政府建政后，为了统一币制，于 1933 年实行废两改元的历史。两年后，为了摆脱国际白银风潮的冲击，南京国民政府又实行法币改革，实现了中国货币制度由传统的白银货币体系，向现代管理货币体系即法币转轨。后因日本入侵以及内战爆发，转轨失败，引发恶性通货膨胀，这既为政府部门全面掌控经济资源创造了条件，也为计划经济体制的确立提供了历史契机。新生的人民政权依靠计划经济管理模式，迅速控制了连续 12 年的通货膨胀局面，向世人证明中国共产党人在管理经济、治理通货膨胀方面的非凡能力。

"汉"字银币：保路运动引发
辛亥革命的见证者

1911 年 10 月 10 日爆发于武昌的辛亥革命推翻了清王朝，结束了中国历史上延续了两千多年的封建专制统治，实现了民主共和。

可能很多人并不清楚，点燃辛亥革命之火的武昌新军起义，实际上是由四川爆发的一场"保路运动"引发的。保路运动不仅与辛亥革命在武昌的爆发关系重大，而且对辛亥革命在全国的迅速蔓延发挥了动员群众的重要作用。

下面我们就通过这枚四川军政府铸造的"汉"字银币，来给大家聊聊保路运动的缘起，看看一场请愿活动如何演变成了全民武装起义，进而引起武昌新军的响应，并迅速扩散蔓延至全国，变成一场民族民主革命。

（一）

"汉"字银币的正面中央是一朵芙蓉花纹，花饰四周铸有"四川银币"四字对读，并环以连珠纹。连珠纹上缘铸"军政府造"，下缘铸面值"壹圆"，左右各分列一朵四瓣花星。银币背面的中央铸一篆书的"汉"字，四周环以18个圆圈，圆圈上方铸"中华民国元年"，圆圈左右两侧也各铸了一朵四瓣花星。面值有壹圆、五角、二角、一角四种。

图9-1 "汉"字银币（壹圆）

图9-2 "汉"字银币（五角）

图9-3 "汉"字银币（二角）

图9-4 "汉"字银币（一角）

这枚银币最大的特点，是在它的背面用一个篆书的"汉"字，取代了此前无论是清朝中央还是各省铸币时，依照惯例都要使用的蟠龙图案。这一改变意义重大，因为蟠龙图案代表的是封建帝制皇权，而篆书的"汉"字表示的则是反封建的民族革命。所以，这枚篆书的"汉"字银币精准地表达了保路运动失败后成立的四川军政府的政治目标——进行"驱逐鞑虏、建立民国"的民族民主革命。

那四川军政府是如何成立的，为什么要铸造这样一枚银币呢？这需要从保路运动说起。

所谓"保路"，指的是保护铁路的修筑权。自鸦片战争将国门打开之后，中国朝野都逐渐认识到了修筑铁路的重要性。铁路无论是在战时调兵，还是平时货物运输以及人员往来方面，都日益显示了巨大的优势。因此清末随着新政的推行，全国又兴起了一股修建铁路的热潮。当时清政府想规划修建川汉、粤汉铁路。这两条铁路线因为是沟通南北和深入内地的重要干线，沿线人口众多，货物运输繁忙，不但具有很好的商业前景，而且具有重要的战略价值，因此成为列强争夺的目标。

先说粤汉铁路。粤汉铁路由广州至汉口，途经粤、湘、鄂三省。三省的绅商们提出由他们自行集股筹资，负责修筑。湖广总督张之洞虽然不反对修路，但是也不相信三省的绅商有足够的财力能够承担此任，因此主张官督商办。

光绪二十二年（1896）五月，清政府批准修筑粤汉铁路，决定由官方主持，三省绅商通力合作筹资修建。但是，盛宣怀却通过驻美公使向美国的合兴公司商借外债 400 万英镑。美方在借款合同中强行塞入了派员勘测、筑路并"照管驶车等事"的条款，规定要等五十年中国还清债款后才能收回铁路的管理权。但是，借款条约签订之后，美方不但拖延执行合同，甚至还私自将三分之二的股份卖给了比利时的一家公司，并擅自决定粤汉铁路南段由美国修筑，北段由比利时修筑。

粤湘鄂三省绅商本来就对朝廷出卖筑路权给美国极为不满，对合兴公司的违约举动更是义愤填膺，他们强烈要求废除合同，收回路权，由三省自办粤汉铁路。

湖广总督张之洞支持三省绅商的要求，主张收回铁路，中国自办。经过一番交涉，最后在被美国合兴公司勒索了675万美元的巨款后，赎回了路权。光绪三十一年（1905）七月，张之洞奉旨督办粤汉铁路，他最初主张粤、湘、鄂三省"各筹各款，各修各路"，随后又以商股筹集不易为由，于宣统元年（1909）四月与德、英、法三国银行团签订《湖广铁路借款合同》，借款550万英镑。为了应付舆论，他对外宣称"由官借款"，"准商民买股"，意思就是由政府借外债，并准许民间集资购买铁路的股份。不久张之洞便病逝了。

与粤汉铁路相比，川汉铁路立项稍晚，过程也相对简单。这条铁路线东起湖北汉口，经宜昌府、夔州府（今重庆市奉节县）、重庆府，西至四川成都府，连接湖北、四川两省，是贯通长江中上游地区重要的东西向铁路动脉。1904年1月，四川总督锡良奏准设立"官办川汉铁路公司"，开始筹划横贯四川东西的川汉铁路，1905年7月公司改官绅合办，1907年3月又改为商办。

四川、广东、湖南、湖北四省人民为了夺回这两条铁路的自办权，采用征集"民股"的办法，由地方政府在税收项下附加租股、米捐股、盐捐股、房捐股等来筹集筑路的资金。经过几年的筹集，不仅四省的绅商、地主成了股东，甚至连一些农民也握有股票。粤汉铁路已经开始修筑，川汉铁路从宜昌到万县的一段也已经动工。这两条铁路都是由詹天佑负责勘探设计的，从当时的情况来看，是完全可以依靠国内的力量来修建完成的。但是，谁也没有想到，不久清政府又宣布铁路国有政策，不但将民股收归国有，甚至连钱款也不退还。由此引发了一场涉及四省的规模浩大的民众请愿运动，史称"保路运动"，事情一下子闹大了。

<h1 style="text-align:center">（二）</h1>

清政府为什么突然要宣布实行铁路国有政策呢？

这是因为清政府遇到了财政危机，这一危机是由 1910 年上海爆发的橡胶股票风潮引起的。上海爆发的一场股票风潮，怎么会引发清政府的财政危机？即便是遇到了财政危机，为什么要实行铁路国有政策？它们之间有什么关联呢？

1900 年，就在清朝忙着闹义和团的时候，汽车在美国已经开始大规模生产。到了 1908 年，美国福特公司推出的新型汽车售价只有 300 美元，相当于美国一个普通工人一年的工资。这不仅将汽车从奢侈品变为大众消费品，而且令美国迅速进入汽车时代，汽车轮胎所需的橡胶成为投资热点，全球橡胶市场的价格应声而起。

到了 1910 年 6 月，面对全球的橡胶市场泡沫，作为最大消费国的美国，因为宣布紧缩政策，导致国际橡胶价格大幅跳水。这造成了以橡胶板块为主，而且绑定伦敦市场的上海股市全面崩溃，爆发了上海橡胶股票风潮，直接将川汉铁路公司给套牢了。这是因为川汉铁路公司的股本金被公司高管投入上海钱庄生息了。

川汉铁路公司，这家国有企业虽然在两年前改制成为商办，但从管理层的任命到企业的各项管理，都和改制之前没有任何差别。担任公司"总收支"即首席财务官的施典章，是一位担任过广州知府（市长）的官员，他坐镇上海已经五年，负责盘活 350 万两巨款股本金，进行资本运营。因此，某种程度上可以说，正是川汉铁路公司的股本金撑起了上海的橡胶股票泡沫。

上海橡胶股票风潮发生后，上海道台蔡乃煌与商会人士紧急磋商，决心政府救市。7月18日，蔡乃煌携商会会长乘坐专车前往南京，向顶头上司两江总督汇报请示，返回上海途中又到苏州向另一位上司江苏巡抚请示。

当时上海钱庄的信用已经崩溃，只能想办法从外资银行借款。而从外资银行借款必须由政府出面担保。两江总督立即电奏朝廷，清政府随即批示，同意由政府出面担保钱庄从外资银行借款，以维持市面。《辛丑条约》签订后已改名为外务部的原"总理各国事务衙门"，也将清政府的救市决定照会了各国驻华公使。

当时清政府的对外赔款是分摊给各省承担的，各省将分摊的部分收齐后，按时汇付到上海，集中后再统一对外支付。1904年清政府的商务部盯上了这笔国有资金，向慈禧太后报告说，这笔国有资金闲着也是浪费，不如在支付给列强之前，先拿来生息，核算下来每年可得近50万两白银，划给商务部使用，"实于商务大有裨益"。

在官员们信誓旦旦的保证之下，慈禧太后最后同意了将这笔资金投向"殷实庄号"源丰润生息的主张。但是，上海橡胶股票风潮发生后，源丰润钱庄也被套牢，这笔资金收不回来了。1910年9月27日，是清政府向西方列强支付当期庚子赔款190万两白银的最后日期。上海道台蔡乃煌在还剩九天的时候，突然致电度支部（即财政部），说赔款专用的190万两白银都存在各钱庄，无法提取，请求由大清银行紧急拨银190万两先行垫付。

度支部认为，这是拿稳定市场作为借口，实质上是地方官僚们"罔利营私"，立即对蔡乃煌进行弹劾，并警告说"倘此次无银应对，外人必有枝节，贻误不堪设想"。随即又将蔡乃煌革职，并命令两江总督、江苏巡抚等会同蔡乃煌，必须在两个月内将所有经手款项缴清。

在朝廷严厉的催促之下，190 万两白银被从源丰润钱庄中强行提取。这虽然可以按时偿还庚子赔款，但是却等于抽干了源丰润最后的一滴血，它终于支持不住，轰然倒下了。

源丰润钱庄的倒闭迅速产生了连锁反应，并波及大江南北、长城内外，很多钱庄票号都陷入支付危机，等于引发了一场金融危机，其巨大的影响远远超过橡胶股票。最直接的结果就是川汉铁路公司近半数的股本金 350 万两白银几乎损失殆尽。清政府遂于 1911 年 4 月与英、法、德、美四国签订借款筑路合同，5 月 9 日颁布铁路国有政策，宣布收回商办的粤汉、川汉两铁路为国有，并注销商办。邮传部尚书盛宣怀和督办大臣端方于 1911 年 6 月 1 日联名向四川总督王人文发出电报，告诉他说，度支部决定对川汉铁路股款的处理办法是：对公司已用之款和公司现存之款，由政府一律换发给国家铁路股票，概不退还现款。如果川人一定要筹还现款，那就只能向外国借债，必须用四川省的财政收入做抵押。此电还明示，不允许四川省的股东保本退款，只同意换发铁路股票。意思就是政府不但要收回路权，而且要占有原来的股本金。

王人文收到电报后，知道电报内容一旦公布，必将引发全省大乱。他知道川汉铁路的股本金几乎都是取自强行摊派到农民头上的"租股"，都是百姓"一点一滴之膏血，类由倾家破产，敲骨吸髓而来"。因此，他就压下没有公布，想向朝廷弹劾盛宣怀，为川人争取权益。但是，盛宣怀又直接给川汉铁路公司驻宜昌的总经理发电报，要他找王人文交涉，这样电文才公开，全省舆论大哗，7000 万四川人被震惊了、被激怒了，他们多方上访，要求中央彻查，最终引发了一场改写中国历史进程的保路运动。

（三）

1911 年 6 月 13 日，清政府向四国借款的合同寄到成都后，立宪派人士、四川省咨议局副议长罗纶起草文章，逐条批驳，并联合 2400 余人请求王人文代奏朝廷。川汉铁路公司也举行紧急会议，决定马上组织保路同志会，不等特别股东会的召开，连夜发出通知，第二天就宣布成立保路同志会。

保路同志会成立后，选举四川省咨议局议长蒲殿俊为会长，罗纶为副会长。下分四股办事，为总务股、文书股、交际股、游说股。大会临时动议，与会人员全体到总督衙门向四川总督王人文请愿，要求代奏。王人文出见群众表示同情，说只要于国计民生有关休戚的事，他无论怎样也应当据理力争。6 月 17 日，王人文致电内阁："本日未前，各团体集公司开会，到者约二千余人，演说合同与国家存亡之关系，哭声动地，有伏案私泣。""惟哀痛迫切之状，实异寻常。"①19 日，王人文再上奏折说："成都各团体集铁路公司大会，到者一千余人，讨论合同及于国家铁路存亡之关系，一时哭声震天，坐次在后者多伏案私泣，臣饬巡警道派兵弹压，巡兵听者亦相顾挥泪。日来关于铁路合同攻难之文字、演说纷纷四出，禁不胜禁，防不胜防。"②同时要求严参盛宣怀丧路权、国权，并治以欺君误国之罪，同时请求将自己也治以"同等之罪"。27 日，他又把罗纶等 2400 余人签注批驳川汉、粤汉铁路借款合同的原件以及公呈人全体姓名上奏朝廷，并自请处分。清政府对此非常生气，将王人文革职，改任赵尔丰为四川总督。

赵尔丰到任后，也一度认为"四川百姓争路是极正常的事"，一面开导民众，一面请求朝廷"筹商转圜之策"，后来也参劾盛宣怀，

---

① 《中华民国史》第一卷，中华书局，2011。
② 《中华民国史》第一卷，中华书局，2011。

请求朝廷查处盛宣怀。但是，清政府对赵尔丰等所陈各节，不但置之不顾，反而电饬赵尔丰解散群众，切实镇压。赵尔丰被逼无奈，只能忠实地执行清廷的旨意，召集各营军官训话，部署弹压保路风潮。

1911 年 9 月 7 日，赵尔丰以到督署看邮传部电报为由，将应约而来的蒲殿俊、罗纶等 9 人诱捕。消息传出后，保路同志会组织民众到督署请愿，要求释放蒲殿俊等人，却遭到卫兵的枪杀，当场被打死 30 多人，造成"成都血案"，激起了四川人民的极大愤慨。当晚就有人裁截木板数百块，上写"赵尔丰先捕蒲、罗，后剿四川，各地同志速起自保自救"字样，然后将木板涂上桐油投入江中，使之顺流而下。这些被人称为"水电报"的木板把消息传遍川南、川东各地，同志军闻讯后纷纷揭竿而起，旬月之间，四川大半州县已被保路同志军攻占，清军处处失利，四面楚歌。保路同志军进围成都，附近州县群起响应，纷纷成立保路同志军，数日之内，队伍发展到 20 多万人，形成了群众大起义的局面。同志军围攻成都十几天，由于缺乏统一的组织指挥和作战经验，武器装备又不足，没能攻下成都，就分散进入地方各州县，清政府在四川的统治基本上被瓦解了。赵尔丰因此被免去四川总督一职，留任边务大臣。

因为川军不愿意接受命令继续镇压保路运动，清政府就将湖北的新军调入四川平定动乱，导致武昌兵力空虚，于是部分倾向革命的新军于 10 月 10 日乘机发动了武昌起义。

武昌起义爆发后，四川积极响应，于 11 月 22 日在成都召开四川官绅代表大会，宣布脱离清朝政府独立，成立"大汉四川军政府"，原咨议局议长蒲殿俊任军政府都督，陆军第十七镇统制朱庆澜任副都督。

军政府虽然成立了，但是局势并不稳定。12 月 6 日军队突然哗变，蒲殿俊和朱庆澜逃走，军政部长尹昌衡平定叛乱，被推为新的都督。当军队哗变时，在一些绅商的请求下，赵尔丰曾经以总督的名义张贴布告，安定军心，因此事后人们怀疑兵变是赵尔丰指使的。12 月22 日凌晨，尹昌衡指挥所部擒获赵尔丰，在成都皇城坝召开大会公审赵尔丰，并当场处决。曾经在西康地区推行改土归流政策，对稳定川藏做出重要贡献的一代能臣，同时也是廉吏的赵尔丰竟然这样被杀，实属可惜。

（四）

尹昌衡平定叛乱、枪杀赵尔丰之后，被推举为新的都督，建立了"四川军政府"，取代了成立仅十二天的"大汉四川军政府"。新政府成立之初，迅速接管了四川成都造币厂，并决定铸造一种新的钱币，既要向世人表明革命党人推翻清朝专制的封建帝制，实现共和，即进行民族民主革命的政治目的，同时也解决当时所面临的需用日繁、度支日绌、供不应求的财政困难局面。因此，成都造币厂于民国元年（1912）四月，奉四川军政府之命，铸造了这枚背面铸有篆书"汉"字的银币。

这枚银币最大的特点就是用一个篆书"汉"字，替代了此前银币上所惯用的代表封建帝制的蟠龙图案，清晰地表明了四川军政府推翻清朝帝制，建立共和，实现民族民主革命，即"驱逐鞑虏、建立民国"的宗旨。篆书"汉"字的周围铸有 18 个小圆圈，象征当时的 18个行省。背面图案中央铸有一朵精美的芙蓉花，这象征的是蓉城成都，芙蓉花是成都的市花。

银币除了一元主币，还有五角、二角、一角三种面额的辅币。一元主币的重量比"袁大头""船洋""龙洋"等银币略轻，只有 25.5 克，成色也不足，只有 96% 左右。辅币的成色则更加逊色。这大致反映了四川当地经济发展以及消费水平都还较低。

除了银币还铸有铜元，面值有五文、十文、二十文、五十文、一百文五种，材质分黄铜、红铜两种。其中黄铜的较为多见，红铜的则相对稀少，但图案和文字都和银币一样。

篆书"汉"字银币设计独特，主题鲜明，很受民众的欢迎，成为当时四川地区主要流通的货币。后来的军阀更是大肆铸造，成为他们敛财的工具。民国十四年（1925），邓锡侯、田颂尧、刘文辉三军联合逐走杨森进入成都后，邓锡侯接管造币厂，效仿杨森全铸半元与一元银币。邓锡侯独占造币厂引起刘文辉的不满，刘文辉就收买造币厂的制模工匠为其雕模，并在其防区雅安开铸银币。川中军阀尽皆仿效，据不完全统计，当时川中军阀铸币之所多达28处。其铸五角与一元币，成色低下，含银竟有低至30%~50%者，高的也不足75%。因此四川民间为了区别，称早期成都造币厂所铸五角与一元币为"厂版"或者"原版"，称各地军阀设厂所铸五角与一元币为"杂版"。

一场全球性的金融危机导致中国上海股市崩盘。中国股市中特有的官商勾结、官场争斗等腐败，使得这场单纯的市场危机不但危害程度被无限放大，而且迅速转化成一场政治危机。违规入市且损失惨重的川汉铁路公司，不但因此陷入资金困境，并且就损失款的补偿问题与中央持续发生矛盾，引爆了四川民众的维权保路运动，并最终成为辛亥革命的先声。

保路运动虽然过去一百多年了，但是见证了这场社会大变革的篆书"汉"字银币却提醒世人：清朝亡于辛亥革命，辛亥革命始于武昌起义，武昌起义的导火索是四川保路运动，而保路运动的爆发，却是由上海的橡胶股票风潮引起，而串联起它们的则是政治的腐败与权力的傲慢。

2

记录了边疆危机与治理的钱币

进入民国之后，原来代表中央威权的清政府倒台，新的中央政府还在建设过程中，因此政局不稳。帝国主义以及民族分裂势力的乘机渗透和捣乱，加剧了民国时期边疆地区的危机，尤以西藏和新疆两地为重点。货币作为一种历史的见证，记述了当时西藏以及新疆两地的危机及治理的过程。其中：色章果木金币记录了十三世达赖喇嘛为了抵制英国的经济侵略，铸币予以抵制的过程；阿尔泰通用银券见证了阿勒泰地区归属新疆省的历史；光华银炉元宝记录了因外商私铸中国银锭而引起的一场外交风波；中央银行新疆省流通券揭示了东突民族分裂分子的阴谋破产过程；双"四九"纪年银币见证了新疆和平解放的惊心动魄及来之不易。

一、色章果木：十三世达赖铸造的金币

"色章果木"是西藏地区于 1918—1921 年铸造的一种金币。关于它的来源，社会上流传有两种相反的观点：一种认为是十三世达赖

喇嘛为了驱逐流入的英国金币而铸造，具有爱国意义；另一种则认为这是西藏上层民族分裂分子为从事破坏活动铸造，是分裂祖国的实物见证。

十三世达赖喇嘛为什么要铸造金币？这枚金币的铸造到底是为了驱逐英国的金币，还是为了从事分裂活动？这已经成为困惑钱币学界以及藏学界的学术难题。

下面我将通过考证，揭开笼罩在这枚金币上的层层迷雾，还其本来面目。

（一）

"色章果木"金币问题的提出，与1992年中国钱币学会监制、上海造币厂生产发行的一套"中国钱币珍品系列纪念章"有关。这套系列纪念章中的一种选的就是色章果木金币，该套纪念章刚一公开发行，就收到了全国人大、外交部、国家民委、统战部等部委的来函，说是他们接到群众来信，认为色章果木金币与分裂有关，而达赖集团在境外宣传时，其中西藏独自铸造过货币就是其依据之一。因此，他们认为选用色章果木金币铸造纪念章极为不妥，犯了政治错误，建议回收销毁，语气不容置疑。

记得我当时刚借调来北京中国人民银行总行，参加中国钱币博物馆的筹备工作。1992年年底的一天，戴志强馆长叫我去他办公室，给我看了童赠银副行长亲笔写的一个便笺："志强，此间请你一阅。建议采取补救措施。"可能因为我来自边疆地区，本身又是学习民族史的，对于边疆民族地区的历史相对比较熟悉，戴志强馆长当时就将这件事交给了我。他要我尽快将色章果木金币的铸造原因，特别是与分裂活动是否有关系查询清楚并报告给他。

我凭着对色章果木金币铸造历史背景的了解，当时就表示它的铸造与分裂活动毫无关系。两天后，我查阅资料写了一份有关色章果木金币的文字备忘录，通过对金币上的铭文、图案、纹饰等方面的考释，说明色章果木金币不但和分裂活动毫无关系，而且是20世纪初西藏地方政府为了抵御英国殖民主义者侵略势力的日益渗透而铸造发行的，目的是驱逐英国的金币，具有强烈的抵御外来入侵的爱国成分。

　　戴志强馆长非常高兴，当即就向童赠银副行长做了汇报。根据童赠银副行长的要求，后来我又在备忘录的基础上起草了答复函，以中国人民银行办公厅的名义，分别答复了全国人大、外交部、国家民委、统战部等四部委的来函，保证了"中国钱币珍品系列纪念章"的顺利发行。这件事成为利用历史学、钱币学知识为现实金融工作服务的经典案例，受到了行领导的高度评价。

（二）

　　事情到此并没有结束，从此以后我就特别关注有关色章果木金币的资料。功夫不负有心人，终于有一天我发现了一份当年直接参与色章果木金币整个铸造过程的当事者所写的回忆录，这就是日本僧人多田等观所写的《入藏纪行》。多田等观在书中对这枚金币铸造的背景、讨论的过程以及后来停铸的原因都有详细的说明。我为了向世人讲清楚色章果木金币铸造的原因，澄清笼罩在它上面的一些错误认识，于是又撰写了《"色章郭木"金币考》一文，刊登在《中国钱币论文集》第四辑，后被中国金币总公司的《金币博览》杂志转载，在社会上产生了一定的影响。

图 9-5 《入藏纪行》书影

下面我就结合有关资料以及我的研究成果，就色章果木金币的铸造背景、设计过程以及停铸的原因，向大家讲述一些鲜为人知的故事。

首先，介绍一下色章果木金币的图案、文字以及纹饰上的一些特点。

"色章果木"是藏语"gser tram skor mo"的音译，"色章"意为黄金，"果木"是圆钱的意思，合起来表示的就是"金元""金币"。它的正面有一圆圈，圆圈的中央是一个卧狮图案，另有藏文为铸造年代，只有 1918、1919、1920、1921 四个铸造年份。圆圈的外缘刻有八个佛教吉祥图案，藏语叫"扎西达杰"，最外圈是一圈珠串。金币的背面中央为一佛教吉祥图案，周围铸有藏文，音译为"dgav ldan pho brang phyogs las rnam rgyal"，即"甘丹颇章，曲列朗杰"，意译为"甘丹颇章，超越或战胜四方"。另有藏文"二十两"字样，表示一枚金币值银二十两，边缘也是一圈珠串。

图 9-6　色章果木（金币）

　　色章果木金币是十三世达赖喇嘛于1918年委派他的亲信达桑占东，在罗布林卡西侧筹建罗堆造币厂后生产的，从1918年开始生产，到1921年停铸，前后共四年。虽然是使用从英国进口的机器半手工打压制成，但是金币制作得非常精美。

图 9-7　西藏罗堆造币厂

　　接下来，向大家介绍为什么社会上有一部分人认为色章果木金币与分裂活动有关，他们依据的所谓"证据"主要有四点：

　　一是金币正面的图案中有一个狮子图案，他们认为这与分裂分子所打的"雪山狮子旗"有关；

　　二是铭文中"甘丹颇章，曲列朗杰"，含有独立的含义；

　　三是金币的生产者达桑占东后来出任过藏军总司令，从事过分裂活动；

四是十三世达赖喇嘛曾经出逃印度。

下面，我就根据 1992 年年底起草答复四部委的来函时所引用的资料，就上述四个方面的疑问做一解释和澄清。

首先，关于狮子图案。货币上使用狮子图案，是藏族人民的传统，它起源于一个古老的传说。相传很早以前，在雪域高原西藏生活有许多动物，但是由于经受不住冰雪严寒的袭击，都纷纷迁徙走了。甚至连大象也不耐严寒而迁到温暖的南方去了，最后只有雄狮经受住了严寒的考验，仍在冰雪覆盖的西藏高原上生活、繁衍，成了藏族人民勤劳勇敢的象征。实际上，这就像中原地区的人民心目中的"龙"一样，"狮子"成了藏族人民尊崇的图腾偶像。

据考证，早在公元 1631 年，尼泊尔帕坦土邦为西藏地方铸造的坦卡银币的正面中央就有一个雄狮图案。1641 年尼泊尔币制改革后，为西藏铸造的茂哈银币的正面中央也是一个雄狮图案。西藏地方自铸货币中，最早出现雄狮图案的是 1909 年铸造的"桑冈果木"一两银币。色章果木金币正面中央，是一个典型的藏族人民传统习用的"卧狮"图案，它与境外民族分裂主义分子所宣扬的所谓"日月普照、高山流水、昂首雪山雄狮图"是不一样的，两者有本质的区别，应该严格区分开，否则容易引起误会，产生不良影响。

图 9-8　桑冈果木（银币）

图 9-9　带有雪山雄狮图的银币

其次，关于"甘丹颇章，曲列朗杰"。"甘丹颇章"是指五世达赖喇嘛罗桑嘉措建立的政教合一的黄教地方政权的名称，它来源于一个历史事件。据西藏文献记载，1518 年，二世达赖喇嘛根敦嘉措在担任哲蚌寺第十任池巴（藏语 khri-pa 的音译，khri 意为"座"，池巴即座主）时，接受了乃东大司徒扎西扎巴的捐献，将哲蚌寺内的一座青石殿堂修缮后改名为"甘丹颇章"，为居住之地。此后历世达赖喇嘛在执政之前，都居住在哲蚌寺的"甘丹颇章"宫内。1642 年，五世达赖喇嘛在著名的西蒙古和硕特部落的固始汗的扶持下，最初就是在"甘丹颇章"殿堂内建立黄教政权的，以后藏族人民就习惯于用"甘丹颇章"这一称呼来代指原西藏政教合一的黄教地方政权。"曲列朗杰"意为超越四方或战胜四方，这就如同新疆地区的汉佉二体钱上面铸有佉卢文铭文"大王、王中之王、众王之王"一样，反映了一种民族的自豪感。这在历史上受中央政府统一管辖下的边疆少数民族地区铸造的钱币中是普遍存在的，不足为奇。

再次，关于达桑占东。达桑占东又名罗桑纳加，他因为后来与贵族擦绒家族的女儿结婚又被称为擦绒夏培，并以此名而广为人知。达桑占东 1885 年出生于一个农奴家庭，早年曾经陪同十三世达赖喇嘛到蒙古的朗杰扎仓喇嘛处为僧，后来逐渐成为十三世达赖喇嘛的亲信近侍。1913 年被十三世达赖喇嘛封为贵族并委以重任，一身兼有噶伦、造币厂厂长、藏军总司令及兵工厂厂长四个重要职务。后来因为从事分裂活动，1930 年被达赖喇嘛免职。达桑占东是近代西藏历史上一个比较复杂的人物，对他应该分阶段地具体分析，不能因为他后来参与过分裂活动而否定历史上起过积极作用的色章果木金币。

最后，关于十三世达赖喇嘛曾经出逃印度的问题。十三世达赖喇嘛曾经两次逃离拉萨。第一次是抗击英军失败后于 1904 年 7 月 27 日，在英军即将侵入拉萨前秘密出走，北上蒙古，后来到北京面见了光绪皇帝和慈禧太后，在内地游历五年多后于 1909 年 12 月 21 日返回拉萨。第二次是于 1910 年 2 月 12 日秘密出走，南下到达印度境内，后于 1913 年年初返回拉萨。十三世达赖喇嘛出逃印度与川军入藏有关，而色章果木金币是在他从印度返回拉萨五年后铸造的，两者之间没有任何的直接关系。

（三）

以上内容虽然澄清了色章果木金币的生产与分裂活动没有任何关系，但是仍然没有讲清楚当时西藏为什么要生产这种金币。我们在前文"乾隆宝藏"一节中讲过，西藏历史上惯于使用银币，最初使用的是尼泊尔铸造的银币，后来因为尼泊尔铸造的银币大肆掺假，成色太低，与西藏产生矛盾并最终引发了一场清政府与尼泊尔之间的战争。战争结束后乾隆皇帝在西藏设立宝藏局，铸造"乾隆宝藏"银币，由此开启了西藏自行铸造银币的历史。

既然西藏一直惯于使用银币，为什么又突然要铸造色章果木金币了呢？

实际上，这是有特殊原因的。根据多田等观在《入藏纪行》中的记载，西藏当时铸造色章果木金币，与英国的金币流入西藏所进行的经济渗透有关。为了便于后面的论述，这里我们先将多田等观以及他写的《入藏纪行》做一简单的介绍。

多田等观于1890年出生于日本秋田市的一个僧侣家庭，是日本研究西藏藏传佛教的著名学者。他于1913年从不丹潜入西藏，经十三世达赖喇嘛批准后进入色拉寺习经长达十年之久。学习期间他为西藏地方政府策划过开征人头税和铸造金币等重大活动。1923年返回日本，1967年去世，享年77岁。生前由其口述，牧野文子整理完成《入藏纪行》一书。书中详细记载了他旅藏期间的僧侣生涯以及当时藏族人民的生活，保留有很多重要的史料。国内有钟美珠译本，作为"西藏学参考丛书"第二辑于1987年内部出版。

英国作为老牌的殖民主义者，对西藏的侵略野心由来已久。早在1876年签订的中英《烟台条约》中，英国就乘机列进了一项有关西藏的专条，规定英国人可以"探访"印度西藏之间的路线。由此，英国开始了对我国领土西藏的侵略。西藏人民于1886—1888年、1903—1904年的两次英勇抗击，打破了英国殖民者的侵略计划。十三世达赖喇嘛就是因为第二次抗击英国失败，为了不被英国人俘虏而第一次逃离拉萨，北上去了蒙古。

1911年，腐朽没落的清王朝在辛亥革命的打击下崩溃，全国陷入军阀混战的局面。在北洋军阀把持下频繁更迭的中央政府形同虚设，削弱了对边疆地区的管理。于是英国殖民者乘机又加紧了对我国西藏地区的侵略。当时，因为抗击英国失败而被迫流转外地多年，历经艰辛才又重新回到拉萨的十三世达赖喇嘛罗桑·土登嘉措，在西藏广大僧俗民众抗英激情的感染之下，又萌生了要驱逐英国在西藏的势力的想法。这次他将英国殖民主义者在印度铸造发行，同时大量流通于西藏地区的一种被称为"铁刺"的金币，作为首先驱逐的对象。

十三世达赖喇嘛为什么要选择英国的"铁刺"金币作为驱逐的对

象呢?

"铁剌"是"Tola"一词的音译名称,因其重量而得名,实际上就是美元"Dollar"的另一种译名。铁剌直径 22.7 毫米,厚 2.2 毫米,正面铸有一个大象的图案,背面铸有"币重一铁剌及含金量百分之百"等语。这种金币虽然是在印度铸造的,但随着英国殖民势力对西藏的日益渗透,也大量流通于西藏。十三世达赖喇嘛认为这些英国的金币在西藏的大量流通侵犯了西藏的利益,将西藏的财富都给带走了。因此,他为了维护西藏的利益,就决定要仿造"铁剌"金币的式样,铸造一种西藏的金币,希望用西藏的金币驱逐英国的"铁剌"金币,以此维护西藏的币政主权和经济利益。

图 9-10　铁剌(Tola)金币(3 种形制)

当时十三世达赖喇嘛身边的人都不懂货币发行,于是,他就向入藏习经并深得他宠信的日本僧人多田等观请教咨询。当时日本实行的是金本位，使用的也是金币，因此，多田等观就将随身携带的一枚日本金币拿给十三世达赖喇嘛看，作为西藏设计金币时的参考。多田等观因为深得十三世达赖喇嘛的信任，参与了色章果木金币从设计、生产以及停铸的整个决策的过程。这在他的回忆录《入藏纪行》中都有详细的记载。为了便于大家了解当时讨论的情况，引录如下：

> 那是我入藏不久的事情，西藏曾就准备铸造金币一事与我商谈。在此以前他们的银币是在尼泊尔铸造的，西藏只有银币，当时大部分还实行物物交换。于是，我说日本是个金本位的国家，并拿出了剩下的日本金币给他们看。我还把其中的二十元的金币给达赖喇嘛看。因为西藏有丰富的金子，所以决定铸造金币，并开始向我询问各种问题。他们先把金子做成圆形，再从两边夹成图案，费了很大的劲儿才铸造出周围的花纹，不过总算铸出了金币。
>
> ……然而事过不久，这些金币在市场上突然消失。这是因为西藏商人把金币带到了印度，印度以高出纯金几倍的价格收买了西藏金币。与贩运羊毛相比，带少量金币到印度是既不需带行李，又可以赚大钱的。西藏政府认为这是英方的毒辣阴谋，是想掠走西藏的黄金，于是停止了金币的铸造，中止了采掘黄金的工作，并且封闭了金矿穴。对于以前开采所余黄金则做成金条保存在布达拉宫内。

通过多田等观的记述，我们可以清楚地知道，十三世达赖喇嘛完全是为了驱逐英国的铁刺金币而铸造了色章果木金币，这完全是一种反对英国的爱国行为。

（四）

根据多田等观的记载，十三世达赖喇嘛认为色章果木金币发行失败的原因是英国人的"毒辣阴谋"。实际上，这倒是冤枉英国人了。因为色章果木金币的发行失败与当时国际金价的变动有直接的关系。

十三世达赖喇嘛当初为了尽快用色章果木金币替代英国的"铁刺"金币，规定色章果木金币的重量和铁刺金币一样，重11.4克，但是直径略大点，为26.5毫米，厚1.4毫米，比"铁刺"金币要略薄一点，面值藏银二十两。但是到了1921年，由于世界金价大幅上涨，每一枚铁刺金币涨至藏银三十两。因此英国和印度的商人就用货物大量地套购金币，致使西藏的黄金大量外流。这种情况之下，如果继续铸造金币，便会亏本，因此色章果木金币实际只铸造了三年多一点的时间，到了1921年就被迫停铸了。

总之，色章果木金币不但和分裂活动毫无关系，正相反，它是以十三世达赖喇嘛为代表的西藏广大僧俗民众，在20世纪初英国殖民主义者日益加紧侵略西藏的历史背景下，为了抵制英属印度的铁刺金币的大量流入，保全西藏人民的利益而铸造发行的。后来虽然因为世界金价的上涨以及外商的大量套购，而被迫停铸，但它仍然具有抵御外来侵略势力的积极意义，同时作为一段历史的见证，它也集中体现了历史上勤劳、勇敢的藏族人民热爱祖国、反抗外来侵略的优良传统。

钱币作为文化的承载物，长期以来受到文化研究者以及收藏爱好者的关注。但是，它作为国家主权的象征以及历史进程的实物见证，却没有得到应有的重视，确实是一件令人遗憾的事情。钱币，尤其是有关边疆民族地区历史上铸造发行的钱币，经常会涉及主权、统一、分裂等敏感的政治话题，所以，从事外交、统战、民委等工作的同志应该特别关注钱币所提供的资料信息。我想这也是色章果木金币给我们的一点启示。

就在西藏铸造色章果木金币的时候，同样位于边疆的阿勒泰地区也发行了一种纸币，见证了一段鲜为人知的有关阿勒泰地区归属的故事。

二、阿尔泰通用银券：促成阿勒泰归属新疆省的纸币

阿勒泰地区位于新疆的西北角，是新疆所辖的七个地区之一。阿勒泰原名阿尔泰，因阿尔泰山而得名，中华人民共和国成立后为了将地名与山名区分，改称"阿勒泰"。"阿尔泰"是蒙古语，意为"黄金"。因此，古代又称阿尔泰山为"金山"。阿勒泰地区在清代因建有"承化寺"，又被称为"承化"，民国时期改称"阿山"。

阿勒泰地区现在是新疆著名的旅游区，尤其以喀纳斯湖享誉国内外。但是在清代，阿勒泰地区却并不隶属于新疆，而是和蒙古一样，都由乌里雅苏台将军管辖。民国之后，阿勒泰地区是由中央政府直接管理的特别行政区，直到民国八年（1919）才划归新疆省管辖。

阿勒泰地区划归新疆省管辖与当时爆发的一场兵变有关。这场兵变的起因是长官拖欠了士兵的军饷，而欠饷又是由一种名为"阿尔泰通用银券"的临时纸币引起的。

下面，我就通过阿尔泰通用银券，讲述一段阿勒泰地区行政上归属新疆省管辖的曲折过程。

（一）

阿尔泰通用银券有一元、五元、十元三种面值，式样都是横式。其中，一元券与五元券的尺寸一样，十元券的尺寸略大一点。三张纸

币图景的风格一致。正面中间都是阿尔泰行署外景，门前的马路上有四轮马车、自行车以及行人；纸币的左右两侧分别印有面值；左侧面值的下方盖有一枚长方形阳文红泥印篆字小图章，印文为"财政局印"；中间上首盖一枚仿宋体椭圆形印章，印文为"阿尔泰行政公署财政局"。背面为网状图案，中间面值上盖一枚长方形大官印，印文为阳文篆字"阿尔泰财政局关防"，上首票边盖有与正面相同的椭圆形印章作为骑缝章，并有毛笔骑缝编号。五元券与十元券的背面还分别加盖有两枚印章：一枚是满文印章，是用满文拼读的蒙古语，另一枚则是哈萨克文印章，内容都是面值。

这三张看似普通的阿尔泰通用银券，怎么就能引发一场兵变，并最终导致由中央直辖的阿勒泰地区归属新疆省管辖呢？

这需要从清末的"科阿分治"说起。

这里的"科"，指的是科布多，"阿"指的是阿尔泰。阿尔泰地处我国的西北边陲，水草丰美，土地肥沃，宜耕宜牧，并盛产黄金，因此历史上又被称为"金山"。它位于漠北的喀尔喀蒙古、漠西的准噶尔蒙古以及哈萨克的交会处，并与俄罗斯相邻，具有重要的战略地位。因此，自从清代统一新疆之后，阿尔泰地区就一直隶属于驻守在蒙古的乌里雅苏台定边左副将军属下的科布多参赞大臣管辖。

清末为了加强西北地区的边防，清政府曾经于 1904 年（光绪三十年），派没有赴任的成都将军长庚到阿尔泰地区进行考察，考察后长庚认为阿尔泰山为西北防务要地，应该单独设官管理。因此，建议将科布多帮办大臣移驻阿尔泰山或布伦托海，将参赞大臣移驻额尔齐斯。清政府将长庚的建议转给了时任科布多参赞大臣的瑞洵，要求他"会同悉心统筹"。

瑞洵对长庚的建议并不认同，他认为阿尔泰地区"未便仍由科

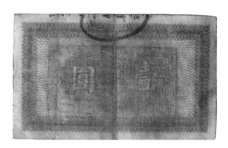

图 9-11　阿尔泰通用银券（壹圆）

图 9-12　阿尔泰通用银券（伍圆）

　　　钱币上的中国史

图 9-13　阿尔泰通用银券（拾圆）

布多参赞遥领，致有鞭长莫及之虑"。"科布多治所本不当冲，已成后路，无须多置官长。惟帮办仍需秉承参赞，似不如将参赞移节驻扎，更为相宜，第事权尚宜加重，方足以资统率，而备非常。布伦托海地属中权，并宜增设一官，督办兵屯，俾脉络贯通，联为一气。"瑞洵的意思就是阿尔泰地区不应该再由科布多参赞大臣遥领，这样会有鞭长莫及的危险，应该单独设官管理。而科布多的地理位置并没有多重要，无须多置官长。因此，他建议在布伦托海增设一官，负责管理屯田事务。这样阿尔泰、布伦托海以及科布多等地就可以脉络贯通，联为一气。

　　清政府最后综合了长庚和瑞洵的建议，决定将科布多和阿尔泰两地实行分治，于1906年（光绪三十二年）废除科布多帮办大臣一职，设立了阿尔泰办事大臣，任命热河兵备道锡恒为首任阿尔泰办事大臣。

"驻扎阿尔泰山，管理该处蒙（古）哈（萨克）事务"。治所设在承化寺（今阿勒泰市），但仍然归科布多参赞大臣统领。

阿尔泰办事大臣的设置，对于加强我国在这一地区的主权管理具有重要的意义。不久辛亥革命爆发，因外蒙古独立而引发的"科阿战争"更加证明了"科阿分治"的政治远见以及设立阿尔泰办事大臣的重要作用。

（二）

1911 年（宣统三年）10 月 10 日辛亥革命爆发，以库伦活佛哲布尊丹巴为首的外蒙古地区的部分王公和僧人，在沙皇俄国的策划下于当年 12 月 1 日宣布独立。第二年 6 月，在沙俄的支持下，外蒙古派兵入侵科布多，爆发了"科阿战争"。

面对入侵的外蒙古军队，防务力量薄弱的科布多军民在参赞大臣傅润的率领下，一面据城固守，抗击入侵；一面电报中央，请求速派援兵。当时清政府已经倒台，民国政府刚刚建立，对于西北边陲的科布多无力施以援手，只能寄希望于新疆出兵救援。

新疆省主席杨增新认为"科布多为全国西北门户，且与新疆巴里坤、奇台等处壤地毗连，万一有变，新疆大局攸关，即为全国安危所系"，因此，立即派兵增援科布多，但是却遭到沙俄政府的无理阻挠。杨增新义正词严地驳斥说："科布多为中华民国领土，即在本国大总统施行政治权范围以内。现该处出有乱事，本部督迭奉本国大总统命令，派兵往援，是本国政府平定内乱起见，与贵国毫无关系，请贵国政府查照中俄条约办理。"沙俄政府一面阻挠中国政府派兵支援科布多平定内乱，一面从斋桑调俄兵 100 名前往科布多，援助外蒙古军队。

因为新疆距离科布多路途遥远，援军还没有到达，科布多就于

1912 年 8 月 20 日沦陷。杨增新虽然想调集力量收复科布多，但是终因俄国的干涉以及北洋政府的退让，使收复科布多的计划被迫中止。侵占了科布多的外蒙古军队，在俄军的支持下，变本加厉，挑起了入侵阿尔泰的战争，企图进一步占领与科布多毗连的阿尔泰地区。

杨增新于是命令新疆援军由增援、收复科布多，转为保卫阿尔泰。杨增新认为如果阿尔泰不保，新疆就失去了屏障。因此，他动员新疆省，全力投入阿尔泰保卫战中。新疆援军一部分驻扎在承化寺及附近地区，其余的则驻扎在通往科布多的要冲地点察罕通古和布尔根河。

1913 年 7 月，外蒙古军队在俄军的支持下，分三路进犯阿尔泰地区，结果连续两次都被新疆援军击退，以损失 300 余人、500 匹战马的惨败而告终，新疆援军取得了阿尔泰保卫战的胜利，暂时粉碎了外蒙古分裂势力对阿尔泰地区的侵占野心。但是，孤悬于西北边陲，与沙俄及外蒙古相邻，且具有重要战略地位的阿尔泰地区的危机仍然没有解除。这主要体现在帕勒塔主政阿尔泰时对俄交涉的失误上。

帕勒塔出生于土尔扈特蒙古显贵名门，他的祖先巴木巴尔是 1771 年与渥巴锡共同率领土尔扈特蒙古近 17 万人东归故土的著名首领之一。清末，年轻的帕勒塔就被派驻北京，成为驻京蒙古王公中活跃的一员，于 1906 年 4 月至 1909 年 3 月去日本做过三年的考察学习。1912 年 5 月 17 日，他被北洋政府任命为阿尔泰办事长官，并"督办西北防守"。6 月 10 日，帕勒塔到任视事，这时正是因"科阿战争"而导致的阿尔泰地区局势日渐恶化的时候。面对危机，帕勒塔是如何应对的呢？

帕勒塔主政阿尔泰地区后，面对危急的局势，在内政方面主要做了三件事：一是健全长官公署机构；二是整饬军队；三是筹措军饷和赈济款项。但是总体收效不大，这主要是因为北洋政府自顾不暇，无力支应。加之他当时穷于应付军情，难以有所建树。另外更重要的是当地官吏腐败，虚兵冒饷的现象积重难返。然而，他在对俄国的交涉方面做的两件事却是失误连连。

一是关于额尔齐斯河航行权的谈判。帕勒塔擅自允许俄国船只在阿尔泰境内的额尔齐斯河及其支流布尔津河航行，并在布尔津河指定地段修建货栈及码头，致使俄国免税商品源源不断地流入阿尔泰地区，俄国移民亦随之进入，强占土地耕种，霸占草湖渠水，成为当地一大公害。

二是主持签订《阿科临时停战条约》。1913 年 7 月，中国军队在察罕通古重创进犯的外蒙古军队后，帕勒塔向外交部建议在阿尔泰就近与俄国进行停战谈判，得到北洋政府同意后于 8 月间开始谈判。但是在停战之外，谈判却超越权限，涉及了划界问题，致使阿尔泰以北的乌梁海牧地丢失。

帕勒塔出任阿尔泰办事长官之后，虽然他主观上的确想有所作为，但实际上却事与愿违，不但在内政上收效甚微，而且在对俄国的交涉上更是连连失误，任职一年零七个月之后，于 1914 年 4 月被北洋政府解职。这虽然有帕勒塔个人政治上还不成熟的原因，但是也暴露了阿尔泰地区名义上由中央直辖，可是中央却又无力支应的矛盾，阿尔泰地区依然是前途未卜。

（三）

面对俄国以及外蒙古觊觎阿尔泰地区的野心，新疆省主席杨增新认为，阿尔泰地区与新疆唇齿相依，"阿存则新疆可保，阿亡则新疆难以独全。阿山应以新疆为根本，新疆应恃阿山为屏障"，因此打报告给北洋政府，要求将阿尔泰地区归并新疆省，改区为道，统一管辖，但是并没有获得中央政府的同意。

　　杨增新的建议应该说是解决阿尔泰问题的最佳选择，北洋政府之所以没有同意，主要是因为时任办事长官帕勒塔的坚决反对。1914年4月，刘长炳接替帕勒塔出任阿尔泰办事长官之后，面对内缺经费、外有沙俄窥视的艰难形势，于1915年7月正式提出了将阿尔泰地区归入新疆省的建议以及具体方案，但是因为他后来的辞职而夭折。继任的程克接任办事长官之后，虽然也同意将阿尔泰地区归并新疆省，但因为对设官有不同意见而无具体行动，又使计划搁浅。但是，就在阿尔泰地区归并新疆省之议一波三折、颇不顺利的时候，出人意料的是，在张庆桐接替程克出任办事长官之后，因为欠饷而引发的一场兵变，却最终导致阿尔泰地区行政上由北京中央政府直辖改为由新疆省管辖。这是怎么回事呢？

　　这要从阿尔泰作为中央直辖特区，其军政费用的来源说起。

　　阿尔泰地区以农牧为主，经济落后，但是军政费用却居高不下。当时每年军政费用需要24万元，而本地税收只有2万元，仅够一个月的开支。因为它是中央直辖的特区，不足的部分全部要由中央财政直接拨付，无奈的北洋政府只得按月拨解阿尔泰经费2万元。中央所拨付的2万元经费，大部分是由中国银行以及交通银行发行的纸币。

　　因为路途遥远，交通不便，中央的财政拨款经常不能按期运到，从而影响阿尔泰地区的一些行政开支以及军饷的发放。为了解决这一困难，阿尔泰办事长官公署想出了一种应急的办法，就是先自行印发一种临时钞券，称作"阿尔泰通用银券"。在中央财政经费运到之前，把阿尔泰通用银券先行作为军饷发放给士兵，用以在市面上流通，等到中央提供的经费运到之后再进行兑换。这种临时钞券的发行总额，一般以拨款数为限，也是每月2万元，仅限于在阿尔泰地区流通使用。

"阿尔泰通用银券"作为一种临时性的纸币，弥补了因为中央经费不能及时运到，而给当地行政费用开支以及军饷发放带来的不便。这本来是很好的一个应急的办法，但是因为北洋政府的财政经费也很紧张，积欠阿尔泰的经费越来越多，导致"阿尔泰通用银券"越发越多，最后变成了完全不能兑现的"兑条"。特别是1919年（民国八年）1月，张庆桐就任办事长官后索性另起炉灶，将原来在北京印刷的"阿尔泰通用银券"改在当地用石印印刷。这样印刷出的银券不但工艺简单、制作粗糙，而且无任何准备金，印量巨大。虽然遭到商民的抵制，但仍然强制流通，严重扰乱了市场的金融秩序。为了节省开支，他还将1000人的驻军，裁撤至不足300人。不仅削弱了阿尔泰的防卫力量，也导致了官兵的强烈不满。到了3月，张庆桐上任不过两个月，就因贪污克扣严重、欠饷数额太多，而终于激起众怒。

3月7日，阿尔泰驻军官兵在连长冯继冉的带领下，来到阿尔泰办事长官公署讨要欠饷。出乎他们意料的是，他们不但没有要到欠饷，反而遭到了卫兵的开枪镇压。士兵们的情绪瞬间爆发，酿成了军队哗变。此时正值隆冬，士兵们不顾严寒，冲进公署，导致财政局局长、外交局局长等多人被杀，并扣押了时任阿尔泰办事长官的张庆桐，逼其交出印信，哗变的士兵们随后成立了以冯继冉为统领的指挥部。因愤怒而失控的兵士甚至通电全国，宣告阿尔泰"独立"，使这次哗变成为一场震惊全国的兵变。

（四）

面对这场突如其来的兵变，北洋政府鞭长莫及，只得借助新疆省主席杨增新来平息兵变。实际上，得知兵变的消息后，杨增新自然不会错过这一天赐良机，他不等中央的电报就已经开始行动，一边向北京政府汇报，一边主动介入处置。他采取先斩后奏的办法，派候补道尹周务学在严寒中冒着风雪，带兵紧急赶往阿尔泰，同时封锁了进出阿尔泰的道路。此时的阿尔泰天寒地冻，日常物资所需全赖外界供应。杨增新将道路封锁后，待在阿尔泰的哗变士兵实际上只能坐以待毙。周务学到阿尔泰后，以议事为名诱杀了冯继冉等兵变首领，紧接着遣散了参与兵变的部队，干脆利索地平息了兵变。对张庆桐，他也没客气，以贪污、克扣军饷等罪将其停职法办。

杨增新在平乱的整个过程中，并没有一味用强，而是恩威并施。在遣散兵变队伍时为平息民怨、安抚民心，他补发了士兵的欠饷，将他们手中的阿尔泰通用银券全部予以收兑。以当时新疆省财政厅发行的纸币，即"省票"7钱兑"阿尔泰通用银券"1元的比价进行兑换。因为当时中国银行及交通银行两行钞票1元可兑现洋1元，合银7钱2分，以省票7钱抵付现洋1元，名义上亦约略相等。

阿尔泰兵变实际上是长期以来财政危机的产物。早在帕勒塔主政时期，就由于军费开支庞大，不得不发行大量的军用手票。刘长炳和程克任职期间也因滥发阿尔泰通用银券，致使其信誉尽失、流通受阻，张庆桐不但滥发阿尔泰通用银券充作军饷，而且裁减士兵、克扣贪污，最终酿成了兵变。而杨增新之所以能够轻松平息兵变，主要也是因为他有这个财力。

当时新疆省的财政金融状况正处于历史最好的时期。这一方面是俄国爆发的十月革命，使得控制了新疆省金融命脉的沙俄华俄道胜银行迅速走向衰败，杨增新乘机夺回了新疆省的金融控制权，有了较强的财政经济实力。另一方面是刚发行不久的纸币"省票"信誉较佳，与同期发行的民国六年、七年"迪化一两"银币可以自由兑换，币值坚挺。因此，杨增新才能用"省票"收兑"阿尔泰通用银券"的办法，顺利地遣散士兵，平息兵变。另外，沙俄的倒台，缺少了外部干涉势力，也是危机得以顺利解决的原因之一。

杨增新敏锐地抓住了时机，干脆利索地解决了危机，造成了阿尔泰归新疆省的既成事实。他在平息阿尔泰兵变之后，向北洋政府建议阿尔泰地区所需军政费用此后"概由新疆挹注，不再请领部款，藉以减轻中央负担"。北洋政府于是同意将阿尔泰地区划归新疆省管辖。1919 年 6 月 1 日，民国中央政府发布大总统令："阿尔泰办事长官着即裁撤，所辖区域归并新疆省，改设阿山道尹一缺。"6 月 13 日，杨增新奉大总统令任命周务学署阿山道道尹并设县治、县佐，布尔津设县治，布伦托海设县佐。7 月 1 日阿山道正式成立。从此，原来由中央直辖的阿尔泰特别区的行政管辖权划归新疆省，改称为阿山道，直接由新疆省负责辖治，从此确定了新疆省的地理行政区划。这就是我们现在熟悉的新疆版图。

民国时期的新疆可谓危机四伏，但是在杨增新的治理之下，每次都渡过了危机，转危为安。杨增新通过收兑阿尔泰通用银券平息了兵变，解决了阿勒泰地区的隶属问题。但是，不久塔城地区又发生了一起私铸银元的案子，从而引起中苏之间的一场外交风波，这回他又是如何化解的呢？

三、光华银炉元宝：引发过一场外交风波的银锭

"光华银炉"元宝是民国政府时期苏联的一家商贸公司在新疆塔城私铸的一种元宝银锭，后被当地政府查禁。这在新疆省政府、北京中央政府和苏联政府驻迪化总领事馆之间引发了一场涉及币政主权的外交风波。私铸一枚元宝银锭怎么就能在两国之间引起一场外交风

波呢?

下面我们就通过这枚"光华银炉"元宝,并结合有关的文献档案,说说这起因私铸元宝银锭而引起的涉及国家币政主权的外交风波的来龙去脉,并以此来揭示民国时期新疆省政府、北京中央政府和苏联政府三者之间微妙的政治、经济关系。

(一)

如图9-14所示,这枚元宝银锭是一个重达五十两的大银锭,上面錾刻有"塔城""光华银炉"以及民国纪年。这枚看似极为普通的银锭实际上却很特别,因为它记录了一段鲜为人知的跨国私铸元宝银锭的案件。

图9-14 光华银炉元宝

有人可能会说,元宝银锭本来就是由民间的商号、钱庄,或者是私人铸造的,官府基本上不铸造,只关心银锭是否掺假作伪,以次充好,那么,所谓的"私铸"从何说起呢?

实际上,这正是这枚银锭的特殊之处。因为它不是由普通的商号、钱庄,或者个人铸造的,而是由苏联的一家羊毛公司在新疆塔城雇用私人银炉铸造的。那么,苏联的一家公司,为什么要在新疆塔城雇用当地华人来铸造元宝银锭呢?

说来话长,我们还是先来看看这个私铸元宝银锭的案子是怎样被查获的。

苏联政府为了便于就近收购新疆的羊毛，就在新疆的塔城设立了一家羊毛收购公司，公司的经理叫克牙孜夫。他于1927年2月雇用塔城当地"光华银楼"商号的工匠潘治，在其羊毛公司院内，将从苏联运来的足色银板熔化之后，仿照我国传统的称量货币"元宝"的形制，铸造成元宝银锭，并刻有"塔城""光华银楼"以及民国纪年等汉字，用以收购羊毛。这件事到5月就被当地警察局发现，报告给了塔城道尹李钟麟。

这位李钟麟可不是一般的人物，他曾经作为杨增新的特使去莫斯科祝贺苏联的国庆，并受到了列宁的接见。因此，他是一位见过大世面的人，接到警察局的报告之后，当即批准进行查禁。警察局一面派人传知苏联羊毛收购公司经理克牙孜夫暂行停铸，一面传讯铸造银元宝的中国光华银楼工匠潘治到警察局问话。

经过审讯，警察很快查明了事情的经过。原来是克牙孜夫为了便于大量收购羊毛，于1927年2月在该公司院内雇用光华银楼的工匠潘治私铸元宝，到5月被人举报，前后仅有3个月的时间，已经铸好的150多枚元宝银锭都交给商民去收购羊毛了。

因为这件事涉及外国，塔城地方政府不敢怠慢，立即上报给了新疆省政府，新疆省政府又报告给了北洋政府，这些往返电报保留了当时新疆省政府及民国政府财政部有关查禁此事的原始档案，现都保存在南京市中国第二历史档案馆。为了查清这段历史，我曾经将档案的目录编号发给江苏省钱币学会的副秘书长范卫红，想请她帮我去复印这份档案。因为档案馆不让复印，范秘书长又安排专人耗费半天时间帮我抄下档案，然后输入电脑编成文档后发给我。

在范卫红的支持下，我查阅了两份原始档案：《新疆省长咨苏联羊毛公司在华境内铸造元宝拟属止不准再行铸造一案是否有当咨请见复由》和《咨复新疆省长准咨转侨塔，苏联羊毛公司雇用华人私铸元宝一案应再传讯明白，分别处罚以儆效尤，并将新疆现时通用货币种类查复财政部》。依据这两份原始档案，我梳理清楚了整个案件的来龙去脉。

实际上，正如前文所介绍的，整个案件的过程非常简单，从2月到5月，时间仅有3个月，所铸造的元宝银锭也仅有150多枚，除了已经花出去的，剩下的都被查禁了。但是，出乎大家意料的是，这件事在当时却惊动了新疆省政府及北洋政府财政部，甚至引起了一场不小的外交风波。这又是为什么呢？

<h2 style="text-align:center;">（二）</h2>

这要从俄国十月革命发生后，新建立的苏俄政府为了打破西方列强对它的经济封锁，急于同比邻的新疆开展商品贸易的大背景以及奉系军阀控制下的北京政府，与苏联政府以及新疆省的微妙关系说起。

我们先来说说苏联与新疆省的商贸关系。

俄国爆发十月革命之后，新生的苏维埃政府为了打破资本主义阵营对它的军事干涉和经济封锁，对中国奉行和平共处的原则和睦邻友好的政策，从1919年7月到1923年9月，连续三次发表对华宣言，明确宣布废除沙俄与中国签订的一切不平等条约，取消沙俄在中国的一切特权，主张与中国进行谈判，建立中苏之间的平等友好关系，以便立即恢复和发展两国之间的贸易关系和经济往来。但是，当时的北洋政府，因为追随英、美等西方资本主义国家，政治上继续支持俄国旧政权，对苏俄主动递过来的橄榄枝并未做出积极的回应。但是，地处边陲、西接强邻的新疆省却不能不谨慎对待。自清政府倒台之后，中国就没有出现过一个权力遍及全国的中央政府，这使得客观上失去了来自中央政府依托，宛如一片浮萍一般漂浮于波谲云诡的国际政治斗争海洋里的新疆，面临着更加危险的境地。

与苏俄比邻却又得不到中央政府实际援助的新疆省，在省主席杨增新的领导下，从实际出发，对苏俄新政府采取了中立主义的不干涉政策，并认定将来俄国"新党必胜"。沙俄驻新疆的领事以及英国和日本两国的使者，虽然千方百计地想拉拢杨增新参加反苏阵营，但是都被他坚决拒绝了。1919年3月杨增新还采取有效措施，阻止了喀什提督马福兴出兵苏俄的企图。为了维持与苏俄的友好关系，杨增新甚至派部下李钟麟作为他的特使，到莫斯科祝贺苏俄国庆，并获得了列宁的接见。因此，新疆与苏俄在政治上一直保持着平等友好的关系。

杨增新认为苏俄"因屡年兵祸连结，百业凋残，国内各项供支大形缺乏，亟盼各国与之重行通商"，以解决战争带来的财政经济困难。而新疆也需要解决农牧产品的外销，用皮毛、棉花等农牧产品换回自己所需要的生产工具和生活日用品。

1920年年初，苏俄依照对华宣言的精神，主动派人与新疆省洽谈贸易，并委任列维斯塔为驻伊犁之特权委员，"专办伊犁、喀什通商事宜"。杨增新除了责令伊犁道尹许国桢与苏联代表列维斯塔洽商双方贸易之外，先后提出了和苏俄代表关于废除旧约、照章纳税、通商地点和双方平等的交涉原则。

在这一原则的指导下，新疆省与苏俄经过多轮磋商，于1920年5月27日签订了临时性的局部通商条款，即新苏《伊犁临时通商条款》，共三款十条，主要内容是：一、双方"互设商务兼交涉机关"，新疆设在苏俄七河省的阿拉木图，苏俄设在新疆伊犁的伊宁城，代表各自政府治办商务；二、苏俄运货来伊犁或由伊犁运货返回苏俄，"均需依照新疆通税章程"，向"中国税关纳税"；三、"两国人民因事过界往来，须持有双方发给之护照，始准入境"；四、双方"因贸易发生争论时及所有民刑诉讼各事，均以驻在国法律裁判执行之"。

《伊犁临时通商条款》是在平等互利的原则上签订的，它的签订具有重要的意义。一是废除了从咸丰元年（1851）签订《伊塔通商章程》以来，俄国商人在新疆享有了六十九年的贸易免税特权和领事裁判权；二是随着新的通商条约的签订，沙俄原来在伊犁、塔城、喀什噶尔、乌鲁木齐等地的贸易圈也相应地被取消了；三是活跃了新疆与苏联之间的经济交流，新疆的农牧产品在苏联找到了销路，苏联的工业品和生活必需品也在新疆找到了市场，这种互通有无的经济交流有利于双方经济的发展以及人民生活的改善。

苏联政府那家商贸公司就是在上述背景下，为了便于在新疆大量收购羊毛，而雇用华工在塔城私铸中国元宝银锭的。

（三）

介绍完苏联与新疆的商贸关系之后，我们就大致清楚了苏联商贸公司雇用华工私铸元宝银锭的背景和原因。下面再说说新疆省与苏联政府以及北京中央政府之间的微妙关系，看看奉系军阀控制的北京政府是如何处理这起私铸元宝银锭案件的。

面对十月革命后新生的苏俄政权，北洋军阀控制的北京中央政府与新疆省政府所持的政治观点和实行的政策完全不同。北京政府一开始就紧跟欧美列强，对苏俄持反对立场，政治上不予承认，经济上也予以封锁。后来控制北京政府的奉系军阀张作霖更是变本加厉，推行坚决的反苏、反共政策，甚至于1927年4月派军警查抄了苏联大使馆，逮捕并绞死了共产党人李大钊等，惊骇世人，造成一起重大的外交事件。

北京政府虽然名义上是中央政府，但它实际的影响力有限，对很多省份特别是边疆地区无能为力。这种情况之下，位于西北边陲的新疆省，只能从自身的实际出发，与强邻苏联发展务实的经贸关系。正是在这种背景之下，新疆省与苏俄签订了《伊犁临时通商条款》。

政治上老练且精明的新疆省主席杨增新，在《伊犁临时通商条款》签订的第二年，即1921年，就奉北京政府1月9日的总统命令和1月21日的财政部电示，又采取了两项重要措施。

一是在3月16日电令喀什噶尔道尹朱瑞墀照会英国领事"不能再援照最惠国待遇之例"，"自本年（1921）4月1日起，所有英商在新疆各处运售货物，应照俄商一律完纳进出口税，以照公允，而挽利权"。

二是电呈北京政府请求外交部照会英国驻华公使和中国驻英公使，与英国政府交涉取消领事裁判权。他建议让英国政府"转行驻喀英领知照，一体照章完税。如英公使与英政府尚有抗议，即祈据理力争"。英国政府鉴于苏俄商人已经按照新约纳税，只能同意英国商人也照章纳税。但是，对于领事裁判权一项却援引《中英条约》而坚持不允取消，后来在新疆的很多纠纷与交涉也都与此有关。

新疆率先在全省取消了俄国和英国商人享有了几十年的贸易免税特权以及俄国人的领事裁判权，是新疆省重大的外交胜利。南京国民政府直到珍珠港事件爆发，才以盟国的身份于1943年1月与英美两国签署了取消贸易免税特权和领事裁判权的协议。

不仅如此，杨增新还在1924年5月中苏恢复邦交，签署《中苏解决悬案大纲协定》之后，应苏联的要求，恢复了此前沙俄在乌鲁木齐、伊宁、塔城、喀什噶尔、阿尔泰的五处领事馆，同时为了体现平等的外交关系，又以中华民国政府的名义，在苏联的中亚地区也建立了五处领事馆，方便新疆商民的往来。

杨增新对北京中央政府保持"认庙不认神"的态度,这种思想在他挂在新疆都督府大堂的一幅自撰楹联中表露无遗,"共和实草昧初开,羞称五霸七雄,纷争莫问中原事;边庭有桃源胜境,狃率南回北准,浑噩长为太古民"。在杨增新这种治理新疆理念的指导下,新疆省政府与北洋军阀控制的北京中央政府以及苏联之间,实际上是一种很微妙的关系。

明白了这种微妙的关系之后,我们再来看看北京政府是如何处理苏联商贸公司私铸元宝银锭案子的。

(四)

苏联商贸公司私铸元宝银锭的案子,实际上是个可大可小的案子。如果从大的方面讲,它涉及国家的币政主权,可以上升到政治主权的高度;如果从小的方面来看,它既没有掺假,也没有作伪,只是为了方便大量收购羊毛而擅自雇用当地人熔铸了银锭,因为没有事先向中国有关方面报备,似乎可以按违背外币管理的办法予以处理。

政治上成熟且老练的杨增新,显然想通过这件事向北京政府表明凡是涉及外国以及主权的事,他都不会擅自做主,一定要请示中央来做决断。加之奉系控制的北京政府当时正在推行反苏、反共政策,不顾国际法才刚刚于半年前查抄了苏联驻华使馆。因此,他不但将这起私铸银锭的案件立即报告北京政府,请示处理意见,而且一开始就从政治上将其定性在了事涉"币政主权"的高度。

他认为外国在我国境内私自铸造货币并流通使用,属于严重侵犯"币政主权"的违法行为,"若不由官厅取缔,难保不搀和他物,愚弄乡民,实于币制前途大有妨碍",并且指出"塔城现在市上行使之宝,时常发现有假"。因此,杨增新在电文中说:

铸造元宝乃国家币政之所关，该苏联驻塔毛公司，竟在我境内雇用华民，铸造我国元宝在华使用，姑无论将来难保不挽和他物，愚弄中民。即使始终足色，亦属有碍我国币政，应由该道尹一面严加取缔，一面与驻塔苏联领事交涉，令其转达毛公司，不准再行铸造我国元宝。并候行迪化交涉署，向驻迪领事一致严重交涉，务期禁止铸造，以保主权而重币政。……若不严行禁止，诚恐将来愈铸愈多，或挽和他物，不惟我国商民吃亏，势必将全疆金融为其操纵，其害伊于胡底。[1]

当时被奉系军阀控制的北京政府实行的是反苏反共政策，自然对苏联贸易公司私铸元宝银锭的案子没有好感。同时对于表面上听命中央，实际上却割据一方、另搞一套的杨增新，也是鞭长莫及、无可奈何。这种情况下，也只能通过这件事，既显示出中央政府的权威，同时还要对尊重中央并维护中央权威的杨增新进行安抚。但是，杨增新既然已经将这一案件定位到了"币政主权"的政治高度，作为中央的北京政府，也只能顺着他的话高高举起，然后再轻轻放下。虽然指出这一事件的性质是"乃该公司蔑视我国币政主权"，但是解决的办法却是"无论其中有无挽和他物情币，均应严加禁止"。而最有看点的是，北京政府最后并不是通过外交部，而是以财政部的名义予以了答复：

元宝虽非现行法定国币，究系我国旧币之一种。该苏联羊毛公司，纵为便利地方交易习惯起见，尽可以苏联货币按照市价交

---

① 源于民国档案，现存于南京第二历史档案馆。

换，通用元宝行使，自无不便之处。乃该公司蔑视我国币政主权，私自雇用银楼华匠仿铸行使，无论其中有无掺和他物情币，均应严加禁止。

苏联羊毛公司在我国境内私自铸造"光华元宝"一案，在塔城道尹李钟麟、新疆省长杨增新以及北洋政府财政部的共同配合下，及时发现并妥善地进行了查禁，保护了民众利益，维护了国家的币政主权。可谓是发现及时，处理得当，没有遗留隐患。

此事说明，新疆地区地处西北边陲，偏僻落后，币制混乱，长期惯于使用以两、钱、分为计价单位的银两制，这种落后的币制流弊很多，亟待向近代机制币的方向转变。但是，这一过程也如同新疆地区整个社会其他方面的发展进步一样，是非常缓慢地在推进。

苏联商贸公司雇用光华银楼工匠私铸元宝银锭一案，虽然过去了将近一百年，但这件事所反映出来的新疆基层官员的警觉性，以及对于国家币政主权的敏感性给我们留下了深刻的印象。但是，这起案件实际上更重要的是揭示了民国初年，新疆省政府、北京中央政府以及新生的苏联三者之间那种微妙的政治、经济关系。

无独有偶，民国时期新疆还发生过一起民族分裂分子企图利用发行新货币的机会，宣传、兜售"东突厥斯坦"分裂思想的事件，分裂分子的图谋能得逞吗？

四、中央银行新疆省流通券：见证了分裂分子阴谋破产的纸币

抗日战争胜利前夕，民国政府为了做好抗日战争胜利后对沦陷

区的接管工作并最终统一全国的币制，曾经印制了四种中央银行的地名流通券，分别是：中央银行东北九省流通券、中央银行台湾流通券、中央银行新疆省流通券、中央银行越南流通券。这四种流通券除了东北九省流通券在东北地区流通使用，另外三种都没有流通使用。其中，台湾流通券和越南流通券因为局势的变化，虽然都已经印制好了，但是没有正式发行就被销毁了。新疆省流通券虽然正式发行了，但是很快也被收回废弃了。

图 9-15　中央银行台湾流通券（壹佰圆）

图 9-16　中央银行越南流通券（拾圆）

　　新疆省流通券之所以刚一发行就被废弃收回，是因为在这张纸币上面隐藏着一个重大的政治阴谋。

下面我们就通过"中央银行新疆省流通券"这张纸币，告诉大家一个"东突厥斯坦"民族分裂分子采取移花接木的伎俩，企图通过国币来兜售、宣传其分裂思想及阴谋的故事。

（一）

新疆省流通券由重庆中央印制厂制版，纸质及印刷技术都很精美。面值有五十元和一百元两种，尺寸大小完全相同，都是 164 毫米×65 毫米，形制为横式。正面中间上方为两行汉字"中央银行新疆省流通券"，左面为孙中山正面头像，右面标注面值。孙中山头像及面值上方都印有冠字编码，两侧各盖一枚正方形的篆字图章，分别为"中央银行总裁"和"中央银行副总裁"，面值下方边框中标注"中华民国三十四年印"，四角印有面值。边框外侧中间下方印有一行小字，为"中央印制厂"。纸币的设计风格和中央信托局印制处承印的民国三十三年版法币一百元券完全一致，甚至连背面的签字人的姓名都相同。

图 9-17　伍拾圆

图 9-18　壹佰圆

　　那么，这张"中央银行新疆省流通券"是在什么背景下发行的？"东突厥斯坦"民族分裂分子是如何动的手脚，又是怎样被民众识破的？新疆省政府最后是采取什么措施，使他们宣传分裂思想的阴谋破产的呢？

　　这要从抗日战争后期民国政府计划统一新疆的币制说起。

　　抗日战争胜利前夕的 1944 年 9 月，民国政府从盛世才手中接管了新疆省，委任吴忠信为新疆省政府主席，结束了盛世才对新疆长达十一年零五个月的专制统治。吴忠信上任之后，为了加强对新疆省的控制，计划将新疆省的纸币发行权收归中央。在这之前因为盛世才政治上独立于国民党，虽然名义上服从民国中央的领导，但是实际上他却是另搞一套，新疆相当于他的独立王国，流通使用的是由新疆商业银行（后改为新疆省银行）发行的新疆省币。当时民国政府统一发行的法币，虽然和新疆的省币按 5∶1 的比值也能在新疆流通使用，但是，新疆仍然拥有独立发行货币的权力。

　　1945 年 5 月 25 日，吴忠信利用在重庆参加国民党第六次全国代表大会之便，与国民政府财政部次长鲁白纯商议，决定等新疆省预算确定之后，就从当年 8 月 1 日起，新疆省银行停止发行纸币，改由中央银行统一印制发行"新疆省流通券"。

"中央银行新疆省流通券"仅印制发行了五十元和一百元这样两种大面值的纸币，而没有发行小面值的。这是因为，当时规定原新疆商业银行发行的省币还可以继续流通使用，而新疆商业银行发行的省币，面值从一元到十元各种等次的都有。

另外，在"中央银行新疆省流通券"发行之初，中央银行已经在新疆发行关金券，并按1：4的比率和新疆省币同时流通，而关金券的面值自十分至一百元，也是应有尽有，足够市面上的搭配使用。因此，国民政府中央银行计划在新疆省币停发之后，再增发新疆省流通券的其他各种低面值的纸币。所以，新疆省流通券最初只设计印发了五十元和一百元两种大面值的主币。

新疆省流通券是计划取代新疆商业银行发行的省币，所以它的币值和新疆商业银行发行的省币完全相同，也是按1：5的兑换比例与法币同时流通。计划于1944年1月4日开始在中央银行迪化分行发行。但是，出乎所有人意料的是，这两张纸币竟然被"东突厥斯坦"民族分裂分子暗中做了手脚，隐藏了一个重大的政治阴谋，企图将新疆省流通券当作他们宣传分裂思想的工具。这是怎么回事呢？

（二）

其实问题就出在维吾尔文的翻译上。新疆省流通券因为是在新疆省内流通使用，为了照顾当地少数民族的使用，中央银行在设计的时候，特意在纸币的背面，将流通券的名称、面值都翻译成了维吾尔文，边框的四角还印有阿拉伯数字"50"或"100"，以便民众识别。但是，阴险狡猾的"两面人"，竟然利用文字翻译的机会，妄图通过移花接木的手段，将"东突"分裂思想嫁接到纸币上面，借机在社会上进行兜售宣传。

那民族分裂分子是如何嫁接的呢？接下来就结合纸币上的维吾尔文，给大家做具体的介绍。

两张新疆省流通券背面中央部位的维吾尔文为印刷体，分别读作"Ellik Dollar""Yüz Dollar"，意思就是"五十元""一百元"。左右两侧为阿拉伯数字"50"或"100"以及局长李骏耀和副局长田福进的签名。纸币背面正中上端的维吾尔文为手写体，读作"Märkiz Bankisi"（汉译"中央银行"），下端的维吾尔文也是手写体，读作"Chini Turkistanda ötädür"（汉译"中国突厥斯坦流通券"）。

问题就出在这里，具体有两处错误：一是将"新疆省"翻译成了"Chini Turkistan"（汉译"中国突厥斯坦"）；二是将"中国"一词翻译成了土耳其文的"Chini"，而不是国际通用的"China"。

这可不是一般的疏忽或误译，而是别有用心地设计的一个政治圈套，其中隐藏着一个极为险恶的政治目的，就是企图通过政府发行的货币，在新疆少数民族中间宣传、散播"东突"分裂思想的政治阴谋。

为了便于大家对"东突"分裂思想的危害性有所了解，这里做一简单的介绍。

所谓"东突"分裂思想，是19世纪上半叶随着"泛突厥主义""泛伊斯兰主义"的兴起，由境外输入新疆的一股反动思潮，其宗旨就是鼓吹新疆独立，妄图将新疆从中国分裂出去。

最初是在18世纪至19世纪上半叶，随着西方对阿尔泰语系突厥语族各种语言的划分，俄国和欧洲的一些学者开始使用"突厥斯坦"一词，并用它来指代天山以南到阿富汗北部，大体上包括新疆南部到中亚的地域。而且习惯上以帕米尔高原为界，将这一地理区域划分为

"西突厥斯坦"和"东突厥斯坦"两部分。

19 世纪后半期，俄国人将被他们吞并的中亚地区命名为"俄属突厥斯坦"或称"突厥斯坦"。到了 19 世纪末 20 世纪初，"泛突厥主义""泛伊斯兰思想"传入新疆，新疆境内外的分裂势力开始将这个原本只是一个单纯的学术上的地理名词进行政治化，并将它的内涵扩大化，鼓噪所有使用突厥语族语言和信奉伊斯兰教的民族联合起来，组成一个政教合一的所谓"东突厥斯坦国"。因此，"东突厥斯坦"或"突厥斯坦"就成了国内外民族分裂势力企图肢解中国、谋求新疆"独立"的政治工具。譬如，1933 年在南疆喀什噶尔以及 1944 年在北疆伊宁的民族分裂分子进行分裂活动时，打出的政治招牌都是所谓的"东突厥斯坦国"。

民族分裂分子利用将纸币背面文字翻译成维吾尔文的机会，企图采用移花接木之术，将纸币上面的"新疆省"译成"中国突厥斯坦"，并且将"中国"一词翻译成土耳其文的"Chini"，而不是国际上通用的"China"。这是别有用心的妄图将"东突"分裂思想印刷到纸币上面，并借机在社会上进行兜售宣传。其用心之阴、算计之深可谓煞费苦心。

（三）

那又是谁利用文字翻译的机会，故意将"中国新疆"翻译成了"中国突厥斯坦"，借机传播东突分裂思想的呢？据《新疆通志·金融志》记载，"中央银行新疆省流通券"背面的维吾尔文，是由当时在重庆的新疆籍国民政府委员麦斯武德翻译并书写的。

麦斯武德可谓是新疆近代历史上最臭名昭著的民族分裂分子。可能很多人对他的罪恶历史并不是太了解，下面我给大家做一简单介绍。

希望以此警示世人，认清民族分裂分子的真实面目及其危害性。

麦斯武德·沙比尔（1888—1950）出身于新疆伊犁的一个富商之家。1904年，年仅16岁的麦斯武德就被家里送去土耳其留学，先读军校，后改学医，1914年毕业于伊斯坦布尔大学，获得医学学位。麦斯武德在土耳其留学期间接受了"泛突厥主义"思想的洗脑宣传，并参加了"泛突厥主义"的组织。第一次世界大战期间，他被派遣回到新疆伊犁，伙同土耳其人在当地开办学校，借机传播"泛突厥主义"思想。

麦斯武德所办的学校，因为传播"泛突厥主义"思想，曾经多次被查禁，他本人也因此入狱，被押送到乌鲁木齐。杨增新亲自审讯过他3次，教育他迷途知返，用所学医学知识服务家乡，不要被境外分裂势力所利用，并将其关押十个月后释放。出狱之后的麦斯武德不但不知悔改，反而变本加厉，假借他人的名义逃避检查，继续以办学为名，宣传、兜售他的"泛突厥主义"思想。后来可能是认为通过办学宣传分裂思想的效果不好，麦斯武德就放弃了办学，跑到南疆投靠喀什的麻木提师长，准备发动武装叛乱，叛乱失败后他途经印度逃往土耳其。在土耳其期间他又组织"突厥斯坦旅土同乡会"，继续进行"泛突厥主义"思想的宣传活动。

抗日战争初期，他和另一位流亡在土耳其的民族分裂分子伊敏一起，被去中东访问的在国民党政府任职的艾沙邀请回到南京，并结成团伙，重新开始了他在国内宣传"泛突厥主义"思想的活动。他们通过创办刊物，在发表反苏、反共言论以讨好国民党的同时，兜售"泛突厥主义"和"泛伊斯兰主义"思想。他们还发起组织了"新疆旅渝同乡会"，拉拢在内地的新疆籍少数民族知识青年并向其灌输反动思想，为其后来的分裂活动培植和发展力量。

由于当时麦斯武德他们还必须依赖国民党的支持，只好暂时收起了"东突厥斯坦"的旗号，而将其改换成了"中国突厥斯坦"。他们的宣传旗号虽然换了，但是搞分裂活动的本质并没有改变。"中央银行新疆省流通券"上面的"新疆省"在翻译成维吾尔文的时候，被麦斯武德改写成"中国突厥斯坦"，就是他想借助国民党的力量来宣传、兜售其分裂思想的具体表现。

麦斯武德因为反对金树仁、盛世才等人，被国民党视为将来控制新疆的可供驱使的工具，因此被大加笼络和培植。1935年麦斯武德以新疆省代表的身份，参加国民党第五次全国代表大会，被选为中央执行委员，于1938—1940年在国民参政会任职，历任新疆籍的国民政府委员、国民党中央监察委员等职。

1944年新疆伊宁事变发生后，麦斯武德跟随张治中将军返回新疆省政府工作，1947年5月麦斯武德由新疆监察使升任新疆省主席，伊敏由建设厅厅长升任省副主席，艾沙由省政府委员升任省政府秘书长。国民党政府的重用并没能使他们放弃分裂主义活动。相反，他们变本加厉，在把持新疆省政府重要权力之后，更加肆无忌惮地进行分裂祖国统一、破坏民族团结的罪恶活动。1949年1月10日，麦斯武德因为宣传民族分裂思想被南京国民政府撤换，改由包尔汉出任新疆省政府主席。

新疆和平解放前夕，在美国驻乌鲁木齐领事包懋勋的唆使下，麦斯武德曾经企图与西北的马家军联合，策划在新疆成立"东突厥斯坦国"，阻挡人民解放军进驻新疆。新疆和平解放前夕，艾沙和伊敏等分裂分子逃往国外，麦斯武德因为年老生病没有出逃，新疆和平解放后被捕，于1950年病死狱中，时年62岁。艾沙和伊敏亡命国外之后，本性不改，依附国外反华势力，继续在国际上从事"泛突厥主义""泛伊斯兰主义"思想的宣传。

（四）

"中央银行新疆省流通券"原来计划于 1945 年 8 月 1 日在新疆发行，15 亿元面值的流通券也提前空运到了乌鲁木齐。但是，因为新疆当年预算确定的时间被推迟了，流通券延后至 8 月 28 日才在迪化（今乌鲁木齐）正式发行。当天上午发行之后，就有民众发现流通券上维吾尔文翻译有错误，并立即报告给了新疆省政府主席吴忠信。

吴忠信做过蒙藏委员会的主任，时任第十四世达赖喇嘛就是当年他任蒙藏委员会主任时主持金瓶掣签确认的，并在拉萨主持了第十四世达赖喇嘛的坐床仪式。因此，吴忠信对边疆民族问题比较熟悉，也很敏感，非常清楚"东突"分裂思想对新疆的危害。他接到报告后立即下令，"已发行者设法收回，未发行者暂停发行，以便研究补救办法"。吴忠信最初的补救办法是想交给新疆省政府印刷厂将错译的维吾尔文"Chini Turkistan"涂掉后再发行。但是，该厂每日仅能涂改 4800 张，需要大约四十天才能涂改完已经印刷好的新疆省流通券。无奈之下，最后只能决定停止发行。

中央银行新疆省流通券从开始发行到最后停止发行，前后只有三天，总共流通到社会上的也只有 964 万元，合法币 4820 万元。流通券停发之后，为了维持中央银行迪化分行业务的正常开展，新疆省政府被迫采取了一些应急措施：一是由中央银行总行发行局先后从成都调拨运输迪化分行 60 亿元关金券；二是由迪化分行就地印制了少量本票发行流通；三是由新疆省政府令饬新疆印刷厂，加工赶印本拟取缔的新疆商业银行发行的省币，借给中央银行迪化分行，以补流动款的不足。

为了尽快收回已经发出去的 964 万元流通券，中央银行迪化分行还分别在《新疆日报》以及该行门前发布公告，要求收兑工作于 9 月底以前完成。迪化市群众可以直接到迪化分行兑换省币，外县群众就近向新疆商业银行各分行兑换。9 月 24 日迪化分行报经中央银行后，将收缴回来的新疆省流通券连同库存全部在新疆印刷厂院内销毁。此事多亏当地民众的及时发现并上报政府，否则，如果流通出去，将会在当地的少数民族群众中间造成极为严重的混乱和恶劣的影响。新疆省流通券的发行也因此而成为钱币上所体现的反分裂斗争的经典案例。

新疆省政府通过这些措施，虽然及时地粉碎了一起"东突"民族分裂分子借机宣传分裂思想的阴谋，但是却打乱了民国政府统一新疆纸币发行权的计划。无奈之下，民国政府只能特准新疆商业银行在中央银行缴存 5 万两黄金作为发行准备金，并在行政院财政部原来派至新疆商业银行监理官的监督之下，继续发行新疆商业银行的"省币"。因此，新疆省成为当时全国唯一拥有纸币发行权的省份。这也是受法币贬值的影响，新疆省曾经发行了一张我国历史上面值最大的六十亿圆纸币的原因。

麦斯武德利用翻译的机会，采用偷梁换柱的伎俩，企图借机在纸币上面兜售其"泛突厥主义"的分裂思想，说明分裂分子在进行阴谋分裂活动时无所不用其极，什么都可以成为他们的宣传工具。因此，我们要有高度的政治敏感性，在警惕分裂分子阴谋的同时，更要向社会上的广大民众揭露民族分裂分子的险恶用心，只有当广大群众都已觉悟并能辨别清楚时，"东突"民族分裂思想才能无处遁形，新疆和谐稳定的局面才能长久地实现。这应该也是"中央银行新疆省流通券"给我们的一点启示。

五、"双四九"银币：新疆和平解放的见证者

1949 年 5 月 20 日，新疆省政府为了尽快摆脱已经发生恶性通货膨胀的金圆券对新疆省币的拖累，进行了一次以银为本位的币制改革——由新疆省银行发行了一套可以兑现的纸币"银元票"，同时由新疆省造币厂铸造了一种面值为"壹圆"的新版银币。

在这套"壹圆"面值的银币中，有一个版别非常特殊，就是将银币正面下方原来所铸造的铭文"民国三十八年"改为大写的"一九四九年"，与背面原有的用阿拉伯数字书写的纪年"1949"重复，这就是著名的"双四九"银币。有的人因为不了解它的来历，而认为这是一种错版币。实际上，它不但不是错版币，反而是一段特殊历史时期的见证物，记录和见证了新疆和平解放那段特殊历史时期的惊心动魄与波谲云诡。

下面我们就通过这枚特殊的银币，给大家讲述一波几折、惊心动魄的新疆和平起义背后的故事。

（一）

如图 9-19 所示，银币的正面中央铸有汉字"壹圆"，周围饰以麦穗组成的圆圈，圈上为"新疆省造币厂铸"，圈下为"一九四九年"，圆圈的左右两侧各标注有一个花朵。银币的背面中央为一个圆圈，圈内铸阿拉伯数字"1"及维吾尔文"Dollar"（英译"元"），圆圈上方为维吾尔文"Xingjang Olkalk Pul Kuyush Zawutida Kuildi"（汉译"新疆省造币厂铸"），圆圈下方为公元纪年"1949"。

图 9-19　新疆壹圆（双"四九"版）

图 9-20　新疆壹圆（民国三十八年版）

　　这枚银币是新疆历史上唯一的一枚以"圆"为面值的银币，属于银元制。在此之前新疆省所铸造银币的面值，都是以两、钱、分为单位，属于银两制，并且是以湘平为标准，这是因为当年是左宗棠率领湘军收复的新疆，将湖南的湘平带入了新疆。又因为新疆当地将银币称为"天罡"，因此银两制在新疆又被称为天罡制。但是，这枚银币的面值单位却从银两制改为了银元制，这是为什么呢？

　　实际上，这与当时新疆省政府所进行的以银为本位的一次币制改革有关。

　　国民政府早在 1935 年实行法币改革时，就已经废除了银本位制，统一使用法定的纸币，禁止银元流通。但是，新疆为什么要在十多年后的 1949 年恢复使用银本位制，并且重新铸造了银币呢？

　　其实，这完全是出于无奈，需要从当时因法币贬值所引起的恶性通货膨胀说起。

　　法币的贬值实际上从抗日战争后期就开始了。抗日战争结束后，国民政府没有处理好接收的沦陷区留下来的混乱局面，特别是没有按照实际的购买力来计算法币与汪伪中央储备银行券的兑换比率，而是规定以1:200的不合理的兑换比率兑换，这实际上就是一种变相的财富掠夺，造成了沦陷区民众的财产损失，加重了大城市的经济混乱。更主要的是内战又起，军政费用不但没有减少，反而是成倍地大幅增加，这只能依靠加大法币的发行来解决。法币的大量增发更加剧了以城市为中心的通货膨胀和经济混乱。

当时国民政府对共产党控制的广大农村根据地的封锁，使得农村与城市之间的物资流通极不通畅。这样一来，国民政府就很难通过加快农村与城市的物资交换，用农村生产的物资流入城市的办法来缓解城市的通货膨胀。另外，共产党领导的各个根据地的货币本身又对法币造成了挑战。这种情况下，国民政府只能依靠外国的支援来解决城市的物资紧缺和通货膨胀问题。但是，这显然是一个杯水车薪、扬汤止沸的方法。于是，爆发了严重的通货膨胀，法币除价值尺度的功能之外，已经丧失了价值储备和交换手段的作用。而恶性的通货膨胀一旦形成，就会成为一种非人力所能控制的力量。

到了1948年8月，因恶性通货膨胀的不断恶化，法币已失去了购买力，无法再维持了，国民政府颁布《财政经济紧急处分令》，在实行著名的"八一九限价"经济管制的同时，幻想再次通过币制改革纾解财政金融困局。国民政府便仿照两宋分界发行纸币以掩盖通货膨胀的办法，发行金圆券以取代法币，实行金本位制。但是，金圆券不仅重蹈了法币的覆辙，其崩溃的速度甚至比法币更快，发行不及三个月便破产了。11月下旬翁文灏内阁因此倒台，主持币制改革的财政部部长王云五也随之去职。

金圆券崩溃之后，各地为了交易上的需要，纷纷以银元代替金圆券用于流通。于是，已经南迁广州的国民政府财政部，又于 7 月 2 日发布《改革币制令》，宣布恢复实行银本位制，但还没有来得及推行，政权就垮台了，全国只有青岛、广州、重庆、新疆等处发行了银元券。新疆以银为本位的币制改革，就是在这一背景之下进行的。

（二）

上一节讲到，抗日战争胜利后，国民政府原计划在新疆发行"中央银行新疆省流通券"以统一新疆币制，但"东突"民族分裂分子麦斯武德的阴谋打乱了这一计划，国民政府只能同意新疆省在中央银行缴存 5 万两黄金作为发行准备金，继续发行新疆商业银行的"省币"。新疆省因此成为当时全国唯一拥有纸币发行权的省份。

当时新疆的省币受到法币以及金圆券贬值的拖累，恶性的通货膨胀也是一发不可收，以至于在 5 月 10 日发行了我国历史上最大面值的一张六十亿元的纸币，出现了纸币的发行与物价上涨互相竞赛的局面。关于当时新疆省币贬值的情况，新疆省政府在民国三十八年（1949）五月十日的一道通令中有过这样一段描述：

> 据报迤来本市物价有如脱缰之马，一日之间数易其价格，尤以银元四月二十日每元市价七佰亿，至三十日已涨至七千亿，十日之间，即超过十倍以上，其他物价亦以银元为比例，随之扶摇直上。①

---

① 新疆维吾尔自治区地方志编纂委员会，《新疆通志·金融志》第 59 卷，新疆人民出版社，1994。

图 9-21　新疆省银行纸币（陆拾亿圆）

　　恶性通货膨胀到了无可挽救的地步。为了摆脱困境，新疆省当局就在行政院决定于 7 月 4 日恢复银本位制之前，提前了将近两个月，于 5 月 20 日先行进行了币制改革，恢复实施银本位制：决定恢复银币流通，发行可兑现的银元票，按照银元票一元可以兑换省币六千亿元的比例收兑省币，同时停止金圆券的流通。新疆省当局希望通过这种与关内金圆券脱钩的方式，控制住恶性的通货膨胀，挽救新疆的经济。

　　银元票是新疆省当局自行设计发行的，与法币以及金圆券完全脱钩，因此银元票正面没有再用孙中山的头像，而是选用了新疆的风景以及农牧区的生活图景。银元票面值有主币壹圆和辅币壹分、伍分、壹角、贰角、伍角，共计 6 种，全部为横式，由迪化（即乌鲁木齐）的新疆印刷厂印制。其正面印有"新疆省银行"及"银元票"等字样；背面印有两段维吾尔文，即"Xingjiang Olka Bankasi"和"Xingjiang Olkalk Kumush Pul"，汉译为"新疆省银行"以及"新疆省银币"。

图 9-22　银元票（贰角）

图 9-23　银元票（伍角）

图 9-24　银元票（壹圆）

银元票明明是一张纸币，那背面的维吾尔文为什么要翻译成"新疆省银币"呢？

这是因为，为了稳定银元票的币值，新疆省银行在发行银元票的同时，还铸造了一枚"壹圆"面值的银币，并保证面值壹圆的银元票与壹圆银币之间可以随时自由兑换。因此，主币为壹圆的银元票背面的维吾尔文就直接翻译成了"新疆省银币"，意思就是说这张纸币就相当于一枚银币，并且随时可以兑换。这主要还是为了增强当地民众对银元票的信心。

银元票发行后，新疆省的物价暂时得到控制，人心稍微安定了下来。但是，不久就因为发行准备金被国民党中央银行运走，银元票无法保证兑现而开始贬值，通货再次开始膨胀。据记载："自9月16日起，银元票的兑现愈加困难，银元市价升至二元三角，已达一倍以上，至9月21日又价升至四元二角，竟高达四倍以上。"① 随着贬值的不断加大，银元票逐渐成了不能兑现的纸币。

时任新疆省政府主席的包尔汉，面对省库存银有限，无法足额兑现的困境，曾经向国民党中央银行总裁徐可亭致电，请求发还新疆省此前交给中央银行的发行准备金。这份电文对于我们全面了解当初新疆省因"中央银行新疆省流通券"发行失败而给中央银行抵押保证金后发行省币，以及当时银元券不能保证兑换银币后的艰难困境有重要意义，因此特意引录如下：

　　中央银行徐兼总裁可亭兄：本省财政厥竭，危机严重，不能不改革币制。经于五月二十日开始发行银元及银元券，十足兑现。

---

① 源于民国档案，见《银行周报》，现存于南京第二历史档案馆。

月余来币信逐渐建立。从七月一日起，即将以前发行之省币悉数收回。惟库存白银有限，如仅赖少数准备金，必无法持续。即改币后之初步币信基础，亦必为之摧毁。查本省以前缴存中央作为省币准备金之金银外币，总值黄金五万两左右。现因省币收回，已由本省自理，对央行似无缴付准备金之必要。而现在发行之银币，又系由本省负责，十足兑现。又本案本府前经派员，除奉代总统李，前行政院长何俯允，令交贵部迅即办理，迄今数月之久，未承赐拨。各族人民金以金银属于本省人民所有，中央决不至强制留用，因而怀疑本府对此案办理之不力，指摘备至。务请体察实情，迅赐拨还为荷。①

当时的国民政府正处于覆灭的前夜，早已是泥菩萨过河——自身难保，根本不可能将那笔抵押的黄金发还给新疆。因此，新疆省当局只能自己想办法渡过难关。但是，深陷困境的他们又能想出什么办法来呢？

（三）

新疆省当局当时处于进退维谷的绝境。这除了前面介绍的恶性的通货膨胀所造成的严重的金融危机，它还深陷政治和军事的危机，而政治以及军事方面的危机远比金融危机严峻和紧迫。新疆将何去何从？是继续选择留在国民党阵营，还是选择加入共产党队伍？是选择战争还是选择和平？这都需要尽快做出抉择。

此时新疆省内部总体上分成了互相对立的两派。在苏联的支持下，1944 年新疆曾经发生了"伊宁事变"并迅速蔓延至塔城和阿尔泰，随

---

① 源于民国档案，现存于南京第二历史档案馆。

后组成了伊塔阿三区政府，将新疆省分裂成了省政府控制的七区与苏联支持的三区两部分。经过三年多的军事斗争，双方以玛纳斯河为界相互对峙。

在三区内部又有两股势力，一股以艾力汗·吐烈为首，主张民族分裂，妄图建立"东突厥斯坦国"；另一派以阿合买提江和阿巴索夫为首，反对分裂，主张民族解放。分裂派最初得势，但后来反对分裂的势力占据了主导地位。

与三区相比，国民党控制的省政府内部更是派系林立、错综复杂。既有以新疆警备总司令陶峙岳和新疆省政府主席包尔汉为骨干的主和派，也有以马呈祥、叶成、罗恕人等为代表的主战派，还有以麦斯武德、伊敏、艾沙等为代表的民族分裂分子。主战派急于撤回关内去参加内战，民族分裂分子则在美国驻迪化副领事马克南的策划下，筹备新疆独立。只有主和派在苦心孤诣地支撑危局，同时还要面对随时有可能越过玛纳斯河进攻省城乌鲁木齐的三区势力。

在这种错综复杂的局势之下，新疆要想实现和平解放，谈何容易？新疆最后之所以能够躲过一劫，实现和平解放，完全是凭借陶峙岳将军和包尔汉主席的大智大勇，以及我党的积极争取。

陶峙岳（1892—1988），湖南省宁乡人。在其军旅生涯中，历任湖南省督军公署参谋处上尉参谋，湘军营长、团长，国民革命军团长、副师长、师长、军长、副总司令、总司令等职。他于1943年秋调往酒泉担任河西警备总司令，1946年应张治中之请，任新疆警备总司令。

包尔汉（1894—1989），维吾尔族，祖籍新疆阿克苏，出生于俄国喀山，1912年回国，初经商，后从政，先后担任过新疆省民政厅副厅长、迪化专员等，省联合政府成立时任副主席，1949年1月接替麦斯武德任新疆省政府主席。

中国共产党实际上也一直在为新疆问题的和平解决而做着努力。早在 1949 年 4 月国共代表在北京和谈期间，周恩来就单独与国民党的和谈代表、当时担任新疆省政府委员兼迪化市长的我党地下党员屈武晤谈，要他赶紧回到新疆策动驻军起义。周恩来同时又指示乔冠华联系战时在重庆结识的陶峙岳的堂弟陶晋初，让他同屈武一起做陶峙岳的劝降工作。当时的陶峙岳也在忧虑时局，为此还曾经专程去了一趟兰州，与张治中将军深谈新疆的前途。

陶峙岳将军虽然心里有和平的打算，但是实现和平却面临着重重困难。这是因为他手下的部队大部分不受他的控制，根本不听他的指挥。这是为什么呢？

（四）

当时驻守在新疆的国民党军队有 70000 多人，分属三个派系。整编第 78 师师长叶成是浙江人，做过蒋介石的侍卫官，手下的旅长罗恕人是特务出身，两人都是坚定的反共派，直接听命于胡宗南。整编独立第 1 师师长马呈祥是马步青的女婿、马步芳的外甥。这支青海马家军是马步芳应蒋介石的要求，派来对付三区民族军的，以骑兵为主，因此又被称为"骑五军"，军力最强，只听命于马步芳，强烈要求调回青海保卫西宁。陶峙岳虽然名义上是新疆警备总司令，但他不是国民党的嫡系，能够直接调动的部队有限，只有整编第 42 师师长赵锡光和直属部队听他的指挥。

新疆省政府内部虽然主张和平的人数众多，并且都占据高位，但是在省城以及一些战略要地，手握兵权的却都是一些顽固派。这种情况下，陶峙岳只能先争取省主席包尔汉的支持。后来他又以检查部队后勤工作为名，约驻守喀什的赵锡光会晤于焉耆，商讨了有关起义的事项，包括一些可能出现的变故及应急措施，并约定两人分别负责北疆和南疆的行动；另外派人清仓查库，储粮屯草，勘察补给线路，加强对空联络，并趁机安排主和派军官所辖部队进驻重要防地，还派兵进驻玉门油矿，确保了新疆部队的能源命脉。

当时的陶峙岳虽然想和平起义，但是他既不能操之过急，也不能错失机会，做好上述部署之后，就只能静观关内解放战争的进展情况，再相机而动。

新疆虽然具备和平解放的条件，但最后能够排除各种破坏因素实现和平解放，最主要的力量是西北野战军。从 1949 年 5 月下旬开始，西北野战军在最短的时间内，以摧枯拉朽之势歼灭了马步芳和胡宗南的主力，先后解放了西安、兰州、西宁以及河西走廊地区，于 9 月中旬会集于玉门关，直叩新疆的大门。

9 月 19 日，胡宗南来电责成叶成将新疆部队移至南疆，并说如果陶峙岳不走或阻止撤离，可做断然处置。20 日深夜，陶峙岳与叶成、马呈祥、罗恕人三人进行了一次开诚布公的谈话。他说："如果我们到了既不能战又不能和的地步，进退两难，徒然自走绝路，人民不会原谅我们，历史更不会宽恕我们，那又何苦乃尔？至于我个人的生死荣辱，早已置之度外。何去何从，请大家选择吧！"最后，陶峙岳向他们摊牌，如果他们愿意离开部队出走，将给予重金补偿，并保证他们及家人的安全。

正是在这种战无可战、退无可退的形势下，经过陶峙岳动之以情、晓之以理的说服工作，顽固派们既能得到财富的满足，身家性命也有安全保证，同时考虑到官兵们叛己者众，从己者寡，最后只好听从陶峙岳的安排，都同意交出部队、办清手续后经南疆出国。他们分两批于 9 月 23 日和 24 日相继乘车离开乌鲁木齐。在此之前，民族分裂分子伊敏和艾沙等眼看大势已去，也都逃往了国外。新疆和平起义的障碍被消除之后，陶峙岳和包尔汉这才分别代表新疆军政人员，于9月25日和26日通电起义，宣告新疆和平解放。在策划、酝酿新疆和平解放的过程中，张治中以及中共代表邓立群也都做出了重要的贡献。

新疆和平解放后，为了安定人心、维持社会稳定并便利人民生活，人民政府发布通告，明令原来以新疆省银行名义发行的银元票为新疆省暂时的合法货币，允许继续流通使用，但是停止兑现。同时，根据流通的需要，又新发行了面值为伍圆及拾圆（分大、小两种型号）的两种新版的银元票，也都是横式。当时银元票已经停止兑现，因此，在新疆和平解放后于1950年印制的新版银元票的上面，就没有再印刷"凭票即付银币伍圆（拾圆）"的字样。

图9-25　银元票（伍圆）

除了印刷纸币，新疆省造币厂又继续铸造了一批"壹圆"面值的银币。因为新疆省已经宣布和平解放，脱离了国民党阵营，就不能再用民国的纪年了。因此，新铸造银币正面的"民国卅八年"就改为公元纪年"一九四九年"，其余文字保持不变。如此一来，和平解放后

铸造的这批"壹圆"银币，正面铸有汉字"一九四九年"，背面铸有
阿拉伯数字"1949"。

图9-26　银元票（拾圆）

　　两面重复铸有公元纪年的这枚银币，看起来像是枚错版币，实
际上却是新疆和平解放那段惊心动魄、艰难曲折的过程的见证者、记
录者。

3

现代币制的初步建立及崩溃

币制是中国自近代以来受西方影响而进行改革的重要领域。清政府虽然颁布了《币制则例》，但是因武昌起义而没能实行，便将这一改革任务留给了民国政府。北洋政府建立后加快了币制改革的步伐，于1914年颁布《国币条例》，虽然提出了国币的概念，并铸造了带有袁世凯头像的统一"国币"，但是仍然没有实现币制的统一。

南京国民政府建政后，为了统一币制，于1933年实行"废两改元"。两年后为了摆脱国际白银风潮的冲击，又实行法币改革，实现了中国货币制度由传统的白银货币体系向现代管理货币体系（即法币）的转轨。后因日本入侵以及内战爆发，转轨失败，引发恶性通货膨胀，这既为政府部门全面掌控经济资源创造了条件，也为计划经济体制的确立提供了历史契机。中国社会由此发生了深刻的变化。

一、袁像银币：最初的国币

铸有袁世凯头像的银币即袁像银币，民间俗称"袁大头"，这是我国进入民国以后铸造和使用最为广泛的一种银币，"袁大头"甚至成为银币的代称。但是，可能很少有人知道"袁大头"的正式名称，实际上它叫"国币"，就是国家的法定货币。

下面我就来介绍国币"袁大头"在统一我国近代货币进程中的重要地位以及一些鲜为人知的故事。

（一）

民国政府成立以后对统一币制的工作极为重视，提出了"国币"的概念。

"国币"是近代以来受西方影响而产生的一个货币概念。在此之前，我国只将铜钱铸造成货币，而白银虽然是重要的支付手段，但是却不铸造成货币，使用的都是冶炼好的银块，通称银锭。收支双方关心的只是银锭的重量和成色，具体银锭是什么形状、由什么机构或个人铸造，都无所谓。这样银锭在不同的地区就有不同的式样，有方形的、圆形的、牌坊形的、马鞍形的，五花八门，应有尽有。

我国在明朝中后期实现了白银的货币化以后，受西方银元流入的影响，白银就开始由称量货币向金属铸币缓慢过渡。白银首先由称量使用的各式银锭转变为清末各省自行铸造的按枚数计算的"龙洋"。

民国成立之后，各省铸造的带有帝制色彩的"龙洋"，政治上已不适合流通。因为成色不一、轻重有别，跨省流通时需要验色、称重等缺陷，也亟须用一种国家统一标准的银币来取代各省铸造的"龙洋"。因此，统一币制的工作就成为社会各界期盼的目标。

1912 年元旦，中华民国临时政府在南京成立，孙中山就任临时大总统，财政部就将原江南造币厂接收过来，改称南京造币厂，铸造了镌有临时大总统孙中山侧面肖像、面值为壹圆和贰角的"中华民国开国纪念币"，民间俗称"孙小头"。1912年4月1日袁世凯就任总统，建立了北洋政府，年底财政部就受命设立币制委员会，研究统一币制的问题。

1913年春，北洋政府改组币制委员会，增设专职人员讨论币制改革的方案。为了加快进度，年底又裁撤币制委员会，改由最高层面的国务会议来讨论币制统一问题。最后决定采用银本位制，以"元"为单位发行新的银币。

1914年2月7日，袁世凯签署大总统令，正式颁布《国币条例》十三条以及《国币条例施行细则》十一条。这是我国首次提出"国币"的概念，并且对"国币"的单位、种类、重量、成色、铸造发行权以及流通办法等方面都做了明确的规定。其中，银币4种、镍币1种、铜币5种，都是十进制，以一元银币为主币，其余为辅币。

根据《国币条例》第五条"壹圆银币，总重七钱二分，银九铜一"的规定，1914年12月及次年2月，先后由天津造币总厂及南京造币厂铸造正面为袁世凯头像和铸造年份，背面为嘉禾纹饰及"壹圆"字样的银币，通称为"国币"，也就是袁像银币，俗称"袁大头"。

新币最初的成色定的是90%为银，后来为了便于收换旧币，就将成色降为银占89%。规定一切税收和财政收支都要用"国币"，不许用外国的钞票以及旧有的银锭。虽然在少数地区准许暂时沿用旧的银币、银角以及铜元、制钱等，但是也都必须按照市价折合成"国币"后使用。

《国币条例》的颁布实施以及"袁大头"的铸造是我国币制史上的一件大事。因为要统一全国的币制，就必须裁撤各省的造币厂并收缴销毁各省此前自行铸造的各式银元；同时又要保证满足全国的流通

图 9-27 袁像银币（壹圆、中圆、贰角、壹角）

需求，这样仅仅依靠天津造币总厂和南京造币厂来生产，显然不能满
足全国的需求。因此，北洋政府在将各省银元局一律裁撤的前提下，
又保留了在奉天（沈阳）、南京、湖北、四川、广东、云南的六个分
厂。长沙和重庆的分厂因为金融与军事上的原因也被保留了下来。这
些分厂统一由天津造币总厂发给雕刻好的模具，按照统一的标准来生
产，就近投放市场，满足流通的需求。

　　新币因为形式统一，图案新颖，容易识别，成色、重量又能严格
遵照规定来生产，很快就在全国各地畅通无阻。1915 年，它首先在上
海金融市场取代了"龙洋"，并逐步排斥了"鹰洋"以及其他外国银

元。1917年财政部根据财政会议决议，发布推行国币办法，"国币"袁大头于是又成为当时流通银币中唯一的主币，各种交易都以此币为标准。由此，符合现代标准的银元制逐渐代替了传统落后的银两制，中国跨入了现代币制国家的行列，这是我国币制上的一大进步，是自明朝正统元年（1436）确立白银的主币地位以来，首次实现了银币的统一，这为后来建都南京的国民政府于1933年成功推行"废两改元"的币制改革奠定了基础。

（二）

北洋政府于民国三年铸造的"国币"之所以被俗称为"袁大头"，是因为银币的正面铸有时任大总统袁世凯的戎装左面侧身免冠头像，该侧身像几乎三分之二的部分为头像。头像的上方铸有"中华民国某年"字样，背面的图案为两株交叉的嘉禾花纹，下系结带，当中衬托着竖写的"壹圆"面值。除了"壹圆"的主币，另外还铸有面值为中圆（五角）、贰角、壹角三种辅币，图案与壹圆的主币完全相同。平常大家所说的"袁大头"银币，主要指的是面值壹圆的主币。

"袁大头"银币自1914年开始铸造，直至1928年南京国民政府建立才正式停铸。以北伐推翻北洋军阀统治为目标的国民政府不可能再继续铸造带有袁世凯头像的国币，因此于1928年将上海造币厂改称中央造币厂，于1933年开始铸造新的国币。

新国币正面用孙中山侧面像代替了袁世凯的侧面像，背面用帆船图案代替了嘉禾图案，面值"壹圆"改为横书。这枚新国币被民间俗称为"船洋"。

"袁大头"银币持续铸造了十五年，"船洋"仅仅铸造了三年，到1935年施行法币改革时就停铸了，此后使用的都是纸币，再没有铸造过用于流通的银币。但是，解放军进军西藏的时候，为了照顾当地藏民用币的习惯，又在1949—1951年铸造过一批"袁大头"银币，专供进藏部队使用。因此，"袁大头"银币应该是我国近代铸造的近千种机制银币中铸造时间最长、数量最多、流通最广、影响最大、存世量最多的银币，版别也最为复杂。从铸造年份看，有民国三年、五年、八年、九年、十年共五个年份；按铸造地划分，有天津、南京、奉天（沈阳）、湖北、四川、广东、云南、甘肃八处；按铸造工艺及齿边纹饰划分，又有鹰洋齿边、丁字齿边、英文签字、"甘肃"铭文等版别。

（三）

"袁大头"作为最有收藏群众基础的银币，哪种版别最有收藏价值呢？下面做一简单介绍。

从铸造年份看

铸造数量最多的三个年份分别是民国三年、九年和十年，它们大多是普通版。民国五年版铸造的数量较少，民国八年版因为是用从英国伯明翰造币厂新制的钢模铸造的，品相较为精美，具有较高的收藏价值。铭文方面，民国三年版正面的文字为"中华民国三年"，而其他年份的都在"年"字后面有一"造"字。另外，三年版"民"字中有一"点"，而其他年份上的"民"字则无"点"。三年版有老模和新模两种模具，老模具为185道边齿，新模具为170道边齿，铸量都较多，属于普通流通版。

从铸造地点看

"袁大头"虽然在天津、南京、奉天（沈阳）、湖北、四川、广东、云南、甘肃都有铸造，但只有兰州造币厂铸造的加铸了"甘肃"两字，称为甘肃铭文版。它是甘肃兰州造币厂沿用民国三年版旧模，在袁像左右加铸"甘肃"两字而成。重量虽然仅有 26 克，成色也较差，花纹图案更是不甚清晰，但是因为只铸造了数万枚，存世稀少，反而成了"袁大头"中的珍品。

从边齿看

银币的边齿既有美观的作用，也是防伪的需要。"袁大头"银币外环边齿主要是直齿边，这是最普通的边齿。另外还有鹰洋边、T 字边和光边的，这三种都是比较少见的珍品，当前市价每一枚都突破了万元大关，具有收藏潜力。

最后说说"签字版"

"袁大头"银币中最珍贵的品种当属民国三年的"签字版"试铸币，它不但在钱币市场上难觅踪影，就是在拍卖会上也很难见到。所谓"签字版"试铸币是指银币的正面刻有当时天津造币厂聘请的意大利雕模师的英文签名 Luigi Giorgi（中文译为"鲁乔奇"或"乔治"）。签名在头像的右下方，字呈凸状。此币为呈样的试铸币，属于样币性质，雕模师在钢模上签了名字，铸出样币送上级部门审核，待正式铸造流通币时就将签名抹去了。因此，"签字版"传世稀少，无论是壹圆的主币，还是半圆、贰角、壹角的辅币，都是珍稀品种，是近代银币中不可多得的大名誉品。

（四）

讲到"签字版"，有必要向大家介绍"袁大头"银币的雕模师鲁乔奇。

　　与传统范铸铜钱中的钱范、印刷纸币的雕版一样，雕刻机制币的祖模就是造币厂最核心的技术环节。因为铸造机制币的技术源自西方，所以早在清政府最初从西方引进铸币机器的同时，就从西方国家高薪聘请了雕模师。清政府在天津建设户部造币总厂时，就于宣统二年（1910）通过意大利驻华公使介绍，从意大利聘请了雕模师鲁乔奇来总厂担任首席设计师及总雕模师。

　　鲁乔奇出生于意大利佛罗伦萨，是一位非常有天赋的雕塑艺术家，非常精于钱币、奖章的雕刻。1914年《国币条例》颁布之后，铸造国币就成为天津造币总厂的当务之急，作为首席设计师及总雕刻师的鲁乔奇自然承担了设计和雕刻祖模的重任。鲁乔奇为设计国币，"赶造祖模，尤能漏夜加工，不辞劳瘁，依限竣事"，顺利完成了国币的设计和雕模工作，1915年受到北洋政府的嘉奖。这在1915年1月18日出版的第968号《政府公报》里曾有报道。天津造币总厂根据鲁乔奇雕刻的祖模，复制出若干子模分发给各地分厂，按照统一的标准和要求去铸造。这样，国币"袁大头"就在全国推广了。

　　耿爱德编著的《中国币图说汇考》记载，鲁乔奇自宣统二年（1910）应聘来华，直到民国九年（1920）被解聘，在中国前后共待了十年。每年天津造币总厂给他的薪金超过一万大洋，这真可谓是高薪聘请的洋专家！因为待遇太丰厚了，被解聘的鲁乔奇根本不想走，甚至还通过意大利驻华使馆给北洋政府外交部发函，希望能给予优待，再留用数年。但是，财政部最后还是没有同意。这主要是因为当时天津造币总厂已经度过了民国初年机制币铸造的高峰期，国币的模式也已基本定型，雕刻设计的技术含量已经降低，加之自己培养的本土雕刻师也已经可以挑大梁了。

鲁乔奇为中国近代造币事业做出的贡献是应该被充分肯定的，尤其是他在天津造币总厂带了 10 名学生，对中国掌握雕刻雕版技术起了促进作用。这些学生虽然都学有所成，但是因为一直被掩映在鲁乔奇的光影中，没有展示的机会。直到南京政府成立，中国金融中心南移，在上海新建的中央造币厂开工之后，周志钧等一批跟随鲁乔奇学习的本土雕刻师才有机会脱颖而出。

现存的有鲁乔奇签字版的试铸币，除了民国三年版的"国币"即"袁大头"，另外还发现有宣统三年"大清银币"壹圆、袁世凯戎装共和纪念银币壹圆，这些都是中国近代机制币中的大名誉品。

"袁大头"银币因袁世凯而得名，一代枭雄袁世凯本来有机会成为"中国的华盛顿"而享誉世界、名垂千古，但是他却一失足而成千古恨，因为复辟帝制，逆历史潮流而动，使得政治上全盘皆输，成了窃国大盗。他留下来的正面遗产，可能就剩下"国币"袁大头了。历史虽然波谲云诡，但是钱币却能还原一部分历史原貌，这可能也是收藏、研究钱币的魅力所在吧！

二、船洋：传统银两制度的终结者

中国古代的货币长期以铜钱为主。天然具有货币属性的贵金属白银虽然在一定的时期与特定的地域也部分地发挥过货币的职能，但是，白银货币化的过程非常曲折与缓慢。白银直到明朝正统元年才正式被确定为法定货币。

作为法定货币的白银，从明朝中后期开始就在社会上发挥了越来越重要的作用，但却始终是以传统的元宝银锭的形态称量使用，并不是像铜钱那样由政府铸造成钱的式样，按枚数来流通。民间的商号以及个人都可以自由地铸造元宝银锭，交易的双方只关心白银的重量与成色，并不在乎是由谁铸造的，更不介意它的形状，这就是中国古代特有的银两制度。

银两制度从明朝正统元年（1436）的"弛银禁之令"，一直到民国二十二年（1933）的"废两改元"，在中国总共使用了长达5个世纪。那么，银两制是如何被银元制取代的呢？这要从"废两改元"说起。

下面，我们就通过"船洋"这枚特殊的银币，来看看"废两改元"最后是如何完成的。

（一）

"船洋"银币的正面是孙中山先生的侧面头像，头像上方铸有中华民国纪年；背面图案是一艘双桅帆船，面值"壹圆"两字分列在船的左右两侧。这枚银币的背面是一艘帆船，因此被俗称为"船洋"。它的直径为39.4毫米，重量为26.69克，成色88%，含银达23.49克，由上海中央造币厂铸造。在中国发行的上千种银币中，其影响仅次于"袁大头"银币。

图 9-28　船洋（民国二十二年版）

银两制虽然是我国古代使用白银的传统支付方法，但"隆庆开关"之后，随着前来贸易的葡萄牙、西班牙商船数量的大幅增加，大量的西方银币流入我国东南沿海地区。这些外国银币不但制作精美、大小适中，而且重量和成色也都标准划一，使用的时候可以通过计枚数来核算价值，逐渐被沿海商民接受，甚至他们开始模仿外国银元，铸造起中国自己的银元。

这些仿制外国银元的活动，开启了我国自铸银元的历史。这种做法既顺应了贵金属白银由称量货币向计数货币发展的一般规律，也反映了我国用银从传统的银两制向近代的银元制，以及铸币技术由传统手工模具向近代机器冲压的过渡。实际上，所有这些都预示着以币制的变化为先导，一场深刻的社会变革正在到来。

在这种情况下，朝廷批准铸造了最早的机制银元——广东龙洋。广东龙洋出现之后，不等清政府正式下令推广，各省便纷纷开始仿铸。一时之间，全国竟然出现了争先购买新式机器，招聘外国技术工匠，全国出现了广铸"龙洋"的高潮。

因为各省的银元局相互独立，因此所铸造的龙洋虽然都叫"光绪元宝"，形式上也差别不大，但是重量和成色上却互不相同，出省之后又被视为银两，仍然需要重新进行核算。面对这种各自为政的混乱局面，清政府计划将铸造银元的权力统一收归中央。但是，随着中央控制各省能力的日趋减弱，统一铸币权的计划遇到了重重的阻力，传统的银锭以及各种外国银元都还继续在流通使用。

这种背景之下，机制银元的使用在清末的朝野上下，引发了一场有关币制改革的激烈讨论。争论的焦点主要集中在两个方面：一个是有关本位币的问题，应该是选择金本位还是银本位；另一个是有关银币的重量单位，应该是实行银两制还是银元制。

（二）

辛亥革命的爆发打断了清政府统一币制的计划。因此，在货币的使用上，只能继续维持两、元并用的混乱局面。中国近代以来币制改革最为核心的"废两改元"难题，也就留给了民国政府。

民国政府成立以后，对统一币制的工作极为重视。当时各省铸造的带有帝制色彩的"龙洋"已经不适合再流通了。加之它们成色不一、轻重有别，跨省流通时还需要验色、称重，实际上与传统的银锭并无本质的区别，因此急需用一种全国统一标准的银币来取代各省铸造的"龙洋"，于是提出了"国币"的概念。1912年4月1日袁世凯就任总统，年底就命令财政部设立币制委员会，研究统一币制的问题。

为了加快币制改革的进度，第二年年底又裁撤币制委员会，改由最高层面的国务会议来讨论币制统一问题，最后决定采用银本位制，以"元"为单位，发行新的银币。1914年2月正式颁布《国币条例》十三条以及《国币条例施行细则》十一条。这是我国首次提出"国币"的概念，并且对"国币"的单位、种类、重量、成色、铸造发行权以及流通办法等方面，都做了明确的规定。

随着国币"袁大头"的发行及逐步完善，符合现代标准的银元制逐渐代替了传统落后的银两制，中国跨入了现代币制国家的行列，这是我国币制上的一大进步，是自明朝正统元年（1436）确立白银的主币地位以来，首次实现了银币的统一，为后来建都南京的国民政府于1933年成功推行"废两改元"的币制改革奠定了基础。

上节述及，北洋政府铸造发行国币"袁大头"后，为了满足流通需求，除了天津造币总厂以及南京分厂外，又保留部分分厂，这些分厂统一由天津造币总厂发给雕刻好的模具，按照统一的标准来生产。因为中央与地方都在铸造，银元的铸造权始终没有能够实现统一，各个分厂铸造的"袁大头"在重量与成色上仍然还存在差异。因此，这不但没有建立起完整的银本位币制，而且在实际的交易中，虽然收支使用的是银元，但是记账时使用的却还是银两。

这是因为银两在当时还有很大的"势力"，大宗商业往来仍以银两议价和记账，政府各种税赋还采用银两和银元搭配的征纳办法。所以实行的是银两与银元并行的货币制度。银两、银元之间需要辗转折合，贴水、亏耗都很大。因此，虽然颁布实施了《国币条例》并铸造发行了国币"袁大头"，但是，"废两改元"的目标还远没有完成。

北伐胜利之后，建都南京的国民政府决定于 1929 年 7 月 1 日实行"废两改元"，结束各省分铸银元的局面，将银币的铸造权统一收归于设在上海的中央造币厂，停铸"袁大头"，改铸带有孙中山头像的新国币"船洋"银元，并决定首先从上海实施"废两改元"。后来因为军阀混战，南京国民政府的施政力量始终受到多方面的掣肘，"废两改元"的计划最后被拖延至 1933 年 3 月才付诸实施。

当时的国民政府计划分两步进行"废两改元"，首先从上海实施，然后再推向全国。这主要是因为上海是全国的经济金融中心，上海的虚银两记账本位——"规元"，是代表全国的通货单位，对外贸易以及汇兑都首先使用规元来计算，然后再由规元折合成通用的银元。因此，"废两改元"只要在上海能够顺利推行，其他地方就很容易效仿实行。

1933 年 3 月，国民政府财政部颁布《废两改元令》和《银本位币铸造条例》及《换算率计算法》，正式启动了"废两改元"的进程。3 月 10 日，"废两改元"在上海首先施行，当天就取消了洋厘行市，按"规元"七钱一分五厘的固定比例，两、元并用，但是以"元"为记账单位。4 月 5 日，政府又突然宣布，从 6 日开始向全国推行，规定所有公私款项的收支、所订立的契约票据和一切交易，一律改用银元，不得再用银两交易。如果出现违规使用银两的，在法律上都属于无效。持有银两的，可以请求代铸银元或者向中央银行、中国银行、交通银行三家兑换成银元行使。

这样，"废两改元"在上海试行不到一个月，就推向了全国，从此终结了自明朝正统元年以来行用了长达 5 个世纪的银两制，也结束了自清朝后期铸造机制银元以来币制单位长期两、元并用的混乱局面，实现了货币交易和结算单位的最终统一。

"废两改元"是我国近代以来币制上的一次重大变革，具有里程碑式的重要意义。繁杂落后的银两兑换被废弃之后，全国货币单位实现了统一。这样既节约了交易时间、简化了交易手续，又减少了两、元兑换所带来的风险和损失，更促进了新式会计账簿制度的建立，便于企业精确地核算成本、核定价格、安排生产以及销售。可以说，这一变革既顺应了社会经济的发展需要，也与国际社会接轨了。这是我国近代币制改革迈出的艰难而重要的一步，更为随后的法币改革奠定了基础。

（三）

在新国币"船洋"系列银币中，除了我们前面介绍的那枚，实际上还有几种特殊版别的。它们或者因为停止发行，或者因为是样币的一种而没有正式发行，因此传世稀少，名贵异常，而成为收藏珍品。

首先介绍"船洋"银币最初的版本。

它的正面与正式发行的普通"船洋"一样，为孙中山侧面头像，头像上方铸"中华民国二十一年"字样。背面也是双桅帆船及"壹圆"面值。所不同的是它的船帆上方有三只飞鸟，右侧海平面上有一轮初升的太阳。其实这才是"船洋"最初的式样。但是，因为前一年日本刚刚发动"九一八事变"侵占了中国东北。银币背面图案中的太阳、飞鸟很容易让人联想到日本空军侵略中国，因此舆论哗然，认为不妥。在正式发行的时候国民政府就将太阳和飞鸟图案都删除了，就成了我们现在所看到的船洋。后来有少量样币流出，成为收藏的珍品。

图 9-29　船洋（三鸟版）

其次是民国二十五年（1936）版"船洋"。

此钱币有"壹圆"和"中圆"两种面值。民国二十四年（1935）实行法币政策之后就停止铸造银币了，怎么还会有民国二十五年版的"船洋"呢？其实，它是在美国铸造的。当时美国政府为了照顾本国银矿工人的利益，要求中国扩大白银的用途，增加中国货币准备金中白银的比重，放宽工艺用银的限制，并在美国铸造新的银币。正是在这种背景之下，国民政府于民国二十五年同意在美国旧金山造币厂象征性地铸造了五百万元的"船洋"。另外，还有一种将背面的双桅帆船图案换成古代布币图案的，有"壹圆"和"中圆"两种面值。除了民国二十五年版的，还有民国二十六年版的，它们都属于旧金山造币厂所铸造的五百万元中的一部分。

最后是民国十八年（1929）版的"船洋"设计样币。

1928 年北伐胜利之后，取代北洋政府的国民政府，决定于 1929 年 7 月 1 日实行"废两改元"的币制改革。为了统一和制定新的国币银元，财政部要求美国、英国、意大利、奥地利、日本五国的造币厂代刻铸模。这五国造币厂根据国民政府的统一要求，设计了正面为孙中山先生侧面头像及"中华民国十八年"字样，背面为三桅帆船图案及面值的设计稿。五种设计稿大致一样，只是在头像及帆船、海波纹方面略有不同。五国造币厂代刻的铸模寄到之后，都在杭州试铸了样币，数量极少。通过样币可以发现，"船洋"最初背面拟选用的是三桅帆船图案，但最后定下来的却是双桅帆船图案。

图 9-30　船洋（民国十八年意大利版）

"废两改元"是自清末以来中国币制改革的核心问题，虽然过程曲折，多有反复，但是，在清末《币制则例》以及民国初年《国币条例》的基础上，国民政府 1933 年的《废两改元令》很顺利地实施了，在上海试行不到一个月就推向了全国，终结了使用长达 5 个世纪的银两制，实现了货币交易和结算单位的最终统一。

但是，天有不测风云。谁也没有想到刚刚确立了银本位制，实现了"废两改元"，并铸造了统一银币"船洋"的中国，却一下子碰到了百年不遇的国际白银风潮。本来借着政治上南北统一、金融上"废两改元"的便利，正实现着"黄金十年"发展的中国经济，突然之间受国际白银风潮的影响，遇上了空前的金融危机。那国民政府又是如何应对这场危机的呢？

三、法币：现代纸币制度的建立者

1935 年 3 月初，正在江西"剿共"的蒋介石突然电召孔祥熙、宋子文到汉口秘密会晤。大家猜测这可能是蒋介石为了完成对共产党的最后一击，要负责财政、金融的孔祥熙、宋子文筹集军饷；或者是面对日本咄咄逼人的态势，要筹划对日作战的经费。

这种猜测虽然有其合理性，但是都错了！因为中国当时遇到了一个新的、更具危险性和紧迫性的威胁！这就是国际白银风潮引发的中国白银的大量外流，这是一场空前的金融危机，必须尽快拿出应对之策！

下面我就通过国民政府的法币改革，向大家介绍国际白银风潮的起因、对中国的危害以及法币改革的惊心动魄和深远影响。

（一）

所谓"法币"，是"法定货币"或"法偿币"的简称，它的流通使用并不是因为其本身拥有价值，而是国家以法律形式赋予其强制流

图 9-31　法币

通使用功能。一般讲到法币，特指的是国民政府于 1935 年 11 月 4 日至 1948 年 8 月 19 日流通的纸币。

上一节介绍了 1933 年 4 月国民政府刚刚实行"废两改元"，确立了银本位制，并铸造了统一的"船洋"银币，为什么仅仅过了两年又要废除银本位制，禁止"船洋"银币的流通，而要强制实行法币改革，流通使用纸币呢？

这是因为南京国民政府突然碰上了百年不遇的国际白银风潮，并引发了一场空前的金融危机。国际白银风潮是怎么回事？它为什么能引发一场空前的金融危机呢？

虽然是"白银风潮"，但是却要从"金本位制"说起。

金本位制是以黄金为本位币的货币制度。自从英国于 1816 年通过《金本位制度法案》，率先实行金本位制，到 19 世纪后期，金本位制在主要资本主义国家已普遍采用。这形成了一个以英镑为中心，以黄金为基础的国际货币体系。因为白银不再是货币金属，各国纷纷出售多余的白银而买入黄金。于是就出现了白银对黄金比价的持续下跌。据统计，金银的比价从 1920 年的 1∶15，直线下跌至 1932 年的 1∶73。

中国是当时世界上仅有的仍然坚持实行银本位制的大国，所以，国际上廉价的白银就大量地倾销到中国。据 1935 年实业部编印的《中国银价物价问题》统计，1931—1933 年，流入我国的加拿大、美国、墨西哥等主要产银国的白银数量，约占这些国家库存量的 45%。1933 年年底，仅上海一地的白银存量就超过 4.39 亿盎司[①]，约占当年世界白银矿场产量及熔化被废弃银币总数的 1.64 倍。

---

① 1 盎司约为 28.35 克。——编者注

大量廉价白银的流入，补充了中国流通中货币的数量，解决了长期困扰中国的贵金属货币不足的困境，这对民国时期所谓"黄金十年"（1927—1937）的发展不能说没有关系。但是，好景不长。到了1929年便爆发了一场世界性的经济危机。危机蔓延范围之广、破坏程度之深、拖延时间之长，在资本主义历史上是空前的，到了1931年就演变成了世界性的金融危机。以英镑为中心、黄金为基础的国际货币体系受到重创，甚至连英国也撑不住了，被迫于1931年9月宣告停止金本位制。以此为起点引发连锁反应，加拿大、日本、奥地利、美国等主要资本主义国家相继放弃金本位制度，实施货币贬值，企图以汇率贬值的办法打开其他国家的市场，借以减轻国内的失业压力。

日本是乘第一次世界大战时列强顾不上远东而快速崛起的，但是经济危机爆发之后，各国高筑关税壁垒，逼得日本商品不得不以贬低汇价的方式打入别国市场。英国放弃金本位之后，日本商品在中国和印度市场竞争力降低，迫使日本于1931年12月宣布禁止黄金出口，日元在国际上成为不兑换纸币。

美国是一战的最大受益国，战后不但是世界上最大的债权国，也是黄金储备最多的国家。战后经济的复苏使美国人误以为世界经济将会永久繁荣，于是疯狂投资，扩充生产，放松了金融监管，使信用过度膨胀，最终导致华尔街"黑色星期五"，爆发了经济危机。美国政府为了缓和金融恐慌和避免黄金外流，宣布禁止黄金出口。英、日两国放弃金本位后，美国为了保护自身利益，也不得不于1933年4月放弃金本位。此举使得世界币制更加混乱，各国之间的货币战趋于尖锐化。

在这场竞相减低币值、降低汇价，以减少输入、增加输出的贸易战中，中国的出口贸易受到严重的冲击。出口货物数量减少，价格低落，沉重打击了国内种植、制造以及农工商业。国内市场上，由于各国不合理的汇价影响，进口货物廉价出售，极大地压迫着中国农产品及工业品的市价。随着经济危机的加剧，金融紧张的状况也日益严重。另外，从垄断全国金融、加强管控的目的出发，南京国民政府也想从根本上对中国的币制进行改革和控制。正是在这一背景之下，又爆发了国际白银风潮。

图 9-32　关金券（贰拾伍万圆）

（二）

国际白银风潮的爆发，源于美国的一项白银政策。

国际社会为了阻止银价继续下跌，于 1933 年 7 月召集世界主要用银国及产银国的代表在伦敦召开世界经济会议，达成了《白银协定》，对各国白银销售的次序及数量都做了限制，希望以此来稳定国际银价。但是，美国于 1933 年 3 月放弃金本位之后，又于 12 月 12 日宣布提高白银收购价格，第二年6月19日又公布《购银法案》，要求提高银价，禁止白银出口，规定美国的金银储备中银占四分之一。受此影响国际银价开始飙升。美国政府为什么要出台这样一部法案呢？

这是因为在美国国会，有一个由加利福尼亚等几个主要产银州的议员组成的"白银集团"，他们对罗斯福总统施加压力，要求提高白银的价格并扩大在国内及国外购买白银的数量。同时美国政府也认为世界经济危机的根本原因，在于黄金的生产不足以应付流通的需要，应该采用金银并用的办法，用白银来补充黄金的不足，因此提倡采用金银复本位制。另外，美国还希望通过提高银价的方式来刺激银币国家的购买力，以便向这些国家倾销它过剩的产品，转嫁危机，可谓是一举多得。

美国的高价购银自然引起国际银价的暴涨。资料显示，伦敦银价1934年6月每盎司为19.96便士，1935年6月便迅速上涨到每盎司36.25便士，一年之内就上涨了81%。同期纽约银价由每盎司45.4美分上涨到81美分，涨幅为78%。据统计，1935年4月26日伦敦的白银价格，比1931年上涨了3倍，而纽约市场白银价格则比1931年高出3.3倍。

国际市场上白银价格的高涨，给银本位的中国带来了沉重的打击。由于国际市场白银价格远远高于国内银元的价格，各国的投机商便纷纷来到中国收购银元，外国在华银行更是用轮船甚至是兵舰装运白银，运往纽约和伦敦套利。中国从1926年开始，白银一直是流入量大于流出量，货币供给充裕。从1932年开始，中国白银开始外流。1934年受美国白银政策影响，中国货币流出高达2.27亿银元。据统计，自1934年6月底到1935年1月，上海市场流通的银元共减少了2.3亿元，除一小部分流入内地外，其余都被运往英国或美国。

国际白银的这一涨价风潮，使以银为本位币的中国受到了致命打击，使得原来受尽银价过低之苦的中国，又陷入银价高涨、资金外流、通货紧缩的灾难。

中国当时实行的是银本位制，白银的大量外流实际上就是资金的大量流失，这必然导致国内市场资金短缺，币值升高，严重地阻碍了企业融资以及对外贸易的开展。这一切最终又导致金融恐慌，商业萧条，工厂倒闭，国家税收减少，国库空虚，财政恐慌，更进一步加重了社会危机，从而波及了南京国民政府的统治基础。因此，蒋介石才会紧急召见主管经济、金融的孔祥熙、宋子文到汉口秘密商量应对之策。

（三）

面对白银风潮导致的金融危机，国民政府丝毫不敢怠慢，采取了多管齐下的应对办法。首先是于1934年9月23日向美国政府提出抗议，要求美国"不再购买世界生银"，但是这并没有获得美方应有的重视。于是紧急采取了一些有针对性的措施：一是决定自10月15日起征收10%的白银出口税并加征平衡税；二是限制将白银运到关外，禁止白银出口；三是限制纸币的兑现；等等。这些措施对混乱的金融秩序虽然能起到一定的整顿作用，但是都属于扬汤止沸，解决不了根本的问题，反而促使白银走私盛行。实际上从根本上解决问题的办法只有一条，就是放弃银本位制，实施法币政策，发行纸币。但是，却又苦于货币准备金不足和外汇短缺，因此必须要得到英美等国的支持才能顺利进行。

当时国际上密切关注中国币制改革并企图施加影响的国家有三个，即英国、美国与日本。中国最初把希望寄托在美国身上，但美国为了避免与日本的冲突，在这一时期对中国币制改革采取了"不合作"的消极态度。英国因为在华有特殊的经济利益，因此态度较美国主动。1935年的2—3月间，英国向美、日等国建议共同商定方案向中国进行集体援助，被美、日拒绝。6月10日，英国决定派遣首席经济顾问李滋罗斯赴华，以调查中国的经济情况，同时也邀请美、日等大国共同行动，但无人响应。

李滋罗斯赴华之前，与英格兰银行总裁诺曼商议，拟定了"对华贷款及币制改革"方案，要点是：应尽快放弃银本位制，由中央银行专司纸币发行；只有将英镑作为币制的基础，英国才可能提供贷款援助；可将现银出售作为外汇储备，英国可以提供一项仅用于币制改革的贷款或信贷。并对中国提出了四点要求：一是对贷款提供足够的担保，包括保留英籍总税务司对海关的管理；二是贷款的使用只限于币制改革；三是改组中央银行，聘请英国顾问；四是改革预算。此外还有其他政治方面的条件，甚至设想以中国在实际上承认满洲国为条件，由英、日联合对华贷款。这个提议遭到日本的强烈反对，中国方面也表示不能接受。

9月21日，李滋罗斯抵达上海，就币制改革方案与孔祥熙、宋子文进行了多次会谈。南京国民政府因为急于在英国的帮助下推行币制改革，因此准备在有关银行、币制、预算、金融、海关管理及税收等方面做一系列的重大让步。英国财政部与外交部对谈判的情况也基本满意，但是都认为在"对华贷款及币制改革"方案的施行中，与其他大国的合作是非常重要的，尤其将与日本的合作视为必不可少的条件。

由于英国当局担心日本的反对会拖延对华贷款，而国民政府面对严峻的形势，提出了"谁能对中国货币改革提供贷款，中国的货币就钉住谁"的原则，使得美国再也按捺不住以往的沉默，趁中国急需外汇储备而英国又未能提供大笔贷款的时机，采取暂停在伦敦市场购银的办法报复英国，进而拉拢中国。于是，伦敦银价惨跌，中国的白银无法出售，不能继续换取英镑作为外汇准备金。这就使得本来已经与英国初步达成的中国币制与英镑关联，采用英镑本位，加入英镑集团的币制改革方案，偏离了英国当局原先的设想。美国的干涉给中国的币制改革又增添了新的变数。对此，国民政府将会如何应对，结果又将如何呢？

（四）

英、美、日三国从各自利益出发，都想独自主导中国的币制改革，将中国的货币纳入其本国的货币体系。其中，英国以帮助中国进行币制改革的首倡者姿态出现，试图将中国币制纳入英镑集团；日本则以"中日经济提携"等手段逼迫南京国民政府将法币纳入日元体系；美国也曾经以收购中国1亿盎司白银为条件，要求法币与美元确立固定汇率，将法币纳入美元体系，但是国民政府并没有接受。

当中英两国就"对华贷款及币制改革"方案基本谈妥，中国即将加入英镑集团时，美国大为不满，出手进行了干预，于1935年12月9日停止在伦敦市场收购白银，国际市场白银价格随之下跌，国民政府若按市价出售白银，中国将蒙受巨大损失。通过出售白银换取法币准备金的单边计划受挫。

迫于现实的压力，南京政府再次和美国接触。1936年4月初，以上海商业储蓄银行总经理陈光甫为首的使团访美，与美国财政部长摩根索商谈货币问题。摩根索对中国的要求尽量予以考虑，并放弃了法币与美元挂钩的打算。因此讨论得相当顺利，于5月签订《中美白银协定》。主要内容包括：一是美国将从中国购银 7500 万盎司，售银所得存放在纽约的美国银行；二是以中国存在纽约的 5000 万盎司白银做抵押，美国联邦储备银行向中国提供 2000 万美元的外汇基金，法币和美元挂钩，100 法币 =30 美元；三是中国货币储备至少保持 25% 的白银，并扩大白银在艺术和工业中的用途；四是中国将在美国铸造含银量为 72% 的一元和半元辅币。另外，美国要求中国改变法币与外汇的报价方式，以避免造成法币与英镑挂钩的印象。这一协定使中国的法币改革获得了美国的支持，维持了法币对外价值的稳定。

英、美两国在中国法币改革过程中，为了各自的利益钩心斗角，斗争的结果对法币的改革起到了积极的推动作用。而日本的反应则可以用恼羞成怒来形容。日本驻华大使有吉明向中国提出了严重抗议，并威胁要南京政府承担由此引发的一切后果。日本的威胁并不是简单地停留在口头上，而是都落到了行动上。它指使在华日资银行拒不交出白银，上海的日本银行和商店甚至公然另组银团，发行日本纸币 10 万元，并在华北扩大武装私运白银出口，千方百计破坏中国的法币改革。这是因为日本自向袁世凯提出"二十一条"以来，始终妄图将中国的币制纳入日元体系，这样中国就沦为了日本的附庸，日本不用发动战争实际上就已经控制了中国的金融、经济以及各种资源。

在列强争夺中国货币控制权的这场斗争中，南京国民政府并没有倒向日本，反而是在日本的压力下倒向英美。日本对此虽然大为恼火，但是它很清楚，单凭自己的金融实力是无法与英美抗衡的，因此日本改变策略，表面上不再阻挠币制改革，但是暗中却在做军事准备，仅仅过了一年半日本就于 1937 年 7 月发动了全面侵华战争。在货币阴谋没有得逞之后，日本的军国主义就要改用武力的办法来征服中国。

（五）

国民政府排除日本的干扰破坏，经过与英美两国艰难的谈判，最终于 1935 年 11 月 3 日颁布了《财政部关于施行法币布告》，因此，这次币制改革又被称为"法币改革"。它总的指导思想是放弃银本位制，发行与英镑和美元挂钩的纸币。概括地讲主要有三项。

一是政府垄断纸币的发行。从 1935 年 11 月 4 日起，以中央银行和已经完全由政府控制的中国银行、交通银行（两个月后又增加中国农民银行）发行的钞票为无限法偿的货币，即"法币"。一切公、私收付都要用法币，不用现金。其他银行在此日以前发行的纸币，以 11 月 3 日流通额为限，暂准流通，不再增发，并限期用中央银行钞票兑回。

二是实行白银国有政策。禁止银元流通，凡是银元及各种银类都要兑换成法币，已造好的民国二十四年（1935）带有孙中山头像的"船洋"也停止发行。白银全部收归国有，由中央银行掌管，在国外出售后充作法币的外汇储备。

三是法币盯住英镑与美元，建立固定汇率。中国政府将收兑的白银运往伦敦与纽约出售，换成英镑与美元，分别存在伦敦与纽约，作为维持法币汇价的准备金。法币一元对英镑的法定汇率为 14.5 便士，与美元的法定汇率为 30 美分。法币本身无法定的含金量，也不能兑换银币。因此，这还不能算是一种纯纸币制度，而是一种金汇兑本位制。

法币改革是一件惊心动魄的事件，是在国际国内局势极为紧急、复杂多变的情况下进行的。这从法币改革方案的出台过程就可以看出来。1935年11月4日已经实施的币制改革，直到11月16日才由行政院训令财政部，财政部则于11月28日才函达中央银行，这都说明币制改革是在极其秘密的情况下以先斩后奏的方式进行的。只有这样才能最大限度地排除阻力和干扰，确保它的成功实施。

法币改革是中国币制史上的一件大事，是南京国民政府在当时国际国内背景下所采取的带有进步性的举措，对中国经济产生了相当积极的影响。法币政策实现了货币统一，解决了长期困扰中国经济发展的货币发行权分散、通货混乱的问题，货币形态也与世界接轨，进一步为国家强制发行流通高度符号化的纸币奠定了基础。只有在法币政策实施后，中国的货币制度才最终具有了现代意义上的外形和内涵。

不仅如此，法币改革还为抗日战争的准备以及支撑长期抗日战争奠定了基础。币制改革之后，国家以法币收兑了民众手中以及社会各方面所持有的白银和银元，这是一种强有力且有效的资金集中手段，便利了国家在战争全面爆发后，最大限度地掌握调度现金，最大可能地集中白银等贵重金属，以作为在国际市场上购买军火物资的经费之用。据中央银行统计，到1937年6月30日，中国持有的金银外汇共计折合3.789亿美元。在抗日战争中，这些外汇资产在充作维持法币对外汇价和平衡国际收支方面都发挥了重要作用。

法币的改革对中国近代政治的影响也非常深远。中国通过币制改革，加入了以英镑、美元为核心的国际货币体系，加强了与英美等国的经济联盟，这对以后争取英美等国援华抗日，特别是太平洋战争爆发之后，建立国际反法西斯统一战线都起到了十分重要的促进作用。但是，法币的改革因为实现了政府对货币发行的全面控制，等于是打开了货币超发的潘多拉盒子。这不但导致了抗日战争后期法币的快速贬值，而且引发了后来内战中金圆券的恶性通货膨胀，并最终葬送了国民政府在大陆的统治。

国民政府为了遏制法币的快速贬值而推行的金圆券改革，不但没有缓解通胀压力，反而加重了通胀的恶性发展，导致其在大陆统治的全面溃败。

四、金圆券：国民党政权的颠覆者

1948 年 7 月 29 日，蒋介石在莫干山召开了一个秘密会议。当时国共内战已经进行了两年多，共产党军队挺过了国民党的"全面进攻"和"重点进攻"，国共两党军队即将展开战略决战。蒋介石在这个紧要关头召开的莫干山会议，讨论的却不是军事问题，而是币制改革问题。这是为什么呢？

当时法币贬值所导致的恶性通货膨胀，严重影响了国民党的统治根基，迫使国民政府必须采取措施以遏制失控的法币贬值。此时的蒋介石希望像十三年前通过实行法币改革而摆脱国际白银风潮所带来的金融危机那样，再次通过一场币制改革来控制住法币的恶性通货膨胀。因此，莫干山会议决定实行币制改革，发行金圆券取代法币。

什么是金圆券？它与法币有什么不同？它能遏制住法币所带来的恶性通货膨胀吗？

下面我们就通过对金圆券改革的背景、动机以及失败原因的介绍，分析它给中国社会带来的深远影响。

（一）

金圆券虽然形制上与法币几乎一样，但是图文上却有两点不同：

一是将法币上的孙中山头像换成了戎装的蒋介石头像；另一点是在面额的上方印有"金圆券"三字（壹圆面值除外）。除图文上的差别之外，金圆券与法币在性质上也有本质的不同。法币本身既不能兑换银币，也没有法定的含金量，为了维持币值的稳定，只能与英镑和美元之间保持固定的汇率。但是，金圆券名义上却是以金圆为本位，规定每枚金圆的含金量为纯金 0.22217 克。

图 9-33　金圆券（壹圆）

1935 年法币改革的前提是废除银本位制，通过切断纸币与白银的关系，断绝了国际白银价格变动对中国币制的影响而保证了法币改革的成功。但是，仅仅过了十三年，国民政府却又试图实行金本位制，发行金圆券取代法币，这是为什么？

要回答这一问题，需要从抗日战争后期法币的大幅贬值，以及行政院长宋子文试图通过抛售黄金回笼法币的干预措施失败说起。

法币在抗日战争爆发之前发行量不大，币值也较为稳定，对中国经济的发展起到了积极的促进作用。抗战爆发之后，因为财政支出大幅增加，法币的发行量开始急剧上涨。整个抗战期间法币的发行总额达到 5569 亿元，比抗战前夕增长了约 396 倍。这虽然引起了一部分人的恐慌，但时任行政院长的宋子文却信心满满地想通过抛售黄金大量回笼法币的办法，来遏制法币的急剧贬值。他在日本投降前夕的一次国民参政会上曾经说："我们的政策，不一定将所有的黄金都脱售，但是无论如何，政府有力量在手，就是黄金一项，也就可以控制金融。"

宋子文对形势的估计显然太过乐观。1946年3月8日，他命令中央银行将库存黄金按市价在上海市场大量抛售。到了1947年2月，共抛售黄金353万两，占库存黄金的60%，回笼法币9989亿元。但是，他没有考虑到，因为内战的爆发，在他抛售黄金的同时，法币又增发了32483亿元，通过抛售黄金所回笼的法币仅占其中的三分之一。

抛售黄金不但没有控制住法币的贬值，反而使得握有大量游资的达官贵人看到购买黄金比囤积货物更有利可图，于是大做黄金投机生意，黄金抢购浪潮日甚一日，黄金价格因此暴涨，商品市场大乱，最终造成了上海"黄金风潮案"。宋子文因"政策运用"不当，被迫辞去行政院长之职。

宋子文内阁倒台之后，由政学系头目张群继任行政院长。张群内阁立即以严禁抛售黄金、取缔黄金投机和管制外汇等办法，取代了宋子文的黄金自由抛售政策，同时加强了对没收的敌伪物资的抛售，并发行了4亿美元的短期公债和国库券，想用这种办法来回笼法币、控制物价。但是，在已经爆发的恶性通货膨胀面前，这些做法如同扬汤止沸，都是徒劳无用的，通货膨胀继续恶化，物价涨潮接踵而来。

事情到了这一步，大家终于认识到，只有改革币制，才能挽救财政经济日趋恶化的趋势。张群内阁开始组织研究币制改革方案，但后来随着张群的去职而无下文。

1948年5月，国民政府召开"行宪国大"后，蒋介石就职总统，改任翁文灏为行政院长。翁文灏提名王云五为财政部部长，俞鸿钧为中央银行总裁。此时法币的发行额已经高达6637000亿元，是抗战结束后的1200倍。发行额形同天文数字的法币早已失去了购买力，无法再继续维持了，于是蒋介石决定实行新的币制改革，并于7月29日召开秘密的莫干山会议，研究币制改革方案。

（二）

币制改革是一件非常重大的事情，涉及社会的各个方面，需要非常缜密地论证和研究。在当时国内炮火连天，国共即将进行战略决战的背景下，蒋介石不听众人的劝阻，执意要废除法币，发行金圆券。正如原中央银行总裁张嘉璈所预言的那样，金圆券改革不但没有拯救濒临崩溃的币制，反而加速了国民党政权在大陆的覆灭。

近年来因为谍战片的播放，阴谋论盛行，社会上曾经流行一种说法，认为金圆券的发行是外交家冀朝铸的大哥冀朝鼎卧底的功劳，蒋介石是上了共产党的当才实行金圆券改革的。这种说法实际上是不成立的，因为冀朝鼎当时的职务和金圆券改革设计并无交集，他在抗战后仅担任过中央银行稽核处处长，1948年又到北平任"华北剿总"经济处处长，刺探信息有可能，参与决策完全不可信。而真正为蒋介石设计金圆券改革方案的关键人物是当时的财政部部长王云五。

王云五是位自学成才的传奇式人物。他出生于上海，祖籍广东香山，与孙中山是同乡，被孙中山誉为"为共和革命牺牲第一人"的民国先烈陆皓东是他表弟。在孙中山就任大总统时，王云五曾经出任总统府秘书，后来在上海公学当过胡适的老师，民国初年在教育部又和鲁迅做过同事。1921年经胡适推荐，王云五到商务印书馆工作长达二十五年，接替张元济出任总经理后，他坚持以"教育普及、学术独立"为出版方针，为我国近代文化教育出版事业做出了重要贡献。

王云五作为出版人，最为世人称道的是发明了四角号码检字法，这对中文图书分类检索是革命性的突破。他所做的另外一件大事，就是以外行的身份设计了金圆券的币制改革方案，并因此而加速了国民党政权在大陆的覆灭。

王云五既不懂财政，又不通金融，为什么会由他来设计金圆券改革的方案呢？

这是因为王云五当时任财政部部长，这更让人不可理解！王云五既然不懂财政金融，怎么会被任命为财政部部长呢？实际上，这与行政院长翁文灏有关。

翁文灏组阁时，蒋介石原拟仍由俞鸿钧任财政部部长。但因为俞鸿钧此前刚就任中央银行总裁，与原总裁张嘉璈正在办理交接手续，因此蒋介石就让翁文灏自己物色财政部部长。翁文灏与王云五私交不错，而王云五1946年1月曾经以无党派人士参加政协会议，被蒋介石任命为经济部长；此前在张群内阁中，王云五在行政院副院长任内研究过财政。因此，翁文灏就邀请王云五出任财政部部长。

王云五自称他最初并没有当财政部部长的想法："在固辞不获之后，惟一的诱惑使我勉允担任此席，就是对于改革币制之憧憬。"当时外界对这项人事任命颇感意外，认为王云五与财政金融素少渊源，仅凭他在商务印书馆的管理经验，怎么就能够堪当财政的重任呢？上海的一些报纸对他大加嘲讽，国民政府立法院也曾经对其持不信任的态度。但是，因为总统蒋介石信任翁文灏，而翁文灏信任王云五，这样事关国民党政权命运的币制改革，就像赌注一般压到了对财政金融并不熟悉的新任财政部部长王云五身上。肩负重任的王云五会提出怎样的币制改革方案呢？

（三）

实际上，蒋介石最初并没有将币制改革的任务交给王云五一人，而是对王云五和俞鸿钧都做了币制改革的指示，要他们分别组织专家研究，拿出具体的方案。俞鸿钧的方案认为，在内战继续进行的情况下，币制不宜做根本性的改革。如果骤然一改，将会造成更大的混乱。鉴于财政收支的差额太大，建议在不改变法币本位的基础上，另外由中央银行发行一种"金圆"，作为买卖外汇以及缴纳税收之用，不在市面上流通，希望以此控制法币的发行量，稳住物价。王云五的方案与此不同，它是要在废除法币的前提下，重新发行一种新的货币。1948年7月7日，王云五将方案送交翁文灏，二人没有分歧，第二天便上报给了蒋介石。蒋介石最后否决了俞鸿钧的计划，而采纳了王云五的方案。

蒋介石虽然原则上同意王云五的方案，但是慎重起见，又指定中央银行总裁俞鸿钧、中央银行副总裁刘攻芸、财政部政务次长徐柏园、台湾省财政厅厅长兼美援运用委员会联络人严家淦，与翁文灏、王云五一起再进行研究，草拟具体办法。从7月9日至28日，翁文灏、王云五、俞鸿钧以及另外三位专家对王云五的方案进行了数次讨论，只做了少许的修改。29日，翁文灏、王云五、俞鸿钧带着方案前往莫干山，去晋见在此疗养的蒋介石。蒋介石认为"王云五所拟金圆券方案，设法挽救财政，收集金银、外币，管制物价，都是必要的措施"，嘱咐各位先行准备，等候决定。

蒋介石会见翁文灏一行后，当天就离开莫干山抵达上海。7月31日他就币改方案征询了经济学科班出身的前任中央银行总裁张嘉璈。张嘉璈认为，发行一种新的货币，必须要有充分的现金或外汇准备，或者是能保证每月的发行额逐渐减少，否则就等于发行大钞，人们将会失去对新货币的信任。即使没有充足的准备金，至少也要掌控物资，控制住物价，防止新币的贬值，因此应该慎之又慎。8月17日，蒋介石又召见张嘉璈，张坚持上述看法，并断言如果不能减少预算支出，降低发行额，新币必然贬值，而且无法抑制。第二天蒋介石再次召见张嘉璈，并将《币制改革计划书》交其阅读。张仍然坚持认为物价绝对无法限制，所设定的20亿元发行额也将无法保证，恐怕不出四个月就会冲破限关。如果人们对新币不予信任，弃纸币而藏货品，后果将不堪设想。

蒋介石一而再再而三地召见在中国金融界身居要职，既有理论又有实践经验的张嘉璈，听取他的意见，表明蒋介石当时对发行新币的前途是充满忧虑的。但是蒋介石很清楚，如果不实行王云五的方案，国民党在大陆的统治将很难维持下去；而王云五的方案万一成功了，将中兴在望。退一步讲，即便不成功，国民党也会因此收敛一大笔硬通货，为退守台湾、东山再起做准备。这从安排时任台湾省财政厅厅长严家淦参加币制改革论证小组就可以看出，蒋介石当时已经在为退守台湾做布局。因此，他认定币制不是改不改的问题，而是非改不可。

那王云五设计的金圆券改革方案能闯关成功吗？

（四）

蒋介石在8月18日最后一次召见张嘉璈之后的第二天下午，主持召开了国民党中央政治会议，讨论币制改革方案。王云五不是国民党党员，按例是不能与会的，但因为会议需要他对币制改革方案做出说明，因此王云五破例出席了国民党中央政治会议。币制改革方案在会上略加修正后获得通过，下午就提交行政院，又经过四个小时的讨论，最后获得通过。

当晚蒋介石就以总统的名义发布了《财政经济紧急处分令》并全文对外播出，第二天国民党中央机关报《中央日报》以及其他大报都刊发了这一命令，同时公布了《金圆券发行办法》，正式实施了王云五设计的金圆券改革方案。主要内容有如下四项：一是金圆券每元法定合纯金 0.22217 克，由中央银行发行，面额分为 1 元、5 元、10元、50 元、100 元五种，发行总额以 20 亿元为限；二是金圆券 1 元折合法币 300 万元，折合东北流通券 30 万元；三是私人不得持有黄金、白银和外汇，限期于 9 月 30 日以前收兑黄金、白银、银币和外国币券，违反规定不于限期内兑换者，将一律没收；四是全国各地各种物品及劳务价格，按照 1948 年 8 月 19 日以前的水平冻结，不得涨价。

国民政府深知金圆券发行与商品价格之间关系密切，因此将"八一九限价"列为重要的目标，其目的就是想将发行新币与限制物价双管齐下，以挽救日益严重的通货膨胀所造成的经济危机。8 月 20日，就在金圆券发行的当天，国民政府宣布成立了金圆券发行准备监理会，负责监督检查金圆券的发行及准备情形。

为了提振民心，发行金圆券的当天，蒋介石与王云五召见上海工商界、金融界巨头 20 余人，希望他们支持财经命令。翁文灏则在行政院邀请京沪工商界、金融界人士座谈，希望协力执行各项办法。不仅如此，第二天蒋介石又命令向各大都市派遣经济管制督导员，监督检查各地执行命令的情况。上海是中国金融中枢，财经命令能否得以实施，于上海关系甚大，因此国民政府派中央银行总裁俞鸿钧为上海区经济管制督导员，蒋经国为副督导员。由此揭开了蒋经国在上海"打老虎"的一幕。

蒋经国坐镇上海，首先查处了财政部秘书陶启明泄密案。为了打击奸商又先后逮捕了杜月笙的长子杜维平和孔祥熙的公子孔令侃，可谓雷厉风行。但是，即便如此，也仍然救治不了国民党自身的顽疾。金圆券度过最初的"蜜月期"之后，进入 10 月就开始贬值，到了 11 月，原定的发行总额 20 亿元已经无法应付十万火急的军政费用，金圆券开始超限额增发。到修改金圆券发行办法时，已经不再对发行总额做具体规定了，而是改为"金圆券发行总额另以命令定之"，这实际上是等于宣告此次金圆券改革不及三个月便破产了。11 月下旬翁文灏内阁倒台，主持币制改革的财政部部长王云五也随之去职。金圆券不仅重蹈了法币的覆辙，其崩溃的速度比法币更快。11 月将限价改为了议价，物价开始暴涨，1948 年年末还是隔月翻一番，1949 年 1—2 月已经是按周翻几番，3—4 月更是一日翻几番，出现了金圆券的发行与物价互为追逐的局面。

金圆券崩溃之后，各地纷纷以银元代替流通。南迁广州的国民政府于 1949 年 7 月 2 日发布《改革币制令》，宣布停止发行金圆券，改用银元券。金圆券从 1948 年 8 月 20 日至 1949 年 7 月 2 日，流通时间虽然仅有十个月，但是却成了倾覆国民政府在大陆统治的助推器。

图 9-34 银元券（壹角）

（五）

金圆券的快速贬值所造成的恶性通胀，源自国民政府的财政及货币政策，根本原因是供给与需求之间的矛盾。国民党政府无视财力的限制，继续维持战事，财政赤字只能以印钞票来支付，造成法币的急剧贬值。因为不能控制货币发行，就试图用违反市场规律的行政命令去维持物价和币值，最终导致金融混乱，市场崩溃。法币及金圆券天文数字般的发行量，实为中国货币史上所罕见，使国统区的人民遭受了一场空前的浩劫。

受金圆券风暴影响最大的是城市里的小资产者。他们既无大资本家的财力和资源去保护自己仅有的财产，也不像乡间的农民或城市的无产者那样无产可贬。他们在金圆券发行初期，或被迫、或出于对政府的信任，将金、银及外汇都兑换成了金圆券。这些财产在随后的恶性通货膨胀中瞬间蒸发，使小资产者损失惨重。国民党政府虽然因此收割了数亿美元的外汇及金、银，但是却失去了国内原本最支持他们的城市民众。国统区内仅存的一点民心、士气也都丧失殆尽了，这应该是造成国民党政权在大陆迅速崩溃的重要原因之一。

蒋介石在撤离大陆之前，指使中央银行总裁俞鸿钧，将通过发行金圆券而收敛储存在上海中央银行总行金库中的 257 万两黄金、3400万枚银元分 4 批运抵台湾。后来京沪杭警备总司令汤恩伯撤退时，又将剩余的库存黄金、银元全部提走。撤至台湾的蒋介石政权正是依靠这些黄金及美元外汇，改革台湾币制，发行新台币，实现了台湾经济的转型，国民党政权又得以起死回生。

回顾历史，我们知道南京国民政府于 1928 年建政之后，就将统一全国币制提上了日程，但是命运多舛，原计划于 1929 年实施的"废两改元"，因内战被拖至 1933 年才进行，接着碰上了 1929—1933 年的"大萧条"，这是人类历史上第一次全球性经济衰退，引发了史无前例的全球通货紧缩，导致了颠覆性的全球货币变革，瓦解了金本位，世界因此进入货币被管制的时代。

从1933年白银危机到1949年金圆券崩溃，历时十六年，在最为不利的历史条件下和极为恶劣的国际环境中，南京政府审时度势后，当机立断地实施了法币改革，摆脱了国际白银风潮对中国币制的冲击。

法币改革是一场分水岭式的货币变革，它将自明代中期以来中国传统旧经济的总根子，即白银货币体系连根拔除了，但是在播种现代新经济的货币种子，即管理货币体系方面却最终陷入了失败。这一失败带来了巨大而持久的社会经济困难，使得国民经济最终成为被政府计划和行政管理的对象，从而改变了20世纪中国社会经济的性质与走向。因此，我们只有在国际大萧条的背景下，通过"废两改元"、法币改革以及金圆券的失败这一发展脉络对中国的币制做一整体性的考察，才能完整地认识与理解中国货币制度在由传统向现代转轨过程中，所面临的艰难环境及必须要付出的沉重代价。

国民政府在货币转轨过程中，虽然最初取得了"废两改元"和法币改革的成功，但抗日战争以及内战带来的供给与需求之间持续的严重失衡，导致了因法币贬值及金圆券改革失败而爆发的恶性通货膨胀，这也最终颠覆了国民党政权在大陆的统治，将中国币制转轨的任务历史性地留给了新政权。

4

人民币：人民的货币及其国际化

世界各国的货币，单位不尽相同。如英国用"镑"、德国用"马克"、西班牙用"比索"、荷兰用"盾"。然而，大多数国家的货币是以"元"为单位，如美元、日元、加元等。

但是，不知大家注意到没有，我国的货币虽然也是以"元"为单位，但却不称"中国元"，而是叫"人民币"，这是为什么呢？

实际上，这正体现了我国货币的本质属性——属于人民的货币。

下面我将通过回顾人民币产生的历史，向大家揭示人民币的本质属性及其国际化的必然演变趋势。

（一）

人民币产生的历史，与中国共产党发展的历史几乎是同步进行的。这是因为中国共产党在领导中国革命的实践中，非常重视金融货币工作。

从历史上看，千百年来，中国社会最底层的农民，始终受到来自地租、苛捐杂税、高利贷三方面的沉重剥削，其中又以高利贷的危害最为深重。王莽的"五均六筦"法、王安石变法所推行的"青苗法"，实际上都是针对高利贷的。如"青苗法"就是由政府在青黄不接的时候向农民提供低息贷款，希望以此来限制高利贷者的盘剥，减轻人民的负担。但是，因为时代的局限性，历史上类似的改革始终未能从根本上消除农民所受高利贷的剥削。

中国共产党成立以后，立志从根本上消灭中国几千年来的剥削制度。除了进行政治上、军事上的斗争，在经济、金融领域也针对高利贷现象，通过采取设立银行、发行货币的办法进行斗争。这大致经历了如下四个阶段。

一是最初的大革命时期，中国共产党通过农民协会设立农民银行或信用合作社等金融机构，发行货币、筹集资金、提供低息贷款，致力于从金融上扶助农民免遭高利贷的盘剥。

二是土地革命时期，中国共产党在中央苏区成立了中华苏维埃共和国国家银行，发行货币，吸收群众存款，贷款支持生产事业，有计划地调剂整个苏区的金融，领导群众合作社与投机商人进行斗争，确保根据地经济的稳定发展。

三是抗日战争时期，以薛暮桥同志为代表的经济金融专家多有建树，提出了"物资本位论"以及通过控制货币发行量来稳定物价的观点，保证了各抗日根据地货币的稳定。这是中国共产党人在20世纪40年代的一个重要创见！因为当时西方主要国家的货币制度还普遍实行金本位制，而以控制货币发行量来稳定物价的做法也少有人知。在薛暮桥的观点提出三十年之后，美国才放弃了金本位制，"币值决定于货币发行量"的观点才开始为大家所熟知。

四是解放战争时期，各个根据地银行及其所发行的货币的发展，在革命的实践中，逐渐由小到大，并从分散走向集中。以董必武为主任的华北财经办事处更是高瞻远瞩，积极创造条件，抓住机遇，适时成立了中国人民银行作为国家银行，统一了各根据地银行并统一发行人民币，以粮食、棉花、棉布、花生等充裕的物资储备为保证，稳定了人民币的币值，控制了原国民党统治区恶性的通货膨胀，实现了对国民党政权的顺利接管，确保了解放战争在全国的胜利。

据专门研究革命根据地货币史的许树信研究员的统计，自1924年的大革命开始，到1948年12月1日成立中国人民银行发行人民币，这二十四年间，中国共产党领导的各根据地共建立了404个货币发行机构，发行了514种名称各异的货币。币材使用了金、银、铜、锡、镴、纸、布7种不同的材质。其中，以湖南省衡山县柴山州特别区第一农民银行于1926年10月发行的面值一元的布币为最早。各个时期根据地发行的货币，除了为民众提供信贷支持，更成为支援革命战争、促进根据地经济发展以及与敌对势力进行斗争的重要工具，并为新中国金融事业的发展培养了人才、积累了经验、奠定了基础。

图9-35　湖北黄冈县农民协会信用合作社流通券（壹串）

图 9-36　中华苏维埃共和国国家银行发行的纸币（伍角）

图 9-37　光华商店代价券（贰分）

图 9-38　陕甘宁边区银行币（伍千）

（二）

随着解放战争形势的发展，成立中国人民银行并统一发行货币日益显得紧迫。1947 年 11 月 12 日，石家庄解放之后，晋察冀与晋冀鲁豫两个解放区连成一片，形成了华北解放区。为统一领导华北各解放区的财经工作，中共中央于 1947 年 10 月成立了由董必武任主任的华北财经办事处，负责筹建全国性的财政和金融体系。1948 年 4 月，华北财经办事处在石家庄召开了华北"五大解放区金融贸易会议"，指出各解放区的货币制度存在两大问题，一是不稳定，二是不统一。会议决定将华北各解放区的银行机构和货币首先统一起来。于是就于 1948 年 12 月 1 日将华北银行、北海银行、西北农民银行三家合并成立中国人民银行，以原华北银行为总行。1949 年 2 月 12 日，中国人民银行总行迁至北平，10 月 1 日中华人民共和国成立后，中国人民银行成为中央人民政府的银行，即全国统一的国家银行。

实际上，早在中国人民银行还没有成立的时候，发行一种新的货币取代原来各个解放区各自独立发行货币的工作，就已经被提上了日程。这是因为 1947—1948 年间，随着解放战争的节节胜利，各个分散的解放区已经逐渐开始连成一体，物资的调拨、商品的贸易、税收的征集以及民众的往来，都变得更加频繁且日益密切。原有的货币虽然经过一系列的调整，已经实现了按固定比价混合流通，对于便利商民的往来以及物资的交流都起到了很大的作用，但是在货币制度上仍然存在着两个亟待解决的问题。

一是货币复杂，种类较多。因为版别杂乱，印刷的技术、纸张的选用都不统一，很容易造假，民众不但对假票难以识别，而且对各解放区的货币折算也很麻烦。

二是面额太小，不便使用。因为经过十几年抗日战争的消耗，生产力减退，各解放区货币的实际购买力已经逐渐降低，在支持战争的推进以及恢复经济的发展方面，经常因货币的不同以及面额过小而产生诸多的困难。因此，统一货币就成为解放区的当务之急。

当时流传一个很广的故事，说的是 1947 年春季里的某一天，董必武带着夫人和孩子从延安去河北省武安县参加华北财经会议，途经山西省五台县大槐庄时，孩子饿了，勤务兵就用从延安带来的货币去给孩子买吃的，商家因为不认识延安的货币而拒收，最后是用一块随身携带的布料完成交易的。这件事对董必武刺激很大，也说明当时各解放区的货币跨区之后很难流通。因此，在华北财经会议上，就决定了要尽快发行一种新的货币，替代原来各解放区的货币。

1948 年 12 月 1 日，中国人民银行成立的当天就发行了"中国人民银行券"，简称"人民币"，即人民的货币，并被确定为华北、华东、西北三大解放区的本位货币，统一流通。人民币就此诞生并逐渐统一了全国货币，开创了中国货币史上的人民币时代。

人民币是一种全新的货币，就如同它的名称所揭示的那样，它是人民的货币，代表和维护的是最广大人民群众的根本利益，这与国民党的法币有本质的区别。正如 1948 年 12 月 5 日新华社就人民币的发行所发表的社论指出的那样，人民币用作担保的不是金银，而是比金银更可靠的粮食、布、棉，以及其他生产和生活必需的重要物资，所以解放区的币值、物价远比国民党统治地区更加稳定。随着解放战争的推进，新生的人民政权很快就用人民币替代法币和金圆券，控制住了恶性通货膨胀。

（三）

人民币不但控制住了颠覆国民党政权的恶性通货膨胀，而且很快恢复了战后重建，并助推了中国经济在改革开放之后的腾飞。

截至目前，中国人民银行共设计发行了五套人民币。这五套人民币分别记载和见证了中华人民共和国成立以来的五个阶段：解放战争后期及中华人民共和国成立之初、第一个五年计划实施后的社会主义建设时期、极"左"路线影响下的计划经济时代、十一届三中全会后开启的改革开放时期、进入 21 世纪后进一步深化改革的新时期。这五个阶段形成了一套既承载有深厚的中国文化元素，又反映时代风貌，并与国际货币接轨的完整的人民币货币体系。

第一套人民币：流通时间为 1948 年 12 月 1 日至 1955 年 5 月 10 日，共有 12 种面额、62 种版别，最小面额为一元，最大面额为五万元。受条件所限，第一套人民币设计思想不够统一，内容庞杂，种类众多，面额大小差别较大，纸质、工艺多样，质量参差不齐。这反映出战争年代分散印刷、应急投放的特点。

图 9-39　第一套人民币（伍百圆）

第二套人民币：第二套人民币为了适应大规模经济建设，并清除一些通货膨胀的痕迹，解决技术上的缺点，于 1955 年 3 月 1 日发行，共有 11 种面额、16 种版别。主币有一元、二元、三元、五元、十元 5 种；辅币有一角、二角、五角、一分、二分、五分 6 种。以 1∶10000 的比价收回第一套人民币。后因中苏关系恶化，1964 年 4 月 15 日开始，中国人民银行开始限期收回苏联代印的 1953 年版的三元、五元、十元券。1959 年 7 月 15 日，西藏停用藏钞，统一流通使用人民币。自此，人民币统一了大陆货币。第二套人民币设计主题思想明确，印刷工艺技术先进，主辅币结构合理，图案颜色新颖，受到社会各界的欢迎。

第三套人民币：1962 年 4 月 15 日开始发行，到 1980 年 4 月 15 日发行一角、二角、五角、一元 4 种金属硬币，经过 18 年的逐步调整、更换，共有 13 种券别，与第二套人民币等值混合流通。第三套人民币是我国目前发行、流通时间最长的一套人民币。票面图案比较集中地反映了当时我国国民经济以农业为基础，以工业为主导，农工并重的方针。印制工艺上继承和发扬了第二套人民币的技术传统和风格。

第四套人民币：1987 年 4 月 27 日开始陆续发行，到 1997 年 4 月 1 日，共发行 9 种面额、17 种版别。它是在改革开放后，经济发展、商品零售额增加、货币需要量激增的情况下，采用"一次公布，分次发行"的方式发行的，并增发了 50 元及 100 元两种面额。设计思想、风格和印制工艺都有一定的创新和突破。图案采用了人物头像，雕刻工艺复杂，增强了防伪功能。

第五套人民币：1999 年 6 月 30 日国务院公布，于 1999 年 10 月 1 日中华人民共和国成立五十周年之际发行，共有 8 种面额、15

种版别。与第四套人民币相比，第五套人民币取消了二元券，增加了二十元券，结构更趋完整合理；印制技术已达国际先进水平，并增加了防伪功能；形制上票幅变窄，长度缩小，更便于群众辨识与携带。

中国人民银行所发行的人民币，除五套流通币外，还发行了普通流通纪念币、贵金属纪念币、纪念钞以及连体钞，种类更加丰富，在保证社会流通需求的前提下，也满足了钱币收藏爱好者的收藏需求，并宣传了货币文化，普及了有关人民币的知识。

（四）

实际上，真正控制恶性通货膨胀的并不是人民币，而是中国共产党所建立的强有力的人民政府所施行的计划经济管理模式。新生的人民政府为什么要建立一套计划经济管理模式？这套管理模式为什么能够控制住恶性的通货膨胀呢？

这要从第一次世界大战后的"大萧条"对世界经济的冲击，以及国民政府应对的失败说起。

被称作"大萧条"的1929—1933年世界经济危机，是人类历史上第一次全球性的经济衰退，它史无前例地引发了颠覆性的全球货币变革，瓦解了金本位制度，导致了全球性的通货紧缩，世界因此进入了货币被管理的时代。

在动荡不安的20世纪30年代，刚刚完成"废两改元"，才确立了银本位制的南京国民政府，面临着三股外来势力的角逐，它们分别是以英美为代表的西方列强、日本以及苏联。这三股外来势力影响巨大，决定了中国后来的历史发展方向。其中，"大萧条"代表了西方世界的经济冲击，并通过美国的购银政策改变了中国货币经济的历史命运;日本的侵华战争恶化了美元化的中国法币经济,为法币后来恶性通货膨胀的爆发埋下了隐患;苏联对中国革命和建设的支持与援助,促使了中国计划经济体制的兴起。

明确了上述国际大环境之后,我们从货币经济史的视角考察1933—1948年中国货币经济的现代化转型、失败及其遗产,就不难发现:"大萧条"所带来的白银风潮冲击,直接导致了中国货币制度由传统的白银货币体系,向现代的管理货币体系即法币转轨。但是,因为日本的入侵以及内战的爆发,这一转轨失败,进而引发了恶性通货膨胀,从根本上改变了中国社会经济的性质和方向,为政府部门全面掌控经济资源创造了条件,为计划经济体制的确立提供了历史契机。正如周子衡博士所言:"正是货币经济转轨的大失败,才破坏并瓦解了并不成熟、并不发达的市场经济,从而使总供给与总需求的关系纳入政府部门的管理,并嵌入式地引入了计划经济体制,实行全面的行政性政府控制。换言之,正是货币经济转轨的失败,才带来经济体制的巨大变化。货币的'失败'导致了政府的'成功'。"

在这一过程中最诡异的是,南京国民政府竭尽全力想要使政府获取的对经济的主导权,却戏剧性地在中国共产党政府的治理下实现了。国民经济从此成为被计划和管理的对象,这在中国经济历史上是前所未有的。

在这一体制下所发行的人民币,属于不兑换的国家信用货币,它既没有规定含金量,也不需要大量的金银外汇储备。根据当年薛暮桥所提出来的"物资本位论",以及通过控制货币发行量来稳定物价的观点,我们知道人民币是依靠由国家掌握的、可按稳定的价格投入市场的、大量的日用商品来作为发行保障的。也就是说,在强有力的计划经济管理模式下，人民币币值的稳定，实际上是具备雄厚物质基础的。因此，政府能够实现财政收支平衡、现金收支平衡和物资调拨平衡。正是在这一管理体制下，新生的人民政府很快就控制并结束了国民党统治时期连续十二年的通货膨胀局面，创造了震惊中外的奇迹，向世人证明了中国共产党人在管理经济、治理通货膨胀方面的非凡能力。

（五）

凡事都有两面性。从苏联引入的计划经济体制，有效地遏制了法币崩溃后的经济乱局。但是，正如法币改革虽然成功地废除了传统的白银货币体系，却在建设现代货币体系的过程中遭遇失败一样，计划经济体制虽然有力地阻止了因供需矛盾而引发的恶性通货膨胀，但是在促进经济发展与现代化方面却并不成功。特别是在严格的计划经济体制下，未能有效地确立现代货币管理体制，中国人民银行作为中央银行甚至沦为财政的附庸，货币手段体制性地被财政化，政府通过发行大量的全国与地方性票证，虽然"稳定"了物价，但是也从根本上抑制了货币的职能，票证与计划指令的经济体制得以固化，任何货币经济活动都受到了严厉的管制甚至是禁止。计划经济体制所带来的这些弊端，严重地束缚了中国经济的发展，并使中国经济到了崩溃的边缘，这才又有了邓小平倡导的以引入市场机制为特点的改革开放。

所谓改革开放，指的是对内改革，对外开放。改革的对象是原有的计划体制，引入市场机制，这必然要发挥人民币的货币职能；而对外实行开放的政策，人民币又必将实现国际化的目标。

在计划经济体制下，政府明令规定，人民币只准在国内流通，不准带出国境，这是在中华人民共和国成立初期特殊的国际国内政治经济环境下的规定。改革开放以来，特别是随着中国经济的高速发展以及日益融入世界经济体，人民币必将跨出国门，成为国际化的货币，在国际范围内行使货币的职能，成为主要的贸易结算货币、金融交易货币以及主要的国家储备货币。人民币这一国际化的必然趋势，是由国内、国际两个方面因素决定的。

国内方面，从企业规避汇率风险、政府减少官方外汇储备损失、获得金融经济安全保障等方面考虑，都需要实现人民币的国际化。历史上哪个国家的货币在国际贸易、资本流动中成为计值货币，哪个国家在国际经济交易中就会取得主动权。以英、美、日三国为例，英国和美国成为世界贸易大国时，都是以本币作为计值货币的，很快崛起成为世界霸主。而日本在20世纪70年代虽然成为世界贸易大国，但因为是以美元计值，结果日本的企业和金融机构在应对外汇市场的汇率风险时就很被动，当日元大幅升值后，日本经济遭受巨额损失，这被认为是造成日本长达十多年经济衰退的重要原因之一。

国际方面，中国是世界上最大的出口国，国际社会对人民币有需求，人民币币值稳定，是各国政府需要的储备货币。因此，人民币的国际化也是国际货币体系改革的需要。特别是自2008年美国爆发金融危机以来，以维护世界经济健康发展和国际金融安全为目标的改革国际货币体系的呼声日益高涨，降低对美元的过度依赖、推动国际货币多元化、提高发展中国家国际货币话语权已经成为一种必然的趋势。这就从经济基础和政府信用两个方面造成了美元本位制基础的松动，给人民币国际化带来了机遇。

纵观大萧条之后世界各国的发展，市场与计划各有利弊，应该根据环境以及对象的不同而有所侧重。它俩实际上都是手段，不能相互否定，而要互相补充，其中的关键就是要发挥好货币的功能。这方面美国做得最好，前有罗斯福新政，后有里根主义，而美元的独立发行始终是关键因素。其实，这才是我们最应该借鉴的。

参考文献

《史记·平准书》。

《史记·货殖列传》。

《汉书·食货志》。

《晋书·食货志》。

《魏书·食货志》。

《隋书·食货志》。

《旧唐书·食货上》。

《新唐书·食货四》。

《旧五代史·食货志》。

《宋史·食货志下二·钱币》。

《宋史·食货志下三·会子》。

《辽史·食货志下》。

《金史·食货三·钱币》。

《金史·食货四·金银之税》。

《元史·食货一·钞法》。

《元史·食货五·钞法》。

《明史·食货五·钱法》。

《清史·食货五·钱法》。

《资治通鉴》，上海古籍出版社，1987。

［宋］洪遵：《泉志》，中华书局，2013。

［明］严从简：《殊域周咨录》，中华书局，2009。

彭信威：《中国货币史》，上海人民出版社，2007。

萧清：《中国古代货币史》，人民出版社，1984。

蔡养吾编著：《中国古钱讲话》，台湾淑馨出版社，1999。

姚朔民主编：《中国货币通史》，湖南人民出版社，2018。

刘森：《宋金纸币史》，中国金融出版社，1993。

刘森：《中国铁钱》，中华书局，1996。

汪圣铎：《两宋货币史》（上、下卷），社会科学文献出版社，2016。

魏建猷：《中国近代货币史》，群联出版社，1955。

全汉昇：《中国近代经济史论丛》，中华书局，2011。

朱云影：《中国文化对日韩越的影响》，广西师范大学出版社，2007。

［日］加藤繁：《唐宋时代金银之研究》，中华书局，2006。

［日］加藤繁：《中国经济史考证》（上、下册），中华书局，2012。

［日］奥平昌洪：《东亚钱志》，岩波书店，1938。

［法］Dr.R.Allan Barker：The History cash coins of Vit Nam，Singapore，2004。

广西钱币学会、云南省钱币研究会合编：《越南历史货币》，中国金融出版社，1993。

许树信：《中国革命根据地货币史纲》，中国金融出版社，2008。

陈雨露主编、中国人民大学国际货币研究所编：《人民币国际化报告（2015）》，中国人民大学出版社，2016。

跋

2019年1月《三千年来谁铸币：50枚钱币串联的极简中国史》出版后，社会反响不错，5月入选中国图书评论学会评选的"中国好书"2019年2—3月榜单，2020年9月台湾联经出版社又发行了繁体版。虽然获得了一些赞誉，但我内心里实际上却不太满意，这有两方面的原因。

第一个原因是这期间我受邀在央视12频道《社会与法》栏目做了16集"钱币与王朝"专题系列讲座节目。在准备节目的过程中，通过与央视栏目编导们的互动，我对大众传播与专业研究之间的差别又有了更加切身的体会。

专业研究是给专业圈子里的人看的，看重的是最前沿的学术成果和创新的见解，如果讲的都是众人皆知的常识，不但没有听众，反而会被认为没有专业水平，但是大众传播却不同，它是给专业圈子之外的社会大众看的，需要的是对基础专业知识的通俗表达，就是要用大众的语言讲述专业的内容，如果在此前提下还能兼顾介绍一些最新的学术成果，那就更好了。因此，我认为向社会大众宣传普及钱币文化知识时，虽然专业的钱币文化研究是基础，但是讲述的方式更为重要，一定要用符合大众传播的方法，即用讲故事的方式来表达，才能讲得精彩，听得有趣。因此，我认为《三千年来谁铸币》还有一些不尽如人意的地方。

另一个原因是中国古代历史上可以讲故事的钱币很多，只用50枚钱币来串联中国三千多年使用货币的历史，不但内容上有些单薄，而且串联历史的线条也显得太粗。因此，有必要再精选一部分钱币充实到故事链里，对已有的钱币故事也可以分节讲得更深入一些。这样可以给读者提供一个内容更加丰富多彩、线条也更加清晰明了的"钱币上的中国史"。

正是基于以上两个原因，我在2020年年底决定在《三千年来谁铸币》的基础上，重新撰写并增补部分钱币故事，由原来的50枚（种）钱币增加到100枚（种），书名也改成了《钱币上的中国史》，并添加了副标题"器物、制度、思想视角的解读"。

书名的更改是想说明我的初衷并非"就钱论钱"，也不再是简单地串联历史，而是想以钱币为视角，从器物、制度、思想等层面来挖掘钱币背后的文化内涵，通过具体的钱币故事，解读钱币与社会发展演变的内在关系，论述在中国社会发展进程中，"钱币"这只经常被世人所忽视的"手"，是如何推动或阻碍中国历史发展演进的，以此解读以下几个问题：中国古代为何长期使用铜钱？贵金属白银的货币化过程为何艰难曲折，并始终为称量货币形态，而不是铸币？黄金为什么在王莽之后甚至退出了流通领域？纸币为何早产而晚熟？在货币金属的使用上，中国古代为什么不符合"金银天然不是货币，但货币天然是金银"这一规律？古代中国与西方完全相悖的这一现象背后到底是什么原因？这对中国古代社会的演变究竟产生了怎样的影响？

实际上，上述这些疑问的答案就隐藏在书中 100 枚（种）钱币背后的故事里。

与《三千年来谁铸币》相比，《钱币上的中国史》增加了一个章节，由原来的八章增至九章，"钱币的起源"也被单独列出，作为全书的"引子"置于卷首，各章按时间顺序依次展开，这样便于读者从源头上来了解中国货币发展的脉络及演变轨迹。

第 1 章 "先秦及秦"讲述的是钱币的统一，有 7 个专题故事，最精彩的是管仲进行的货币战争以及钱币在秦国崛起过程中所发挥的重要作用。我国古代钱币起源于先秦，统一于秦朝。春秋战国时期，各国的钱币虽然看似各自为政、杂乱无章，实则互有归属、脉络清晰，总体上可以划分为布币、刀币、圜钱、蚁鼻钱四大体系。战国后期，随着兼并战争的进行以及各国的变法活动，各国的钱币相互交汇融合、借鉴学习，开启了统一的趋势。秦国的圜钱异军突起，发展为圆形方孔的半两钱，后随着秦国兼并六国而成为统一的钱币形制，由此奠定了此后中国两千多年的钱币形制。

第 2 章 "两汉"讲述的是五铢标准的确立及影响，共有 8 个专题故事，涉及汉武帝、王莽的币制改革，汉灵帝和董卓的两次铸币以及东西方钱币文化的最初接触及相互影响。最精彩的故事集中在汉武帝和王莽两人身上，虽然他俩在政治斗争中都以钱币为工具，但是结果却大相径庭，其中的原因颇耐人寻味。汉灵帝和董卓的铸币更是悲惨，前者预言了东汉的崩溃，后者不但因此被杀，还摧毁了两汉发达的货币经济，使社会直接退回以物易物的实物经济状态，向我们展示了失败的货币政策对社会经济所能造成的危害程度。

第 3 章 "魏晋南北朝"讲述的是分裂时期的钱币，共有 4 个专题故事，最精彩的是魏蜀吴三国以货币为武器所进行的一场钱币版的"三国演义"。另外两个故事记述的是南北朝，当时货币的核心问题是因缺铜而导致的钱荒，解决的办法是增加货币的数量并统一形式，但是南北所采取的办法却不同。南朝大量铸造减重小钱，甚至是铁钱，增加数量而忽视质量。行用不通之后，陈朝才铸造了虚值的太货六铢；北朝承胡乱之后，货币经济衰退，以物易物，不再用钱，直至孝文帝改革，才开始铸钱。所铸造的都是虚值大钱，以北周三品为代表。

第 4 章"唐五代"讲述的是通宝钱制的确立及影响。唐朝是我国古代货币制度的确立时期，开元通宝所创立的"通宝"钱制，延续使用一千多年，影响超越国界并发挥了国际货币职能的作用，展示了唐朝初建时期那股蓬勃向上的恢宏之气。这一章的 12 个专题故事，除了开元通宝两集，最精彩的莫过于乾封泉宝及 3 枚与安史之乱有关的钱币，前者见证了武则天的一次政治试水，后者则从不同的视角解读了安史之乱。另有 5 个故事从不同的侧面讲述了隋唐时期各民族间的文化交流和国家认同。而周元通宝则见证了最后一次灭佛运动。

第 5 章"两宋"讲述的是宋代的年号钱及纸币，有 17 个专题故事。纵观我国古代，两宋时期铸钱最多，也最为规范，每次改元几乎都铸造了年号钱并形成惯例。因此，从宋朝开始，此前用专题讲述的故事主要改用年号钱。宋代是我国货币史上最为复杂的时代，首先是材质复杂，有铜、铁、金银以及纸币；其次是面值众多，有小平、折二、折三、当五、当十、当百、当五百等，且随时变换；最后是各种货币分区流通，并有严格的地域限制。这既是唐末五代的长期分裂割据造成的，也与当时中国社会正处在由贱金属铜铁向贵金属金银转变的历史阶段有关，另外还与从唐朝中后期出现并贯穿两宋的钱荒难题有关。朝廷被货币问题所困，而改革又导致政争，新旧两党此起彼伏，每一枚年号钱的背后实际上都记录了一段波谲云诡的政治斗争，一枚接一枚，直至宋室被蒙古所灭。

第6章"辽夏金元"讲述的是钱币所呈现的民族文化的交流与融合，有8个专题故事。辽夏金元所属的"四朝"时期，正是我国古代融合各民族文化，形成以"多元一体"为特色的统一多民族国家历史进程的重要时期。另外，因为蒙古的西征，白银、纸币的使用以及铜钱的被废弃，这一时期也是古代中外贸易及文化交流融合的重要时期，对中亚、西欧、伊朗以及日本都产生了重要的影响。这些重要的历史信息，在遗留下来的四朝时期的钱币中都有精彩的故事讲述，由此给大家提供了一个认识了解"四朝"历史的新视角。

第7章"明朝"讲述的是明代落后币制的起因及影响，有10个专题故事。明代币制的落后性源于朱元璋建立的洪武型财税体制。本来经过宋金以及元朝的发展，元朝末年货币流通已经出现了由贱金属铜向贵金属白银过渡的转型，但朱元璋建立明朝之后，却禁止使用白银，最初选择铜钱，后又发行无保证金的纸币，严禁使用白银和铜钱。落后的币制既阻碍了中国社会的转型，也削弱了国家调控经济的能力，更加重了管理成本及社会矛盾，直到"隆庆开关"及张居正改革才稍有突破。但是，随着新大陆的发现及新航线的开辟，借助美洲白银的流入，中国最终完成了白银货币化并被纳入由西方掌控的国际白银资本体系。中西分野的这台大戏都映射在了明代的10枚钱币中。

第8章"清朝"讲述的是中国币制由传统制钱向近代机制币及纸币的变革转型，种类涉及制钱、银锭、机制银元及近代纸币，有23个专题故事，线索较为分散。最初的5枚钱币分别讲述了后金崛起、清军入关以及"康乾盛世"形成的货币原因及明清鼎革之际吴三桂的政治投机及其悲惨结局。乾隆宝藏、普尔钱、新疆红钱讲述了乾隆对西藏、新疆等边疆地区的经营。嘉庆通宝从钱币的视角分析了清朝国运由盛转衰的原因。道光通宝、咸丰通宝、太平天国圣宝讲述了鸦片战争之后内忧外患下清政府的艰难自救。银锭、寿星银饼、漳州军饷、足银壹钱、吉林厂平、广东龙洋讲述了中国自铸银币的历史,反映了传统银锭向近代机制银币的艰难转型。两种"大清银币"、新疆饷金、四川藏洋,讲述了清末艰难的币制改革与边疆治理。其中,饷金讲述了中国历史上唯一一枚金币诞生的背景,藏洋则记述了中英在川藏边区爆发的一场鲜为人知的货币战争。中国通商银行兑换券介绍了中国近代银行及纸币产生的艰难过程,最后一个专题则通过"状元及第"介绍了有关民俗钱的知识。

第9章"民国至今"讲述的是现代币制的建立及完善,有11个专题故事。进入民国后,货币与政治、经济,乃至边疆稳定的关系变得更加紧密。篆书"汉"字银币见证了四川"保路运动"引发的辛亥革命;色章果木金币、阿尔泰通用银券、光华银炉元宝、中央银行新疆省流通券以及双"四九"纪年银币,记录了西藏、新疆等边疆地区的危机与治理;"袁像银币"讲述了银币的统一;船洋、法币、金圆券、人民币则记述了1933年"废两改元"后,币制实现了由传统白银货币体系向现代管理货币体系即法币转轨。

书稿撰写时正值新冠疫情期间,我每天基本上都是上班、回家,两点一线,因此时间充裕。经过半年多的努力,本书到2021年9月底已完稿。在这一过程中,非常感谢同事及朋友们的帮助以及夫人和儿子的理解支持,中信出版社更是给予了鼎力支持,商业社社长沈家乐、副社长黄维益在本书的审稿、编辑以及出版过程中都提出了很好的建议，付出了很多努力，对提高书稿质量大有裨益，在此一并致谢！

　　一枚钱币讲述一段故事，100 枚钱币描述的就是一幅历史画卷。画卷已经展开，呈现给了大家，欢迎读者品读分享、鉴赏点评并提出批评意见。